图书在版编目 (CIP) 数据

中国零售和餐饮连锁企业统计年鉴．2015 ／ 国家统计局贸易外经统计司，中国商业联合会信息部编．-- 北京：中国统计出版社，2015.12
ISBN 978-7-5037-7716-5

Ⅰ．①中… Ⅱ．①国… ②中… Ⅲ．①零售企业－连锁企业－统计资料－中国－ 2015 －年鉴②饮食业－连锁企业－统计资料－中国－ 2015 －年鉴 Ⅳ．① F721.7-66 ② F719.3-66

中国版本图书馆 CIP 数据核字 (2015) 第 296411 号

中国零售和餐饮连锁企业统计年鉴 -2015

作　　者／国家统计局贸易外经统计司　中国商业联合会信息部
责任编辑／马　平
封面设计／李雪燕
出版发行／中国统计出版社
通信地址／北京市丰台区西三环南路甲 6 号　邮政编码／100073
电　　话／邮购（010）63376909　书店（010）68783171
网　　址／http://www.zgtjcbs.com/
印　　刷／三河双峰印刷装订有限公司
经　　销／新华书店
开　　本／880mm × 1230mm　1/16
字　　数／1580 千字
印　　张／50
版　　别／2015 年 12 月第 1 版
版　　次／2015 年 12 月第 1 次印刷
定　　价／460.00 元

如有印装差错，由本社发行部调换。

《中国零售和餐饮连锁企业统计年鉴—2015》

编辑委员会

编辑说明 PREFACE

一、《中国零售和餐饮连锁企业统计年鉴-2015》是反映我国零售和餐饮连锁企业情况的资料性工具书。旨在通过大量、丰富、详实、具体和权威的统计数据，全面系统和多角度地反映我国零售和餐饮业连锁企业发展的规模、水平。

二、本年鉴正文内容分为五部分：第一部分，零售企业综合篇；第二部分，零售企业地区篇；第三部分，餐饮企业综合篇；第四部分，餐饮企业地区篇；第五部分，连锁企业情况。同时，还附有主要统计指标解释。

三、本年鉴中涉及的全国性统计资料，均未包括台湾省、香港特别行政区和澳门特别行政区数据。

四、本年鉴中资料来源于2014年零售和餐饮连锁企业统计年报，时期数据为2014年年度数据，时点数据为2014年年末数据。

五、本年鉴中各表中的“空格”表示该项统计指标数据不足本表最小单位数、不详或无该项数据。

目录

CONTENTS

第一部分　零售企业综合篇

1-1　连锁零售企业总体情况 …… 3
1-2　连锁零售企业基本情况 …… 4
1-3　连锁零售企业经营情况 …… 8
1-4　按行业与登记注册类型分连锁零售企业基本情况 …… 16
1-5　按行业与登记注册类型分连锁零售企业经营情况 …… 38
1-6　按行业与业态分连锁零售企业基本情况 …… 82
1-7　按行业与业态分连锁零售企业经营情况 …… 106
1-8　按登记注册类型与业态分连锁零售企业基本情况 …… 154
1-9　按登记注册类型与业态分连锁零售企业经营情况 …… 166
1-10　连锁零售企业门店分布情况 …… 190
1-11　连锁零售企业配送中心分布情况 …… 191
1-12　连锁零售企业门店在 36 城市分布情况 …… 192
1-13　连锁零售企业配送中心在 36 城市分布情况 …… 193

第二部分　零售企业地区篇

2-1　各地区连锁零售企业基本情况 …… 197
2-2　各地区连锁零售企业直营门店基本情况 …… 198
2-3　各地区连锁零售企业加盟门店基本情况 …… 199
2-4　各地区连锁零售企业经营情况 …… 200
2-5　各地区连锁零售企业直营门店经营情况 …… 202
2-6　各地区连锁零售企业加盟门店经营情况 …… 204
2-7　按登记注册类型分各地区连锁零售企业基本情况 …… 206
2-8　按登记注册类型分各地区连锁零售企业直营门店基本情况 …… 217
2-9　按登记注册类型分各地区连锁零售企业加盟门店基本情况 …… 228
2-10　按登记注册类型分各地区连锁零售企业经营情况 …… 238
2-11　按登记注册类型分各地区连锁零售企业直营门店经营情况 …… 260
2-12　按登记注册类型分各地区连锁零售企业加盟门店经营情况 …… 282
2-13　按行业分各地区连锁零售企业基本情况 …… 302
2-14　按行业分各地区连锁零售企业直营门店基本情况 …… 321

2-15 按行业分各地区连锁零售企业加盟门店基本情况…… 340
2-16 按行业分各地区连锁零售企业经营情况…… 358
2-17 按行业分各地区连锁零售企业直营门店经营情况…… 396
2-18 按行业分各地区连锁零售企业加盟门店经营情况…… 434
2-19 按业态分各地区连锁零售企业基本情况…… 470
2-20 按业态分各地区连锁零售企业直营门店基本情况…… 482
2-21 按业态分各地区连锁零售企业加盟门店基本情况…… 494
2-22 按业态分各地区连锁零售企业经营情况…… 504
2-23 按业态分各地区连锁零售企业直营门店经营情况…… 528
2-24 按业态分各地区连锁零售企业加盟门店经营情况…… 552
2-25 36城市连锁零售企业基本情况…… 572
2-26 36城市连锁零售企业直营门店基本情况…… 573
2-27 36城市连锁零售企业加盟门店基本情况…… 574
2-28 36城市连锁零售企业经营情况…… 575
2-29 36城市连锁零售企业直营门店经营情况…… 577
2-30 36城市连锁零售企业加盟门店经营情况…… 579

第三部分　餐饮企业综合篇

3-1 连锁餐饮企业总体情况…… 583
3-2 连锁餐饮企业基本情况…… 584
3-3 连锁餐饮企业经营情况…… 587
3-4 按登记注册类型与行业分连锁餐饮企业基本情况…… 594
3-5 按登记注册类型与行业分连锁餐饮企业经营情况…… 598
3-6 连锁餐饮企业门店分布情况…… 606
3-7 连锁餐饮企业配送中心分布情况…… 607
3-8 连锁餐饮企业门店在36城市分布情况…… 608
3-9 连锁餐饮企业配送中心在36城市分布情况…… 609

第四部分　餐饮企业地区篇

4-1 各地区连锁餐饮企业基本情况…… 613
4-2 各地区连锁餐饮企业直营门店基本情况…… 614
4-3 各地区连锁餐饮企业加盟门店基本情况…… 615
4-4 各地区连锁餐饮企业经营情况…… 616
4-5 各地区连锁餐饮企业直营门店经营情况…… 618
4-6 各地区连锁餐饮企业加盟门店经营情况…… 620
4-7 按登记注册类型分各地区连锁餐饮企业基本情况…… 622
4-8 按登记注册类型分各地区连锁餐饮企业直营门店基本情况…… 632
4-9 按登记注册类型分各地区连锁餐饮企业加盟门店基本情况…… 642
4-10 按登记注册类型分各地区连锁企业经营情况…… 649
4-11 按登记注册类型分各地区连锁餐饮企业直营门店经营情况…… 670
4-12 按登记注册类型分各地区连锁餐饮企业加盟门店经营情况…… 690
4-13 按行业分各地区连锁餐饮企业基本情况…… 704
4-14 按行业分各地区连锁餐饮企业直营门店基本情况…… 708
4-15 按行业分各地区连锁餐饮企业加盟门店基本情况…… 712
4-16 按行业分各地区连锁餐饮企业经营情况…… 716
4-17 按行业分各地区连锁餐饮企业直营门店经营情况…… 724
4-18 按行业分各地区连锁餐饮企业加盟门店经营情况…… 732

4-19 36 城市连锁餐饮企业基本情况 …… 740
4-20 36 城市连锁餐饮企业直营门店基本情况 …… 741
4-21 36 城市连锁餐饮企业加盟门店基本情况 …… 742
4-22 36 城市连锁餐饮企业经营情况 …… 744
4-23 36 城市连锁餐饮企业直营门店经营情况 …… 746
4-24 36 城市连锁餐饮企业加盟门店经营情况 …… 748

第五部分　连锁企业情况

5-1 销售额 10 亿元以上连锁零售企业 …… 753
5-2 100 门店以上连锁零售企业 …… 765
5-3 营业额亿元以上连锁餐饮企业 …… 774
5-4 50 门店以上连锁餐饮企业 …… 778

附录　统计指标解释 …… 783

第一部分

零售企业综合篇

1-1 连锁零售企业总体情况

项目	单位	总计		直营店		加盟店	
		2014年	2013年	2014年	2013年	2014年	2013年
连锁总店数	个	2663					
连锁门店总数	个	206415	201788	131755	126657	74660	75131
年末从业人员	人	2501671	2563057	2210821	2266447	290850	296610
年末零售营业面积	平方米	162212840	155656763	152417215	146615540	9795625	9041223
连锁门店商品购进总额	万元	312984903	322985010	298089171	308435408	14895733	14549603
其中：统一配送商品购进额	万元	245824110	253524577	232616512	240795928	13207598	12728649
其中：自有配送中心	万元	146373275	145603645	140458319	139667990	5914956	5935655
非自有配送中心	万元	42656846	45733292	41145027	44341396	1511819	1391896
商品销售总额	万元	373406078	380587111	357409645	365512976	15996434	15074135
其中：零售额	万元	273565089	264274584	260443844	251926958	13121245	12347626

1-2 连锁零售企业基本情况

项目	连锁总店数(个)	门店数(个)		年末从业人员(人)		年末零售营业面积(平方米)	
	2014年	2014年	2013年	2014年	2013年	2014年	2013年
总计	**2663**	**206415**	**201788**	**2501671**	**2563057**	**162212840**	**155656763**
一、按登记注册类型分							
内资企业	2396	186649	182054	1993246	2046104	134978067	129045528
国有企业	178	15600	15352	122751	129123	11543402	10626788
集体企业	27	1275	1761	11173	12111	520278	527992
股份合作企业	8	358	355	5149	5258	59270	58820
联营企业	5	220	250	2236	2499	94630	96793
国有联营企业	2	173	204	1826	2026	85836	87075
集体联营企业							
国有与集体联营企业	1	5	5	29	43	928	928
其他联营企业	2	42	41	381	430	7866	8790
有限责任公司	1005	66801	66080	651267	674726	31639073	30862220
国有独资公司	13	1184	1161	6715	6297	95343	101200
其他有限责任公司	992	65617	64919	644552	668429	31543730	30761020
股份有限公司	291	52488	52300	820391	842290	77172077	73768389
私营企业	857	47609	43737	364961	365019	13512570	12674245
私营独资企业	39	1757	1750	7119	7421	195163	201080
私营合伙企业	8	301	318	3554	3645	279756	288499
私营有限责任公司	768	39071	35604	293635	297316	11027070	10249123
私营股份有限公司	42	6480	6065	60653	56637	2010581	1935543
其他企业	25	2298	2219	15318	15078	436767	430281
港、澳、台商投资企业	116	7677	7793	225813	215952	11274588	11537423
港澳台商合资经营企业	34	2864	2893	34549	38674	1918397	1776890
港澳台商合作经营企业	4	216	201	53198	48548	2506948	2428355
港、澳、台商独资经营企业	73	3985	4189	98173	97965	4044003	3887769
港、澳、台商投资股份有限公司	4	324	268	2365	2350	51944	49127
其他港、澳、台商投资企业	1	288	242	37528	28415	2753296	3395282
外商投资企业	151	12089	11941	282612	301001	15960185	15073812
中外合资经营企业	67	4608	4465	169936	180226	10532957	9906568
中外合作经营企业	10	1327	1490	23644	24845	909699	775873
外资企业	72	6141	5973	88728	95655	4486166	4362514
外商投资股份有限公司	1	10	9	289	240	30761	27949
其他外商投资企业	1	3	4	15	35	602	908
二、按行业分							
批发业	**337**	**50965**	**49910**	**319236**	**329440**	**42436394**	**39543680**
农、林、牧产品批发	7	3824	3781	10685	9895	71031	72436
食品、饮料及烟草制品批发	59	5598	5233	34479	37913	640186	656537
纺织、服装及家庭用品批发	22	2252	2127	21652	24139	1697143	1661579
文化、体育用品及器材批发	12	720	676	17900	16241	898818	786730
医药及医疗器材批发	33	2671	2606	10520	10061	257974	251943
矿产品、建材及化工产品批发	178	34172	33927	207949	217871	37718993	34958003
机械设备、五金产品及电子产品批发	15	596	583	6558	6186	102823	101198
贸易经纪与代理							
其他批发业	11	1132	977	9493	7134	1049426	1055254
零售业	**2326**	**155450**	**151878**	**2182435**	**2233617**	**119776446**	**116113083**
综合零售	833	67090	66083	1381418	1420803	73642143	71528477
食品、饮料及烟草制品专门零售	148	12747	11644	57573	55802	715317	692211
纺织、服装及日用品专门零售	161	11737	11863	73421	76899	2546266	2389205
文化、体育用品及器材专门零售	88	1660	2034	36648	41253	1079747	1042558
医药及医疗器材专门零售	666	41570	39834	233500	229910	5271271	4807398
汽车、摩托车、燃料及零配件专门零售	191	13344	13135	129240	136778	20911640	20119075
家用电器及电子产品专门零售	213	6997	6978	263421	265037	15093985	15040735
五金、家具及室内装饰材料专门零售	19	185	168	6333	6149	494706	470496
货摊、无店铺及其他零售业	7	120	139	881	986	21371	22928

1-2 续表 1

项 目	连锁总店数(个)	门店数(个)		年末从业人员(人)		年末零售营业面积(平方米)	
	2014年	2014年	2013年	2014年	2013年	2014年	2013年
三、按业态分							
便利店	98	16832	16024	78135	79103	1448030	1408908
折扣店	2	377	370	2093	2886	177007	176255
超市	409	33202	33829	444630	464596	18908160	18476643
大型超市	183	9481	9222	561832	561923	31091530	31113175
仓储会员店	5	108	107	15260	16225	663795	648142
百货店	100	4689	4524	258058	275888	19848085	18418141
专业店	1460	108809	106258	943137	960830	82607567	78429035
其中：加油站	289	34985	34931	297328	316235	54903967	51289754
专卖店	313	22854	22165	145645	151126	4440702	4031254
家居建材商店	16	69	67	4010	3708	445003	452812
厂家直销中心	8	309	234	3780	2721	32710	33008
其他	69	9685	8988	45091	44051	2550251	2469390
直营门店合计		**131755**	**126657**	**2210821**	**2266447**	**152417215**	**146615540**
一、按登记注册类型分							
内资企业		119046	115162	1793398	1842344	129122162	123740359
国有企业		11573	11197	118761	123950	11304052	10394763
集体企业		440	451	7808	8140	441721	444795
股份合作企业		358	355	5149	5258	59270	58820
联营企业		193	213	2085	2308	91543	93520
国有联营企业		146	167	1675	1835	82749	83802
集体联营企业							
国有与集体联营企业		5	5	29	43	928	928
其他联营企业		42	41	381	430	7866	8790
有限责任公司		40498	38865	583737	603177	29486189	28680414
国有独资公司		763	739	5744	5326	82723	86540
其他有限责任公司		39735	38126	577993	597851	29403466	28593874
股份有限公司		39267	39326	766430	783435	75810139	72613080
私营企业		25755	23889	298803	305998	11561106	11102562
私营独资企业		898	891	5798	6040	147937	152354
私营合伙企业		301	318	3554	3645	279756	288499
私营有限责任公司		21135	19528	238506	249251	9406437	9039475
私营股份有限公司		3421	3152	50945	47062	1726976	1622234
其他企业		962	866	10625	10078	368142	352405
港、澳、台商投资企业		5961	5509	169263	162314	8450094	8826377
港澳台商合资经营企业		2569	2593	33964	38012	1887478	1745912
港澳台商合作经营企业		86	84	1288	948	43448	43555
港、澳、台商独资经营企业		2694	2322	94118	92589	3713928	3592501
港、澳、台商投资股份有限公司		324	268	2365	2350	51944	49127
其他港、澳、台商投资企业		288	242	37528	28415	2753296	3395282
外商投资企业		6748	5986	248160	261789	14844959	14048804
中外合资经营企业		3897	3694	154443	161287	10066024	9410941
中外合作经营企业		541	183	13415	13005	454326	434588
外资企业		2297	2096	79998	87222	4293246	4174418
外商投资股份有限公司		10	9	289	240	30761	27949
其他外商投资企业		3	4	15	35	602	908

1-2 续表 2

项　目	连锁总店数(个)	门店数(个)		年末从业人员(人)		年末零售营业面积(平方米)	
	2014年	2014年	2013年	2014年	2013年	2014年	2013年
二、按行业分							
批发业		**31452**	**30978**	**277377**	**288599**	**41228667**	**38474152**
农、林、牧产品批发		88	93	2390	1566	18945	21400
食品、饮料及烟草制品批发		1662	1613	25525	30000	351822	402050
纺织、服装及家庭用品批发		824	804	16675	19019	1461870	1512022
文化、体育用品及器材批发		586	562	17523	16129	891608	780520
医药及医疗器材批发		1109	1024	7068	6465	167363	157750
矿产品、建材及化工产品批发		25802	25670	193859	203932	37222117	34481165
机械设备、五金产品及电子产品批发		566	552	5818	5403	86293	84768
贸易经纪与代理							
其他批发业		815	660	8519	6085	1028649	1034477
零售业		**100303**	**95679**	**1933444**	**1977848**	**111188548**	**108141388**
综合零售		34959	33684	1198375	1233805	66724656	64939340
食品、饮料及烟草制品专门零售		8079	7399	47183	46356	549562	531231
纺织、服装及日用品专门零售		5227	4842	53535	55262	2164389	2035662
文化、体育用品及器材专门零售		1558	1773	35938	40432	1074825	1016010
医药及医疗器材专门零售		30213	27910	201409	196056	4301600	4108821
汽车、摩托车、燃料及零配件专门零售		13205	12996	128345	135752	20825140	20032575
家用电器及电子产品专门零售		6773	6787	261491	263123	15033349	14985525
五金、家具及室内装饰材料专门零售		185	168	6333	6149	494706	470496
货摊、无店铺及其他零售业		104	120	835	913	20321	21728
三、按业态分							
便利店		8909	8695	55570	55717	918937	913362
折扣店		207	198	2013	2793	138787	137358
超市		16368	15905	385537	404901	16949055	16666931
大型超市		5130	4760	476418	478034	27309674	27526631
仓储会员店		93	89	15215	16153	663045	647242
百货店		2896	2710	247356	259611	19302516	17804651
专业店		85060	82009	882853	898726	81005185	77109187
其中：加油站		34755	34695	295067	313534	54789805	51173704
专卖店		11534	10936	112529	117577	3646843	3355032
家居建材商店		69	67	4010	3708	445003	452812
厂家直销中心		309	234	3780	2721	32710	33008
其他		1180	1054	25540	26506	2005460	1969326
加盟门店总计		**74660**	**75131**	**290850**	**296610**	**9795625**	**9041223**
一、按登记注册类型分							
内资企业		67603	66892	199848	203760	5855905	5305169
国有企业		4027	4155	3990	5173	239350	232025
集体企业		835	1310	3365	3971	78557	83197
股份合作企业							
联营企业		27	37	151	191	3087	3273
国有联营企业		27	37	151	191	3087	3273
集体联营企业							
国有与集体联营企业							
其他联营企业							
有限责任公司		26303	27215	67530	71549	2152884	2181806
国有独资公司		421	422	971	971	12620	14660
其他有限责任公司		25882	26793	66559	70578	2140264	2167146
股份有限公司		13221	12974	53961	58855	1361938	1155309
私营企业		21854	19848	66158	59021	1951464	1571683
私营独资企业		859	859	1321	1381	47226	48726
私营合伙企业							
私营有限责任公司		17936	16076	55129	48065	1620633	1209648
私营股份有限公司		3059	2913	9708	9575	283605	313309

1-2 续表 3

项 目	连锁总店数（个）	门店数（个）		年末从业人员（人）		年末零售营业面积（平方米）	
	2014年	2014年	2013年	2014年	2013年	2014年	2013年
其他企业		1336	1353	4693	5000	68625	77876
港、澳、台商投资企业		1716	2284	56550	53638	2824494	2711046
港澳台商合资经营企业		295	300	585	662	30919	30978
港澳台商合作经营企业		130	117	51910	47600	2463500	2384800
港、澳、台商独资经营企业		1291	1867	4055	5376	330075	295268
港、澳、台商投资股份有限公司							
其他港、澳、台商投资企业							
外商投资企业		5341	5955	34452	39212	1115226	1025008
中外合资经营企业		711	771	15493	18939	466933	495627
中外合作经营企业		786	1307	10229	11840	455373	341285
外资企业		3844	3877	8730	8433	192920	188096
外商投资股份有限公司							
其他外商投资企业							
二、按行业分							
批发业		**19513**	**18932**	**41859**	**40841**	**1207727**	**1069528**
农、林、牧产品批发		3736	3688	8295	8329	52086	51036
食品、饮料及烟草制品批发		3936	3620	8954	7913	288364	254487
纺织、服装及家庭用品批发		1428	1323	4977	5120	235273	149557
文化、体育用品及器材批发		134	114	377	112	7210	6210
医药及医疗器材批发		1562	1582	3452	3596	90611	94193
矿产品、建材及化工产品批发		8370	8257	14090	13939	496876	476838
机械设备、五金产品及电子产品批发		30	31	740	783	16530	16430
贸易经纪与代理							
其他批发业		317	317	974	1049	20777	20777
零售业		**55147**	**56199**	**248991**	**255769**	**8587898**	**7971695**
综合零售		32131	32399	183043	186998	6917487	6589137
食品、饮料及烟草制品专门零售		4668	4245	10390	9446	165755	160980
纺织、服装及日用品专门零售		6510	7021	19886	21637	381877	353543
文化、体育用品及器材专门零售		102	261	710	821	4922	26548
医药及医疗器材专门零售		11357	11924	32091	33854	969671	698577
汽车、摩托车、燃料及零配件专门零售		139	139	895	1026	86500	86500
家用电器及电子产品专门零售		224	191	1930	1914	60636	55210
五金、家具及室内装饰材料专门零售							
货摊、无店铺及其他零售业		16	19	46	73	1050	1200
三、按业态分							
便利店		7923	7329	22565	23386	529093	495546
折扣店		170	172	80	93	38220	38897
超市		16834	17924	59093	59695	1959105	1809712
大型超市		4351	4462	85414	83889	3781856	3586544
仓储会员店		15	18	45	72	750	900
百货店		1793	1814	10702	16277	545569	613490
专业店		23749	24249	60284	62104	1602382	1319848
其中：加油站		230	236	2261	2701	114162	116050
专卖店		11320	11229	33116	33549	793859	676222
家居建材商店							
厂家直销中心							
其他		8505	7934	19551	17545	544791	500064

1-3 连锁零售企业

项　　目	商品购进总额		统一配送商品购进额	
	2014年	2013年	2014年	2013年
总　计	**312984903**	**322985010**	**245824110**	**253524577**
一、按登记注册类型分				
内资企业	266386973	278350815	214048064	221167976
国有企业	40012701	43893543	33232585	38865161
集体企业	612802	658785	237946	230818
股份合作企业	1039345	1164995	1028957	1152799
联营企业	123402	104891	123402	104891
国有联营企业	98694	74202	98694	74202
集体联营企业				
国有与集体联营企业	603	690	603	690
其他联营企业	24106	30000	24106	30000
有限责任公司	50601376	50906361	38996082	38496663
国有独资公司	628919	727194	339102	409363
其他有限责任公司	49972457	50179168	38656980	38087300
股份有限公司	152463804	162117039	121476091	125195067
私营企业	21021769	18979692	18444121	16792233
私营独资企业	312796	267257	192018	167102
私营合伙企业	222286	227788	221786	227288
私营有限责任公司	17018001	14922639	14867992	13197844
私营股份有限公司	3468686	3562007	3162325	3200000
其他企业	511775	525509	508880	330344
港、澳、台商投资企业	19866657	17825852	14276820	14278573
港澳台商合资经营企业	3549958	3112807	1742592	2874462
港澳台商合作经营企业	4197276	4065145	4193243	4061751
港、澳、台商独资经营企业	8250606	7835760	5385025	5409405
港、澳、台商投资股份有限公司	148764	129603	110678	90480
其他港、澳、台商投资企业	3720055	2682539	2845282	1842475
外商投资企业	26731273	26808343	17499226	18078028
中外合资经营企业	17300862	17708182	11437712	11790711
中外合作经营企业	2490789	2243661	1212718	1141247
外资企业	6913378	6834074	4824941	5125483
外商投资股份有限公司	23856	20587	23856	20587
其他外商投资企业	2388	1839		
二、按行业分				
批发业	**115493086**	**115642511**	**99900127**	**102490165**
农、林、牧产品批发	1425289	1482737	1388103	1441205
食品、饮料及烟草制品批发	6568549	6204289	5595014	5401662
纺织、服装及家庭用品批发	1907729	1859709	985290	1072069
文化、体育用品及器材批发	3046895	3182627	3040254	3174898
医药及医疗器材批发	716712	651530	515360	465847
矿产品、建材及化工产品批发	97883306	98499959	84610405	87465801
机械设备、五金产品及电子产品批发	847742	881835	733176	774291
贸易经纪与代理				
其他批发业	3096863	2879826	3032526	2694391
零售业	**197491817**	**207342499**	**145923982**	**151034412**
综合零售	105246784	105044787	70477193	71435615
食品、饮料及烟草制品专门零售	2605655	2470726	2462967	2331063
纺织、服装及日用品专门零售	3166562	6976039	2251508	6142651
文化、体育用品及器材专门零售	4282074	4523448	4127166	4380980
医药及医疗器材专门零售	8480221	6844834	7754223	6270205

经营情况

单位：万元

自有配送中心配送商品购进额		非自有配送中心配送商品购进额		商品销售总额		零售额	
2014年	2013年	2014年	2013年	2014年	2013年	2014年	2013年
146373275	**145603645**	**42656846**	**45733292**	**373406078**	**380587111**	**273565089**	**264274584**
129363394	128166345	38435491	41523624	317756055	323372402	224643733	217027215
18924514	17762208	5617448	9723233	46302990	43854642	23211518	23603216
179136	172955	11509	10257	933986	996525	787474	753623
942409	1143186			1237698	1239879	979846	948663
16313	21964			93114	124724	85953	115720
				60226	86525	60226	86525
				814	918	814	918
16313	21964			32074	37282	24913	28278
23641302	22309068	4988768	4840753	58110883	57795811	46576555	44285843
285499	359169	12696	7756	808386	869718	261311	296139
23355802	21949899	4976072	4832997	57302497	56926093	46315244	43989704
73635891	76276411	25975987	25585358	185132129	197977358	129957375	128461954
11922451	10381846	1580766	1278144	25400714	20838791	22503640	18321907
107684	91730	10976	6211	363769	309205	271819	231141
196074	200377			231376	226744	231376	226744
8951071	7421427	1527112	1241855	20797962	16438626	18703872	14753883
2667622	2668311	42678	30079	4007607	3864215	3296573	3110139
101378	98710	261013	85879	544541	544671	541371	536290
6988707	7209552	1433441	1321415	23206987	25171275	20907891	19662226
1230363	2009644	47602	51174	4499363	4000360	3673769	3769149
16979	14319			4203000	8022433	4203000	4070461
3299276	3757205	871969	765671	10912350	10558388	9469369	9284596
26208	38756	84470	51724	207072	198667	176552	146592
2415882	1389628	429400	452847	3385201	2391427	3385201	2391427
10021174	10227747	2787914	2888253	32443037	32043434	28013465	27585144
5933045	6168366	1729891	1686993	21093929	21143740	18156113	18168330
1145885	950463		122140	2755756	2558747	1637440	1587939
2918388	3088331	1058023	1079121	8566376	8317911	8192936	7805838
23856	20587			23856	20587	23856	20587
				3120	2451	3120	2451
66091632	**64405625**	**19958860**	**19856747**	**134335911**	**133199262**	**75123336**	**68586148**
1384517	1438150			1604541	1654582	17109	16053
3632375	3573028	135180	131046	8731932	8250680	443788	465204
880705	897587	2702	5864	3096684	3030728	1558913	1469573
2961482	3018582	33436	107573	3084924	3015886	1205043	1128270
411914	376626	679	748	812845	755064	358512	334599
53915855	52181846	19488325	19380782	113005551	112715382	68640313	62362453
371959	460360	298539	230733	921831	930274	522189	576441
2532825	2459446			3077603	2846666	2377470	2233555
80281644	**81198020**	**22697986**	**25876545**	**239070167**	**247387848**	**198441753**	**195688436**
43242824	42833821	9461007	8737351	124717225	125680536	107895547	103381578
1482609	1447141	275391	214141	3074802	2936219	2788521	2706436
1045591	1122420	441100	4296820	4332248	4184629	3962415	3847157
3398802	3559695	230329	192978	4844575	4673285	2444157	2052397
4686238	3963510	1197586	857531	12084638	7927346	11166812	7276201

1-3 续表 1

项　　目	商品购进总额		统一配送商品购进额	
	2014年	2013年	2014年	2013年
汽车、摩托车、燃料及零配件专门零售	52036905	53648181	40219584	39213445
家用电器及电子产品专门零售	21148064	27295294	18162294	20788394
五金、家具及室内装饰材料专门零售	420834	432206	364493	365073
货摊、无店铺及其他零售业	104720	106986	104554	106986
三、按业态分				
便利店	2946845	2612988	2218377	1959035
折扣店	258374	258088		
超市	27071275	25719405	22410601	21699570
大型超市	40797629	38880269	29525257	28981517
仓储会员店	2343598	2408980	310002	328786
百货店	29171729	30092195	13896756	15369893
专业店	195135598	204614486	165201906	169646239
其中：加油站	138397195	140528161	113605087	116649272
专卖店	11513730	14751185	9796805	13199910
家居建材商店	377725	384414	321384	317281
厂家直销中心	110246	114820	109117	114039
其他	3258155	3148181	2033905	1908307
直营门店合计	**298089171**	**308435408**	**232616512**	**240795928**
一、按登记注册类型分				
内资企业	257220391	269247198	206349235	213639317
国有企业	38830925	42807821	32175376	37784640
集体企业	498702	439314	218947	208468
股份合作企业	1039345	1164995	1028957	1152799
联营企业	115759	97565	115759	97565
国有联营企业	91051	66876	91051	66876
集体联营企业				
国有与集体联营企业	603	690	603	690
其他联营企业	24106	30000	24106	30000
有限责任公司	48729569	48952415	37521295	36953146
国有独资公司	613049	705424	323262	387614
其他有限责任公司	48116520	48246991	37198033	36565532
股份有限公司	148053715	157764470	117510803	121471370
私营企业	19475790	17529958	17304313	15675576
私营独资企业	300129	255898	180659	157283
私营合伙企业	222286	227788	221786	227288
私营有限责任公司	15891994	13897207	14023505	12378931
私营股份有限公司	3061381	3149065	2878363	2912074
其他企业	476586	490661	473786	295754
港、澳、台商投资企业	15263361	13399786	9822484	10047488
港澳台商合资经营企业	3487514	3068958	1711262	2830613
港澳台商合作经营企业	114808	113173	110775	109780
港、澳、台商独资经营企业	7792222	7405514	5044487	5174140
港、澳、台商投资股份有限公司	148764	129603	110678	90480
其他港、澳、台商投资企业	3720055	2682539	2845282	1842475
外商投资企业	25605418	25788424	16444793	17109123
中外合资经营企业	16625473	17025670	10762323	11108199
中外合作经营企业	2145273	1980051	920164	909799
外资企业	6808429	6760277	4738450	5070538
外商投资股份有限公司	23856	20587	23856	20587
其他外商投资企业	2388	1839		

单位：万元

自有配送中心配送商品购进额		非自有配送中心配送商品购进额		商品销售总额		零售额	
2014年	2013年	2014年	2013年	2014年	2013年	2014年	2013年
16281025	15427372	8843911	9166661	67362736	67213369	49107730	49852308
9985525	12631745	2195799	2367233	21918586	33981507	20460006	25896732
142646	119236	44863	36469	629180	680177	585433	629982
16386	93080	8002	7362	106176	110780	31130	45645
1037427	941609	422324	337166	3459696	3176771	3094610	2877971
				295499	292288	268887	263862
14248417	13582597	3269807	2961509	29817546	28510745	26001643	24340128
16814302	16221987	4217456	4156761	46472030	47996696	41850646	39392919
1928	1711			2409243	2346387	2409243	2346387
9673748	10908390	1201716	1108187	38061046	36922945	30965090	30763607
97445586	96741552	31786037	31816614	233457794	243311139	157023620	153547714
65011275	62038889	25513105	25643141	167863024	167515575	112455504	106872332
5590913	5895925	1335609	4905607	14003104	12711118	9047923	8123304
62275	35342	86539	76791	509023	517581	461747	467386
69298	78267			164350	164101	77459	58207
1429381	1196265	337359	370657	4756747	4637342	2364221	2093098
140458319	**139667990**	**41145027**	**44341396**	**357409645**	**365512976**	**260443844**	**251926958**
124581661	123232114	36974956	40201501	307712161	313997474	217268400	210247692
18629988	17347264	5471899	9482464	45150199	42797383	22936021	23355457
162306	153316	11509	10257	846283	778861	733069	687621
942409	1143186			1237698	1239879	979846	948663
16313	21964			84359	115885	77198	106882
				51471	77686	51471	77686
				814	918	814	918
16313	21964			32074	37282	24913	28278
22543564	21132807	4784324	4614496	55749360	55446141	44351288	42105747
270289	338050	12066	7126	788280	843746	261061	295933
22273275	20794758	4772258	4607370	54961081	54602395	44090227	41809814
71113168	73814377	25033945	24873467	180799070	194094947	127022073	125891130
11082407	9529661	1436236	1159296	23343003	19018332	20669887	16654528
103923	88537	10776	6211	352720	299059	260770	220994
196074	200377			231376	226744	231376	226744
8378287	6840852	1394554	1134778	19289910	15153083	17365410	13571566
2404123	2399895	30907	18307	3468997	3339446	2812331	2635224
91505	89540	237044	61521	502189	506046	499020	497664
6861391	7135342	1427126	1291815	18513308	20641524	16381296	15257497
1205348	1987673	41287	29296	4417490	3923335	3594669	3694519
16979	14319			120532	4070461	120532	118490
3196974	3704966	871969	757948	10383014	10057634	9104342	8906469
26208	38756	84470	51724	207072	198667	176552	146592
2415882	1389628	429400	452847	3385201	2391427	3385201	2391427
9015268	9300534	2742945	2848080	31184175	30873978	26794148	26421769
5302536	5525702	1688389	1648351	20389346	20431658	17491075	17462329
853330	719015		122140	2372315	2251723	1253998	1280915
2835546	3035230	1054556	1077590	8395538	8167560	8022099	7655487
23856	20587			23856	20587	23856	20587
				3120	2451	3120	2451

1-3 续表 2

项　　目	商品购进总额		统一配送商品购进额	
	2014年	2013年	2014年	2013年
二、按行业分				
批发业	**112323119**	**112515148**	**97150609**	**99761066**
农、林、牧产品批发	1182337	1233865	1180037	1225395
食品、饮料及烟草制品批发	6466967	6106205	5502236	5313200
纺织、服装及家庭用品批发	1638883	1635815	889164	978125
文化、体育用品及器材批发	3044558	3180694	3039079	3173805
医药及医疗器材批发	680899	615671	504242	455298
矿产品、建材及化工产品批发	95414684	96140687	82292444	85161795
机械设备、五金产品及电子产品批发	839391	875804	724825	768259
贸易经纪与代理				
其他批发业	3055400	2726407	3018583	2685189
零售业	**185766051**	**195920260**	**135465903**	**141034861**
综合零售	95699963	95662313	62097946	63381357
食品、饮料及烟草制品专门零售	2268874	2111165	2141846	1983225
纺织、服装及日用品专门零售	2883309	6618129	1997559	5807507
文化、体育用品及器材专门零售	4274961	4516878	4123091	4377202
医药及医疗器材专门零售	7962969	6393064	7288917	5875628
汽车、摩托车、燃料及零配件专门零售	51525521	53137329	39708200	38702593
家用电器及电子产品专门零售	20625157	26942443	17639387	20435543
五金、家具及室内装饰材料专门零售	420834	432206	364493	365073
货摊、无店铺及其他零售业	104464	106733	104464	106733
三、按业态分				
便利店	2003496	1834847	1527739	1411047
折扣店	240747	240207		
超市	24910320	23493329	20703013	19943849
大型超市	35284576	33683471	24121775	23838782
仓储会员店	2343433	2408796	310002	328601
百货店	28279917	28945376	13331673	14778837
专业店	192022586	201540405	162274376	166883266
其中：加油站	137134341	139341952	112342233	115463062
专卖店	9921292	13306274	8265979	11766271
家居建材商店	377725	384414	321384	317281
厂家直销中心	110246	114820	109117	114039
其他	2594833	2483470	1651453	1413954
加盟门店总计	**14895733**	**14549603**	**13207598**	**12728649**
一、按登记注册类型分				
内资企业	9166582	9103617	7698828	7528659
国有企业	1181776	1085722	1057209	1080520
集体企业	114100	219472	18999	22351
股份合作企业				
联营企业	7643	7326	7643	7326
国有联营企业	7643	7326	7643	7326
集体联营企业				
国有与集体联营企业				
其他联营企业				
有限责任公司	1871807	1953946	1474787	1543517
国有独资公司	15870	21770	15840	21750
其他有限责任公司	1855937	1932176	1458947	1521767
股份有限公司	4410089	4352570	3965288	3723697
私营企业	1545979	1449733	1139808	1116657
私营独资企业	12667	11359	11359	9819
私营合伙企业				
私营有限责任公司	1126006	1025432	844487	818913
私营股份有限公司	407306	412943	283962	287925

单位：万元

自有配送中心配送商品购进额		非自有配送中心配送商品购进额		商品销售总额		零售额	
2014年	2013年	2014年	2013年	2014年	2013年	2014年	2013年
64132141	**62394468**	**19838644**	**19604417**	**131086822**	**130109343**	**74408032**	**67952757**
1180037	1225395			1334786	1382605	14352	13697
3560551	3503109	114224	112503	8675499	8176001	390386	392683
835944	854355	2702	5675	2800977	2905023	1416590	1410997
2960308	3017489	33436	107573	3083582	3014393	1204191	1127477
404109	369333	44	35	750519	707823	337520	315261
52290112	50508694	19394346	19150215	110502786	110329245	68158711	61892452
368255	456646	293893	228416	911191	922976	511549	569143
2532825	2459446			3027484	2671278	2374733	2231047
76326178	**77273522**	**21306383**	**24736979**	**226322822**	**235403633**	**186035812**	**183974200**
40268259	39931266	8712482	8073152	114489437	116008787	97893095	93849411
1170390	1115228	274284	203112	2689329	2538471	2411175	2314002
794083	806309	439083	4285206	3875627	3709552	3536961	3397462
3394749	3555940	230307	192954	4837636	4666772	2438927	2047562
4503831	3827465	1037438	710610	11445298	7373513	10548796	6756042
16091025	15237372	8843911	9166661	66837859	66679448	48636346	49382737
9944900	12587694	1716015	2061452	21412557	33636432	19954225	25551656
142646	119236	44863	36469	629180	680177	585433	629982
16296	93011	8002	7362	105899	110481	30853	45347
722503	648565	290055	242597	2502392	2355321	2251157	2117732
				268966	263862	242354	235437
13123727	12425405	2774960	2510900	27561284	26278622	23800301	22140719
15660603	15165866	4113392	4067748	40852330	42697836	36242849	34104850
1928	1711			2409055	2346175	2409055	2346175
9293451	10513174	1195872	1086310	37019530	35842129	29968236	29717658
95182876	94593984	31604773	31653935	230093212	239970267	155271228	151897823
64067636	61171498	25513105	25643141	166586677	166306167	111607969	106064057
5039856	5245915	855881	4580421	12184962	11115073	7851335	7023639
62275	35342	86539	76791	509023	517581	461747	467386
69298	78267			164350	164101	77459	58207
1301801	959761	223556	122694	3844541	3962009	1868123	1817332
5914956	**5935655**	**1511819**	**1391896**	**15996434**	**15074135**	**13121245**	**12347626**
4781734	4934231	1460535	1322123	10043894	9374928	7375333	6779523
294526	414944	145549	240769	1152791	1057259	275497	247759
16830	19639			87703	217665	54406	66002
				8755	8839	8755	8839
				8755	8839	8755	8839
1097737	1176261	204444	226257	2361523	2349670	2225268	2180096
15210	21120	630	630	20106	25972	250	206
1082527	1155141	203814	225626	2341417	2323698	2225018	2179890
2522723	2462034	942042	711891	4333058	3882411	2935302	2570824
840045	852185	144530	118848	2057711	1820459	1833753	1667379
3762	3194	200		11049	10147	11049	10147
572784	580575	132559	107076	1508052	1285543	1338462	1182317
263499	268416	11771	11771	538610	524770	484242	474915

1-3 续表 3

项　目	商品购进总额		统一配送商品购进额	
	2014年	2013年	2014年	2013年
其他企业	35189	34848	35094	34590
港、澳、台商投资企业	4603296	4426066	4454336	4231085
港澳台商合资经营企业	62444	43849	31330	43849
港澳台商合作经营企业	4082468	3951971	4082468	3951971
港、澳、台商独资经营企业	458384	430246	340538	235265
港、澳、台商投资股份有限公司				
其他港、澳、台商投资企业				
外商投资企业	1125855	1019920	1054434	968906
中外合资经营企业	675389	682512	675389	682512
中外合作经营企业	345516	263611	292554	231448
外资企业	104950	73797	86490	54945
外商投资股份有限公司				
其他外商投资企业				
二、按行业分				
批发业	**3169967**	**3127363**	**2749518**	**2729098**
农、林、牧产品批发	242952	248872	208066	215810
食品、饮料及烟草制品批发	101582	98083	92779	88462
纺织、服装及家庭用品批发	268846	223895	96126	93945
文化、体育用品及器材批发	2337	1933	1175	1093
医药及医疗器材批发	35813	35858	11118	10549
矿产品、建材及化工产品批发	2468623	2359272	2317961	2304006
机械设备、五金产品及电子产品批发	8351	6032	8351	6032
贸易经纪与代理				
其他批发业	41463	153419	13943	9203
零售业	**11725766**	**11422239**	**10458080**	**9999551**
综合零售	9546821	9382474	8379248	8054258
食品、饮料及烟草制品专门零售	336781	359561	321121	347838
纺织、服装及日用品专门零售	283253	357910	253949	335144
文化、体育用品及器材专门零售	7113	6570	4075	3778
医药及医疗器材专门零售	517252	451770	465306	394577
汽车、摩托车、燃料及零配件专门零售	511384	510852	511384	510852
家用电器及电子产品专门零售	522907	352851	522907	352851
五金、家具及室内装饰材料专门零售				
货摊、无店铺及其他零售业	255	253	90	253
三、按业态分				
便利店	943349	778141	690638	547988
折扣店	17627	17881		
超市	2160954	2226077	1707588	1755721
大型超市	5513053	5196798	5403482	5142735
仓储会员店	166	184		184
百货店	891812	1146819	565083	591056
专业店	3113012	3074082	2927530	2762973
其中：加油站	1262854	1186210	1262854	1186210
专卖店	1592438	1444910	1530826	1433639
家居建材商店				
厂家直销中心				
其他	663322	664711	382452	494353

单位：万元

自有配送中心配送商品购进额		非自有配送中心配送商品购进额		商品销售总额		零售额	
2014年	2013年	2014年	2013年	2014年	2013年	2014年	2013年
9873	9170	23970	24359	42352	38625	42352	38625
127317	74210	6315	29601	4693678	4529751	4526595	4404729
25015	21971	6315	21878	81873	77025	79099	74630
				4082468	3951971	4082468	3951971
102302	52239		7723	529337	500754	365028	378127
1005906	927213	44969	40173	1258862	1169456	1219317	1163375
630510	642663	41503	38642	704582	712082	665038	706001
292554	231448			383442	307024	383442	307024
82842	53102	3467	1531	170838	150351	170838	150351
1959491	**2011157**	**120216**	**252330**	**3249089**	**3089919**	**715304**	**633391**
204480	212755			269755	271978	2756	2356
71823	69918	20955	18544	56433	74679	53402	72521
44761	43232		189	295707	125705	142323	58576
1175	1093			1342	1493	852	793
7805	7294	636	713	62327	47241	20992	19338
1625743	1673152	93979	230567	2502765	2386137	481602	470001
3705	3714	4646	2318	10640	7297	10640	7297
				50120	175389	2737	2508
3955466	**3924498**	**1391604**	**1139567**	**12747345**	**11984216**	**12405941**	**11714236**
2974565	2902555	748525	664199	10227788	9671749	10002452	9532167
312219	331913	1107	11029	385474	397748	377346	392434
251508	316111	2018	11614	456621	475078	425454	449695
4053	3754	22	24	6939	6513	5230	4835
182407	136045	160148	146921	639340	553833	618016	520160
190000	190000			524877	533921	471384	469571
40625	44051	479784	305780	506029	345076	505781	345076
90	68			277	298	277	298
314924	293044	132270	94569	957305	821450	843453	760239
				26533	28425	26533	28425
1124690	1157192	494847	450609	2256262	2232123	2201342	2199409
1153699	1056121	104064	89013	5619700	5298860	5607797	5288069
				188	212	188	212
380297	395216	5844	21878	1041517	1080816	996854	1045950
2262711	2147568	181264	162678	3364582	3340871	1752392	1649891
943640	867391			1276347	1209408	847535	808275
551057	650009	479729	325186	1818142	1596045	1196589	1099665
127580	236504	113803	247963	912206	675333	496098	275766

1-4 按行业与登记注册类型分连锁零售企业基本情况

内资企业

项 目	连锁总店数（个）	门店数（个）		年末从业人员（人）		年末零售营业面积（平方米）	
	2014年	2014年	2013年	2014年	2013年	2014年	2013年
总 计	**2396**	**186649**	**182054**	**1993246**	**2046104**	**134978067**	**129045528**
批发业	**321**	**49530**	**48869**	**309132**	**318140**	**42182350**	**39398750**
农、林、牧产品批发	7	3824	3781	10685	9895	71031	72436
食品、饮料及烟草制品批发	54	5111	4817	30000	29921	569144	596305
纺织、服装及家庭用品批发	18	1588	1635	20507	22717	1542825	1601667
文化、体育用品及器材批发	11	712	666	17835	16181	898296	786138
医药及医疗器材批发	33	2671	2606	10520	10061	257974	251943
矿产品、建材及化工产品批发	176	34111	33869	206768	216702	37697493	34938503
机械设备、五金产品及电子产品批发	14	594	581	6424	6058	101190	99565
贸易经纪与代理							
其他批发业	8	919	914	6393	6605	1044397	1052193
零售业	**2075**	**137119**	**133185**	**1684114**	**1727964**	**92795717**	**89646778**
综合零售	691	58562	58182	963406	1001536	51259590	49606477
食品、饮料及烟草制品专门零售	136	12208	11041	53160	51186	670023	648175
纺织、服装及日用品专门零售	113	4780	4742	31350	32705	1402902	1280659
文化、体育用品及器材专门零售	86	1506	1725	35441	39487	1019407	986163
医药及医疗器材专门零售	658	40955	38571	228200	223316	5133027	4637926
汽车、摩托车、燃料及零配件专门零售	169	12025	11874	113914	120205	18546964	17791523
家用电器及电子产品专门零售	204	6796	6761	253120	254120	14425929	14379492
五金、家具及室内装饰材料专门零售	11	167	150	4642	4423	316504	293435
货摊、无店铺及其他零售业	7	120	139	881	986	21371	22928
直营门店合计		**119046**	**115162**	**1793398**	**1842344**	**129122162**	**123740359**
批发业		**30561**	**30362**	**267543**	**277803**	**41091598**	**38369141**
农、林、牧产品批发		88	93	2390	1566	18945	21400
食品、饮料及烟草制品批发		1198	1221	21098	22060	282605	343750
纺织、服装及家庭用品批发		681	713	15748	18049	1422702	1490097
文化、体育用品及器材批发		578	552	17458	16069	891086	779928
医药及医疗器材批发		1109	1024	7068	6465	167363	157750
矿产品、建材及化工产品批发		25741	25612	192678	202763	37200617	34461665
机械设备、五金产品及电子产品批发		564	550	5684	5275	84660	83135
贸易经纪与代理							
其他批发业		602	597	5419	5556	1023620	1031416

1-4 续表 1

内资企业

项　目	连锁总店数(个)	门店数(个)		年末从业人员(人)		年末零售营业面积(平方米)	
	2014年	2014年	2013年	2014年	2013年	2014年	2013年
零售业		**88485**	**84800**	**1525855**	**1564541**	**88030564**	**85371218**
综合零售		28160	27458	856549	889478	47918082	46416280
食品、饮料及烟草制品专门零售		7623	6911	42937	41968	506370	489509
纺织、服装及日用品专门零售		2971	3001	25843	27266	1265689	1173918
文化、体育用品及器材专门零售		1404	1464	34731	38666	1014485	959615
医药及医疗器材专门零售		29598	27391	196109	190442	4163356	3987428
汽车、摩托车、燃料及零配件专门零售		11886	11735	113019	119179	18460464	17705023
家用电器及电子产品专门零售		6572	6570	251190	252206	14365293	14324282
五金、家具及室内装饰材料专门零售		167	150	4642	4423	316504	293435
货摊、无店铺及其他零售业		104	120	835	913	20321	21728
加盟门店合计		**67603**	**66892**	**199848**	**203760**	**5855905**	**5305169**
批发业		**18969**	**18507**	**41589**	**40337**	**1090752**	**1029609**
农、林、牧产品批发		3736	3688	8295	8329	52086	51036
食品、饮料及烟草制品批发		3913	3596	8902	7861	286539	252555
纺织、服装及家庭用品批发		907	922	4759	4668	120123	111570
文化、体育用品及器材批发		134	114	377	112	7210	6210
医药及医疗器材批发		1562	1582	3452	3595	90611	94193
矿产品、建材及化工产品批发		8370	8257	14090	13939	496876	476838
机械设备、五金产品及电子产品批发		30	31	740	783	16530	16430
贸易经纪与代理							
其他批发业		317	317	974	1049	20777	20777
零售业		**48634**	**48385**	**158259**	**163423**	**4765153**	**4275560**
综合零售		30402	30724	106857	112058	3341508	3190197
食品、饮料及烟草制品专门零售		4585	4130	10223	9218	163653	158666
纺织、服装及日用品专门零售		1809	1741	5507	5439	137213	106741
文化、体育用品及器材专门零售		102	261	710	821	4922	26548
医药及医疗器材专门零售		11357	11180	32091	32874	969671	650498
汽车、摩托车、燃料及零配件专门零售		139	139	895	1026	86500	86500
家用电器及电子产品专门零售		224	191	1930	1914	60636	55210
五金、家具及室内装饰材料专门零售							
货摊、无店铺及其他零售业		16	19	46	73	1050	1200

1-4 续表 2

国有企业

项　　目	连锁总店数(个)	门店数(个)		年末从业人员(人)		年末零售营业面积(平方米)	
	2014年	2014年	2013年	2014年	2013年	2014年	2013年
总　计	**178**	**15600**	**15352**	**122751**	**129123**	**11543402**	**10626788**
批发业	**69**	**8400**	**8219**	**54325**	**57813**	**4819249**	**4526598**
农、林、牧产品批发	1	3	3	13	32	296	296
食品、饮料及烟草制品批发	24	233	234	13666	14372	141671	156003
纺织、服装及家庭用品批发							
文化、体育用品及器材批发	3	467	355	10872	9513	503519	390554
医药及医疗器材批发	2	88	100	315	350	5944	6615
矿产品、建材及化工产品批发	39	7609	7527	29459	33546	4167819	3973130
机械设备、五金产品及电子产品批发							
贸易经纪与代理							
其他批发业							
零售业	**109**	**7200**	**7133**	**68426**	**71310**	**6724153**	**6100190**
综合零售	12	2258	2445	12534	13939	445846	440886
食品、饮料及烟草制品专门零售	8	148	147	956	928	9212	9029
纺织、服装及日用品专门零售	2	204	175	3006	3145	727803	604484
文化、体育用品及器材专门零售	24	267	290	5546	5863	180389	216961
医药及医疗器材专门零售	18	1330	1297	6574	7699	167199	153878
汽车、摩托车、燃料及零配件专门零售	45	2993	2779	39810	39736	5193704	4674952
家用电器及电子产品专门零售							
五金、家具及室内装饰材料专门零售							
货摊、无店铺及其他零售业							
直营门店合计		**11573**	**11197**	**118761**	**123950**	**11304052**	**10394763**
批发业		**5755**	**5566**	**53220**	**56766**	**4667849**	**4383484**
农、林、牧产品批发		3	3	13	32	296	296
食品、饮料及烟草制品批发		233	234	13666	14372	141671	156003
纺织、服装及家庭用品批发							
文化、体育用品及器材批发		467	355	10872	9513	503519	390554
医药及医疗器材批发		8	7	75	70	1144	1035
矿产品、建材及化工产品批发		5044	4967	28594	32779	4021219	3835596
机械设备、五金产品及电子产品批发							
贸易经纪与代理							
其他批发业							

1-4 续表 3

国有企业

项　目	连锁总店数（个）	门店数（个）		年末从业人员（人）		年末零售营业面积（平方米）	
	2014年	2014年	2013年	2014年	2013年	2014年	2013年
零售业		**5818**	**5631**	**65541**	**67184**	**6636203**	**6011279**
综合零售		1315	1403	10262	11420	408796	400540
食品、饮料及烟草制品专门零售		148	147	956	928	9212	9029
纺织、服装及日用品专门零售		204	175	3006	3145	727803	604484
文化、体育用品及器材专门零售		266	289	5543	5850	180339	216911
医药及医疗器材专门零售		903	849	6069	6225	136349	125363
汽车、摩托车、燃料及零配件专门零售		2982	2768	39705	39606	5173704	4654952
家用电器及电子产品专门零售							
五金、家具及室内装饰材料专门零售							
货摊、无店铺及其他零售业							
加盟门店合计		**4027**	**4155**	**3990**	**5173**	**239350**	**232025**
批发业		**2645**	**2653**	**1105**	**1047**	**151400**	**143114**
农、林、牧产品批发							
食品、饮料及烟草制品批发							
纺织、服装及家庭用品批发							
文化、体育用品及器材批发							
医药及医疗器材批发		80	93	240	280	4800	5580
矿产品、建材及化工产品批发		2565	2560	865	767	146600	137534
机械设备、五金产品及电子产品批发							
贸易经纪与代理							
其他批发业							
零售业		**1382**	**1502**	**2885**	**4126**	**87950**	**88911**
综合零售		943	1042	2272	2519	37050	40346
食品、饮料及烟草制品专门零售							
纺织、服装及日用品专门零售							
文化、体育用品及器材专门零售		1	1	3	3	50	50
医药及医疗器材专门零售		427	448	505	1474	30850	28515
汽车、摩托车、燃料及零配件专门零售		11	11	105	130	20000	20000
家用电器及电子产品专门零售							
五金、家具及室内装饰材料专门零售							
货摊、无店铺及其他零售业							

1-4 续表 4

集体企业

项　目	连锁总店数（个）	门店数（个）		年末从业人员（人）		年末零售营业面积（平方米）	
	2014年	2014年	2013年	2014年	2013年	2014年	2013年
总　计	**27**	**1275**	**1761**	**11173**	**12111**	**520278**	**527992**
批发业	**6**	**427**	**932**	**1109**	**1878**	**18314**	**31505**
农、林、牧产品批发							
食品、饮料及烟草制品批发	1	210	616	422	993	3900	10730
纺织、服装及家庭用品批发	1	2	101	74	266	1505	7866
文化、体育用品及器材批发							
医药及医疗器材批发							
矿产品、建材及化工产品批发	3	94	94	254	260	4809	4809
机械设备、五金产品及电子产品批发							
贸易经纪与代理							
其他批发业	1	121	121	359	359	8100	8100
零售业	**21**	**848**	**829**	**10064**	**10233**	**501964**	**496487**
综合零售	13	686	663	9085	9283	488963	483540
食品、饮料及烟草制品专门零售	1	23	23	58	58	688	688
纺织、服装及日用品专门零售							
文化、体育用品及器材专门零售	2	12	12	188	229	2237	2237
医药及医疗器材专门零售	4	107	107	706	633	9716	9662
汽车、摩托车、燃料及零配件专门零售	1	20	24	27	30	360	360
家用电器及电子产品专门零售							
五金、家具及室内装饰材料专门零售							
货摊、无店铺及其他零售业							
直营门店合计		**440**	**451**	**7808**	**8140**	**441721**	**444795**
批发业		**127**	**137**	**455**	**604**	**8374**	**14795**
农、林、牧产品批发							
食品、饮料及烟草制品批发		30	36	122	253	1800	6880
纺织、服装及家庭用品批发		2	6	74	86	1505	2846
文化、体育用品及器材批发							
医药及医疗器材批发							
矿产品、建材及化工产品批发		94	94	254	260	4809	4809
机械设备、五金产品及电子产品批发							
贸易经纪与代理							
其他批发业		1	1	5	5	260	260

1-4 续表 5

集体企业

项 目	连锁总店数(个)	门店数(个)		年末从业人员(人)		年末零售营业面积(平方米)	
	2014年	2014年	2013年	2014年	2013年	2014年	2013年
零售业		**313**	**314**	**7353**	**7536**	**433347**	**430000**
综合零售		164	161	6439	6651	421058	417765
食品、饮料及烟草制品专门零售		23	23	58	58	688	688
纺织、服装及日用品专门零售							
文化、体育用品及器材专门零售		12	12	188	229	2237	2237
医药及医疗器材专门零售		94	94	641	568	9004	8950
汽车、摩托车、燃料及零配件专门零售		20	24	27	30	360	360
家用电器及电子产品专门零售							
五金、家具及室内装饰材料专门零售							
货摊、无店铺及其他零售业							
加盟门店合计		**835**	**1310**	**3365**	**3971**	**78557**	**83197**
批发业		**300**	**795**	**654**	**1274**	**9940**	**16710**
农、林、牧产品批发							
食品、饮料及烟草制品批发		180	580	300	740	2100	3850
纺织、服装及家庭用品批发			95		130		5020
文化、体育用品及器材批发							
医药及医疗器材批发							
矿产品、建材及化工产品批发							
机械设备、五金产品及电子产品批发							
贸易经纪与代理							
其他批发业		120	120	354	354	7840	7840
零售业		**535**	**515**	**2711**	**2697**	**68617**	**66487**
综合零售		522	502	2646	2632	67905	65775
食品、饮料及烟草制品专门零售							
纺织、服装及日用品专门零售							
文化、体育用品及器材专门零售							
医药及医疗器材专门零售		13	13	65	65	712	712
汽车、摩托车、燃料及零配件专门零售							
家用电器及电子产品专门零售							
五金、家具及室内装饰材料专门零售							
货摊、无店铺及其他零售业							

1-4 续表 6

股份合作企业

项目	连锁总店数(个)	门店数(个)		年末从业人员(人)		年末零售营业面积(平方米)	
	2014年	2014年	2013年	2014年	2013年	2014年	2013年
总　计	**8**	**358**	**355**	**5149**	**5258**	**59270**	**58820**
批发业	**2**	**13**	**15**	**383**	**408**	**10613**	**11613**
农、林、牧产品批发							
食品、饮料及烟草制品批发	2	13	15	383	408	10613	11613
纺织、服装及家庭用品批发							
文化、体育用品及器材批发							
医药及医疗器材批发							
矿产品、建材及化工产品批发							
机械设备、五金产品及电子产品批发							
贸易经纪与代理							
其他批发业							
零售业	**6**	**345**	**340**	**4766**	**4850**	**48657**	**47207**
综合零售	3	51	50	1695	1622	19033	18933
食品、饮料及烟草制品专门零售							
纺织、服装及日用品专门零售							
文化、体育用品及器材专门零售							
医药及医疗器材专门零售	1	39	30	410	410	4500	3150
汽车、摩托车、燃料及零配件专门零售	1	226	231	2501	2663	18000	18000
家用电器及电子产品专门零售							
五金、家具及室内装饰材料专门零售							
货摊、无店铺及其他零售业	1	29	29	160	155	7124	7124
直营门店合计		**358**	**355**	**5149**	**5258**	**59270**	**58820**
批发业		**13**	**15**	**383**	**408**	**10613**	**11613**
农、林、牧产品批发							
食品、饮料及烟草制品批发		13	15	383	408	10613	11613
纺织、服装及家庭用品批发							
文化、体育用品及器材批发							
医药及医疗器材批发							
矿产品、建材及化工产品批发							
机械设备、五金产品及电子产品批发							
贸易经纪与代理							
其他批发业							

1-4 续表 7

股份合作企业

项目	连锁总店数(个)	门店数(个)		年末从业人员(人)		年末零售营业面积(平方米)	
	2014年	2014年	2013年	2014年	2013年	2014年	2013年
零售业		**345**	**340**	**4766**	**4850**	**48657**	**47207**
综合零售		51	50	1695	1622	19033	18933
食品、饮料及烟草制品专门零售							
纺织、服装及日用品专门零售							
文化、体育用品及器材专门零售							
医药及医疗器材专门零售		39	30	410	410	4500	3150
汽车、摩托车、燃料及零配件专门零售		226	231	2501	2663	18000	18000
家用电器及电子产品专门零售							
五金、家具及室内装饰材料专门零售							
货摊、无店铺及其他零售业		29	29	160	155	7124	7124
加盟门店合计							
批发业							
农、林、牧产品批发							
食品、饮料及烟草制品批发							
纺织、服装及家庭用品批发							
文化、体育用品及器材批发							
医药及医疗器材批发							
矿产品、建材及化工产品批发							
机械设备、五金产品及电子产品批发							
贸易经纪与代理							
其他批发业							
零售业							
综合零售							
食品、饮料及烟草制品专门零售							
纺织、服装及日用品专门零售							
文化、体育用品及器材专门零售							
医药及医疗器材专门零售							
汽车、摩托车、燃料及零配件专门零售							
家用电器及电子产品专门零售							
五金、家具及室内装饰材料专门零售							
货摊、无店铺及其他零售业							

1-4 续表 8

联营企业

项　目	连锁总店数(个)	门店数(个)		年末从业人员(人)		年末零售营业面积(平方米)	
	2014年	2014年	2013年	2014年	2013年	2014年	2013年
总　计	**5**	**220**	**250**	**2236**	**2499**	**94630**	**96793**
批发业							
农、林、牧产品批发							
食品、饮料及烟草制品批发							
纺织、服装及家庭用品批发							
文化、体育用品及器材批发							
医药及医疗器材批发							
矿产品、建材及化工产品批发							
机械设备、五金产品及电子产品批发							
贸易经纪与代理							
其他批发业							
零售业	**5**	**220**	**250**	**2236**	**2499**	**94630**	**96793**
综合零售	2	42	38	1213	1252	70300	71224
食品、饮料及烟草制品专门零售							
纺织、服装及日用品专门零售							
文化、体育用品及器材专门零售							
医药及医疗器材专门零售	3	178	212	1023	1247	24330	25569
汽车、摩托车、燃料及零配件专门零售							
家用电器及电子产品专门零售							
五金、家具及室内装饰材料专门零售							
货摊、无店铺及其他零售业							
直营门店合计		**193**	**213**	**2085**	**2308**	**91543**	**93520**
批发业							
农、林、牧产品批发							
食品、饮料及烟草制品批发							
纺织、服装及家庭用品批发							
文化、体育用品及器材批发							
医药及医疗器材批发							
矿产品、建材及化工产品批发							
机械设备、五金产品及电子产品批发							
贸易经纪与代理							
其他批发业							

1-4 续表 9

联营企业

项目	连锁总店数（个）	门店数（个）		年末从业人员（人）		年末零售营业面积（平方米）	
	2014年	2014年	2013年	2014年	2013年	2014年	2013年
零售业		**193**	**213**	**2085**	**2308**	**91543**	**93520**
综合零售		42	38	1213	1252	70300	71224
食品、饮料及烟草制品专门零售							
纺织、服装及日用品专门零售							
文化、体育用品及器材专门零售							
医药及医疗器材专门零售		151	175	872	1056	21243	22296
汽车、摩托车、燃料及零配件专门零售							
家用电器及电子产品专门零售							
五金、家具及室内装饰材料专门零售							
货摊、无店铺及其他零售业							
加盟门店合计		**27**	**37**	**151**	**191**	**3087**	**3273**
批发业							
农、林、牧产品批发							
食品、饮料及烟草制品批发							
纺织、服装及家庭用品批发							
文化、体育用品及器材批发							
医药及医疗器材批发							
矿产品、建材及化工产品批发							
机械设备、五金产品及电子产品批发							
贸易经纪与代理							
其他批发业							
零售业		**27**	**37**	**151**	**191**	**3087**	**3273**
综合零售							
食品、饮料及烟草制品专门零售							
纺织、服装及日用品专门零售							
文化、体育用品及器材专门零售							
医药及医疗器材专门零售		27	37	151	191	3087	3273
汽车、摩托车、燃料及零配件专门零售							
家用电器及电子产品专门零售							
五金、家具及室内装饰材料专门零售							
货摊、无店铺及其他零售业							

1-4 续表 10

有限责任公司

项　目	连锁总店数(个)	门店数(个)		年末从业人员(人)		年末零售营业面积(平方米)	
	2014年	2014年	2013年	2014年	2013年	2014年	2013年
总　计	**1005**	**66801**	**66080**	**651267**	**674726**	**31639073**	**30862220**
批发业	**80**	**7384**	**7298**	**29825**	**28959**	**1147162**	**1203042**
农、林、牧产品批发	2	6	6	1219	288	1685	5500
食品、饮料及烟草制品批发	13	960	953	5365	5001	62449	100965
纺织、服装及家庭用品批发	7	395	523	3694	4612	33840	39284
文化、体育用品及器材批发	4	15	16	808	730	18275	17378
医药及医疗器材批发	18	1257	1280	5682	5679	126460	126881
矿产品、建材及化工产品批发	28	4584	4332	11614	11203	860838	860528
机械设备、五金产品及电子产品批发	5	41	63	787	735	17413	18508
贸易经纪与代理							
其他批发业	3	126	125	656	711	26202	33998
零售业	**925**	**59417**	**58782**	**621442**	**645767**	**30491911**	**29659178**
综合零售	306	25589	25964	377422	397943	19786350	19168746
食品、饮料及烟草制品专门零售	62	5777	5006	25462	24627	305871	284442
纺织、服装及日用品专门零售	49	2800	2823	15883	17003	341840	339330
文化、体育用品及器材专门零售	32	596	785	15729	17615	511179	459102
医药及医疗器材专门零售	333	21985	21562	116365	117189	2591010	2541315
汽车、摩托车、燃料及零配件专门零售	20	466	466	4891	4957	1059356	1051879
家用电器及电子产品专门零售	111	2008	1975	61633	62144	5598273	5537044
五金、家具及室内装饰材料专门零售	7	137	123	3524	3704	289585	267316
货摊、无店铺及其他零售业	5	59	78	533	585	8447	10004
直营门店合计		**40498**	**38865**	**583737**	**603177**	**29486189**	**28680414**
批发业		**3028**	**3079**	**20034**	**19372**	**767499**	**827995**
农、林、牧产品批发		6	6	1219	288	1685	5500
食品、饮料及烟草制品批发		750	743	4985	4621	52999	91515
纺织、服装及家庭用品批发		374	511	3652	4600	32019	38892
文化、体育用品及器材批发		13	14	797	720	17665	16768
医药及医疗器材批发		479	488	3618	3489	75777	73205
矿产品、建材及化工产品批发		1310	1199	4576	4514	554489	560259
机械设备、五金产品及电子产品批发		30	53	691	669	14943	16138
贸易经纪与代理							
其他批发业		66	65	496	471	17922	25718

1-4 续表 11

有限责任公司

项　目	连锁总店数(个)	门店数(个)		年末从业人员(人)		年末零售营业面积(平方米)	
	2014年	2014年	2013年	2014年	2013年	2014年	2013年
零售业		**37470**	**35786**	**563703**	**583805**	**28718690**	**27852419**
综合零售		13483	13311	345891	363268	18566530	17906486
食品、饮料及烟草制品专门零售		3558	2969	19866	19272	218074	205186
纺织、服装及日用品专门零售		1625	1675	12759	13861	266089	283648
文化、体育用品及器材专门零售		552	583	15666	17441	509258	435555
医药及医疗器材专门零售		15628	14636	99235	98767	2223886	2172183
汽车、摩托车、燃料及零配件专门零售		466	466	4891	4957	1059356	1051879
家用电器及电子产品专门零售		1978	1964	61384	62023	5578515	5521362
五金、家具及室内装饰材料专门零售		137	123	3524	3704	289585	267316
货摊、无店铺及其他零售业		43	59	487	512	7397	8804
加盟门店合计		**26303**	**27215**	**67530**	**71549**	**2152884**	**2181806**
批发业		**4356**	**4219**	**9791**	**9587**	**379663**	**375047**
农、林、牧产品批发							
食品、饮料及烟草制品批发		210	210	380	380	9450	9450
纺织、服装及家庭用品批发		21	12	42	12	1821	392
文化、体育用品及器材批发		2	2	11	10	610	610
医药及医疗器材批发		778	792	2064	2190	50683	53676
矿产品、建材及化工产品批发		3274	3133	7038	6689	306349	300269
机械设备、五金产品及电子产品批发		11	10	96	66	2470	2370
贸易经纪与代理							
其他批发业		60	60	160	240	8280	8280
零售业		**21947**	**22996**	**57739**	**61962**	**1773221**	**1806759**
综合零售		12106	12653	31531	34675	1219820	1262260
食品、饮料及烟草制品专门零售		2219	2037	5596	5355	87797	79256
纺织、服装及日用品专门零售		1175	1148	3124	3142	75751	55682
文化、体育用品及器材专门零售		44	202	63	174	1921	23547
医药及医疗器材专门零售		6357	6926	17130	13422	367124	369132
汽车、摩托车、燃料及零配件专门零售							
家用电器及电子产品专门零售		30	11	249	121	19758	15682
五金、家具及室内装饰材料专门零售							
货摊、无店铺及其他零售业		16	19	46	73	1050	1200

1-4 续表 12

股份有限公司

项　　目	连锁总店数（个）	门店数（个）		年末从业人员（人）		年末零售营业面积（平方米）	
	2014年	2014年	2013年	2014年	2013年	2014年	2013年
总　计	**291**	**52488**	**52300**	**820391**	**842290**	**77172077**	**73768389**
批发业	**103**	**25604**	**25566**	**200001**	**207644**	**35552423**	**33052066**
农、林、牧产品批发	1	2944	2951	8319	8409		
食品、饮料及烟草制品批发	1	4	4	58	61	196	196
纺织、服装及家庭用品批发	2	590	590	12991	15126	1457607	1529782
文化、体育用品及器材批发	1	81	82	5596	5596	365542	364086
医药及医疗器材批发	1	221	172	1687	1290	55000	50000
矿产品、建材及化工产品批发	95	20888	20950	163573	169787	32629522	30066196
机械设备、五金产品及电子产品批发	1	390	331	3052	2482	40200	37450
贸易经纪与代理							
其他批发业	1	486	486	4725	4893	1004356	1004356
零售业	**188**	**26884**	**26734**	**620390**	**634646**	**41619654**	**40716323**
综合零售	65	11075	11084	365311	372508	22219368	21551690
食品、饮料及烟草制品专门零售	4	2054	1778	4190	3515	54191	60167
纺织、服装及日用品专门零售	4	52	56	685	776	12901	13093
文化、体育用品及器材专门零售	6	371	373	10475	11955	155613	140987
医药及医疗器材专门零售	16	1553	1540	8178	8418	202671	204595
汽车、摩托车、燃料及零配件专门零售	80	8131	8196	64854	71012	12010261	11797319
家用电器及电子产品专门零售	13	3648	3707	166697	166462	6964649	6948472
五金、家具及室内装饰材料专门零售							
货摊、无店铺及其他零售业							
直营门店合计		**39267**	**39326**	**766430**	**783435**	**75810139**	**72613080**
批发业		**20169**	**20125**	**183757**	**191027**	**35428245**	**32926000**
农、林、牧产品批发		71	78	1136	1226		
食品、饮料及烟草制品批发		4	4	58	61	196	196
纺织、服装及家庭用品批发		58	58	9201	11226	1363091	1435266
文化、体育用品及器材批发		81	82	5596	5596	365542	364086
医药及医疗器材批发		221	172	1687	1290	55000	50000
矿产品、建材及化工产品批发		18858	18914	158302	164253	32599860	30034646
机械设备、五金产品及电子产品批发		390	331	3052	2482	40200	37450
贸易经纪与代理							
其他批发业		486	486	4725	4893	1004356	1004356

1-4 续表 13

股份有限公司

项　目	连锁总店数(个)	门店数(个)		年末从业人员(人)		年末零售营业面积(平方米)	
	2014年	2014年	2013年	2014年	2013年	2014年	2013年
零售业		**19098**	**19201**	**582673**	**592408**	**40381894**	**39687080**
综合零售		6166	6001	335329	337209	21181055	20707263
食品、饮料及烟草制品专门零售		124	120	810	805	6134	6501
纺织、服装及日用品专门零售		52	56	685	776	12901	13093
文化、体育用品及器材专门零售		343	344	9890	11370	155612	140986
医药及医疗器材专门零售		899	1042	6616	7263	152810	174974
汽车、摩托车、燃料及零配件专门零售		8007	8072	64119	70151	11945761	11732819
家用电器及电子产品专门零售		3507	3566	165224	164834	6927621	6911444
五金、家具及室内装饰材料专门零售							
货摊、无店铺及其他零售业							
加盟门店合计		**13221**	**12974**	**53961**	**58855**	**1361938**	**1155309**
批发业		**5435**	**5441**	**16244**	**16617**	**124178**	**126066**
农、林、牧产品批发		2873	2873	7183	7183		
食品、饮料及烟草制品批发							
纺织、服装及家庭用品批发		532	532	3790	3900	94516	94516
文化、体育用品及器材批发							
医药及医疗器材批发							
矿产品、建材及化工产品批发		2030	2036	5271	5534	29662	31550
机械设备、五金产品及电子产品批发							
贸易经纪与代理							
其他批发业							
零售业		**7786**	**7533**	**37717**	**42238**	**1237760**	**1029243**
综合零售		4909	5083	29982	35299	1038313	844427
食品、饮料及烟草制品专门零售		1930	1658	3380	2710	48057	53666
纺织、服装及日用品专门零售							
文化、体育用品及器材专门零售		28	29	585	585	1	1
医药及医疗器材专门零售		654	498	1562	1155	49861	29621
汽车、摩托车、燃料及零配件专门零售		124	124	735	861	64500	64500
家用电器及电子产品专门零售		141	141	1473	1628	37028	37028
五金、家具及室内装饰材料专门零售							
货摊、无店铺及其他零售业							

1-4 续表 14

私营企业

项 目	连锁总店数(个)	门店数(个)		年末从业人员(人)		年末零售营业面积(平方米)	
	2014年	2014年	2013年	2014年	2013年	2014年	2013年
总 计	**857**	**47609**	**43737**	**364961**	**365019**	**13512570**	**12674245**
批发业	**59**	**7223**	**6366**	**22398**	**20368**	**607154**	**546723**
农、林、牧产品批发	3	871	821	1134	1166	69050	66640
食品、饮料及烟草制品批发	13	3691	2995	10106	9086	350315	316798
纺织、服装及家庭用品批发	8	601	421	3748	2713	49873	24735
文化、体育用品及器材批发	3	149	213	559	342	10960	14120
医药及医疗器材批发	10	626	581	1745	1672	43135	41244
矿产品、建材及化工产品批发	11	936	966	1868	1906	34505	33840
机械设备、五金产品及电子产品批发	8	163	187	2585	2841	43577	43607
贸易经纪与代理							
其他批发业	3	186	182	653	642	5739	5739
零售业	**798**	**40386**	**37371**	**342563**	**344651**	**12905416**	**12127522**
综合零售	285	18380	17467	189781	198896	7980304	7624149
食品、饮料及烟草制品专门零售	59	3948	3846	21657	20867	289311	283099
纺织、服装及日用品专门零售	57	1720	1684	11756	11761	316558	319952
文化、体育用品及器材专门零售	20	229	239	2935	3239	160638	160069
医药及医疗器材专门零售	271	14735	12832	88998	82022	2042037	1606233
汽车、摩托车、燃料及零配件专门零售	22	189	178	1831	1807	265283	249013
家用电器及电子产品专门零售	79	1123	1066	24299	25094	1818566	1853088
五金、家具及室内装饰材料专门零售	4	30	27	1118	719	26919	26119
货摊、无店铺及其他零售业	1	32	32	188	246	5800	5800
直营门店合计		**25755**	**23889**	**298803**	**305998**	**11561106**	**11102562**
批发业		**1455**	**1433**	**9558**	**9512**	**203943**	**200482**
农、林、牧产品批发		8	6	22	20	16964	15604
食品、饮料及烟草制品批发		168	189	1884	2345	75326	77543
纺织、服装及家庭用品批发		247	138	2821	2137	26087	13093
文化、体育用品及器材批发		17	101	193	240	4360	8520
医药及医疗器材批发		387	350	1552	1502	30367	28738
矿产品、建材及化工产品批发		435	438	952	957	20240	26355
机械设备、五金产品及电子产品批发		144	166	1941	2124	29517	29547
贸易经纪与代理							
其他批发业		49	45	193	187	1082	1082

1-4 续表 15

私营企业

项 目	连锁总店数(个)	门店数(个)		年末从业人员(人)		年末零售营业面积(平方米)	
	2014年	2014年	2013年	2014年	2013年	2014年	2013年
零售业		**24300**	**22456**	**289245**	**296486**	**11357163**	**10902080**
综合零售		6757	6322	150566	153168	7016849	6661725
食品、饮料及烟草制品专门零售		3512	3441	20410	19914	261512	259185
纺织、服装及日用品专门零售		1086	1091	9373	9464	255096	268893
文化、体育用品及器材专门零售		200	210	2876	3180	157688	157119
医药及医疗器材专门零售		11428	10132	78847	73094	1555300	1425638
汽车、摩托车、燃料及零配件专门零售		185	174	1776	1772	263283	247013
家用电器及电子产品专门零售		1070	1027	24091	24929	1814716	1850588
五金、家具及室内装饰材料专门零售		30	27	1118	719	26919	26119
货摊、无店铺及其他零售业		32	32	188	246	5800	5800
加盟门店合计		**21854**	**19848**	**66158**	**59021**	**1951464**	**1571683**
批发业		**5768**	**4933**	**12840**	**10856**	**403211**	**346241**
农、林、牧产品批发		863	815	1112	1146	52086	51036
食品、饮料及烟草制品批发		3523	2806	8222	6741	274989	239255
纺织、服装及家庭用品批发		354	283	927	576	23786	11642
文化、体育用品及器材批发		132	112	366	102	6600	5600
医药及医疗器材批发		239	231	193	170	12768	12506
矿产品、建材及化工产品批发		501	528	916	949	14265	7485
机械设备、五金产品及电子产品批发		19	21	644	717	14060	14060
贸易经纪与代理							
其他批发业		137	137	460	455	4657	4657
零售业		**16086**	**14915**	**53318**	**48165**	**1548253**	**1225442**
综合零售		11623	11145	39215	35728	963455	962424
食品、饮料及烟草制品专门零售		436	405	1247	953	27799	23914
纺织、服装及日用品专门零售		634	593	2383	2297	61462	51059
文化、体育用品及器材专门零售		29	29	59	59	2950	2950
医药及医疗器材专门零售		3307	2700	10151	8928	486737	180595
汽车、摩托车、燃料及零配件专门零售		4	4	55	35	2000	2000
家用电器及电子产品专门零售		53	39	208	165	3850	2500
五金、家具及室内装饰材料专门零售							
货摊、无店铺及其他零售业							

1-4 续表 16

其他企业

项　目	连锁总店数（个）	门店数（个）		年末从业人员（人）		年末零售营业面积（平方米）	
	2014年	2014年	2013年	2014年	2013年	2014年	2013年
总　计	**25**	**2298**	**2219**	**15318**	**15078**	**436767**	**430281**
批发业	**2**	**479**	**473**	**1091**	**1070**	**27435**	**27203**
农、林、牧产品批发							
食品、饮料及烟草制品批发							
纺织、服装及家庭用品批发							
文化、体育用品及器材批发							
医药及医疗器材批发	2	479	473	1091	1070	27435	27203
矿产品、建材及化工产品批发							
机械设备、五金产品及电子产品批发							
贸易经纪与代理							
其他批发业							
零售业	**23**	**1819**	**1746**	**14227**	**14008**	**409332**	**403078**
综合零售	5	481	471	6365	6093	249426	247309
食品、饮料及烟草制品专门零售	2	258	241	837	1191	10750	10750
纺织、服装及日用品专门零售	1	4	4	20	20	3800	3800
文化、体育用品及器材专门零售	2	31	26	568	586	9351	6807
医药及医疗器材专门零售	12	1028	991	5946	5698	91564	93524
汽车、摩托车、燃料及零配件专门零售							
家用电器及电子产品专门零售	1	17	13	491	420	44441	40888
五金、家具及室内装饰材料专门零售							
货摊、无店铺及其他零售业							
直营门店合计		**962**	**866**	**10625**	**10078**	**368142**	**352405**
批发业		**14**	**7**	**136**	**114**	**5075**	**4772**
农、林、牧产品批发							
食品、饮料及烟草制品批发							
纺织、服装及家庭用品批发							
文化、体育用品及器材批发							
医药及医疗器材批发		14	7	136	114	5075	4772
矿产品、建材及化工产品批发							
机械设备、五金产品及电子产品批发							
贸易经纪与代理							
其他批发业							

1-4 续表 17

其他企业

项　目	连锁总店数（个）	门店数（个）		年末从业人员（人）		年末零售营业面积（平方米）	
	2014年	2014年	2013年	2014年	2013年	2014年	2013年
零售业		**948**	**859**	**10489**	**9964**	**363067**	**347633**
综合零售		182	172	5154	4888	234461	232344
食品、饮料及烟草制品专门零售		258	211	837	991	10750	8920
纺织、服装及日用品专门零售		4	4	20	20	3800	3800
文化、体育用品及器材专门零售		31	26	568	586	9351	6807
医药及医疗器材专门零售		456	433	3419	3059	60264	54874
汽车、摩托车、燃料及零配件专门零售							
家用电器及电子产品专门零售		17	13	491	420	44441	40888
五金、家具及室内装饰材料专门零售							
货摊、无店铺及其他零售业							
加盟门店合计		**1336**	**1353**	**4693**	**5000**	**68625**	**77876**
批发业		**465**	**466**	**955**	**956**	**22360**	**22431**
农、林、牧产品批发							
食品、饮料及烟草制品批发							
纺织、服装及家庭用品批发							
文化、体育用品及器材批发							
医药及医疗器材批发		465	466	955	956	22360	22431
矿产品、建材及化工产品批发							
机械设备、五金产品及电子产品批发							
贸易经纪与代理							
其他批发业							
零售业		**871**	**887**	**3738**	**4044**	**46265**	**55445**
综合零售		299	299	1211	1205	14965	14965
食品、饮料及烟草制品专门零售			30		200		1830
纺织、服装及日用品专门零售							
文化、体育用品及器材专门零售							
医药及医疗器材专门零售		572	558	2527	2639	31300	38650
汽车、摩托车、燃料及零配件专门零售							
家用电器及电子产品专门零售							
五金、家具及室内装饰材料专门零售							
货摊、无店铺及其他零售业							

1-4 续表 18

港澳台商投资企业

项 目	连锁总店数(个)	门店数(个)		年末从业人员(人)		年末零售营业面积(平方米)	
	2014年	2014年	2013年	2014年	2013年	2014年	2013年
总 计	**116**	**7677**	**7793**	**225813**	**215952**	**11274588**	**11537423**
批发业	**9**	**906**	**585**	**4588**	**2366**	**167888**	**71278**
农、林、牧产品批发							
食品、饮料及烟草制品批发	1	10	10	64	161	1121	1121
纺织、服装及家庭用品批发	3	661	488	1130	1387	153716	59004
文化、体育用品及器材批发	1	8	10	65	60	522	592
医药及医疗器材批发							
矿产品、建材及化工产品批发	1	14	14	229	229	7500	7500
机械设备、五金产品及电子产品批发							
贸易经纪与代理							
其他批发业	3	213	63	3100	529	5029	3061
零售业	**107**	**6771**	**7208**	**221225**	**213586**	**11106700**	**11466145**
综合零售	57	4478	3973	199596	189493	10424477	10733136
食品、饮料及烟草制品专门零售	11	482	582	4144	4374	41387	42016
纺织、服装及日用品专门零售	31	1267	1277	13389	13879	539437	545796
文化、体育用品及器材专门零售	1	142	300	852	1442	14342	23400
医药及医疗器材专门零售	5	396	1070	3098	4232	63383	98123
汽车、摩托车、燃料及零配件专门零售							
家用电器及电子产品专门零售	1	1	1	7	9	110	110
五金、家具及室内装饰材料专门零售	1	5	5	139	157	23564	23564
货摊、无店铺及其他零售业							
直营门店合计		**5961**	**5509**	**169263**	**162314**	**8450094**	**8826377**
批发业		**385**	**184**	**4370**	**1914**	**52738**	**33291**
农、林、牧产品批发							
食品、饮料及烟草制品批发		10	10	64	161	1121	1121
纺织、服装及家庭用品批发		140	87	912	935	38566	21017
文化、体育用品及器材批发		8	10	65	60	522	592
医药及医疗器材批发							
矿产品、建材及化工产品批发		14	14	229	229	7500	7500
机械设备、五金产品及电子产品批发							
贸易经纪与代理							
其他批发业		213	63	3100	529	5029	3061

1-4 续表 19

港澳台商投资企业

项　目	连锁总店数（个）	门店数（个）		年末从业人员（人）		年末零售营业面积（平方米）	
	2014年	2014年	2013年	2014年	2013年	2014年	2013年
零售业		**5576**	**5325**	**164893**	**160400**	**8397356**	**8793086**
综合零售		3640	3248	143975	138260	7741046	8138490
食品、饮料及烟草制品专门零售		406	469	3995	4159	39687	39902
纺织、服装及日用品专门零售		986	976	12827	13121	515224	517576
文化、体育用品及器材专门零售		142	300	852	1442	14342	23400
医药及医疗器材专门零售		396	326	3098	3252	63383	50044
汽车、摩托车、燃料及零配件专门零售							
家用电器及电子产品专门零售		1	1	7	9	110	110
五金、家具及室内装饰材料专门零售		5	5	139	157	23564	23564
货摊、无店铺及其他零售业							
加盟门店合计		**1716**	**2284**	**56550**	**53638**	**2824494**	**2711046**
批发业		**521**	**401**	**218**	**452**	**115150**	**37987**
农、林、牧产品批发							
食品、饮料及烟草制品批发							
纺织、服装及家庭用品批发		521	401	218	452	115150	37987
文化、体育用品及器材批发							
医药及医疗器材批发							
矿产品、建材及化工产品批发							
机械设备、五金产品及电子产品批发							
贸易经纪与代理							
其他批发业							
零售业		**1195**	**1883**	**56332**	**53186**	**2709344**	**2673059**
综合零售		838	725	55621	51233	2683431	2594646
食品、饮料及烟草制品专门零售		76	113	149	215	1700	2114
纺织、服装及日用品专门零售		281	301	562	758	24213	28220
文化、体育用品及器材专门零售							
医药及医疗器材专门零售			744		980		48079
汽车、摩托车、燃料及零配件专门零售							
家用电器及电子产品专门零售							
五金、家具及室内装饰材料专门零售							
货摊、无店铺及其他零售业							

1-4 续表 20

外商投资企业

项目	连锁总店数(个)	门店数(个)		年末从业人员(人)		年末零售营业面积(平方米)	
	2014年	2014年	2013年	2014年	2013年	2014年	2013年
总　计	**151**	**12089**	**11941**	**282612**	**301001**	**15960185**	**15073812**
批发业	**7**	**529**	**456**	**5516**	**8934**	**86156**	**73652**
农、林、牧产品批发							
食品、饮料及烟草制品批发	4	477	406	4415	7831	69921	59111
纺织、服装及家庭用品批发	1	3	4	15	35	602	908
文化、体育用品及器材批发							
医药及医疗器材批发							
矿产品、建材及化工产品批发	1	47	44	952	940	14000	12000
机械设备、五金产品及电子产品批发	1	2	2	134	128	1633	1633
贸易经纪与代理							
其他批发业							
零售业	**144**	**11560**	**11485**	**277096**	**292067**	**15874029**	**15000160**
综合零售	85	4050	3928	218416	229774	11958076	11188864
食品、饮料及烟草制品专门零售	1	57	21	269	242	3907	2020
纺织、服装及日用品专门零售	17	5690	5844	28682	30315	603927	562750
文化、体育用品及器材专门零售	1	12	9	355	324	45998	32995
医药及医疗器材专门零售	3	219	193	2202	2362	74861	71349
汽车、摩托车、燃料及零配件专门零售	22	1319	1261	15326	16573	2364676	2327552
家用电器及电子产品专门零售	8	200	216	10294	10908	667946	661133
五金、家具及室内装饰材料专门零售	7	13	13	1552	1569	154638	153497
货摊、无店铺及其他零售业							
直营门店合计		**6748**	**5986**	**248160**	**261789**	**14844959**	**14048804**
批发业		**506**	**432**	**5464**	**8882**	**84331**	**71720**
农、林、牧产品批发							
食品、饮料及烟草制品批发		454	382	4363	7779	68096	57179
纺织、服装及家庭用品批发		3	4	15	35	602	908
文化、体育用品及器材批发							
医药及医疗器材批发							
矿产品、建材及化工产品批发		47	44	952	940	14000	12000
机械设备、五金产品及电子产品批发		2	2	134	128	1633	1633
贸易经纪与代理							
其他批发业							

1-4　续表 21

外商投资企业

项　　目	连锁总店数（个）	门店数（个）		年末从业人员（人）		年末零售营业面积（平方米）	
	2014年	2014年	2013年	2014年	2013年	2014年	2013年
零售业		**6242**	**5554**	**242696**	**252907**	**14760628**	**13977084**
综合零售		3159	2978	197851	206067	11065528	10384570
食品、饮料及烟草制品专门零售		50	19	251	229	3505	1820
纺织、服装及日用品专门零售		1270	865	14865	14875	383476	344168
文化、体育用品及器材专门零售		12	9	355	324	45998	32995
医药及医疗器材专门零售		219	193	2202	2362	74861	71349
汽车、摩托车、燃料及零配件专门零售		1319	1261	15326	16573	2364676	2327552
家用电器及电子产品专门零售		200	216	10294	10908	667946	661133
五金、家具及室内装饰材料专门零售		13	13	1552	1569	154638	153497
货摊、无店铺及其他零售业							
加盟门店合计		**5341**	**5955**	**34452**	**39212**	**1115226**	**1025008**
批发业		**23**	**24**	**52**	**52**	**1825**	**1932**
农、林、牧产品批发							
食品、饮料及烟草制品批发		23	24	52	52	1825	1932
纺织、服装及家庭用品批发							
文化、体育用品及器材批发							
医药及医疗器材批发							
矿产品、建材及化工产品批发							
机械设备、五金产品及电子产品批发							
贸易经纪与代理							
其他批发业							
零售业		**5318**	**5931**	**34400**	**39160**	**1113401**	**1023076**
综合零售		891	950	20565	23707	892548	804294
食品、饮料及烟草制品专门零售		7	2	18	13	402	200
纺织、服装及日用品专门零售		4420	4979	13817	15440	220451	218582
文化、体育用品及器材专门零售							
医药及医疗器材专门零售							
汽车、摩托车、燃料及零配件专门零售							
家用电器及电子产品专门零售							
五金、家具及室内装饰材料专门零售							
货摊、无店铺及其他零售业							

1-5 按行业与登记注册类型

内资企业

项　目	商品购进总额		统一配送商品购进额	
	2014年	2013年	2014年	2013年
总　计	**266386973**	**278350815**	**214048064**	**221167976**
批发业	**114070880**	**114660434**	**98529506**	**101564690**
农、林、牧产品批发	1425289	1482737	1388103	1441205
食品、饮料及烟草制品批发	5802576	5654526	4829041	4851900
纺织、服装及家庭用品批发	1809620	1756380	889568	970580
文化、体育用品及器材批发	3043490	3175290	3036849	3167560
医药及医疗器材批发	716712	651530	515360	465847
矿产品、建材及化工产品批发	97697386	98292335	84443109	87277477
机械设备、五金产品及电子产品批发	794299	835711	679733	728167
贸易经纪与代理				
其他批发业	2781509	2811926	2747744	2661954
零售业	**152316093**	**163690381**	**115518557**	**119603285**
综合零售	68215852	70101742	46391151	46660471
食品、饮料及烟草制品专门零售	2487340	2353977	2391128	2253444
纺织、服装及日用品专门零售	1330518	5266754	1049363	5003768
文化、体育用品及器材专门零售	4174491	4412635	4045239	4303123
医药及医疗器材专门零售	8201169	6601961	7514678	6067126
汽车、摩托车、燃料及零配件专门零售	47612667	48993849	36725333	35760443
家用电器及电子产品专门零售	19993947	25668689	17142137	19313289
五金、家具及室内装饰材料专门零售	195390	183787	154975	134635
货摊、无店铺及其他零售业	104720	106986	104554	106986
直营门店合计	**257220391**	**269247198**	**206349235**	**213639317**
批发业	**110957788**	**111586631**	**95836862**	**98889152**
农、林、牧产品批发	1182337	1233865	1180037	1225395
食品、饮料及烟草制品批发	5701279	5556757	4736548	4763752
纺织、服装及家庭用品批发	1597362	1585732	850030	929881
文化、体育用品及器材批发	3041153	3173357	3035674	3166467
医药及医疗器材批发	680899	615671	504242	455298
矿产品、建材及化工产品批发	95228763	95933063	82125148	84973472
机械设备、五金产品及电子产品批发	785948	829679	671382	722135
贸易经纪与代理				
其他批发业	2740046	2658506	2733801	2652752

分连锁零售企业经营情况

单位：万元

自有配送中心配送商品购进额		非自有配送中心配送商品购进额		商品销售总额		零售额	
2014年	2013年	2014年	2013年	2014年	2013年	2014年	2013年
129363394	**128166345**	**38435491**	**41523624**	**317756055**	**323372402**	**224643733**	**217027215**
65733376	**64006801**	**19955135**	**19856747**	**132634227**	**131962498**	**74777660**	**68303949**
1384517	1438150			1604541	1654582	17109	16053
3541215	3462288	131455	131046	7854689	7544921	327378	356104
834612	844045	2702	5864	2899501	2882335	1471434	1401069
2961482	3018582	33436	107573	3081212	3006930	1204068	1126163
411914	376626	679	748	812845	755064	358512	334599
53748559	51993522	19488325	19380782	112800283	112478045	68566576	62297471
318516	414236	298539	230733	869734	882396	512845	561018
2532560	2459352			2711422	2758225	2319739	2211474
63630018	**64159544**	**18480356**	**21666877**	**185121828**	**191409904**	**149866073**	**148723266**
29254177	28709090	6906824	6424169	83262443	82745696	70518462	67883849
1437613	1396666	273773	212176	2878780	2753682	2626448	2554500
449491	517185	415361	4269893	1625284	1610903	1462912	1473499
3398802	3559695	148402	115121	4667958	4512789	2267540	1891901
4547630	3772577	1194113	845385	11783184	7627864	10879694	6987929
15267400	14492500	7488118	7767631	60092882	59589337	42847065	43548066
9115874	11499517	2045764	2025140	20381360	32114203	18952762	24043356
142646	119236			323762	344651	280061	294521
16386	93080	8002	7362	106176	110780	31130	45645
124581661	**123232114**	**36974956**	**40201501**	**307712161**	**313997474**	**217268400**	**210247692**
63782005	**62002818**	**19834920**	**19604417**	**129502151**	**128946794**	**74070901**	**67678024**
1180037	1225395			1334786	1382605	14352	13697
3469678	3392684	110500	112503	7798968	7470849	274687	284189
797685	807673	2702	5675	2720095	2830239	1336944	1349352
2960308	3017489	33436	107573	3079869	3005437	1203215	1125370
404109	369333	44	35	750519	707823	337520	315261
52122816	50320370	19394346	19150215	110297518	110091907	68084974	61827470
314812	410522	293893	228416	859094	875099	502205	553720
2532560	2459352			2661302	2582836	2317003	2208965

1-5 续表 1

内资企业

项 目	商品购进总额		统一配送商品购进额	
	2014年	2013年	2014年	2013年
零售业	**146262603**	**157660567**	**110512373**	**114750165**
综合零售	64175631	65934848	43301781	43576768
食品、饮料及烟草制品专门零售	2155454	1997202	2072076	1908392
纺织、服装及日用品专门零售	1208046	5069944	955362	4828753
文化、体育用品及器材专门零售	4167378	4406065	4041164	4299345
医药及医疗器材专门零售	7683917	6163152	7049372	5685510
汽车、摩托车、燃料及零配件专门零售	47101283	48482997	36213948	35249591
家用电器及电子产品专门零售	19471039	25315838	16619230	18960439
五金、家具及室内装饰材料专门零售	195390	183787	154975	134635
货摊、无店铺及其他零售业	104464	106733	104464	106733
加盟门店合计	**9166582**	**9103617**	**7698828**	**7528659**
批发业	**3113092**	**3073803**	**2692644**	**2675538**
农、林、牧产品批发	242952	248872	208066	215810
食品、饮料及烟草制品批发	101296	97769	92493	88148
纺织、服装及家庭用品批发	212258	170648	39537	40699
文化、体育用品及器材批发	2337	1933	1175	1093
医药及医疗器材批发	35813	35858	11118	10549
矿产品、建材及化工产品批发	2468623	2359272	2317961	2304006
机械设备、五金产品及电子产品批发	8351	6032	8351	6032
贸易经纪与代理				
其他批发业	41463	153419	13943	9203
零售业	**6053490**	**6029814**	**5006184**	**4853121**
综合零售	4040220	4166894	3089370	3083703
食品、饮料及烟草制品专门零售	331886	356775	319051	345052
纺织、服装及日用品专门零售	122472	196810	94001	175015
文化、体育用品及器材专门零售	7113	6570	4075	3778
医药及医疗器材专门零售	517252	438809	465306	381616
汽车、摩托车、燃料及零配件专门零售	511384	510852	511384	510852
家用电器及电子产品专门零售	522907	352851	522907	352851
五金、家具及室内装饰材料专门零售				
货摊、无店铺及其他零售业	255	253	90	253

单位：万元

自有配送中心配送商品购进额		非自有配送中心配送商品购进额		商品销售总额		零售额	
2014年	2013年	2014年	2013年	2014年	2013年	2014年	2013年
60799656	**61229296**	**17140036**	**20597084**	**178210010**	**185050679**	**143197500**	**142569667**
27244768	26639987	6209582	5822020	78602941	78369317	66008833	63603710
1125394	1067003	272666	201147	2499654	2364235	2255448	2170367
357931	354384	413343	4258279	1429557	1428178	1275656	1295147
3394749	3555940	148380	115097	4661019	4506277	2262309	1887066
4365224	3641769	1033965	706188	11143844	7102997	10261678	6496736
15077400	14302500	7488118	7767631	59568005	59055417	42375681	43078495
9075249	11455466	1565981	1719360	19875331	31769127	18446981	23698280
142646	119236			323762	344651	280061	294521
16296	93011	8002	7362	105899	110481	30853	45347
4781734	**4934231**	**1460535**	**1322123**	**10043894**	**9374928**	**7375333**	**6779523**
1951371	**2003983**	**120216**	**252330**	**3132076**	**3015703**	**706760**	**625925**
204480	212755			269755	271978	2756	2356
71537	69604	20955	18544	55722	74072	52690	71915
36927	36372		189	179406	52096	134490	51717
1175	1093			1342	1493	852	793
7805	7294	636	713	62327	47241	20992	19338
1625743	1673152	93979	230567	2502765	2386137	481602	470001
3705	3714	4646	2318	10640	7297	10640	7297
				50120	175389	2737	2508
2830363	**2930248**	**1340319**	**1069794**	**6911818**	**6359225**	**6668573**	**6153599**
2009409	2069103	697241	602149	4659502	4376379	4509629	4280140
312219	329664	1107	11029	379127	389447	370999	384133
91560	162801	2018	11614	195726	182725	187256	178352
4053	3754	22	24	6939	6513	5230	4835
182407	130807	160148	139198	639340	524867	618016	491193
190000	190000			524877	533921	471384	469571
40625	44051	479784	305780	506029	345076	505781	345076
90	68			277	298	277	298

1-5 续表 2

国有企业

项　　目	商品购进总额		统一配送商品购进额	
	2014年	2013年	2014年	2013年
总　计	**40012701**	**43893543**	**33232585**	**38865161**
批发业	**20552155**	**20314778**	**15349049**	**18978210**
农、林、牧产品批发	816	7413		
食品、饮料及烟草制品批发	4963110	4746450	4152225	4104868
纺织、服装及家庭用品批发				
文化、体育用品及器材批发	1567643	1634453	1567643	1634453
医药及医疗器材批发	32633	51537	31796	50825
矿产品、建材及化工产品批发	13987954	13874925	9597386	13188065
机械设备、五金产品及电子产品批发				
贸易经纪与代理				
其他批发业				
零售业	**19460545**	**23578765**	**17883536**	**19886950**
综合零售	416933	425775	355836	350793
食品、饮料及烟草制品专门零售	82710	55010	71364	51452
纺织、服装及日用品专门零售	340579	4232843	340579	4232843
文化、体育用品及器材专门零售	370125	363070	343844	357542
医药及医疗器材专门零售	371040	317663	335651	279456
汽车、摩托车、燃料及零配件专门零售	17879159	18184405	16436261	14614865
家用电器及电子产品专门零售				
五金、家具及室内装饰材料专门零售				
货摊、无店铺及其他零售业				
直营门店合计	**38830925**	**42807821**	**32175376**	**37784640**
批发业	**19696403**	**19544344**	**14613293**	**18208489**
农、林、牧产品批发	816	7413		
食品、饮料及烟草制品批发	4963110	4746450	4152225	4104868
纺织、服装及家庭用品批发				
文化、体育用品及器材批发	1567643	1634453	1567643	1634453
医药及医疗器材批发	31161	50112	31161	50112
矿产品、建材及化工产品批发	13133674	13105916	8862265	12419056
机械设备、五金产品及电子产品批发				
贸易经纪与代理				
其他批发业				

单位：万元

自有配送中心配送商品购进额		非自有配送中心配送商品购进额		商品销售总额		零售额	
2014年	2013年	2014年	2013年	2014年	2013年	2014年	2013年
18924514	**17762208**	**5617448**	**9723233**	**46302990**	**43854642**	**23211518**	**23603216**
10090482	**9881143**	**1661190**	**1430367**	**23824348**	**21848489**	**8266882**	**8057170**
				783	6872	94	82
3161233	3013163			6818010	6434224	44826	30256
1534207	1526879	33436	107573	1535493	1502436	637128	569851
4433	4452	636	713	39229	53825	3843	3563
5390609	5336649	1627119	1322081	15430833	13851132	7580992	7453418
8834032	**7881065**	**3956258**	**8292866**	**22478642**	**22006153**	**14944636**	**15546046**
141252	147541	123789	146723	836811	854603	785252	801425
27743	21906	43621	29546	88190	85622	87686	85037
1118	6852	339461	4225991	240494	294586	240494	294586
158757	173754	31858	22682	362242	354115	343310	330825
159037	144747	17091	18467	352156	321698	301029	255744
8346126	7386265	3400438	3849458	20598749	20095530	13186865	13778429
18629988	**17347264**	**5471899**	**9482464**	**45150199**	**42797383**	**22936021**	**23355457**
10017476	**9688582**	**1569009**	**1240027**	**22950057**	**21057016**	**8265282**	**8055670**
				783	6872	94	82
3161233	3013163			6818010	6434224	44826	30256
1534207	1526879	33436	107573	1535493	1502436	637128	569851
4433	4452			37629	52325	2243	2063
5317604	5144088	1535573	1132453	14558142	13061158	7580992	7453418

1-5 续表 3

国有企业

项 目	商品购进总额		统一配送商品购进额	
	2014年	2013年	2014年	2013年
零售业	**19134522**	**23263477**	**17562083**	**19576151**
综合零售	336593	346949	279458	275856
食品、饮料及烟草制品专门零售	82710	55010	71364	51452
纺织、服装及日用品专门零售	340579	4232843	340579	4232843
文化、体育用品及器材专门零售	370028	362954	343747	357426
医药及医疗器材专门零售	315453	271316	280674	233710
汽车、摩托车、燃料及零配件专门零售	17689159	17994405	16246261	14424865
家用电器及电子产品专门零售				
五金、家具及室内装饰材料专门零售				
货摊、无店铺及其他零售业				
加盟门店合计	**1181776**	**1085722**	**1057209**	**1080520**
批发业	**855752**	**770434**	**735756**	**769721**
农、林、牧产品批发				
食品、饮料及烟草制品批发				
纺织、服装及家庭用品批发				
文化、体育用品及器材批发				
医药及医疗器材批发	1472	1425	636	713
矿产品、建材及化工产品批发	854280	769009	735121	769009
机械设备、五金产品及电子产品批发				
贸易经纪与代理				
其他批发业				
零售业	**326024**	**315288**	**321453**	**310799**
综合零售	80339	78825	76378	74937
食品、饮料及烟草制品专门零售				
纺织、服装及日用品专门零售				
文化、体育用品及器材专门零售	97	116	97	116
医药及医疗器材专门零售	55587	46347	54977	45746
汽车、摩托车、燃料及零配件专门零售	190000	190000	190000	190000
家用电器及电子产品专门零售				
五金、家具及室内装饰材料专门零售				
货摊、无店铺及其他零售业				

单位：万元

自有配送中心配送商品购进额		非自有配送中心配送商品购进额		商品销售总额		零售额	
2014年	2013年	2014年	2013年	2014年	2013年	2014年	2013年
8612512	**7658681**	**3902890**	**8242437**	**22200142**	**21740367**	**14670739**	**15299787**
110029	115453	78634	103874	766308	785386	714749	732209
27743	21906	43621	29546	88190	85622	87686	85037
1118	6852	339461	4225991	240494	294586	240494	294586
158659	173638	31858	22682	362169	354039	343237	330749
158837	144567	8879	10887	294231	274054	247708	227627
8156126	7196265	3400438	3849458	20448749	19946681	13036865	13629580
294526	**414944**	**145549**	**240769**	**1152791**	**1057259**	**275497**	**247759**
73006	**192561**	**92182**	**190340**	**874291**	**791473**	**1600**	**1500**
		636	713	1600	1500	1600	1500
73006	192561	91546	189628	872691	789973		
221521	**222383**	**53368**	**50429**	**278501**	**265786**	**273897**	**246259**
31223	32088	45155	42849	70503	69217	70503	69217
97	116			73	76	73	76
200	180	8213	7580	57925	47644	53321	28118
190000	190000			150000	148849	150000	148849

1-5 续表 4

集体企业

项　目	商品购进总额		统一配送商品购进额	
	2014年	2013年	2014年	2013年
总　计	**612802**	**658785**	**237946**	**230818**
批发业	**104489**	**226814**	**80286**	**82358**
农、林、牧产品批发				
食品、饮料及烟草制品批发	3638	3276	3638	3276
纺织、服装及家庭用品批发	46060	55714	46060	54640
文化、体育用品及器材批发				
医药及医疗器材批发				
矿产品、建材及化工产品批发	37891	31989	29738	23593
机械设备、五金产品及电子产品批发				
贸易经纪与代理				
其他批发业	16900	135835	850	850
零售业	**508313**	**431971**	**157660**	**148460**
综合零售	461407	395510	110755	112305
食品、饮料及烟草制品专门零售	18734	11824	18734	11824
纺织、服装及日用品专门零售				
文化、体育用品及器材专门零售	7405	6066	7405	6066
医药及医疗器材专门零售	20085	17744	20085	17438
汽车、摩托车、燃料及零配件专门零售	682	828	682	828
家用电器及电子产品专门零售				
五金、家具及室内装饰材料专门零售				
货摊、无店铺及其他零售业				
直营门店合计	**498702**	**439314**	**218947**	**208468**
批发业	**86639**	**87161**	**78386**	**77785**
农、林、牧产品批发				
食品、饮料及烟草制品批发	2588	2060	2588	2060
纺织、服装及家庭用品批发	46060	52132	46060	52132
文化、体育用品及器材批发				
医药及医疗器材批发				
矿产品、建材及化工产品批发	37891	31989	29738	23593
机械设备、五金产品及电子产品批发				
贸易经纪与代理				
其他批发业	100	980		

单位：万元

自有配送中心配送商品购进额		非自有配送中心配送商品购进额		商品销售总额		零售额	
2014年	2013年	2014年	2013年	2014年	2013年	2014年	2013年
179136	**172955**	**11509**	**10257**	**933986**	**996525**	**787474**	**753623**
79436	**81508**			**113688**	**250461**	**14214**	**17385**
3638	3276			7016	6980	4418	4411
46060	54640			46072	57566	1495	6301
29738	23593			38710	33121	8301	6673
				21890	152794		
99701	**91447**	**11509**	**10257**	**820298**	**746064**	**773260**	**736238**
66623	68975			758560	695314	711522	685487
18734	11824			18766	12554	18766	12554
7405	6066			17854	14344	17854	14344
6258	3754	11509	10257	23880	22628	23880	22628
682	828			1239	1224	1239	1224
162306	**153316**	**11509**	**10257**	**846283**	**778861**	**733069**	**687621**
78386	**77785**			**90018**	**92345**	**12324**	**10931**
2588	2060			5126	4791	2528	2222
46060	52132			46072	53301	1495	2036
29738	23593			38710	33121	8301	6673
				110	1131		

1-5 续表 5

集体企业

项　目	商品购进总额		统一配送商品购进额	
	2014年	2013年	2014年	2013年
零售业	**412063**	**352153**	**140561**	**130683**
综合零售	366477	317616	94974	96390
食品、饮料及烟草制品专门零售	18734	11824	18734	11824
纺织、服装及日用品专门零售				
文化、体育用品及器材专门零售	7405	6066	7405	6066
医药及医疗器材专门零售	18766	15819	18766	15576
汽车、摩托车、燃料及零配件专门零售	682	828	682	828
家用电器及电子产品专门零售				
五金、家具及室内装饰材料专门零售				
货摊、无店铺及其他零售业				
加盟门店合计	**114100**	**219472**	**18999**	**22351**
批发业	**17850**	**139653**	**1900**	**4574**
农、林、牧产品批发				
食品、饮料及烟草制品批发	1050	1216	1050	1216
纺织、服装及家庭用品批发		3582		2508
文化、体育用品及器材批发				
医药及医疗器材批发				
矿产品、建材及化工产品批发				
机械设备、五金产品及电子产品批发				
贸易经纪与代理				
其他批发业	16800	134855	850	850
零售业	**96250**	**79819**	**17099**	**17777**
综合零售	94931	77893	15780	15915
食品、饮料及烟草制品专门零售				
纺织、服装及日用品专门零售				
文化、体育用品及器材专门零售				
医药及医疗器材专门零售	1319	1925	1319	1862
汽车、摩托车、燃料及零配件专门零售				
家用电器及电子产品专门零售				
五金、家具及室内装饰材料专门零售				
货摊、无店铺及其他零售业				

单位：万元

自有配送中心配送商品购进额		非自有配送中心配送商品购进额		商品销售总额		零售额	
2014年	2013年	2014年	2013年	2014年	2013年	2014年	2013年
83920	**75532**	**11509**	**10257**	**756265**	**686516**	**720745**	**676690**
50843	53060			696527	637566	561006	627739
18734	11824			18766	12554	18766	12554
7405	6066			17854	14344	17854	14344
6258	3754	11509	10257	21880	20828	21880	20828
682	828			1239	1224	1239	1224
16830	**19639**			**87703**	**217665**	**54406**	**66002**
1050	**3724**			**23670**	**158117**	**1890**	**6454**
1050	1216			1890	2189	1890	2189
	2508				4265		4265
				21780	151663		
15780	**15915**			**64033**	**59548**	**52516**	**59548**
15780	15915			62033	57748	50516	57748
				2000	1800	2000	1800

1-5 续表 6

股份合作企业

项　目	商品购进总额		统一配送商品购进额	
	2014年	2013年	2014年	2013年
总　计	**1039345**	**1164995**	**1028957**	**1152799**
批发业	**12596**	**13048**	**2208**	**1963**
农、林、牧产品批发				
食品、饮料及烟草制品批发	12596	13048	2208	1963
纺织、服装及家庭用品批发				
文化、体育用品及器材批发				
医药及医疗器材批发				
矿产品、建材及化工产品批发				
机械设备、五金产品及电子产品批发				
贸易经纪与代理				
其他批发业				
零售业	**1026749**	**1151946**	**1026749**	**1150836**
综合零售	110727	100707	110727	99596
食品、饮料及烟草制品专门零售				
纺织、服装及日用品专门零售				
文化、体育用品及器材专门零售				
医药及医疗器材专门零售	9800	9500	9800	9500
汽车、摩托车、燃料及零配件专门零售	834475	973461	834475	973461
家用电器及电子产品专门零售				
五金、家具及室内装饰材料专门零售				
货摊、无店铺及其他零售业	71746	68279	71746	68279
直营门店合计	**1039345**	**1164995**	**1028957**	**1152799**
批发业	**12596**	**13048**	**2208**	**1963**
农、林、牧产品批发				
食品、饮料及烟草制品批发	12596	13048	2208	1963
纺织、服装及家庭用品批发				
文化、体育用品及器材批发				
医药及医疗器材批发				
矿产品、建材及化工产品批发				
机械设备、五金产品及电子产品批发				
贸易经纪与代理				
其他批发业				

单位：万元

自有配送中心配送商品购进额		非自有配送中心配送商品购进额		商品销售总额		零售额	
2014年	2013年	2014年	2013年	2014年	2013年	2014年	2013年
942409	**1143186**			**1237698**	**1239879**	**979846**	**948663**
				15390	**17902**	**4855**	**5617**
				15390	17902	4855	5617
942409	**1143186**			**1222308**	**1221977**	**974991**	**943046**
98134	91946			105706	95928	105706	95928
9800	9500			10610	10740	10610	10740
834475	973461			1034245	1047031	858674	833234
	68279			71746	68279		3144
942409	**1143186**			**1237698**	**1239879**	**979846**	**948663**
				15390	**17902**	**4855**	**5617**
				15390	17902	4855	5617

1-5 续表 7

股份合作企业

项　　目	商品购进总额		统一配送商品购进额	
	2014年	2013年	2014年	2013年
零售业	**1026749**	**1151946**	**1026749**	**1150836**
综合零售	110727	100707	110727	99596
食品、饮料及烟草制品专门零售				
纺织、服装及日用品专门零售				
文化、体育用品及器材专门零售				
医药及医疗器材专门零售	9800	9500	9800	9500
汽车、摩托车、燃料及零配件专门零售	834475	973461	834475	973461
家用电器及电子产品专门零售				
五金、家具及室内装饰材料专门零售				
货摊、无店铺及其他零售业	71746	68279	71746	68279
加盟门店合计				
批发业				
农、林、牧产品批发				
食品、饮料及烟草制品批发				
纺织、服装及家庭用品批发				
文化、体育用品及器材批发				
医药及医疗器材批发				
矿产品、建材及化工产品批发				
机械设备、五金产品及电子产品批发				
贸易经纪与代理				
其他批发业				
零售业				
综合零售				
食品、饮料及烟草制品专门零售				
纺织、服装及日用品专门零售				
文化、体育用品及器材专门零售				
医药及医疗器材专门零售				
汽车、摩托车、燃料及零配件专门零售				
家用电器及电子产品专门零售				
五金、家具及室内装饰材料专门零售				
货摊、无店铺及其他零售业				

单位：万元

自有配送中心配送商品购进额		非自有配送中心配送商品购进额		商品销售总额		零售额	
2014年	2013年	2014年	2013年	2014年	2013年	2014年	2013年
942409	**1143186**			**1222308**	**1221977**	**974991**	**943046**
98134	91946			105706	95928	105706	95928
9800	9500			10610	10740	10610	10740
834475	973461			1034245	1047031	858674	833234
	68279			71746	68279		3144

1-5 续表 8

联营企业

项　　目	商品购进总额		统一配送商品购进额	
	2014年	2013年	2014年	2013年
总　计	**123402**	**104891**	**123402**	**104891**
批发业				
农、林、牧产品批发				
食品、饮料及烟草制品批发				
纺织、服装及家庭用品批发				
文化、体育用品及器材批发				
医药及医疗器材批发				
矿产品、建材及化工产品批发				
机械设备、五金产品及电子产品批发				
贸易经纪与代理				
其他批发业				
零售业	**123402**	**104891**	**123402**	**104891**
综合零售	77412	60129	77412	60129
食品、饮料及烟草制品专门零售				
纺织、服装及日用品专门零售				
文化、体育用品及器材专门零售				
医药及医疗器材专门零售	45990	44762	45990	44762
汽车、摩托车、燃料及零配件专门零售				
家用电器及电子产品专门零售				
五金、家具及室内装饰材料专门零售				
货摊、无店铺及其他零售业				
直营门店合计	**115759**	**97565**	**115759**	**97565**
批发业				
农、林、牧产品批发				
食品、饮料及烟草制品批发				
纺织、服装及家庭用品批发				
文化、体育用品及器材批发				
医药及医疗器材批发				
矿产品、建材及化工产品批发				
机械设备、五金产品及电子产品批发				
贸易经纪与代理				
其他批发业				

单位：万元

自有配送中心配送商品购进额		非自有配送中心配送商品购进额		商品销售总额		零售额	
2014年	2013年	2014年	2013年	2014年	2013年	2014年	2013年
16313	**21964**			**93114**	**124724**	**85953**	**115720**
16313	**21964**			**93114**	**124724**	**85953**	**115720**
16313	21964			34043	65277	26882	56273
				59071	59447	59071	59447
16313	**21964**			**84359**	**115885**	**77198**	**106882**

1-5 续表 9

联营企业

项　目	商品购进总额		统一配送商品购进额	
	2014年	2013年	2014年	2013年
零售业	**115759**	**97565**	**115759**	**97565**
综合零售	77412	60129	77412	60129
食品、饮料及烟草制品专门零售				
纺织、服装及日用品专门零售				
文化、体育用品及器材专门零售				
医药及医疗器材专门零售	38347	37436	38347	37436
汽车、摩托车、燃料及零配件专门零售				
家用电器及电子产品专门零售				
五金、家具及室内装饰材料专门零售				
货摊、无店铺及其他零售业				
加盟门店合计	**7643**	**7326**	**7643**	**7326**
批发业				
农、林、牧产品批发				
食品、饮料及烟草制品批发				
纺织、服装及家庭用品批发				
文化、体育用品及器材批发				
医药及医疗器材批发				
矿产品、建材及化工产品批发				
机械设备、五金产品及电子产品批发				
贸易经纪与代理				
其他批发业				
零售业	**7643**	**7326**	**7643**	**7326**
综合零售				
食品、饮料及烟草制品专门零售				
纺织、服装及日用品专门零售				
文化、体育用品及器材专门零售				
医药及医疗器材专门零售	7643	7326	7643	7326
汽车、摩托车、燃料及零配件专门零售				
家用电器及电子产品专门零售				
五金、家具及室内装饰材料专门零售				
货摊、无店铺及其他零售业				

单位：万元

自有配送中心配送商品购进额		非自有配送中心配送商品购进额		商品销售总额		零售额	
2014年	2013年	2014年	2013年	2014年	2013年	2014年	2013年
16313	**21964**			**84359**	**115885**	**77198**	**106882**
16313	21964			34043	65277	26882	56273
				50316	50609	50316	50609
				8755	**8839**	**8755**	**8839**
				8755	**8839**	**8755**	**8839**
				8755	8839	8755	8839

1-5 续表 10

有限责任公司

项目	商品购进总额		统一配送商品购进额	
	2014年	2013年	2014年	2013年
总　计	**50601376**	**50906361**	**38996082**	**38496663**
批发业	**4048921**	**4479310**	**2777329**	**3217906**
农、林、牧产品批发	32191	30567	31567	30191
食品、饮料及烟草制品批发	585753	660812	497034	572010
纺织、服装及家庭用品批发	253364	313869	231670	294569
文化、体育用品及器材批发	380341	343336	380341	343336
医药及医疗器材批发	447701	392587	281357	248518
矿产品、建材及化工产品批发	1938360	2349999	1018180	1382354
机械设备、五金产品及电子产品批发	209743	193429	139473	156963
贸易经纪与代理				
其他批发业	201468	194711	197708	189966
零售业	**46552456**	**46427052**	**36218753**	**35278758**
综合零售	24170589	25710944	17778479	18293973
食品、饮料及烟草制品专门零售	1169186	1123037	1114454	1055588
纺织、服装及日用品专门零售	481188	578502	388490	491771
文化、体育用品及器材专门零售	3376026	3170956	3342507	3134119
医药及医疗器材专门零售	3899158	3433362	3497452	3057798
汽车、摩托车、燃料及零配件专门零售	2313872	2103152	1564582	1335505
家用电器及电子产品专门零售	10982396	10121671	8413331	7773729
五金、家具及室内装饰材料专门零售	134393	152857	93977	103704
货摊、无店铺及其他零售业	25648	32570	25482	32570
直营门店合计	**48729569**	**48952415**	**37521295**	**36953146**
批发业	**3871966**	**4214419**	**2642231**	**3021599**
农、林、牧产品批发	32191	30567	31567	30191
食品、饮料及烟草制品批发	584682	659847	495962	571045
纺织、服装及家庭用品批发	253214	313680	231670	294379
文化、体育用品及器材批发	379166	342243	379166	342243
医药及医疗器材批发	431623	374613	275950	243575
矿产品、建材及化工产品批发	1788141	2112027	895381	1195556
机械设备、五金产品及电子产品批发	205097	191111	134827	154645
贸易经纪与代理				
其他批发业	197852	190331	197708	189966

单位：万元

自有配送中心配送商品购进额		非自有配送中心配送商品购进额		商品销售总额		零售额	
2014年	2013年	2014年	2013年	2014年	2013年	2014年	2013年
23641302	**22309068**	**4988768**	**4840753**	**58110883**	**57795811**	**46576555**	**44285843**
1976412	**2158893**	**166850**	**221740**	**4614628**	**4977770**	**1451666**	**1478959**
31567	30191			35531	34217	14259	13615
239740	306883	109595	111579	749012	825469	169826	197530
231563	291646		2797	332288	373201	66128	96389
338411	301930			421170	378947	26102	9013
274161	243476			499555	456400	208076	192813
735979	839755	52337	102479	2150587	2508854	680459	700396
124993	145013	4918	4885	225532	206942	103376	92780
				200954	193741	183441	176422
21664889	**20150174**	**4821918**	**4619012**	**53496255**	**52818041**	**45124889**	**42806884**
9641977	9029106	2521645	2511717	28627813	29598881	24336010	23468411
610824	592626	118322	107535	1388877	1332541	1309980	1230628
247122	332349	75900	43097	748911	724636	641263	630818
3035258	2767573	115954	91145	3430279	3198573	1182631	1168186
1698927	1617146	794585	562396	4807866	4149884	4274234	3859192
1128164	916704	211728	198826	2515389	2362162	2128482	1691394
5201864	4780138	983109	1103072	11699926	11105913	11007522	10452143
84368	89731			251855	309888	222729	270549
16386	24801	676	1224	25339	35564	22039	35564
22543564	**21132807**	**4784324**	**4614496**	**55749360**	**55446141**	**44351288**	**42105747**
1879498	**2022705**	**158700**	**177330**	**4405807**	**4704720**	**1332652**	**1338364**
31567	30191			35531	34217	14259	13615
239740	306883	108524	110614	747699	824363	168513	196424
231563	291646		2608	331987	372822	66128	96389
337236	300837			420317	378154	25250	8220
271116	240773			467431	434818	201306	186143
643284	707363	49904	61540	1987249	2266305	577178	571291
124993	145013	271	2567	218733	204021	96578	89860
				196859	190019	183441	176422

1-5 续表 11

有限责任公司

项　目	商品购进总额		统一配送商品购进额	
	2014年	2013年	2014年	2013年
零售业	**44857603**	**44737997**	**34879064**	**33931547**
综合零售	22956780	24568540	16859085	17432891
食品、饮料及烟草制品专门零售	983478	939180	937610	881216
纺织、服装及日用品专门零售	436959	434457	360473	358321
文化、体育用品及器材专门零售	3373799	3170722	3340280	3133885
医药及医疗器材专门零售	3656663	3219310	3290462	2884188
汽车、摩托车、燃料及零配件专门零售	2313872	2103152	1564582	1335505
家用电器及电子产品专门零售	10976267	10117461	8407202	7769519
五金、家具及室内装饰材料专门零售	134393	152857	93977	103704
货摊、无店铺及其他零售业	25392	32317	25392	32317
加盟门店合计	**1871807**	**1953946**	**1474787**	**1543517**
批发业	**176955**	**264891**	**135098**	**196306**
农、林、牧产品批发				
食品、饮料及烟草制品批发	1071	965	1071	965
纺织、服装及家庭用品批发	150	189		189
文化、体育用品及器材批发	1175	1093	1175	1093
医药及医疗器材批发	16078	17974	5407	4944
矿产品、建材及化工产品批发	150219	237972	122799	186798
机械设备、五金产品及电子产品批发	4646	2318	4646	2318
贸易经纪与代理				
其他批发业	3616	4380		
零售业	**1694852**	**1689055**	**1339690**	**1347211**
综合零售	1213809	1142404	919394	861081
食品、饮料及烟草制品专门零售	185708	183857	176844	174372
纺织、服装及日用品专门零售	44229	144044	28017	133450
文化、体育用品及器材专门零售	2227	234	2227	234
医药及医疗器材专门零售	242495	214052	206990	173610
汽车、摩托车、燃料及零配件专门零售				
家用电器及电子产品专门零售	6129	4211	6129	4211
五金、家具及室内装饰材料专门零售				
货摊、无店铺及其他零售业	255	253	90	253

单位：万元

自有配送中心配送商品购进额		非自有配送中心配送商品购进额		商品销售总额		零售额	
2014年	2013年	2014年	2013年	2014年	2013年	2014年	2013年
20664067	**19110102**	**4625624**	**4437167**	**51343554**	**50741421**	**43018636**	**40767383**
8927173	8332094	2406760	2428449	27129437	28106600	22868593	22001931
434585	428198	118322	97613	1165778	1130973	1092875	1033441
221218	210609	73882	31483	657412	627878	553640	535483
3033053	2767362	115932	91121	3428173	3198341	1180526	1167954
1620867	1561724	715325	485378	4482608	3874799	3954347	3589621
1128164	916704	211728	198826	2515389	2362162	2128482	1691394
5198343	4778947	982998	1103072	11687839	11095515	10995683	10441745
84368	89731			251855	309888	222729	270549
16296	24733	676	1224	25062	35265	21762	35265
1097737	**1176261**	**204444**	**226257**	**2361523**	**2349670**	**2225268**	**2180096**
96915	**136188**	**8150**	**44411**	**208821**	**273051**	**119014**	**140595**
		1071	965	1313	1106	1313	1106
			189	301	379		
1175	1093			852	793	852	793
3045	2704			32124	21582	6770	6670
92695	132392	2433	40939	163338	242548	103281	129106
		4646	2318	6799	2921	6799	2921
				4095	3722		
1000822	**1040072**	**196294**	**181846**	**2152702**	**2076619**	**2106254**	**2039501**
714804	697011	114885	83268	1498376	1492281	1467417	1466481
176239	164428		9922	223099	201568	217104	197187
25904	121740	2018	11614	91499	96758	87623	95335
2205	211	22	24	2106	232	2106	232
78060	55422	79259	77018	325258	275085	319887	269571
3520	1191	111		12087	10398	11839	10398
90	68			277	298	277	298

1-5 续表 12

股份有限公司

项　目	商品购进总额		统一配送商品购进额	
	2014年	2013年	2014年	2013年
总　计	**152463804**	**162117039**	**121476091**	**125195067**
批发业	**88232078**	**88470109**	**79537934**	**78398306**
农、林、牧产品批发	1350944	1405929	1350944	1405929
食品、饮料及烟草制品批发	11647	11785	11647	11785
纺织、服装及家庭用品批发	1331449	1252828	515801	487403
文化、体育用品及器材批发	1085710	1186274	1085710	1186274
医药及医疗器材批发	58002	52522	58002	52522
矿产品、建材及化工产品批发	81569432	81876758	73690936	72570381
机械设备、五金产品及电子产品批发	292334	224660	292334	224660
贸易经纪与代理				
其他批发业	2532560	2459352	2532560	2459352
零售业	**64231726**	**73646931**	**41938157**	**46796761**
综合零售	33794816	34616797	20228145	20416727
食品、饮料及烟草制品专门零售	131576	120112	131576	120112
纺织、服装及日用品专门零售	8163	8463	8163	8463
文化、体育用品及器材专门零售	199289	661188	199289	661188
医药及医疗器材专门零售	234670	215117	184170	200430
汽车、摩托车、燃料及零配件专门零售	26270755	27462527	17693084	18636903
家用电器及电子产品专门零售	3592456	10562726	3493729	6752938
五金、家具及室内装饰材料专门零售				
货摊、无店铺及其他零售业				
直营门店合计	**148053715**	**157764470**	**117510803**	**121471370**
批发业	**86459946**	**86805111**	**77891373**	**76862184**
农、林、牧产品批发	1148302	1195040	1148302	1195040
食品、饮料及烟草制品批发	11647	11785	11647	11785
纺织、服装及家庭用品批发	1179054	1099228	488977	462678
文化、体育用品及器材批发	1085710	1186274	1085710	1186274
医药及医疗器材批发	58002	52522	58002	52522
矿产品、建材及化工产品批发	80152336	80576250	72273840	71269873
机械设备、五金产品及电子产品批发	292334	224660	292334	224660
贸易经纪与代理				
其他批发业	2532560	2459352	2532560	2459352

单位：万元

自有配送中心配送商品购进额		非自有配送中心配送商品购进额		商品销售总额		零售额	
2014年	2013年	2014年	2013年	2014年	2013年	2014年	2013年
73635891	**76276411**	**25975987**	**25585358**	**185132129**	**197977358**	**129957375**	**128461954**
53065589	**51315440**	**18101203**	**18180883**	**102751243**	**103595201**	**64518308**	**58205613**
1350944	1405929			1506471	1557105		
11647	11785			11510	11667	2149	2240
515801	487403			2311366	2288479	1339632	1261772
1085710	1186274			1107238	1104563	526168	529823
58002	52522			88691	79508	88691	79508
47510925	45712175	17808869	17956222	94983622	95900156	60257558	54115632
		292334	224660	287026	270491	160548	184095
2532560	2459352			2455320	2383233	2133562	2032543
20570302	**24960970**	**7874785**	**7404476**	**82380885**	**94382157**	**65439067**	**70256341**
13955585	14424650	3250113	3164771	42325754	41595464	34945281	33776602
128941	117476	2636	2636	164485	158115	163008	156899
6788	7006			18210	18654	16897	17581
105105	539020			657952	730566	562901	196959
47585	194232	33905		310082	285011	302793	277722
4903944	5173486	3866432	3708925	35578986	35779976	26316947	26961723
1422354	4505101	721698	528144	3325416	15814371	3131241	8868855
71113168	**73814377**	**25033945**	**24873467**	**180799070**	**194094947**	**127022073**	**125891130**
51419027	**49779318**	**18101203**	**18180883**	**101003242**	**102044779**	**64019986**	**57833086**
1148302	1195040			1295565	1339110		
11647	11785			11510	11667	2149	2240
488977	462678			2191366	2256559	1219632	1229852
1085710	1186274			1107238	1104563	526168	529823
58002	52522			88691	79508	88691	79508
46093829	44411667	17808869	17956222	93566526	94599648	59889237	53775024
		292334	224660	287026	270491	160548	184095
2532560	2459352			2455320	2383233	2133562	2032543

1-5 续表 13

股份有限公司

项　目	商品购进总额		统一配送商品购进额	
	2014年	2013年	2014年	2013年
零售业	**61593769**	**70959358**	**39619431**	**44609186**
综合零售	32093893	32676497	18839942	18969913
食品、饮料及烟草制品专门零售	22911	20184	22911	20184
纺织、服装及日用品专门零售	8163	8463	8163	8463
文化、体育用品及器材专门零售	197539	657760	197539	657760
医药及医疗器材专门零售	206938	195800	162949	187623
汽车、摩托车、燃料及零配件专门零售	25951542	27143708	17373870	18318084
家用电器及电子产品专门零售	3112783	10256946	3014056	6447157
五金、家具及室内装饰材料专门零售				
货摊、无店铺及其他零售业				
加盟门店合计	**4410089**	**4352570**	**3965288**	**3723697**
批发业	**1772132**	**1664997**	**1646562**	**1536122**
农、林、牧产品批发	202642	210889	202642	210889
食品、饮料及烟草制品批发				
纺织、服装及家庭用品批发	152395	153600	26824	24725
文化、体育用品及器材批发				
医药及医疗器材批发				
矿产品、建材及化工产品批发	1417096	1300508	1417096	1300508
机械设备、五金产品及电子产品批发				
贸易经纪与代理				
其他批发业				
零售业	**2637957**	**2687572**	**2318726**	**2187575**
综合零售	1700923	1940300	1388203	1446813
食品、饮料及烟草制品专门零售	108665	99928	108665	99928
纺织、服装及日用品专门零售				
文化、体育用品及器材专门零售	1751	3428	1751	3428
医药及医疗器材专门零售	27732	19318	21221	12807
汽车、摩托车、燃料及零配件专门零售	319214	318819	319214	318819
家用电器及电子产品专门零售	479673	305780	479673	305780
五金、家具及室内装饰材料专门零售				
货摊、无店铺及其他零售业				

单位：万元

自有配送中心配送商品购进额		非自有配送中心配送商品购进额		商品销售总额		零售额	
2014年	2013年	2014年	2013年	2014年	2013年	2014年	2013年
19694141	**24035059**	**6932743**	**6692585**	**79795829**	**92050169**	**63002086**	**68058044**
13191206	13613559	2807242	2759767	40735468	40091784	33441590	32335403
21383	18656	1529	1529	29541	27146	29541	26281
6788	7006			18210	18654	16897	17581
103354	535592			656202	727138	561150	193531
45112	181660	15514		280402	264760	279624	263982
4903944	5173486	3866432	3708925	35206280	35396808	25997733	26642904
1422354	4505101	242025	222363	2869726	15523879	2675551	8578362
2522723	**2462034**	**942042**	**711891**	**4333058**	**3882411**	**2935302**	**2570824**
1646562	**1536122**			**1748002**	**1550422**	**498322**	**372528**
202642	210889			210906	217995		
26824	24725			120000	31920	120000	31920
1417096	1300508			1417096	1300508	378322	340608
876161	**925912**	**942042**	**711891**	**2585056**	**2331989**	**2436981**	**2198296**
764379	811091	442871	405004	1590286	1503680	1503691	1441199
107558	98821	1107	1107	134944	130969	133467	130618
1751	3428			1751	3428	1751	3428
2473	12572	18391		29680	20251	23169	13740
				372707	383168	319214	318819
		479673	305780	455689	290492	455689	290492

1-5 续表 14

私营企业

项　目	商品购进总额		统一配送商品购进额	
	2014年	2013年	2014年	2013年
总　计	**21021769**	**18979692**	**18444121**	**16792233**
批发业	**1115108**	**1151813**	**777263**	**881467**
农、林、牧产品批发	41339	38828	5593	5086
食品、饮料及烟草制品批发	225831	219154	162289	157998
纺织、服装及家庭用品批发	178747	133969	96037	133969
文化、体育用品及器材批发	9796	11227	3155	3498
医药及医疗器材批发	172843	150321	138767	109503
矿产品、建材及化工产品批发	163749	158665	106871	113085
机械设备、五金产品及电子产品批发	292222	417622	247926	346544
贸易经纪与代理				
其他批发业	30581	22028	16627	11786
零售业	**19906661**	**17827879**	**17666859**	**15910766**
综合零售	8939566	8533130	7485397	7260622
食品、饮料及烟草制品专门零售	1071857	1029681	1041723	1000155
纺织、服装及日用品专门零售	499617	446142	311159	269886
文化、体育用品及器材专门零售	172830	161083	103378	93937
医药及医疗器材专门零售	3515068	2458239	3318973	2354826
汽车、摩托车、燃料及零配件专门零售	313725	269476	196249	198881
家用电器及电子产品专门零售	5325675	4893060	5141657	4695392
五金、家具及室内装饰材料专门零售	60998	30930	60998	30930
货摊、无店铺及其他零售业	7326	6138	7326	6138
直营门店合计	**19475790**	**17529958**	**17304313**	**15675576**
批发业	**827040**	**919629**	**606174**	**714214**
农、林、牧产品批发	1029	845	169	165
食品、饮料及烟草制品批发	126655	123566	71917	72031
纺织、服装及家庭用品批发	119034	120692	83324	120692
文化、体育用品及器材批发	8634	10387	3155	3498
医药及医疗器材批发	156915	135505	135931	106170
矿产品、建材及化工产品批发	116721	106882	63924	65394
机械设备、五金产品及电子产品批发	288517	413908	244221	342830
贸易经纪与代理				
其他批发业	9534	7844	3534	3434

单位：万元

自有配送中心配送商品购进额		非自有配送中心配送商品购进额		商品销售总额		零售额	
2014年	2013年	2014年	2013年	2014年	2013年	2014年	2013年
11922451	**10381846**	**1580766**	**1278144**	**25400714**	**20838791**	**22503640**	**18321907**
516389	**565691**	**25893**	**23757**	**1305508**	**1263943**	**512313**	**530475**
2007	2031			61756	56390	2756	2356
124957	127182	21860	19467	253752	248678	101304	116049
41189	10357	2702	3067	209775	163089	64180	36607
3155	3498			17311	20984	14670	17476
70250	72051	44	35	175948	156600	48481	49985
81309	81350			196532	184782	29267	21352
193524	269223	1287	1188	357177	404964	248920	284142
				33258	28456	2737	2508
11406062	**9816154**	**1554873**	**1254386**	**24095207**	**19574847**	**21991327**	**17791432**
5310336	4903463	790833	556076	10328742	9581969	9362796	8747472
638096	638520	109194	72459	1202688	1147269	1032805	1052671
194463	170978			616711	572219	563300	529705
83248	66684	591	1294	142184	156670	103398	123066
2575976	1750970	296453	214073	6097012	2668918	5787169	2394418
54010	41756	9520	10422	364274	303413	354858	282062
2491656	2214278	340957	393925	5262599	5102688	4720579	4631127
58278	29505			71907	34764	57332	23972
		7326	6138	9091	6938	9091	6938
11082407	**9529661**	**1436236**	**1159296**	**23343003**	**19018332**	**20669887**	**16654528**
384474	**431561**	**6008**	**6179**	**1033367**	**1026084**	**431531**	**430408**
169	165			2907	2407		
54469	58794	1976	1889	201233	177901	51816	47430
31086	1217	2702	3067	150670	147557	49690	21074
3155	3498			16821	20284	14670	17476
67414	68719	44	35	152497	137222	41010	43598
38362	33659			146891	131674	29267	21064
189819	265510	1287	1188	353335	400587	245079	279766
				9013	8453		

1-5 续表 15

私营企业

项　目	商品购进总额		统一配送商品购进额	
	2014年	2013年	2014年	2013年
零售业	**18648750**	**16610329**	**16698139**	**14961362**
综合零售	7995652	7611641	6802086	6581474
食品、饮料及烟草制品专门零售	1034345	957263	1008181	929975
纺织、服装及日用品专门零售	421373	393376	245176	228320
文化、体育用品及器材专门零售	169792	158292	103378	93937
医药及医疗器材专门零售	3359141	2335047	3172365	2241209
汽车、摩托车、燃料及零配件专门零售	311554	267443	194079	196848
家用电器及电子产品专门零售	5288570	4850201	5104552	4652532
五金、家具及室内装饰材料专门零售	60998	30930	60998	30930
货摊、无店铺及其他零售业	7326	6138	7326	6138
加盟门店合计	**1545979**	**1449733**	**1139808**	**1116657**
批发业	**288068**	**232184**	**171088**	**167254**
农、林、牧产品批发	40310	37983	5424	4921
食品、饮料及烟草制品批发	99175	95589	90372	85967
纺织、服装及家庭用品批发	59713	13277	12713	13277
文化、体育用品及器材批发	1162	840		
医药及医疗器材批发	15928	14816	2836	3332
矿产品、建材及化工产品批发	47028	51783	42946	47691
机械设备、五金产品及电子产品批发	3705	3714	3705	3714
贸易经纪与代理				
其他批发业	21047	14184	13093	8353
零售业	**1257911**	**1217549**	**968720**	**949404**
综合零售	943914	921489	683311	679149
食品、饮料及烟草制品专门零售	37512	72418	33542	70180
纺织、服装及日用品专门零售	78243	52766	65984	41566
文化、体育用品及器材专门零售	3038	2792		
医药及医疗器材专门零售	155927	123192	146608	113617
汽车、摩托车、燃料及零配件专门零售	2171	2033	2171	2033
家用电器及电子产品专门零售	37105	42860	37105	42860
五金、家具及室内装饰材料专门零售				
货摊、无店铺及其他零售业				

单位：万元

自有配送中心配送商品购进额		非自有配送中心配送商品购进额		商品销售总额		零售额	
2014年	2013年	2014年	2013年	2014年	2013年	2014年	2013年
10697933	**9098100**	**1430227**	**1153117**	**22309636**	**17992247**	**20238356**	**16224121**
4832771	4395533	697150	485788	8896139	8333879	7950995	7507340
609674	572678	109194	72459	1181604	1090959	1012376	996943
128807	129918			512484	486252	463668	446687
83248	66684	591	1294	139175	153893	102097	121966
2476594	1690609	265490	183092	5912788	2525551	5607784	2253174
54010	41756	9520	10422	362103	301510	352687	280159
2454551	2171418	340957	393925	5224346	5058503	4682327	4586942
58278	29505			71907	34764	57332	23972
		7326	6138	9091	6938	9091	6938
840045	**852185**	**144530**	**118848**	**2057711**	**1820459**	**1833753**	**1667379**
131915	**134130**	**19884**	**17579**	**272141**	**237859**	**80782**	**100068**
1838	1866			58849	53983	2756	2356
70487	68388	19884	17579	52519	70777	49487	68620
10103	9140			59105	15532	14490	15532
				490	700		
2836	3332			23451	19378	7471	6387
42946	47691			49641	53108		288
3705	3714			3841	4377	3841	4377
				24245	20004	2737	2508
708130	**718054**	**124646**	**101269**	**1785570**	**1582600**	**1752971**	**1567311**
477565	507930	93683	70288	1432603	1248089	1411801	1240132
28422	65842			21084	56310	20429	55729
65656	41060			104227	85967	99632	83017
				3010	2777	1301	1100
99382	60362	30963	30981	184224	143367	179385	141245
				2171	1904	2171	1904
37105	42860			38253	44185	38253	44185

1-5 续表 16

其他企业

项　目	商品购进总额		统一配送商品购进额	
	2014年	2013年	2014年	2013年
总　计	**511775**	**525509**	**508880**	**330344**
批发业	**5533**	**4563**	**5438**	**4480**
农、林、牧产品批发				
食品、饮料及烟草制品批发				
纺织、服装及家庭用品批发				
文化、体育用品及器材批发				
医药及医疗器材批发	5533	4563	5438	4480
矿产品、建材及化工产品批发				
机械设备、五金产品及电子产品批发				
贸易经纪与代理				
其他批发业				
零售业	**506242**	**520946**	**503442**	**325864**
综合零售	244400	258752	244400	66328
食品、饮料及烟草制品专门零售	13276	14314	13276	14314
纺织、服装及日用品专门零售	972	805	972	805
文化、体育用品及器材专门零售	48816	50271	48816	50271
医药及医疗器材专门零售	105358	105573	102558	102916
汽车、摩托车、燃料及零配件专门零售				
家用电器及电子产品专门零售	93420	91231	93420	91231
五金、家具及室内装饰材料专门零售				
货摊、无店铺及其他零售业				
直营门店合计	**476586**	**490661**	**473786**	**295754**
批发业	**3198**	**2919**	**3198**	**2919**
农、林、牧产品批发				
食品、饮料及烟草制品批发				
纺织、服装及家庭用品批发				
文化、体育用品及器材批发				
医药及医疗器材批发	3198	2919	3198	2919
矿产品、建材及化工产品批发				
机械设备、五金产品及电子产品批发				
贸易经纪与代理				
其他批发业				

单位：万元

自有配送中心配送商品购进额		非自有配送中心配送商品购进额		商品销售总额		零售额	
2014年	2013年	2014年	2013年	2014年	2013年	2014年	2013年
101378	**98710**	**261013**	**85879**	**544541**	**544671**	**541371**	**536290**
5068	**4125**			**9422**	**8730**	**9422**	**8730**
5068	4125			9422	8730	9422	8730
96310	**94585**	**261013**	**85879**	**535119**	**535941**	**531949**	**527560**
23956	21446	220444	44882	245014	258261	245014	252251
13276	14314			15774	17581	14204	16710
			805	957	809	957	809
9030	6598			57447	58523	57447	58523
50048	52228	40569	40193	122507	109537	120908	108037
				93420	91231	93420	91231
91505	**89540**	**237044**	**61521**	**502189**	**506046**	**499020**	**497664**
3144	**2867**			**4271**	**3949**	**4271**	**3949**
3144	2867			4271	3949	4271	3949

1-5 续表 17

其他企业

项　目	商品购进总额		统一配送商品购进额	
	2014年	2013年	2014年	2013年
零售业	**473388**	**487742**	**470588**	**292835**
综合零售	238096	252770	238096	60520
食品、饮料及烟草制品专门零售	13276	13741	13276	13741
纺织、服装及日用品专门零售	972	805	972	805
文化、体育用品及器材专门零售	48816	50271	48816	50271
医药及医疗器材专门零售	78809	78925	76009	76268
汽车、摩托车、燃料及零配件专门零售				
家用电器及电子产品专门零售	93420	91231	93420	91231
五金、家具及室内装饰材料专门零售				
货摊、无店铺及其他零售业				
加盟门店合计	**35189**	**34848**	**35094**	**34590**
批发业	**2335**	**1644**	**2240**	**1561**
农、林、牧产品批发				
食品、饮料及烟草制品批发				
纺织、服装及家庭用品批发				
文化、体育用品及器材批发				
医药及医疗器材批发	2335	1644	2240	1561
矿产品、建材及化工产品批发				
机械设备、五金产品及电子产品批发				
贸易经纪与代理				
其他批发业				
零售业	**32853**	**33204**	**32853**	**33029**
综合零售	6305	5983	6305	5808
食品、饮料及烟草制品专门零售		573		573
纺织、服装及日用品专门零售				
文化、体育用品及器材专门零售				
医药及医疗器材专门零售	26549	26649	26549	26649
汽车、摩托车、燃料及零配件专门零售				
家用电器及电子产品专门零售				
五金、家具及室内装饰材料专门零售				
货摊、无店铺及其他零售业				

单位：万元

自有配送中心配送商品购进额		非自有配送中心配送商品购进额		商品销售总额		零售额	
2014年	2013年	2014年	2013年	2014年	2013年	2014年	2013年
88362	**86673**	**237044**	**61521**	**497918**	**502097**	**494749**	**493715**
18299	16378	219797	44142	239312	252897	239312	246887
13276	13741			15774	16982	14204	16111
			805	957	809	957	809
9030	6598			57447	58523	57447	58523
47756	49956	17247	16574	91009	81656	89410	80156
				93420	91231	93420	91231
9873	**9170**	**23970**	**24359**	**42352**	**38625**	**42352**	**38625**
1924	**1258**			**5152**	**4781**	**5152**	**4781**
1924	1258			5152	4781	5152	4781
7948	**7912**	**23970**	**24359**	**37200**	**33844**	**37200**	**33844**
5657	5068	647	740	5702	5364	5702	5364
	573				600		600
2291	2271	23322	23619	31498	27881	31498	27881

1-5 续表 18

港澳台商投资企业

项　　目	商品购进总额		统一配送商品购进额	
	2014年	2013年	2014年	2013年
总　　计	**19866657**	**17825852**	**14276820**	**14278573**
批发业	**482055**	**278758**	**432858**	**223994**
农、林、牧产品批发				
食品、饮料及烟草制品批发	48949	82730	48949	82730
纺织、服装及家庭用品批发	95722	101490	95722	101490
文化、体育用品及器材批发	3405	7337	3405	7337
医药及医疗器材批发				
矿产品、建材及化工产品批发	18625	19300		
机械设备、五金产品及电子产品批发				
贸易经纪与代理				
其他批发业	315354	67901	284782	32437
零售业	**19384603**	**17547095**	**13843962**	**14054579**
综合零售	18025634	16217145	13217600	13388985
食品、饮料及烟草制品专门零售	101431	106021	54955	66891
纺织、服装及日用品专门零售	1049746	1009246	428778	456770
文化、体育用品及器材专门零售	25656	32956		
医药及医疗器材专门零售	163520	161954	124013	122161
汽车、摩托车、燃料及零配件专门零售				
家用电器及电子产品专门零售	471	784	471	784
五金、家具及室内装饰材料专门零售	18145	18988	18145	18988
货摊、无店铺及其他零售业				
直营门店合计	**15263361**	**13399786**	**9822484**	**10047488**
批发业	**425466**	**225512**	**376269**	**170748**
农、林、牧产品批发				
食品、饮料及烟草制品批发	48949	82730	48949	82730
纺织、服装及家庭用品批发	39134	48243	39134	48243
文化、体育用品及器材批发	3405	7337	3405	7337
医药及医疗器材批发				
矿产品、建材及化工产品批发	18625	19300		
机械设备、五金产品及电子产品批发				
贸易经纪与代理				
其他批发业	315354	67901	284782	32437

单位：万元

自有配送中心配送商品购进额		非自有配送中心配送商品购进额		商品销售总额		零售额	
2014年	2013年	2014年	2013年	2014年	2013年	2014年	2013年
6988707	**7209552**	**1433441**	**1321415**	**23206987**	**25171275**	**20907891**	**19662226**
95306	**136367**			**653013**	**365189**	**146884**	**94164**
48949	82730			68130	101118	3819	3922
46093	53542			194064	145943	84359	66054
				3713	8956	976	2107
				20926	20730		
265	94			366181	88442	57731	22082
6893401	**7073186**	**1433441**	**1321415**	**22553974**	**24806086**	**20761007**	**19568061**
6670771	6689298	1424740	1302192	20586460	22874650	19017950	17846183
44996	50475	1618	1965	179343	166283	145395	135683
154559	223397	3609	5112	1532655	1486554	1356482	1317987
				60320	63495	60320	63495
23076	110016	3473	12146	178767	195277	164432	184887
				606	839	606	839
				15823	18988	15823	18988
6861391	**7135342**	**1427126**	**1291815**	**18513308**	**20641524**	**16381296**	**15257497**
87473	**129507**			**536712**	**291579**	**139051**	**87305**
48949	82730			68130	101118	3819	3922
38259	46683			77762	72333	76526	59194
				3713	8956	976	2107
				20926	20730		
265	94			366181	88442	57731	22082

1-5 续表 19

港澳台商投资企业

项 目	商品购进总额		统一配送商品购进额	
	2014年	2013年	2014年	2013年
零售业	**14837895**	**13174275**	**9446215**	**9876740**
综合零售	13508854	11881790	8846955	9248612
食品、饮料及烟草制品专门零售	98606	103772	54955	64642
纺织、服装及日用品专门零售	1022644	986991	401676	434514
文化、体育用品及器材专门零售	25656	32956		
医药及医疗器材专门零售	163520	148994	124013	109200
汽车、摩托车、燃料及零配件专门零售				
家用电器及电子产品专门零售	471	784	471	784
五金、家具及室内装饰材料专门零售	18145	18988	18145	18988
货摊、无店铺及其他零售业				
加盟门店合计	**4603296**	**4426066**	**4454336**	**4231085**
批发业	**56588**	**53246**	**56588**	**53246**
农、林、牧产品批发				
食品、饮料及烟草制品批发				
纺织、服装及家庭用品批发	56588	53246	56588	53246
文化、体育用品及器材批发				
医药及医疗器材批发				
矿产品、建材及化工产品批发				
机械设备、五金产品及电子产品批发				
贸易经纪与代理				
其他批发业				
零售业	**4546708**	**4372820**	**4397748**	**4177839**
综合零售	4516780	4335355	4370645	4140373
食品、饮料及烟草制品专门零售	2825	2249		2249
纺织、服装及日用品专门零售	27103	22256	27103	22256
文化、体育用品及器材专门零售				
医药及医疗器材专门零售		12961		12961
汽车、摩托车、燃料及零配件专门零售				
家用电器及电子产品专门零售				
五金、家具及室内装饰材料专门零售				
货摊、无店铺及其他零售业				

单位：万元

自有配送中心配送商品购进额		非自有配送中心配送商品购进额		商品销售总额		零售额	
2014年	2013年	2014年	2013年	2014年	2013年	2014年	2013年
6773918	**7005835**	**1427126**	**1291815**	**17976597**	**20349945**	**15242245**	**15170192**
6578390	6644872	1418426	1280315	16060099	18502697	14527508	13511492
44996	48226	1618	1965	174997	158794	141049	128194
127456	207959	3609	5112	1485985	1438821	1332508	1291264
				60320	63495	60320	63495
23076	104778	3473	4423	178767	166311	164432	155920
				606	839	606	839
				15823	18988	15823	18988
127317	**74210**	**6315**	**29601**	**4693678**	**4529751**	**4526595**	**4404729**
7833	**6859**			**116301**	**73609**	**7833**	**6859**
7833	6859			116301	73609	7833	6859
119484	**67351**	**6315**	**29601**	**4577377**	**4456141**	**4518762**	**4397869**
92381	44427	6315	21878	4526361	4371953	4490442	4334691
	2249			4346	7489	4346	7489
27103	15437			46670	47734	23974	26723
	5238		7723		28966		28966

1-5　续表 20

外商投资企业

项　目	商品购进总额		统一配送商品购进额	
	2014年	2013年	2014年	2013年
总　计	**26731273**	**26808343**	**17499226**	**18078028**
批发业	**940151**	**703319**	**937764**	**701480**
农、林、牧产品批发				
食品、饮料及烟草制品批发	717025	467032	717025	467032
纺织、服装及家庭用品批发	2388	1839		
文化、体育用品及器材批发				
医药及医疗器材批发				
矿产品、建材及化工产品批发	167296	188324	167296	188324
机械设备、五金产品及电子产品批发	53443	46124	53443	46124
贸易经纪与代理				
其他批发业				
零售业	**25791122**	**26105024**	**16561463**	**17376548**
综合零售	19005299	18725900	10868442	11386159
食品、饮料及烟草制品专门零售	16885	10728	16885	10728
纺织、服装及日用品专门零售	786297	700038	773367	682113
文化、体育用品及器材专门零售	81927	77857	81927	77857
医药及医疗器材专门零售	115532	80918	115532	80918
汽车、摩托车、燃料及零配件专门零售	4424238	4654332	3494252	3453002
家用电器及电子产品专门零售	1153646	1625821	1019686	1474320
五金、家具及室内装饰材料专门零售	207299	229431	191373	211451
货摊、无店铺及其他零售业				
直营门店合计	**25605418**	**25788424**	**16444793**	**17109123**
批发业	**939865**	**703005**	**937478**	**701166**
农、林、牧产品批发				
食品、饮料及烟草制品批发	716739	466718	716739	466718
纺织、服装及家庭用品批发	2388	1839		
文化、体育用品及器材批发				
医药及医疗器材批发				
矿产品、建材及化工产品批发	167296	188324	167296	188324
机械设备、五金产品及电子产品批发	53443	46124	53443	46124
贸易经纪与代理				
其他批发业				

单位：万元

自有配送中心配送商品购进额		非自有配送中心配送商品购进额		商品销售总额		零售额	
2014年	2013年	2014年	2013年	2014年	2013年	2014年	2013年
10021174	**10227747**	**2787914**	**2888253**	**32443037**	**32043434**	**28013465**	**27585144**
262949	**262457**	**3724**		**1048671**	**871576**	**198792**	**188035**
42211	28009	3724		809112	604641	112592	105179
				3120	2451	3120	2451
167296	188324			184342	216607	73737	64982
53443	46124			52097	47877	9343	15423
9758224	**9965290**	**2784190**	**2888253**	**31394366**	**31171858**	**27814673**	**27397109**
7317876	7435433	1129443	1010989	20868322	20060191	18359134	17651545
				16679	16254	16679	16254
441541	381839	22130	21815	1174310	1087173	1143022	1055672
		81927	77857	116297	97000	116297	97000
115532	80918			122687	104206	122687	103386
1013624	934873	1355793	1399030	7269855	7624031	6260665	6304242
869651	1132228	150034	342092	1536621	1866465	1506639	1852537
		44863	36469	289595	316538	289550	316473
9015268	**9300534**	**2742945**	**2848080**	**31184175**	**30873978**	**26794148**	**26421769**
262663	**262143**	**3724**		**1047960**	**870970**	**198081**	**187428**
41925	27695	3724		808401	604034	111880	104572
				3120	2451	3120	2451
167296	188324			184342	216607	73737	64982
53443	46124			52097	47877	9343	15423

1-5 续表 21

外商投资企业

项　目	商品购进总额		统一配送商品购进额	
	2014年	2013年	2014年	2013年
零售业	**24665553**	**25085418**	**15507315**	**16407957**
综合零售	18015478	17845675	9949210	10555977
食品、饮料及烟草制品专门零售	14815	10191	14815	10191
纺织、服装及日用品专门零售	652619	561194	640521	544240
文化、体育用品及器材专门零售	81927	77857	81927	77857
医药及医疗器材专门零售	115532	80918	115532	80918
汽车、摩托车、燃料及零配件专门零售	4424238	4654332	3494252	3453002
家用电器及电子产品专门零售	1153646	1625821	1019686	1474320
五金、家具及室内装饰材料专门零售	207299	229431	191373	211451
货摊、无店铺及其他零售业				
加盟门店合计	**1125855**	**1019920**	**1054434**	**968906**
批发业	**286**	**314**	**286**	**314**
农、林、牧产品批发				
食品、饮料及烟草制品批发	286	314	286	314
纺织、服装及家庭用品批发				
文化、体育用品及器材批发				
医药及医疗器材批发				
矿产品、建材及化工产品批发				
机械设备、五金产品及电子产品批发				
贸易经纪与代理				
其他批发业				
零售业	**1125569**	**1019605**	**1054148**	**968591**
综合零售	989821	880225	919232	830182
食品、饮料及烟草制品专门零售	2070	536	2070	536
纺织、服装及日用品专门零售	133678	138844	132846	137873
文化、体育用品及器材专门零售				
医药及医疗器材专门零售				
汽车、摩托车、燃料及零配件专门零售				
家用电器及电子产品专门零售				
五金、家具及室内装饰材料专门零售				
货摊、无店铺及其他零售业				

单位：万元

自有配送中心配送商品购进额		非自有配送中心配送商品购进额		商品销售总额		零售额	
2014年	2013年	2014年	2013年	2014年	2013年	2014年	2013年
8752605	**9038391**	**2739220**	**2848080**	**30136215**	**30003009**	**26596067**	**26234341**
6445102	6646407	1084474	970817	19826398	19136774	17356754	16734209
				14678	15441	14678	15441
308696	243966	22130	21815	960085	842553	928797	811052
		81927	77857	116297	97000	116297	97000
115532	80918			122687	104206	122687	103386
1013624	934873	1355793	1399030	7269855	7624031	6260665	6304242
869651	1132228	150034	342092	1536621	1866465	1506639	1852537
		44863	36469	289595	316538	289550	316473
1005906	**927213**	**44969**	**40173**	**1258862**	**1169456**	**1219317**	**1163375**
286	**314**			**711**	**607**	**711**	**607**
286	314			711	607	711	607
1005620	**926899**	**44969**	**40173**	**1258150**	**1168850**	**1218606**	**1162768**
872774	789026	44969	40173	1041925	923418	1002380	917336
				2001	813	2001	813
132846	137873			214225	244620	214225	244620

1-6 按行业与业态分连锁零售企业基本情况

便利店

项 目	连锁总店数（个）	门店数（个）		年末从业人员（人）		年末零售营业面积（平方米）	
	2014年	2014年	2013年	2014年	2013年	2014年	2013年
总 计	**98**	**16832**	**16024**	**78135**	**79103**	**1448030**	**1408908**
批发业							
农、林、牧产品批发							
食品、饮料及烟草制品批发							
纺织、服装及家庭用品批发							
文化、体育用品及器材批发							
医药及医疗器材批发							
矿产品、建材及化工产品批发							
机械设备、五金产品及电子产品批发							
贸易经纪与代理							
其他批发业							
零售业	**98**	**16832**	**16024**	**78135**	**79103**	**1448030**	**1408908**
综合零售	97	16819	16011	77966	78934	1446860	1407738
食品、饮料及烟草制品专门零售	1	13	13	169	169	1170	1170
纺织、服装及日用品专门零售							
文化、体育用品及器材专门零售							
医药及医疗器材专门零售							
汽车、摩托车、燃料及零配件专门零售							
家用电器及电子产品专门零售							
五金、家具及室内装饰材料专门零售							
货摊、无店铺及其他零售业							
直营门店合计		**8909**	**8695**	**55570**	**55717**	**918937**	**913362**
批发业							
农、林、牧产品批发							
食品、饮料及烟草制品批发							
纺织、服装及家庭用品批发							
文化、体育用品及器材批发							
医药及医疗器材批发							
矿产品、建材及化工产品批发							
机械设备、五金产品及电子产品批发							
贸易经纪与代理							
其他批发业							

1-6 续表 1

便利店

项　目	连锁总店数(个)	门店数(个)		年末从业人员(人)		年末零售营业面积(平方米)	
	2014年	2014年	2013年	2014年	2013年	2014年	2013年
零售业		**8909**	**8695**	**55570**	**55717**	**918937**	**913362**
综合零售		8896	8682	55401	55548	917767	912192
食品、饮料及烟草制品专门零售		13	13	169	169	1170	1170
纺织、服装及日用品专门零售							
文化、体育用品及器材专门零售							
医药及医疗器材专门零售							
汽车、摩托车、燃料及零配件专门零售							
家用电器及电子产品专门零售							
五金、家具及室内装饰材料专门零售							
货摊、无店铺及其他零售业							
加盟门店合计		**7923**	**7329**	**22565**	**23386**	**529093**	**495546**
批发业							
农、林、牧产品批发							
食品、饮料及烟草制品批发							
纺织、服装及家庭用品批发							
文化、体育用品及器材批发							
医药及医疗器材批发							
矿产品、建材及化工产品批发							
机械设备、五金产品及电子产品批发							
贸易经纪与代理							
其他批发业							
零售业		**7923**	**7329**	**22565**	**23386**	**529093**	**495546**
综合零售		7923	7329	22565	23386	529093	495546
食品、饮料及烟草制品专门零售							
纺织、服装及日用品专门零售							
文化、体育用品及器材专门零售							
医药及医疗器材专门零售							
汽车、摩托车、燃料及零配件专门零售							
家用电器及电子产品专门零售							
五金、家具及室内装饰材料专门零售							
货摊、无店铺及其他零售业							

1-6　续表 2

折扣店

项　　目	连锁总店数(个)	门店数(个)		年末从业人员(人)		年末零售营业面积(平方米)	
	2014年	2014年	2013年	2014年	2013年	2014年	2013年
总　计	**2**	**377**	**370**	**2093**	**2886**	**177007**	**176255**
批发业							
农、林、牧产品批发							
食品、饮料及烟草制品批发							
纺织、服装及家庭用品批发							
文化、体育用品及器材批发							
医药及医疗器材批发							
矿产品、建材及化工产品批发							
机械设备、五金产品及电子产品批发							
贸易经纪与代理							
其他批发业							
零售业	**2**	**377**	**370**	**2093**	**2886**	**177007**	**176255**
综合零售	1	368	361	1388	2094	91343	89606
食品、饮料及烟草制品专门零售							
纺织、服装及日用品专门零售	1	9	9	705	792	85664	86649
文化、体育用品及器材专门零售							
医药及医疗器材专门零售							
汽车、摩托车、燃料及零配件专门零售							
家用电器及电子产品专门零售							
五金、家具及室内装饰材料专门零售							
货摊、无店铺及其他零售业							
直营门店合计		**207**	**198**	**2013**	**2793**	**138787**	**137358**
批发业							
农、林、牧产品批发							
食品、饮料及烟草制品批发							
纺织、服装及家庭用品批发							
文化、体育用品及器材批发							
医药及医疗器材批发							
矿产品、建材及化工产品批发							
机械设备、五金产品及电子产品批发							
贸易经纪与代理							
其他批发业							

1-6 续表 3

折扣店

项　目	连锁总店数（个）	门店数（个）		年末从业人员（人）		年末零售营业面积（平方米）	
	2014年	2014年	2013年	2014年	2013年	2014年	2013年
零售业		**207**	**198**	**2013**	**2793**	**138787**	**137358**
综合零售		198	189	1308	2001	53123	50709
食品、饮料及烟草制品专门零售							
纺织、服装及日用品专门零售		9	9	705	792	85664	86649
文化、体育用品及器材专门零售							
医药及医疗器材专门零售							
汽车、摩托车、燃料及零配件专门零售							
家用电器及电子产品专门零售							
五金、家具及室内装饰材料专门零售							
货摊、无店铺及其他零售业							
加盟门店合计		**170**	**172**	**80**	**93**	**38220**	**38897**
批发业							
农、林、牧产品批发							
食品、饮料及烟草制品批发							
纺织、服装及家庭用品批发							
文化、体育用品及器材批发							
医药及医疗器材批发							
矿产品、建材及化工产品批发							
机械设备、五金产品及电子产品批发							
贸易经纪与代理							
其他批发业							
零售业		**170**	**172**	**80**	**93**	**38220**	**38897**
综合零售		170	172	80	93	38220	38897
食品、饮料及烟草制品专门零售							
纺织、服装及日用品专门零售							
文化、体育用品及器材专门零售							
医药及医疗器材专门零售							
汽车、摩托车、燃料及零配件专门零售							
家用电器及电子产品专门零售							
五金、家具及室内装饰材料专门零售							
货摊、无店铺及其他零售业							

1-6 续表 4

超市

项 目	连锁总店数(个)	门店数(个)		年末从业人员(人)		年末零售营业面积(平方米)	
	2014年	2014年	2013年	2014年	2013年	2014年	2013年
总 计	**409**	**33202**	**33829**	**444630**	**464596**	**18908160**	**18476643**
批发业	**1**	**7**	**7**	**18**	**53**	**1530**	**1530**
农、林、牧产品批发							
食品、饮料及烟草制品批发	1	7	7	18	53	1530	1530
纺织、服装及家庭用品批发							
文化、体育用品及器材批发							
医药及医疗器材批发							
矿产品、建材及化工产品批发							
机械设备、五金产品及电子产品批发							
贸易经纪与代理							
其他批发业							
零售业	**408**	**33195**	**33822**	**444612**	**464543**	**18906630**	**18475113**
综合零售	407	33164	33795	444218	464182	18900390	18469269
食品、饮料及烟草制品专门零售							
纺织、服装及日用品专门零售							
文化、体育用品及器材专门零售							
医药及医疗器材专门零售	1	31	27	394	361	6240	5844
汽车、摩托车、燃料及零配件专门零售							
家用电器及电子产品专门零售							
五金、家具及室内装饰材料专门零售							
货摊、无店铺及其他零售业							
直营门店合计		**16368**	**15905**	**385537**	**404901**	**16949055**	**16666931**
批发业		**7**	**7**	**18**	**53**	**1530**	**1530**
农、林、牧产品批发							
食品、饮料及烟草制品批发		7	7	18	53	1530	1530
纺织、服装及家庭用品批发							
文化、体育用品及器材批发							
医药及医疗器材批发							
矿产品、建材及化工产品批发							
机械设备、五金产品及电子产品批发							
贸易经纪与代理							
其他批发业							

1-6 续表 5

超市

项　目	连锁总店数(个)	门店数(个)		年末从业人员(人)		年末零售营业面积(平方米)	
	2014年	2014年	2013年	2014年	2013年	2014年	2013年
零售业		**16361**	**15898**	**385519**	**404848**	**16947525**	**16665401**
综合零售		16330	15871	385125	404487	16941285	16659557
食品、饮料及烟草制品专门零售							
纺织、服装及日用品专门零售							
文化、体育用品及器材专门零售							
医药及医疗器材专门零售		31	27	394	361	6240	5844
汽车、摩托车、燃料及零配件专门零售							
家用电器及电子产品专门零售							
五金、家具及室内装饰材料专门零售							
货摊、无店铺及其他零售业							
加盟门店合计		**16834**	**17924**	**59093**	**59695**	**1959105**	**1809712**
批发业							
农、林、牧产品批发							
食品、饮料及烟草制品批发							
纺织、服装及家庭用品批发							
文化、体育用品及器材批发							
医药及医疗器材批发							
矿产品、建材及化工产品批发							
机械设备、五金产品及电子产品批发							
贸易经纪与代理							
其他批发业							
零售业		**16834**	**17924**	**59093**	**59695**	**1959105**	**1809712**
综合零售		16834	17924	59093	59695	1959105	1809712
食品、饮料及烟草制品专门零售							
纺织、服装及日用品专门零售							
文化、体育用品及器材专门零售							
医药及医疗器材专门零售							
汽车、摩托车、燃料及零配件专门零售							
家用电器及电子产品专门零售							
五金、家具及室内装饰材料专门零售							
货摊、无店铺及其他零售业							

1-6 续表 6

大型超市

项目	连锁总店数（个）	门店数（个）		年末从业人员（人）		年末零售营业面积（平方米）	
	2014年	2014年	2013年	2014年	2013年	2014年	2013年
总　计	**183**	**9481**	**9222**	**561832**	**561923**	**31091530**	**31113175**
批发业							
农、林、牧产品批发							
食品、饮料及烟草制品批发							
纺织、服装及家庭用品批发							
文化、体育用品及器材批发							
医药及医疗器材批发							
矿产品、建材及化工产品批发							
机械设备、五金产品及电子产品批发							
贸易经纪与代理							
其他批发业							
零售业	**183**	**9481**	**9222**	**561832**	**561923**	**31091530**	**31113175**
综合零售	183	9481	9222	561832	561923	31091530	31113175
食品、饮料及烟草制品专门零售							
纺织、服装及日用品专门零售							
文化、体育用品及器材专门零售							
医药及医疗器材专门零售							
汽车、摩托车、燃料及零配件专门零售							
家用电器及电子产品专门零售							
五金、家具及室内装饰材料专门零售							
货摊、无店铺及其他零售业							
直营门店合计		**5130**	**4760**	**476418**	**478034**	**27309674**	**27526631**
批发业							
农、林、牧产品批发							
食品、饮料及烟草制品批发							
纺织、服装及家庭用品批发							
文化、体育用品及器材批发							
医药及医疗器材批发							
矿产品、建材及化工产品批发							
机械设备、五金产品及电子产品批发							
贸易经纪与代理							
其他批发业							

1-6 续表 7

大型超市

项目	连锁总店数(个)	门店数(个)		年末从业人员(人)		年末零售营业面积(平方米)	
	2014年	2014年	2013年	2014年	2013年	2014年	2013年
零售业		**5130**	**4760**	**476418**	**478034**	**27309674**	**27526631**
综合零售		5130	4760	476418	478034	27309674	27526631
食品、饮料及烟草制品专门零售							
纺织、服装及日用品专门零售							
文化、体育用品及器材专门零售							
医药及医疗器材专门零售							
汽车、摩托车、燃料及零配件专门零售							
家用电器及电子产品专门零售							
五金、家具及室内装饰材料专门零售							
货摊、无店铺及其他零售业							
加盟门店合计		**4351**	**4462**	**85414**	**83889**	**3781856**	**3586544**
批发业							
农、林、牧产品批发							
食品、饮料及烟草制品批发							
纺织、服装及家庭用品批发							
文化、体育用品及器材批发							
医药及医疗器材批发							
矿产品、建材及化工产品批发							
机械设备、五金产品及电子产品批发							
贸易经纪与代理							
其他批发业							
零售业		**4351**	**4462**	**85414**	**83889**	**3781856**	**3586544**
综合零售		4351	4462	85414	83889	3781856	3586544
食品、饮料及烟草制品专门零售							
纺织、服装及日用品专门零售							
文化、体育用品及器材专门零售							
医药及医疗器材专门零售							
汽车、摩托车、燃料及零配件专门零售							
家用电器及电子产品专门零售							
五金、家具及室内装饰材料专门零售							
货摊、无店铺及其他零售业							

1-6 续表 8

仓储会员店

项 目	连锁总店数（个）	门店数（个）		年末从业人员（人）		年末零售营业面积（平方米）	
	2014年	2014年	2013年	2014年	2013年	2014年	2013年
总 计	**5**	**108**	**107**	**15260**	**16225**	**663795**	**648142**
批发业							
农、林、牧产品批发							
食品、饮料及烟草制品批发							
纺织、服装及家庭用品批发							
文化、体育用品及器材批发							
医药及医疗器材批发							
矿产品、建材及化工产品批发							
机械设备、五金产品及电子产品批发							
贸易经纪与代理							
其他批发业							
零售业	**5**	**108**	**107**	**15260**	**16225**	**663795**	**648142**
综合零售	4	93	89	15215	16153	663045	647242
食品、饮料及烟草制品专门零售							
纺织、服装及日用品专门零售							
文化、体育用品及器材专门零售							
医药及医疗器材专门零售							
汽车、摩托车、燃料及零配件专门零售							
家用电器及电子产品专门零售							
五金、家具及室内装饰材料专门零售							
货摊、无店铺及其他零售业	1	15	18	45	72	750	900
直营门店合计		**93**	**89**	**15215**	**16153**	**663045**	**647242**
批发业							
农、林、牧产品批发							
食品、饮料及烟草制品批发							
纺织、服装及家庭用品批发							
文化、体育用品及器材批发							
医药及医疗器材批发							
矿产品、建材及化工产品批发							
机械设备、五金产品及电子产品批发							
贸易经纪与代理							
其他批发业							

1-6 续表 9

仓储会员店

项　目	连锁总店数(个)	门店数(个)		年末从业人员(人)		年末零售营业面积(平方米)	
	2014年	2014年	2013年	2014年	2013年	2014年	2013年
零售业		**93**	**89**	**15215**	**16153**	**663045**	**647242**
综合零售		93	89	15215	16153	663045	647242
食品、饮料及烟草制品专门零售							
纺织、服装及日用品专门零售							
文化、体育用品及器材专门零售							
医药及医疗器材专门零售							
汽车、摩托车、燃料及零配件专门零售							
家用电器及电子产品专门零售							
五金、家具及室内装饰材料专门零售							
货摊、无店铺及其他零售业							
加盟门店合计		**15**	**18**	**45**	**72**	**750**	**900**
批发业							
农、林、牧产品批发							
食品、饮料及烟草制品批发							
纺织、服装及家庭用品批发							
文化、体育用品及器材批发							
医药及医疗器材批发							
矿产品、建材及化工产品批发							
机械设备、五金产品及电子产品批发							
贸易经纪与代理							
其他批发业							
零售业		**15**	**18**	**45**	**72**	**750**	**900**
综合零售							
食品、饮料及烟草制品专门零售							
纺织、服装及日用品专门零售							
文化、体育用品及器材专门零售							
医药及医疗器材专门零售							
汽车、摩托车、燃料及零配件专门零售							
家用电器及电子产品专门零售							
五金、家具及室内装饰材料专门零售							
货摊、无店铺及其他零售业		15	18	45	72	750	900

1-6　续表 10

百货店

项　　目	连锁总店数（个）	门店数（个）		年末从业人员（人）		年末零售营业面积（平方米）	
	2014年	2014年	2013年	2014年	2013年	2014年	2013年
总　计	**100**	**4689**	**4524**	**258058**	**275888**	**19848085**	**18418141**
批发业							
农、林、牧产品批发							
食品、饮料及烟草制品批发							
纺织、服装及家庭用品批发							
文化、体育用品及器材批发							
医药及医疗器材批发							
矿产品、建材及化工产品批发							
机械设备、五金产品及电子产品批发							
贸易经纪与代理							
其他批发业							
零售业	**100**	**4689**	**4524**	**258058**	**275888**	**19848085**	**18418141**
综合零售	99	4683	4518	258003	275835	19847185	18417241
食品、饮料及烟草制品专门零售							
纺织、服装及日用品专门零售	1	6	6	55	53	900	900
文化、体育用品及器材专门零售							
医药及医疗器材专门零售							
汽车、摩托车、燃料及零配件专门零售							
家用电器及电子产品专门零售							
五金、家具及室内装饰材料专门零售							
货摊、无店铺及其他零售业							
直营门店合计		**2896**	**2710**	**247356**	**259611**	**19302516**	**17804651**
批发业							
农、林、牧产品批发							
食品、饮料及烟草制品批发							
纺织、服装及家庭用品批发							
文化、体育用品及器材批发							
医药及医疗器材批发							
矿产品、建材及化工产品批发							
机械设备、五金产品及电子产品批发							
贸易经纪与代理							
其他批发业							

1-6 续表 11

百货店

项　　目	连锁总店数(个)	门店数(个)		年末从业人员(人)		年末零售营业面积(平方米)	
	2014年	2014年	2013年	2014年	2013年	2014年	2013年
零售业		**2896**	**2710**	**247356**	**259611**	**19302516**	**17804651**
综合零售		2890	2704	247301	259558	19301616	17803751
食品、饮料及烟草制品专门零售							
纺织、服装及日用品专门零售		6	6	55	53	900	900
文化、体育用品及器材专门零售							
医药及医疗器材专门零售							
汽车、摩托车、燃料及零配件专门零售							
家用电器及电子产品专门零售							
五金、家具及室内装饰材料专门零售							
货摊、无店铺及其他零售业							
加盟门店合计		**1793**	**1814**	**10702**	**16277**	**545569**	**613490**
批发业							
农、林、牧产品批发							
食品、饮料及烟草制品批发							
纺织、服装及家庭用品批发							
文化、体育用品及器材批发							
医药及医疗器材批发							
矿产品、建材及化工产品批发							
机械设备、五金产品及电子产品批发							
贸易经纪与代理							
其他批发业							
零售业		**1793**	**1814**	**10702**	**16277**	**545569**	**613490**
综合零售		1793	1814	10702	16277	545569	613490
食品、饮料及烟草制品专门零售							
纺织、服装及日用品专门零售							
文化、体育用品及器材专门零售							
医药及医疗器材专门零售							
汽车、摩托车、燃料及零配件专门零售							
家用电器及电子产品专门零售							
五金、家具及室内装饰材料专门零售							
货摊、无店铺及其他零售业							

1-6　续表 12

专业店(含加油站)

项　目	连锁总店数(个)	门店数(个)		年末从业人员(人)		年末零售营业面积(平方米)	
	2014年	2014年	2013年	2014年	2013年	2014年	2013年
总　计	**1460**	**108809**	**106258**	**943137**	**960830**	**82607567**	**78429035**
批发业	**246**	**39354**	**39042**	**265715**	**275316**	**39724998**	**37004773**
农、林、牧产品批发	4	3778	3735	9436	9501	66486	64076
食品、饮料及烟草制品批发	26	861	856	16059	16093	43925	70676
纺织、服装及家庭用品批发	2	5	104	107	293	3405	9566
文化、体育用品及器材批发	8	473	466	15755	15646	779753	775810
医药及医疗器材批发	23	1980	1890	8455	7987	199060	194765
矿产品、建材及化工产品批发	166	30802	30561	203452	213478	37498658	34749998
机械设备、五金产品及电子产品批发	11	578	558	6173	5826	96653	94528
贸易经纪与代理							
其他批发业	6	877	872	6278	6492	1037058	1045354
零售业	**1214**	**69455**	**67216**	**677422**	**685514**	**42882569**	**41424262**
综合零售	28	1425	1420	11917	12620	1144351	1036569
食品、饮料及烟草制品专门零售	62	5853	5308	21301	20578	263300	263832
纺织、服装及日用品专门零售	66	1451	1387	15110	15387	329489	297986
文化、体育用品及器材专门零售	67	855	1051	21606	24050	780049	730336
医药及医疗器材专门零售	616	39858	38259	222435	218754	4949228	4510611
汽车、摩托车、燃料及零配件专门零售	180	13303	13088	128454	135948	20874958	20078235
家用电器及电子产品专门零售	190	6643	6635	256261	257767	14526214	14491520
五金、家具及室内装饰材料专门零售	2	9	10	34	41	4790	5133
货摊、无店铺及其他零售业	3	58	58	304	369	10190	10040
直营门店合计		**85060**	**82009**	**882853**	**898726**	**81005185**	**77109187**
批发业		**29160**	**28906**	**242713**	**251995**	**39287784**	**36573712**
农、林、牧产品批发		82	87	1171	1278	17260	15900
食品、饮料及烟草制品批发		861	856	16059	16093	43925	70676
纺织、服装及家庭用品批发		5	9	107	113	3405	4546
文化、体育用品及器材批发		471	464	15744	15636	779143	775200
医药及医疗器材批发		992	894	6290	5704	148273	140463
矿产品、建材及化工产品批发		25624	25497	192568	202650	37196617	34461495
机械设备、五金产品及电子产品批发		548	527	5433	5043	80123	78098
贸易经纪与代理							
其他批发业		577	572	5341	5478	1019038	1027334

1-6　续表 13

专业店(含加油站)

项　目	连锁总店数(个)	门店数(个)		年末从业人员(人)		年末零售营业面积(平方米)	
	2014年	2014年	2013年	2014年	2013年	2014年	2013年
零售业		**55900**	**53103**	**640140**	**646731**	**41717401**	**40535475**
综合零售		1080	1096	10853	11701	1110871	1008113
食品、饮料及烟草制品专门零售		4198	3798	18957	18538	225256	228115
纺织、服装及日用品专门零售		1292	1204	14106	14349	296906	279859
文化、体育用品及器材专门零售		810	848	21540	23873	778078	706739
医药及医疗器材专门零售		28730	26556	190984	185458	4000546	3832703
汽车、摩托车、燃料及零配件专门零售		13164	12949	127559	134922	20788458	19991735
家用电器及电子产品专门零售		6560	6585	255804	257481	14502606	14473338
五金、家具及室内装饰材料专门零售		9	10	34	41	4790	5133
货摊、无店铺及其他零售业		57	57	303	368	9890	9740
加盟门店合计		**23749**	**24249**	**60284**	**62104**	**1602382**	**1319848**
批发业		**10194**	**10136**	**23002**	**23321**	**437214**	**431061**
农、林、牧产品批发		3696	3648	8265	8223	49226	48176
食品、饮料及烟草制品批发							
纺织、服装及家庭用品批发			95		180		5020
文化、体育用品及器材批发		2	2	11	10	610	610
医药及医疗器材批发		988	996	2165	2283	50787	54302
矿产品、建材及化工产品批发		5178	5064	10884	10828	302041	288503
机械设备、五金产品及电子产品批发		30	31	740	783	16530	16430
贸易经纪与代理							
其他批发业		300	300	937	1014	18020	18020
零售业		**13555**	**14113**	**37282**	**38783**	**1165168**	**888787**
综合零售		345	324	1064	919	33480	28456
食品、饮料及烟草制品专门零售		1655	1510	2344	2040	38044	35717
纺织、服装及日用品专门零售		159	183	1004	1038	32583	18127
文化、体育用品及器材专门零售		45	203	66	177	1971	23597
医药及医疗器材专门零售		11128	11703	31451	33296	948682	677908
汽车、摩托车、燃料及零配件专门零售		139	139	895	1026	86500	86500
家用电器及电子产品专门零售		83	50	457	286	23608	18182
五金、家具及室内装饰材料专门零售							
货摊、无店铺及其他零售业		1	1	1	1	300	300

1-6 续表 14

加油站

项　　目	连锁总店数（个）	门店数（个）		年末从业人员（人）		年末零售营业面积（平方米）	
	2014年	2014年	2013年	2014年	2013年	2014年	2013年
总　计	**289**	**34985**	**34931**	**297328**	**316235**	**54903967**	**51289754**
批发业	**135**	**22620**	**22808**	**184960**	**195923**	**36583406**	**33845111**
农、林、牧产品批发							
食品、饮料及烟草制品批发							
纺织、服装及家庭用品批发							
文化、体育用品及器材批发							
医药及医疗器材批发							
矿产品、建材及化工产品批发	135	22620	22808	184960	195923	36583406	33845111
机械设备、五金产品及电子产品批发							
贸易经纪与代理							
其他批发业							
零售业	**154**	**12365**	**12123**	**112368**	**120312**	**18320561**	**17444643**
综合零售							
食品、饮料及烟草制品专门零售							
纺织、服装及日用品专门零售							
文化、体育用品及器材专门零售							
医药及医疗器材专门零售							
汽车、摩托车、燃料及零配件专门零售	154	12365	12123	112368	120312	18320561	17444643
家用电器及电子产品专门零售							
五金、家具及室内装饰材料专门零售							
货摊、无店铺及其他零售业							
直营门店合计		**34755**	**34695**	**295067**	**313534**	**54789805**	**51173704**
批发业		**22525**	**22707**	**183539**	**194213**	**36553744**	**33813561**
农、林、牧产品批发							
食品、饮料及烟草制品批发							
纺织、服装及家庭用品批发							
文化、体育用品及器材批发							
医药及医疗器材批发							
矿产品、建材及化工产品批发		22525	22707	183539	194213	36553744	33813561
机械设备、五金产品及电子产品批发							
贸易经纪与代理							
其他批发业							

1-6 续表 15

加油站

项目	连锁总店数（个）	门店数（个）		年末从业人员（人）		年末零售营业面积（平方米）	
	2014年	2014年	2013年	2014年	2013年	2014年	2013年
零售业		**12230**	**11988**	**111528**	**119321**	**18236061**	**17360143**
综合零售							
食品、饮料及烟草制品专门零售							
纺织、服装及日用品专门零售							
文化、体育用品及器材专门零售							
医药及医疗器材专门零售							
汽车、摩托车、燃料及零配件专门零售		12230	11988	111528	119321	18236061	17360143
家用电器及电子产品专门零售							
五金、家具及室内装饰材料专门零售							
货摊、无店铺及其他零售业							
加盟门店合计		**230**	**236**	**2261**	**2701**	**114162**	**116050**
批发业		**95**	**101**	**1421**	**1710**	**29662**	**31550**
农、林、牧产品批发							
食品、饮料及烟草制品批发							
纺织、服装及家庭用品批发							
文化、体育用品及器材批发							
医药及医疗器材批发							
矿产品、建材及化工产品批发		95	101	1421	1710	29662	31550
机械设备、五金产品及电子产品批发							
贸易经纪与代理							
其他批发业							
零售业		**135**	**135**	**840**	**991**	**84500**	**84500**
综合零售							
食品、饮料及烟草制品专门零售							
纺织、服装及日用品专门零售							
文化、体育用品及器材专门零售							
医药及医疗器材专门零售							
汽车、摩托车、燃料及零配件专门零售		135	135	840	991	84500	84500
家用电器及电子产品专门零售							
五金、家具及室内装饰材料专门零售							
货摊、无店铺及其他零售业							

1-6 续表 16

专卖店

项目	连锁总店数(个)	门店数(个)		年末从业人员(人)		年末零售营业面积(平方米)	
	2014年	2014年	2013年	2014年	2013年	2014年	2013年
总计	**313**	**22854**	**22165**	**145645**	**151126**	**4440702**	**4031254**
批发业	**36**	**3087**	**2668**	**17579**	**18633**	**508205**	**377706**
农、林、牧产品批发	1	40	40	30	106	2860	2860
食品、饮料及烟草制品批发	17	1175	1051	8167	11725	276345	264629
纺织、服装及家庭用品批发	9	1281	1059	5169	5424	201254	82076
文化、体育用品及器材批发	1	142	206	396	185	8100	10300
医药及医疗器材批发	3	45	57	511	493	12447	12610
矿产品、建材及化工产品批发	2	189	190	205	205	1030	1030
机械设备、五金产品及电子产品批发	1	8	8	99	102	1870	1870
贸易经纪与代理							
其他批发业	2	207	57	3002	393	4299	2331
零售业	**277**	**19767**	**19497**	**128066**	**132493**	**3932497**	**3653548**
综合零售	7	288	256	1464	1389	100853	23777
食品、饮料及烟草制品专门零售	79	6681	6141	34365	32903	424324	401556
纺织、服装及日用品专门零售	92	9994	10240	56843	59973	2102969	1979343
文化、体育用品及器材专门零售	19	765	944	14487	16699	258462	273465
医药及医疗器材专门零售	42	1486	1369	9849	10130	294969	270936
汽车、摩托车、燃料及零配件专门零售	11	41	47	786	830	36682	40840
家用电器及电子产品专门零售	21	347	337	7111	7238	561914	546362
五金、家具及室内装饰材料专门零售	3	118	100	2629	2786	141893	105281
货摊、无店铺及其他零售业	3	47	63	532	545	10431	11988
直营门店合计		**11534**	**10936**	**112529**	**117577**	**3646843**	**3355032**
批发业		**1436**	**1313**	**13823**	**15660**	**247228**	**217788**
农、林、牧产品批发							
食品、饮料及烟草制品批发		540	498	5705	9723	154961	152768
纺织、服装及家庭用品批发		626	599	4476	4866	72151	43509
文化、体育用品及器材批发		10	94	30	83	1500	4700
医药及医疗器材批发		45	57	511	493	12447	12610
矿产品、建材及化工产品批发							
机械设备、五金产品及电子产品批发		8	8	99	102	1870	1870
贸易经纪与代理							
其他批发业		207	57	3002	393	4299	2331

1-6 续表 17

专卖店

项目	连锁总店数(个)	门店数(个)		年末从业人员(人)		年末零售营业面积(平方米)	
	2014年	2014年	2013年	2014年	2013年	2014年	2013年
零售业		**10098**	**9623**	**98706**	**101917**	**3399615**	**3137244**
综合零售		281	246	1457	1379	100731	23587
食品、饮料及烟草制品专门零售		3668	3406	26319	25497	296613	276293
纺织、服装及日用品专门零售		3643	3402	37961	39374	1753675	1643927
文化、体育用品及器材专门零售		737	915	13902	16114	258461	273464
医药及医疗器材专门零售		1357	1248	9482	9782	276243	252530
汽车、摩托车、燃料及零配件专门零售		41	47	786	830	36682	40840
家用电器及电子产品专门零售		206	196	5638	5610	524886	509334
五金、家具及室内装饰材料专门零售		118	100	2629	2786	141893	105281
货摊、无店铺及其他零售业		47	63	532	545	10431	11988
加盟门店合计		**11320**	**11229**	**33116**	**33549**	**793859**	**676222**
批发业		**1651**	**1355**	**3756**	**2973**	**260977**	**159918**
农、林、牧产品批发		40	40	30	106	2860	2860
食品、饮料及烟草制品批发		635	553	2462	2002	121384	111861
纺织、服装及家庭用品批发		655	460	693	558	129103	38567
文化、体育用品及器材批发		132	112	366	102	6600	5600
医药及医疗器材批发							
矿产品、建材及化工产品批发		189	190	205	205	1030	1030
机械设备、五金产品及电子产品批发							
贸易经纪与代理							
其他批发业							
零售业		**9669**	**9874**	**29360**	**30576**	**532882**	**516304**
综合零售		7	10	7	10	122	190
食品、饮料及烟草制品专门零售		3013	2735	8046	7406	127711	125263
纺织、服装及日用品专门零售		6351	6838	18882	20599	349294	335416
文化、体育用品及器材专门零售		28	29	585	585	1	1
医药及医疗器材专门零售		129	121	367	348	18726	18406
汽车、摩托车、燃料及零配件专门零售							
家用电器及电子产品专门零售		141	141	1473	1628	37028	37028
五金、家具及室内装饰材料专门零售							
货摊、无店铺及其他零售业							

1-6 续表 18

家居建材商店

项 目	连锁总店数(个)	门店数(个)		年末从业人员(人)		年末零售营业面积(平方米)	
	2014年	2014年	2013年	2014年	2013年	2014年	2013年
总 计	**16**	**69**	**67**	**4010**	**3708**	**445003**	**452812**
批发业							
农、林、牧产品批发							
食品、饮料及烟草制品批发							
纺织、服装及家庭用品批发							
文化、体育用品及器材批发							
医药及医疗器材批发							
矿产品、建材及化工产品批发							
机械设备、五金产品及电子产品批发							
贸易经纪与代理							
其他批发业							
零售业	**16**	**69**	**67**	**4010**	**3708**	**445003**	**452812**
综合零售	2	11	9	340	386	96980	92730
食品、饮料及烟草制品专门零售							
纺织、服装及日用品专门零售							
文化、体育用品及器材专门零售							
医药及医疗器材专门零售							
汽车、摩托车、燃料及零配件专门零售							
家用电器及电子产品专门零售							
五金、家具及室内装饰材料专门零售	14	58	58	3670	3322	348023	360082
货摊、无店铺及其他零售业							
直营门店合计		**69**	**67**	**4010**	**3708**	**445003**	**452812**
批发业							
农、林、牧产品批发							
食品、饮料及烟草制品批发							
纺织、服装及家庭用品批发							
文化、体育用品及器材批发							
医药及医疗器材批发							
矿产品、建材及化工产品批发							
机械设备、五金产品及电子产品批发							
贸易经纪与代理							
其他批发业							

1-6 续表 19

家居建材商店

项目	连锁总店数(个)	门店数(个)		年末从业人员(人)		年末零售营业面积(平方米)	
	2014年	2014年	2013年	2014年	2013年	2014年	2013年
零售业		**69**	**67**	**4010**	**3708**	**445003**	**452812**
综合零售		11	9	340	386	96980	92730
食品、饮料及烟草制品专门零售							
纺织、服装及日用品专门零售							
文化、体育用品及器材专门零售							
医药及医疗器材专门零售							
汽车、摩托车、燃料及零配件专门零售							
家用电器及电子产品专门零售							
五金、家具及室内装饰材料专门零售		58	58	3670	3322	348023	360082
货摊、无店铺及其他零售业							
加盟门店合计							
批发业							
农、林、牧产品批发							
食品、饮料及烟草制品批发							
纺织、服装及家庭用品批发							
文化、体育用品及器材批发							
医药及医疗器材批发							
矿产品、建材及化工产品批发							
机械设备、五金产品及电子产品批发							
贸易经纪与代理							
其他批发业							
零售业							
综合零售							
食品、饮料及烟草制品专门零售							
纺织、服装及日用品专门零售							
文化、体育用品及器材专门零售							
医药及医疗器材专门零售							
汽车、摩托车、燃料及零配件专门零售							
家用电器及电子产品专门零售							
五金、家具及室内装饰材料专门零售							
货摊、无店铺及其他零售业							

1-6 续表 20

厂家直销中心

项目	连锁总店数(个)	门店数(个)		年末从业人员(人)		年末零售营业面积(平方米)	
	2014年	2014年	2013年	2014年	2013年	2014年	2013年
总　计	**8**	**309**	**234**	**3780**	**2721**	**32710**	**33008**
批发业	**5**	**13**	**12**	**2944**	**1909**	**4366**	**8181**
农、林、牧产品批发	2	6	6	1219	288	1685	5500
食品、饮料及烟草制品批发	1	4	4	58	61	196	196
纺织、服装及家庭用品批发	1	1	1	1664	1557	2400	2400
文化、体育用品及器材批发							
医药及医疗器材批发							
矿产品、建材及化工产品批发	1	2	1	3	3	85	85
机械设备、五金产品及电子产品批发							
贸易经纪与代理							
其他批发业							
零售业	**3**	**296**	**222**	**836**	**812**	**28344**	**24827**
综合零售							
食品、饮料及烟草制品专门零售	2	19	1	128	118	1100	500
纺织、服装及日用品专门零售	1	277	221	708	694	27244	24327
文化、体育用品及器材专门零售							
医药及医疗器材专门零售							
汽车、摩托车、燃料及零配件专门零售							
家用电器及电子产品专门零售							
五金、家具及室内装饰材料专门零售							
货摊、无店铺及其他零售业							
直营门店合计		**309**	**234**	**3780**	**2721**	**32710**	**33008**
批发业		**13**	**12**	**2944**	**1909**	**4366**	**8181**
农、林、牧产品批发		6	6	1219	288	1685	5500
食品、饮料及烟草制品批发		4	4	58	61	196	196
纺织、服装及家庭用品批发		1	1	1664	1557	2400	2400
文化、体育用品及器材批发							
医药及医疗器材批发							
矿产品、建材及化工产品批发		2	1	3	3	85	85
机械设备、五金产品及电子产品批发							
贸易经纪与代理							
其他批发业							

1-6 续表 21

厂家直销中心

项目	连锁总店数(个)	门店数(个)		年末从业人员(人)		年末零售营业面积(平方米)	
	2014年	2014年	2013年	2014年	2013年	2014年	2013年
零售业		**296**	**222**	**836**	**812**	**28344**	**24827**
综合零售							
食品、饮料及烟草制品专门零售		19	1	128	118	1100	500
纺织、服装及日用品专门零售		277	221	708	694	27244	24327
文化、体育用品及器材专门零售							
医药及医疗器材专门零售							
汽车、摩托车、燃料及零配件专门零售							
家用电器及电子产品专门零售							
五金、家具及室内装饰材料专门零售							
货摊、无店铺及其他零售业							
加盟门店合计							
批发业							
农、林、牧产品批发							
食品、饮料及烟草制品批发							
纺织、服装及家庭用品批发							
文化、体育用品及器材批发							
医药及医疗器材批发							
矿产品、建材及化工产品批发							
机械设备、五金产品及电子产品批发							
贸易经纪与代理							
其他批发业							
零售业							
综合零售							
食品、饮料及烟草制品专门零售							
纺织、服装及日用品专门零售							
文化、体育用品及器材专门零售							
医药及医疗器材专门零售							
汽车、摩托车、燃料及零配件专门零售							
家用电器及电子产品专门零售							
五金、家具及室内装饰材料专门零售							
货摊、无店铺及其他零售业							

1-6 续表 22

其他

项 目	连锁总店数(个)	门店数(个)		年末从业人员(人)		年末零售营业面积(平方米)	
	2014年	2014年	2013年	2014年	2013年	2014年	2013年
总 计	**69**	**9685**	**8988**	**45091**	**44051**	**2550251**	**2469390**
批发业	**49**	**8504**	**8181**	**32980**	**33529**	**2197295**	**2151490**
农、林、牧产品批发							
食品、饮料及烟草制品批发	14	3551	3315	10177	9981	318190	319506
纺织、服装及家庭用品批发	10	965	963	14712	16865	1490084	1567537
文化、体育用品及器材批发	3	105	4	1749	410	110965	620
医药及医疗器材批发	7	646	659	1554	1581	46467	44568
矿产品、建材及化工产品批发	9	3179	3175	4289	4185	219220	206890
机械设备、五金产品及电子产品批发	3	10	17	286	258	4300	4800
贸易经纪与代理							
其他批发业	3	48	48	213	249	8069	7569
零售业	**20**	**1181**	**807**	**12111**	**10522**	**352956**	**317900**
综合零售	5	758	402	9075	7287	259606	231130
食品、饮料及烟草制品专门零售	4	181	181	1610	2034	25423	25153
纺织、服装及日用品专门零售							
文化、体育用品及器材专门零售	2	40	39	555	504	41236	38757
医药及医疗器材专门零售	7	195	179	822	665	20834	20007
汽车、摩托车、燃料及零配件专门零售							
家用电器及电子产品专门零售	2	7	6	49	32	5857	2853
五金、家具及室内装饰材料专门零售							
货摊、无店铺及其他零售业							
直营门店合计		**1180**	**1054**	**25540**	**26506**	**2005460**	**1969326**
批发业		**836**	**740**	**17879**	**18982**	**1687759**	**1672941**
农、林、牧产品批发							
食品、饮料及烟草制品批发		250	248	3685	4070	151210	176880
纺织、服装及家庭用品批发		192	195	10428	12483	1383914	1461567
文化、体育用品及器材批发		105	4	1749	410	110965	620
医药及医疗器材批发		72	73	267	268	6643	4677
矿产品、建材及化工产品批发		176	172	1288	1279	25415	19585
机械设备、五金产品及电子产品批发		10	17	286	258	4300	4800
贸易经纪与代理							
其他批发业		31	31	176	214	5312	4812

1-6 续表 23

其他

项目	连锁总店数(个)	门店数(个)		年末从业人员(人)		年末零售营业面积(平方米)	
	2014年	2014年	2013年	2014年	2013年	2014年	2013年
零售业		**344**	**314**	**7661**	**7524**	**317701**	**296385**
综合零售		50	38	4957	4558	229564	214828
食品、饮料及烟草制品专门零售		181	181	1610	2034	25423	25153
纺织、服装及日用品专门零售							
文化、体育用品及器材专门零售		11	10	496	445	38286	35807
医药及医疗器材专门零售		95	79	549	455	18571	17744
汽车、摩托车、燃料及零配件专门零售							
家用电器及电子产品专门零售		7	6	49	32	5857	2853
五金、家具及室内装饰材料专门零售							
货摊、无店铺及其他零售业							
加盟门店合计		**8505**	**7934**	**19551**	**17545**	**544791**	**500064**
批发业		**7668**	**7441**	**15101**	**14547**	**509536**	**478549**
农、林、牧产品批发							
食品、饮料及烟草制品批发		3301	3067	6492	5911	166980	142626
纺织、服装及家庭用品批发		773	768	4284	4382	106170	105970
文化、体育用品及器材批发							
医药及医疗器材批发		574	586	1287	1313	39824	39891
矿产品、建材及化工产品批发		3003	3003	3001	2906	193805	187305
机械设备、五金产品及电子产品批发							
贸易经纪与代理							
其他批发业		17	17	37	35	2757	2757
零售业		**837**	**493**	**4450**	**2998**	**35255**	**21515**
综合零售		708	364	4118	2729	30042	16302
食品、饮料及烟草制品专门零售							
纺织、服装及日用品专门零售							
文化、体育用品及器材专门零售		29	29	59	59	2950	2950
医药及医疗器材专门零售		100	100	273	210	2263	2263
汽车、摩托车、燃料及零配件专门零售							
家用电器及电子产品专门零售							
五金、家具及室内装饰材料专门零售							
货摊、无店铺及其他零售业							

1-7 按行业与业态

便利店

项目	商品购进总额		统一配送商品购进额	
	2014年	2013年	2014年	2013年
总计	**2946845**	**2612988**	**2218377**	**1959035**
批发业				
农、林、牧产品批发				
食品、饮料及烟草制品批发				
纺织、服装及家庭用品批发				
文化、体育用品及器材批发				
医药及医疗器材批发				
矿产品、建材及化工产品批发				
机械设备、五金产品及电子产品批发				
贸易经纪与代理				
其他批发业				
零售业	**2946845**	**2612988**	**2218377**	**1959035**
综合零售	2942846	2608714	2214377	1954761
食品、饮料及烟草制品专门零售	4000	4274	4000	4274
纺织、服装及日用品专门零售				
文化、体育用品及器材专门零售				
医药及医疗器材专门零售				
汽车、摩托车、燃料及零配件专门零售				
家用电器及电子产品专门零售				
五金、家具及室内装饰材料专门零售				
货摊、无店铺及其他零售业				
直营门店合计	**2003496**	**1834847**	**1527739**	**1411047**
批发业				
农、林、牧产品批发				
食品、饮料及烟草制品批发				
纺织、服装及家庭用品批发				
文化、体育用品及器材批发				
医药及医疗器材批发				
矿产品、建材及化工产品批发				
机械设备、五金产品及电子产品批发				
贸易经纪与代理				
其他批发业				

分连锁零售企业经营情况

单位：万元

自有配送中心配送商品购进额		非自有配送中心配送商品购进额		商品销售总额		零售额	
2014年	2013年	2014年	2013年	2014年	2013年	2014年	2013年
1037427	**941609**	**422324**	**337166**	**3459696**	**3176771**	**3094610**	**2877971**
1037427	**941609**	**422324**	**337166**	**3459696**	**3176771**	**3094610**	**2877971**
1033427	937335	422324	337166	3454947	3172227	3090256	2873879
4000	4274			4749	4544	4354	4092
722503	**648565**	**290055**	**242597**	**2502392**	**2355321**	**2251157**	**2117732**

1-7 续表 1

便利店

项　目	商品购进总额		统一配送商品购进额	
	2014年	2013年	2014年	2013年
零售业	**2003496**	**1834847**	**1527739**	**1411047**
综合零售	1999496	1830573	1523739	1406773
食品、饮料及烟草制品专门零售	4000	4274	4000	4274
纺织、服装及日用品专门零售				
文化、体育用品及器材专门零售				
医药及医疗器材专门零售				
汽车、摩托车、燃料及零配件专门零售				
家用电器及电子产品专门零售				
五金、家具及室内装饰材料专门零售				
货摊、无店铺及其他零售业				
加盟门店合计	**943349**	**778141**	**690638**	**547988**
批发业				
农、林、牧产品批发				
食品、饮料及烟草制品批发				
纺织、服装及家庭用品批发				
文化、体育用品及器材批发				
医药及医疗器材批发				
矿产品、建材及化工产品批发				
机械设备、五金产品及电子产品批发				
贸易经纪与代理				
其他批发业				
零售业	**943349**	**778141**	**690638**	**547988**
综合零售	943349	778141	690638	547988
食品、饮料及烟草制品专门零售				
纺织、服装及日用品专门零售				
文化、体育用品及器材专门零售				
医药及医疗器材专门零售				
汽车、摩托车、燃料及零配件专门零售				
家用电器及电子产品专门零售				
五金、家具及室内装饰材料专门零售				
货摊、无店铺及其他零售业				

单位：万元

自有配送中心配送商品购进额		非自有配送中心配送商品购进额		商品销售总额		零售额	
2014年	2013年	2014年	2013年	2014年	2013年	2014年	2013年
722503	**648565**	**290055**	**242597**	**2502392**	**2355321**	**2251157**	**2117732**
718504	644291	290055	242597	2497643	2350778	2246803	2113640
4000	4274			4749	4544	4354	4092
314924	**293044**	**132270**	**94569**	**957305**	**821450**	**843453**	**760239**
314924	**293044**	**132270**	**94569**	**957305**	**821450**	**843453**	**760239**
314924	293044	132270	94569	957305	821450	843453	760239

1-7 续表 2

折扣店

项　　目	商品购进总额		统一配送商品购进额	
	2014年	2013年	2014年	2013年
总　计	**258374**	**258088**		
批发业				
农、林、牧产品批发				
食品、饮料及烟草制品批发				
纺织、服装及家庭用品批发				
文化、体育用品及器材批发				
医药及医疗器材批发				
矿产品、建材及化工产品批发				
机械设备、五金产品及电子产品批发				
贸易经纪与代理				
其他批发业				
零售业	**258374**	**258088**		
综合零售	127470	129192		
食品、饮料及烟草制品专门零售				
纺织、服装及日用品专门零售	130903	128896		
文化、体育用品及器材专门零售				
医药及医疗器材专门零售				
汽车、摩托车、燃料及零配件专门零售				
家用电器及电子产品专门零售				
五金、家具及室内装饰材料专门零售				
货摊、无店铺及其他零售业				
直营门店合计	**240747**	**240207**		
批发业				
农、林、牧产品批发				
食品、饮料及烟草制品批发				
纺织、服装及家庭用品批发				
文化、体育用品及器材批发				
医药及医疗器材批发				
矿产品、建材及化工产品批发				
机械设备、五金产品及电子产品批发				
贸易经纪与代理				
其他批发业				

单位：万元

自有配送中心配送商品购进额		非自有配送中心配送商品购进额		商品销售总额		零售额	
2014年	2013年	2014年	2013年	2014年	2013年	2014年	2013年
				295499	**292288**	**268887**	**263862**
				295499	**292288**	**268887**	**263862**
				138622	138775	112010	110349
				156877	153513	156877	153513
				268966	**263862**	**242354**	**235437**

1-7 续表 3

折扣店

项　目	商品购进总额		统一配送商品购进额	
	2014年	2013年	2014年	2013年
零售业	**240747**	**240207**		
综合零售	109844	111311		
食品、饮料及烟草制品专门零售				
纺织、服装及日用品专门零售	130903	128896		
文化、体育用品及器材专门零售				
医药及医疗器材专门零售				
汽车、摩托车、燃料及零配件专门零售				
家用电器及电子产品专门零售				
五金、家具及室内装饰材料专门零售				
货摊、无店铺及其他零售业				
加盟门店合计	**17627**	**17881**		
批发业				
农、林、牧产品批发				
食品、饮料及烟草制品批发				
纺织、服装及家庭用品批发				
文化、体育用品及器材批发				
医药及医疗器材批发				
矿产品、建材及化工产品批发				
机械设备、五金产品及电子产品批发				
贸易经纪与代理				
其他批发业				
零售业	**17627**	**17881**		
综合零售	17627	17881		
食品、饮料及烟草制品专门零售				
纺织、服装及日用品专门零售				
文化、体育用品及器材专门零售				
医药及医疗器材专门零售				
汽车、摩托车、燃料及零配件专门零售				
家用电器及电子产品专门零售				
五金、家具及室内装饰材料专门零售				
货摊、无店铺及其他零售业				

单位：万元

自有配送中心配送商品购进额		非自有配送中心配送商品购进额		商品销售总额		零售额	
2014年	2013年	2014年	2013年	2014年	2013年	2014年	2013年
				268966	**263862**	**242354**	**235437**
				112089	110349	85477	81924
				156877	153513	156877	153513
				26533	**28425**	**26533**	**28425**
				26533	**28425**	**26533**	**28425**
				26533	28425	26533	28425

1-7 续表 4

超市

项　目	商品购进总额		统一配送商品购进额	
	2014年	2013年	2014年	2013年
总　计	**27071275**	**25719405**	**22410601**	**21699570**
批发业	**4863**	**5847**	**4863**	**5847**
农、林、牧产品批发				
食品、饮料及烟草制品批发	4863	5847	4863	5847
纺织、服装及家庭用品批发				
文化、体育用品及器材批发				
医药及医疗器材批发				
矿产品、建材及化工产品批发				
机械设备、五金产品及电子产品批发				
贸易经纪与代理				
其他批发业				
零售业	**27066412**	**25713558**	**22405738**	**21693723**
综合零售	27049534	25700299	22388860	21680463
食品、饮料及烟草制品专门零售				
纺织、服装及日用品专门零售				
文化、体育用品及器材专门零售				
医药及医疗器材专门零售	16877	13259	16877	13259
汽车、摩托车、燃料及零配件专门零售				
家用电器及电子产品专门零售				
五金、家具及室内装饰材料专门零售				
货摊、无店铺及其他零售业				
直营门店合计	**24910320**	**23493329**	**20703013**	**19943849**
批发业	**4863**	**5847**	**4863**	**5847**
农、林、牧产品批发				
食品、饮料及烟草制品批发	4863	5847	4863	5847
纺织、服装及家庭用品批发				
文化、体育用品及器材批发				
医药及医疗器材批发				
矿产品、建材及化工产品批发				
机械设备、五金产品及电子产品批发				
贸易经纪与代理				
其他批发业				

单位：万元

自有配送中心配送商品购进额		非自有配送中心配送商品购进额		商品销售总额		零售额	
2014年	2013年	2014年	2013年	2014年	2013年	2014年	2013年
14248417	**13582597**	**3269807**	**2961509**	**29817546**	**28510745**	**26001643**	**24340128**
4863	**5847**			**5122**	**5745**	**1536**	**1726**
4863	5847			5122	5745	1536	1726
14243554	**13576750**	**3269807**	**2961509**	**29812424**	**28505000**	**26000107**	**24338402**
14226677	13563490	3269807	2961509	29790918	28487803	25978600	24321205
16877	13259			21507	17197	21507	17197
13123727	**12425405**	**2774960**	**2510900**	**27561284**	**26278622**	**23800301**	**22140719**
4863	**5847**			**5122**	**5745**	**1536**	**1726**
4863	5847			5122	5745	1536	1726

1-7 续表 5

超市

项　目	商品购进总额		统一配送商品购进额	
	2014年	2013年	2014年	2013年
零售业	**24905457**	**23487481**	**20698150**	**19938002**
综合零售	24888580	23474222	20681273	19924743
食品、饮料及烟草制品专门零售				
纺织、服装及日用品专门零售				
文化、体育用品及器材专门零售				
医药及医疗器材专门零售	16877	13259	16877	13259
汽车、摩托车、燃料及零配件专门零售				
家用电器及电子产品专门零售				
五金、家具及室内装饰材料专门零售				
货摊、无店铺及其他零售业				
加盟门店合计	**2160954**	**2226077**	**1707588**	**1755721**
批发业				
农、林、牧产品批发				
食品、饮料及烟草制品批发				
纺织、服装及家庭用品批发				
文化、体育用品及器材批发				
医药及医疗器材批发				
矿产品、建材及化工产品批发				
机械设备、五金产品及电子产品批发				
贸易经纪与代理				
其他批发业				
零售业	**2160954**	**2226077**	**1707588**	**1755721**
综合零售	2160954	2226077	1707588	1755721
食品、饮料及烟草制品专门零售				
纺织、服装及日用品专门零售				
文化、体育用品及器材专门零售				
医药及医疗器材专门零售				
汽车、摩托车、燃料及零配件专门零售				
家用电器及电子产品专门零售				
五金、家具及室内装饰材料专门零售				
货摊、无店铺及其他零售业				

单位：万元

自有配送中心配送商品购进额		非自有配送中心配送商品购进额		商品销售总额		零售额	
2014年	2013年	2014年	2013年	2014年	2013年	2014年	2013年
13118864	**12419557**	**2774960**	**2510900**	**27556162**	**26272877**	**23798765**	**22138993**
13101987	12406298	2774960	2510900	27534656	26255680	23777258	22121796
16877	13259			21507	17197	21507	17197
1124690	**1157192**	**494847**	**450609**	**2256262**	**2232123**	**2201342**	**2199409**
1124690	**1157192**	**494847**	**450609**	**2256262**	**2232123**	**2201342**	**2199409**
1124690	1157192	494847	450609	2256262	2232123	2201342	2199409

1-7 续表 6

大型超市

项　目	商品购进总额		统一配送商品购进额	
	2014年	2013年	2014年	2013年
总　计	**40797629**	**38880269**	**29525257**	**28981517**
批发业				
农、林、牧产品批发				
食品、饮料及烟草制品批发				
纺织、服装及家庭用品批发				
文化、体育用品及器材批发				
医药及医疗器材批发				
矿产品、建材及化工产品批发				
机械设备、五金产品及电子产品批发				
贸易经纪与代理				
其他批发业				
零售业	**40797629**	**38880269**	**29525257**	**28981517**
综合零售	40797629	38880269	29525257	28981517
食品、饮料及烟草制品专门零售				
纺织、服装及日用品专门零售				
文化、体育用品及器材专门零售				
医药及医疗器材专门零售				
汽车、摩托车、燃料及零配件专门零售				
家用电器及电子产品专门零售				
五金、家具及室内装饰材料专门零售				
货摊、无店铺及其他零售业				
直营门店合计	**35284576**	**33683471**	**24121775**	**23838782**
批发业				
农、林、牧产品批发				
食品、饮料及烟草制品批发				
纺织、服装及家庭用品批发				
文化、体育用品及器材批发				
医药及医疗器材批发				
矿产品、建材及化工产品批发				
机械设备、五金产品及电子产品批发				
贸易经纪与代理				
其他批发业				

单位：万元

自有配送中心配送商品购进额		非自有配送中心配送商品购进额		商品销售总额		零售额	
2014年	2013年	2014年	2013年	2014年	2013年	2014年	2013年
16814302	**16221987**	**4217456**	**4156761**	**46472030**	**47996696**	**41850646**	**39392919**
16814302	**16221987**	**4217456**	**4156761**	**46472030**	**47996696**	**41850646**	**39392919**
16814302	16221987	4217456	4156761	46472030	47996696	41850646	39392919
15660603	**15165866**	**4113392**	**4067748**	**40852330**	**42697836**	**36242849**	**34104850**

1-7 续表 7

大型超市

项　目	商品购进总额		统一配送商品购进额	
	2014年	2013年	2014年	2013年
零售业	**35284576**	**33683471**	**24121775**	**23838782**
综合零售	35284576	33683471	24121775	23838782
食品、饮料及烟草制品专门零售				
纺织、服装及日用品专门零售				
文化、体育用品及器材专门零售				
医药及医疗器材专门零售				
汽车、摩托车、燃料及零配件专门零售				
家用电器及电子产品专门零售				
五金、家具及室内装饰材料专门零售				
货摊、无店铺及其他零售业				
加盟门店合计	**5513053**	**5196798**	**5403482**	**5142735**
批发业				
农、林、牧产品批发				
食品、饮料及烟草制品批发				
纺织、服装及家庭用品批发				
文化、体育用品及器材批发				
医药及医疗器材批发				
矿产品、建材及化工产品批发				
机械设备、五金产品及电子产品批发				
贸易经纪与代理				
其他批发业				
零售业	**5513053**	**5196798**	**5403482**	**5142735**
综合零售	5513053	5196798	5403482	5142735
食品、饮料及烟草制品专门零售				
纺织、服装及日用品专门零售				
文化、体育用品及器材专门零售				
医药及医疗器材专门零售				
汽车、摩托车、燃料及零配件专门零售				
家用电器及电子产品专门零售				
五金、家具及室内装饰材料专门零售				
货摊、无店铺及其他零售业				

单位：万元

自有配送中心配送商品购进额		非自有配送中心配送商品购进额		商品销售总额		零售额	
2014年	2013年	2014年	2013年	2014年	2013年	2014年	2013年
15660603	**15165866**	**4113392**	**4067748**	**40852330**	**42697836**	**36242849**	**34104850**
15660603	15165866	4113392	4067748	40852330	42697836	36242849	34104850
1153699	**1056121**	**104064**	**89013**	**5619700**	**5298860**	**5607797**	**5288069**
1153699	**1056121**	**104064**	**89013**	**5619700**	**5298860**	**5607797**	**5288069**
1153699	1056121	104064	89013	5619700	5298860	5607797	5288069

1-7 续表 8

仓储会员店

项　目	商品购进总额		统一配送商品购进额	
	2014年	2013年	2014年	2013年
总　计	**2343598**	**2408980**	**310002**	**328786**
批发业				
农、林、牧产品批发				
食品、饮料及烟草制品批发				
纺织、服装及家庭用品批发				
文化、体育用品及器材批发				
医药及医疗器材批发				
矿产品、建材及化工产品批发				
机械设备、五金产品及电子产品批发				
贸易经纪与代理				
其他批发业				
零售业	**2343598**	**2408980**	**310002**	**328786**
综合零售	2343433	2408796	310002	328601
食品、饮料及烟草制品专门零售				
纺织、服装及日用品专门零售				
文化、体育用品及器材专门零售				
医药及医疗器材专门零售				
汽车、摩托车、燃料及零配件专门零售				
家用电器及电子产品专门零售				
五金、家具及室内装饰材料专门零售				
货摊、无店铺及其他零售业	166	184		184
直营门店合计	**2343433**	**2408796**	**310002**	**328601**
批发业				
农、林、牧产品批发				
食品、饮料及烟草制品批发				
纺织、服装及家庭用品批发				
文化、体育用品及器材批发				
医药及医疗器材批发				
矿产品、建材及化工产品批发				
机械设备、五金产品及电子产品批发				
贸易经纪与代理				
其他批发业				

单位：万元

自有配送中心配送商品购进额		非自有配送中心配送商品购进额		商品销售总额		零售额	
2014年	2013年	2014年	2013年	2014年	2013年	2014年	2013年
1928	**1711**			**2409243**	**2346387**	**2409243**	**2346387**
1928	**1711**			**2409243**	**2346387**	**2409243**	**2346387**
1928	1711			2409055	2346175	2409055	2346175
				188	212	188	212
1928	**1711**			**2409055**	**2346175**	**2409055**	**2346175**

1-7 续表 9

仓储会员店

项　目	商品购进总额		统一配送商品购进额	
	2014年	2013年	2014年	2013年
零售业	**2343433**	**2408796**	**310002**	**328601**
综合零售	2343433	2408796	310002	328601
食品、饮料及烟草制品专门零售				
纺织、服装及日用品专门零售				
文化、体育用品及器材专门零售				
医药及医疗器材专门零售				
汽车、摩托车、燃料及零配件专门零售				
家用电器及电子产品专门零售				
五金、家具及室内装饰材料专门零售				
货摊、无店铺及其他零售业				
加盟门店合计	**166**	**184**		**184**
批发业				
农、林、牧产品批发				
食品、饮料及烟草制品批发				
纺织、服装及家庭用品批发				
文化、体育用品及器材批发				
医药及医疗器材批发				
矿产品、建材及化工产品批发				
机械设备、五金产品及电子产品批发				
贸易经纪与代理				
其他批发业				
零售业	**166**	**184**		**184**
综合零售				
食品、饮料及烟草制品专门零售				
纺织、服装及日用品专门零售				
文化、体育用品及器材专门零售				
医药及医疗器材专门零售				
汽车、摩托车、燃料及零配件专门零售				
家用电器及电子产品专门零售				
五金、家具及室内装饰材料专门零售				
货摊、无店铺及其他零售业	166	184		184

单位：万元

自有配送中心配送商品购进额		非自有配送中心配送商品购进额		商品销售总额		零售额	
2014年	2013年	2014年	2013年	2014年	2013年	2014年	2013年
1928	**1711**			**2409055**	**2346175**	**2409055**	**2346175**
1928	1711			2409055	2346175	2409055	2346175
				188	**212**	**188**	**212**
				188	**212**	**188**	**212**
				188	212	188	212

1-7 续表 10

百货店

项　目	商品购进总额		统一配送商品购进额	
	2014年	2013年	2014年	2013年
总　计	**29171729**	**30092195**	**13896756**	**15369893**
批发业				
农、林、牧产品批发				
食品、饮料及烟草制品批发				
纺织、服装及家庭用品批发				
文化、体育用品及器材批发				
医药及医疗器材批发				
矿产品、建材及化工产品批发				
机械设备、五金产品及电子产品批发				
贸易经纪与代理				
其他批发业				
零售业	**29171729**	**30092195**	**13896756**	**15369893**
综合零售	29167729	30088695	13892756	15366393
食品、饮料及烟草制品专门零售				
纺织、服装及日用品专门零售	4000	3500	4000	3500
文化、体育用品及器材专门零售				
医药及医疗器材专门零售				
汽车、摩托车、燃料及零配件专门零售				
家用电器及电子产品专门零售				
五金、家具及室内装饰材料专门零售				
货摊、无店铺及其他零售业				
直营门店合计	**28279917**	**28945376**	**13331673**	**14778837**
批发业				
农、林、牧产品批发				
食品、饮料及烟草制品批发				
纺织、服装及家庭用品批发				
文化、体育用品及器材批发				
医药及医疗器材批发				
矿产品、建材及化工产品批发				
机械设备、五金产品及电子产品批发				
贸易经纪与代理				
其他批发业				

单位：万元

自有配送中心配送商品购进额		非自有配送中心配送商品购进额		商品销售总额		零售额	
2014年	2013年	2014年	2013年	2014年	2013年	2014年	2013年
9673748	**10908390**	**1201716**	**1108187**	**38061046**	**36922945**	**30965090**	**30763607**
9673748	**10908390**	**1201716**	**1108187**	**38061046**	**36922945**	**30965090**	**30763607**
9673748	10908390	1201716	1108187	38057878	36920776	30961921	30761438
				3169	2169	3169	2169
9293451	**10513174**	**1195872**	**1086310**	**37019530**	**35842129**	**29968236**	**29717658**

1-7　续表 11

百货店

项　目	商品购进总额		统一配送商品购进额	
	2014年	2013年	2014年	2013年
零售业	**28279917**	**28945376**	**13331673**	**14778837**
综合零售	28275917	28941876	13327673	14775337
食品、饮料及烟草制品专门零售				
纺织、服装及日用品专门零售	4000	3500	4000	3500
文化、体育用品及器材专门零售				
医药及医疗器材专门零售				
汽车、摩托车、燃料及零配件专门零售				
家用电器及电子产品专门零售				
五金、家具及室内装饰材料专门零售				
货摊、无店铺及其他零售业				
加盟门店合计	**891812**	**1146819**	**565083**	**591056**
批发业				
农、林、牧产品批发				
食品、饮料及烟草制品批发				
纺织、服装及家庭用品批发				
文化、体育用品及器材批发				
医药及医疗器材批发				
矿产品、建材及化工产品批发				
机械设备、五金产品及电子产品批发				
贸易经纪与代理				
其他批发业				
零售业	**891812**	**1146819**	**565083**	**591056**
综合零售	891812	1146819	565083	591056
食品、饮料及烟草制品专门零售				
纺织、服装及日用品专门零售				
文化、体育用品及器材专门零售				
医药及医疗器材专门零售				
汽车、摩托车、燃料及零配件专门零售				
家用电器及电子产品专门零售				
五金、家具及室内装饰材料专门零售				
货摊、无店铺及其他零售业				

单位：万元

自有配送中心配送商品购进额		非自有配送中心配送商品购进额		商品销售总额		零售额	
2014年	2013年	2014年	2013年	2014年	2013年	2014年	2013年
9293451	**10513174**	**1195872**	**1086310**	**37019530**	**35842129**	**29968236**	**29717658**
9293451	10513174	1195872	1086310	37016361	35839960	29965067	29715489
				3169	2169	3169	2169
380297	**395216**	**5844**	**21878**	**1041517**	**1080816**	**996854**	**1045950**
380297	**395216**	**5844**	**21878**	**1041517**	**1080816**	**996854**	**1045950**
380297	395216	5844	21878	1041517	1080816	996854	1045950

1-7 续表 12

专业店(含加油站)

项　目	商品购进总额		统一配送商品购进额	
	2014年	2013年	2014年	2013年
总　计	**195135598**	**204614486**	**165201906**	**169646239**
批发业	**110180500**	**110764802**	**96305648**	**99032573**
农、林、牧产品批发	1389512	1449115	1352951	1407959
食品、饮料及烟草制品批发	4745402	4579679	4320234	4243390
纺织、服装及家庭用品批发	48343	57130	48343	56055
文化、体育用品及器材批发	2996131	3053824	2990739	3047894
医药及医疗器材批发	645500	561523	478181	412210
矿产品、建材及化工产品批发	96857815	97512216	83707483	86492392
机械设备、五金产品及电子产品批发	745221	763804	674952	724891
贸易经纪与代理				
其他批发业	2752576	2787512	2732766	2647782
零售业	**84955098**	**93849684**	**68896258**	**70613666**
综合零售	2355240	4809613	1727833	2917063
食品、饮料及烟草制品专门零售	780922	783646	735569	739791
纺织、服装及日用品专门零售	621934	540088	516889	456367
文化、体育用品及器材专门零售	1894604	1928173	1862840	1915521
医药及医疗器材专门零售	8135313	6470799	7485016	5984482
汽车、摩托车、燃料及零配件专门零售	51836949	53441118	40077153	39069007
家用电器及电子产品专门零售	19314084	25861376	16474906	19516564
五金、家具及室内装饰材料专门零售	1468	1271	1468	1271
货摊、无店铺及其他零售业	14585	13600	14585	13600
直营门店合计	**192022586**	**201540405**	**162274376**	**166883266**
批发业	**108217120**	**108759234**	**94444141**	**97256863**
农、林、牧产品批发	1150147	1203298	1148471	1195205
食品、饮料及烟草制品批发	4745402	4579679	4320234	4243390
纺织、服装及家庭用品批发	48343	53548	48343	53548
文化、体育用品及器材批发	2994956	3052731	2989564	3046802
医药及医疗器材批发	637529	552498	470998	405256
矿产品、建材及化工产品批发	95184806	95919785	82081107	84955226
机械设备、五金产品及电子产品批发	736871	757772	666601	718859
贸易经纪与代理				
其他批发业	2719067	2639924	2718823	2638579

单位：万元

自有配送中心配送商品购进额		非自有配送中心配送商品购进额		商品销售总额		零售额	
2014年	2013年	2014年	2013年	2014年	2013年	2014年	2013年
97445586	**96741552**	**31786037**	**31816614**	**233457794**	**243311139**	**157023620**	**153547714**
63807158	**62238974**	**19723035**	**19414957**	**127191880**	**126501188**	**72984433**	**66600286**
1352951	1407959			1566254	1618010	94	82
2527871	2705939	29627	33302	6369793	6030358	124745	138267
48343	56055			49182	59474	1537	6335
2945403	2999152			3041357	2902273	1202771	1125266
409294	374403	44	35	722203	644738	330507	303456
53675714	51823965	19396113	19152075	111941450	111701362	68532840	62293565
315023	412149	297252	229545	817911	813207	475649	524979
2532560	2459352			2683731	2731767	2316291	2208336
33638429	**34502578**	**12063002**	**12401657**	**106265914**	**116809950**	**84039188**	**86947428**
1477180	1190549	127876	133406	3556405	5970911	2683381	2946688
267111	302645	88419	73243	922163	939447	875017	871491
238268	226855	6245	7415	846891	748258	614237	562052
1332677	1302222	230329	192978	2079778	2102391	1525768	1485718
4508788	3794805	1178457	841885	11618972	7503176	10733690	6884898
16206134	15333963	8835911	9158089	67165585	66969202	48936710	49660390
9601063	12344633	1587763	1987278	20056565	32559344	18650830	24518970
625	668			1613	1547	1613	1547
6583	6238	8002	7362	17942	15674	17942	15674
95182876	**94593984**	**31604773**	**31653935**	**230093212**	**239970267**	**155271228**	**151897823**
61993993	**60490415**	**19716622**	**19410779**	**125155275**	**124414087**	**72483432**	**66107092**
1148471	1195205			1299255	1348388	94	82
2527871	2705939	29627	33302	6369793	6030358	124745	138267
48343	53548			49182	55209	1537	2070
2944229	2998059			3040504	2901480	1201918	1124473
402427	367752	44	35	697234	630845	319246	292618
52078775	50302125	19394346	19150215	110250147	110077931	68054592	61823564
311318	408435	292605	227227	807271	805910	465009	517681
2532560	2459352			2641889	2563966	2316291	2208336

1-7 续表 13

专业店(含加油站)

项　目	商品购进总额		统一配送商品购进额	
	2014年	2013年	2014年	2013年
零售业	**83805466**	**92781171**	**67830236**	**69626403**
综合零售	2342828	4800567	1715421	2908017
食品、饮料及烟草制品专门零售	732199	749661	701012	717442
纺织、服装及日用品专门零售	591987	510442	510959	445665
文化、体育用品及器材专门零售	1892280	1927823	1860516	1915171
医药及医疗器材专门零售	7633794	6033304	7028925	5597657
汽车、摩托车、燃料及零配件专门零售	51325564	52930265	39565768	38558155
家用电器及电子产品专门零售	19270850	25814306	16431672	19469493
五金、家具及室内装饰材料专门零售	1468	1271	1468	1271
货摊、无店铺及其他零售业	14495	13532	14495	13532
加盟门店合计	**3113012**	**3074082**	**2927530**	**2762973**
批发业	**1963380**	**2005569**	**1861508**	**1775710**
农、林、牧产品批发	239366	245817	204480	212755
食品、饮料及烟草制品批发				
纺织、服装及家庭用品批发		3582		2508
文化、体育用品及器材批发	1175	1093	1175	1093
医药及医疗器材批发	7971	9025	7183	6954
矿产品、建材及化工产品批发	1673009	1592432	1626376	1537167
机械设备、五金产品及电子产品批发	8351	6032	8351	6032
贸易经纪与代理				
其他批发业	33509	147588	13943	9203
零售业	**1149632**	**1068513**	**1066022**	**987263**
综合零售	12411	9046	12411	9046
食品、饮料及烟草制品专门零售	48723	33986	34557	22349
纺织、服装及日用品专门零售	29946	29646	5930	10701
文化、体育用品及器材专门零售	2324	350	2324	350
医药及医疗器材专门零售	501519	437495	456091	386825
汽车、摩托车、燃料及零配件专门零售	511385	510852	511385	510852
家用电器及电子产品专门零售	43234	47070	43234	47070
五金、家具及室内装饰材料专门零售				
货摊、无店铺及其他零售业	90	68	90	68

单位：万元

自有配送中心配送商品购进额		非自有配送中心配送商品购进额		商品销售总额		零售额	
2014年	2013年	2014年	2013年	2014年	2013年	2014年	2013年
33188883	**34103569**	**11888151**	**12243156**	**104937937**	**115556181**	**82787796**	**85790731**
1476270	1189633	116375	125276	3523735	5930917	2650711	2906694
236336	281962	87312	72136	872618	902715	831467	839140
234771	219088	4228	5076	802184	699195	571566	514168
1330375	1301896	230307	192954	2077599	2102084	1523589	1485410
4327441	3659609	1018364	694984	10995404	6964094	10124934	6372978
16016134	15143963	8835911	9158089	66640707	66435281	48465325	49190820
9560438	12300582	1587653	1987278	20006225	32504761	18600738	24464387
625	668			1613	1547	1613	1547
6493	6170	8002	7362	17853	15587	17853	15587
2262711	**2147568**	**181264**	**162678**	**3364582**	**3340871**	**1752392**	**1649891**
1813165	**1748559**	**6413**	**4178**	**2036605**	**2087102**	**501001**	**493194**
204480	212755			266999	269622		
	2508				4265		4265
1175	1093			852	793	852	793
6867	6651			24969	13892	11261	10838
1596939	1521839	1767	1860	1691303	1623433	478248	470001
3705	3714	4646	2318	10640	7297	10640	7297
				41842	167801		
449546	**399009**	**174851**	**158501**	**1327977**	**1253769**	**1251392**	**1156698**
910	916	11501	8130	32670	39994	32670	39994
30775	20684	1107	1107	49545	36732	43550	32351
3497	7767	2018	2339	44708	49063	42671	47885
2302	326	22	24	2179	308	2179	308
181347	135196	160093	146901	623569	539082	608756	511920
190000	190000			524878	533921	471385	469572
40625	44051	111		50340	54583	50092	54583
90	68			90	86	90	86

1-7 续表 14

加油站

项　目	商品购进总额		统一配送商品购进额	
	2014年	2013年	2014年	2013年
总　计	**138397195**	**140528161**	**113605087**	**116649272**
批发业	**92575456**	**92980617**	**79493452**	**82033234**
农、林、牧产品批发				
食品、饮料及烟草制品批发				
纺织、服装及家庭用品批发				
文化、体育用品及器材批发				
医药及医疗器材批发				
矿产品、建材及化工产品批发	92575456	92980617	79493452	82033234
机械设备、五金产品及电子产品批发				
贸易经纪与代理				
其他批发业				
零售业	**45821739**	**47547544**	**34111635**	**34616038**
综合零售				
食品、饮料及烟草制品专门零售				
纺织、服装及日用品专门零售				
文化、体育用品及器材专门零售				
医药及医疗器材专门零售				
汽车、摩托车、燃料及零配件专门零售	45821739	47547544	34111635	34616038
家用电器及电子产品专门零售				
五金、家具及室内装饰材料专门零售				
货摊、无店铺及其他零售业				
直营门店合计	**137134341**	**139341952**	**112342233**	**115463062**
批发业	**91821816**	**92303227**	**78739812**	**81355843**
农、林、牧产品批发				
食品、饮料及烟草制品批发				
纺织、服装及家庭用品批发				
文化、体育用品及器材批发				
医药及医疗器材批发				
矿产品、建材及化工产品批发	91821816	92303227	78739812	81355843
机械设备、五金产品及电子产品批发				
贸易经纪与代理				
其他批发业				

单位：万元

自有配送中心配送商品购进额		非自有配送中心配送商品购进额		商品销售总额		零售额	
2014年	2013年	2014年	2013年	2014年	2013年	2014年	2013年
65011275	**62038889**	**25513105**	**25643141**	**167863024**	**167515575**	**112455504**	**106872332**
49946051	**47878523**	**19387633**	**19139035**	**107518246**	**106931978**	**67453025**	**60974515**
49946051	47878523	19387633	19139035	107518246	106931978	67453025	60974515
15065225	**14160366**	**6125472**	**6504106**	**60344778**	**60583596**	**45002480**	**45897817**
15065225	14160366	6125472	6504106	60344778	60583596	45002480	45897817
64067636	**61171498**	**25513105**	**25643141**	**166586677**	**166306167**	**111607969**	**106064057**
49192411	**47201132**	**19387633**	**19139035**	**106764606**	**106254588**	**67074703**	**60633907**
49192411	47201132	19387633	19139035	106764606	106254588	67074703	60633907

1-7 续表 15

加油站

项　目	商品购进总额		统一配送商品购进额	
	2014年	2013年	2014年	2013年
零售业	**45312525**	**47038725**	**33602421**	**34107219**
综合零售				
食品、饮料及烟草制品专门零售				
纺织、服装及日用品专门零售				
文化、体育用品及器材专门零售				
医药及医疗器材专门零售				
汽车、摩托车、燃料及零配件专门零售	45312525	47038725	33602421	34107219
家用电器及电子产品专门零售				
五金、家具及室内装饰材料专门零售				
货摊、无店铺及其他零售业				
加盟门店合计	**1262854**	**1186210**	**1262854**	**1186210**
批发业	**753640**	**677391**	**753640**	**677391**
农、林、牧产品批发				
食品、饮料及烟草制品批发				
纺织、服装及家庭用品批发				
文化、体育用品及器材批发				
医药及医疗器材批发				
矿产品、建材及化工产品批发	753640	677391	753640	677391
机械设备、五金产品及电子产品批发				
贸易经纪与代理				
其他批发业				
零售业	**509214**	**508819**	**509214**	**508819**
综合零售				
食品、饮料及烟草制品专门零售				
纺织、服装及日用品专门零售				
文化、体育用品及器材专门零售				
医药及医疗器材专门零售				
汽车、摩托车、燃料及零配件专门零售	509214	508819	509214	508819
家用电器及电子产品专门零售				
五金、家具及室内装饰材料专门零售				
货摊、无店铺及其他零售业				

单位：万元

自有配送中心配送商品购进额		非自有配送中心配送商品购进额		商品销售总额		零售额	
2014年	2013年	2014年	2013年	2014年	2013年	2014年	2013年
14875225	**13970366**	**6125472**	**6504106**	**59822071**	**60051579**	**44533266**	**45430150**
14875225	13970366	6125472	6504106	59822071	60051579	44533266	45430150
943640	**867391**			**1276347**	**1209408**	**847535**	**808275**
753640	**677391**			**753640**	**677391**	**378322**	**340608**
753640	677391			753640	677391	378322	340608
190000	**190000**			**522707**	**532017**	**469214**	**467668**
190000	190000			522707	532017	469214	467668

1-7 续表 16

专卖店

项　目	商品购进总额		统一配送商品购进额	
	2014年	2013年	2014年	2013年
总　计	**11513730**	**14751185**	**9796805**	**13199910**
批发业	**2308925**	**1958483**	**1763080**	**1561237**
农、林、牧产品批发	3586	3055	3586	3055
食品、饮料及烟草制品批发	1263434	1189450	806394	817363
纺织、服装及家庭用品批发	308108	324703	224414	305402
文化、体育用品及器材批发	1250	1800		
医药及医疗器材批发	7814	6134	3954	2074
矿产品、建材及化工产品批发	433779	395058	433779	395058
机械设备、五金产品及电子产品批发	6437	5941	6437	5941
贸易经纪与代理				
其他批发业	284517	32343	284517	32343
零售业	**9204804**	**12792701**	**8033725**	**11638673**
综合零售	190011	155172	190011	155172
食品、饮料及烟草制品专门零售	1753731	1624807	1656897	1529400
纺织、服装及日用品专门零售	2385577	6267263	1706471	5646493
文化、体育用品及器材专门零售	2355724	2574833	2235619	2447809
医药及医疗器材专门零售	314628	351769	243472	265425
汽车、摩托车、燃料及零配件专门零售	199957	207064	142431	144438
家用电器及电子产品专门零售	1831888	1431749	1685536	1269892
五金、家具及室内装饰材料专门零售	83318	86843	83318	86843
货摊、无店铺及其他零售业	89969	93202	89969	93202
直营门店合计	**9921292**	**13306274**	**8265979**	**11766271**
批发业	**1754339**	**1490358**	**1256806**	**1093952**
农、林、牧产品批发				
食品、饮料及烟草制品批发	1253724	1177850	796683	805764
纺织、服装及家庭用品批发	201760	267130	165216	247830
文化、体育用品及器材批发	88	960		
医药及医疗器材批发	7814	6134	3954	2074
矿产品、建材及化工产品批发				
机械设备、五金产品及电子产品批发	6437	5941	6437	5941
贸易经纪与代理				
其他批发业	284517	32343	284517	32343

单位：万元

自有配送中心配送商品购进额		非自有配送中心配送商品购进额		商品销售总额		零售额	
2014年	2013年	2014年	2013年	2014年	2013年	2014年	2013年
5590913	**5895925**	**1335609**	**4905607**	**14003104**	**12711118**	**9047923**	**8123304**
845547	**943336**	**80830**	**73801**	**2926903**	**2467347**	**399220**	**381238**
				2756	2356	2756	2356
669705	684007	79543	69816	1655586	1568356	183526	193045
167947	245572		2797	489672	430723	141485	147240
				1750	2500	1260	1800
828	766			10886	13400	10886	13400
1917	8238			429906	396903		
5150	4753	1287	1188	7114	6575	2156	1923
				329234	46534	57151	21475
4745366	**4952589**	**1254779**	**4831806**	**11076201**	**10243771**	**8648704**	**7742066**
9293	10358			225376	177464	201211	159214
1209561	1140222	184759	138229	2079849	1930559	1841109	1769184
783174	859274	434855	4289404	3268631	3215789	3131452	3087612
2037418	2239822			2748493	2554746	905672	553993
157018	152324	19129	15646	430383	398027	399812	366660
74891	93409	8000	8572	197152	244167	171021	191918
384462	287112	608035	379955	1859450	1419531	1806605	1375130
79746	83227			178822	208595	178822	208595
9803	86842			88047	94894	13000	29760
5039856	**5245915**	**855881**	**4580421**	**12184962**	**11115073**	**7851335**	**7023639**
826086	**916639**	**80830**	**73612**	**2329276**	**1966542**	**385373**	**345165**
659995	672407	79543	69816	1655105	1546396	183045	171085
160114	238713		2608	325677	351837	130874	135483
				1260	1800	1260	1800
828	766			10886	13400	10886	13400
5150	4753	1287	1188	7114	6575	2156	1923
				329234	46534	57151	21475

1-7 续表 17

专卖店

项 目	商品购进总额		统一配送商品购进额	
	2014年	2013年	2014年	2013年
零售业	**8166953**	**11815916**	**7009172**	**10672319**
综合零售	189966	155107	189966	155107
食品、饮料及烟草制品专门零售	1465674	1299232	1370333	1203912
纺织、服装及日用品专门零售	2132270	5939000	1458452	5322050
文化、体育用品及器材专门零售	2353974	2571405	2233868	2444381
医药及医疗器材专门零售	299611	338096	234972	258276
汽车、摩托车、燃料及零配件专门零售	199957	207064	142431	144438
家用电器及电子产品专门零售	1352215	1125969	1205863	964112
五金、家具及室内装饰材料专门零售	83318	86843	83318	86843
货摊、无店铺及其他零售业	89969	93202	89969	93202
加盟门店合计	**1592438**	**1444910**	**1530826**	**1433639**
批发业	**554586**	**468125**	**506274**	**467285**
农、林、牧产品批发	3586	3055	3586	3055
食品、饮料及烟草制品批发	9710	11599	9710	11599
纺织、服装及家庭用品批发	106349	57572	59198	57572
文化、体育用品及器材批发	1162	840		
医药及医疗器材批发				
矿产品、建材及化工产品批发	433779	395058	433779	395058
机械设备、五金产品及电子产品批发				
贸易经纪与代理				
其他批发业				
零售业	**1037852**	**976785**	**1024552**	**966354**
综合零售	46	66	46	66
食品、饮料及烟草制品专门零售	288058	325575	286564	325489
纺织、服装及日用品专门零售	253306	328264	248019	324443
文化、体育用品及器材专门零售	1751	3428	1751	3428
医药及医疗器材专门零售	15018	13672	8500	7149
汽车、摩托车、燃料及零配件专门零售				
家用电器及电子产品专门零售	479673	305780	479673	305780
五金、家具及室内装饰材料专门零售				
货摊、无店铺及其他零售业				

单位：万元

自有配送中心配送商品购进额		非自有配送中心配送商品购进额		商品销售总额		零售额	
2014年	2013年	2014年	2013年	2014年	2013年	2014年	2013年
4213770	**4329277**	**775050**	**4506809**	**9855687**	**9148532**	**7465962**	**6678474**
9247	10292			225290	177341	201125	159091
928117	828993	184759	128307	1743921	1569543	1507313	1409100
535163	550930	434855	4280129	2856718	2789774	2748670	2685802
2035667	2236394			2746743	2551318	903921	550565
156674	152078	19074	15626	415236	383862	391175	359006
74891	93409	8000	8572	197152	244167	171021	191918
384462	287112	128362	74174	1403760	1129039	1350915	1084638
79746	83227			178822	208595	178822	208595
9803	86842			88047	94894	13000	29760
551057	**650009**	**479729**	**325186**	**1818142**	**1596045**	**1196589**	**1099665**
19461	**26697**		**189**	**597627**	**500805**	**13847**	**36074**
				2756	2356	2756	2356
9710	11599			481	21961	481	21961
7833	6859		189	163994	78886	10610	11757
				490	700		
1917	8238			429906	396903		
531596	**623313**	**479729**	**324997**	**1220515**	**1095239**	**1182741**	**1063591**
46	66			86	123	86	123
281444	311229		9922	335929	361016	333796	360084
248011	308344		9275	411913	426015	382783	401810
1751	3428			1751	3428	1751	3428
345	246	55	20	15147	14165	8636	7654
		479673	305780	455689	290492	455689	290492

1-7 续表 18

家居建材商店

项目	商品购进总额		统一配送商品购进额	
	2014年	2013年	2014年	2013年
总　计	**377725**	**384414**	**321384**	**317281**
批发业				
农、林、牧产品批发				
食品、饮料及烟草制品批发				
纺织、服装及家庭用品批发				
文化、体育用品及器材批发				
医药及医疗器材批发				
矿产品、建材及化工产品批发				
机械设备、五金产品及电子产品批发				
贸易经纪与代理				
其他批发业				
零售业	**377725**	**384414**	**321384**	**317281**
综合零售	41677	40322	41677	40322
食品、饮料及烟草制品专门零售				
纺织、服装及日用品专门零售				
文化、体育用品及器材专门零售				
医药及医疗器材专门零售				
汽车、摩托车、燃料及零配件专门零售				
家用电器及电子产品专门零售				
五金、家具及室内装饰材料专门零售	336048	344092	279707	276960
货摊、无店铺及其他零售业				
直营门店合计	**377725**	**384414**	**321384**	**317281**
批发业				
农、林、牧产品批发				
食品、饮料及烟草制品批发				
纺织、服装及家庭用品批发				
文化、体育用品及器材批发				
医药及医疗器材批发				
矿产品、建材及化工产品批发				
机械设备、五金产品及电子产品批发				
贸易经纪与代理				
其他批发业				

单位：万元

自有配送中心配送商品购进额		非自有配送中心配送商品购进额		商品销售总额		零售额	
2014年	2013年	2014年	2013年	2014年	2013年	2014年	2013年
62275	**35342**	**86539**	**76791**	**509023**	**517581**	**461747**	**467386**
62275	**35342**	**86539**	**76791**	**509023**	**517581**	**461747**	**467386**
		41677	40322	60277	47546	56748	47546
62275	35342	44863	36469	448745	470036	404999	419841
62275	**35342**	**86539**	**76791**	**509023**	**517581**	**461747**	**467386**

1-7 续表 19

家居建材商店

项目	商品购进总额		统一配送商品购进额	
	2014年	2013年	2014年	2013年
零售业	**377725**	**384414**	**321384**	**317281**
综合零售	41677	40322	41677	40322
食品、饮料及烟草制品专门零售				
纺织、服装及日用品专门零售				
文化、体育用品及器材专门零售				
医药及医疗器材专门零售				
汽车、摩托车、燃料及零配件专门零售				
家用电器及电子产品专门零售				
五金、家具及室内装饰材料专门零售	336048	344092	279707	276960
货摊、无店铺及其他零售业				
加盟门店合计				
批发业				
农、林、牧产品批发				
食品、饮料及烟草制品批发				
纺织、服装及家庭用品批发				
文化、体育用品及器材批发				
医药及医疗器材批发				
矿产品、建材及化工产品批发				
机械设备、五金产品及电子产品批发				
贸易经纪与代理				
其他批发业				
零售业				
综合零售				
食品、饮料及烟草制品专门零售				
纺织、服装及日用品专门零售				
文化、体育用品及器材专门零售				
医药及医疗器材专门零售				
汽车、摩托车、燃料及零配件专门零售				
家用电器及电子产品专门零售				
五金、家具及室内装饰材料专门零售				
货摊、无店铺及其他零售业				

单位：万元

自有配送中心配送商品购进额		非自有配送中心配送商品购进额		商品销售总额		零售额	
2014年	2013年	2014年	2013年	2014年	2013年	2014年	2013年
62275	**35342**	**86539**	**76791**	**509023**	**517581**	**461747**	**467386**
		41677	40322	60277	47546	56748	47546
62275	35342	44863	36469	448745	470036	404999	419841

1-7 续表 20

厂家直销中心

项目	商品购进总额		统一配送商品购进额	
	2014年	2013年	2014年	2013年
总　计	**110246**	**114820**	**109117**	**114039**
批发业	**83661**	**78128**	**83033**	**77748**
农、林、牧产品批发	32191	30567	31567	30191
食品、饮料及烟草制品批发	11647	11785	11647	11785
纺织、服装及家庭用品批发	39819	35772	39819	35772
文化、体育用品及器材批发				
医药及医疗器材批发				
矿产品、建材及化工产品批发	4	4		
机械设备、五金产品及电子产品批发				
贸易经纪与代理				
其他批发业				
零售业	**26585**	**36692**	**26085**	**36291**
综合零售				
食品、饮料及烟草制品专门零售	2436	401	1936	
纺织、服装及日用品专门零售	24148	36291	24148	36291
文化、体育用品及器材专门零售				
医药及医疗器材专门零售				
汽车、摩托车、燃料及零配件专门零售				
家用电器及电子产品专门零售				
五金、家具及室内装饰材料专门零售				
货摊、无店铺及其他零售业				
直营门店合计	**110246**	**114820**	**109117**	**114039**
批发业	**83661**	**78128**	**83033**	**77748**
农、林、牧产品批发	32191	30567	31567	30191
食品、饮料及烟草制品批发	11647	11785	11647	11785
纺织、服装及家庭用品批发	39819	35772	39819	35772
文化、体育用品及器材批发				
医药及医疗器材批发				
矿产品、建材及化工产品批发	4	4		
机械设备、五金产品及电子产品批发				
贸易经纪与代理				
其他批发业				

单位：万元

	自有配送中心配送商品购进额		非自有配送中心配送商品购进额		商品销售总额		零售额	
	2014年	2013年	2014年	2013年	2014年	2013年	2014年	2013年
	69298	**78267**			**164350**	**164101**	**77459**	**58207**
	43214	**41976**			**103299**	**98659**	**16408**	**15856**
	31567	30191			35531	34217	14259	13615
	11647	11785			11510	11667	2149	2240
					56253	52770		
					5	5		
	26085	**36291**			**61051**	**65442**	**61051**	**42352**
	1936				4372	541	4372	541
	24148	36291			56680	64901	56680	41811
	69298	**78267**			**164350**	**164101**	**77459**	**58207**
	43214	**41976**			**103299**	**98659**	**16408**	**15856**
	31567	30191			35531	34217	14259	13615
	11647	11785			11510	11667	2149	2240
					56253	52770		
					5	5		

1-7 续表 21

厂家直销中心

项 目	商品购进总额		统一配送商品购进额	
	2014年	2013年	2014年	2013年
零售业	**26585**	**36692**	**26085**	**36291**
综合零售				
食品、饮料及烟草制品专门零售	2436	401	1936	
纺织、服装及日用品专门零售	24148	36291	24148	36291
文化、体育用品及器材专门零售				
医药及医疗器材专门零售				
汽车、摩托车、燃料及零配件专门零售				
家用电器及电子产品专门零售				
五金、家具及室内装饰材料专门零售				
货摊、无店铺及其他零售业				
加盟门店合计				
批发业				
农、林、牧产品批发				
食品、饮料及烟草制品批发				
纺织、服装及家庭用品批发				
文化、体育用品及器材批发				
医药及医疗器材批发				
矿产品、建材及化工产品批发				
机械设备、五金产品及电子产品批发				
贸易经纪与代理				
其他批发业				
零售业				
综合零售				
食品、饮料及烟草制品专门零售				
纺织、服装及日用品专门零售				
文化、体育用品及器材专门零售				
医药及医疗器材专门零售				
汽车、摩托车、燃料及零配件专门零售				
家用电器及电子产品专门零售				
五金、家具及室内装饰材料专门零售				
货摊、无店铺及其他零售业				

单位：万元

自有配送中心配送商品购进额		非自有配送中心配送商品购进额		商品销售总额		零售额	
2014年	2013年	2014年	2013年	2014年	2013年	2014年	2013年
26085	**36291**			**61051**	**65442**	**61051**	**42352**
1936				4372	541	4372	541
24148	36291			56680	64901	56680	41811

1-7 续表 22

其他

项 目	商品购进总额		统一配送商品购进额	
	2014年	2013年	2014年	2013年
总 计	**3258155**	**3148181**	**2033905**	**1908307**
批发业	**2915136**	**2835251**	**1743503**	**1812760**
农、林、牧产品批发				
食品、饮料及烟草制品批发	543203	417528	451876	323277
纺织、服装及家庭用品批发	1511460	1442105	672714	674840
文化、体育用品及器材批发	49515	127003	49515	127003
医药及医疗器材批发	63398	83873	33226	51564
矿产品、建材及化工产品批发	591708	592680	469143	578350
机械设备、五金产品及电子产品批发	96084	112091	51787	43459
贸易经纪与代理				
其他批发业	59770	59972	15243	14267
零售业	**343019**	**312930**	**290402**	**95547**
综合零售	231215	223716	186420	11323
食品、饮料及烟草制品专门零售	64565	57597	64565	57597
纺织、服装及日用品专门零售				
文化、体育用品及器材专门零售	31745	20442	28707	17650
医药及医疗器材专门零售	13402	9007	8858	7039
汽车、摩托车、燃料及零配件专门零售				
家用电器及电子产品专门零售	2091	2168	1851	1938
五金、家具及室内装饰材料专门零售				
货摊、无店铺及其他零售业				
直营门店合计	**2594833**	**2483470**	**1651453**	**1413954**
批发业	**2263136**	**2181582**	**1361766**	**1326657**
农、林、牧产品批发				
食品、饮料及烟草制品批发	451331	331044	368808	246415
纺织、服装及家庭用品批发	1348962	1279365	635787	640975
文化、体育用品及器材批发	49515	127003	49515	127003
医药及医疗器材批发	35556	57040	29290	47969
矿产品、建材及化工产品批发	229873	220899	211337	206569
机械设备、五金产品及电子产品批发	96084	112091	51787	43459
贸易经纪与代理				
其他批发业	51816	54140	15243	14267

单位：万元

自有配送中心配送商品购进额		非自有配送中心配送商品购进额		商品销售总额		零售额	
2014年	2013年	2014年	2013年	2014年	2013年	2014年	2013年
1429381	**1196265**	**337359**	**370657**	**4756747**	**4637342**	**2364221**	**2093098**
1390851	**1175493**	**154994**	**367989**	**4108708**	**4126324**	**1721740**	**1587043**
418289	165449	26010	27929	689922	634555	131832	129926
664415	595959	2702	3067	2501578	2487761	1415892	1315998
16079	19430	33436	107573	41818	111114	1013	1204
1792	1458	636	713	79756	96926	17119	17743
238224	349644	92212	228707	634190	617112	107473	68888
51787	43459			96806	110491	44383	49540
265	94			64639	68366	4027	3744
38530	**20772**	**182364**	**2668**	**648040**	**511018**	**642481**	**506056**
6269		180151		551718	422164	551718	422164
		2213	2668	63670	61128	63670	61128
28707	17650			16304	16148	12717	12686
3554	3122			13776	8946	11804	7446
				2572	2631	2572	2631
1301801	**959761**	**223556**	**122694**	**3844541**	**3962009**	**1868123**	**1817332**
1263986	**939592**	**41192**	**120026**	**3493852**	**3624312**	**1521284**	**1482919**
356176	107130	5054	9386	633969	581836	78911	79365
627488	562095	2702	3067	2369865	2445206	1284179	1273444
16079	19430	33436	107573	41818	111114	1013	1204
854	815			42399	63577	7388	9243
211337	206569			252634	251309	104118	68888
51787	43459			96806	110491	44383	49540
265	94			56361	60778	1291	1236

1-7 续表 23

其他

项　目	商品购进总额		统一配送商品购进额	
	2014年	2013年	2014年	2013年
零售业	**331697**	**301888**	**289687**	**87297**
综合零售	223647	216069	186420	3676
食品、饮料及烟草制品专门零售	64565	57597	64565	57597
纺织、服装及日用品专门零售				
文化、体育用品及器材专门零售	28707	17650	28707	17650
医药及医疗器材专门零售	12687	8404	8143	6436
汽车、摩托车、燃料及零配件专门零售				
家用电器及电子产品专门零售	2091	2168	1851	1938
五金、家具及室内装饰材料专门零售				
货摊、无店铺及其他零售业				
加盟门店合计	**663322**	**664711**	**382452**	**494353**
批发业	**652000**	**653669**	**381737**	**486103**
农、林、牧产品批发				
食品、饮料及烟草制品批发	91872	86484	83068	76862
纺织、服装及家庭用品批发	162498	162740	36927	33865
文化、体育用品及器材批发				
医药及医疗器材批发	27842	26833	3936	3595
矿产品、建材及化工产品批发	361835	371781	257806	371781
机械设备、五金产品及电子产品批发				
贸易经纪与代理				
其他批发业	7954	5832		
零售业	**11322**	**11042**	**715**	**8250**
综合零售	7569	7647		7647
食品、饮料及烟草制品专门零售				
纺织、服装及日用品专门零售				
文化、体育用品及器材专门零售	3038	2792		
医药及医疗器材专门零售	715	603	715	603
汽车、摩托车、燃料及零配件专门零售				
家用电器及电子产品专门零售				
五金、家具及室内装饰材料专门零售				
货摊、无店铺及其他零售业				

单位：万元

自有配送中心配送商品购进额		非自有配送中心配送商品购进额		商品销售总额		零售额	
2014年	2013年	2014年	2013年	2014年	2013年	2014年	2013年
37815	**20169**	**182364**	**2668**	**350689**	**337697**	**346839**	**334413**
6269		180151		258002	252207	258002	252207
		2213	2668	63670	61128	63670	61128
28707	17650			13294	13371	11417	11586
2839	2519			13152	8361	11180	6861
				2572	2631	2572	2631
127580	**236504**	**113803**	**247963**	**912206**	**675333**	**496098**	**275766**
126865	**235901**	**113803**	**247963**	**614856**	**502012**	**200456**	**104123**
62113	58319	20955	18544	55953	52718	52921	50561
36927	33865			131713	42555	131713	42555
938	643	636	713	37357	33349	9731	8500
26887	143074	92212	228707	381556	365802	3355	
				8278	7588	2737	2508
715	**603**			**297350**	**173320**	**295642**	**171643**
				293716	169958	293716	169958
				3010	2777	1301	1100
715	603			624	586	624	586

1-8 按登记注册类型与业态分连锁零售企业基本情况

便利店

项　目	连锁总店数(个)	门店数(个)		年末从业人员(人)		年末零售营业面积(平方米)	
	2014年	2014年	2013年	2014年	2013年	2014年	2013年
总　计	**98**	**16832**	**16024**	**78135**	**79103**	**1448030**	**1408908**
内资企业	84	14498	13918	65150	67335	1206908	1170055
国有企业	5	1969	2158	8311	8983	102237	110285
集体企业	1	282	282	617	620	31685	31685
股份合作企业							
联营企业							
有限责任公司	38	6374	6259	29376	32577	465662	477647
股份有限公司	5	1676	1590	7223	7133	192431	178153
私营企业	33	4079	3518	18725	17043	379364	332473
其他企业	2	118	111	898	979	35529	39812
港、澳、台商投资企业	8	1970	1774	8978	7942	192271	192773
外商投资企业	6	364	332	4007	3826	48851	46080
直营门店合计		**8909**	**8695**	**55570**	**55717**	**918937**	**913362**
内资企业		7288	7204	44024	45203	746579	733075
国有企业		1092	1182	6118	6543	67355	72107
集体企业		6	6	17	17	8500	8500
股份合作企业							
联营企业							
有限责任公司		3961	4029	24350	25407	321760	334680
股份有限公司		364	327	3078	3006	96741	90792
私营企业		1747	1549	9563	9251	216694	187184
其他企业		118	111	898	979	35529	39812
港、澳、台商投资企业		1284	1185	7924	7036	125920	136467
外商投资企业		337	306	3622	3478	46438	43820
加盟门店合计		**7923**	**7329**	**22565**	**23386**	**529093**	**495546**
内资企业		7210	6714	21126	22132	460329	436980
国有企业		877	976	2193	2440	34882	38178
集体企业		276	276	600	603	23185	23185
股份合作企业							
联营企业							
有限责任公司		2413	2230	5026	7170	143902	142967
股份有限公司		1312	1263	4145	4127	95690	87361
私营企业		2332	1969	9162	7792	162670	145289
其他企业							
港、澳、台商投资企业		686	589	1054	906	66351	56306
外商投资企业		27	26	385	348	2413	2260

1-8 续表 1

折扣店

项 目	连锁总店数（个）	门店数（个）		年末从业人员（人）		年末零售营业面积（平方米）	
	2014年	2014年	2013年	2014年	2013年	2014年	2013年
总 计	**2**	**377**	**370**	**2093**	**2885**	**177007**	**176255**
内资企业	1	9	9	705	792	85664	86649
国有企业							
集体企业							
股份合作企业							
联营企业							
有限责任公司							
股份有限公司							
私营企业	1	9	9	705	792	85664	86649
其他企业							
港、澳、台商投资企业							
外商投资企业	1	368	361	1388	2094	91343	89606
直营门店合计		**207**	**198**	**2013**	**2793**	**138787**	**137358**
内资企业		9	9	705	792	85664	86649
国有企业							
集体企业							
股份合作企业							
联营企业							
有限责任公司							
股份有限公司							
私营企业		9	9	705	792	85664	86649
其他企业							
港、澳、台商投资企业							
外商投资企业		198	189	1308	2001	53123	50709
加盟门店合计		**170**	**172**	**80**	**93**	**38220**	**38897**
内资企业							
国有企业							
集体企业							
股份合作企业							
联营企业							
有限责任公司							
股份有限公司							
私营企业							
其他企业							
港、澳、台商投资企业							
外商投资企业		170	172	80	93	38220	38897

1-8 续表 2

超市

项　目	连锁总店数(个)	门店数(个)		年末从业人员(人)		年末零售营业面积(平方米)	
	2014年	2014年	2013年	2014年	2013年	2014年	2013年
总　计	**409**	**33202**	**33829**	**444630**	**464596**	**18908160**	**18476643**
内资企业	397	32486	33191	431885	452810	18487164	18080878
国有企业	4	156	154	2930	3642	116128	100786
集体企业	5	42	43	1731	1926	22250	24900
股份合作企业	3	51	50	1695	1622	19033	18933
联营企业	2	42	38	1213	1252	70300	71224
有限责任公司	162	14470	15047	195595	204775	9130741	9413642
股份有限公司	22	6809	6942	132057	136806	5072847	4626110
私营企业	197	10587	10588	95030	101158	4027768	3797186
其他企业	2	329	329	1634	1629	28097	28097
港、澳、台商投资企业	8	612	544	8615	7679	228745	205430
外商投资企业	4	104	94	4130	4107	192251	190335
直营门店合计		**16368**	**15905**	**385537**	**404901**	**16949055**	**16666931**
内资企业		15683	15293	372843	393166	16543101	16285885
国有企业		156	154	2930	3642	116128	100786
集体企业		20	21	407	577	11250	13900
股份合作企业		51	50	1695	1622	19033	18933
联营企业		42	38	1213	1252	70300	71224
有限责任公司		7366	7264	176541	184462	8519388	8738535
股份有限公司		4065	3965	109936	114330	4256917	4021161
私营企业		3953	3771	79698	86857	3536953	3308214
其他企业		30	30	423	424	13132	13132
港、澳、台商投资企业		612	544	8615	7679	228745	205430
外商投资企业		73	68	4079	4056	177209	175616
加盟门店合计		**16834**	**17924**	**59093**	**59695**	**1959105**	**1809712**
内资企业		16803	17898	59042	59644	1944063	1794993
国有企业							
集体企业		22	22	1324	1349	11000	11000
股份合作企业							
联营企业							
有限责任公司		7104	7783	19054	20313	611353	675107
股份有限公司		2744	2977	22121	22476	815930	604949
私营企业		6634	6817	15332	14301	490815	488972
其他企业		299	299	1211	1205	14965	14965
港、澳、台商投资企业							
外商投资企业		31	26	51	51	15042	14719

1-8 续表 3

大型超市

项　目	连锁总店数（个）	门店数（个）		年末从业人员（人）		年末零售营业面积（平方米）	
	2014年	2014年	2013年	2014年	2013年	2014年	2013年
总　计	**183**	**9481**	**9222**	**561832**	**561923**	**31091530**	**31113175**
内资企业	94	5637	5502	227264	227359	12711826	12877904
国有企业	2	11	10	730	741	110200	112580
集体企业							
股份合作企业							
联营企业							
有限责任公司	52	3218	3155	115530	117128	6705777	6223641
股份有限公司	12	942	905	67353	60805	3583356	4289813
私营企业	28	1466	1432	43651	48685	2312493	2251870
其他企业							
港、澳、台商投资企业	26	886	810	149035	139765	8189069	8722426
外商投资企业	63	2958	2910	185533	194799	10190635	9512845
直营门店合计		**5130**	**4760**	**476418**	**478034**	**27309674**	**27526631**
内资企业		2079	1883	213809	214285	12230343	12424578
国有企业		11	10	730	741	110200	112580
集体企业							
股份合作企业							
联营企业							
有限责任公司		1075	944	110000	111754	6430664	5965403
股份有限公司		554	517	66223	59681	3540844	4247478
私营企业		439	412	36856	42109	2148635	2099117
其他企业							
港、澳、台商投资企业		756	693	97125	92165	5725569	6337626
外商投资企业		2295	2184	165484	171584	9353762	8764427
加盟门店合计		**4351**	**4462**	**85414**	**83889**	**3781856**	**3586544**
内资企业		3558	3619	13455	13074	481483	453326
国有企业							
集体企业							
股份合作企业							
联营企业							
有限责任公司		2143	2211	5530	5374	275113	258238
股份有限公司		388	388	1130	1124	42512	42335
私营企业		1027	1020	6795	6576	163858	152753
其他企业							
港、澳、台商投资企业		130	117	51910	47600	2463500	2384800
外商投资企业		663	726	20049	23215	836873	748418

1-8 续表 4

仓储会员店

项目	连锁总店数(个)	门店数(个)		年末从业人员(人)		年末零售营业面积(平方米)	
	2014年	2014年	2013年	2014年	2013年	2014年	2013年
总计	**5**	**108**	**107**	**15260**	**16225**	**663795**	**648142**
内资企业	3	22	25	262	527	21750	31000
国有企业							
集体企业							
股份合作企业							
联营企业							
有限责任公司	2	21	24	246	511	18750	28000
股份有限公司							
私营企业	1	1	1	16	16	3000	3000
其他企业							
港、澳、台商投资企业							
外商投资企业	2	86	82	14998	15698	642045	617142
直营门店合计		**93**	**89**	**15215**	**16153**	**663045**	**647242**
内资企业		7	7	217	455	21000	30100
国有企业							
集体企业							
股份合作企业							
联营企业							
有限责任公司		6	6	201	439	18000	27100
股份有限公司							
私营企业		1	1	16	16	3000	3000
其他企业							
港、澳、台商投资企业							
外商投资企业		86	82	14998	15698	642045	617142
加盟门店合计		**15**	**18**	**45**	**72**	**750**	**900**
内资企业		15	18	45	72	750	900
国有企业							
集体企业							
股份合作企业							
联营企业							
有限责任公司		15	18	45	72	750	900
股份有限公司							
私营企业							
其他企业							
港、澳、台商投资企业							
外商投资企业							

1-8 续表 5

百货店

项　　目	连锁总店数(个)	门店数(个)		年末从业人员(人)		年末零售营业面积(平方米)	
	2014年	2014年	2013年	2014年	2013年	2014年	2013年
总　　计	**100**	**4689**	**4524**	**258058**	**275888**	**19848085**	**18418141**
内资企业	81	3671	3671	218453	234344	17435385	16191348
国有企业	1	83	82	98	96	3561	3175
集体企业	7	362	338	6737	6737	435028	426955
股份合作企业							
联营企业							
有限责任公司	37	594	588	29780	35431	2785144	2342001
股份有限公司	22	1515	1516	156544	165571	13049109	12254643
私营企业	14	1117	1147	25294	26509	1162543	1164574
其他企业							
港、澳、台商投资企业	14	996	830	32900	34030	1813942	1612057
外商投资企业	5	22	23	6705	7514	598758	614736
直营门店合计		**2896**	**2710**	**247356**	**259611**	**19302516**	**17804651**
内资企业		1900	1876	210408	220794	17043396	15731398
国有企业		17	16	19	17	1393	1007
集体企业		138	134	6015	6057	401308	395365
股份合作企业							
联营企业							
有限责任公司		436	430	28687	34316	2617724	2174581
股份有限公司		1050	1061	153958	157999	12964928	12144861
私营企业		259	235	21729	22405	1058043	1015584
其他企业							
港、澳、台商投资企业		974	811	30243	31303	1660362	1458517
外商投资企业		22	23	6705	7514	598758	614736
加盟门店合计		**1793**	**1814**	**10702**	**16277**	**545569**	**613490**
内资企业		1771	1795	8045	13550	391989	459950
国有企业		66	66	79	79	2168	2168
集体企业		224	204	722	680	33720	31590
股份合作企业							
联营企业							
有限责任公司		158	158	1093	1115	167420	167420
股份有限公司		465	455	2586	7572	84181	109782
私营企业		858	912	3565	4104	104500	148990
其他企业							
港、澳、台商投资企业		22	19	2657	2727	153580	153540
外商投资企业							

1-8 续表 6

专业店(含加油站)

项 目	连锁总店数(个)	门店数(个)		年末从业人员(人)		年末零售营业面积(平方米)	
	2014年	2014年	2013年	2014年	2013年	2014年	2013年
总 计	**1460**	**108809**	**106258**	**943137**	**960830**	**82607567**	**78429035**
内资企业	1403	105874	102734	902411	917152	79264171	75129291
国有企业	146	10613	10268	99200	105236	10067028	9376460
集体企业	11	330	430	1288	1439	23089	29276
股份合作企业	2	265	261	2911	3073	22500	21150
联营企业	3	178	212	1023	1247	24330	25569
有限责任公司	568	34381	33304	229790	232623	11181514	11024889
股份有限公司	217	38287	38360	427131	439157	53404918	50501922
私营企业	443	20436	18540	135463	128998	4446480	4052715
其他企业	13	1384	1359	5605	5379	94312	97310
港、澳、台商投资企业	14	787	1502	7375	8587	106288	132519
外商投资企业	43	2148	2022	33351	35091	3237108	3167225
直营门店合计		**85060**	**82009**	**882853**	**898726**	**81005185**	**77109187**
内资企业		82221	79359	842353	856331	77665125	73861184
国有企业		9774	9413	98187	103354	9992128	9312961
集体企业		197	202	869	840	14537	15704
股份合作企业		265	261	2911	3073	22500	21150
联营企业		151	175	872	1056	21243	22296
有限责任公司		23217	21747	203288	205330	10441299	10288888
股份有限公司		32639	32861	412553	424596	53269650	50385006
私营企业		15627	14362	121538	116295	3862466	3778350
其他企业		351	338	2135	1787	41302	36829
港、澳、台商投资企业		711	645	7226	7392	104588	82326
外商投资企业		2128	2005	33274	35003	3235472	3165677
加盟门店合计		**23749**	**24249**	**60284**	**62104**	**1602382**	**1319848**
内资企业		23653	23375	60058	60821	1599046	1268107
国有企业		839	855	1013	1882	74900	63499
集体企业		133	228	419	599	8552	13572
股份合作企业							
联营企业		27	37	151	191	3087	3273
有限责任公司		11164	11557	26502	27293	740215	736001
股份有限公司		5648	5499	14578	14561	135268	116916
私营企业		4809	4178	13925	12703	584014	274365
其他企业		1033	1021	3470	3592	53010	60481
港、澳、台商投资企业		76	857	149	1195	1700	50193
外商投资企业		20	17	77	88	1636	1548

1-8 续表 7

加油站

项　　目	连锁总店数（个）	门店数（个）		年末从业人员（人）		年末零售营业面积（平方米）	
	2014年	2014年	2013年	2014年	2013年	2014年	2013年
总　计	**289**	**34985**	**34931**	**297328**	**316235**	**54903967**	**51289754**
内资企业	267	33658	33662	281863	299526	52541391	48964302
国有企业	73	6064	5995	51939	57049	7715907	6847326
集体企业							
股份合作企业	1	226	231	2501	2663	18000	18000
联营企业							
有限责任公司	17	772	762	7114	7105	1316069	1319134
股份有限公司	168	26496	26579	219391	231779	43292081	40594295
私营企业	8	100	95	918	929	199334	185547
其他企业							
港、澳、台商投资企业	1	14	14	229	229	7500	7500
外商投资企业	21	1313	1255	15236	16480	2355076	2317952
直营门店合计		**34755**	**34695**	**295067**	**313534**	**54789805**	**51173704**
内资企业		33428	33426	279602	296825	52427229	48848252
国有企业		6053	5984	51834	56919	7695907	6827326
集体企业							
股份合作企业		226	231	2501	2663	18000	18000
联营企业							
有限责任公司		772	762	7114	7105	1316069	1319134
股份有限公司		26277	26354	217235	229208	43197919	40498245
私营企业		100	95	918	929	199334	185547
其他企业							
港、澳、台商投资企业		14	14	229	229	7500	7500
外商投资企业		1313	1255	15236	16480	2355076	2317952
加盟门店合计		**230**	**236**	**2261**	**2701**	**114162**	**116050**
内资企业		230	236	2261	2701	114162	116050
国有企业		11	11	105	130	20000	20000
集体企业							
股份合作企业							
联营企业							
有限责任公司							
股份有限公司		219	225	2156	2571	94162	96050
私营企业							
其他企业							
港、澳、台商投资企业							
外商投资企业							

1-8 续表 8

专卖店

项 目	连锁总店数(个)	门店数(个)		年末从业人员(人)		年末零售营业面积(平方米)	
	2014年	2014年	2013年	2014年	2013年	2014年	2013年
总 计	**313**	**22854**	**22165**	**145645**	**151126**	**4440702**	**4031254**
内资企业	255	14780	14047	98881	100188	3078575	2852445
国有企业	15	587	586	8063	8405	860777	768890
集体企业	1	41	44	312	324	3806	3926
股份合作企业	2	32	32	233	231	7284	7284
联营企业							
有限责任公司	117	5925	5907	42075	44136	1012945	971159
股份有限公司	10	2665	2393	17034	17631	411613	387770
私营企业	104	5099	4698	27826	25865	689421	628054
其他企业	6	431	387	3338	3596	92729	85362
港、澳、台商投资企业	43	2138	2101	17965	16962	692735	623597
外商投资企业	15	5936	6017	28799	33976	669392	555212
直营门店合计		**11534**	**10936**	**112529**	**117577**	**3646843**	**3355032**
内资企业		8672	8488	80305	83216	2643593	2460068
国有企业		402	401	7884	8220	859777	767890
集体企业		41	44	312	324	3806	3926
股份合作企业		32	32	233	231	7284	7284
联营企业							
有限责任公司		4069	4098	35879	37816	898255	868734
股份有限公司		533	533	11423	12536	317772	288320
私营企业		3168	3026	21248	20696	464620	440982
其他企业		427	354	3326	3393	92079	82932
港、澳、台商投资企业		1336	1399	17185	15752	553372	557390
外商投资企业		1526	1049	15039	18609	449878	337574
加盟门店合计		**11320**	**11229**	**33116**	**33549**	**793859**	**676222**
内资企业		6108	5559	18576	16972	434982	392377
国有企业		185	185	179	185	1000	1000
集体企业							
股份合作企业							
联营企业							
有限责任公司		1856	1809	6196	6320	114690	102425
股份有限公司		2132	1860	5611	5095	93841	99450
私营企业		1931	1672	6578	5169	224801	187072
其他企业		4	33	12	203	650	2430
港、澳、台商投资企业		802	702	780	1210	139363	66207
外商投资企业		4410	4968	13760	15367	219514	217638

1-8 续表 9

家居建材商店

项　目	连锁总店数(个)	门店数(个)		年末从业人员(人)		年末零售营业面积(平方米)	
	2014年	2014年	2013年	2014年	2013年	2014年	2013年
总　计	**16**	**69**	**67**	**4010**	**3708**	**445003**	**452812**
内资企业	7	49	47	2194	1792	190213	199163
国有企业							
集体企业							
股份合作企业							
联营企业							
有限责任公司	4	21	22	1089	1086	165694	175444
股份有限公司							
私营企业	3	28	25	1105	706	24519	23719
其他企业							
港、澳、台商投资企业	1	5	5	139	157	23564	23564
外商投资企业	8	15	15	1677	1759	231226	230085
直营门店合计		**69**	**67**	**4010**	**3708**	**445003**	**452812**
内资企业		49	47	2194	1792	190213	199163
国有企业							
集体企业							
股份合作企业							
联营企业							
有限责任公司		21	22	1089	1086	165694	175444
股份有限公司							
私营企业		28	25	1105	706	24519	23719
其他企业							
港、澳、台商投资企业		5	5	139	157	23564	23564
外商投资企业		15	15	1677	1759	231226	230085
加盟门店合计							
内资企业							
国有企业							
集体企业							
股份合作企业							
联营企业							
有限责任公司							
股份有限公司							
私营企业							
其他企业							
港、澳、台商投资企业							
外商投资企业							

1-8 续表 10

厂家直销中心

项 目	连锁总店数(个)	门店数(个)		年末从业人员(人)		年末零售营业面积(平方米)	
	2014年	2014年	2013年	2014年	2013年	2014年	2013年
总 计	**8**	**309**	**234**	**3780**	**2721**	**32710**	**33008**
内资企业	7	32	13	3072	2027	5466	8681
国有企业							
集体企业							
股份合作企业							
联营企业							
有限责任公司	3	8	7	1222	291	1770	5585
股份有限公司	1	4	4	58	61	196	196
私营企业	3	20	2	1792	1675	3500	2900
其他企业							
港、澳、台商投资企业	1	277	221	708	694	27244	24327
外商投资企业							
直营门店合计		**309**	**234**	**3780**	**2721**	**32710**	**33008**
内资企业		32	13	3072	2027	5466	8681
国有企业							
集体企业							
股份合作企业							
联营企业							
有限责任公司		8	7	1222	291	1770	5585
股份有限公司		4	4	58	61	196	196
私营企业		20	2	1792	1675	3500	2900
其他企业							
港、澳、台商投资企业		277	221	708	694	27244	24327
外商投资企业							
加盟门店合计							
内资企业							
国有企业							
集体企业							
股份合作企业							
联营企业							
有限责任公司							
股份有限公司							
私营企业							
其他企业							
港、澳、台商投资企业							
外商投资企业							

1-8 续表 11

其他

项　目	连锁总店数(个)	门店数(个)		年末从业人员(人)		年末零售营业面积(平方米)	
	2014年	2014年	2013年	2014年	2013年	2014年	2013年
总　计	**69**	**9685**	**8988**	**45091**	**44051**	**2550251**	**2469390**
内资企业	64	9591	8897	42969	41778	2490945	2418114
国有企业	5	2181	2094	3419	2020	283471	154612
集体企业	2	218	624	488	1065	4420	11250
股份合作企业	1	10	12	310	332	10453	11453
联营企业							
有限责任公司	22	1789	1767	6564	6168	171076	200212
股份有限公司	2	590	590	12991	15126	1457607	1529782
私营企业	30	4767	3777	15354	13572	377818	331105
其他企业	2	36	33	3843	3495	186100	179700
港、澳、台商投资企业	1	6	6	98	136	730	730
外商投资企业	4	88	85	2024	2137	58576	50546
直营门店合计		**1180**	**1054**	**25540**	**26506**	**2005460**	**1969326**
内资企业		1106	983	23468	24283	1947682	1919578
国有企业		121	21	2893	1433	157071	27432
集体企业		38	44	188	325	2320	7400
股份合作企业		10	12	310	332	10453	11453
联营企业							
有限责任公司		339	318	2480	2276	71635	101464
股份有限公司		58	58	9201	11226	1363091	1435266
私营企业		504	497	4553	5196	157012	156863
其他企业		36	33	3843	3495	186100	179700
港、澳、台商投资企业		6	6	98	136	730	730
外商投资企业		68	65	1974	2087	57048	49018
加盟门店合计		**8505**	**7934**	**19551**	**17545**	**544791**	**500064**
内资企业		8485	7914	19501	17495	543263	498536
国有企业		2060	2073	526	587	126400	127180
集体企业		180	580	300	740	2100	3850
股份合作企业							
联营企业							
有限责任公司		1450	1449	4084	3892	99441	98748
股份有限公司		532	532	3790	3900	94516	94516
私营企业		4263	3280	10801	8376	220806	174242
其他企业							
港、澳、台商投资企业							
外商投资企业		20	20	50	50	1528	1528

1-9 按登记注册类型与业态

便利店

项　目	商品购进总额		统一配送商品购进额	
	2014年	2013年	2014年	2013年
总　计	**2946845**	**2612988**	**2218377**	**1959035**
内资企业	2299900	2081024	1595784	1467138
国有企业	240725	239382	224153	221621
集体企业	27581	28109	27581	28109
股份合作企业				
联营企业				
有限责任公司	1110786	987529	751194	691035
股份有限公司	306014	243748	184663	143987
私营企业	576674	539265	370073	339394
其他企业	38120	42991	38120	42991
港、澳、台商投资企业	465127	374040	440774	333973
外商投资企业	181819	157925	181819	157925
直营门店合计	**2003496**	**1834847**	**1527739**	**1411047**
内资企业	1599236	1472993	1147831	1089260
国有企业	161506	161615	148894	147743
集体企业	23414	23777	23414	23777
股份合作企业				
联营企业				
有限责任公司	853772	751191	523892	487453
股份有限公司	210297	176403	128697	105432
私营企业	312127	317016	284814	281864
其他企业	38120	42991	38120	42991
港、澳、台商投资企业	265433	243554	241081	203487
外商投资企业	138828	118300	138828	118300
加盟门店合计	**943349**	**778141**	**690638**	**547988**
内资企业	700665	608031	447953	377878
国有企业	79220	77767	75259	73878
集体企业	4167	4333	4167	4333
股份合作企业				
联营企业				
有限责任公司	257014	236338	227302	203582
股份有限公司	95717	67345	55967	38555
私营企业	264547	222249	85259	57530
其他企业				
港、澳、台商投资企业	199694	130486	199694	130486
外商投资企业	42991	39625	42991	39625

分连锁零售企业经营情况

单位：万元

自有配送中心配送商品购进额		非自有配送中心配送商品购进额		商品销售总额		零售额	
2014年	2013年	2014年	2013年	2014年	2013年	2014年	2013年
1037427	**941609**	**422324**	**337166**	**3459696**	**3176771**	**3094610**	**2877971**
901504	822101	332016	275952	2641638	2443705	2375181	2208386
83220	84866	117236	109682	381306	380446	329968	327401
27581	28109			32525	28161	29813	26233
407466	369631	118752	90653	1223169	1167212	1154357	1101584
159308	126101	6204		342012	257326	224735	164794
223929	213395	51705	32625	618511	563875	592194	541689
		38120	42991	44115	46685	44115	46685
135923	119508	2844		578821	520040	520830	463574
		87464	61214	239238	213026	198599	206011
722503	**648565**	**290055**	**242597**	**2502392**	**2355321**	**2251157**	**2117732**
596322	537445	241720	220024	1922522	1831589	1727599	1649004
53117	53837	72081	66833	311717	312087	260379	259043
23414	23777			27682	23739	24970	21811
212450	177144	96606	90607	962340	927241	912484	879403
103341	87545	6204		230287	183180	163735	125592
204001	195142	28710	19593	346381	338657	321916	316470
		38120	42991	44115	46685	44115	46685
126181	111120	2373		385196	351684	329980	297613
		45961	22573	194673	172049	193579	171115
314924	**293044**	**132270**	**94569**	**957305**	**821450**	**843453**	**760239**
305182	284656	90296	55928	719116	612116	647582	559382
30103	31029	45155	42849	69588	68358	69588	68358
4167	4333			4843	4422	4843	4422
195016	192487	22146	46	260829	239971	241873	222182
55967	38555			111725	74146	61000	39202
19929	18253	22995	13032	272130	225218	270278	225218
9742	8388	471		193624	168356	190850	165961
		41503	38642	44565	40977	5020	34896

1-9 续表 1

折扣店

项　目	商品购进总额		统一配送商品购进额	
	2014年	2013年	2014年	2013年
总　计	**258374**	**258088**		
内资企业	130903	128896		
国有企业				
集体企业				
股份合作企业				
联营企业				
有限责任公司				
股份有限公司				
私营企业	130903	128896		
其他企业				
港、澳、台商投资企业				
外商投资企业	127470	129192		
直营门店合计	**240747**	**240207**		
内资企业	130903	128896		
国有企业				
集体企业				
股份合作企业				
联营企业				
有限责任公司				
股份有限公司				
私营企业	130903	128896		
其他企业				
港、澳、台商投资企业				
外商投资企业	109844	111311		
加盟门店合计	**17627**	**17881**		
内资企业				
国有企业				
集体企业				
股份合作企业				
联营企业				
有限责任公司				
股份有限公司				
私营企业				
其他企业				
港、澳、台商投资企业				
外商投资企业	17627	17881		

单位：万元

自有配送中心配送商品购进额		非自有配送中心配送商品购进额		商品销售总额		零售额	
2014年	2013年	2014年	2013年	2014年	2013年	2014年	2013年
				295499	**292288**	**268887**	**263862**
				156877	153513	156877	153513
				156877	153513	156877	153513
				138622	138775	112010	110349
				268966	**263862**	**242354**	**235437**
				156877	153513	156877	153513
				156877	153513	156877	153513
				112089	110349	85477	81924
				26533	**28425**	**26533**	**28425**
				26533	28425	26533	28425

1-9 续表 2

超市

项 目	商品购进总额		统一配送商品购进额	
	2014年	2013年	2014年	2013年
总 计	**27071275**	**25719405**	**22410601**	**21699570**
内资企业	26374694	25091407	21900773	21192117
国有企业	123288	132865	118715	128191
集体企业	41344	37653	3374	3590
股份合作企业	110727	100707	110727	99596
联营企业	77412	60129	77412	60129
有限责任公司	12356928	12109024	10182399	10015218
股份有限公司	9669821	9144879	8257569	8082721
私营企业	3969044	3482046	3124447	2779337
其他企业	26130	24105	26130	23336
港、澳、台商投资企业	478905	411476	292153	299364
外商投资企业	217675	216522	217675	208089
直营门店合计	**24910320**	**23493329**	**20703013**	**19943849**
内资企业	24221751	22872547	20201196	19443613
国有企业	123288	132865	118715	128191
集体企业	21395	19177	3374	3590
股份合作企业	110727	100707	110727	99596
联营企业	77412	60129	77412	60129
有限责任公司	11883958	11631880	9816030	9650438
股份有限公司	8293553	7735230	7154271	6946281
私营企业	3691591	3174436	2900841	2537861
其他企业	19825	18122	19825	17528
港、澳、台商投资企业	478905	411476	292153	299364
外商投资企业	209664	209306	209664	200873
加盟门店合计	**2160954**	**2226077**	**1707588**	**1755721**
内资企业	2152943	2218861	1699577	1748505
国有企业				
集体企业	19949	18476		
股份合作企业				
联营企业				
有限责任公司	472969	477143	366369	364781
股份有限公司	1376268	1409649	1103298	1136440
私营企业	277453	307610	223606	241476
其他企业	6305	5983	6305	5808
港、澳、台商投资企业				
外商投资企业	8011	7216	8011	7216

单位：万元

自有配送中心配送商品购进额		非自有配送中心配送商品购进额		商品销售总额		零售额	
2014年	2013年	2014年	2013年	2014年	2013年	2014年	2013年
14248417	**13582597**	**3269807**	**2961509**	**29817546**	**28510745**	**26001643**	**24340128**
14047121	13354089	3035198	2730603	29023594	27771701	25209849	23603457
51617	61693		37041	133966	134276	133350	133691
1326	1340			43965	47280	41755	44199
98134	91946			105706	95928	105706	95928
16313	21964			34043	65277	26882	56273
5742448	5464423	683885	630258	13839993	13181018	11374174	11093776
6022109	5894817	1897557	1754376	10574916	10428301	9531599	8544319
2091218	1796460	451583	307037	4265457	3796391	3970834	3618052
23956	21446	2173	1891	25548	23230	25548	17220
2651	44048	216418	215602	562005	509374	559848	507001
198645	184461	18191	15304	231946	229669	231946	229669
13123727	**12425405**	**2774960**	**2510900**	**27561284**	**26278622**	**23800301**	**22140719**
12926975	12202581	2543818	2281525	26776482	25547582	23017657	21412052
51617	61693		37041	133966	134276	133350	133691
1326	1340			24457	26662	22247	23581
98134	91946			105706	95928	105706	95928
16313	21964			34043	65277	26882	56273
5426592	5142257	649685	604122	13176144	12463384	10722328	10384152
5363694	5220136	1454686	1349372	9347837	9286335	8336064	7425563
1951001	1646867	437921	289839	3934482	3457855	3651234	3281008
18299	16378	1526	1150	19846	17866	19846	11856
2651	44048	216418	215602	562005	509374	559848	507001
194101	178776	14724	13773	222797	221665	222797	221665
1124690	**1157192**	**494847**	**450609**	**2256262**	**2232123**	**2201342**	**2199409**
1120146	1151507	491380	449078	2247112	2224119	2192192	2191405
				19509	20619	19509	20619
315856	322167	34200	26136	663848	717634	651846	709624
658416	674680	442871	405004	1227079	1141966	1195535	1118756
140217	149593	13662	17198	330974	338537	319601	337043
5657	5068	647	740	5702	5364	5702	5364
4544	5685	3467	1531	9150	8004	9150	8004

1-9 续表 3

大型超市

项 目	商品购进总额		统一配送商品购进额	
	2014年	2013年	2014年	2013年
总 计	**40797629**	**38880269**	**29525257**	**28981517**
内资企业	13191410	12623972	9451918	9136391
国有企业	51865	52546	11914	
集体企业				
股份合作企业				
联营企业				
有限责任公司	6829523	6522171	4618333	4625293
股份有限公司	4359946	3982898	3148253	2656026
私营企业	1950075	2066358	1673418	1855073
其他企业				
港、澳、台商投资企业	12584856	11547113	10270500	9271393
外商投资企业	15021364	14709183	9802839	10573733
直营门店合计	**35284576**	**33683471**	**24121775**	**23838782**
内资企业	12682017	12194649	8999134	8728968
国有企业	51865	52546	11914	
集体企业				
股份合作企业				
联营企业				
有限责任公司	6489595	6233512	4307546	4347046
股份有限公司	4309949	3932914	3098256	2606042
私营企业	1830608	1975678	1581418	1775880
其他企业				
港、澳、台商投资企业	8502388	7595142	6188032	5319422
外商投资企业	14100172	13893680	8934608	9790392
加盟门店合计	**5513053**	**5196798**	**5403482**	**5142735**
内资企业	509393	429323	452784	407423
国有企业				
集体企业				
股份合作企业				
联营企业				
有限责任公司	339929	288659	310787	278247
股份有限公司	49997	49984	49997	49984
私营企业	119468	90680	92000	79193
其他企业				
港、澳、台商投资企业	4082468	3951971	4082468	3951971
外商投资企业	921192	815503	868230	783341

单位：万元

自有配送中心配送商品购进额		非自有配送中心配送商品购进额		商品销售总额		零售额	
2014年	2013年	2014年	2013年	2014年	2013年	2014年	2013年
16814302	**16221987**	**4217456**	**4156761**	**46472030**	**47996696**	**41850646**	**39392919**
5116293	5128876	2373444	2327647	16123163	15238428	14631866	13764042
5361		6553		60433	59216	60433	59216
2069797	2439318	1324845	1451571	8264968	7785088	7036959	6564510
2145999	1903358	776373	682168	5527122	5191186	5307776	4973591
895135	786200	265673	193908	2270641	2202938	2226698	2166725
4578777	3842140	1070872	929191	13927918	17071071	13216945	12302701
7119231	7250972	773140	899923	16420949	15687197	14001835	13326177
15660603	**15165866**	**4113392**	**4067748**	**40852330**	**42697836**	**36242849**	**34104850**
4830825	4856095	2269380	2238634	15547609	14737550	14068214	13273955
5361		6553		60433	59216	60433	59216
1871769	2257876	1275338	1400395	7928211	7480028	6700202	6259450
2096002	1853375	776373	682168	5464329	5128412	5249309	4915145
857692	744844	211117	156071	2094637	2069894	2058271	2040144
4578777	3842140	1070872	929191	9845450	13119100	9134477	8350729
6251001	6467631	773140	899923	15459272	14841186	13040158	12480166
1153699	**1056121**	**104064**	**89013**	**5619700**	**5298860**	**5607797**	**5288069**
285468	272781	104064	89013	575555	500878	563652	490087
198028	181442	49507	51176	336757	305061	336757	305061
49997	49984			62793	62773	58467	58446
37443	41355	54557	37838	176005	133044	168428	126580
				4082468	3951971	4082468	3951971
868230	783341			961677	846011	961677	846011

1-9　续表 4

仓储会员店

项　　目	商品购进总额		统一配送商品购进额	
	2014年	2013年	2014年	2013年
总　　计	**2343598**	**2408980**	**310002**	**328786**
内资企业	14060	13496	13894	13496
国有企业				
集体企业				
股份合作企业				
联营企业				
有限责任公司	12131	11785	11966	11785
股份有限公司				
私营企业	1928	1711	1928	1711
其他企业				
港、澳、台商投资企业				
外商投资企业	2329539	2395484	296108	315290
直营门店合计	**2343433**	**2408796**	**310002**	**328601**
内资企业	13894	13312	13894	13312
国有企业				
集体企业				
股份合作企业				
联营企业				
有限责任公司	11966	11601	11966	11601
股份有限公司				
私营企业	1928	1711	1928	1711
其他企业				
港、澳、台商投资企业				
外商投资企业	2329539	2395484	296108	315290
加盟门店合计	**166**	**184**		**184**
内资企业	166	184		184
国有企业				
集体企业				
股份合作企业				
联营企业				
有限责任公司	166	184		184
股份有限公司				
私营企业				
其他企业				
港、澳、台商投资企业				
外商投资企业				

单位：万元

自有配送中心配送商品购进额		非自有配送中心配送商品购进额		商品销售总额		零售额	
2014年	2013年	2014年	2013年	2014年	2013年	2014年	2013年
1928	**1711**			**2409243**	**2346387**	**2409243**	**2346387**
1928	1711			12712	13519	12712	13519
				10842	11808	10842	11808
1928	1711			1870	1711	1870	1711
				2396531	2332868	2396531	2332868
1928	**1711**			**2409055**	**2346175**	**2409055**	**2346175**
1928	1711			12524	13307	12524	13307
				10654	11596	10654	11596
1928	1711			1870	1711	1870	1711
				2396531	2332868	2396531	2332868
				188	**212**	**188**	**212**
				188	212	188	212
				188	212	188	212

1-9 续表 5

百货店

项　目	商品购进总额		统一配送商品购进额	
	2014年	2013年	2014年	2013年
总　计	**29171729**	**30092195**	**13896756**	**15369893**
内资企业	23712901	25220381	11442433	11861677
国有企业	1811	1713	1811	1713
集体企业	392482	329747	79800	80606
股份合作企业				
联营企业				
有限责任公司	2705133	2599913	1404214	1173188
股份有限公司	18299002	19940512	7751066	8404982
私营企业	2314473	2348495	2205543	2201188
其他企业				
港、澳、台商投资企业	4494618	3882119	2214173	3484256
外商投资企业	964211	989695	240150	23960
直营门店合计	**28279917**	**28945376**	**13331673**	**14778837**
内资企业	23055707	24326460	10965834	11328538
国有企业	691	655	691	655
集体企业	321668	274662	68187	69023
股份合作企业				
联营企业				
有限责任公司	2578746	2474123	1399220	1173188
股份有限公司	18120059	19527189	7572124	8183148
私营企业	2034543	2049832	1925612	1902524
其他企业				
港、澳、台商投资企业	4260000	3629221	2125689	3426339
外商投资企业	964211	989695	240150	23960
加盟门店合计	**891812**	**1146819**	**565083**	**591056**
内资企业	657194	893921	476599	533140
国有企业	1120	1059	1120	1059
集体企业	70814	55085	11613	11582
股份合作企业				
联营企业				
有限责任公司	126387	125791	4994	
股份有限公司	178942	413323	178942	221835
私营企业	279931	298664	279931	298664
其他企业				
港、澳、台商投资企业	234618	252898	88483	57916
外商投资企业				

单位：万元

自有配送中心配送商品购进额		非自有配送中心配送商品购进额		商品销售总额		零售额	
2014年	2013年	2014年	2013年	2014年	2013年	2014年	2013年
9673748	**10908390**	**1201716**	**1108187**	**38061046**	**36922945**	**30965090**	**30763607**
7720328	8224787	826960	926828	31344109	30882984	25045090	24924481
1811	1713			1541	1450	1541	1450
37716	39526			682069	619872	639953	615055
887200	732195	242700	183516	3588477	3516168	3456078	3365894
4742740	5389189	569980	728227	24328523	24013530	18795668	18800523
2050861	2062164	14279	15086	2743499	2731964	2151849	2141559
1953420	2683604	134607	157400	5514804	4771049	4717867	4570215
		240150	23960	1202133	1268911	1202133	1268911
9293451	**10513174**	**1195872**	**1086310**	**37019530**	**35842129**	**29968236**	**29717658**
7422671	7865610	826960	926828	30552861	30053794	24265360	24095290
691	655			627	592	627	592
26103	27943			644388	587165	613789	582347
882207	732195	242700	183516	3387686	3330039	3255287	3179765
4742740	5341317	569980	728227	24139834	23788736	18606980	18575728
1770930	1763500	14279	15086	2380327	2347262	1788677	1756858
1870780	2647565	128763	135522	5264535	4519424	4500743	4353456
		240150	23960	1202133	1268911	1202133	1268911
380297	**395216**	**5844**	**21878**	**1041517**	**1080816**	**996854**	**1045950**
297657	359177			791248	829191	779730	829191
1120	1059			914	858	914	858
11613	11582			37681	32707	26164	32707
4994				200791	186129	200791	186129
	47872			188689	224795	188689	224795
279931	298664			363172	384702	363172	384702
82639	36039	5844	21878	250269	251625	217124	216759

1-9 续表 6

专业店(含加油站)

项　目	商品购进总额		统一配送商品购进额	
	2014年	2013年	2014年	2013年
总　计	**195135598**	**204614486**	**165201906**	**169646239**
内资企业	188204779	197322191	159369105	163738968
国有企业	36937796	37135509	30718677	32490197
集体企业	128094	241347	112044	104980
股份合作企业	844275	982961	844275	982961
联营企业	45990	44762	45990	44762
有限责任公司	23028889	24186402	17965871	18037120
股份有限公司	117107234	126066370	100235689	103941433
私营企业	10028059	8587414	9363411	8061329
其他企业	84442	77427	83147	76187
港、澳、台商投资企业	302008	269487	272864	247790
外商投资企业	6628811	7022808	5559937	5659480
直营门店合计	**192022586**	**201540405**	**162274376**	**166883266**
内资企业	185097495	194264826	156443647	160991743
国有企业	36616459	36832904	30413080	32188192
集体企业	109975	100984	109875	99760
股份合作企业	844275	982961	844275	982961
联营企业	38347	37436	38347	37436
有限责任公司	22560694	23726241	17588595	17693834
股份有限公司	115145981	124222262	98274435	102097324
私营企业	9726105	8312893	9120579	7844244
其他企业	55659	49146	54459	47989
港、澳、台商投资企业	299183	254277	272864	232580
外商投资企业	6625909	7021301	5557867	5658944
加盟门店合计	**3113012**	**3074082**	**2927530**	**2762973**
内资企业	3107285	3057365	2925460	2747226
国有企业	321338	302605	305597	302005
集体企业	18119	140363	2169	5220
股份合作企业				
联营企业	7643	7326	7643	7326
有限责任公司	468195	460161	377276	343286
股份有限公司	1961254	1844108	1961254	1844108
私营企业	301953	274521	242832	217085
其他企业	28783	28280	28688	28198
港、澳、台商投资企业	2825	15210		15210
外商投资企业	2903	1507	2070	536

单位：万元

自有配送中心配送商品购进额		非自有配送中心配送商品购进额		商品销售总额		零售额	
2014年	2013年	2014年	2013年	2014年	2013年	2014年	2013年
97445586	**96741552**	**31786037**	**31816614**	**233457794**	**243311139**	**157023620**	**153547714**
95280797	94354763	30196665	29987653	223146338	232600139	148600170	144798947
17878301	16862504	5025925	5049731	42811952	40486299	22264531	22614053
108875	100704			145394	271857	55095	48456
844275	982961			1044855	1057771	869284	843974
				59071	59447	59071	59447
11323896	10208632	2327257	2219891	25952651	27126048	20757316	19485434
59561060	61666895	22144816	22046578	140256201	154373139	93005823	93694610
5533822	4508729	658098	630455	12774606	9134943	11489012	7963209
30568	24338	40569	40998	101608	90636	100038	89764
34000	125562	1618	9982	370557	354780	239275	237346
2130791	2261227	1587754	1818979	9940900	10356219	8184175	8511421
95182876	**94593984**	**31604773**	**31653935**	**230093212**	**239970267**	**155271228**	**151897823**
93018086	92214682	30015401	29832698	219788976	229297541	146854998	143187329
17627481	16606066	5017712	5042151	42523954	40200878	22061137	22437011
108875	98196			121614	114129	53095	42391
844275	982961			1044855	1057771	869284	843974
				50316	50609	50316	50609
11116018	10005707	2230458	2130442	25336135	26546151	20227857	18984426
57938850	60142926	22125319	22045471	138231353	152456753	92284147	93020470
5356235	4358005	624665	597254	12415691	8813262	11245673	7751333
26353	20821	17247	17379	65058	57988	63488	57116
34000	118075	1618	2259	366211	318325	234929	200891
2130791	2261227	1587754	1818979	9938027	10354402	8181302	8509603
2262711	**2147568**	**181264**	**162678**	**3364582**	**3340871**	**1752392**	**1649891**
2262711	2140081	181264	154955	3357363	3302599	1745173	1611618
250820	256438	8213	7580	287998	285422	203394	177043
	2508			23780	157728	2000	6065
				8755	8839	8755	8839
207878	202925	96799	89449	616516	579897	529459	501008
1622211	1523969	19498	1107	2024849	1916385	721676	674140
177587	150724	33432	33201	358915	321681	243339	211876
4215	3517	23322	23619	36550	32648	36550	32648
	7487		7723	4346	36455	4346	36455
				2873	1818	2873	1818

1-9 续表 7

加油站

项　　目	商品购进总额		统一配送商品购进额	
	2014年	2013年	2014年	2013年
总　计	**138397195**	**140528161**	**113605087**	**116649272**
内资企业	133954453	135854649	110110956	113196389
国有企业	24590063	24877436	18921656	22044636
集体企业				
股份合作企业	834475	973461	834475	973461
联营企业				
有限责任公司	3488583	3543273	1930630	1953478
股份有限公司	104780891	106232548	88324724	88100547
私营企业	260441	227931	99471	124267
其他企业				
港、澳、台商投资企业	18625	19300		
外商投资企业	4424117	4654212	3494131	3452882
直营门店合计	**137134341**	**139341952**	**112342233**	**115463062**
内资企业	132691600	134668439	108848103	112010180
国有企业	24400063	24687436	18731656	21854636
集体企业				
股份合作企业	834475	973461	834475	973461
联营企业				
有限责任公司	3488583	3543273	1930630	1953478
股份有限公司	103708038	105236338	87251870	87104337
私营企业	260441	227931	99471	124267
其他企业				
港、澳、台商投资企业	18625	19300		
外商投资企业	4424117	4654212	3494131	3452882
加盟门店合计	**1262854**	**1186210**	**1262854**	**1186210**
内资企业	1262854	1186210	1262854	1186210
国有企业	190000	190000	190000	190000
集体企业				
股份合作企业				
联营企业				
有限责任公司				
股份有限公司	1072854	996210	1072854	996210
私营企业				
其他企业				
港、澳、台商投资企业				
外商投资企业				

单位：万元

自有配送中心配送商品购进额		非自有配送中心配送商品购进额		商品销售总额		零售额	
2014年	2013年	2014年	2013年	2014年	2013年	2014年	2013年
65011275	**62038889**	**25513105**	**25643141**	**167863024**	**167515575**	**112455504**	**106872332**
63997766	61104130	24157319	24244118	160572301	159870868	106194839	100568090
11997043	10712575	2258930	2358152	28271169	26568465	17569561	18178413
834475	973461			1034245	1047031	858674	833234
1434050	1232952	223088	220818	3848719	3903684	2449294	2020596
49716743	48172299	21675301	21665148	127084346	128075416	85045231	79321108
15455	12843			333822	276272	272079	214739
				20926	20730		
1013510	934759	1355786	1399023	7269797	7623977	6260665	6304242
64067636	**61171498**	**25513105**	**25643141**	**166586677**	**166306167**	**111607969**	**106064057**
63054126	60236739	24157319	24244118	159295955	158661460	105347304	99759815
11807043	10522575	2258930	2358152	28121169	26419616	17419561	18029564
834475	973461			1034245	1047031	858674	833234
1434050	1232952	223088	220818	3848719	3903684	2449294	2020596
48963104	47494908	21675301	21665148	125958000	127014856	84347695	78661682
15455	12843			333822	276272	272079	214739
				20926	20730		
1013510	934759	1355786	1399023	7269797	7623977	6260665	6304242
943640	**867391**			**1276347**	**1209408**	**847535**	**808275**
943640	867391			1276347	1209408	847535	808275
190000	190000			150000	148849	150000	148849
753640	677391			1126347	1060559	697535	659426

1-9 续表 8

专卖店

项目	商品购进总额		统一配送商品购进额	
	2014年	2013年	2014年	2013年
总　计	**11513730**	**14751185**	**9796805**	**13199910**
内资企业	9210241	12767847	8225536	11888356
国有企业	1947639	5683465	1552604	5376089
集体企业	11509	10257	11509	10257
股份合作企业	73954	70242	73954	70242
联营企业				
有限责任公司	4149879	4066543	3750880	3618068
股份有限公司	1378692	1474020	1371403	1466731
私营企业	1467235	1275490	1283854	1159139
其他企业	181332	187830	181332	187830
港、澳、台商投资企业	1468014	1250781	743797	586425
外商投资企业	835475	732557	827473	725129
直营门店合计	**9921292**	**13306274**	**8265979**	**11766271**
内资企业	7834470	11536471	6911377	10668251
国有企业	1515777	5296645	1120742	4989269
集体企业	11509	10257	11509	10257
股份合作企业	73954	70242	73954	70242
联营企业				
有限责任公司	3965653	3767300	3568084	3319789
股份有限公司	783174	1059458	782396	1058680
私营企业	1303172	1145324	1173461	1032769
其他企业	181231	187245	181231	187245
港、澳、台商投资企业	1384323	1175280	660106	510923
外商投资企业	702498	594524	694496	587097
加盟门店合计	**1592438**	**1444910**	**1530826**	**1433639**
内资企业	1375771	1231376	1314159	1220105
国有企业	431862	386820	431862	386820
集体企业				
股份合作企业				
联营企业				
有限责任公司	184226	299243	182796	298279
股份有限公司	595518	414562	589007	408051
私营企业	164063	130166	110393	126370
其他企业	101	585	101	585
港、澳、台商投资企业	83691	75502	83691	75502
外商投资企业	132977	138033	132977	138033

单位：万元

自有配送中心配送商品购进额		非自有配送中心配送商品购进额		商品销售总额		零售额	
2014年	2013年	2014年	2013年	2014年	2013年	2014年	2013年
5590913	**5895925**	**1335609**	**4905607**	**14003104**	**12711118**	**9047923**	**8123304**
4930237	5198915	1302672	4874551	10552291	9685328	6232802	5462035
590546	571751	342117	4228865	2080715	1968264	419060	465025
		11509	10257	14173	13173	14173	13173
	68279			74615	70839	1285	4608
2966226	2890524	253440	185779	4781256	4540639	2513727	2424403
477226	796864	581058	374010	1780479	1413731	1749994	1020106
849385	818572	114549	75640	1624735	1484408	1338243	1340445
46854	52926			196319	194275	196319	194275
259523	358306	7082	9241	2143433	1819163	1580044	1519983
401152	338704	25855	21815	1307380	1206627	1235078	1141285
5039856	**5245915**	**855881**	**4580421**	**12184962**	**11115073**	**7851335**	**7023639**
4547092	4709234	822944	4549365	9110953	8454617	5281853	4639943
590546	571751	342117	4228865	1653365	1582383	419060	465025
		11509	10257	14173	13173	14173	13173
	68279			74615	70839	1285	4608
2791425	2618511	253384	166373	4526783	4283685	2263951	2179096
367917	694615	101385	68229	1182555	983305	1160058	596542
750350	703737	114549	75640	1463242	1327569	1227106	1187838
46854	52341			196219	193661	196219	193661
224588	336009	7082	9241	1980462	1697820	1548237	1486401
268176	200672	25855	21815	1093548	962637	1021245	897295
551057	**650009**	**479729**	**325186**	**1818142**	**1596045**	**1196589**	**1099665**
383145	489680	479729	325186	1441338	1230711	950949	822092
				427350	385880		
174801	272012	55	19406	254472	256953	249776	245307
109309	102249	479673	305780	597924	430426	589936	423565
99035	114835			161493	156838	111138	152607
	585			100	614	100	614
34936	22297			162971	121343	31807	33582
132977	138033			213833	243990	213833	243990

1-9　续表 9

家居建材商店

项　目	商品购进总额		统一配送商品购进额	
	2014年	2013年	2014年	2013年
总　计	**377725**	**384414**	**321384**	**317281**
内资企业	141783	125407	101367	76255
国有企业				
集体企业				
股份合作企业				
联营企业				
有限责任公司	81628	95080	41213	45928
股份有限公司				
私营企业	60155	30327	60155	30327
其他企业				
港、澳、台商投资企业	18145	18988	18145	18988
外商投资企业	217797	240019	201871	222039
直营门店合计	**377725**	**384414**	**321384**	**317281**
内资企业	141783	125407	101367	76255
国有企业				
集体企业				
股份合作企业				
联营企业				
有限责任公司	81628	95080	41213	45928
股份有限公司				
私营企业	60155	30327	60155	30327
其他企业				
港、澳、台商投资企业	18145	18988	18145	18988
外商投资企业	217797	240019	201871	222039
加盟门店合计				
内资企业				
国有企业				
集体企业				
股份合作企业				
联营企业				
有限责任公司				
股份有限公司				
私营企业				
其他企业				
港、澳、台商投资企业				
外商投资企业				

单位：万元

自有配送中心配送商品购进额		非自有配送中心配送商品购进额		商品销售总额		零售额	
2014年	2013年	2014年	2013年	2014年	2013年	2014年	2013年
62275	**35342**	**86539**	**76791**	**509023**	**517581**	**461747**	**467386**
62275	35342	31178	29734	190006	171931	146305	121801
3998	5837	31178	29734	118917	137683	89790	98345
58278	29505			71089	34248	56515	23456
				15823	18988	15823	18988
		55361	47057	303194	326662	299620	326597
62275	**35342**	**86539**	**76791**	**509023**	**517581**	**461747**	**467386**
62275	35342	31178	29734	190006	171931	146305	121801
3998	5837	31178	29734	118917	137683	89790	98345
58278	29505			71089	34248	56515	23456
				15823	18988	15823	18988
		55361	47057	303194	326662	299620	326597

1-9 续表 10

厂家直销中心

项 目	商品购进总额		统一配送商品购进额	
	2014年	2013年	2014年	2013年
总 计	**110246**	**114820**	**109117**	**114039**
内资企业	86097	78529	84969	77748
国有企业				
集体企业				
股份合作企业				
联营企业				
有限责任公司	32195	30571	31567	30191
股份有限公司	11647	11785	11647	11785
私营企业	42255	36173	41755	35772
其他企业				
港、澳、台商投资企业	24148	36291	24148	36291
外商投资企业				
直营门店合计	**110246**	**114820**	**109117**	**114039**
内资企业	86097	78529	84969	77748
国有企业				
集体企业				
股份合作企业				
联营企业				
有限责任公司	32195	30571	31567	30191
股份有限公司	11647	11785	11647	11785
私营企业	42255	36173	41755	35772
其他企业				
港、澳、台商投资企业	24148	36291	24148	36291
外商投资企业				
加盟门店合计				
内资企业				
国有企业				
集体企业				
股份合作企业				
联营企业				
有限责任公司				
股份有限公司				
私营企业				
其他企业				
港、澳、台商投资企业				
外商投资企业				

单位：万元

自有配送中心配送商品购进额		非自有配送中心配送商品购进额		商品销售总额		零售额	
2014年	2013年	2014年	2013年	2014年	2013年	2014年	2013年
69298	**78267**			**164350**	**164101**	**77459**	**58207**
45150	41976			107670	99200	20779	16397
31567	30191			35536	34221	14259	13615
11647	11785			11510	11667	2149	2240
1936				60624	53312	4372	541
24148	36291			56680	64901	56680	41811
69298	**78267**			**164350**	**164101**	**77459**	**58207**
45150	41976			107670	99200	20779	16397
31567	30191			35536	34221	14259	13615
11647	11785			11510	11667	2149	2240
1936				60624	53312	4372	541
24148	36291			56680	64901	56680	41811

1-9 续表 11

其他

项　目	商品购进总额		统一配送商品购进额	
	2014年	2013年	2014年	2013年
总　计	**3258155**	**3148181**	**2033905**	**1908307**
内资企业	3020206	2897664	1862285	1715830
国有企业	709576	648063	604710	647350
集体企业	11792	11672	3638	3276
股份合作企业	10388	11085		
联营企业				
有限责任公司	294285	297343	238447	248837
股份有限公司	1331449	1252828	515801	487403
私营企业	480967	483517	319537	328965
其他企业	181751	193156	180151	
港、澳、台商投资企业	30837	35558	265	94
外商投资企业	207112	214959	171355	192383
直营门店合计	**2594833**	**2483470**	**1651453**	**1413954**
内资企业	2357039	2233108	1479988	1221631
国有企业	361339	330592	361339	330592
集体企业	10742	10456	2588	2060
股份合作企业	10388	11085		
联营企业				
有限责任公司	271363	230918	233184	193678
股份有限公司	1179054	1099228	488977	462678
私营企业	342403	357673	213749	232624
其他企业	181751	193156	180151	
港、澳、台商投资企业	30837	35558	265	94
外商投资企业	206958	214804	171200	192228
加盟门店合计	**663322**	**664711**	**382452**	**494353**
内资企业	663167	664556	382297	494199
国有企业	348237	317471	243372	316759
集体企业	1050	1216	1050	1216
股份合作企业				
联营企业				
有限责任公司	22922	66426	5263	55159
股份有限公司	152395	153600	26824	24725
私营企业	138564	125844	105788	96340
其他企业				
港、澳、台商投资企业				
外商投资企业	155	155	155	155

单位：万元

自有配送中心配送商品购进额		非自有配送中心配送商品购进额		商品销售总额		零售额	
2014年	2013年	2014年	2013年	2014年	2013年	2014年	2013年
1429381	**1196265**	**337359**	**370657**	**4756747**	**4637342**	**2364221**	**2093098**
1257761	1003787	337359	370657	4457657	4311954	2212103	1960637
313658	179680	125617	297914	833077	824692	2636	2380
3638	3276			15859	1618[illegible]	6684	6506
				12522	1534[illegible]	3570	4153
208704	168318	6711	49351	295076	295927	169055	126474
515801	487403			2311366	2288479	1339632	1261772
215959	165111	24879	23393	812805	681483	515175	371007
		180151		176950	189846	175351	188346
265	94			36947	41903	580	607
171355	192383			262143	283479	151538	131854
1301801	**959761**	**223556**	**122694**	**3844541**	**3962009**	**1868123**	**1817332**
1130335	767438	223556	122694	3545681	3636853	1716236	1685102
301175	53262	33436	107573	466136	50795[illegible]	1036	880
2588	2060			13969	13993	4794	4318
				12522	1534[illegible]	3570	4153
207540	163090	4974	9307	266955	232113	154476	115900
488977	462678			2191366	2256559	1219632	1229852
130055	86349	4995	5814	417782	421049	157377	141654
		180151		176950	189846	175351	188346
265	94			36947	41903	580	607
171200	192228			261912	283243	151307	131623
127580	**236504**	**113803**	**247963**	**912206**	**675333**	**496098**	**275766**
127425	236349	113803	247963	911976	675102	495867	275536
12483	126418	92182	190340	366941	316741	1600	1500
1050	1216			1890	2189	1890	2189
1164	5228	1737	40044	28121	63814	14579	10574
26824	24725			120000	31920	120000	31920
85904	78762	19884	17579	395023	260433	357798	229353
155	155			231	231	231	231

1-10　连锁零售企业门店分布情况

单位：个

门店所在地	合计		直营门店		加盟门店	
	2014年	2013年	2014年	2013年	2014年	2013年
总　计	**206415**	**201788**	**131755**	**126657**	**74660**	**75131**
北　京	7861	7512	5733	5563	2128	1949
天　津	2728	2934	2045	2077	683	857
河　北	5073	4851	4303	4169	770	682
山　西	3714	3415	2143	2035	1571	1380
内蒙古	460	436	281	270	179	166
辽　宁	6900	6627	4840	4604	2060	2023
吉　林	1079	1050	948	910	131	140
黑龙江	2106	1965	1548	1438	558	527
上　海	13813	13727	8672	8750	5141	4977
江　苏	18114	18152	11431	11387	6683	6765
浙　江	27585	27517	11463	11263	16122	16254
安　徽	10739	10790	4790	4727	5949	6063
福　建	4943	4628	3900	3733	1043	895
江　西	5507	4547	3156	2705	2351	1842
山　东	11376	11072	8771	8503	2605	2569
河　南	5800	5707	4274	4189	1526	1518
湖　北	7125	6510	6355	5832	770	678
湖　南	7387	6595	4178	3760	3209	2835
广　东	19150	20355	16313	15869	2837	4486
广　西	4271	4195	3181	3053	1090	1142
海　南	856	702	756	646	100	56
重　庆	12668	12773	4071	3865	8597	8908
四　川	10539	10294	5825	5588	4714	4706
贵　州	1512	1429	1085	1025	427	404
云　南	4998	4710	4225	3925	773	785
西　藏	25	23	3	3	22	20
陕　西	2634	2406	2240	2093	394	313
甘　肃	906	854	766	722	140	132
青　海	205	174	148	117	57	57
宁　夏	1690	1657	639	611	1051	1046
新　疆	4620	4151	3642	3195	978	956
港澳台及国外	31	30	30	30	1	

1-11 连锁零售企业配送中心分布情况

单位：个

所在地	配送中心数		自有配送中心数	
	2014年	2013年	2014年	2013年
全 国	**2809**	**2833**	**2368**	**2375**
北 京	96	94	83	81
天 津	23	23	18	17
河 北	75	76	65	69
山 西	73	74	72	72
内蒙古	17	26	16	26
辽 宁	68	72	56	58
吉 林	25	23	22	20
黑龙江	32	36	30	33
上 海	66	64	45	44
江 苏	332	332	253	250
浙 江	298	276	260	225
安 徽	139	143	108	111
福 建	129	125	110	107
江 西	73	89	56	71
山 东	199	188	178	168
河 南	101	103	88	92
湖 北	131	153	122	143
湖 南	99	93	92	86
广 东	292	316	238	250
广 西	44	42	43	41
海 南	8	4	8	4
重 庆	97	94	95	90
四 川	90	85	69	73
贵 州	22	23	15	16
云 南	35	38	31	33
西 藏				
陕 西	47	42	40	37
甘 肃	16	14	13	12
青 海	4	5	4	5
宁 夏	53	56	31	35
新 疆	124	123	106	105
港澳台及国外	1	1	1	1

1-12 连锁零售企业门店在36城市分布情况

单位：个

门店所在地	合计		直营门店		加盟门店	
	2014年	2013年	2014年	2013年	2014年	2013年
合　计	**137556**	**134511**	**88970**	**85230**	**48586**	**49281**
北　京	7433	7087	5420	5216	2013	1871
天　津	2324	2546	1829	1869	495	677
石家庄	1080	1041	775	768	305	273
太　原	2422	2088	1052	918	1370	1170
呼和浩特	43	33	43	33		
沈　阳	2059	1858	1900	1689	159	169
大　连	2065	2047	1019	1024	1046	1023
长　春	648	607	648	607		
哈尔滨	1439	1407	1055	1042	384	365
上　海	18254	18290	11181	11221	7073	7069
南　京	11181	11141	8246	8147	2935	2994
杭　州	10162	9931	6328	6187	3834	3744
宁　波	1559	1550	1018	988	541	562
合　肥	8034	8195	3135	3243	4899	4952
福　州	1213	1143	1064	994	149	149
厦　门	1934	1867	783	868	1151	999
南　昌	2294	1994	1081	965	1213	1029
济　南	3029	3120	3029	3120		
青　岛	3033	2924	1990	1886	1043	1038
郑　州	926	875	888	813	38	62
武　汉	5477	4494	4750	3916	727	578
长　沙	2381	2017	1281	1097	1100	920
广　州	13009	14166	8214	7630	4795	6536
深　圳	6009	5506	3918	3924	2091	1582
南　宁	1510	1446	948	893	562	553
海　口	715	613	715	613		
重　庆	12233	12410	3745	3576	8488	8834
成　都	4697	4600	4483	4380	214	220
贵　阳	633	595	501	456	132	139
昆　明	4144	3871	3959	3686	185	185
拉　萨	3	3	3	3		
西　安	981	845	816	712	165	133
兰　州	485	428	483	427	2	1
西　宁	141	131	121	109	20	22
银　川	1239	1213	424	398	815	815
乌鲁木齐	2767	2429	2125	1812	642	617

1-13 连锁零售企业配送中心在36城市分布情况

单位：个

所在地	配送中心数		自有配送中心数	
	2014年	2013年	2014年	2013年
合　计	**1180**	**1190**	**970**	**973**
北　京	96	94	83	81
天　津	23	23	18	17
石家庄	14	11	11	10
太　原	40	41	39	39
呼和浩特	1	1	1	1
沈　阳	17	20	14	15
大　连	23	23	15	15
长　春	12	12	9	9
哈尔滨	16	20	14	18
上　海	66	64	45	44
南　京	34	34	25	26
杭　州	64	65	58	57
宁　波	35	34	33	32
合　肥	55	53	27	25
福　州	36	34	27	25
厦　门	43	42	39	37
南　昌	38	44	28	32
济　南	10	10	10	10
青　岛	42	40	28	36
郑　州	20	23	17	19
武　汉	72	65	66	60
长　沙	27	26	25	22
广　州	117	123	99	100
深　圳	42	44	34	34
南　宁	13	13	12	12
海　口	2	1	2	1
重　庆	97	94	95	90
成　都	33	32	25	26
贵　阳	8	10	4	5
昆　明	15	19	15	18
拉　萨				
西　安	19	19	16	16
兰　州	9	9	7	7
西　宁	2	2	2	2
银　川	13	15	8	11
乌鲁木齐	26	30	19	21

第二部分

零售企业地区篇

2-1 各地区连锁零售企业基本情况

地区	连锁总店数(个)	门店数(个)		年末从业人员(人)		年末零售营业面积(平方米)	
	2014年	2014年	2013年	2014年	2013年	2014年	2013年
全国	**2663**	**206415**	**201788**	**2501671**	**2563057**	**162212840**	**155656763**
北京	151	7433	7087	160142	158780	7368178	7202132
天津	39	2324	2546	35384	37171	2035207	2085709
河北	81	4537	4362	53685	53797	6458749	6126173
山西	55	3425	3113	40896	44064	2691868	2622065
内蒙古	17	262	255	4830	5548	244960	230430
辽宁	98	6157	5873	65709	66802	4706556	4437562
吉林	26	833	805	10195	10113	324721	364703
黑龙江	36	1857	1725	20239	22355	770761	724037
上海	95	18254	18290	259838	268705	10409385	9364696
江苏	168	18350	18352	374460	386147	19542910	19528147
浙江	230	27307	26915	149322	157620	11315799	11062017
安徽	72	9594	9734	96411	100264	5577554	5358717
福建	146	5250	4827	87605	81990	6299120	6823578
江西	88	4242	3811	54891	55625	3339526	3074756
山东	147	10733	10547	170800	176408	15901715	13385430
河南	138	5321	5287	68842	70516	6876166	6615008
湖北	138	7357	6248	145454	151591	7248100	6526352
湖南	99	6825	6188	74757	74527	4720697	5476820
广东	299	24576	25313	262373	273203	24945102	24312176
广西	62	3799	3728	40095	39830	3563250	3582709
海南	6	715	613	5253	5769	408832	324757
重庆	93	12233	12410	97565	99002	4278303	4091532
四川	106	9869	9686	78117	78133	3363890	2768897
贵州	29	1257	1186	9365	11074	333578	298006
云南	41	4689	4413	41241	38573	1968938	1979020
西藏	1	3	3	750	722	21700	21700
陕西	59	2206	2029	36124	37024	2521254	2236265
甘肃	16	741	687	7377	7270	784478	763238
青海	10	141	131	6294	6521	212359	236722
宁夏	23	1639	1609	12809	12634	663116	621594
新疆	94	4486	4015	30848	31279	3316068	3411815

2-2 各地区连锁零售企业直营门店基本情况

地区	门店数(个)		年末从业人员(人)		年末零售营业面积(平方米)	
	2014年	2013年	2014年	2013年	2014年	2013年
全国	**131755**	**126657**	**2210821**	**2266447**	**152417215**	**146615540**
北京	5420	5216	147869	147374	7085930	6931710
天津	1829	1869	34169	35827	1984367	2018509
河北	4128	3995	52902	53204	6422233	6098633
山西	2055	1943	34900	38722	2614963	2550430
内蒙古	218	217	4767	5489	242580	228290
辽宁	4396	4129	57431	58493	4508969	4239811
吉林	833	805	10195	10113	324721	364703
黑龙江	1473	1360	19292	21608	752125	709751
上海	11181	11221	177794	189665	6741943	6288415
江苏	12523	12484	341674	349535	18590558	18530528
浙江	10914	10773	117200	123509	10201949	9966970
安徽	4171	4193	83634	81432	5254539	5001274
福建	3840	3635	81038	76287	6081662	6650785
江西	2817	2573	50612	51274	3158159	2895540
山东	8606	8349	160888	166300	15643686	13100816
河南	4150	4101	66083	67762	6752925	6495725
湖北	6542	5643	142109	148950	7196752	6483167
湖南	3955	3616	68428	69098	4492094	5275685
广东	17474	16963	232594	241850	24044546	23575204
广西	2926	2801	36029	35188	3445333	3447896
海南	715	613	5253	5769	408832	324757
重庆	3745	3576	82866	83385	3920291	3714188
四川	5515	5315	67292	69165	3150987	2558186
贵州	1015	931	8808	10535	319392	283810
云南	4101	3818	40347	37651	1945600	1952563
西藏	3	3	750	722	21700	21700
陕西	2037	1892	34011	34991	2351280	2066735
甘肃	739	686	7369	7265	784078	763138
青海	121	109	6269	6499	211579	235842
宁夏	669	636	9975	9825	584516	549099
新疆	3644	3192	28273	28960	3178926	3291680

2-3 各地区连锁零售企业加盟门店基本情况

地区	门店数（个）		年末从业人员（人）		年末零售营业面积（平方米）	
	2014年	2013年	2014年	2013年	2014年	2013年
全国	**74660**	**75131**	**290850**	**296610**	**9795625**	**9041223**
北京	2013	1871	12273	11406	282248	270422
天津	495	677	1215	1344	50840	67200
河北	409	367	783	593	36516	27540
山西	1370	1170	5996	5342	76905	71635
内蒙古	44	38	63	59	2380	2140
辽宁	1761	1744	8278	8309	197587	197751
吉林						
黑龙江	384	365	947	747	18636	14286
上海	7073	7069	82044	79040	3667442	3076281
江苏	5827	5868	32786	36612	952352	997619
浙江	16393	16142	32122	34111	1113850	1095047
安徽	5423	5541	12777	18832	323015	357443
福建	1410	1192	6567	5703	217458	172793
江西	1425	1238	4279	4351	181367	179216
山东	2127	2198	9912	10108	258029	284614
河南	1171	1186	2759	2754	123241	119283
湖北	815	605	3345	2641	51348	43185
湖南	2870	2572	6329	5429	228603	201135
广东	7102	8350	29779	31353	900556	736972
广西	873	927	4066	4642	117917	134813
海南						
重庆	8488	8834	14699	15617	358012	377344
四川	4354	4371	10825	8968	212903	210711
贵州	242	255	557	539	14186	14196
云南	588	595	894	922	23338	26457
西藏						
陕西	169	137	2113	2033	169974	169530
甘肃	2	1	8	5	400	100
青海	20	22	25	22	780	880
宁夏	970	973	2834	2809	78600	72495
新疆	842	823	2575	2319	137142	120135

2-4 各地区连锁零售

地区	商品购进总额		统一配送商品购进额		自有配送中心配送商品购进额	
	2014年	2013年	2014年	2013年	2014年	2013年
全国	**312984903**	**322985010**	**245824110**	**253524577**	**146373275**	**145603645**
北京	21265727	21517889	11263980	11266778	4350707	4121365
天津	6685212	7380602	4591571	5336968	3137326	3490742
河北	9887943	9563674	6889957	6435273	4155234	3866339
山西	3479582	4102051	2436617	2815252	1571134	1465809
内蒙古	328939	318619	287233	276521	199509	189729
辽宁	8502981	7999975	6764558	4737555	1713003	1485217
吉林	1286249	1483306	1213817	1405524	1025530	1238032
黑龙江	2044766	2457262	1845025	2295489	1356293	1766916
上海	26927019	28856352	21122722	21926532	9131911	9094948
江苏	31307176	39332029	30605272	35268737	27609758	32147737
浙江	24624630	22104979	22824657	20213573	21050159	18536129
安徽	16517153	15757199	8570719	12108145	5969298	5976166
福建	10481025	9252831	7609144	6270727	3549677	2418305
江西	7143074	6217404	6160990	5715066	3448500	3815745
山东	23677552	24846182	18127290	18199064	12542914	12431378
河南	8080087	7784803	5054892	4814950	2732025	2749567
湖北	16677916	14950043	12247320	10958232	8841694	8248887
湖南	8172332	8722457	7440788	6573383	5318508	3370950
广东	44321768	48371861	38339354	43155359	11739052	11964896
广西	3840817	3800915	3334758	3456007	1488801	1215628
海南	1670241	1634790	1670241	1634790	5590	5816
重庆	8609218	8517102	5357880	5576458	3691481	3773643
四川	4864135	5204491	3973806	4468042	1565450	1932471
贵州	580963	433718	520278	251251	275314	155476
云南	3008098	3181295	2561184	3068416	989092	1203483
西藏	20152	19855	20152	19855		
陕西	8780683	8693067	6277895	6247910	3742894	3499307
甘肃	1386878	1819574	1145210	1440287	309023	322530
青海	202780	198790	129065	64975	8855	8833
宁夏	1405078	1361590	1112584	1352249	1032120	1272963
新疆	7204730	7100305	6325151	6171211	3822426	3834639

企业经营情况

单位：万元

非自有配送中心配送商品购进额		商品销售总额		零售额	
2014年	2013年	2014年	2013年	2014年	2013年
42656846	**45733292**	**373406078**	**380587110**	**273565089**	**264274584**
1141985	1231645	25443201	25282611	18483415	18999199
185142	269228	7531499	7823795	5534243	5543243
115670	181412	11453145	11140232	8019310	7540054
164638	186786	5774039	5870697	4577495	4819675
4776	4642	398187	386775	387726	386775
1616490	1193120	9416653	8984613	6977938	6069250
17386		1578385	1687949	1384078	1454682
185049	243075	2347343	2333360	2038394	2018556
2553505	2756723	30078587	36718284	21948946	21936825
2404977	2333207	34838969	47399887	21141838	27370465
1082274	602017	26148043	23515808	19396144	17117406
428456	413860	16633294	14820925	9254158	8917611
1138819	959978	13634304	12466434	12376368	11074252
829718	546273	12143196	11379961	7682174	7263078
1152582	1309246	28186146	28049237	23075430	23404137
136416	16424	9034742	8601841	7649685	7030854
846519	831303	18716389	17147222	15729760	14590994
371445	346197	10750681	10295584	9347735	8732033
23785238	27801509	53516979	52445586	43419211	38188958
42191	33473	8326145	8529731	4606250	4358157
382074	370489	1868401	1780657	1300765	1546475
1270780	1406895	11632099	10736979	9618686	7436157
191369	149885	5898136	5263414	5221631	4196278
24884	5752	569776	485932	556575	479522
203886	195493	5225238	5185186	3539897	3438692
		22152	18564	22152	18564
298419	384932	10366963	10394248	3542421	3504581
4035	737	2233074	2277988	1881442	1895480
24803	19489	252854	262428	250031	259318
7720	47223	1386423	1392815	843600	871759
2045602	1892279	8001035	7908369	3757593	3811557

2-5 各地区连锁零售

地　区	商品购进总额		统一配送商品购进额		自有配送中心配送商品购进额	
	2014年	2013年	2014年	2013年	2014年	2013年
全　国	**298089171**	**308435408**	**232616512**	**240795928**	**140458319**	**139667990**
北　京	20940305	21205869	11008062	11017272	4142809	3917506
天　津	6609506	7295173	4591571	5336968	3137326	3490742
河　北	9862744	9540081	6864757	6411680	4130034	3842746
山　西	3305047	3944071	2436617	2808434	1571134	1465809
内蒙古	327366	317160	285660	275237	198095	188745
辽　宁	8375425	7888148	6637002	4625729	1712551	1484728
吉　林	1286249	1483306	1213817	1405524	1025530	1238032
黑龙江	2004210	2427666	1844219	2294683	1355488	1766110
上　海	20750463	22874896	15027769	16011389	7817486	7768177
江　苏	29532256	37633645	28836196	33574301	25844006	30457304
浙　江	23574768	21119434	21813810	19300358	20192764	17735794
安　徽	15246225	14266150	7663960	11083796	5549025	5394755
福　建	9932901	8902445	7064011	5920341	3506043	2388482
江　西	6870591	5907987	6005685	5609284	3302235	3720138
山　东	23262851	24212484	17913310	17871811	12413779	12190982
河　南	7731582	7437125	4722906	4486620	2728541	2747602
湖　北	16645175	14928225	12219069	10940353	8818242	8235599
湖　南	7962470	8558801	7268655	6445503	5261830	3318425
广　东	43554653	47740419	37730790	42581176	11203136	11486348
广　西	3809970	3763327	3313702	3432588	1470004	1195192
海　南	1670241	1634790	1670241	1634790	5590	5816
重　庆	8325084	8261310	5169221	5403652	3572681	3669886
四　川	4715988	5056710	3842003	4330675	1463921	1821258
贵　州	563632	416767	502947	234300	275314	155476
云　南	2566161	2784705	2122082	2672849	984341	1198715
西　藏	20152	19855	20152	19855		
陕　西	8639552	8547910	6258157	6223898	3725326	3479813
甘　肃	1386627	1819454	1144959	1440167	308772	322410
青　海	202411	198405	128696	64590	8486	8448
宁　夏	1384340	1299739	1097940	1297016	1018141	1256808
新　疆	7030226	6949353	6198548	6041092	3715689	3716143

企业直营门店经营情况

单位：万元

非自有配送中心配送商品购进额		商品销售总额		零售额	
2014年	2013年	2014年	2013年	2014年	2013年
41145027	**44341396**	**357409645**	**365512976**	**260443844**	**251926958**
1095609	1187053	24929938	24820084	17976751	18541940
185142	269228	7442432	7732977	5445177	5452424
115670	181412	11427178	11109789	7993342	7509611
164638	186786	5599761	5713841	4403217	4663179
4616	4342	397542	385789	387081	385789
1566627	1159878	9245202	8833391	6806487	5918028
17386		1578385	1687949	1384078	1454682
185049	243075	2285294	2293109	1976344	1978304
2123604	2310007	23656539	30608570	15941761	16188502
2404070	2331856	32805300	45407305	19816941	26040463
968378	519730	25094131	22493703	18469019	16191100
190510	131232	15710169	13922758	8938825	8575889
640158	642162	13083848	12094458	11826809	10702857
829718	536351	11866422	11102784	7438546	7020768
1149294	1306092	27822147	27523671	22737536	23034562
136416	16424	8637261	8195556	7314458	6697806
843816	827271	18674073	17118383	15691219	14563831
319242	316471	10502469	10091588	9159689	8579367
23775085	27766524	52301193	51490944	42380313	37314307
42191	33473	8283337	8480247	4567317	4311898
382074	370489	1868401	1780657	1300765	1546475
1219827	1359422	11308970	10465068	9384773	7251980
187011	147913	5699316	5085045	5047821	4039911
24884	5752	553614	469113	540414	462704
202686	194493	4789260	4789690	3532317	3430132
		22152	18564	22152	18564
298419	384932	10159230	10193574	3334688	3303907
4035	737	2232823	2277932	1881191	1895424
24803	19489	252441	262102	249618	258993
7054	8144	1365998	1336787	834868	866517
2037017	1880656	7814821	7727549	3660326	3727046

2-6 各地区连锁零售

地 区	商品购进总额		统一配送商品购进额		自有配送中心配送商品购进额	
	2014年	2013年	2014年	2013年	2014年	2013年
全 国	**14895733**	**14549603**	**13207598**	**12728649**	**5914956**	**5935655**
北 京	325422	312019	255918	249506	207898	203859
天 津	75706	85430				
河 北	25199	23593	25199	23593	25199	23593
山 西	174535	157980		6818		
内蒙古	1572	1459	1572	1284	1413	984
辽 宁	127556	111827	127556	111827	452	488
吉 林						
黑龙江	40556	29596	806	806	806	806
上 海	6176556	5981456	6094954	5915143	1314425	1326771
江 苏	1774919	1698384	1769076	1694436	1765752	1690433
浙 江	1049862	985545	1010848	913215	857395	800334
安 徽	1270928	1491049	906759	1024349	420273	581410
福 建	548124	350386	545134	350386	43633	29822
江 西	272483	309417	155305	105782	146265	95608
山 东	414701	633698	213980	327252	129135	240395
河 南	348504	347678	331986	328331	3485	1965
湖 北	32742	21819	28250	17879	23452	13289
湖 南	209861	163656	172133	127880	56678	52525
广 东	767116	631442	608564	574183	535916	478548
广 西	30847	37589	21057	23419	18797	20436
海 南						
重 庆	284135	255793	188659	172806	118800	103758
四 川	148147	147781	131804	137367	101529	111214
贵 州	17331	16951	17331	16951		
云 南	441938	396591	439102	395567	4751	4767
西 藏						
陕 西	141132	145157	19739	24012	17568	19494
甘 肃	251	120	251	120	251	120
青 海	369	385	369	385	369	385
宁 夏	20738	61852	14644	55234	13979	16155
新 疆	174504	150952	126604	130119	106736	118496

企业加盟门店经营情况

单位：万元

非自有配送中心配送商品购进额		商品销售总额		零售额	
2014年	2013年	2014年	2013年	2014年	2013年
1511819	**1391896**	**15996434**	**15074135**	**13121245**	**12347626**
46376	44591	513263	462527	506664	457259
		89066	90818	89066	90818
		25968	30442	25968	30442
		174278	156856	174278	156496
159	300	645	986	645	986
49864	33242	171451	151222	171451	151222
		62049	40251	62049	40251
429901	446716	6422048	6109714	6007185	5748322
907	1351	2033669	1992582	1324897	1330002
113896	82287	1053913	1022105	927124	926306
237946	282628	923125	898167	315334	341722
498661	317816	550456	371976	549558	371395
	9922	276773	277177	243628	242311
3288	3154	364000	525566	337894	369576
		397481	406284	335226	333048
2703	4032	42316	28840	38542	27162
52203	29726	248213	203996	188046	152667
10153	34985	1215787	954642	1038898	874651
		42809	49484	38933	46259
50953	47472	323129	271911	233913	184177
4359	1971	198820	178369	173810	156367
		16161	16819	16161	16819
1200	1000	435979	395496	7580	8560
		207733	200675	207733	200675
		251	56	251	56
		413	326	413	326
666	39079	20426	56028	8733	5242
8585	11623	186214	180820	97267	84511

2-7 按登记注册类型分各地区连锁零售企业基本情况

内资企业

地 区	连锁总店数(个)	门店数(个)		年末从业人员(人)		年末零售营业面积(平方米)	
	2014年	2014年	2013年	2014年	2013年	2014年	2013年
全 国	**2396**	**186649**	**182054**	**1993246**	**2046104**	**134978067**	**129045528**
北 京	120	6482	6210	127955	125192	6089312	5865231
天 津	30	1938	2141	23419	24633	1511453	1572957
河 北	78	4513	4339	50298	50667	6249642	5867665
山 西	53	3413	3102	40447	43610	2641370	2570217
内蒙古	17	262	255	4830	5548	244960	230430
辽 宁	89	6075	5793	54325	54772	3970329	3717368
吉 林	23	814	783	9841	9667	309400	345526
黑龙江	34	1820	1695	17524	19590	668349	623739
上 海	65	14964	15384	155157	163817	5630704	5070451
江 苏	146	15564	15533	261601	261906	13627736	13575295
浙 江	221	27086	26696	136306	145398	10688916	10435153
安 徽	68	9560	9701	91740	95859	5231420	5085606
福 建	130	3957	3547	40690	42804	2483225	2396265
江 西	82	4157	3739	47513	48173	2970636	2716191
山 东	137	10244	10097	157585	164393	15240944	12838928
河 南	134	5121	5091	60891	62971	6159657	5918759
湖 北	127	6893	5922	130099	139549	6832383	6165171
湖 南	93	6524	5959	70535	69707	4588994	5313013
广 东	236	16357	16385	171297	174194	19604835	19526783
广 西	61	3710	3659	39164	38832	3526575	3547197
海 南	6	715	613	5253	5769	408832	324757
重 庆	88	12093	12303	94434	95764	4196303	4003926
四 川	97	9643	9439	67786	67226	2656204	2089445
贵 州	28	1161	1096	8441	10148	308167	274944
云 南	35	4534	4252	34478	33325	1701538	1754569
西 藏	1	3	3	750	722	21700	21700
陕 西	56	2092	1928	34603	35363	2467854	2190265
甘 肃	16	741	687	7377	7270	784478	763238
青 海	10	141	131	6294	6521	212359	236722
宁 夏	22	1590	1560	12622	12292	662466	620944
新 疆	93	4482	4011	29991	30422	3287326	3383073

2-7 续表 1

国有企业

地 区	连锁总店数(个)	门店数(个)		年末从业人员(人)		年末零售营业面积(平方米)	
	2014年	2014年	2013年	2014年	2013年	2014年	2013年
全 国	**178**	**15600**	**15352**	**122751**	**129123**	**11543402**	**10626788**
北 京	3	60	51	765	753	13498	10935
天 津	2	372	372	5117	5177	768781	726881
河 北	3	366	376	2343	2915	925255	1099025
山 西	7	393	365	5525	5288	265723	222386
内蒙古							
辽 宁	5	506	471	5420	5641	604098	604919
吉 林							
黑龙江	1	8	10	360	439	6086	6032
上 海	6	2476	2692	11819	13544	193452	222101
江 苏	2	117	109	642	696	17708	7030
浙 江	3	401	389	6325	6091	331786	329404
安 徽	4	3522	3680	7391	10277	757713	757803
福 建	8	216	204	2070	2181	166111	146996
江 西	16	594	585	10525	10804	845507	462593
山 东	5	122	126	779	788	26385	27265
河 南	8	154	153	1661	1680	175506	177736
湖 北	11	689	547	11275	11285	446681	353363
湖 南	9	514	482	4730	4733	893764	560243
广 东	15	906	785	16184	14769	1878800	1636584
广 西							
海 南	1	99	91	934	1001	271893	211876
重 庆	6	278	278	2718	3362	159765	143468
四 川	1	81	76	700	712	20278	20278
贵 州							
云 南	2	276	272	1400	1510	94000	90000
西 藏							
陕 西	18	681	667	11951	12354	1067114	994285
甘 肃	5	252	260	2362	2506	460177	460297
青 海							
宁 夏	3	23	22	474	463	11071	11709
新 疆	34	2494	2289	9281	10154	1142250	1343579

2-7 续表 2

集体企业

地 区	连锁总店数（个）	门店数（个）		年末从业人员（人）		年末零售营业面积（平方米）	
	2014年	2014年	2013年	2014年	2013年	2014年	2013年
全 国	**27**	**1275**	**1761**	**11173**	**12111**	**520278**	**527992**
北 京	2	296	296	1147	1208	82968	82385
天 津							
河 北	1	2	3	78	137	3500	5300
山 西							
内蒙古							
辽 宁							
吉 林							
黑龙江	1	20	24	27	30	360	360
上 海	2	56	59	436	390	5361	5481
江 苏	3	257	234	1003	962	33588	31098
浙 江	1	2	101	74	266	1505	7866
安 徽							
福 建	1	5	5	70	76	1196	1196
江 西							
山 东	4	173	173	1148	1210	200041	200041
河 南	1	2	3	37	141	1000	1800
湖 北	1	58	57	4580	4500	160000	155000
湖 南	1	12	11	112	119	5300	5350
广 东	4	269	672	2152	2756	19375	26031
广 西							
海 南							
重 庆	3	110	110	211	210	5609	5609
四 川							
贵 州							
云 南	1	5	5	42	50	275	275
西 藏							
陕 西							
甘 肃							
青 海							
宁 夏							
新 疆	1	8	8	56	56	200	200

2-7 续表 3

股份合作企业

地 区	连锁总店数(个)	门店数(个)		年末从业人员(人)		年末零售营业面积(平方米)	
	2014年	2014年	2013年	2014年	2013年	2014年	2013年
全 国	**8**	**358**	**355**	**5149**	**5258**	**59270**	**58820**
北 京							
天 津	1	3	3	73	76	160	160
河 北	1	14	14	1321	1230	5800	5800
山 西							
内蒙古							
辽 宁							
吉 林	1	226	231	2501	2663	18000	18000
黑龙江							
上 海							
江 苏							
浙 江	1	14	13	109	107	3033	2933
安 徽							
福 建							
江 西							
山 东	1	10	12	310	332	10453	11453
河 南							
湖 北	1	39	30	410	410	4500	3150
湖 南							
广 东	1	29	29	160	155	7124	7124
广 西							
海 南							
重 庆							
四 川							
贵 州							
云 南							
西 藏							
陕 西							
甘 肃							
青 海							
宁 夏	1	23	23	265	285	10200	10200
新 疆							

2-7 续表 4

联营企业

地区	连锁总店数(个)	门店数(个)		年末从业人员(人)		年末零售营业面积(平方米)	
	2014年	2014年	2013年	2014年	2013年	2014年	2013年
全国	**5**	**220**	**250**	**2236**	**2499**	**94630**	**96793**
北京	1	5	5	29	43	928	928
天津							
河北							
山西							
内蒙古							
辽宁							
吉林							
黑龙江							
上海	1	26	25	183	183	2866	2866
江苏	1	16	16	198	247	5000	5924
浙江							
安徽							
福建							
江西							
山东							
河南							
湖北	1	26	22	1015	1005	65300	65300
湖南							
广东	1	147	182	811	1021	20536	21775
广西							
海南							
重庆							
四川							
贵州							
云南							
西藏							
陕西							
甘肃							
青海							
宁夏							
新疆							

2-7 续表 5

有限责任公司

地 区	连锁总店数(个)	门店数(个)		年末从业人员(人)		年末零售营业面积(平方米)	
	2014年	2014年	2013年	2014年	2013年	2014年	2013年
全 国	**1005**	**66801**	**66080**	**651267**	**674726**	**31639073**	**30862220**
北 京	68	3059	2852	72528	71016	3161995	2883016
天 津	17	1129	1322	11725	12137	593949	694167
河 北	35	1549	1351	15026	14974	1257749	1274098
山 西	10	321	264	6043	9880	234670	227098
内蒙古	11	154	144	4440	5093	232008	216918
辽 宁	32	1936	1831	19495	18898	1145673	920664
吉 林	10	151	152	2904	2791	161584	170486
黑龙江	16	449	429	4008	5777	209663	125933
上 海	32	6477	6700	71635	75351	2363767	2441851
江 苏	59	4571	4491	32181	31727	964203	922576
浙 江	96	13430	13658	49381	53652	2565679	2326697
安 徽	27	774	768	22819	21975	1167678	1136489
福 建	48	843	751	12729	12593	686515	682193
江 西	31	789	654	15950	15020	598054	598221
山 东	53	2989	2963	44845	46738	3188249	3470136
河 南	65	1773	1729	32901	34867	1843788	1734887
湖 北	69	3360	2688	32662	32599	1382641	1376896
湖 南	26	1910	1703	17748	17877	1292752	1133179
广 东	108	4842	5032	57226	61195	3565612	3666685
广 西	17	1272	1250	9952	10216	362253	371512
海 南	3	185	162	1053	1034	51789	49481
重 庆	33	6018	6613	43746	45369	1257326	1222761
四 川	49	4697	4713	23987	25665	1131883	1018081
贵 州	15	501	452	5864	6862	240775	215776
云 南	15	1228	1167	9582	10481	508079	564394
西 藏							
陕 西	23	617	531	11049	11126	607476	559727
甘 肃	1	10	9	120	110	2060	2000
青 海	9	133	122	5884	6044	200925	225288
宁 夏	9	1229	1202	9180	9050	376181	350892
新 疆	18	405	377	4604	4609	284097	280118

2-7 续表 6

股份有限公司

地区	连锁总店数(个)	门店数(个)		年末从业人员(人)		年末零售营业面积(平方米)	
	2014年	2014年	2013年	2014年	2013年	2014年	2013年
全国	**291**	**52488**	**52300**	**820391**	**842290**	**77172077**	**73768389**
北京	12	1581	1577	40482	41191	2460985	2522337
天津	2	278	296	3556	4010	109565	120620
河北	21	2037	2100	21128	22285	3511190	2985409
山西	6	653	703	12230	12146	1426471	1429617
内蒙古	1	51	45	80	80	2660	2420
辽宁	10	983	984	10988	12089	1550325	1553621
吉林	2	223	175	1715	1347	57300	52300
黑龙江	5	956	943	6365	6490	170084	163210
上海	7	3393	3425	56531	59252	2312696	1899464
江苏	7	6794	6817	188296	188700	11324594	11337887
浙江	11	4741	4795	44629	45821	6222145	6202406
安徽	12	4500	4523	53631	55018	3013169	2895235
福建	14	858	802	5317	7377	758878	718024
江西	19	2370	2115	14226	15604	1135235	1306007
山东	19	5298	5338	96593	102509	11327177	8644318
河南	22	1599	1683	13753	14628	3677134	3704149
湖北	8	1497	1479	62395	64167	4264621	3716885
湖南	20	2130	2005	26906	26674	1577036	2884513
广东	30	6578	6681	61525	62885	12996371	13094802
广西	31	1788	1768	24582	23598	3044656	3066217
海南	1	318	305	2495	2865	60150	60000
重庆	4	820	825	30441	30789	2139176	2026253
四川	6	1909	1797	25372	25187	875625	455078
贵州							
云南	1	174	174	2252	2264	713885	721400
西藏							
陕西	8	447	435	7309	7572	687797	535926
甘肃	1	54	54	530	591	119153	119153
青海							
宁夏	2	68	69	971	1108	202020	201370
新疆	9	390	387	6093	6043	1431979	1349768

2-7 续表 7

私营企业

地 区	连锁总店数（个）	门店数（个）		年末从业人员（人）		年末零售营业面积（平方米）	
	2014年	2014年	2013年	2014年	2013年	2014年	2013年
全 国	**857**	**47609**	**43737**	**364961**	**365019**	**13512570**	**12674245**
北 京	34	1481	1429	13004	10981	368938	365630
天 津	8	156	148	2948	3233	38998	31129
河 北	17	545	495	10402	9126	546148	498033
山 西	30	2046	1770	16649	16296	714506	691116
内蒙古	4	42	51	188	250	8262	9062
辽 宁	41	2638	2495	18349	18062	668858	636789
吉 林	10	214	225	2721	2866	72516	104740
黑龙江	11	387	289	6764	6854	282156	328204
上 海	16	2040	1992	11616	12185	719785	457415
江 苏	71	3635	3700	38349	38600	1273246	1260297
浙 江	109	8498	7740	35788	39461	1564768	1565847
安 徽	24	545	528	7187	7554	283010	286229
福 建	58	2018	1772	20013	20157	826084	806968
江 西	16	404	385	6812	6745	391840	349370
山 东	51	1580	1416	13527	12397	456133	450112
河 南	37	1589	1519	12519	11635	458429	296387
湖 北	34	1213	1090	17402	25173	506660	492967
湖 南	34	1851	1658	16708	16362	621250	539411
广 东	77	3586	3004	33239	31413	1117017	1073782
广 西	13	650	641	4630	5018	119666	109468
海 南	1	113	55	771	869	25000	3400
重 庆	41	4499	4109	16559	15275	620152	591560
四 川	39	2531	2434	15883	13847	589191	557013
贵 州	11	460	455	1871	2732	50257	47283
云 南	16	2851	2634	21202	19020	385299	378500
西 藏	1	3	3	750	722	21700	21700
陕 西	7	347	295	4294	4311	105467	100327
甘 肃	8	280	232	2855	2578	176901	156771
青 海	1	8	9	410	477	11434	11434
宁 夏	7	247	244	1732	1386	62994	46773
新 疆	30	1152	920	9819	9434	425905	406528

2-7 续表 8

其他企业

地区	连锁总店数（个）	门店数（个）		年末从业人员（人）		年末零售营业面积（平方米）	
	2014年	2014年	2013年	2014年	2013年	2014年	2013年
全　国	**25**	**2298**	**2219**	**15318**	**15078**	**436767**	**430281**
北　京							
天　津							
河　北							
山　西							
内蒙古	1	15	15	122	125	2030	2030
辽　宁	1	12	12	73	82	1375	1375
吉　林							
黑龙江							
上　海	1	496	491	2937	2912	32777	41273
江　苏	3	174	166	932	974	9397	10483
浙　江							
安　徽	1	219	202	712	1035	9850	9850
福　建	1	17	13	491	420	44441	40888
江　西							
山　东	4	72	69	383	419	32506	35603
河　南	1	4	4	20	20	3800	3800
湖　北	2	11	9	360	410	1980	1610
湖　南	3	107	100	4331	3942	198892	190317
广　东							
广　西							
海　南							
重　庆	1	368	368	759	759	14275	14275
四　川	2	425	419	1844	1815	39227	38995
贵　州	2	200	189	706	554	17135	11885
云　南							
西　藏							
陕　西							
甘　肃	1	145	132	1510	1485	26187	25017
青　海							
宁　夏							
新　疆	1	33	30	138	126	2895	2880

2-7 续表 9

港、澳、台商投资企业

地区	连锁总店数(个)	门店数(个)		年末从业人员(人)		年末零售营业面积(平方米)	
	2014年	2014年	2013年	2014年	2013年	2014年	2013年
全　国	**116**	**7677**	**7793**	**225813**	**215952**	**11274588**	**11537423**
北　京	9	383	362	8891	8651	206185	185674
天　津	6	311	340	8711	9309	381783	385781
河　北							
山　西	2	12	11	449	454	50498	51848
内蒙古							
辽　宁	3	35	35	3021	3188	425340	425340
吉　林	2	18	20	189	225	4048	4198
黑龙江	1	28	21	329	251	8430	6316
上　海	14	1534	1325	65390	59186	2930936	2804602
江　苏	9	318	325	30959	34218	1172776	1183343
浙　江	4	146	149	3458	3763	133915	139226
安　徽	2	5	5	1050	1046	41890	41890
福　建	5	508	540	38408	29501	2764498	3405884
江　西	2	70	59	5251	5625	237452	236792
山　东	3	357	327	4290	3721	125103	114787
河　南	3	189	185	7605	7168	671909	669249
湖　北	5	286	185	7632	4817	48845	45845
湖　南	5	298	226	3561	3990	111603	116459
广　东	31	2767	3277	33394	37381	1834091	1608420
广　西							
海　南							
重　庆	4	132	100	1263	1178	23000	17606
四　川	2	91	115	677	953	34993	45728
贵　州							
云　南	3	130	137	959	1046	49593	33735
西　藏							
陕　西	1	59	49	326	281	17700	14700
甘　肃							
青　海							
宁　夏							
新　疆							

2-7 续表 10

外商投资企业

地 区	连锁总店数(个)	门店数(个)		年末从业人员(人)		年末零售营业面积(平方米)	
	2014年	2014年	2013年	2014年	2013年	2014年	2013年
全 国	**151**	**12089**	**11941**	**282612**	**301001**	**15960185**	**15073812**
北 京	22	568	515	23296	24937	1072681	1151227
天 津	3	75	65	3254	3229	141971	126971
河 北	3	24	23	3387	3130	209107	258508
山 西							
内蒙古							
辽 宁	6	47	45	8363	8842	310887	294854
吉 林	1	1	2	165	221	11273	14979
黑龙江	1	9	9	2386	2514	93982	93982
上 海	16	1756	1581	39291	45702	1847745	1489643
江 苏	13	2468	2494	81900	90023	4742398	4769509
浙 江	5	75	70	9558	8459	492968	487638
安 徽	2	29	28	3621	3359	304244	231221
福 建	11	785	740	8507	9685	1051397	1021429
江 西	4	15	13	2127	1827	131438	121773
山 东	7	132	123	8925	8294	535668	431715
河 南	1	11	11	346	377	44600	27000
湖 北	6	178	141	7723	7225	366872	315336
湖 南	1	3	3	661	830	20100	47348
广 东	32	5452	5651	57682	61628	3506176	3176973
广 西	1	89	69	931	998	36675	35512
海 南							
重 庆	1	8	7	1868	2060	59000	70000
四 川	7	135	132	9654	9954	672693	633724
贵 州	1	96	90	924	926	25411	23062
云 南	3	25	24	5804	4202	217807	190716
西 藏							
陕 西	2	55	52	1195	1380	35700	31300
甘 肃							
青 海							
宁 夏	1	49	49	187	342	650	650
新 疆	1	4	4	857	857	28742	28742

2-8　按登记注册类型分各地区连锁零售企业直营门店基本情况

内资企业

地　区	门店数（个）		年末从业人员（人）		年末零售营业面积（平方米）	
	2014年	2013年	2014年	2013年	2014年	2013年
全　国	**119046**	**115162**	**1793398**	**1842344**	**129122162**	**123740359**
北　京	4485	4357	115744	113864	5808666	5596532
天　津	1443	1464	22204	23289	1460613	1505757
河　北	4104	3972	49515	50074	6213126	5840125
山　西	2043	1940	34451	38366	2564465	2500222
内蒙古	218	217	4767	5489	242580	228290
辽　宁	4314	4049	46047	46463	3772742	3519617
吉　林	814	783	9841	9667	309400	345526
黑龙江	1436	1330	16577	18843	649713	609453
上　海	9263	9542	128418	135166	4558156	4493911
江　苏	10477	10484	243989	244096	13133534	13065702
浙　江	10782	10642	104325	111447	9592434	9358389
安　徽	4137	4160	78963	77027	4908405	4728163
福　建	2638	2485	34314	37373	2268217	2226036
江　西	2742	2511	45846	46514	2929269	2676975
山　东	8120	7899	147683	154285	14983155	12554314
河　南	3950	3905	58132	60217	6036416	5799476
湖　北	6085	5319	126772	136921	6781437	6122186
湖　南	3658	3387	64214	64278	4360979	5111878
广　东	13910	13892	158942	163034	19420093	19363669
广　西	2837	2732	35098	34190	3408658	3412384
海　南	715	613	5253	5769	408832	324757
重　庆	3605	3469	79735	80147	3838291	3626582
四　川	5359	5148	57018	58411	2451513	1888753
贵　州	919	841	7884	9609	293981	260748
云　南	3946	3657	33584	32403	1678200	1728112
西　藏	3	3	750	722	21700	21700
陕　西	1923	1791	32490	33330	2297880	2020735
甘　肃	739	686	7369	7265	784078	763138
青　海	121	109	6269	6499	211579	235842
宁　夏	620	587	9788	9483	583866	548449
新　疆	3640	3188	27416	28103	3150184	3262938

2-8 续表 1

国有企业

地区	门店数（个）		年末从业人员（人）		年末零售营业面积（平方米）	
	2014年	2013年	2014年	2013年	2014年	2013年
全国	**11573**	**11197**	**118761**	**123950**	**11304052**	**10394763**
北京	60	51	765	753	13498	10935
天津	372	372	5117	5177	768781	726881
河北	366	376	2343	2915	925255	1099025
山西	393	365	5525	5288	265723	222386
内蒙古						
辽宁	506	471	5420	5641	604098	604919
吉林						
黑龙江	8	10	360	439	6086	6032
上海	1272	1380	9239	9876	132410	160353
江苏	117	109	642	696	17708	7030
浙江	397	385	6317	6071	331226	329124
安徽	1542	1700	7105	9970	636113	636203
福建	216	204	2070	2181	166111	146996
江西	594	585	10525	10804	845507	462593
山东	122	126	779	788	26385	27265
河南	146	145	1639	1658	175056	177286
湖北	689	547	11275	11285	446681	353363
湖南	514	482	4730	4733	893764	560243
广东	814	667	15836	14275	1853950	1610339
广西						
海南	99	91	934	1001	271893	211876
重庆	190	191	2630	3239	156085	139868
四川	81	76	700	712	20278	20278
贵州						
云南	91	87	1221	1325	93000	89000
西藏						
陕西	681	667	11951	12354	1067114	994285
甘肃	252	260	2362	2506	460177	460297
青海						
宁夏	23	22	474	463	11071	11709
新疆	2028	1828	8802	9800	1116082	1326477

2-8 续表 2

集体企业

地 区	门店数(个)		年末从业人员(人)		年末零售营业面积(平方米)	
	2014年	2013年	2014年	2013年	2014年	2013年
全 国	**440**	**451**	**7808**	**8140**	**441721**	**444795**
北 京	20	20	547	605	59783	59200
天 津						
河 北	2	3	78	137	3500	5300
山 西						
内蒙古						
辽 宁						
吉 林						
黑龙江	20	24	27	30	360	360
上 海	56	59	436	390	5361	5481
江 苏	35	32	285	287	9868	9508
浙 江	2	6	74	86	1505	2846
安 徽						
福 建	5	5	70	76	1196	1196
江 西						
山 东	38	38	725	786	181489	181489
河 南	2	3	37	141	1000	1800
湖 北	58	57	4580	4500	160000	155000
湖 南	12	11	112	119	5300	5350
广 东	67	70	528	667	6275	11181
广 西						
海 南						
重 庆	110	110	211	210	5609	5609
四 川						
贵 州						
云 南	5	5	42	50	275	275
西 藏						
陕 西						
甘 肃						
青 海						
宁 夏						
新 疆	8	8	56	56	200	200

2-8 续表 3

股份合作企业

地 区	门店数（个）		年末从业人员（人）		年末零售营业面积（平方米）	
	2014年	2013年	2014年	2013年	2014年	2013年
全 国	**358**	**355**	**5149**	**5258**	**59270**	**58820**
北 京						
天 津	3	3	73	76	160	160
河 北	14	14	1321	1230	5800	5800
山 西						
内蒙古						
辽 宁						
吉 林	226	231	2501	2663	18000	18000
黑龙江						
上 海						
江 苏						
浙 江	14	13	109	107	3033	2933
安 徽						
福 建						
江 西						
山 东	10	12	310	332	10453	11453
河 南						
湖 北	39	30	410	410	4500	3150
湖 南						
广 东	29	29	160	155	7124	7124
广 西						
海 南						
重 庆						
四 川						
贵 州						
云 南						
西 藏						
陕 西						
甘 肃						
青 海						
宁 夏	23	23	265	285	10200	10200
新 疆						

2-8 续表 4

联营企业

地区	门店数(个)		年末从业人员(人)		年末零售营业面积(平方米)	
	2014年	2013年	2014年	2013年	2014年	2013年
全国	**193**	**213**	**2085**	**2308**	**91543**	**93520**
北京	5	5	29	43	928	928
天津						
河北						
山西						
内蒙古						
辽宁						
吉林						
黑龙江						
上海	26	25	183	183	2866	2866
江苏	16	16	198	247	5000	5924
浙江						
安徽						
福建						
江西						
山东						
河南						
湖北	26	22	1015	1005	65300	65300
湖南						
广东	120	145	660	830	17449	18502
广西						
海南						
重庆						
四川						
贵州						
云南						
西藏						
陕西						
甘肃						
青海						
宁夏						
新疆						

2-8 续表 5

有限责任公司

地　区	门店数 (个)		年末从业人员 (人)		年末零售营业面积 (平方米)	
	2014年	2013年	2014年	2013年	2014年	2013年
全　国	**40498**	**38865**	**583737**	**603177**	**29486189**	**28680414**
北　京	2257	2151	67652	66547	3048303	2777770
天　津	634	645	10510	10793	543109	626967
河　北	1140	984	14243	14381	1221233	1246558
山　西	321	264	6043	9880	234670	227098
内蒙古	154	144	4440	5093	232008	216918
辽　宁	1721	1611	18556	17942	1116599	889726
吉　林	151	152	2904	2791	161584	170486
黑龙江	449	429	4008	5777	209663	125933
上　海	4893	5040	66152	69687	2248160	2345256
江　苏	3647	3633	26967	26607	714277	680190
浙　江	3637	3738	30573	32360	1831475	1588907
安　徽	738	732	22419	21575	1161698	1130509
福　建	816	723	12568	12455	679388	678923
江　西	733	592	15788	14694	593004	594791
山　东	2512	2376	43006	44712	3139651	3394727
河　南	1530	1449	32307	34129	1828617	1723274
湖　北	2765	2257	31435	31699	1369584	1364276
湖　南	1120	948	16283	16388	1211410	1062499
广　东	3970	4094	53314	57174	3504320	3601643
广　西	656	597	7000	6778	293661	289812
海　南	185	162	1053	1034	51789	49481
重　庆	1639	1560	35489	35860	1097605	1036607
四　川	1900	1907	18815	20538	1013773	902963
贵　州	410	362	5520	6540	232327	207363
云　南	1150	1075	9516	10367	502221	554047
西　藏						
陕　西	537	476	10098	10235	455582	408277
甘　肃	10	9	120	110	2060	2000
青　海	113	100	5859	6022	200145	224408
宁　夏	354	327	6568	6474	306776	281487
新　疆	356	328	4531	4535	281497	277518

2-8 续表 6

股份有限公司

地区	门店数(个)		年末从业人员(人)		年末零售营业面积(平方米)	
	2014年	2013年	2014年	2013年	2014年	2013年
全国	**39267**	**39326**	**766430**	**783435**	**75810139**	**72613080**
北京	1088	1126	35344	36528	2378583	2443223
天津	278	296	3556	4010	109565	120620
河北	2037	2100	21128	22285	3511190	2985409
山西	653	703	12230	12146	1426471	1429617
内蒙古	11	11	41	47	750	750
辽宁	983	984	10988	12089	1550325	1553621
吉林	223	175	1715	1347	57300	52300
黑龙江	572	578	5418	5743	151448	148924
上海	1503	1497	42549	44758	1737125	1551810
江苏	4859	4882	184446	184876	11324594	11337887
浙江	3455	3363	40904	41666	6131023	6102763
安徽	1107	1110	41653	38057	2821169	2677935
福建	716	660	3837	5742	721605	680751
江西	1220	1156	13077	14607	1116074	1286827
山东	3916	3986	89227	95103	11143968	8460985
河南	1436	1520	12861	13610	3604634	3631649
湖北	1418	1447	61812	63914	4247078	3706864
湖南	1391	1398	25428	25521	1545251	2853413
广东	6578	6681	61525	62885	12996371	13094802
广西	1683	1648	23834	22688	3006076	3024228
海南	318	305	2495	2865	60150	60000
重庆	808	813	30420	30768	2138931	2026008
四川	1881	1768	24787	24602	875624	455077
贵州						
云南	174	174	2252	2264	713885	721400
西藏						
陕西	447	435	7309	7572	687797	535926
甘肃	54	54	530	591	119153	119153
青海						
宁夏	68	69	971	1108	202020	201370
新疆	390	387	6093	6043	1431979	1349768

2-8 续表 7

私营企业

地 区	门店数(个)		年末从业人员(人)		年末零售营业面积(平方米)	
	2014年	2013年	2014年	2013年	2014年	2013年
全 国	**25755**	**23889**	**298803**	**305998**	**11561106**	**11102562**
北 京	1055	1004	11407	9388	307571	304476
天 津	156	148	2948	3233	38998	31129
河 北	545	495	10402	9126	546148	498033
山 西	676	608	10653	11052	637601	621121
内蒙古	42	51	188	250	8262	9062
辽 宁	1092	971	11010	10709	500345	469976
吉 林	214	225	2721	2866	72516	104740
黑龙江	387	289	6764	6854	282156	328204
上 海	1450	1465	9055	9640	421107	415922
江 苏	1637	1654	30546	30425	1053240	1015230
浙 江	3277	3137	26348	31157	1294172	1331816
安 徽	531	446	7074	6590	279575	275496
福 建	868	880	15278	16499	655476	677282
江 西	195	178	6456	6409	374684	332764
山 东	1454	1295	13265	12148	449353	443392
河 南	832	784	11268	10659	423309	261667
湖 北	1079	950	15885	23698	486314	472623
湖 南	564	497	13609	13845	511662	445356
广 东	2332	2206	26919	27048	1034604	1020078
广 西	498	487	4264	4724	108921	98344
海 南	113	55	771	869	25000	3400
重 庆	856	793	10971	10056	439651	418080
四 川	1466	1373	12269	12134	525601	494501
贵 州	384	371	1729	2580	47489	44470
云 南	2526	2316	20553	18397	368819	363390
西 藏	3	3	750	722	21700	21700
陕 西	258	213	3132	3169	87387	82247
甘 肃	278	231	2847	2573	176501	156671
青 海	8	9	410	477	11434	11434
宁 夏	152	146	1510	1153	53799	43683
新 疆	827	609	7801	7548	317711	306275

2-8 续表 8

其他企业

地 区	门店数(个)		年末从业人员(人)		年末零售营业面积(平方米)	
	2014年	2013年	2014年	2013年	2014年	2013年
全 国	**962**	**866**	**10625**	**10078**	**368142**	**352405**
北 京						
天 津						
河 北						
山 西						
内蒙古	11	11	98	99	1560	1560
辽 宁	12	12	73	82	1375	1375
吉 林						
黑龙江						
上 海	63	76	804	632	11127	12223
江 苏	166	158	905	958	8847	9933
浙 江						
安 徽	219	172	712	835	9850	8020
福 建	17	13	491	420	44441	40888
江 西						
山 东	68	66	371	416	31856	35003
河 南	4	4	20	20	3800	3800
湖 北	11	9	360	410	1980	1610
湖 南	57	51	4052	3672	193592	185017
广 东						
广 西						
海 南						
重 庆	2	2	14	14	410	410
四 川	31	24	447	425	16237	15934
贵 州	125	108	635	489	14165	8915
云 南						
西 藏						
陕 西						
甘 肃	145	132	1510	1485	26187	25017
青 海						
宁 夏						
新 疆	31	28	133	121	2715	2700

2-8　续表 9

港、澳、台商投资企业

地　区	门店数（个）		年末从业人员（人）		年末零售营业面积（平方米）	
	2014年	2013年	2014年	2013年	2014年	2013年
全　国	**5961**	**5509**	**169263**	**162314**	**8450094**	**8826377**
北　京	383	362	8891	8651	206185	185674
天　津	311	340	8711	9309	381783	385781
河　北						
山　西	12	3	449	356	50498	50208
内蒙古						
辽　宁	35	35	3021	3188	425340	425340
吉　林	18	20	189	225	4048	4198
黑龙江	28	21	329	251	8430	6316
上　海	706	598	12539	10715	401364	362530
江　苏	225	218	30785	33916	1164626	1174256
浙　江	70	74	3367	3653	129377	133773
安　徽	5	5	1050	1046	41890	41890
福　建	417	410	38217	29229	2762048	3403320
江　西	60	49	2639	2933	97452	96792
山　东	357	327	4290	3721	125103	114787
河　南	189	185	7605	7168	671909	669249
湖　北	286	185	7632	4817	48845	45845
湖　南	294	226	3553	3990	111015	116459
广　东	2205	2115	32827	35818	1700895	1506190
广　西						
海　南						
重　庆	132	100	1263	1178	23000	17606
四　川	39	50	621	823	28993	37728
贵　州						
云　南	130	137	959	1046	49593	33735
西　藏						
陕　西	59	49	326	281	17700	14700
甘　肃						
青　海						
宁　夏						
新　疆						

2-8 续表 10

外商投资企业

地区	门店数(个)		年末从业人员(人)		年末零售营业面积(平方米)	
	2014年	2013年	2014年	2013年	2014年	2013年
全国	**6748**	**5986**	**248160**	**261789**	**14844959**	**14048804**
北京	552	497	23234	24859	1071079	1149504
天津	75	65	3254	3229	141971	126971
河北	24	23	3387	3130	209107	258508
山西						
内蒙古						
辽宁	47	45	8363	8842	310887	294854
吉林	1	2	165	221	11273	14979
黑龙江	9	9	2386	2514	93982	93982
上海	1212	1081	36837	43784	1782423	1431974
江苏	1821	1782	66900	71523	4292398	4290570
浙江	62	57	9508	8409	480138	474808
安徽	29	28	3621	3359	304244	231221
福建	785	740	8507	9685	1051397	1021429
江西	15	13	2127	1827	131438	121773
山东	129	123	8915	8294	535428	431715
河南	11	11	346	377	44600	27000
湖北	171	139	7705	7212	366470	315136
湖南	3	3	661	830	20100	47348
广东	1359	956	40825	42998	2923558	2705345
广西	89	69	931	998	36675	35512
海南						
重庆	8	7	1868	2060	59000	70000
四川	117	117	9653	9931	670481	631705
贵州	96	90	924	926	25411	23062
云南	25	24	5804	4202	217807	190716
西藏						
陕西	55	52	1195	1380	35700	31300
甘肃						
青海						
宁夏	49	49	187	342	650	650
新疆	4	4	857	857	28742	28742

2-9 按登记注册类型分各地区连锁零售企业加盟门店基本情况

内资企业

地区	门店数(个)		年末从业人员(人)		年末零售营业面积(平方米)	
	2014年	2013年	2014年	2013年	2014年	2013年
全国	**67603**	**66892**	**199848**	**203760**	**5855905**	**5305169**
北京	1997	1853	12211	11328	280646	268699
天津	495	677	1215	1344	50840	67200
河北	409	367	783	593	36516	27540
山西	1370	1162	5996	5244	76905	69995
内蒙古	44	38	63	59	2380	2140
辽宁	1761	1744	8278	8309	197587	197751
吉林						
黑龙江	384	365	947	747	18636	14286
上海	5701	5842	26739	28651	1072548	576540
江苏	5087	5049	17612	17810	494202	509593
浙江	16304	16054	31981	33951	1096482	1076764
安徽	5423	5541	12777	18832	323015	357443
福建	1319	1062	6376	5431	215008	170229
江西	1415	1228	1667	1659	41367	39216
山东	2124	2198	9902	10108	257789	284614
河南	1171	1186	2759	2754	123241	119283
湖北	808	603	3327	2628	50946	42985
湖南	2866	2572	6321	5429	228015	201135
广东	2447	2493	12355	11160	184742	163114
广西	873	927	4066	4642	117917	134813
海南						
重庆	8488	8834	14699	15617	358012	377344
四川	4284	4291	10768	8815	204691	200692
贵州	242	255	557	539	14186	14196
云南	588	595	894	922	23338	26457
西藏						
陕西	169	137	2113	2033	169974	169530
甘肃	2	1	8	5	400	100
青海	20	22	25	22	780	880
宁夏	970	973	2834	2809	78600	72495
新疆	842	823	2575	2319	137142	120135

2-9 续表 1

国有企业

地区	门店数（个）		年末从业人员（人）		年末零售营业面积（平方米）	
	2014年	2013年	2014年	2013年	2014年	2013年
全国	**4027**	**4155**	**3990**	**5173**	**239350**	**232025**
北京						
天津						
河北						
山西						
内蒙古						
辽宁						
吉林						
黑龙江						
上海	1204	1312	2580	3668	61042	61748
江苏						
浙江	4	4	8	20	560	280
安徽	1980	1980	286	307	121600	121600
福建						
江西						
山东						
河南	8	8	22	22	450	450
湖北						
湖南						
广东	92	118	348	494	24850	26245
广西						
海南						
重庆	88	87	88	123	3680	3600
四川						
贵州						
云南	185	185	179	185	1000	1000
西藏						
陕西						
甘肃						
青海						
宁夏						
新疆	466	461	479	354	26168	17102

2-9 续表 2

集体企业

地 区	门店数(个)		年末从业人员(人)		年末零售营业面积(平方米)	
	2014年	2013年	2014年	2013年	2014年	2013年
全 国	**835**	**1310**	**3365**	**3971**	**78557**	**83197**
北 京	276	276	600	603	23185	23185
天 津						
河 北						
山 西						
内蒙古						
辽 宁						
吉 林						
黑龙江						
上 海						
江 苏	222	202	718	675	23720	21590
浙 江		95		180		5020
安 徽						
福 建						
江 西						
山 东	135	135	423	424	18552	18552
河 南						
湖 北						
湖 南						
广 东	202	602	1624	2089	13100	14850
广 西						
海 南						
重 庆						
四 川						
贵 州						
云 南						
西 藏						
陕 西						
甘 肃						
青 海						
宁 夏						
新 疆						

2-9 续表 3

联营企业

地区	门店数(个)		年末从业人员(人)		年末零售营业面积(平方米)	
	2014年	2013年	2014年	2013年	2014年	2013年
全国	**27**	**37**	**151**	**191**	**3087**	**3273**
北京						
天津						
河北						
山西						
内蒙古						
辽宁						
吉林						
黑龙江						
上海						
江苏						
浙江						
安徽						
福建						
江西						
山东						
河南						
湖北						
湖南						
广东	27	37	151	191	3087	3273
广西						
海南						
重庆						
四川						
贵州						
云南						
西藏						
陕西						
甘肃						
青海						
宁夏						
新疆						

2-9 续表 4

有限责任公司

地 区	门店数(个)		年末从业人员(人)		年末零售营业面积(平方米)	
	2014年	2013年	2014年	2013年	2014年	2013年
全 国	**26303**	**27215**	**67530**	**71549**	**2152884**	**2181806**
北 京	802	701	4876	4469	113692	105246
天 津	495	677	1215	1344	50840	67200
河 北	409	367	783	593	36516	27540
山 西						
内蒙古						
辽 宁	215	220	939	956	29074	30938
吉 林						
黑龙江						
上 海	1584	1660	5483	5664	115607	96595
江 苏	924	858	5214	5120	249926	242386
浙 江	9793	9920	18808	21292	734204	737790
安 徽	36	36	400	400	5980	5980
福 建	27	28	161	138	7127	3270
江 西	56	62	162	326	5050	3430
山 东	477	587	1839	2026	48598	75409
河 南	243	280	594	738	15171	11613
湖 北	595	431	1227	900	13057	12620
湖 南	790	755	1465	1489	81342	70680
广 东	872	938	3912	4021	61292	65042
广 西	616	653	2952	3438	68592	81700
海 南						
重 庆	4379	5053	8257	9509	159721	186154
四 川	2797	2806	5172	5127	118110	115118
贵 州	91	90	344	322	8448	8413
云 南	78	92	66	114	5858	10347
西 藏						
陕 西	80	55	951	891	151894	151450
甘 肃						
青 海	20	22	25	22	780	880
宁 夏	875	875	2612	2576	69405	69405
新 疆	49	49	73	74	2600	2600

2-9 续表 5

股份有限公司

地区	门店数(个)		年末从业人员(人)		年末零售营业面积(平方米)	
	2014年	2013年	2014年	2013年	2014年	2013年
全国	**13221**	**12974**	**53961**	**58855**	**1361938**	**1155309**
北京	493	451	5138	4663	82402	79114
天津						
河北						
山西						
内蒙古	40	34	39	33	1910	1670
辽宁						
吉林						
黑龙江	384	365	947	747	18636	14286
上海	1890	1928	13982	14494	575571	347654
江苏	1935	1935	3850	3824		
浙江	1286	1432	3725	4155	91122	99643
安徽	3393	3413	11978	16961	192000	217300
福建	142	142	1480	1635	37273	37273
江西	1150	959	1149	997	19161	19180
山东	1382	1352	7366	7406	183209	183333
河南	163	163	892	1018	72500	72500
湖北	79	32	583	253	17543	10021
湖南	739	607	1478	1153	31785	31100
广东						
广西	105	120	748	910	38580	41989
海南						
重庆	12	12	21	21	245	245
四川	28	29	585	585	1	1
贵州						
云南						
西藏						
陕西						
甘肃						
青海						
宁夏						
新疆						

2-9 续表 6

私营企业

地区	门店数(个)		年末从业人员(人)		年末零售营业面积(平方米)	
	2014年	2013年	2014年	2013年	2014年	2013年
全国	**21854**	**19848**	**66158**	**59021**	**1951464**	**1571683**
北京	426	425	1597	1593	61367	61154
天津						
河北						
山西	1370	1162	5996	5244	76905	69995
内蒙古						
辽宁	1546	1524	7339	7353	168513	166813
吉林						
黑龙江						
上海	590	527	2561	2545	298678	41493
江苏	1998	2046	7803	8175	220006	245067
浙江	5221	4603	9440	8304	270596	234031
安徽	14	82	113	964	3435	10733
福建	1150	892	4735	3658	170608	129686
江西	209	207	356	336	17156	16606
山东	126	121	262	249	6780	6720
河南	757	735	1251	976	35120	34720
湖北	134	140	1517	1475	20346	20344
湖南	1287	1161	3099	2517	109588	94055
广东	1254	798	6320	4365	82413	53704
广西	152	154	366	294	10745	11124
海南						
重庆	3643	3316	5588	5219	180501	173480
四川	1065	1061	3614	1713	63590	62512
贵州	76	84	142	152	2768	2813
云南	325	318	649	623	16480	15110
西藏						
陕西	89	82	1162	1142	18080	18080
甘肃	2	1	8	5	400	100
青海						
宁夏	95	98	222	233	9195	3090
新疆	325	311	2018	1886	108194	100253

2-9 续表 7

其他企业

地 区	门店数(个)		年末从业人员(人)		年末零售营业面积(平方米)	
	2014年	2013年	2014年	2013年	2014年	2013年
全 国	**1336**	**1353**	**4693**	**5000**	**68625**	**77876**
北 京						
天 津						
河 北						
山 西						
内蒙古	4	4	24	26	470	470
辽 宁						
吉 林						
黑龙江						
上 海	433	415	2133	2280	21650	29050
江 苏	8	8	27	16	550	550
浙 江						
安 徽		30		200		1830
福 建						
江 西						
山 东	4	3	12	3	650	600
河 南						
湖 北						
湖 南	50	49	279	270	5300	5300
广 东						
广 西						
海 南						
重 庆	366	366	745	745	13865	13865
四 川	394	395	1397	1390	22990	23061
贵 州	75	81	71	65	2970	2970
云 南						
西 藏						
陕 西						
甘 肃						
青 海						
宁 夏						
新 疆	2	2	5	5	180	180

2-9 续表 8

港、澳、台商投资企业

地 区	门店数(个)		年末从业人员(人)		年末零售营业面积(平方米)	
	2014年	2013年	2014年	2013年	2014年	2013年
全 国	**1716**	**2284**	**56550**	**53638**	**2824494**	**2711046**
北 京						
天 津						
河 北						
山 西		8		98		1640
内蒙古						
辽 宁						
吉 林						
黑龙江						
上 海	828	727	52851	48471	2529572	2442072
江 苏	93	107	174	302	8150	9087
浙 江	76	75	91	110	4538	5453
安 徽						
福 建	91	130	191	272	2450	2564
江 西	10	10	2612	2692	140000	140000
山 东						
河 南						
湖 北						
湖 南	4		8		588	
广 东	562	1162	567	1563	133196	102230
广 西						
海 南						
重 庆						
四 川	52	65	56	130	6000	8000
贵 州						
云 南						
西 藏						
陕 西						
甘 肃						
青 海						
宁 夏						
新 疆						

2-9 续表 9

外商投资企业

地 区	门店数（个）		年末从业人员（人）		年末零售营业面积（平方米）	
	2014年	2013年	2014年	2013年	2014年	2013年
全 国	**5341**	**5955**	**34452**	**39212**	**1115226**	**1025008**
北 京	16	18	62	78	1602	1723
天 津						
河 北						
山 西						
内蒙古						
辽 宁						
吉 林						
黑龙江						
上 海	544	500	2454	1918	65322	57669
江 苏	647	712	15000	18500	450000	478939
浙 江	13	13	50	50	12830	12830
安 徽						
福 建						
江 西						
山 东	3		10		240	
河 南						
湖 北	7	2	18	13	402	200
湖 南						
广 东	4093	4695	16857	18630	582618	471628
广 西						
海 南						
重 庆						
四 川	18	15	1	23	2212	2019
贵 州						
云 南						
西 藏						
陕 西						
甘 肃						
青 海						
宁 夏						
新 疆						

2-10 按登记注册类型分

内资企业

地　区	商品购进总额		统一配送商品购进额		自有配送中心配送商品购进额	
	2014年	2013年	2014年	2013年	2014年	2013年
全　国	**266386973**	**278350815**	**214048064**	**221167976**	**129363394**	**128166345**
北　京	18623656	18500657	9850221	9687770	4137120	3898223
天　津	5538999	6208705	4588477	5332857	3135298	3488630
河　北	9749959	9447686	6825078	6319286	4090355	3812442
山　西	3407001	4017800	2429712	2807582	1571134	1465809
内蒙古	328939	318619	287233	276521	199509	189729
辽　宁	7917134	7383370	6400619	4357483	1713003	1485217
吉　林	1276974	1471610	1207191	1397666	1024271	1236774
黑龙江	1892714	2296988	1692973	2135215	1345651	1759410
上　海	17241261	19808089	15044312	16200166	8935734	8951060
江　苏	22314722	29913864	21933679	25862183	20976854	25015808
浙　江	23526714	20771485	21762896	19133968	20328411	17561456
安　徽	16116836	15353001	8454690	12026859	5969298	5976166
福　建	5436849	4915438	3870319	3461649	1084105	935341
江　西	6501689	5655124	5829648	5396008	3149928	3509712
山　东	21699992	23209875	17054332	17375114	12542914	12399471
河　南	7191820	6926201	4881215	4632364	2672068	2566981
湖　北	15220158	13885534	10821600	9927604	8025445	7616304
湖　南	7984607	8547202	7325698	6439738	5300882	3267203
广　东	34981119	39803312	32450744	36113699	6836700	6467409
广　西	3816022	3776702	3309964	3431793	1464006	1191414
海　南	1670241	1634790	1670241	1634790	5590	5816
重　庆	8465518	8360185	5316536	5419541	3679427	3761716
四　川	3898779	4241182	3589663	4047768	1514645	1849299
贵　州	506521	393106	445836	210639	200873	114865
云　南	2232424	2473817	2112155	2361985	604141	751483
西　藏	20152	19855	20152	19855		
陕　西	8702181	8610720	6236344	6203511	3701342	3454908
甘　肃	1386878	1819574	1145210	1440287	309023	322530
青　海	202780	198790	129065	64975	8855	8833
宁　夏	1388723	1348138	1096230	1338797	1019489	1272963
新　疆	7145612	7039398	6266033	6110304	3817323	3829374

各地区连锁零售企业经营情况

单位：万元

非自有配送中心配送商品购进额		商品销售总额		零售额	
2014年	2013年	2014年	2013年	2014年	2013年
38435491	**41523624**	**317756055**	**323372402**	**224643733**	**217027215**
535209	472872	21835410	21429829	15187979	15440190
184076	267229	5992168	6359285	4164794	4217347
115670	181412	11290973	11003531	7857238	7403353
164638	186786	5697889	5782284	4501345	4731263
4776	4642	398187	386775	387726	386775
1570116	1158074	8706472	8277439	6267757	5362076
17386		1565331	1672130	1371023	1438863
185049	243075	2188304	2172555	1879355	1857751
2377938	2580098	19804892	22896695	11765593	12124899
633796	561326	24480008	36451246	12763143	18555658
868844	602017	24886569	22257375	18141316	15865483
343986	362136	16211544	14404415	8832511	8502548
708901	507131	6528089	5947430	5937916	5498922
829718	541371	11397086	10754332	7013314	6701116
949755	1063423	26065316	26129924	22387553	22683290
22697	16424	7660904	7327923	6275846	5756937
690264	629789	16951782	15836464	14235434	13302349
371445	346197	10542782	10097936	9140288	8534807
23450973	27475883	42102629	42155939	33643175	28981127
42191	33473	8285672	8493052	4565777	4321478
382074	370489	1868401	1780657	1300765	1546475
1269653	1283057	11440711	10556403	9427298	7255582
164731	146459	4893676	4323467	4236436	3270532
24884	5752	504146	434704	490945	428295
203886	195493	4403207	4368152	2751032	2653718
		22152	18564	22152	18564
298419	384932	10247140	10300689	3422598	3411022
4035	737	2233074	2277988	1881442	1895480
24803	19489	252854	262428	250031	259318
3996	47223	1355847	1364510	841953	870532
1991587	1836637	7942841	7848282	3699399	3751470

2-10 续表 1

国有企业

地区	商品购进总额		统一配送商品购进额		自有配送中心配送商品购进额	
	2014年	2013年	2014年	2013年	2014年	2013年
全国	**40012701**	**43893543**	**33232585**	**38865161**	**18924514**	**17762208**
北京	12469	20101	6181	12293	6181	12293
天津	2795288	3219285	2794991	3218937	2794991	3218937
河北	907881	810208	907881	810208	644778	496785
山西	1605379	1943133	1338996	1674680	725804	663346
内蒙古						
辽宁	1816159	1766681	1570825	87894	42605	44753
吉林						
黑龙江	8293	9581	8293	9581	8293	9581
上海	569030	516110	558746	506157	165794	158582
江苏	16789	14060	16789	14060	16789	14060
浙江	1258235	1172335	1226597	1137794	1222105	1136711
安徽	4352202	4221657	271098	4216983	12483	126418
福建	195110	190988	85485	84294	10172	9223
江西	3598833	3346714	3497841	3340972	1711396	1921533
山东	700726	701975	182442	161186	181662	149822
河南	140922	141152	121554	107461	14994	14746
湖北	3616111	3059550	3610583	3054022	2969622	2574336
湖南	2377240	2330020	2241130	1541123	1885760	957791
广东	4220877	8116061	4103436	7993931	976974	953266
广西						
海南	362224	355574	362224	355574		
重庆	523783	392779	415145	306892	406932	299508
四川	328706	450762	328706	450762		
贵州						
云南	1164892	1306853	1164892	1306853		
西藏						
陕西	5257641	5190195	4343287	4270642	3018166	2760561
甘肃	977410	1339180	975535	984180	188886	202434
青海						
宁夏	70285	65089	69418	64222	69418	53262
新疆	3136216	3213500	3030511	3154458	1850711	1984260

单位：万元

非自有配送中心配送商品购进额		商品销售总额		零售额	
2014年	2013年	2014年	2013年	2014年	2013年
5617448	**9723233**	**46302990**	**43854642**	**23211518**	**23603216**
		34050	33368	32663	30576
		3168499	3219865	1963143	2055978
		700888	804498	481463	557018
124490	158860	2400225	2358869	1447005	1554237
		1867648	1828394	885755	818416
		9634	8908	9634	8908
117236	109682	615941	601862	557203	521473
		20105	19406	19489	18821
		1222982	1101117	587606	519044
91546	189628	4621963	3240941	2963014	2925701
	37041	851079	775635	748372	680424
545292	268661	5230702	4791894	1594241	1449285
		672791	710717	114611	337787
6553		149343	148424	123137	126667
219895	147933	3981076	3551628	2435767	2285249
	297545	2257137	2313690	2013288	1981599
3099735	6995005	4271015	3960917	2472010	2265594
362224	355574	408825	377350	32580	377350
8213	7383	583015	509137	331822	301218
		366757	296326	171903	131397
		1292744	1418491	672288	795080
157494	270429	6390921	6429266	1429236	1446312
		1697826	1724396	1419217	1432830
		90668	79041	12251	11244
884770	885491	3397157	3550503	687822	971012

2-10 续表 2

集体企业

地 区	商品购进总额		统一配送商品购进额		自有配送中心配送商品购进额	
	2014年	2013年	2014年	2013年	2014年	2013年
全 国	**612802**	**658785**	**237946**	**230818**	**179136**	**172955**
北 京	84137	86083	30485	32785	30485	32785
天 津						
河 北	2048	2250	2048	2250		
山 西						
内蒙古						
辽 宁						
吉 林						
黑龙江	682	828	682	828	682	828
上 海	15271	12051	15271	12051	3762	1793
江 苏	54872	48014	54872	48014	54872	48014
浙 江	46060	55714	46060	54640	46060	54640
安 徽						
福 建	1317	1235	1317	1235	1317	1235
江 西						
山 东	277984	336475	3169	4276		
河 南	10949	8662				
湖 北	42084	41080	42084	41080		
湖 南	6547	6443				
广 东	32696	29026	12221	10068	12221	10068
广 西						
海 南						
重 庆	32504	24944	26099	20081	26099	20081
四 川						
贵 州						
云 南	2013	2469				
西 藏						
陕 西						
甘 肃						
青 海						
宁 夏						
新 疆	3639	3512	3639	3512	3639	3512

单位：万元

非自有配送中心配送商品购进额		商品销售总额		零售额	
2014年	2013年	2014年	2013年	2014年	2013年
11509	**10257**	**933986**	**996525**	**787474**	**753623**
		89279	83298	83478	81370
		4356	5255	4356	5255
		1239	1224	1239	1224
11509	10257	16790	16194	16790	16194
		55140	48931	20552	45542
		46072	57566	1495	6301
		1999	1953	1999	1953
		352634	427978	324166	268078
		11218	12468	11218	12468
		262897	258970	262897	258970
		6540	6498	4330	3432
		46673	43866	44075	41297
		33223	25873	8799	8922
		2080	2617	2080	2617
		3848	3834		

2-10 续表 3

股份合作企业

地区	商品购进总额		统一配送商品购进额		自有配送中心配送商品购进额	
	2014年	2013年	2014年	2013年	2014年	2013年
全国	**1039345**	**1164995**	**1028957**	**1152799**	**942409**	**1143186**
北京						
天津	2208	1963	2208	1963		
河北	98134	90016	98134	90016	98134	90016
山西						
内蒙古						
辽宁						
吉林	834475	973461	834475	973461	834475	973461
黑龙江						
上海						
江苏						
浙江	3010	3040	3010	1930		1930
安徽						
福建						
江西						
山东	10388	11085				
河南						
湖北	9800	9500	9800	9500	9800	9500
湖南						
广东	71746	68279	71746	68279		68279
广西						
海南						
重庆						
四川						
贵州						
云南						
西藏						
陕西						
甘肃						
青海						
宁夏	9583	7650	9583	7650		
新疆						

单位：万元

非自有配送中心配送商品购进额		商品销售总额		零售额	
2014年	2013年	2014年	2013年	2014年	2013年
		1237698	**1239879**	**979846**	**948663**
		2868	2561	1285	1464
		89494	89972	89494	89972
		1034245	1047031	858574	833234
		3037	2896	3037	2896
		12522	15341	3570	4153
		10610	10740	10510	10740
		71746	68279		3144
		13175	3061	13175	3061

2-10 续表 4

联营企业

地区	商品购进总额		统一配送商品购进额		自有配送中心配送商品购进额	
	2014年	2013年	2014年	2013年	2014年	2013年
全国	**123402**	**104891**	**123402**	**104891**	**16313**	**21964**
北京	603	690	603	690		
天津						
河北						
山西						
内蒙古						
辽宁						
吉林						
黑龙江						
上海	7793	8036	7793	8036		
江苏	16313	21964	16313	21964	16313	21964
浙江						
安徽						
福建						
江西						
山东						
河南						
湖北	61099	38165	61099	38165		
湖南						
广东	37595	36037	37595	36037		
广西						
海南						
重庆						
四川						
贵州						
云南						
西藏						
陕西						
甘肃						
青海						
宁夏						
新疆						

单位：万元

非自有配送中心配送商品购进额		商品销售总额		零售额	
2014年	2013年	2014年	2013年	2014年	2013年
		93114	**124724**	**85953**	**115720**
		814	918	814	918
		10319	10134	10319	10134
		21755	27147	14595	18144
		12288	38129	12288	38129
		47938	48395	47938	48395

2-10 续表 5

有限责任公司

地区	商品购进总额		统一配送商品购进额		自有配送中心配送商品购进额	
	2014年	2013年	2014年	2013年	2014年	2013年
全国	**50601376**	**50906361**	**38996082**	**38496663**	**23641302**	**22309068**
北京	7179265	6694844	5555231	5029756	2557835	2048702
天津	1256613	1156885	331521	316508	295192	245766
河北	1768002	1527302	1630417	1458333	1497986	1271747
山西	126024	169369	114197	155715	62996	62448
内蒙古	318201	308394	276495	267064	195372	186673
辽宁	1070277	921422	881252	753899	380371	339979
吉林	250378	296646	244688	292673	124181	181617
黑龙江	247718	374491	238382	374491	163514	242121
上海	5582001	8007949	3785041	4791653	2200541	2083358
江苏	2056600	2059868	1806062	1850623	1202972	1300571
浙江	3339162	3244743	3136509	2921086	2486814	2311019
安徽	1905379	1761262	1541881	1277688	835303	809038
福建	1134847	1020413	904074	796715	302108	262707
江西	1372629	1256737	1334932	1243398	1033641	970142
山东	3431128	3672867	2817819	3122427	2065582	2167888
河南	2067001	1880168	1665501	1420291	1007499	1066988
湖北	3260923	3133377	2341270	2309669	933508	1126571
湖南	1736135	1503776	1581193	1376533	1296064	634958
广东	5006664	4723956	3482576	3509021	2237561	2129384
广西	695436	684126	287794	343731	241526	207929
海南	28424	23716	28424	23716	5590	5816
重庆	2206590	1949795	2073784	1870207	1294513	1197574
四川	1259999	1317919	1142857	1216712	272088	306988
贵州	428135	324290	370457	142800	168740	86012
云南	454890	401507	363059	324010	108264	86555
西藏						
陕西	1122497	1142433	395349	402034	170672	176327
甘肃	2058	1600	2058	1600	2058	
青海	198842	194713	129065	64975	8855	8833
宁夏	577498	579866	289903	575121	246342	527898
新疆	518061	571929	244293	264214	243615	263461

单位：万元

非自有配送中心配送商品购进额		商品销售总额		零售额	
2014年	2013年	2014年	2013年	2014年	2013年
4988768	**4840753**	**58110883**	**57795811**	**46576555**	**44285843**
276293	269622	7942987	7126025	6011782	5579404
8702	7426	1228438	1128714	1190164	1078733
9050	83758	1971889	1712498	1588322	1178351
		241111	233771	241111	233771
		387917	376387	377456	376387
77479	71004	1144796	964894	961752	807305
17386		303071	385189	299771	379445
	1255	341909	379119	339369	350524
898296	1038968	7556209	9846240	3845289	4220114
316466	302681	2557062	2479612	2091026	2023400
376725	255723	3674019	3547654	3029543	2830733
79807	60797	1449963	1373627	1393487	1324254
67085	52358	1260988	1185505	1150455	1123278
277717	269987	1521225	1440275	1260321	1161465
33137	25162	4204779	4359406	3762025	3925878
11550	11773	2246295	1992080	1886266	1560071
468472	480046	3453782	3442609	2923961	2847167
119633	16796	1994608	1805662	1588559	1325912
627920	713363	5721832	5752309	5055073	4960490
42191	32277	828875	761627	629039	530723
19850	14915	28969	26164	28969	26164
758166	633439	2585424	2120760	2133107	1867007
160197	145150	1410728	1412776	1305949	1280563
10395	966	409084	352457	409084	352407
185006	173341	783341	726495	743019	688542
117770	112482	1414088	1346123	1156529	1105290
		2044	2363	2044	2363
24803	19489	242988	254122	240165	251013
3996	47223	564110	549720	545844	479813
677	752	638353	711629	386373	415278

2-10 续表 6

股份有限公司

地　区	商品购进总额		统一配送商品购进额		自有配送中心配送商品购进额	
	2014年	2013年	2014年	2013年	2014年	2013年
全　国	**152463804**	**162117039**	**121476091**	**125195067**	**73635891**	**76276410**
北　京	10697670	11090505	3798742	4190608	1310490	1553753
天　津	1370791	1740532	1370791	1740532		4341
河　北	6513788	6641835	3822304	3598063	1624549	1691133
山　西	781750	1029866	491497	500045	454998	485642
内 蒙 古	2451	1699	2451	1699	2451	1699
辽　宁	3631761	3534778	2594464	2392078	441621	515116
吉　林	58323	53728	58002	52522	58002	52522
黑 龙 江	1078323	1332639	958030	1233806	873154	1233806
上　海	9937008	10295176	9601525	9964871	6561208	6703552
江　苏	17387187	25062834	17288460	21253045	17288460	21253045
浙　江	16259079	14411665	14928091	13329524	14542533	12989016
安　徽	9578858	9093630	6438458	6321350	5010506	4931424
福　建	3125949	2664263	2047340	1688071	538365	438357
江　西	1155182	733380	772095	557981	210379	456100
山　东	16354733	17637216	13240003	13322975	9757574	9633444
河　南	4497127	4496654	2729376	2776986	1488625	1408497
湖　北	7617963	7014986	4217320	3948521	3745855	3487230
湖　南	3089719	3980338	2842659	3111500	1892767	1473366
广　东	23443011	24887721	22775507	22720231	2403400	2132507
广　西	2954962	2919093	2868874	2918166	1159349	931569
海　南	1245316	1224718	1245316	1224718		
重　庆	4679841	5058141	1905611	2401981	1112987	1472526
四　川	1087625	1381984	1042500	1381984	785612	1169028
贵　州						
云　南						
西　藏						
陕　西	2233837	2200277	1409503	1454010	451071	470882
甘　肃	212819	289393		289393		
青　海						
宁　夏	633732	616791	633732	616791	633732	616791
新　疆	2834998	2723197	2393442	2203620	1288202	1171070

单位：万元

非自有配送中心配送商品购进额		商品销售总额		零售额	
2014年	2013年	2014年	2013年	2014年	2013年
25975987	**25585358**	**185132129**	**197977358**	**129957375**	**128461954**
46684	48298	13027535	13465929	8375468	9087378
161555	252240	1454743	1901382	872581	974407
		8023004	8015957	5202352	5205149
36498	14403	2100137	2039548	1867796	1809736
		1281	1412	1281	1412
1414544	1035859	4419905	4269481	3207744	2580948
		89001	80612	89001	80612
		1251996	1209011	945086	922801
1284707	1352016	10501165	11374414	6253468	6329875
		18465723	30711600	7955298	13997099
298538	224660	15089032	15562683	9911457	10763235
165000	103600	9828928	9477369	4204961	3991142
581058	374010	3343869	2925671	3020430	2718878
		4232855	4135738	3854989	3718308
834771	960153	19858665	19752460	17418194	17372228
		4600438	4695980	3643402	3628396
		8489705	7867435	7871072	7215329
33905		5370193	5174606	4705704	4513101
19683298	19712242	29349309	30033625	24097566	19920866
	1196	7270053	7556973	3800042	3672157
		1408747	1350843	1217356	1116661
479630	633718	7143430	6920033	6035784	4239257
		1757349	1410426	1479670	722573
		1610933	1588361	751804	697699
		2344642	2435064	739357	769184
		304613	330042	231590	239100
		592380	657279	197717	323406
955799	872964	3202500	3033425	2005707	1851020

2-10 续表 7

私营企业

地 区	商品购进总额		统一配送商品购进额		自有配送中心配送商品购进额	
	2014年	2013年	2014年	2013年	2014年	2013年
全 国	**21021769**	**18979692**	**18444121**	**16792233**	**11922451**	**10381846**
北 京	649512	608434	458980	421639	232129	250690
天 津	114099	90040	88966	54916	45116	19587
河 北	460108	376074	364295	360415	224908	262761
山 西	893848	875432	485022	477142	327336	254375
内蒙古	5878	5818	5878	5818		
辽 宁	1397547	1158979	1352688	1122103	848406	585369
吉 林	133798	147775	70025	79010	7613	29174
黑龙江	557699	579449	487588	516509	300009	273075
上 海	1090135	929120	1035913	877753	4429	3775
江 苏	2758037	2682410	2726258	2649763	2390438	2371354
浙 江	2621167	1883988	2422629	1688994	2030899	1068141
安 徽	272550	268179	195406	202565	103160	101013
福 建	886206	947309	738684	800104	232143	223820
江 西	375045	318294	224781	253658	194512	161938
山 东	895435	816061	782501	731211	538096	447274
河 南	474850	398761	363812	326822	160950	76750
湖 北	570792	543703	499658	482973	366660	418668
湖 南	583070	525657	468820	401269	215092	192322
广 东	2168530	1942232	1967663	1776133	1206544	1173906
广 西	165625	173483	153296	169896	63132	51916
海 南	34277	30781	34277	30781		
重 庆	1022178	933926	895371	819864	838741	771865
四 川	1193815	1065158	1046967	972950	429762	349233
贵 州	60901	56685	57894	55708	17005	18790
云 南	610629	762987	584204	731122	495877	664928
西 藏	20152	19855	20152	19855		
陕 西	88205	77815	88205	76826	61433	47138
甘 肃	164614	152389	137640	128102	88102	83084
青 海	3939	4077				
宁 夏	97626	78742	93593	75013	69997	75013
新 疆	651505	526079	592956	483320	429962	405890

单位：万元

非自有配送中心配送商品购进额		商品销售总额		零售额	
2014年	2013年	2014年	2013年	2014年	2013年
1580766	**1278144**	**25400714**	**20838791**	**22503640**	**18321907**
212232	154952	740745	720291	683773	660545
13818	7562	137621	106764	137621	106764
106621	97654	501342	375351	490650	367608
3650	13522	956416	1150097	945432	1133519
4053	4060	6500	6302	6500	6302
78093	51211	1272619	1212965	1211002	1153704
		139014	159298	123577	145572
185049	241820	583528	574293	583528	574293
26166	29527	1057908	1005234	1036064	984493
299416	240731	3327857	3132854	2631389	2421829
193582	121634	4851426	1985460	4603078	1743276
7633	8112	301841	303608	262199	252581
60758	43722	976735	967435	923241	883158
6709	2722	412305	386424	304264	372058
61642	53032	933671	831583	734833	742729
4594	3846	652654	478163	605867	428526
1896	1810	691409	613528	669424	594841
37210	31311	726507	599120	640511	512406
40020	55273	2594114	2248548	1926512	1741342
		186745	174452	136697	118598
		21860	26301	21860	26301
23644	8516	1094335	979515	916502	838093
3083		1327643	1175739	1247716	1113809
14488	4787	74459	67015	61259	60655
18880	22152	714109	632188	581841	469780
		22152	18564	22152	18564
23155	2021	97490	90236	97476	90236
4035	737	193130	186604	193130	186604
		9866	8305	9866	8305
		95514	75409	72965	53008
150341	77430	699199	547142	617713	512411

2-10 续表 8

其他企业

地　区	商品购进总额		统一配送商品购进额		自有配送中心配送商品购进额	
	2014年	2013年	2014年	2013年	2014年	2013年
全　国	**511775**	**525509**	**508880**	**330344**	**101378**	**98710**
北　京						
天　津						
河　北						
山　西						
内蒙古	2408	2709	2408	1940	1685	1358
辽　宁	1390	1509	1390	1509		
吉　林						
黑龙江						
上　海	40023	39647	40023	39647		
江　苏	24925	24715	24925	24715	7010	6800
浙　江						
安　徽	7847	8272	7847	8272	7847	8272
福　建	93420	91231	93420	91231		
江　西						
山　东	29599	34197	28399	33040		1043
河　南	972	805	972	805		
湖　北	41385	45173	39786	43673		
湖　南	191897	200968	191897	9312	11199	8766
广　东						
广　西						
海　南						
重　庆	621	600	526	517	156	162
四　川	28634	25359	28634	25359	27183	24051
贵　州	17485	12131	17485	12131	15128	10064
云　南						
西　藏						
陕　西						
甘　肃	29977	37013	29977	37013	29977	37013
青　海						
宁　夏						
新　疆	1194	1181	1194	1181	1194	1181

单位：万元

非自有配送中心配送商品购进额		商品销售总额		零售额	
2014年	2013年	2014年	2013年	2014年	2013年
261013	**85879**	**544541**	**544671**	**541371**	**536290**
722	582	2489	2674	2489	2674
		1504	1704	1504	1704
40023	39647	46560	42616	46560	42616
17915	17915	32366	31696	30796	30825
		8850	8870	8850	8870
		93420	91231	93420	91231
20205	25077	30254	32438	30254	32438
	805	957	809	957	809
		50016	53425	48416	51925
180697	546	187797	198359	187797	198359
		1284	1086	1284	1086
1451	1309	31198	28201	31198	22190
		20602	15233	20602	15233
		35461	34582	35461	34582
		1784	1749	1784	1749

2-10 续表 9

港、澳、台商投资企业

地　区	商品购进总额		统一配送商品购进额		自有配送中心配送商品购进额	
	2014年	2013年	2014年	2013年	2014年	2013年
全　国	**19866657**	**17825852**	**14276820**	**14278573**	**6988707**	**7209552**
北　京	461514	481833	261181	259231	24446	28966
天　津	437320	496777	3094	4111	2027	2111
河　北						
山　西	72581	84250	6905	7670		
内蒙古						
辽　宁	124554	108773	70667	55726		
吉　林	3907	5097	1259	1259	1259	1259
黑龙江	10642	7506	10642	7506	10642	7506
上　海	5521347	5240558	4895094	4699643	5491	11262
江　苏	2357669	2548670	2215619	2537058	1710839	1983963
浙　江	198666	205882	162511	169393	35928	64461
安　徽	116029	81286	116029	81286		
福　建	3817840	2814620	2895490	1935811	2465572	1482964
江　西	567509	509137	331342	314155	298572	306033
山　东	220702	164736	99002	97536		31907
河　南	828309	786680	113719	110664		110664
湖　北	1053046	700415	1034421	681115	727504	632583
湖　南	155388	136043	115090	133646	17626	103747
广　东	3631816	3136309	1801015	2884721	1638431	2199277
广　西						
海　南						
重　庆	41344	34778	41344	34778	12054	11928
四　川	45034	60191	22837	42000	22837	42000
贵　州						
云　南	198789	210172	76907	209124	12829	176781
西　藏						
陕　西	2651	12141	2651	12141	2651	12141
甘　肃						
青　海						
宁　夏						
新　疆						

单位：万元

非自有配送中心配送商品购进额		商品销售总额		零售额	
2014年	2013年	2014年	2013年	2014年	2013年
1433441	**1321415**	**23206987**	**25171275**	**20907891**	**19662226**
124018	124801	622332	635071	490329	521759
1067	2000	591493	602943	421612	464328
		76151	88412	76151	88412
34374	23168	168307	145719	168307	145719
		7716	8952	7716	8952
		16214	11526	16214	11526
131089	135522	5857284	9613178	5833967	5638955
504781	496381	3276316	3670012	2726648	2961553
		257651	272474	251004	265965
84470	51724	124636	102311	124534	100864
429918	452847	3513199	2549005	3448868	2451808
		567289	475909	500915	416000
		237810	221604	236192	220295
113719		1315581	1204393	1315581	1204393
		1307827	886716	1038998	865986
		165825	148487	165372	148064
8877	33274	4674190	4130919	3710751	3790261
1128	1698	70717	58436	70717	58436
		53933	56664	34668	42464
		278042	271172	244876	239112
		24473	17374	24473	17374

2-10 续表 10

外商投资企业

地 区	商品购进总额		统一配送商品购进额		自有配送中心配送商品购进额	
	2014年	2013年	2014年	2013年	2014年	2013年
全 国	**26731273**	**26808343**	**17499226**	**18078028**	**10021174**	**10227747**
北 京	2180557	2535399	1152578	1319778	189142	194176
天 津	708894	675121				
河 北	137984	115988	64879	115988	64879	53897
山 西						
内蒙古						
辽 宁	461293	507832	293272	324347		
吉 林	5368	6600	5368	6600		
黑龙江	141410	152768	141410	152768		
上 海	4164411	3807705	1183317	1026722	190685	132626
江 苏	6634785	6869495	6455973	6869495	4922065	5147966
浙 江	899250	1127612	899250	910212	685820	910212
安 徽	284288	322912				
福 建	1226336	1522774	843336	873267		
江 西	73876	53143		4902		
山 东	1756858	1471571	973957	726414		
河 南	59957	71922	59957	71922	59957	71922
湖 北	404713	364095	391299	349514	88745	
湖 南	32336	39213				
广 东	5708833	5432241	4087595	4156938	3263921	3298210
广 西	24795	24214	24795	24214	24795	24214
海 南						
重 庆	102356	122140		122140		
四 川	920322	903118	361306	378274	27968	41172
贵 州	74442	40611	74442	40611	74442	40611
云 南	576886	497307	372122	497307	372122	275219
西 藏						
陕 西	75851	70206	38900	32258	38900	32258
甘 肃						
青 海						
宁 夏	16355	13453	16355	13453	12630	
新 疆	59118	60907	59118	60907	5103	5265

单位：万元

非自有配送中心配送商品购进额		商品销售总额		零售额	
2014年	2013年	2014年	2013年	2014年	2013年
2787914	**2888253**	**32443037**	**32043434**	**28013465**	**27585144**
482758	633972	2985458	3217711	2805107	3037250
		947837	861568	947837	861568
		162172	136701	162172	136701
12000	11878	541873	561455	541873	561455
		5339	6867	5339	6867
		142825	149280	142825	149280
44478	41103	4416410	4208411	4349286	4172971
1266400	1275500	7082645	7278629	5652046	5853254
213430		1003824	985959	1003824	985959
		297114	314199	297114	314199
		3593016	3970000	2989584	3123522
	4902	178821	149721	167445	145962
202827	245824	1883020	1697709	451586	500552
		58257	69525	58257	69525
156255	201515	456780	424042	455329	422659
		42075	49162	42075	49162
325388	292352	6740160	6158729	6065285	5417570
		40473	36679	40473	36679
	122140	120672	122140	120672	122140
26639	3426	950527	883283	950527	883283
		65630	51228	65630	51228
		543989	545862	543989	545862
		95350	76186	95350	76186
3724		30576	28306	1647	1227
54015	55642	58194	60087	58194	60087

2-11 按登记注册类型分各地区

内资企业

地 区	商品购进总额		统一配送商品购进额		自有配送中心配送商品购进额	
	2014年	2013年	2014年	2013年	2014年	2013年
全 国	**257220391**	**269247198**	**206349235**	**213639317**	**124581661**	**123232114**
北 京	18300374	18190279	9595610	9438935	3929222	3694364
天 津	5463293	6123276	4588477	5332856	3135298	3488630
河 北	9724760	9424093	6799879	6295693	4065156	3788849
山 西	3232466	3866639	2429712	2807582	1571134	1465809
内蒙古	327366	317160	285660	275237	198095	188745
辽 宁	7789578	7271543	6273063	4245656	1712551	1484728
吉 林	1276974	1471610	1207191	1397666	1024271	1236774
黑龙江	1852158	2267392	1692167	2134409	1344846	1758604
上 海	15460447	17995612	13327473	14436122	7685973	7662678
江 苏	21173447	28859163	20798247	24811430	19844747	23969058
浙 江	22487126	19797752	20762323	18232565	19481291	16772934
安 徽	14845908	13861952	7547931	11002510	5549025	5394755
福 建	4892678	4568369	3326313	3114581	1041128	908836
江 西	6424967	5574603	5755083	5324141	3084403	3448019
山 东	21285473	22576177	16840533	17047862	12413779	12159076
河 南	6843316	6578523	4549230	4304034	2668583	2565016
湖 北	15189486	13864252	10795420	9910261	8001992	7603016
湖 南	7778355	8383546	7157175	6311857	5247813	3214678
广 东	34679364	39548327	32223464	35883812	6627469	6257170
广 西	3785176	3739113	3288907	3408374	1445210	1170978
海 南	1670241	1634790	1670241	1634790	5590	5816
重 庆	8181384	8104393	5127877	5246735	3560628	3657958
四 川	3767048	4097245	3474276	3914245	1426065	1740086
贵 州	489190	376156	428506	193689	200873	114865
云 南	1790486	2077226	1673053	1966418	599390	746715
西 藏	20152	19855	20152	19855		
陕 西	8561049	8465562	6216605	6179499	3683774	3435414
甘 肃	1386627	1819454	1144959	1440167	308772	322410
青 海	202411	198405	128696	64590	8486	8448
宁 夏	1367986	1286286	1081585	1283563	1005510	1256808
新 疆	6971108	6888446	6139430	5980185	3710587	3710878

连锁零售企业直营门店经营情况

单位：万元

非自有配送中心配送商品购进额		商品销售总额		零售额	
2014年	2013年	2014年	2013年	2014年	2013年
36974956	**40201501**	**307712161**	**313997474**	**217268400**	**210247692**
488833	428280	21324943	20968424	14684110	14984053
184076	267228	5903102	6268467	4075728	4126528
115670	181412	11265006	10973089	7831170	7372911
164638	186786	5523610	5632247	4327066	4581585
4616	4342	397542	385789	387081	385789
1520252	1124832	8535022	8126217	6096306	5210854
17386		1565331	1672130	1371023	1438863
185049	243075	2126255	2132304	1817305	1817499
1989539	2172023	17802915	21026886	10139034	10610399
632890	559976	23107672	35130523	12099579	17897516
754948	519730	23844482	21248745	17226018	14952651
106040	79508	15288420	13506248	8517177	8160826
210711	189315	5982948	5584375	5393674	5136449
829718	531449	11320886	10676609	6937614	6623393
946467	1060268	25701558	25604358	22050001	22313714
22697	16424	7263423	6921639	5940620	5423889
687561	625757	16911467	15808437	14198893	13276000
319242	316471	10299113	9893939	8956786	8382141
23446664	27470498	41510174	41740993	33109557	28570217
42191	33473	8242864	8443568	4526844	4275219
382074	370489	1868401	1780657	1300765	1546475
1218699	1235585	11117582	10284492	9193385	7071404
163839	146019	4715364	4162241	4067248	3117108
24884	5752	487984	417886	474784	411476
202686	194493	3967229	3972656	2743453	2645158
		22152	18564	22152	18564
298419	384932	10039407	10100014	3214865	3210347
4035	737	2232823	2277932	1881191	1895424
24803	19489	252441	262102	249618	258993
3330	8144	1335421	1308482	333220	865290
1983002	1825014	7756627	7667462	3502132	3666959

2-11 续表 1

国有企业

地区	商品购进总额		统一配送商品购进额		自有配送中心配送商品购进额	
	2014年	2013年	2014年	2013年	2014年	2013年
全国	**38830925**	**42807821**	**32175376**	**37784640**	**18629988**	**17347264**
北京	12469	20101	6181	12293	6181	12293
天津	2795288	3219285	2794991	3218937	2794991	3218937
河北	907881	810208	907881	810208	644778	496785
山西	1605379	1943133	1338996	1674680	725804	663346
内蒙古						
辽宁	1816159	1766681	1570825	87894	42605	44753
吉林						
黑龙江	8293	9581	8293	9581	8293	9581
上海	443471	400357	437148	394292	135690	127553
江苏	16789	14060	16789	14060	16789	14060
浙江	1258011	1172266	1226373	1137794	1222105	1136711
安徽	4005437	3905611	28362	3900937		
福建	195110	190988	85485	84294	10172	9223
江西	3598833	3346714	3497841	3340972	1711396	1921533
山东	700726	701975	182442	161186	181662	149822
河南	140312	140620	121554	107461	14994	14746
湖北	3616111	3059550	3610583	3054022	2969622	2574336
湖南	2377240	2330020	2241130	1541123	1885760	957791
广东	4029308	7924323	3912703	7802907	786877	763151
广西						
海南	362224	355574	362224	355574		
重庆	515371	385216	406732	299328	406732	299328
四川	328706	450762	328706	450762		
贵州						
云南	733030	920033	733030	920033		
西藏						
陕西	5257641	5190195	4343287	4270642	3018166	2760561
甘肃	977410	1339180	975535	984180	188886	202434
青海						
宁夏	70285	65089	69418	64222	69418	53262
新疆	3059443	3146298	2968868	3087256	1789068	1917058

单位：万元

非自有配送中心配送商品购进额		商品销售总额		零售额	
2014年	2013年	2014年	2013年	2014年	2013年
5471899	**9482464**	**45150199**	**42797383**	**22936021**	**23355457**
		34050	33368	32663	30576
		3168499	3219865	1963143	2055978
		700888	804498	481463	557018
124490	158860	2400225	2358869	1447005	1554237
		1867648	1828394	885755	818416
		9634	8908	9534	8908
72081	66833	506186	498596	447448	436734
		20105	19406	19489	18821
		1222752	1100627	587376	518554
		4256622	2925701	2963014	2925701
	37041	851079	775635	748372	680424
545292	268661	5230702	4791894	1594241	1449285
		672791	710717	114611	337787
6553		148542	147717	127628	126160
219895	147933	3981076	3551628	2436767	2285249
	297545	2257137	2313690	2013288	1981599
3099099	6994096	4119342	3809827	2320337	2114504
362224	355574	408825	377350	322580	377350
		566288	498263	319407	291144
		366757	296326	171903	131397
		865395	1032611	672288	795080
157494	270429	6390921	6429266	1429236	1446312
		1697826	1724396	1419217	1432830
		90668	79041	12251	11244
884770	885491	3316243	3460792	685908	970153

2-11 续表 2

集体企业

地　区	商品购进总额		统一配送商品购进额		自有配送中心配送商品购进额	
	2014年	2013年	2014年	2013年	2014年	2013年
全　国	**498702**	**439314**	**218947**	**208468**	**162306**	**153316**
北　京	79970	81750	26318	28452	26318	28452
天　津						
河　北	2048	2250	2048	2250		
山　西						
内蒙古						
辽　宁						
吉　林						
黑龙江	682	828	682	828	682	828
上　海	15271	12051	15271	12051	3762	1793
江　苏	43259	36432	43259	36432	43259	36432
浙　江	46060	52132	46060	52132	46060	52132
安　徽						
福　建	1317	1235	1317	1235	1317	1235
江　西						
山　东	200664	156192	1000	1564		
河　南	10949	8662				
湖　北	42084	41080	42084	41080		
湖　南	6547	6443				
广　东	11697	9335	11171	8852	11171	8852
广　西						
海　南						
重　庆	32504	24944	26099	20081	26099	20081
四　川						
贵　州						
云　南	2013	2469				
西　藏						
陕　西						
甘　肃						
青　海						
宁　夏						
新　疆	3639	3512	3639	3512	3639	3512

单位：万元

非自有配送中心配送商品购进额		商品销售总额		零售额	
2014年	2013年	2014年	2013年	2014年	2013年
11509	**10257**	**846283**	**778861**	**733069**	**687621**
		84436	78876	78635	76948
		4356	5255	4356	5255
		1239	1224	1239	1224
11509	10257	16790	16194	15790	16194
		43622	37441	20552	34053
		46072	53301	1495	2036
		1999	1953	1999	1953
		302690	253297	296002	245060
		11218	12468	11218	12468
		262897	258970	262897	258970
		6540	6498	4330	3432
		25274	21058	22677	18489
		33223	25873	8799	8922
		2080	2617	2080	2617
		3848	3834		

2-11 续表 3

股份合作企业

地　区	商品购进总额		统一配送商品购进额		自有配送中心配送商品购进额	
	2014年	2013年	2014年	2013年	2014年	2013年
全　国	**1039345**	**1164995**	**1028957**	**1152799**	**942409**	**1143186**
北　京						
天　津	2208	1963	2208	1963		
河　北	98134	90016	98134	90016	98134	90016
山　西						
内蒙古						
辽　宁						
吉　林	834475	973461	834475	973461	834475	973461
黑龙江						
上　海						
江　苏						
浙　江	3010	3040	3010	1930		1930
安　徽						
福　建						
江　西						
山　东	10388	11085				
河　南						
湖　北	9800	9500	9800	9500	9800	9500
湖　南						
广　东	71746	68279	71746	68279		68279
广　西						
海　南						
重　庆						
四　川						
贵　州						
云　南						
西　藏						
陕　西						
甘　肃						
青　海						
宁　夏	9583	7650	9583	7650		
新　疆						

单位：万元

非自有配送中心配送商品购进额		商品销售总额		零售额	
2014年	2013年	2014年	2013年	2014年	2013年
		1237698	**1239879**	**979846**	**948663**
		2868	2561	1285	1464
		89494	89972	89494	89972
		1034245	1047031	858674	833234
		3037	2896	3037	2896
		12522	15341	3570	4153
		10610	10740	10610	10740
		71746	68279		3144
		13175	3061	13175	3061

2-11 续表 4

联营企业

地区	商品购进总额		统一配送商品购进额		自有配送中心配送商品购进额	
	2014年	2013年	2014年	2013年	2014年	2013年
全国	**115759**	**97565**	**115759**	**97565**	**16313**	**21964**
北京	603	690	603	690		
天津						
河北						
山西						
内蒙古						
辽宁						
吉林						
黑龙江						
上海	7793	8036	7793	8036		
江苏	16313	21964	16313	21964	16313	21964
浙江						
安徽						
福建						
江西						
山东						
河南						
湖北	61099	38165	61099	38165		
湖南						
广东	29952	28711	29952	28711		
广西						
海南						
重庆						
四川						
贵州						
云南						
西藏						
陕西						
甘肃						
青海						
宁夏						
新疆						

单位：万元

非自有配送中心配送商品购进额		商品销售总额		零售额	
2014年	2013年	2014年	2013年	2014年	2013年
		84359	**115885**	**77198**	**106882**
		814	918	814	918
		10319	10134	10319	10134
		21755	27147	14595	18144
		12288	38129	12288	38129
		39183	39557	39183	39557

2-11 续表 5

有限责任公司

地区	商品购进总额		统一配送商品购进额		自有配送中心配送商品购进额	
	2014年	2013年	2014年	2013年	2014年	2013年
全国	**48729569**	**48952415**	**37521295**	**36953146**	**22543564**	**21132807**
北京	6965219	6483965	5349535	4826784	2398610	1890417
天津	1180907	1071455	331521	316508	295192	245766
河北	1742803	1503709	1605217	1434740	1472787	1248154
山西	126024	169369	114197	155715	62996	62448
内蒙古	318201	308394	276495	267064	195372	186673
辽宁	1048732	903361	859707	735837	380319	339927
吉林	250378	296646	244688	292673	124181	181617
黑龙江	247718	374491	238382	374491	163514	242121
上海	5479571	7822450	3742605	4650678	2177277	1968617
江苏	1953208	2015376	1703391	1806642	1100999	1257650
浙江	2561175	2499643	2394500	2242854	1868555	1711804
安徽	1896103	1752365	1532605	1268791	826027	800140
福建	1127669	1017911	897061	794213	299742	262707
江西	1371175	1246400	1334478	1233061	1033188	969727
山东	3382026	3546532	2768717	2996093	2017323	2042073
河南	2052338	1864725	1659643	1416887	1005109	1066118
湖北	3243099	3126105	2324346	2302397	919287	1123331
湖南	1651052	1441145	1497383	1314768	1294532	634011
广东	4990493	4706074	3471933	3496208	2231196	2121068
广西	673491	656500	272043	327166	225775	191365
海南	28424	23716	28424	23716	5590	5816
重庆	2065460	1818674	1986038	1778930	1240510	1145788
四川	1224237	1286720	1120404	1194296	265063	299595
贵州	412012	308400	354334	126910	168740	86012
云南	453250	398563	361418	322089	107913	86087
西藏						
陕西	995661	1011811	389905	392557	165229	169335
甘肃	2058	1600	2058	1600	2058	
青海	198473	194328	128696	64590	8486	8448
宁夏	572767	531782	288788	531417	245893	523273
新疆	515849	570206	242781	263474	242103	262721

单位：万元

非自有配送中心配送商品购进额		商品销售总额		零售额	
2014年	2013年	2014年	2013年	2014年	2013年
4784324	**4614496**	**55749360**	**55446141**	**44351288**	**42105747**
229917	225031	7651407	6858228	5725320	5316524
8702	7426	1139372	1037895	1101098	987915
9050	83758	1945922	1682056	1562355	1147909
		241111	233771	241111	233771
		387917	376387	377456	376387
77479	71004	1124303	946657	941259	789067
17386		303071	385189	299771	379445
	1255	341909	379119	339369	350524
889265	1023784	7396018	9689192	3685098	4063066
315780	301842	2321520	2266570	1855785	1810737
291575	195563	2854568	2742040	2268252	2079522
79807	60797	1441221	1365278	1384745	1315905
62438	50041	1251979	1182373	1141695	1120146
277717	260066	1520252	1432934	1259348	1154124
33137	25162	4150471	4219931	3707716	3786403
11550	11773	2236410	1983066	1878074	1553057
465769	476014	3434925	3432139	2907170	2836697
100607	1607	1894925	1733930	1492852	1255602
624247	708888	5691354	5730390	5037350	4941205
42191	32277	795378	722446	595542	491543
19850	14915	28969	26164	28969	26164
726082	602973	2394868	1956884	1981981	1755961
159794	145150	1375798	1379495	1278419	1253313
10395	966	394421	336790	394421	336740
185006	173341	781701	723333	741379	685597
117770	112482	1212844	1152034	955284	911201
		2044	2363	2044	2363
24803	19489	242575	253797	239752	250687
3330	8144	556102	505973	542489	479813
677	752	636005	709717	384683	414358

2-11 续表 6

股份有限公司

地 区	商品购进总额		统一配送商品购进额		自有配送中心配送商品购进额	
	2014年	2013年	2014年	2013年	2014年	2013年
全 国	**148053715**	**157764470**	**117510803**	**121471370**	**71113168**	**73814377**
北 京	10643375	11041370	3759264	4154533	1271255	1517968
天 津	1370791	1740532	1370791	1740532		4341
河 北	6513788	6641835	3822304	3598063	1624549	1691133
山 西	781750	1029866	491497	500045	454998	485642
内蒙古	1410	1015	1410	1015	1410	1015
辽 宁	3631761	3534778	2594464	2392078	441621	515116
吉 林	58323	53728	58002	52522	58002	52522
黑龙江	1037767	1303044	957224	1233000	872349	1233000
上 海	8445194	8841601	8109711	8511295	5365865	5561980
江 苏	16723731	24439717	16625004	20629928	16625004	20629928
浙 江	16202486	14371494	14871498	13289353	14485940	12948845
安 徽	8668930	7946357	5786130	5624565	4612865	4486663
福 建	2646200	2358394	1567591	1382202	538289	438268
江 西	1090111	673238	707024	497839	145308	395958
山 东	16081686	17364693	13092527	13179328	9680753	9558735
河 南	4171403	4171324	2410162	2458167	1488625	1408497
湖 北	7614625	7009225	4214534	3943908	3743094	3482639
湖 南	3052205	3951983	2805144	3083145	1873643	1445011
广 东	23443011	24887721	22775507	22720231	2403400	2132507
广 西	2949858	2912590	2863770	2911662	1156345	927744
海 南	1245316	1224718	1245316	1224718		
重 庆	4678734	5057034	1904504	2400874	1112987	1472526
四 川	1085874	1378556	1040749	1378556	783861	1165600
贵 州						
云 南						
西 藏						
陕 西	2233837	2200277	1409503	1454010	451071	470882
甘 肃	212819	289393		289393		
青 海						
宁 夏	633732	616791	633732	616791	633732	616791
新 疆	2834998	2723197	2393442	2203620	1288202	1171070

单位：万元

非自有配送中心配送商品购进额		商品销售总额		零售额	
2014年	2013年	2014年	2013年	2014年	2013年
25033945	**24873467**	**180799070**	**194094947**	**127022073**	**125891130**
46684	48298	12878726	13336656	8228136	8958456
161555	252240	1454743	1901382	872581	974407
		8023004	8015957	5202352	5205149
36498	14403	2100137	2039548	1867796	1809736
		1175	1186	1175	1186
1414544	1035859	4419905	4269481	3207744	2580948
		89001	80612	89001	80612
		1189946	1168759	883037	882550
988236	1040012	8837806	9827867	4965427	5120111
		17802267	30088483	7955298	13997099
298538	224660	15037412	15525409	9910562	10760905
18600	10600	9283811	8928110	3902295	3683088
101385	68229	2887902	2634955	2564463	2428162
		4167784	4075596	3789918	3658166
834771	960153	19614579	19595430	17178434	17219525
		4221220	4306301	3324188	3309578
		8480684	7860576	7862051	7208469
15514		5333015	5133591	4663526	4472085
19683298	19712242	29349309	30033625	24097566	19920866
	1196	7264883	7550461	3794872	3665644
		1408747	1350843	1217356	1116661
478523	632611	7142348	6918951	6034702	4238175
		1755599	1406998	1477919	719145
		1610933	1588361	751804	697699
		2344642	2435064	739357	769184
		304613	330042	231590	239100
		592380	657279	197717	323406
955799	872964	3202500	3033425	2005707	1851020

2-11 续表 7

私营企业

地区	商品购进总额		统一配送商品购进额		自有配送中心配送商品购进额	
	2014年	2013年	2014年	2013年	2014年	2013年
全国	**19475790**	**17529958**	**17304313**	**15675576**	**11082407**	**9529661**
北京	598739	562403	453711	416182	226860	245234
天津	114099	90040	88966	54916	45116	19587
河北	460108	376074	364295	360415	224908	262761
山西	719313	724270	485022	477142	327336	254375
内蒙古	5878	5818	5878	5818		
辽宁	1291536	1065215	1246677	1028338	848006	584932
吉林	133798	147775	70025	79010	7613	29174
黑龙江	557699	579449	487588	516509	300009	273075
上海	1051902	894544	997700	843198	3379	2735
江苏	2395327	2306927	2368671	2277718	2035477	2002252
浙江	2416385	1699177	2220882	1508503	1858630	921513
安徽	267591	249919	192987	200517	102287	100252
福建	828962	908612	681440	761407	191608	197404
江西	364848	308251	215741	252270	194512	160801
山东	880485	761515	767551	676664	534041	407414
河南	467343	392386	356898	320714	159855	75655
湖北	561283	535454	493188	477516	360189	413211
湖南	502110	455681	424316	366204	184829	171249
广东	2103157	1923885	1950451	1758626	1194824	1163314
广西	161827	170024	153094	169545	63089	51869
海南	34277	30781	34277	30781		
重庆	889261	818473	804450	747470	774300	720236
四川	1107140	962151	963325	871576	357012	256704
贵州	60528	56384	57521	55407	17005	18790
云南	602194	756162	578604	724296	491477	660628
西藏	20152	19855	20152	19855		
陕西	73910	63280	73910	62291	49308	34637
甘肃	164363	152269	137389	127982	87851	82964
青海	3939	4077				
宁夏	81619	64975	80063	63483	56468	63483
新疆	556023	444133	529543	421223	386417	355416

单位：万元

非自有配送中心配送商品购进额		商品销售总额		零售额	
2014年	2013年	2014年	2013年	2014年	2013年
1436236	**1159296**	**23343003**	**19018332**	**20669887**	**16654528**
212232	154952	675510	660378	618543	600632
13818	7562	137621	106764	137621	106764
106621	97654	501342	375351	490650	367608
3650	13522	782137	1000059	771154	983841
4053	4060	6500	6302	6500	6302
28229	17969	1121662	1079981	1060044	1020719
		139014	159298	123577	145572
185049	241820	583528	574293	583528	574293
11202	14563	1016230	965763	994386	945022
299195	240219	2866200	2659871	2203229	1987930
164835	99507	4680640	1824472	4455295	1588739
7633	8112	297915	278889	253274	227862
46888	34004	896570	898229	843725	814533
6709	2722	402149	376185	294108	361818
58354	49877	918352	777217	719514	688363
4594	3846	645076	471278	598556	421817
1896	1810	678972	602831	658695	585821
22969	17319	623099	511272	593393	474465
40020	55273	2213964	2038258	1592444	1532452
		182602	170661	136430	118032
		21860	26301	21860	26301
14094		980783	884460	848425	777142
3083		1195114	1059582	1116912	999423
14488	4787	73765	66652	50565	60292
17680	21152	707121	625735	575902	464164
		22152	18564	22152	18564
23155	2021	91002	83650	90988	83650
4035	737	192879	186549	192879	186549
		9866	8305	9866	8305
		83096	63127	67588	47766
141756	65807	596234	458055	523086	429788

2-11 续表 8

其他企业

地 区	商品购进总额		统一配送商品购进额		自有配送中心配送商品购进额	
	2014年	2013年	2014年	2013年	2014年	2013年
全 国	**476586**	**490661**	**473786**	**295754**	**91505**	**89540**
北 京						
天 津						
河 北						
山 西						
内蒙古	1877	1934	1877	1340	1314	1058
辽 宁	1390	1509	1390	1509		
吉 林						
黑龙江						
上 海	17246	16573	17246	16573		
江 苏	24820	24687	24820	24687	6905	6772
浙 江						
安 徽	7847	7700	7847	7700	7847	7700
福 建	93420	91231	93420	91231		
江 西						
山 东	29498	34185	28298	33028		1031
河 南	972	805	972	805		
湖 北	41385	45173	39786	43673		
湖 南	189202	198273	189202	6617	9049	6616
广 东						
广 西						
海 南						
重 庆	54	52	54	52		
四 川	21092	19055	21092	19055	20129	18187
贵 州	16651	11372	16651	11372	15128	10064
云 南						
西 藏						
陕 西						
甘 肃	29977	37013	29977	37013	29977	37013
青 海						
宁 夏						
新 疆	1157	1100	1157	1100	1157	1100

单位：万元

非自有配送中心配送商品购进额		商品销售总额		零售额	
2014年	2013年	2014年	2013年	2014年	2013年
237044	**61521**	**502189**	**506046**	**499020**	**497664**
563	282	1950	1914	1950	1914
		1504	1704	1504	1704
17246	16573	19566	19139	19566	19139
17915	17915	32202	31605	30632	30733
		8850	8270	8850	8270
		93420	91231	93420	91231
20205	25077	30154	32424	30154	32424
	805	957	809	957	809
		50016	53425	43416	51925
180152	1	184397	194959	184397	194959
		71	62	71	62
963	868	22095	19840	22095	13830
		19793	14444	19798	14444
		35461	34582	35461	34582
		1748	1640	1748	1640

2-11 续表 9

港、澳、台商投资企业

地区	商品购进总额		统一配送商品购进额		自有配送中心配送商品购进额	
	2014年	2013年	2014年	2013年	2014年	2013年
全国	**15263361**	**13399786**	**9822484**	**10047488**	**6861391**	**7135342**
北京	461514	481833	261181	259231	24446	28966
天津	437320	496777	3094	4111	2027	2111
河北						
山西	72581	77432	6905	852		
内蒙古						
辽宁	124554	108773	70667	55726		
吉林	3907	5097	1259	1259	1259	1259
黑龙江	10642	7506	10642	7506	10642	7506
上海	1249397	1163768	623145	622853	5491	8540
江苏	2349836	2541811	2207786	2530199	1703006	1977104
浙江	192936	199755	156781	163266	30198	58334
安徽	116029	81286	116029	81286		
福建	3813887	2811302	2894362	1932493	2464915	1479646
江西	371748	280241	250602	280241	217832	272119
山东	220702	164736	99002	97536		31907
河南	828309	786680	113719	110664		110664
湖北	1053046	700415	1034421	681115	727504	632583
湖南	151779	136043	111481	133646	14017	103747
广东	3530305	3041051	1730618	2789464	1622633	2180007
广西						
海南						
重庆	41344	34778	41344	34778	12054	11928
四川	32084	58191	9888	40000	9888	40000
贵州						
云南	198789	210172	76907	209124	12829	176781
西藏						
陕西	2651	12141	2651	12141	2651	12141
甘肃						
青海						
宁夏						
新疆						

单位：万元

非自有配送中心配送商品购进额		商品销售总额		零售额	
2014年	2013年	2014年	2013年	2014年	2013年
1427126	**1291815**	**18513308**	**20641524**	**16381296**	**15257497**
124018	124801	622332	635071	490329	521759
1067	2000	591493	602943	421612	464328
		76151	81594	76151	81594
34374	23168	168307	145719	163307	145719
		7716	8952	7716	8952
		16214	11526	15214	11526
131089	135522	1590976	5500552	1567658	1526329
504781	496381	3268483	3663153	2713815	2954693
		250353	264502	243706	257993
84470	51724	124636	102311	124534	100864
429447	452847	3507883	2540083	3443552	2442887
		366716	276455	333487	251413
		237810	221604	236192	220295
113719		1315581	1204393	1315581	1204393
		1307827	886716	1038998	865986
		161281	148487	160828	148064
3033	3673	4488270	3958019	3642883	3693317
1128	1698	70717	58436	70717	58436
		38048	42464	34668	42464
		278042	271172	244876	239112
		24473	17374	24473	17374

2-11 续表 10

外商投资企业

地区	商品购进总额		统一配送商品购进额		自有配送中心配送商品购进额	
	2014年	2013年	2014年	2013年	2014年	2013年
全国	**25605418**	**25788424**	**16444793**	**17109123**	**9015268**	**9300534**
北京	2178418	2533758	1151271	1319107	189142	194176
天津	708894	675121				
河北	137984	115988	64879	115988	64879	53897
山西						
内蒙古						
辽宁	461293	507832	293272	324347		
吉林	5368	6600	5368	6600		
黑龙江	141410	152768	141410	152768		
上海	4040619	3715517	1077151	952414	126022	96959
江苏	6008974	6232672	5830163	6232672	4296254	4511142
浙江	894706	1121927	894706	904527	681276	904527
安徽	284288	322912				
福建	1226336	1522774	843336	873267		
江西	73876	53143		4902		
山东	1756676	1471571	973775	726414		
河南	59957	71922	59957	71922	59957	71922
湖北	402643	363558	389229	348978	88745	
湖南	32336	39213				
广东	5344984	5151041	3776707	3907900	2953034	3049172
广西	24795	24214	24795	24214	24795	24214
海南						
重庆	102356	122140		122140		
四川	916856	901274	357839	376430	27968	41172
贵州	74442	40611	74442	40611	74442	40611
云南	576886	497307	372122	497307	372122	275219
西藏						
陕西	75851	70206	38900	32258	38900	32258
甘肃						
青海						
宁夏	16355	13453	16355	13453	12630	
新疆	59118	60907	59118	60907	5103	5265

单位：万元

非自有配送中心配送商品购进额		商品销售总额		零售额	
2014年	2013年	2014年	2013年	2014年	2013年
2742945	**2848080**	**31184175**	**30873978**	**26794148**	**26421769**
482758	633972	2982663	3216589	2802312	3036128
		947837	861568	947837	861568
		162172	136701	162172	136701
12000	11878	541873	561455	541873	561455
		5339	6867	5339	6867
		142825	149280	142825	149280
2976	2462	4262648	4081132	4235069	4051774
1266400	1275500	6429145	6613629	4998546	5188254
213430		999296	980456	999296	980456
		297114	314199	297114	314199
		3593016	3970000	2989584	3123522
	4902	178821	149721	167445	145962
202827	245824	1882778	1697709	451343	500552
		58257	69525	58257	69525
156255	201515	454779	423230	453328	421846
		42075	49162	42075	49162
325388	292352	6302749	5791932	5627873	5050773
		40473	36679	40473	36679
	122140	120672	122140	120672	122140
23172	1895	945905	880340	945905	880340
		65630	51228	65630	51228
		543989	545862	543989	545862
		95350	76186	95350	76186
3724		30576	28306	1547	1227
54015	55642	58194	60087	58194	60087

2-12 按登记注册类型分各地区

内资企业

地区	商品购进总额		统一配送商品购进额		自有配送中心配送商品购进额	
	2014年	2013年	2014年	2013年	2014年	2013年
全国	**9166582**	**9103617**	**7698828**	**7528659**	**4781734**	**4934231**
北京	323283	310378	254611	248835	207898	203859
天津	75706	85430				
河北	25199	23593	25199	23593	25199	23593
山西	174535	151162				
内蒙古	1572	1459	1572	1284	1413	984
辽宁	127556	111827	127556	111827	452	488
吉林						
黑龙江	40556	29596	806	806	806	806
上海	1780814	1812477	1716838	1764044	1249761	1288383
江苏	1141275	1054701	1135432	1050753	1132108	1046750
浙江	1039588	973733	1000573	901403	847120	788522
安徽	1270928	1491049	906759	1024349	420273	581410
福建	544171	347068	544006	347068	42976	26505
江西	76722	80522	74565	71867	65525	61694
山东	414520	633698	213798	327252	129135	240395
河南	348504	347678	331986	328331	3485	1965
湖北	30672	21282	26180	17343	23452	13289
湖南	206252	163656	168524	127880	53069	52525
广东	301755	254984	227280	229887	209231	210240
广西	30847	37589	21057	23419	18797	20436
海南						
重庆	284135	255793	188659	172806	118800	103758
四川	131731	143937	115388	133523	88580	109214
贵州	17331	16951	17331	16951		
云南	441938	396591	439102	395567	4751	4767
西藏						
陕西	141132	145157	19739	24012	17568	19494
甘肃	251	120	251	120	251	120
青海	369	385	369	385	369	385
宁夏	20738	61852	14644	55234	13979	16155
新疆	174504	150952	126604	130119	106736	118496

连锁零售企业加盟门店经营情况

单位：万元

非自有配送中心配送商品购进额		商品销售总额		零售额	
2014年	2013年	2014年	2013年	2014年	2013年
1460535	**1322123**	**10043894**	**9374928**	**7375333**	**6779523**
46376	44591	510468	461405	503868	456137
		89066	90818	89066	90818
		25968	30442	25968	30442
		174278	150038	174278	149678
159	300	645	986	645	986
49864	33242	171451	151222	171451	151222
		62049	40251	62049	40251
388399	408075	2001977	1869809	1626659	1514500
907	1351	1372335	1320722	663564	658143
113896	82287	1042087	1008630	915299	912831
237946	282628	923125	898167	315334	341722
498190	317816	545141	363055	544242	362473
	9922	76200	77723	76200	77723
3288	3154	363758	525566	337652	369576
		397481	406284	335226	333048
2703	4032	40315	28027	36541	26350
52203	29726	243669	203996	183502	152667
4309	5384	592455	414946	533618	410910
		42809	49484	38933	46259
50953	47472	323129	271911	233913	184177
892	440	178313	161226	169188	153424
		16161	16819	15161	16819
1200	1000	435979	395496	7580	8560
		207733	200675	207733	200675
		251	56	251	56
		413	326	413	326
666	39079	20426	56028	8733	5242
8585	11623	186214	180820	97267	84511

2-12 续表 1

国有企业

地区	商品购进总额		统一配送商品购进额		自有配送中心配送商品购进额	
	2014年	2013年	2014年	2013年	2014年	2013年
全国	**1181776**	**1085722**	**1057209**	**1080520**	**294526**	**414944**
北京						
天津						
河北						
山西						
内蒙古						
辽宁						
吉林						
黑龙江						
上海	125559	115753	121598	111865	30103	31029
江苏						
浙江	225	69	225			
安徽	346765	316046	242736	316046	12483	126418
福建						
江西						
山东						
河南	610	532				
湖北						
湖南						
广东	191569	191737	190733	191025	190097	190116
广西						
海南						
重庆	8413	7563	8413	7563	200	180
四川						
贵州						
云南	431862	386820	431862	386820		
西藏						
陕西						
甘肃						
青海						
宁夏						
新疆	76773	67201	61643	67201	61643	67201

单位：万元

非自有配送中心配送商品购进额		商品销售总额		零售额	
2014年	2013年	2014年	2013年	2014年	2013年
145549	**240769**	**1152791**	**1057259**	**275497**	**247759**
45155	42849	109755	103266	109755	84740
		230	490	230	490
91546	189628	365341	315241		
		801	708	509	507
636	909	151673	151090	151673	151090
8213	7383	16727	10874	12415	10074
		427350	385880		
		80914	89711	914	858

2-12 续表 2

集体企业

地区	商品购进总额		统一配送商品购进额		自有配送中心配送商品购进额	
	2014年	2013年	2014年	2013年	2014年	2013年
全国	**114100**	**219472**	**18999**	**22351**	**16830**	**19639**
北京	4167	4333	4167	4333	4167	4333
天津						
河北						
山西						
内蒙古						
辽宁						
吉林						
黑龙江						
上海						
江苏	11613	11582	11613	11582	11613	11582
浙江		3582		2508		2508
安徽						
福建						
江西						
山东	77320	180283	2169	2712		
河南						
湖北						
湖南						
广东	20999	19692	1050	1216	1050	1216
广西						
海南						
重庆						
四川						
贵州						
云南						
西藏						
陕西						
甘肃						
青海						
宁夏						
新疆						

单位：万元

非自有配送中心配送商品购进额		商品销售总额		零售额	
2014年	2013年	2014年	2013年	2014年	2013年
		87703	**217665**	**54406**	**66002**
		4843	4422	4843	4422
		11517	11489		11489
			4265		4265
		49944	174681	23164	23018
		21399	22807	21399	22807

2-12 续表 3

联营企业

地 区	商品购进总额		统一配送商品购进额		自有配送中心配送商品购进额	
	2014年	2013年	2014年	2013年	2014年	2013年
全 国	**7643**	**7326**	**7643**	**7326**		
北 京						
天 津						
河 北						
山 西						
内蒙古						
辽 宁						
吉 林						
黑龙江						
上 海						
江 苏						
浙 江						
安 徽						
福 建						
江 西						
山 东						
河 南						
湖 北						
湖 南						
广 东	7643	7326	7643	7326		
广 西						
海 南						
重 庆						
四 川						
贵 州						
云 南						
西 藏						
陕 西						
甘 肃						
青 海						
宁 夏						
新 疆						

单位：万元

非自有配送中心配送商品购进额		商品销售总额		零售额	
2014年	2013年	2014年	2013年	2014年	2013年
		8755	**8839**	**8755**	**8839**
		8755	8839	8755	8839

2-12 续表 4

有限责任公司

地区	商品购进总额		统一配送商品购进额		自有配送中心配送商品购进额	
	2014年	2013年	2014年	2013年	2014年	2013年
全国	**1871807**	**1953946**	**1474787**	**1543517**	**1097737**	**1176261**
北京	214046	210879	205696	202972	159225	158285
天津	75706	85430				
河北	25199	23593	25199	23593	25199	23593
山西						
内蒙古						
辽宁	21545	18062	21545	18062	52	51
吉林						
黑龙江						
上海	102430	185499	42436	140975	23264	114742
江苏	103392	44491	102671	43981	101973	42921
浙江	777988	745100	742009	678233	618259	599215
安徽	9276	8897	9276	8897	9276	8897
福建	7178	2502	7012	2502	2366	
江西	1454	10337	454	10337	454	415
山东	49102	126335	49102	126335	48259	125815
河南	14663	15442	5858	3404	2390	870
湖北	17825	7272	16924	7272	14221	3240
湖南	85083	62631	83810	61766	1532	947
广东	16170	17882	10642	12814	6364	8316
广西	21945	27626	15750	16565	15750	16565
海南						
重庆	141131	131121	87747	91277	54003	51787
四川	35762	31198	22453	22417	7025	7393
贵州	16123	15890	16123	15890		
云南	1640	2944	1640	1921	351	467
西藏						
陕西	126836	130622	5444	9477	5444	6992
甘肃						
青海	369	385	369	385	369	385
宁夏	4731	48084	1115	43704	449	4625
新疆	2213	1723	1512	740	1512	740

单位：万元

非自有配送中心配送商品购进额		商品销售总额		零售额	
2014年	2013年	2014年	2013年	2014年	2013年
204444	**226257**	**2361523**	**2349670**	**2225268**	**2180096**
46376	44591	291580	267797	286463	262880
		89066	90818	89066	90818
		25968	30442	25968	30442
		20493	18238	20493	18238
9032	15184	160191	157048	160191	157048
686	839	235542	213042	235241	212663
85150	60160	819451	805614	761391	751210
		8742	8349	8742	8349
4646	2318	9009	3133	3760	3133
	9922	973	7341	973	7341
		54308	139474	54308	139474
		9885	9013	8193	7013
2703	4032	18857	10470	16791	10470
19026	15189	99683	71732	95807	70309
3673	4475	30478	21919	17723	19285
		33496	39181	33496	39181
32083	30466	190555	163876	151127	111046
404		34930	33281	27530	27250
		14663	15667	14663	15667
		1640	3162	1640	2944
		201245	194089	201245	194089
		413	326	413	326
666	39079	8008	43747	3355	
		2348	1912	1689	920

2-12 续表 5

股份有限公司

地区	商品购进总额		统一配送商品购进额		自有配送中心配送商品购进额	
	2014年	2013年	2014年	2013年	2014年	2013年
全国	**4410089**	**4352570**	**3965288**	**3723697**	**2522723**	**2462034**
北京	54295	49135	39478	36074	39236	35785
天津						
河北						
山西						
内蒙古	1042	684	1042	684	1042	684
辽宁						
吉林						
黑龙江	40556	29596	806	806	806	806
上海	1491814	1453576	1491814	1453576	1195343	1141572
江苏	663456	623117	663456	623117	663456	623117
浙江	56593	40171	56593	40171	56593	40171
安徽	909928	1147273	652328	696785	397642	444761
福建	479749	305869	479749	305869	76	89
江西	65071	60142	65071	60142	65071	60142
山东	273047	272522	147476	143647	76821	74709
河南	325725	325330	319214	318819		
湖北	3338	5761	2786	4613	2761	4591
湖南	37514	28355	37514	28355	19123	28355
广东						
广西	5104	6504	5104	6504	3003	3824
海南						
重庆	1107	1107	1107	1107		
四川	1751	3428	1751	3428	1751	3428
贵州						
云南						
西藏						
陕西						
甘肃						
青海						
宁夏						
新疆						

单位：万元

非自有配送中心配送商品购进额		商品销售总额		零售额	
2014年	2013年	2014年	2013年	2014年	2013年
942042	**711891**	**4333058**	**3882411**	**2935302**	**2570824**
		148809	129273	147332	128922
		107	226	107	226
		62049	40251	62049	40251
296471	312004	1663359	1546547	1288041	1209764
		663456	623117		
		51620	37274	895	2330
146400	93000	545116	549258	302666	308054
479673	305780	455967	290716	455967	290716
		65071	60142	65071	60142
		244086	157030	239760	152703
		379218	389679	319214	318819
		9022	6860	9022	6860
18391		37178	41016	37178	41016
		5169	6512	5169	6512
1107	1107	1082	1082	1082	1082
		1751	3428	1751	3428

2-12 续表 6

私营企业

地区	商品购进总额		统一配送商品购进额		自有配送中心配送商品购进额	
	2014年	2013年	2014年	2013年	2014年	2013年
全国	**1545979**	**1449733**	**1139808**	**1116657**	**840045**	**852185**
北京	50773	46031	5270	5456	5270	5456
天津						
河北						
山西	174535	151162				
内蒙古						
辽宁	106011	93765	106011	93765	400	437
吉林						
黑龙江						
上海	38233	34575	38213	34555	1050	1040
江苏	362710	375482	357587	372044	354962	369102
浙江	204783	184811	201747	180492	172269	146628
安徽	4959	18260	2419	2048	873	761
福建	57245	38697	57245	38697	40535	26416
江西	10197	10042	9040	1388		1136
山东	14950	54546	14950	54546	4055	39860
河南	7507	6375	6914	6108	1095	1095
湖北	9509	8249	6471	5457	6471	5457
湖南	80960	69976	44504	35065	30263	21073
广东	65374	18347	17212	17507	11720	10592
广西	3798	3459	203	351	43	47
海南						
重庆	132917	115453	90921	72394	64441	51629
四川	86675	103007	83642	101375	72750	92530
贵州	373	302	373	302		
云南	8435	6826	5600	6826	4400	4300
西藏						
陕西	14295	14535	14295	14535	12125	12502
甘肃	251	120	251	120	251	120
青海						
宁夏	16007	13768	13530	11530	13530	11530
新疆	95482	81946	63413	62097	43546	50474

单位：万元

非自有配送中心配送商品购进额		商品销售总额		零售额	
2014年	2013年	2014年	2013年	2014年	2013年
144530	**118848**	**2057711**	**1820459**	**1833753**	**1667379**
		65236	59913	65231	59913
		174278	150038	174278	149678
49864	33242	150958	132985	150958	132985
14964	14964	41678	39471	41678	39471
221	511	461657	472983	428160	433899
28746	22127	170786	160988	152783	154536
		3926	24719	3926	24719
13871	9718	80166	69206	79516	68625
		10156	10240	10156	10240
3288	3154	15319	54366	15319	54366
		7578	6884	7311	6708
		12437	10698	10728	9020
14241	13992	103409	87848	47118	37942
		380150	210290	334068	208890
		4143	3791	267	566
9550	8516	113552	95055	68077	60951
		132529	116157	130804	114385
		694	363	694	363
1200	1000	6989	6453	5940	5615
		6488	6586	6488	6586
		251	56	251	56
		12418	12282	5378	5242
8585	11623	102915	89088	94627	82624

2-12 续表 7

其他企业

地区	商品购进总额		统一配送商品购进额		自有配送中心配送商品购进额	
	2014年	2013年	2014年	2013年	2014年	2013年
全国	**35189**	**34848**	**35094**	**34590**	**9873**	**9170**
北京						
天津						
河北						
山西						
内蒙古	531	775	531	600	371	300
辽宁						
吉林						
黑龙江						
上海	22777	23074	22777	23074		
江苏	105	28	105	28	105	28
浙江						
安徽		573		573		573
福建						
江西						
山东	101	12	101	12		12
河南						
湖北						
湖南	2695	2695	2695	2695	2150	2150
广东						
广西						
海南						
重庆	567	548	472	465	156	162
四川	7542	6304	7542	6304	7054	5864
贵州	835	759	835	759		
云南						
西藏						
陕西						
甘肃						
青海						
宁夏						
新疆	36	81	36	81	36	81

单位：万元

非自有配送中心配送商品购进额		商品销售总额		零售额	
2014年	2013年	2014年	2013年	2014年	2013年
23970	**24359**	**42352**	**38625**	**42352**	**38625**
159	300	538	761	538	761
22777	23074	26994	23477	26994	23477
		163	92	163	92
			600		600
		100	14	100	14
545	545	3400	3400	3400	3400
		1212	1024	1212	1024
488	440	9103	8360	9103	8360
		804	789	804	789
		36	109	36	109

2-12 续表 8

港、澳、台商投资企业

地区	商品购进总额		统一配送商品购进额		自有配送中心配送商品购进额	
	2014年	2013年	2014年	2013年	2014年	2013年
全国	**4603296**	**4426066**	**4454336**	**4231085**	**127317**	**74210**
北京						
天津						
河北						
山西		6818		6818		
内蒙古						
辽宁						
吉林						
黑龙江						
上海	4271949	4076791	4271949	4076791		2722
江苏	7833	6859	7833	6859	7833	6859
浙江	5730	6127	5730	6127	5730	6127
安徽						
福建	3953	3318	1128	3318	657	3318
江西	195761	228896	80740	33914	80740	33914
山东						
河南						
湖北						
湖南	3609		3609		3609	
广东	101511	95258	70397	95258	15798	19270
广西						
海南						
重庆						
四川	12949	2000	12949	2000	12949	2000
贵州						
云南						
西藏						
陕西						
甘肃						
青海						
宁夏						
新疆						

单位：万元

非自有配送中心配送商品购进额		商品销售总额		零售额	
2014年	2013年	2014年	2013年	2014年	2013年
6315	**29601**	**4693678**	**4529751**	**4526595**	**4404729**
			6818		6818
		4266309	4112626	4266309	4112626
		7833	6859	7833	6859
		7298	7972	7298	7972
471		5316	8921	5316	8921
		200573	199454	167428	164588
		4544		4544	
5844	29601	185920	172900	67868	96944
		15886	14200		

2-12 续表 9

外商投资企业

地 区	商品购进总额		统一配送商品购进额		自有配送中心配送商品购进额	
	2014年	2013年	2014年	2013年	2014年	2013年
全 国	**1125855**	**1019920**	**1054434**	**968906**	**1005906**	**927213**
北 京	2139	1642	1307	671		
天 津						
河 北						
山 西						
内蒙古						
辽 宁						
吉 林						
黑龙江						
上 海	123793	92189	106166	74308	64664	35667
江 苏	625811	636824	625811	636824	625811	636824
浙 江	4544	5685	4544	5685	4544	5685
安 徽						
福 建						
江 西						
山 东	182		182			
河 南						
湖 北	2070	536	2070	536		
湖 南						
广 东	363849	281200	310887	249038	310887	249038
广 西						
海 南						
重 庆						
四 川	3467	1844	3467	1844		
贵 州						
云 南						
西 藏						
陕 西						
甘 肃						
青 海						
宁 夏						
新 疆						

单位：万元

非自有配送中心配送商品购进额		商品销售总额		零售额	
2014年	2013年	2014年	2013年	2014年	2013年
44969	**40173**	**1258862**	**1169456**	**1219317**	**1163375**
		2795	1122	2795	1122
41503	38642	153762	127278	114217	121197
		653500	665000	653500	665000
		4528	5503	4528	5503
		242		242	
		2001	813	2001	813
		437412	366797	437412	366797
3467	1531	4622	2943	4622	2943

2-13 按行业分各地区连锁零售企业基本情况

批发业

地 区	连锁总店数(个)	门店数(个)		年末从业人员(人)		年末零售营业面积(平方米)	
	2014年	2014年	2013年	2014年	2013年	2014年	2013年
全 国	**337**	**50965**	**49910**	**319236**	**329440**	**42436394**	**39543680**
北 京	7	360	301	3228	3180	190837	184130
天 津	2	9	9	164	144	8533	8533
河 北	15	1429	1458	10724	11224	2287582	2456957
山 西	3	32	28	1529	1501	100	28981
内蒙古							
辽 宁	10	487	494	6792	6989	293556	294537
吉 林	2	226	177	1819	1411	57240	53200
黑龙江	1	36	35	384	391	1083	1083
上 海	6	1194	1141	12295	16670	352958	347759
江 苏	17	6582	6708	42352	42603	5124917	5131230
浙 江	26	9194	8549	48834	48787	6540389	6518546
安 徽	6	7071	7237	20893	24112	2078783	2095351
福 建	8	867	708	3522	3680	159226	151608
江 西	18	1017	958	12730	13591	943045	752728
山 东	16	4008	4097	23870	25599	4651792	2279077
河 南	16	1013	1040	5288	6416	2368944	2203715
湖 北	16	500	327	11177	7736	236668	146634
湖 南	7	860	810	1783	1671	71311	68581
广 东	37	5762	5850	48643	47766	9824947	9577404
广 西	28	1626	1571	13288	14038	2583591	2572265
海 南							
重 庆	17	2729	2692	12607	12658	369700	361680
四 川	7	440	427	2202	2211	66057	65825
贵 州							
云 南	8	547	547	3360	3333	732658	742606
西 藏							
陕 西	24	1010	999	15212	15669	1126575	912325
甘 肃	2	132	136	593	702	278589	278589
青 海	1	22	6	526	589	18700	57700
宁 夏	8	1131	1131	4308	4526	289895	279145
新 疆	29	2681	2474	11113	12243	1778718	1973491

2-13 续表 1

农、林、牧产品批发

地　区	连锁总店数(个)	门店数(个)		年末从业人员(人)		年末零售营业面积(平方米)	
	2014年	2014年	2013年	2014年	2013年	2014年	2013年
全　国	**7**	**3824**	**3781**	**10685**	**9895**	**71031**	**72436**
北　京							
天　津							
河　北							
山　西							
内蒙古							
辽　宁	1	40	40	30	106	2860	2860
吉　林							
黑龙江							
上　海							
江　苏							
浙　江							
安　徽	1	2944	2951	8319	8409		
福　建							
江　西							
山　东							
河　南							
湖　北	1	4	4	1185	256	1185	5000
湖　南	2	819	769	866	817	56370	53960
广　东	1	3	3	13	32	296	296
广　西							
海　南							
重　庆							
四　川	1	14	14	272	275	10320	10320
贵　州							
云　南							
西　藏							
陕　西							
甘　肃							
青　海							
宁　夏							
新　疆							

2-13 续表 2

食品、饮料及烟草制品批发

地　区	连锁总店数(个)	门店数(个)		年末从业人员(人)		年末零售营业面积(平方米)	
	2014年	2014年	2013年	2014年	2013年	2014年	2013年
全　国	**59**	**5598**	**5233**	**34479**	**37913**	**640186**	**656537**
北　京	2	25	25	195	211	2091	2091
天　津	1	3	3	73	76	160	160
河　北							
山　西	3	32	28	1529	1501	100	28981
内蒙古							
辽　宁							
吉　林							
黑龙江							
上　海	3	395	326	2228	5866	70903	60300
江　苏	3	525	534	2483	1992	7858	7320
浙　江	4	2590	1938	5274	4287	125679	100688
安　徽							
福　建	4	681	617	3163	3271	148245	141132
江　西	8	102	94	6706	6831	13287	12897
山　东	3	109	110	2977	2671	48788	49688
河　南	1	70	68	235	230	4200	4200
湖　北	3	16	14	832	830	1043	735
湖　南	1	3	3	15	18	400	400
广　东	6	298	710	1082	1665	9763	16468
广　西							
海　南							
重　庆	3	591	610	1815	1781	63412	62379
四　川							
贵　州							
云　南							
西　藏							
陕　西	7	73	76	4413	5004	124506	104347
甘　肃							
青　海	1	22	6	526	589	18700	57700
宁　夏	2	54	54	433	582	650	650
新　疆	4	9	17	500	508	401	6401

2-13 续表 3

纺织、服装及家庭用品批发

地　区	连锁总店数（个）	门店数（个）		年末从业人员（人）		年末零售营业面积（平方米）	
	2014年	2014年	2013年	2014年	2013年	2014年	2013年
全　国	**22**	**2252**	**2127**	**21652**	**24139**	**1697143**	**1661579**
北　京							
天　津							
河　北							
山　西							
内蒙古							
辽　宁	1	1	1	1664	1557	2400	2400
吉　林							
黑龙江							
上　海	1	67	63	1450	1566	4730	4730
江　苏	2	236	294	538	840	17037	20554
浙　江	5	389	573	1722	2674	22679	34693
安　徽							
福　建							
江　西							
山　东	2	599	600	12945	15074	1457488	1536063
河　南							
湖　北	1	8	8	150	170	818	818
湖　南							
广　东	10	952	578	3183	2258	191991	62321
广　西							
海　南							
重　庆							
四　川							
贵　州							
云　南							
西　藏							
陕　西							
甘　肃							
青　海							
宁　夏							
新　疆							

2-13 续表 4

文化、体育用品及器材批发

地区	连锁总店数(个)	门店数(个)		年末从业人员(人)		年末零售营业面积(平方米)	
	2014年	2014年	2013年	2014年	2013年	2014年	2013年
全国	**12**	**720**	**676**	**17900**	**16241**	**898818**	**786730**
北京	1	4	7	64	60	3065	1968
天津							
河北							
山西							
内蒙古							
辽宁							
吉林	1	5	5	132	121	2240	3200
黑龙江							
上海							
江苏	1	81	82	5596	5596	365542	364086
浙江	1	359	346	6027	5782	328174	325554
安徽							
福建							
江西							
山东							
河南							
湖北	1	8	8	3148	3375	65000	65000
湖南	1	2	2	643	573	8600	8800
广东	5	258	225	2269	716	126197	18122
广西							
海南							
重庆							
四川							
贵州							
云南							
西藏							
陕西	1	3	1	21	18		
甘肃							
青海							
宁夏							
新疆							

2-13 续表 5

医药及医疗器材批发

地区	连锁总店数（个）	门店数（个）		年末从业人员（人）		年末零售营业面积（平方米）	
	2014年	2014年	2013年	2014年	2013年	2014年	2013年
全　国	**33**	**2671**	**2606**	**10520**	**10061**	**257974**	**251943**
北　京							
天　津							
河　北							
山　西							
内蒙古							
辽　宁							
吉　林	1	221	172	1687	1290	55000	50000
黑龙江							
上　海							
江　苏	2	210	210	1130	1130	26000	26000
浙　江	3	314	283	1336	1236	27582	24334
安　徽							
福　建	1	14	10	100	100	6971	6971
江　西							
山　东	3	196	192	1167	1101	21190	19820
河　南							
湖　北	1	7	8	63	52	1164	1327
湖　南	2	16	16	194	198	2441	2421
广　东	5	472	541	1184	1349	30828	34139
广　西							
海　南							
重　庆	4	745	707	1800	1779	35239	33251
四　川	4	307	299	1130	1124	32359	32127
贵　州							
云　南	4	130	129	502	487	15402	17755
西　藏							
陕　西	1	32	32	90	90	2837	2837
甘　肃							
青　海							
宁　夏							
新　疆	2	7	7	137	125	961	961

2-13 续表 6

矿产品、建材及化工产品批发

地区	连锁总店数(个)	门店数(个)		年末从业人员(人)		年末零售营业面积(平方米)	
	2014年	2014年	2013年	2014年	2013年	2014年	2013年
全国	**178**	**34172**	**33927**	**207949**	**217871**	**37718993**	**34958003**
北京	2	315	253	2457	2425	179548	173938
天津							
河北	15	1429	1458	10724	11224	2287582	2456957
山西							
内蒙古							
辽宁	6	398	402	4796	5063	287996	288477
吉林							
黑龙江	1	36	35	384	391	1083	1083
上海	2	732	747	8617	9238	277325	282729
江苏	8	5522	5580	32506	32943	4706610	4711400
浙江	10	5144	5066	31395	32292	5995325	5995127
安徽	4	3641	3800	7849	10810	1074427	1090995
福建	2	159	53	129	145	1270	670
江西	10	915	864	6024	6760	929758	739831
山东	6	2978	3069	6312	6288	3112426	661606
河南	14	939	968	4987	6128	2363244	2197515
湖北	8	307	285	3222	3053	165490	73754
湖南							
广东	6	3602	3593	38358	38917	9419190	9391080
广西	27	1615	1560	13052	13796	2578724	2567398
海南							
重庆	8	1251	1233	8519	8630	265310	260311
四川	2	119	114	800	812	23378	23378
贵州							
云南	2	359	359	2431	2449	714885	722400
西藏							
陕西	15	902	890	10688	10557	999232	805141
甘肃	2	132	136	593	702	278589	278589
青海							
宁夏	5	1012	1012	3630	3638	280245	269495
新疆	23	2665	2450	10476	11610	1777356	1966129

2-13 续表 7

机械设备、五金产品及电子产品批发

地　区	连锁总店数(个)	门店数(个)		年末从业人员(人)		年末零售营业面积(平方米)	
	2014年	2014年	2013年	2014年	2013年	2014年	2013年
全　国	**15**	**596**	**583**	**6558**	**6186**	**102823**	**101198**
北　京	2	16	16	512	484	6133	6133
天　津	1	6	6	91	68	8373	8373
河　北							
山　西							
内蒙古							
辽　宁	1	4	11	122	89	300	800
吉　林							
黑龙江							
上　海							
江　苏	1	8	8	99	102	1870	1870
浙　江	3	398	338	3080	2516	40950	38150
安　徽							
福　建	1	13	28	130	164	2740	2835
江　西							
山　东	1	5	5	110	106	3800	3800
河　南	1	4	4	66	58	1500	2000
湖　北							
湖　南							
广　东	2	130	154	2110	2353	32250	32250
广　西	1	11	11	236	242	4867	4867
海　南							
重　庆							
四　川							
贵　州							
云　南	1	1	2	2	4	40	120
西　藏							
陕　西							
甘　肃							
青　海							
宁　夏							
新　疆							

2-13 续表 8

其他批发业

地区	连锁总店数(个)	门店数(个)		年末从业人员(人)		年末零售营业面积(平方米)	
	2014年	2014年	2013年	2014年	2013年	2014年	2013年
全　国	**11**	**1132**	**977**	**9493**	**7134**	**1049426**	**1055254**
北　京							
天　津							
河　北							
山　西							
内蒙古							
辽　宁	1	44	40	180	174		
吉　林							
黑龙江							
上　海							
江　苏							
浙　江							
安　徽	1	486	486	4725	4893	1004356	1004356
福　建							
江　西							
山　东	1	121	121	359	359	8100	8100
河　南							
湖　北	1	150		2577		1968	
湖　南	1	20	20	65	65	3500	3000
广　东	2	47	46	444	476	14432	22728
广　西							
海　南							
重　庆	2	142	142	473	468	5739	5739
四　川							
贵　州							
云　南	1	57	57	425	393	2331	2331
西　藏							
陕　西							
甘　肃							
青　海							
宁　夏	1	65	65	245	306	9000	9000
新　疆							

2-13 续表 9

零售业

地区	连锁总店数（个）	门店数（个）		年末从业人员（人）		年末零售营业面积（平方米）	
	2014年	2014年	2013年	2014年	2013年	2014年	2013年
全国	**2326**	**155450**	**151878**	**2182435**	**2233617**	**119776446**	**116113083**
北京	144	7073	6786	156914	155600	7177341	7018002
天津	37	2315	2537	35220	37027	2026674	2077176
河北	66	3108	2904	42961	42573	4171167	3669216
山西	52	3393	3085	39367	42563	2691768	2593084
内蒙古	17	262	255	4830	5548	244960	230430
辽宁	88	5670	5379	58917	59813	4413000	4143025
吉林	24	607	628	8376	8702	267481	311503
黑龙江	35	1821	1690	19855	21964	769678	722954
上海	89	17060	17149	247543	252035	10056427	9016937
江苏	151	11768	11644	332108	343544	14417993	14396917
浙江	204	18113	18366	100488	108833	4775410	4543471
安徽	66	2523	2497	75518	76152	3498771	3263366
福建	138	4383	4119	84083	78310	6139894	6671970
江西	70	3225	2853	42161	42034	2396481	2322028
山东	131	6725	6450	146930	150809	11249923	11106353
河南	122	4308	4247	63554	64100	4507222	4411293
湖北	122	6857	5921	134277	143855	7011432	6379718
湖南	92	5965	5378	72974	72856	4649386	5408239
广东	262	18814	19463	213730	225437	15120155	14734772
广西	34	2173	2157	26807	25792	979659	1010444
海南	6	715	613	5253	5769	408832	324757
重庆	76	9504	9718	84958	86344	3908603	3729852
四川	99	9429	9259	75915	75922	3297833	2703072
贵州	29	1257	1186	9365	11074	333578	298006
云南	33	4142	3866	37881	35240	1236280	1236414
西藏	1	3	3	750	722	21700	21700
陕西	35	1196	1030	20912	21355	1394679	1323940
甘肃	14	609	551	6784	6568	505889	484649
青海	9	119	125	5768	5932	193659	179022
宁夏	15	508	478	8501	8108	373221	342449
新疆	65	1805	1541	19735	19036	1537350	1438324

2-13　续表 10

综合零售

地　区	连锁总店数（个）	门店数（个）		年末从业人员（人）		年末零售营业面积（平方米）	
	2014年	2014年	2013年	2014年	2013年	2014年	2013年
全　国	**833**	**67090**	**66083**	**1381418**	**1420803**	**73642143**	**71528477**
北　京	55	2850	2665	105870	106896	5485037	5326587
天　津	14	1217	1451	17123	18030	681135	726243
河　北	27	802	779	24641	25099	1598800	1580088
山　西	19	1736	1502	24719	28368	1239911	1123201
内蒙古	6	77	86	2955	3661	138853	130487
辽　宁	28	2143	2087	28106	27868	1404403	1209013
吉　林	7	45	73	2337	2620	100057	122727
黑龙江	7	351	328	9499	9109	474907	420071
上　海	42	10818	10963	202487	204795	8266914	7483338
江　苏	61	6017	6006	153636	164804	6716213	6721249
浙　江	82	12382	12686	75286	82662	4126328	3920750
安　徽	41	1780	1795	67404	67655	3205305	2966131
福　建	41	1085	936	57465	47827	3651331	4276961
江　西	20	418	387	20697	21081	1253770	1224162
山　东	46	3439	3354	125376	129419	9452756	9338982
河　南	47	1572	1477	44025	43959	2368077	2079090
湖　北	29	2360	2294	96597	106124	5670649	5035028
湖　南	35	1308	1345	42909	42953	1668648	2910486
广　东	85	4146	3577	107989	115586	7384130	6995999
广　西	10	441	493	15524	14218	588614	621059
海　南	1	14	13	421	393	19589	22140
重　庆	29	3844	3807	61098	63694	3026681	2918654
四　川	41	6221	6116	51714	50233	2359376	1812138
贵　州	9	264	249	3254	5256	143276	125084
云　南	10	659	633	10044	9061	438686	407111
西　藏	1	3	3	750	722	21700	21700
陕　西	17	407	311	11334	11636	889401	870912
甘　肃	1	10	10	516	520	24590	27966
青　海	4	72	75	4360	4450	148045	134006
宁　夏	5	209	205	6174	5838	274270	251007
新　疆	13	400	377	7108	6266	820691	726107

2-13 续表 11

食品、饮料及烟草制品专门零售

地 区	连锁总店数(个)	门店数(个)		年末从业人员(人)		年末零售营业面积(平方米)	
	2014年	2014年	2013年	2014年	2013年	2014年	2013年
全 国	**148**	**12747**	**11644**	**57573**	**55802**	**715317**	**692211**
北 京	18	1649	1523	14956	13224	161841	154162
天 津	5	129	124	2878	2975	28127	27991
河 北	2	70	27	287	182	12150	3550
山 西	3	42	48	451	612	5313	5553
内蒙古							
辽 宁	4	74	72	695	697	7054	6984
吉 林	2	49	51	571	586	5200	5300
黑龙江							
上 海	3	1151	1133	5147	5278	68798	69231
江 苏	21	1221	1161	3810	3898	40368	44715
浙 江	14	1515	1562	3662	3721	66023	70199
安 徽	2	243	226	821	1174	27050	27050
福 建	13	507	579	2520	2595	29649	25223
江 西	5	1356	1160	4086	3837	75282	74151
山 东	2	338	327	1793	1751	24200	23600
河 南	9	674	665	2223	1823	47572	41835
湖 北	12	1900	1223	6718	6369	44513	37289
湖 南	4	594	476	1498	971	15559	18265
广 东	16	684	743	3739	4312	34607	36987
广 西							
海 南							
重 庆	8	448	442	1277	1350	12373	10193
四 川	1	16	13	72	64	2242	2023
贵 州							
云 南	2	46	48	208	239	1901	2415
西 藏							
陕 西							
甘 肃							
青 海							
宁 夏	1	35	35	137	120	5050	5050
新 疆	1	6	6	24	24	445	445

2-13 续表 12

纺织、服装及日用品专门零售

地区	连锁总店数(个)	门店数(个)		年末从业人员(人)		年末零售营业面积(平方米)	
	2014年	2014年	2013年	2014年	2013年	2014年	2013年
全　国	**161**	**11737**	**11863**	**73421**	**76899**	**2546266**	**2389205**
北　京	24	696	689	10255	10093	246434	233772
天　津	4	46	51	567	639	11389	11252
河　北	2	48	54	507	502	4929	4873
山　西	2	13	12	140	147	800	2150
内蒙古							
辽　宁	6	79	83	764	787	306129	306396
吉　林	2	18	20	189	225	4048	4198
黑龙江	1	28	21	329	251	8430	6316
上　海	12	2600	2606	17017	17449	421549	384383
江　苏	4	395	454	1951	1976	37824	36099
浙　江	15	508	492	3716	4551	85076	84931
安　徽	1	3	3	18	25	800	800
福　建	5	85	89	694	752	16961	17146
江　西	4	89	81	554	581	13654	12354
山　东	4	27	26	230	219	5034	4138
河　南	6	47	51	425	525	12612	13222
湖　北	15	290	320	5724	5818	96910	122221
湖　南	4	456	326	765	801	34448	30456
广　东	28	5777	5937	23992	25211	1052028	916974
广　西							
海　南							
重　庆	9	168	154	2053	2006	59009	59026
四　川	6	211	245	1370	2010	50235	66836
贵　州							
云　南	1	10	18	343	406	11586	12153
西　藏							
陕　西	3	127	114	1220	1268	29141	22967
甘　肃							
青　海	2	13	14	591	650	37040	36342
宁　夏							
新　疆	1	3	3	7	7	200	200

2-13 续表 13

文化、体育用品及器材专门零售

地 区	连锁总店数(个)	门店数(个)		年末从业人员(人)		年末零售营业面积(平方米)	
	2014年	2014年	2013年	2014年	2013年	2014年	2013年
全 国	**88**	**1660**	**2034**	**36648**	**41253**	**1079747**	**1042558**
北 京	6	95	91	1114	1120	84735	72571
天 津							
河 北	1	4	4	52	60	1390	1390
山 西							
内蒙古							
辽 宁	1	23	26	480	313	27521	26826
吉 林							
黑龙江	2	24	29	1757	3437	16586	19032
上 海	4	139	156	2685	2874	61504	85367
江 苏	5	37	41	387	428	30127	30530
浙 江	2	23	24	632	761	5617	5928
安 徽	1	13	13	620	645	17147	17147
福 建	3	12	12	295	272	6356	6356
江 西	3	127	125	4815	4815	115131	102613
山 东	3	21	22	656	689	40669	40749
河 南	5	26	27	944	940	11981	11981
湖 北	8	95	107	1661	1949	26283	31262
湖 南	3	34	32	356	389	12209	10210
广 东	15	305	491	3656	4572	130280	150087
广 西	1	4	4	306	318	15000	15000
海 南							
重 庆	2	114	272	2599	2605	140314	84500
四 川	4	344	346	9124	10440	137004	121862
贵 州							
云 南	3	74	67	1698	1655	82006	78196
西 藏							
陕 西	1	20	20	958	1084	19978	20359
甘 肃							
青 海							
宁 夏	1	9	8	203	198	9971	10609
新 疆	14	117	117	1650	1689	87938	99983

2-13 续表 14

医药及医疗器材专门零售

地　区	连锁总店数（个）	门店数（个）		年末从业人员（人）		年末零售营业面积（平方米）	
	2014年	2014年	2013年	2014年	2013年	2014年	2013年
全　国	**666**	**41570**	**39834**	**233500**	**229910**	**5271271**	**4807398**
北　京	27	858	867	6351	6354	161821	160657
天　津	6	177	236	2180	2292	45329	58867
河　北	19	932	744	6343	5393	95921	83690
山　西	13	612	501	5780	5301	107411	95265
内 蒙 古	8	166	150	1168	1159	20048	17884
辽　宁	37	2600	2373	16137	17062	501247	436641
吉　林	6	212	196	1157	1169	13302	34404
黑 龙 江	18	1172	1058	4687	5438	125642	120769
上　海	19	2078	2042	11537	12461	433233	183244
江　苏	43	2022	1900	11424	10542	257396	230385
浙　江	81	3575	3505	15176	15095	377106	367904
安　徽	16	414	388	4104	3764	75759	72186
福　建	24	641	556	3770	3812	98033	96167
江　西	15	689	569	4813	4579	95203	81265
山　东	55	2214	2049	11704	11183	248313	226073
河　南	30	1137	1098	7046	7516	140494	121976
湖　北	37	1374	1261	9658	8566	184934	181804
湖　南	14	1798	1451	12226	12134	231927	185063
广　东	47	3529	4256	23548	24614	381811	457078
广　西	18	1630	1581	8708	8948	192104	183095
海　南	3	284	204	1403	1510	57200	30741
重　庆	20	4789	4912	13590	13161	310747	318663
四　川	35	2498	2402	8454	8287	230017	200669
贵　州	18	964	910	5040	4750	93575	83345
云　南	8	3163	2914	22000	20247	409422	436448
西　藏							
陕　西	8	458	409	4755	4654	56653	56529
甘　肃	8	401	342	3879	3545	176558	152822
青　海	3	34	36	817	832	8574	8674
宁　夏	7	157	155	1014	944	21215	20675
新　疆	23	992	769	5031	4598	120276	104415

2-13 续表 15

汽车、摩托车、燃料及零配件专门零售

地区	连锁总店数(个)	门店数(个)		年末从业人员(人)		年末零售营业面积(平方米)	
	2014年	2014年	2013年	2014年	2013年	2014年	2013年
全国	**191**	**13344**	**13135**	**129240**	**136778**	**20911640**	**20119075**
北京	4	540	571	6360	6465	189750	204302
天津	3	651	596	9479	9794	975565	918665
河北	8	1167	1211	8552	9232	2256501	1794521
山西	9	929	967	6772	6656	1178596	1216163
内蒙古							
辽宁	7	659	656	8961	9793	1802765	1805581
吉林	1	226	231	2501	2663	18000	18000
黑龙江	2	167	172	2210	2260	15060	15060
上海							
江苏	2	194	194	2661	2806	556000	556000
浙江	2	7	7	66	65	1596	1596
安徽							
福建	31	1645	1541	11620	14680	1812263	1730424
江西	15	497	478	5147	5382	737604	726751
山东	10	594	584	4135	4413	1162739	1202466
河南	7	671	726	3592	4418	1465205	1657949
湖北	9	641	524	7813	7808	320317	314802
湖南	27	1695	1678	13084	13336	2390955	2058570
广东	34	2019	1992	25170	25164	4584342	4548803
广西	2	38	37	288	349	53070	71500
海南	2	417	396	3429	3866	332043	271876
重庆	4	29	25	123	119	2765	2255
四川							
贵州							
云南	1	91	87	1221	1325	93000	89000
西藏							
陕西	4	168	161	1891	1888	393056	346723
甘肃	4	174	178	2299	2395	300741	300861
青海							
宁夏							
新疆	3	125	123	1866	1901	269707	267207

2-13 续表 16

家用电器及电子产品专门零售

地　区	连锁总店数(个)	门店数(个)		年末从业人员(人)		年末零售营业面积(平方米)	
	2014年	2014年	2013年	2014年	2013年	2014年	2013年
全　国	**213**	**6997**	**6978**	**263421**	**265037**	**15093985**	**15040735**
北　京	7	376	370	11188	10615	793333	811218
天　津	4	88	72	2800	3088	281100	330129
河　北	7	85	85	2579	2105	201476	201104
山　西	6	61	55	1505	1479	159737	150752
内蒙古	3	19	19	707	728	86059	82059
辽　宁	5	92	82	3774	3293	363881	351584
吉　林	5	53	53	1582	1400	126709	126709
黑龙江	5	79	82	1373	1469	129053	141706
上　海	4	244	200	7321	7719	698476	689864
江　苏	13	1858	1864	158096	158923	6767565	6765589
浙　江	7	66	59	1709	1786	83296	88363
安　徽	5	70	72	2551	2889	172710	180052
福　建	20	393	388	7674	8300	524551	518793
江　西	8	49	53	2049	1759	105837	100732
山　东	10	90	86	2977	3074	308371	263645
河　南	18	181	203	5299	4919	461281	485240
湖　北	11	191	187	5996	7116	664841	654327
湖　南	5	80	70	2136	2272	295640	195189
广　东	30	2256	2372	23941	24694	1395270	1472107
广　西	3	60	42	1981	1959	130871	119790
海　南							
重　庆	4	112	106	4218	3409	356714	336561
四　川	10	135	133	5020	4740	489559	470144
贵　州	2	29	27	1071	1068	96727	89577
云　南	8	99	99	2367	2307	199679	211091
西　藏							
陕　西	2	16	15	754	825	6450	6450
甘　肃	1	24	21	90	108	4000	3000
青　海							
宁　夏	1	98	75	973	1008	62715	55108
新　疆	9	93	88	1690	1985	128084	139852

2-13 续表 17

五金、家具及室内装饰材料专门零售

地区	连锁总店数（个）	门店数（个）		年末从业人员（人）		年末零售营业面积（平方米）	
	2014年	2014年	2013年	2014年	2013年	2014年	2013年
全　国	**19**	**185**	**168**	**6333**	**6149**	**494706**	**470496**
北　京	3	9	10	820	833	54390	54733
天　津	1	7	7	193	209	4029	4029
河　北							
山　西							
内蒙古							
辽　宁							
吉　林							
黑龙江							
上　海	4	16	19	1016	1108	102811	116811
江　苏	1	1	1	66	83	8850	8850
浙　江	1	37	31	241	192	30368	3800
安　徽							
福　建							
江　西							
山　东	1	2	2	59	61	7841	6700
河　南							
湖　北	1	6	5	110	105	2985	2985
湖　南							
广　东	4	34	31	1308	844	144023	143073
广　西							
海　南							
重　庆							
四　川	2	4	4	161	148	29400	29400
贵　州							
云　南							
西　藏							
陕　西							
甘　肃							
青　海							
宁　夏							
新　疆	1	69	58	2359	2566	110009	100115

2-13 续表 18

货摊、无店铺及其他零售业

地 区	连锁总店数(个)	门店数(个)		年末从业人员(人)		年末零售营业面积(平方米)	
	2014年	2014年	2013年	2014年	2013年	2014年	2013年
全 国	**7**	**120**	**139**	**881**	**986**	**21371**	**22928**
北 京							
天 津							
河 北							
山 西							
内蒙古							
辽 宁							
吉 林	1	4	4	39	39	165	165
黑龙江							
上 海	1	14	30	333	351	3142	4699
江 苏	1	23	23	77	84	3650	3500
浙 江							
安 徽							
福 建	1	15	18	45	72	750	900
江 西							
山 东							
河 南							
湖 北							
湖 南							
广 东	3	64	64	387	440	13664	13664
广 西							
海 南							
重 庆							
四 川							
贵 州							
云 南							
西 藏							
陕 西							
甘 肃							
青 海							
宁 夏							
新 疆							

2-14 按行业分各地区连锁零售企业直营门店基本情况

批发业

地区	门店数(个)		年末从业人员(人)		年末零售营业面积(平方米)	
	2014年	2013年	2014年	2013年	2014年	2013年
全国	**31452**	**30978**	**277377**	**288599**	**41228667**	**38474152**
北京	205	208	2828	2907	180357	179150
天津	9	9	164	144	8533	8533
河北	1429	1458	10724	11224	2287582	2456957
山西	32	28	1529	1501	100	28981
内蒙古						
辽宁	447	454	6762	6883	290696	291677
吉林	226	177	1819	1411	57240	53200
黑龙江	36	35	384	391	1083	1083
上海	1097	1037	10883	14970	323079	315885
江苏	4296	4383	37783	37922	5114946	5121751
浙江	4414	4413	39938	40846	6175841	6177533
安徽	2218	2384	13424	16622	1957183	1973751
福建	224	149	966	1614	35669	37781
江西	1017	958	12730	13591	943045	752728
山东	3266	3355	19537	21164	4544936	2172221
河南	1013	1040	5288	6416	2368944	2203715
湖北	500	327	11177	7736	236668	146634
湖南	49	47	952	885	31561	29881
广东	4500	4353	46090	45038	9658837	9497408
广西	1569	1521	13127	13883	2580326	2569280
海南						
重庆	775	762	8183	8294	269635	262818
四川	161	147	1331	1335	38176	37873
贵州						
云南	362	351	3181	3108	731658	738401
西藏						
陕西	1010	999	15212	15669	1126575	912325
甘肃	132	136	593	702	278589	278589
青海	22	6	526	589	18700	57700
宁夏	191	191	1576	1830	213990	209740
新疆	2252	2050	10670	11924	1754718	1958557

2-14 续表 1

农、林、牧产品批发

地区	门店数(个)		年末从业人员(人)		年末零售营业面积(平方米)	
	2014年	2013年	2014年	2013年	2014年	2013年
全国	**88**	**93**	**2390**	**1566**	**18945**	**21400**
北京						
天津						
河北						
山西						
内蒙古						
辽宁						
吉林						
黑龙江						
上海						
江苏						
浙江						
安徽	71	78	1136	1226		
福建						
江西						
山东						
河南						
湖北	4	4	1185	256	1185	5000
湖南	9	7	41	37	16740	15380
广东	3	3	13	32	296	296
广西						
海南						
重庆						
四川	1	1	15	15	724	724
贵州						
云南						
西藏						
陕西						
甘肃						
青海						
宁夏						
新疆						

2-14 续表 2

食品、饮料及烟草制品批发

地　区	门店数 (个)		年末从业人员 (人)		年末零售营业面积 (平方米)	
	2014年	2013年	2014年	2013年	2014年	2013年
全　国	**1662**	**1613**	**25525**	**30000**	**351822**	**402050**
北　京	25	25	195	211	2091	2091
天　津	3	3	73	76	160	160
河　北						
山　西	32	28	1529	1501	100	28981
内蒙古						
辽　宁						
吉　林						
黑龙江						
上　海	392	322	2226	5864	70606	59896
江　苏	525	534	2483	1992	7858	7320
浙　江	31	32	389	408	9094	9174
安　徽						
福　建	49	68	703	1271	27158	29675
江　西	102	94	6706	6831	13287	12897
山　东	109	110	2977	2671	48788	49688
河　南	70	68	235	230	4200	4200
湖　北	16	14	832	830	1043	735
湖　南	3	3	15	18	400	400
广　东	98	110	732	875	6135	11090
广　西						
海　南						
重　庆	49	49	558	539	16645	16645
四　川						
贵　州						
云　南						
西　藏						
陕　西	73	76	4413	5004	124506	104347
甘　肃						
青　海	22	6	526	589	18700	57700
宁　夏	54	54	433	582	650	650
新　疆	9	17	500	508	401	6401

2-14 续表 3

纺织、服装及家庭用品批发

地区	门店数（个）		年末从业人员（人）		年末零售营业面积（平方米）	
	2014年	2013年	2014年	2013年	2014年	2013年
全国	**824**	**804**	**16675**	**19019**	**1461870**	**1512022**
北京						
天津						
河北						
山西						
内蒙古						
辽宁	1	1	1664	1557	2400	2400
吉林						
黑龙江						
上海	67	68	1450	1566	4730	4730
江苏	122	175	322	526	7066	11075
浙江	148	247	1228	2012	11025	18219
安徽						
福建						
江西						
山东	67	68	9155	11174	1362972	1441547
河南						
湖北	8	8	150	170	818	818
湖南						
广东	411	237	2706	2014	72859	33233
广西						
海南						
重庆						
四川						
贵州						
云南						
西藏						
陕西						
甘肃						
青海						
宁夏						
新疆						

2-14 续表 4

文化、体育用品及器材批发

地区	门店数(个)		年末从业人员(人)		年末零售营业面积(平方米)	
	2014年	2013年	2014年	2013年	2014年	2013年
全国	**586**	**562**	**17523**	**16129**	**891608**	**780520**
北京	4	7	64	60	3065	1968
天津						
河北						
山西						
内蒙古						
辽宁						
吉林	5	5	132	121	2240	3200
黑龙江						
上海						
江苏	81	82	5596	5596	365542	364086
浙江	359	346	6027	5782	328174	325554
安徽						
福建						
江西						
山东						
河南						
湖北	8	8	3148	3375	65000	65000
湖南	2	2	643	573	8600	8800
广东	124	111	1892	604	118987	11912
广西						
海南						
重庆						
四川						
贵州						
云南						
西藏						
陕西	3	1	21	18		
甘肃						
青海						
宁夏						
新疆						

2-14　续表 5

医药及医疗器材批发

地　区	门店数(个)		年末从业人员(人)		年末零售营业面积(平方米)	
	2014年	2013年	2014年	2013年	2014年	2013年
全　国	**1109**	**1024**	**7068**	**6465**	**167363**	**157750**
北　京						
天　津						
河　北						
山　西						
内蒙古						
辽　宁						
吉　林	221	172	1687	1290	55000	50000
黑龙江						
上　海						
江　苏	210	210	1130	1130	26000	26000
浙　江	188	158	974	890	13667	11083
安　徽						
福　建	14	10	100	100	6971	6971
江　西						
山　东	106	102	978	920	16690	15320
河　南						
湖　北	7	8	63	52	1164	1327
湖　南	15	15	188	192	2321	2301
广　东	104	120	479	484	8748	8879
广　西						
海　南						
重　庆	34	40	224	237	3528	3750
四　川	41	32	516	508	14074	13771
贵　州						
云　南	130	118	502	447	15402	14550
西　藏						
陕　西	32	32	90	90	2837	2837
甘　肃						
青　海						
宁　夏						
新　疆	7	7	137	125	961	961

2-14 续表 6

矿产品、建材及化工产品批发

地区	门店数（个）		年末从业人员（人）		年末零售营业面积（平方米）	
	2014年	2013年	2014年	2013年	2014年	2013年
全国	**25802**	**25670**	**193859**	**203932**	**37222117**	**34481165**
北京	160	160	2057	2152	169068	168958
天津						
河北	1429	1458	10724	11224	2287582	2456957
山西						
内蒙古						
辽宁	398	402	4796	5063	287996	288477
吉林						
黑龙江	36	35	384	391	1083	1083
上海	638	647	7207	7540	247743	251259
江苏	3350	3374	28153	28576	4706610	4711400
浙江	3290	3292	28240	29238	5772931	5775353
安徽	1661	1820	7563	10503	952827	969395
福建	159	53	129	145	1270	670
江西	915	864	6024	6760	929758	739831
山东	2978	3069	6312	6288	3112426	661606
河南	939	968	4987	6128	2363244	2197515
湖北	307	285	3222	3053	165490	73754
湖南						
广东	3602	3593	38358	38917	9419190	9391080
广西	1558	1510	12891	13641	2575459	2564413
海南						
重庆	687	668	7388	7505	248380	241341
四川	119	114	800	812	23378	23378
贵州						
云南	174	174	2252	2264	713885	721400
西藏						
陕西	902	890	10688	10557	999232	805141
甘肃	132	136	593	702	278589	278589
青海						
宁夏	132	132	1058	1182	212620	208370
新疆	2236	2026	10033	11291	1753356	1951195

2-14 续表 7

机械设备、五金产品及电子产品批发

地区	门店数（个）		年末从业人员（人）		年末零售营业面积（平方米）	
	2014年	2013年	2014年	2013年	2014年	2013年
全国	**566**	**552**	**5818**	**5403**	**86293**	**84768**
北京	16	16	512	484	6133	6133
天津	6	6	91	68	8373	8373
河北						
山西						
内蒙古						
辽宁	4	11	122	89	300	800
吉林						
黑龙江						
上海						
江苏	8	8	99	102	1870	1870
浙江	398	338	3080	2516	40950	38150
安徽						
福建	2	18	34	98	270	465
江西						
山东	5	5	110	106	3800	3800
河南	4	4	66	58	1500	2000
湖北						
湖南						
广东	111	133	1466	1636	18190	18190
广西	11	11	236	242	4867	4867
海南						
重庆						
四川						
贵州						
云南	1	2	2	4	40	120
西藏						
陕西						
甘肃						
青海						
宁夏						
新疆						

2-14 续表 8

其他批发业

地　区	门店数（个）		年末从业人员（人）		年末零售营业面积（平方米）	
	2014年	2013年	2014年	2013年	2014年	2013年
全　国	**815**	**660**	**8519**	**6085**	**1028649**	**1034477**
北　京						
天　津						
河　北						
山　西						
内蒙古						
辽　宁	44	40	180	174		
吉　林						
黑龙江						
上　海						
江　苏						
浙　江						
安　徽	486	486	4725	4893	1004356	1004356
福　建						
江　西						
山　东	1	1	5	5	260	260
河　南						
湖　北	150		2577		1968	
湖　南	20	20	65	65	3500	3000
广　东	47	46	444	476	14432	22728
广　西						
海　南						
重　庆	5	5	13	13	1082	1082
四　川						
贵　州						
云　南	57	57	425	393	2331	2331
西　藏						
陕　西						
甘　肃						
青　海						
宁　夏	5	5	85	66	720	720
新　疆						

2-14 续表 9

零售业

地区	门店数(个)		年末从业人员(人)		年末零售营业面积(平方米)	
	2014年	2013年	2014年	2013年	2014年	2013年
全国	**100303**	**95679**	**1933444**	**1977848**	**111188548**	**108141388**
北京	5215	5008	145041	144467	6905573	6752560
天津	1820	1860	34005	35683	1975834	2009976
河北	2699	2537	42178	41980	4134651	3641676
山西	2023	1915	33371	37221	2614863	2521449
内蒙古	218	217	4767	5489	242580	228290
辽宁	3949	3675	50669	51610	4218273	3948134
吉林	607	628	8376	8702	267481	311503
黑龙江	1437	1325	18908	21217	751042	708668
上海	10084	10184	166911	174695	6418864	5972530
江苏	8227	8101	303891	311613	13475612	13408777
浙江	6500	6360	77262	82663	4026108	3789437
安徽	1953	1809	70210	64810	3297356	3027523
福建	3616	3486	80072	74673	6045993	6613004
江西	1800	1615	37882	37683	2215114	2142812
山东	5340	4994	141351	145136	11098750	10928595
河南	3137	3061	60795	61346	4383981	4292010
湖北	6042	5316	130932	141214	6960084	6336533
湖南	3906	3569	67476	68213	4460533	5245804
广东	12974	12610	186504	196812	14385709	14077796
广西	1357	1280	22902	21305	865007	878616
海南	715	613	5253	5769	408832	324757
重庆	2970	2814	74683	75091	3650656	3451370
四川	5354	5168	65961	67830	3112811	2520313
贵州	1015	931	8808	10535	319392	283810
云南	3739	3467	37166	34543	1213942	1214162
西藏	3	3	750	722	21700	21700
陕西	1027	893	18799	19322	1224705	1154410
甘肃	607	550	6776	6563	505489	484549
青海	99	103	5743	5910	192879	178142
宁夏	478	445	8399	7995	370526	339359
新疆	1392	1142	17603	17036	1424208	1333123

2-14 续表 10

综合零售

地区	门店数（个）		年末从业人员（人）		手末零售营业面积（平方米）	
	2014年	2013年	2014年	2013年	2014年	2013年
全　国	**34959**	**33684**	**1198375**	**1233805**	**66724656**	**64939340**
北　京	1955	1786	99677	100994	5331630	5172316
天　津	736	789	15921	16706	631225	660043
河　北	428	412	23998	24506	1569284	1552548
山　西	374	348	18762	23145	1164661	1054861
内蒙古	73	82	2931	3635	138383	130017
辽　宁	653	620	20865	20689	1240450	1046760
吉　林	45	73	2337	2620	100057	122727
黑龙江	162	158	8799	8609	456957	406471
上　海	6419	6549	131565	137650	5037226	4587180
江　苏	3180	3087	127761	134991	5843246	5784649
浙　江	2907	2856	56057	60962	3489478	3274688
安　徽	1210	1137	62096	56513	3003890	2732118
福　建	736	689	55781	46504	3628951	4263237
江　西	228	198	17845	18164	1099170	1069562
山　东	2151	1989	120024	123951	9305925	9165456
河　南	960	869	43204	43149	2341276	2052089
湖　北	2325	2245	95243	104707	5654332	5014033
湖　南	652	607	41102	41199	1558648	2805966
广　东	3362	3094	97123	106407	6937598	6679253
广　西	319	328	14489	12569	535642	551472
海　南	14	13	421	393	19589	22140
重　庆	979	934	57550	60148	2895929	2786436
四　川	3630	3512	44206	44618	2246062	1698191
贵　州	264	249	3254	5256	143276	125084
云　南	313	291	9443	8467	421478	389989
西　藏	3	3	750	722	21700	21700
陕　西	403	307	10828	11119	741401	722912
甘　肃	10	10	516	520	24590	27966
青　海	72	75	4360	4450	148045	134006
宁　夏	204	197	6149	5790	274175	250517
新　疆	192	177	5318	4652	720382	634953

2-14 续表 11

食品、饮料及烟草制品专门零售

地 区	门店数(个)		年末从业人员(人)		年末零售营业面积(平方米)	
	2014年	2013年	2014年	2013年	2014年	2013年
全 国	**8079**	**7399**	**47183**	**46356**	**549562**	**531231**
北 京	913	860	10830	9331	91683	87608
天 津	129	123	2878	2968	28127	27921
河 北	35	27	147	182	5150	3550
山 西	42	48	451	612	5313	5553
内蒙古						
辽 宁	74	72	695	697	7054	6984
吉 林	49	51	571	586	5200	5300
黑龙江						
上 海	1151	1133	5147	5278	68798	69231
江 苏	1211	1151	3720	3808	38868	43215
浙 江	638	679	2818	2860	40445	43671
安 徽	243	196	821	974	27050	25220
福 建	321	361	1990	2013	20489	19224
江 西	177	126	2821	2449	53565	50525
山 东	284	277	1687	1651	22060	21500
河 南	411	403	1534	1357	39789	34632
湖 北	1407	909	5795	5806	39554	33669
湖 南	163	88	636	475	9094	4685
广 东	661	741	3709	4304	33207	36757
广 西						
海 南						
重 庆	92	77	569	623	7078	4653
四 川	16	13	72	64	2242	2023
贵 州						
云 南	46	48	208	239	1901	2415
西 藏						
陕 西						
甘 肃						
青 海						
宁 夏	10	10	60	55	2450	2450
新 疆	6	6	24	24	445	445

2-14 续表 12

纺织、服装及日用品专门零售

地区	门店数(个)		年末从业人员(人)		年末零售营业面积(平方米)	
	2014年	2013年	2014年	2013年	2014年	2013年
全国	**5227**	**4842**	**53535**	**55262**	**2164389**	**2035662**
北京	678	669	10139	9961	244427	231651
天津	46	51	567	639	11389	11252
河北	48	54	507	502	4929	4873
山西	13	4	140	49	800	510
内蒙古						
辽宁	78	82	761	784	306029	306296
吉林	18	20	189	225	4048	4198
黑龙江	28	21	329	251	8430	6316
上海	1366	1332	12642	13577	358736	331136
江苏	49	81	428	502	7045	7765
浙江	276	327	3344	4172	64623	69460
安徽	3	3	18	25	800	800
福建	85	89	694	752	16961	17146
江西	89	81	554	581	13654	12354
山东	27	26	230	219	5034	4138
河南	43	47	405	505	11812	12422
湖北	290	320	5724	5818	96910	122221
湖南	135	130	519	579	16030	18826
广东	1546	1089	11431	10483	836955	694564
广西						
海南						
重庆	130	116	1638	1601	37239	52456
四川	159	180	1314	1880	44235	58836
贵州						
云南	10	18	343	406	11586	12153
西藏						
陕西	94	85	1021	1094	25477	19747
甘肃						
青海	13	14	591	650	37040	36342
宁夏						
新疆	3	3	7	7	200	200

2-14 续表 13

文化、体育用品及器材专门零售

地区	门店数（个）		年末从业人员（人）		年末零售营业面积（平方米）	
	2014年	2013年	2014年	2013年	2014年	2013年
全国	**1558**	**1773**	**35938**	**40432**	**1074825**	**1016010**
北京	93	89	1112	1118	84578	72414
天津						
河北	4	4	52	60	1390	1390
山西						
内蒙古						
辽宁	23	26	480	313	27521	26826
吉林						
黑龙江	24	29	1757	3437	16586	19032
上海	139	156	2685	2874	61504	85367
江苏	37	41	387	428	30127	30530
浙江	23	24	632	761	5617	5928
安徽	13	13	620	645	17147	17147
福建	12	12	295	272	6356	6356
江西	127	125	4815	4815	115131	102613
山东	21	22	656	689	40669	40749
河南	26	27	944	940	11981	11981
湖北	66	78	1602	1890	23333	28312
湖南	34	32	356	389	12209	10210
广东	304	490	3653	4569	130230	150037
广西	4	4	306	318	15000	15000
海南						
重庆	72	72	2538	2433	138550	61110
四川	316	317	8539	9855	137003	121861
贵州						
云南	74	67	1698	1655	82006	78196
西藏						
陕西	20	20	958	1084	19978	20359
甘肃						
青海						
宁夏	9	8	203	198	9971	10609
新疆	117	117	1650	1689	87938	99983

2-14 续表 14

医药及医疗器材专门零售

地区	门店数（个）		年末从业人员（人）		年末零售营业面积（平方米）	
	2014年	2013年	2014年	2013年	2014年	2013年
全国	**30213**	**27910**	**201409**	**196056**	**4301600**	**4108821**
北京	651	653	4915	5150	115782	118318
天津	163	222	2167	2279	44399	57937
河北	932	744	6343	5393	95921	83690
山西	604	493	5741	5280	105756	93610
内蒙古	126	116	1129	1126	18138	16214
辽宁	2370	2137	15133	16041	470573	404103
吉林	212	196	1157	1169	13302	34404
黑龙江	977	863	4440	5191	124956	120083
上海	735	765	6202	6138	88171	88242
江苏	1728	1699	10904	10154	224411	211479
浙江	2547	2378	12419	11896	312185	306431
安徽	414	388	4104	3764	75759	72186
福建	566	547	3511	3780	77357	94852
江西	633	554	4651	4533	90153	80275
山东	2171	2008	11583	11078	246111	223941
河南	971	912	6556	6923	117317	102377
湖北	1116	1048	8649	7964	157812	166184
湖南	1147	964	9643	9963	177957	152358
广东	2752	2748	19993	20037	331920	359538
广西	949	877	5933	6196	143095	131856
海南	284	204	1403	1510	57200	30741
重庆	1556	1484	8047	6758	212381	207899
四川	1094	1009	6649	6525	164310	139858
贵州	722	655	4483	4211	79389	69149
云南	3106	2857	21886	20144	404292	431318
西藏						
陕西	330	309	3402	3347	40343	40219
甘肃	399	341	3871	3540	176158	152722
青海	14	14	792	810	7794	7794
宁夏	157	155	1014	944	21215	20675
新疆	787	570	4689	4212	107443	90368

2-14 续表 15

汽车、摩托车、燃料及零配件专门零售

地区	门店数 (个)		年末从业人员 (人)		年末零售营业面积 (平方米)	
	2014年	2013年	2014年	2013年	2014年	2013年
全国	**13205**	**12996**	**128345**	**135752**	**20825140**	**20032575**
北京	540	571	6360	6465	189750	204302
天津	651	596	9479	9794	975565	918665
河北	1167	1211	8552	9232	2256501	1794521
山西	929	967	6772	6656	1178596	1216163
内蒙古						
辽宁	659	656	8961	9793	1802765	1805581
吉林	226	231	2501	2663	18000	18000
黑龙江	167	172	2210	2260	15060	15060
上海						
江苏	194	194	2661	2806	556000	556000
浙江	7	7	66	65	1596	1596
安徽						
福建	1645	1541	11620	14680	1812263	1730424
江西	497	478	5147	5382	737604	726751
山东	594	584	4135	4413	1162739	1202466
河南	547	602	2857	3557	1400705	1593449
湖北	641	524	7813	7808	320317	314802
湖南	1695	1678	13084	13336	2390955	2058570
广东	2008	1981	25065	25034	4564342	4528803
广西	38	37	288	349	53070	71500
海南	417	396	3429	3866	332043	271876
重庆	29	25	123	119	2765	2255
四川						
贵州						
云南	91	87	1221	1325	93000	89000
西藏						
陕西	164	157	1836	1853	391056	344723
甘肃	174	178	2299	2395	300741	300861
青海						
宁夏						
新疆	125	123	1866	1901	269707	267207

2-14 续表 16

家用电器及电子产品专门零售

地 区	门店数 (个)		年末从业人员 (人)		年末零售营业面积 (平方米)	
	2014年	2013年	2014年	2013年	2014年	2013年
全 国	**6773**	**6787**	**261491**	**263123**	**15033349**	**14985525**
北 京	376	370	11188	10615	793333	811218
天 津	88	72	2800	3088	281100	330129
河 北	85	85	2579	2105	201476	201104
山 西	61	55	1505	1479	159737	150752
内蒙古	19	19	707	728	86059	82059
辽 宁	92	82	3774	3293	363881	351584
吉 林	53	53	1582	1400	126709	126709
黑龙江	79	82	1373	1469	129053	141706
上 海	244	200	7321	7719	698476	689864
江 苏	1805	1825	157888	158758	5763715	6763089
浙 江	65	58	1685	1755	81796	83863
安 徽	70	72	2551	2889	172710	180052
福 建	251	247	6181	6672	483616	481765
江 西	49	53	2049	1759	105837	100732
山 东	90	86	2977	3074	308371	263645
河 南	179	201	5295	4915	461101	485060
湖 北	191	187	5996	7116	664841	654327
湖 南	80	70	2136	2272	295640	195189
广 东	2243	2372	23835	24694	1393770	1472107
广 西	47	34	1886	1873	118200	108788
海 南						
重 庆	112	106	4218	3409	356714	336561
四 川	135	133	5020	4740	489559	470144
贵 州	29	27	1071	1068	96727	89577
云 南	99	99	2367	2307	199679	211091
西 藏						
陕 西	16	15	754	825	6450	6450
甘 肃	24	21	90	108	4000	3000
青 海						
宁 夏	98	75	973	1008	62715	55108
新 疆	93	88	1690	1985	128084	139852

2-14 续表 17

五金、家具及室内装饰材料专门零售

地区	门店数(个)		年末从业人员(人)		年末零售营业面积(平方米)	
	2014年	2013年	2014年	2013年	2014年	2013年
全国	**185**	**168**	**6333**	**6149**	**494706**	**470496**
北京	9	10	820	833	54390	54733
天津	7	7	193	209	4029	4029
河北						
山西						
内蒙古						
辽宁						
吉林						
黑龙江						
上海	16	19	1016	1108	102811	116811
江苏	1	1	66	83	8850	8850
浙江	37	31	241	192	30368	3800
安徽						
福建						
江西						
山东	2	2	59	61	7841	6700
河南						
湖北	6	5	110	105	2985	2985
湖南						
广东	34	31	1308	844	144023	143073
广西						
海南						
重庆						
四川	4	4	161	148	29400	29400
贵州						
云南						
西藏						
陕西						
甘肃						
青海						
宁夏						
新疆	69	58	2359	2566	110009	100115

2-14 续表 18

货摊、无店铺及其他零售业

地区	门店数(个)		年末从业人员(人)		年末零售营业面积(平方米)	
	2014年	2013年	2014年	2013年	2014年	2013年
全国	**104**	**120**	**835**	**913**	**20321**	**21728**
北京						
天津						
河北						
山西						
内蒙古						
辽宁						
吉林	4	4	39	39	165	165
黑龙江						
上海	14	30	333	351	3142	4699
江苏	22	22	76	83	3350	3200
浙江						
安徽						
福建						
江西						
山东						
河南						
湖北						
湖南						
广东	64	64	387	440	13664	13664
广西						
海南						
重庆						
四川						
贵州						
云南						
西藏						
陕西						
甘肃						
青海						
宁夏						
新疆						

2-15 按行业分各地区连锁零售企业加盟门店基本情况

批发业

地区	门店数(个)		年末从业人员(人)		年末零售营业面积(平方米)	
	2014年	2013年	2014年	2013年	2014年	2013年
全国	**19513**	**18932**	**41859**	**40841**	**1207727**	**1069528**
北京	155	93	400	273	10480	4980
天津						
河北						
山西						
内蒙古						
辽宁	40	40	30	106	2860	2860
吉林						
黑龙江						
上海	97	104	1412	1700	29879	31874
江苏	2286	2325	4569	4681	9971	9479
浙江	4780	4136	8896	7941	364548	341013
安徽	4853	4853	7469	7490	121600	121600
福建	643	559	2556	2066	123557	113827
江西						
山东	742	742	4333	4435	106856	106856
河南						
湖北						
湖南	811	763	831	786	39750	38700
广东	1262	1497	2553	2728	166110	79996
广西	57	50	161	155	3265	2985
海南						
重庆	1954	1930	4424	4364	100065	98862
四川	279	280	871	876	27881	27952
贵州						
云南	185	196	179	225	1000	4205
西藏						
陕西						
甘肃						
青海						
宁夏	940	940	2732	2696	75905	69405
新疆	429	424	443	319	24000	14934

2-15 续表 1

农、林、牧产品批发

地　区	门店数 (个)		年末从业人员 (人)		年末零售营业面积 (平方米)	
	2014年	2013年	2014年	2013年	2014年	2013年
全　国	**3736**	**3688**	**8295**	**8329**	**52086**	**51036**
北　京						
天　津						
河　北						
山　西						
内蒙古						
辽　宁	40	40	30	106	2860	2860
吉　林						
黑龙江						
上　海						
江　苏						
浙　江						
安　徽	2873	2873	7183	7183		
福　建						
江　西						
山　东						
河　南						
湖　北						
湖　南	810	762	825	780	39630	38580
广　东						
广　西						
海　南						
重　庆						
四　川	13	13	257	260	9596	9596
贵　州						
云　南						
西　藏						
陕　西						
甘　肃						
青　海						
宁　夏						
新　疆						

2-15 续表 2

食品、饮料及烟草制品批发

地 区	门店数 (个)		年末从业人员 (人)		年末零售营业面积 (平方米)	
	2014年	2013年	2014年	2013年	2014年	2013年
全 国	**3936**	**3620**	**8954**	**7913**	**288364**	**254487**
北 京						
天 津						
河 北						
山 西						
内蒙古						
辽 宁						
吉 林						
黑龙江						
上 海	3	4	2	2	297	404
江 苏						
浙 江	2559	1906	4885	3879	116585	91514
安 徽						
福 建	632	549	2460	2000	121087	111457
江 西						
山 东						
河 南						
湖 北						
湖 南						
广 东	200	600	350	790	3628	5378
广 西						
海 南						
重 庆	542	561	1257	1242	46767	45734
四 川						
贵 州						
云 南						
西 藏						
陕 西						
甘 肃						
青 海						
宁 夏						
新 疆						

2-15 续表 3

纺织、服装及家庭用品批发

地　区	门店数(个)		年末从业人员(人)		年末零售营业面积(平方米)	
	2014年	2013年	2014年	2013年	2014年	2013年
全　国	**1428**	**1323**	**4977**	**5120**	**235273**	**149557**
北　京						
天　津						
河　北						
山　西						
内蒙古						
辽　宁						
吉　林						
黑龙江						
上　海						
江　苏	114	119	216	314	9971	9479
浙　江	241	331	494	662	11654	16474
安　徽						
福　建						
江　西						
山　东	532	532	3790	3900	94516	94516
河　南						
湖　北						
湖　南						
广　东	541	341	477	244	119132	29088
广　西						
海　南						
重　庆						
四　川						
贵　州						
云　南						
西　藏						
陕　西						
甘　肃						
青　海						
宁　夏						
新　疆						

2-15 续表 4

文化、体育用品及器材批发

地 区	门店数(个)		年末从业人员(人)		年末零售营业面积(平方米)	
	2014年	2013年	2014年	2013年	2014年	2013年
全 国	**134**	**114**	**377**	**112**	**7210**	**6210**
北 京						
天 津						
河 北						
山 西						
内蒙古						
辽 宁						
吉 林						
黑龙江						
上 海						
江 苏						
浙 江						
安 徽						
福 建						
江 西						
山 东						
河 南						
湖 北						
湖 南						
广 东	134	114	377	112	7210	6210
广 西						
海 南						
重 庆						
四 川						
贵 州						
云 南						
西 藏						
陕 西						
甘 肃						
青 海						
宁 夏						
新 疆						

2-15 续表 5

医药及医疗器材批发

地　区	门店数（个）		年末从业人员（人）		年末零售营业面积（平方米）	
	2014年	2013年	2014年	2013年	2014年	2013年
全　国	**1562**	**1582**	**3452**	**3596**	**90611**	**94193**
北　京						
天　津						
河　北						
山　西						
内蒙古						
辽　宁						
吉　林						
黑龙江						
上　海						
江　苏						
浙　江	126	125	362	346	13915	13251
安　徽						
福　建						
江　西						
山　东	90	90	189	181	4500	4500
河　南						
湖　北						
湖　南	1	1	6	6	120	120
广　东	368	421	705	865	22080	25260
广　西						
海　南						
重　庆	711	667	1576	1542	31711	29501
四　川	266	267	614	616	18285	18356
贵　州						
云　南		11		40		3205
西　藏						
陕　西						
甘　肃						
青　海						
宁　夏						
新　疆						

2-15 续表 6

矿产品、建材及化工产品批发

地区	门店数(个)		年末从业人员(人)		年末零售营业面积(平方米)	
	2014年	2013年	2014年	2013年	2014年	2013年
全　国	**8370**	**8257**	**14090**	**13939**	**496876**	**476838**
北　京	155	93	400	273	10480	4980
天　津						
河　北						
山　西						
内蒙古						
辽　宁						
吉　林						
黑龙江						
上　海	94	100	1410	1698	29582	31470
江　苏	2172	2206	4353	4367		
浙　江	1854	1774	3155	3054	222394	219774
安　徽	1980	1980	286	307	121600	121600
福　建						
江　西						
山　东						
河　南						
湖　北						
湖　南						
广　东						
广　西	57	50	161	155	3265	2985
海　南						
重　庆	564	565	1131	1125	16930	18970
四　川						
贵　州						
云　南	185	185	179	185	1000	1000
西　藏						
陕　西						
甘　肃						
青　海						
宁　夏	880	880	2572	2456	67625	61125
新　疆	429	424	443	319	24000	14934

2-15 续表 7

机械设备、五金产品及电子产品批发

地区	门店数（个）		年末从业人员（人）		年末零售营业面积（平方米）	
	2014年	2013年	2014年	2013年	2014年	2013年
全国	**30**	**31**	**740**	**783**	**16530**	**16430**
北京						
天津						
河北						
山西						
内蒙古						
辽宁						
吉林						
黑龙江						
上海						
江苏						
浙江						
安徽						
福建	11	10	96	66	2470	2370
江西						
山东						
河南						
湖北						
湖南						
广东	19	21	644	717	14060	14060
广西						
海南						
重庆						
四川						
贵州						
云南						
西藏						
陕西						
甘肃						
青海						
宁夏						
新疆						

2-15 续表 8

其他批发业

地区	门店数（个）		年末从业人员（人）		年末零售营业面积（平方米）	
	2014年	2013年	2014年	2013年	2014年	2013年
全国	**317**	**317**	**974**	**1049**	**20777**	**20777**
北京						
天津						
河北						
山西						
内蒙古						
辽宁						
吉林						
黑龙江						
上海						
江苏						
浙江						
安徽						
福建						
江西						
山东	120	120	354	354	7840	7840
河南						
湖北						
湖南						
广东						
广西						
海南						
重庆	137	137	460	455	4657	4657
四川						
贵州						
云南						
西藏						
陕西						
甘肃						
青海						
宁夏	60	60	160	240	8280	8280
新疆						

2-15　续表 9

零售业

地　区	门店数(个)		年末从业人员(人)		年末零售营业面积(平方米)	
	2014年	2013年	2014年	2013年	2014年	2013年
全　国	**55147**	**56199**	**248991**	**255769**	**8587898**	**7971695**
北　京	1858	1778	11873	11133	271768	265442
天　津	495	677	1215	1344	50840	67200
河　北	409	367	783	593	36516	27540
山　西	1370	1170	5996	5342	76905	71635
内蒙古	44	38	63	59	2380	2140
辽　宁	1721	1704	8248	8203	194727	194891
吉　林						
黑龙江	384	365	947	747	18636	14286
上　海	6976	6965	80632	77340	3637563	3044407
江　苏	3541	3543	28217	31931	942381	988140
浙　江	11613	12006	23226	26170	749302	754034
安　徽	570	688	5308	11342	201415	235843
福　建	767	633	4011	3637	93901	58966
江　西	1425	1238	4279	4351	181367	179216
山　东	1385	1456	5579	5673	151173	177758
河　南	1171	1186	2759	2754	123241	119283
湖　北	815	605	3345	2641	51348	43185
湖　南	2059	1809	5498	4643	188853	162435
广　东	5840	6853	27226	28625	734446	656976
广　西	816	877	3905	4487	114652	131828
海　南						
重　庆	6534	6904	10275	11253	257947	278482
四　川	4075	4091	9954	8092	185022	182759
贵　州	242	255	557	539	14186	14196
云　南	403	399	715	697	22338	22252
西　藏						
陕　西	169	137	2113	2033	169974	169530
甘　肃	2	1	8	5	400	100
青　海	20	22	25	22	780	880
宁　夏	30	33	102	113	2695	3090
新　疆	413	399	2132	2000	113142	105201

2-15 续表 10

综合零售

地区	门店数(个)		年末从业人员(人)		年末零售营业面积(平方米)	
	2014年	2013年	2014年	2013年	2014年	2013年
全国	**32131**	**32399**	**183043**	**186998**	**6917487**	**6589137**
北京	895	879	6193	5902	153407	154271
天津	481	662	1202	1324	49910	66200
河北	374	367	643	593	29516	27540
山西	1362	1154	5957	5223	75250	68340
内蒙古	4	4	24	26	470	470
辽宁	1490	1467	7241	7179	163953	162253
吉林						
黑龙江	189	170	700	500	17950	13600
上海	4399	4414	70922	67145	3229688	2896158
江苏	2837	2919	25875	29813	872967	936600
浙江	9475	9830	19229	21700	636850	646062
安徽	570	658	5308	11142	201415	234013
福建	349	247	1684	1323	22380	13724
江西	190	189	2852	2917	154600	154600
山东	1288	1365	5352	5468	146831	173526
河南	612	608	821	810	26801	27001
湖北	35	49	1354	1417	16317	20995
湖南	656	738	1807	1754	110000	104520
广东	784	483	10866	9179	446532	316746
广西	122	165	1035	1649	52972	69587
海南						
重庆	2865	2873	3548	3546	130752	132218
四川	2591	2604	7508	5615	113314	113947
贵州						
云南	346	342	601	594	17208	17122
西藏						
陕西	4	4	506	517	148000	148000
甘肃						
青海						
宁夏	5	8	25	48	95	490
新疆	208	200	1790	1614	100309	91154

2-15 续表 11

食品、饮料及烟草制品专门零售

地区	门店数(个)		年末从业人员(人)		年末零售营业面积(平方米)	
	2014年	2013年	2014年	2013年	2014年	2013年
全国	**4668**	**4245**	**10390**	**9446**	**165755**	**160980**
北京	736	663	4126	3893	70158	66554
天津		1		7		70
河北	35		140		7000	
山西						
内蒙古						
辽宁						
吉林						
黑龙江						
上海						
江苏	10	10	90	90	1500	1500
浙江	877	883	844	861	25578	26528
安徽		30		200		1830
福建	186	218	530	582	9160	5999
江西	1179	1034	1265	1388	21717	23626
山东	54	50	106	100	2140	2100
河南	263	262	689	466	7783	7203
湖北	493	314	923	563	4959	3620
湖南	431	388	862	496	6465	13580
广东	23	2	30	8	1400	230
广西						
海南						
重庆	356	365	708	727	5295	5540
四川						
贵州						
云南						
西藏						
陕西						
甘肃						
青海						
宁夏	25	25	77	65	2600	2600
新疆						

2-15 续表 12

纺织、服装及日用品专门零售

地　区	门店数 (个)		年末从业人员 (人)		年末零售营业面积 (平方米)	
	2014年	2013年	2014年	2013年	2014年	2013年
全　国	**6510**	**7021**	**19886**	**21637**	**381877**	**353543**
北　京	18	20	116	132	2007	2121
天　津						
河　北						
山　西		8		98		1640
内蒙古						
辽　宁	1	1	3	3	100	100
吉　林						
黑龙江						
上　海	1234	1274	4375	3872	62813	53247
江　苏	346	373	1523	1474	30779	28334
浙　江	232	165	372	379	20453	15471
安　徽						
福　建						
江　西						
山　东						
河　南	4	4	20	20	800	800
湖　北						
湖　南	321	196	246	222	18418	11630
广　东	4231	4848	12561	14728	215073	222410
广　西						
海　南						
重　庆	38	38	415	405	21770	6570
四　川	52	65	56	130	6000	8000
贵　州						
云　南						
西　藏						
陕　西	33	29	199	174	3664	3220
甘　肃						
青　海						
宁　夏						
新　疆						

2-15 续表 13

文化、体育用品及器材专门零售

地区	门店数（个）		年末从业人员（人）		年末零售营业面积（平方米）	
	2014年	2013年	2014年	2013年	2014年	2013年
全国	**102**	**261**	**710**	**821**	**4922**	**26548**
北京	2	2	2	2	157	157
天津						
河北						
山西						
内蒙古						
辽宁						
吉林						
黑龙江						
上海						
江苏						
浙江						
安徽						
福建						
江西						
山东						
河南						
湖北	29	29	59	59	2950	2950
湖南						
广东	1	1	3	3	50	50
广西						
海南						
重庆	42	200	61	172	1764	23390
四川	28	29	585	585	1	1
贵州						
云南						
西藏						
陕西						
甘肃						
青海						
宁夏						
新疆						

2-15 续表 14

医药及医疗器材专门零售

地区	门店数(个)		年末从业人员(人)		年末零售营业面积(平方米)	
	2014年	2013年	2014年	2013年	2014年	2013年
全国	**11357**	**11924**	**32091**	**33854**	**969671**	**698577**
北京	207	214	1436	1204	46039	42339
天津	14	14	13	13	930	930
河北						
山西	8	8	39	21	1655	1655
内蒙古	40	34	39	33	1910	1670
辽宁	230	236	1004	1021	30674	32538
吉林						
黑龙江	195	195	247	247	686	686
上海	1343	1277	5335	6323	345062	95002
江苏	294	201	520	388	32985	18906
浙江	1028	1127	2757	3199	64921	61473
安徽						
福建	75	9	259	32	20676	1315
江西	56	15	162	46	5050	990
山东	43	41	121	105	2202	2132
河南	166	186	490	593	23177	19599
湖北	258	213	1009	602	27122	15620
湖南	651	487	2583	2171	53970	32705
广东	777	1508	3555	4577	49891	97540
广西	681	704	2775	2752	49009	51239
海南						
重庆	3233	3428	5543	6403	98366	110764
四川	1404	1393	1805	1762	65707	60811
贵州	242	255	557	539	14186	14196
云南	57	57	114	103	5130	5130
西藏						
陕西	128	100	1353	1307	16310	16310
甘肃	2	1	8	5	400	100
青海	20	22	25	22	780	880
宁夏						
新疆	205	199	342	386	12833	14047

2-15 续表 15

汽车、摩托车、燃料及零配件专门零售

地区	门店数(个)		年末从业人员(人)		年末零售营业面积(平方米)	
	2014年	2013年	2014年	2013年	2014年	2013年
全国	**139**	**139**	**895**	**1026**	**86500**	**86500**
北京						
天津						
河北						
山西						
内蒙古						
辽宁						
吉林						
黑龙江						
上海						
江苏						
浙江						
安徽						
福建						
江西						
山东						
河南	124	124	735	861	64500	64500
湖北						
湖南						
广东	11	11	105	130	20000	20000
广西						
海南						
重庆						
四川						
贵州						
云南						
西藏						
陕西	4	4	55	35	2000	2000
甘肃						
青海						
宁夏						
新疆						

2-15　续表 16

家用电器及电子产品专门零售

地　区	门店数（个）		年末从业人员（人）		年末零售营业面积（平方米）	
	2014年	2013年	2014年	2013年	2014年	2013年
全　国	**224**	**191**	**1930**	**1914**	**60636**	**55210**
北　京						
天　津						
河　北						
山　西						
内蒙古						
辽　宁						
吉　林						
黑龙江						
上　海						
江　苏	53	39	208	165	3850	2500
浙　江	1	1	24	31	1500	4500
安　徽						
福　建	142	141	1493	1628	40935	37028
江　西						
山　东						
河　南	2	2	4	4	180	180
湖　北						
湖　南						
广　东	13		106		1500	
广　西	13	8	95	86	12671	11002
海　南						
重　庆						
四　川						
贵　州						
云　南						
西　藏						
陕　西						
甘　肃						
青　海						
宁　夏						
新　疆						

2-15 续表 17

货摊、无店铺及其他零售业

地区	门店数（个）		年末从业人员（人）		年末零售营业面积（平方米）	
	2014年	2013年	2014年	2013年	2014年	2013年
全国	**16**	**19**	**46**	**73**	**1050**	**1200**
北京						
天津						
河北						
山西						
内蒙古						
辽宁						
吉林						
黑龙江						
上海						
江苏	1	1	1	1	300	300
浙江						
安徽						
福建	15	18	45	72	750	900
江西						
山东						
河南						
湖北						
湖南						
广东						
广西						
海南						
重庆						
四川						
贵州						
云南						
西藏						
陕西						
甘肃						
青海						
宁夏						
新疆						

2-16 按行业分各地区

批发业

地　区	商品购进总额		统一配送商品购进额		自有配送中心配送商品购进额	
	2014年	2013年	2014年	2013年	2014年	2013年
全　国	**115493086**	**115642511**	**99900127**	**102490165**	**66091632**	**64405625**
北　京	2395012	2534717	2360963	2534717	144525	166361
天　津	38429	38430	2208	1963		
河　北	2676459	2653231	2400674	1969590	1309768	1140254
山　西	530032	517858	263649	249404	263649	249404
内蒙古						
辽　宁	1392702	1621520	763555	927480	487166	550813
吉　林	63394	58451	58002	52522	58002	52522
黑龙江	119863	116128	119863	116128	119863	116128
上　海	6314023	6446246	5907218	6049147	4753504	4788015
江　苏	17637274	17954913	17609339	17929252	17595578	17912842
浙　江	17562231	15735606	16265871	14666738	15819423	14262545
安　徽	8709151	8554118	4632620	8554118	4096249	4207590
福　建	134685	167638	89745	123850	79682	113163
江　西	3261523	3042489	3160531	3036747	1602979	1824407
山　东	11420582	11104193	9859586	9608624	8706028	8645264
河　南	2842194	2853472	1582421	1648253	940961	864735
湖　北	1891224	1772912	1867783	1753608	875496	856143
湖　南	386071	347636	329148	293226	314170	279054
广　东	18487129	20184148	18140947	18398741	517187	611696
广　西	2986996	2917150	2648247	2607427	1106691	720725
海　南						
重　庆	3476114	3203887	489235	370249	468449	354900
四　川	363220	477878	345522	462334	11400	10182
贵　州						
云　南	542499	473661	533188	455020	393	522
西　藏						
陕　西	6534021	6464918	5552961	5532370	3476245	3242166
甘　肃	190760	557434	188886	202434	188886	202434
青　海	24503	31316	7106	9307		
宁　夏	759353	758909	755592	754164	747873	693488
新　疆	4753643	5053655	3965269	4182752	2407466	2540274

连锁零售企业经营情况

单位：万元

非自有配送中心配送商品购进额		商品销售总额		零售额	
2014年	2013年	2014年	2013年	2014年	2013年
19958860	**19856747**	**134335911**	**133199262**	**75123336**	**68586148**
		2486655	2639904	787949	865256
		47437	47129	12427	13382
		3869227	3896385	2219624	2310588
		713551	672716	1300	1161
		1676317	1889502	1073311	765638
		101087	93980	101087	93980
		117469	116079	34601	49895
75819	69816	6770533	6954799	2770797	2790843
4671	7022	18803301	18497530	7775680	7642257
335545	269993	16257730	16658329	10104952	10909690
91546	189628	9109096	7689807	5541387	5337566
4918	4885	161377	201544	44171	61776
525888		6419942	5939060	2789187	2597094
		12395594	12255722	10265708	10140081
		3081147	3063653	2052075	1884345
45087	52169	2108034	1807505	729279	662866
		446545	399599	11931	9938
17337693	17492176	21724116	22277626	17138973	13020644
	1196	7389183	7351020	3689136	3233309
7323	6642	3836488	3568604	2906700	917829
		410032	335369	190518	148595
44	35	2156559	2072159	791596	728568
157494	270429	7798887	7807866	2043378	2057528
		606560	667528	528377	540078
4974	9307	24327	32770	24327	32770
7720	47223	759327	823851	228923	324633
1360140	1436228	5065391	5439228	1264944	1445841

2-16 续表 1

农、林、牧产品批发

地 区	商品购进总额		统一配送商品购进额		自有配送中心配送商品购进额	
	2014年	2013年	2014年	2013年	2014年	2013年
全 国	**1425289**	**1482737**	**1388103**	**1441205**	**1384517**	**1438150**
北 京						
天 津						
河 北						
山 西						
内蒙古						
辽 宁	3586	3055	3586	3055		
吉 林						
黑龙江						
上 海						
江 苏						
浙 江						
安 徽	1350944	1405929	1350944	1405929	1350944	1405929
福 建						
江 西						
山 东						
河 南						
湖 北	31567	30191	31567	30191	31567	30191
湖 南	36370	34119				
广 东	816	7413				
广 西						
海 南						
重 庆						
四 川	2007	2031	2007	2031	2007	2031
贵 州						
云 南						
西 藏						
陕 西						
甘 肃						
青 海						
宁 夏						
新 疆						

单位：万元

非自有配送中心配送商品购进额		商品销售总额		零售额	
2014年	2013年	2014年	2013年	2014年	2013年
		1604541	**1654582**	**17109**	**16053**
		2756	2356	2756	2356
		1506471	1557105		
		34745	33672	14259	13615
		57906	52649		
		783	6872	94	82
		1880	1929		

2-16 续表 2

食品、饮料及烟草制品批发

地区	商品购进总额		统一配送商品购进额		自有配送中心配送商品购进额	
	2014年	2013年	2014年	2013年	2014年	2013年
全国	**6568549**	**6204289**	**5595014**	**5401662**	**3632375**	**3573028**
北京	6363	7308	6363	7308	4863	5847
天津	2208	1963	2208	1963		
河北						
山西	530032	517858	263649	249404	263649	249404
内蒙古						
辽宁						
吉林						
黑龙江						
上海	174393	162469	103071	95675	27252	25860
江苏	217571	284754	217571	284754	212760	279207
浙江	102556	98936	102556	98936	61112	55464
安徽						
福建	119950	153438	78276	113321	73131	107519
江西	2157609	2001284	2056617	1995542	1119450	1326573
山东	694402	448074	671090	425571		
河南	7765	8208	7765	8208	7765	8208
湖北	143014	151017	143014	151017	335	343
湖南	61	98	61	98	61	98
广东	28982	30469	28982	30469	20184	27246
广西						
海南						
重庆	141353	126171	65470	62646	58147	56004
四川						
贵州						
云南						
西藏						
陕西	1843742	1827743	1524964	1571827	1519362	1195755
甘肃						
青海	24503	31316	7106	9307		
宁夏	73722	66714	73722	66714	69998	53262
新疆	300321	286470	242528	228903	194306	182238

单位：万元

非自有配送中心配送商品购进额		商品销售总额		零售额	
2014年	2013年	2014年	2013年	2014年	2013年
135180	**131046**	**8731932**	**8250680**	**443788**	**465204**
		9599	10850	3303	3531
		2868	2561	1285	1464
		713551	672716	1300	1161
75819	69816	288130	272813	144752	136234
		319182	386002	9281	44842
41444	43473	143369	136622	61641	57258
		143405	184244	33672	51756
		3223397	2890694	14572	12048
		693380	500412	8973	9689
		7390	6673	1687	3153
1896	1810	167093	174368	73893	60183
		683	661	131	110
		36165	37139	10188	12026
7323	6642	132003	111725	45517	35667
		2433733	2466786	5938	
4974	9307	24327	32770	24327	32770
3724		108993	96103	1647	1227
		284665	267542	1680	2085

2-16 续表 3

纺织、服装及家庭用品批发

地区	商品购进总额		统一配送商品购进额		自有配送中心配送商品购进额	
	2014年	2013年	2014年	2013年	2014年	2013年
全国	**1907729**	**1859709**	**985290**	**1072069**	**880705**	**897587**
北京						
天津						
河北						
山西						
内蒙古						
辽宁	39819	35772	39819	35772		
吉林						
黑龙江						
上海	92105	86627	92105	86627	92105	86627
江苏	43322	47401	21628	28101	21628	25304
浙江	119282	201269	119282	200194	119282	171815
安徽						
福建						
江西						
山东	1349906	1293952	513548	528526	513548	484924
河南						
湖北	108	125	108	125		
湖南						
广东	263189	194562	198802	192723	134143	128917
广西						
海南						
重庆						
四川						
贵州						
云南						
西藏						
陕西						
甘肃						
青海						
宁夏						
新疆						

单位：万元

非自有配送中心配送商品购进额		商品销售总额		零售额	
2014年	2013年	2014年	2013年	2014年	2013年
2702	**5864**	**3096684**	**3030728**	**1558913**	**1469573**
		56253	52770		
		120363	116367	34898	30798
	2797	50339	58243	20391	16620
		164333	221486	27323	60189
		2340958	2335137	1356284	1275372
		9150	9721		
2702	3067	355288	237004	120018	86594

2-16 续表 4

文化、体育用品及器材批发

地　区	商品购进总额		统一配送商品购进额		自有配送中心配送商品购进额	
	2014年	2013年	2014年	2013年	2014年	2013年
全　国	**3046895**	**3182627**	**3040254**	**3174898**	**2961482**	**3018582**
北　京	41931	41405	41931	41405		
天　津						
河　北						
山　西						
内蒙古						
辽　宁						
吉　林	5392	5929				
黑龙江						
上　海						
江　苏	1085710	1186274	1085710	1186274	1085710	1186274
浙　江	1220065	1136711	1220065	1136711	1220065	1136711
安　徽						
福　建						
江　西						
山　东						
河　南						
湖　北	314142	390169	314142	390169	314142	390169
湖　南	314109	278956	314109	278956	314109	278956
广　东	52623	127251	51373	125451	14532	10540
广　西						
海　南						
重　庆						
四　川						
贵　州						
云　南						
西　藏						
陕　西	12924	15932	12924	15932	12924	15932
甘　肃						
青　海						
宁　夏						
新　疆						

单位：万元

非自有配送中心配送商品购进额		商品销售总额		零售额	
2014年	2013年	2014年	2013年	2014年	2013年
33436	**107573**	**3084924**	**3015886**	**1205043**	**1128270**
		42058	41747	4154	5246
		12397	14472	12397	14472
		1107238	1104563	526168	529823
		1182655	1063601	580465	513656
		327538	347126	56663	56196
		354296	313239	10486	
33436	107573	45389	115748	14711	8877
		13353	15391		

2-16 续表 5

医药及医疗器材批发

地　区	商品购进总额		统一配送商品购进额		自有配送中心配送商品购进额	
	2014年	2013年	2014年	2013年	2014年	2013年
全　国	**716712**	**651530**	**515360**	**465847**	**411914**	**376626**
北　京						
天　津						
河　北						
山　西						
内蒙古						
辽　宁						
吉　林	58002	52522	58002	52522	58002	52522
黑龙江						
上　海						
江　苏	169729	158962	169729	158962	169729	158962
浙　江	133182	117642	133182	117642	130768	115512
安　徽						
福　建	3605	2821	3605	2821	3605	2821
江　西						
山　东	115708	92574	2510	2419	854	815
河　南						
湖　北	828	766	828	766	828	766
湖　南	20553	20291				
广　东	36028	54661	30752	49133	938	643
广　西						
海　南						
重　庆	43434	44249	14003	12570	13633	12215
四　川	30218	24880	12519	9398	9394	8089
贵　州						
云　南	75770	52049	66460	35855	393	521
西　藏						
陕　西	5884	6353				
甘　肃						
青　海						
宁　夏						
新　疆	23770	23762	23770	23762	23770	23762

单位：万元

非自有配送中心配送商品购进额		商品销售总额		零售额	
2014年	2013年	2014年	2013年	2014年	2013年
679	**748**	**812845**	**755064**	**358512**	**334599**
		88691	79508	88591	79508
		185406	175343	79579	75250
		143902	128717	109312	97767
		4091	3647	1978	1778
		120723	116939	17233	16139
		876	913	876	913
		19650	19134	604	9199
636	713	54746	60888	7192	8828
		58465	54524	16257	14923
		39345	35225	16564	16631
44	35	65546	48538	15074	8963
		5059	5467	2555	2765
		26346	26222	2097	1935

2-16 续表 6

矿产品、建材及化工产品批发

地区	商品购进总额		统一配送商品购进额		自有配送中心配送商品购进额	
	2014年	2013年	2014年	2013年	2014年	2013年
全国	**97883306**	**98499959**	**84610405**	**87465801**	**53915855**	**52181846**
北京	2179778	2332040	2179778	2332040	6771	6550
天津						
河北	2676459	2653231	2400674	1969590	1309768	1140254
山西						
内蒙古						
辽宁	1300219	1542086	671072	848046	441621	513639
吉林						
黑龙江	119863	116128	119863	116128	119863	116128
上海	6047526	6197151	5712043	5866845	4634147	4675528
江苏	16114505	16271580	16108264	16265220	16100602	16258342
浙江	15691545	13953227	14395185	12885434	14285894	12780792
安徽	4825647	4688838	749116	4688838	212745	342309
福建	6212	6495	2946	2823	2946	2823
江西	1103914	1041205	1103914	1041205	483529	497834
山东	9237423	9127473	8665345	8644973	8185384	8153240
河南	2824865	2838198	1565093	1632980	933196	856527
湖北	1150657	1200644	1127216	1181340	528625	434674
湖南						
广东	17667800	19233878	17468215	17569147	167296	188324
广西	2936106	2841928	2597356	2532205	1106691	720725
海南						
重庆	3264279	3014874	396669	286681	396669	286681
四川	330996	450968	330996	450906		62
贵州						
云南	431862	386820	431862	386820		
西藏						
陕西	4671470	4614890	4015072	3944611	1943959	2030479
甘肃	190760	557434	188886	202434	188886	202434
青海						
宁夏	681870	687450	681870	687450	677875	640226
新疆	4429552	4743424	3698971	3930088	2189390	2334274

单位：万元

非自有配送中心配送商品购进额		商品销售总额		零售额	
2014年	2013年	2014年	2013年	2014年	2013年
19488325	**19380782**	**113005551**	**112715382**	**68640313**	**62362453**
		2263329	2427831	734018	807569
		3869227	3896385	2219624	2310588
		1570082	1794804	1025938	727209
		117469	116079	34601	49895
		6362040	6565619	2591147	2623810
3383	3037	17134022	16766804	7139104	6973799
1767	1860	14333107	14834199	9164081	9995622
91546	189628	5147305	3749470	3407825	3305023
		6893	6743	1533	1331
525888		3196545	3048367	2774616	2585046
		9211618	9143355	8883219	8838881
		3062972	3049188	2045889	1876800
43191	50360	1286552	1241705	549410	531960
17300920	17380823	20739258	21287154	16576048	12466583
	1196	7327872	7280897	3672611	3213877
		3616371	3377398	2842190	864731
		368808	298216	173954	131964
		2038282	1974241	751804	697699
157494	270429	5346742	5320221	2034884	2054762
		606560	667528	528377	540078
3996	47223	646119	723716	227275	323406
1360140	1436228	4754380	5145464	1261167	1441821

2-16 续表 7

机械设备、五金产品及电子产品批发

地　区	商品购进总额		统一配送商品购进额		自有配送中心配送商品购进额	
	2014年	2013年	2014年	2013年	2014年	2013年
全　国	**847742**	**881835**	**733176**	**774291**	**371959**	**460360**
北　京	166940	153964	132891	153964	132891	153964
天　津	36221	36466				
河　北						
山　西						
内蒙古						
辽　宁	45545	37173	45545	37173	45545	37173
吉　林						
黑龙江						
上　海						
江　苏	6437	5941	6437	5941	5150	4753
浙　江	295601	227822	295601	227822	2302	2252
安　徽						
福　建	4918	4885	4918	4885		
江　西						
山　东	6243	6286	6243	6286	6243	6286
河　南	9563	7065	9563	7065		
湖　北						
湖　南						
广　东	224125	324564	179829	255932	179829	255932
广　西	50891	75221	50891	75221		
海　南						
重　庆						
四　川						
贵　州						
云　南	1259	2449	1259	2		1
西　藏						
陕　西						
甘　肃						
青　海						
宁　夏						
新　疆						

单位：万元

非自有配送中心配送商品购进额		商品销售总额		零售额	
2014年	2013年	2014年	2013年	2014年	2013年
298539	**230733**	**921831**	**930274**	**522189**	**576441**
		171669	159476	46473	48910
		44569	44568	11142	11918
		43618	36073	43618	36073
1287	1188	7114	6575	2156	1923
292334	224660	290365	273705	161628	185198
4918	4885	6988	6911	5988	6911
		7025	7085		
		10784	7792	4499	4392
		272811	315121	227414	261254
		61311	70123	16525	19432
		5577	2846	1745	431

2-16 续表 8

其他批发业

地　区	商品购进总额		统一配送商品购进额		自有配送中心配送商品购进额	
	2014年	2013年	2014年	2013年	2014年	2013年
全　国	**3096863**	**2879826**	**3032526**	**2694391**	**2532825**	**2459446**
北　京						
天　津						
河　北						
山　西						
内蒙古						
辽　宁	3534	3434	3534	3434		
吉　林						
黑龙江						
上　海						
江　苏						
浙　江						
安　徽	2532560	2459352	2532560	2459352	2532560	2459352
福　建						
江　西						
山　东	16900	135835	850	850		
河　南						
湖　北	250909		250909			
湖　南	14978	14173	14978	14173		
广　东	213567	211351	182994	175887	265	94
广　西						
海　南						
重　庆	27048	18594	13093	8353		
四　川						
贵　州						
云　南	33608	32343	33608	32343		
西　藏						
陕　西						
甘　肃						
青　海						
宁　夏	3760	4745				
新　疆						

单位：万元

非自有配送中心配送商品购进额		商品销售总额		零售额	
2014年	2013年	2014年	2013年	2014年	2013年
		3077603	**2846666**	**2377470**	**2233555**
		3609	3499		
		2455320	2383233	2133562	2032543
		21890	152794		
		282080		34177	
		14010	13916	711	629
		219677	217701	183309	176400
		29649	24958	2737	2508
		47154	46534	22974	21475
		4215	4032		

2-16 续表 9

零售业

地区	商品购进总额		统一配送商品购进额		自有配送中心配送商品购进额	
	2014年	2013年	2014年	2013年	2014年	2013年
全国	**197491817**	**207342499**	**145923982**	**151034412**	**80281644**	**81198020**
北京	18870716	18983172	8903018	8732061	4206183	3955003
天津	6646784	7342173	4589363	5335004	3137326	3490742
河北	7211484	6910443	4489282	4465684	2845465	2726085
山西	2949549	3584193	2172967	2565847	1307484	1216405
内蒙古	328939	318619	287233	276521	199509	189729
辽宁	7110279	6378455	6001003	3810075	1225837	934404
吉林	1222855	1424855	1155815	1353002	967528	1185510
黑龙江	1924903	2341133	1725162	2179361	1236431	1650788
上海	20612995	22410106	15215504	15877385	4378407	4306933
江苏	13669902	21377117	12995933	17339485	10014180	14234895
浙江	7062399	6369373	6558787	5546835	5230736	4273584
安徽	7808002	7203080	3938100	3554027	1873049	1768576
福建	10346340	9085193	7519400	6146877	3469995	2305142
江西	3881551	3174915	3000459	2678319	1845520	1991339
山东	12256971	13741989	8267703	8590440	3836886	3786114
河南	5237893	4931332	3472471	3166697	1791065	1884832
湖北	14786692	13177131	10379537	9204624	7966198	7392744
湖南	7786261	8374821	7111640	6280157	5004338	3091896
广东	25834639	28187714	20198407	24756617	11221865	11353200
广西	853821	883766	686511	848580	382110	494903
海南	1670241	1634790	1670241	1634790	5590	5816
重庆	5133105	5313215	4868646	5206209	3223032	3418743
四川	4500914	4726613	3628284	4005708	1554050	1922289
贵州	580963	433718	520278	251251	275314	155476
云南	2465599	2707635	2027996	2613396	988699	1202960
西藏	20152	19855	20152	19855		
陕西	2246663	2228149	724935	715540	266649	257140
甘肃	1196118	1262141	956324	1237854	120137	120096
青海	178277	167474	121959	55668	8855	8833
宁夏	645725	602682	356992	598086	284247	579475
新疆	2451087	2046650	2359883	1988459	1414960	1294365

单位：万元

非自有配送中心配送商品购进额		商品销售总额		零售额	
2014年	2013年	2014年	2013年	2014年	2013年
22697986	**25876545**	**239070167**	**247387848**	**198441753**	**195688436**
1141985	1231645	22956546	22642708	17695466	18133942
185142	269228	7484061	7776667	5521815	5529861
115670	181412	7583919	7243847	5799685	5229466
164638	186786	5060489	5197981	4576195	4818514
4776	4642	398187	386775	387726	386775
1616490	1193120	7740336	7095111	5904626	5303613
17386		1477298	1593968	1282990	1360701
185049	243075	2229874	2217281	2003793	1968661
2477687	2686908	23308054	29763485	19178149	19145982
2400306	2326185	16035668	28902357	13365158	19728208
746729	332024	9890313	6857479	9291192	6207717
336910	224232	7524197	7131118	3712772	3580045
1133901	955093	13472928	12264890	12332197	11012476
303830	546273	5723254	5440901	4892987	4665985
1152582	1309246	15790552	15793515	12809722	13264056
136416	16424	5953596	5538187	5597510	5146509
801432	779134	16608355	15339717	15000482	13928128
371445	346197	10304136	9895985	9335304	8722095
6447545	10309333	31792864	30167960	26280238	25168314
42191	32277	936962	1178711	917114	1124848
382074	370489	1868401	1780657	1300765	1546475
1263457	1400253	7795611	7168375	6711986	6518328
191369	149885	5488104	4928045	5031113	4047683
24884	5752	569776	485932	556575	479522
203842	195458	3068679	3113027	2748300	2710124
		22152	18564	22152	18564
140925	114503	2568077	2586382	1499043	1447054
4035	737	1626514	1610460	1353065	1355402
19829	10182	228527	229658	225704	226548
		627096	568965	614578	547126
685462	456051	2935645	2469141	2492550	2365716

2-16 续表 10

综合零售

地区	商品购进总额		统一配送商品购进额		自有配送中心配送商品购进额	
	2014年	2013年	2014年	2013年	2014年	2013年
全国	**105246784**	**105044787**	**70477193**	**71435615**	**43242824**	**42833821**
北京	9870845	10275264	6105542	6019075	2433200	2400963
天津	932429	1023287	26986	64735	1747	2287
河北	3357223	3162657	667763	754830	517966	513555
山西	866542	1143827	289969	281453	157221	117131
内蒙古	205274	191401	189740	175204	119449	110588
辽宁	1107713	1160816	659101	724796	41442	50206
吉林	185528	170116	130204	109835		
黑龙江	638057	591439	494507	473317	328131	309544
上海	15180371	17329824	10472190	11445036	2057864	2155657
江苏	10251365	10395023	9688029	10174920	8407221	8693471
浙江	4971083	5158482	4615379	4442331	3688240	3570322
安徽	7113187	6544014	3513996	3177132	1685174	1594379
福建	4598593	3614008	3549941	2650283	2515760	1484145
江西	1305260	1256365	693733	937985	634296	809145
山东	8803053	10113290	5819399	6041241	2828900	3220446
河南	2277206	2128692	904522	797191	410534	542214
湖北	9314606	8314844	5831467	5164524	5272661	4709539
湖南	3147498	2713947	2862483	2298028	2351850	1549484
广东	10576579	9650961	6229400	7335023	5386229	6034464
广西	429686	438906	270759	403720	65598	231734
海南	19850	14915	19850	14915		
重庆	3340630	3748247	3162122	3732197	2141276	2406681
四川	3104602	2795612	2293363	2134164	1334552	1192499
贵州	232232	134357	229712	133380	165264	84606
云南	834206	771745	501096	766391	373811	444361
西藏	20152	19855	20152	19855		
陕西	1126594	1054655	206060	209618	100349	102187
甘肃	44957	40478	17983	16191	17983	16191
青海	120631	118691	68252	10961		
宁夏	382026	341186	98192	341186	25447	333536
新疆	888807	627884	845302	586102	180663	154485

单位：万元

非自有配送中心配送商品购进额		商品销售总额		零售额	
2014年	2013年	2014年	2013年	2014年	2013年
9461007	**8737351**	**124717225**	**125680536**	**107895546**	**103381578**
474461	448587	12755157	12569374	10737545	10928394
		1044326	1074659	903125	948962
77060	146057	3544396	3375044	3069002	2923111
37935	25257	1682861	1675379	1673693	1667774
3618	3542	239750	233435	235645	233435
147730	108973	1291763	1275392	1132435	1134921
		178218	166678	162780	152952
9046	9002	658116	622535	593016	566170
2401667	2585996	17210106	23992117	14956043	15076785
968413	941446	12180233	12343589	9952579	10098876
576927	285511	5510916	5458600	5096958	5066419
264612	169720	6742411	6370293	3017266	2908627
514587	563950	4372935	3361933	4362968	3347522
24827	19809	1654492	1583112	1459591	1468170
996891	957410	11837507	11519701	10238974	9907064
128343	7522	3023241	2609129	2931471	2476421
149588	124903	10596043	9644466	10113241	9000778
312451	24488	3093727	2822027	3073178	2703199
410616	359517	13135202	12019332	11603641	10948218
		416534	684701	413822	682662
19850	14915	17745	14316	17745	14316
972846	1257950	5797244	5501264	5104679	5060624
173123	146070	3534185	3006445	3173507	2628337
16622	5310	206563	157289	204685	155950
33812	44741	985204	979264	958710	959111
		22152	18564	22152	18564
74168	44881	1357803	1343365	1078998	1061810
		45188	39538	45188	39538
19829	10182	165865	167631	153042	164522
		361341	309241	351341	309241
651986	431617	1056004	742127	1037529	729107

2-16 续表 11

食品、饮料及烟草制品专门零售

地区	商品购进总额		统一配送商品购进额		自有配送中心配送商品购进额	
	2014年	2013年	2014年	2013年	2014年	2013年
全国	**2605655**	**2470726**	**2462967**	**2331063**	**1482609**	**1447141**
北京	434731	397599	429015	390323	325333	319135
天津	82400	73534	37807	28866		
河北	6415	4099	6415	4099	4413	3226
山西	17633	17379	17633	17379	15420	14711
内蒙古						
辽宁	77059	69518	77059	69518	5060	4932
吉林	43772	40508	40394	36746	40394	36746
黑龙江						
上海	149652	163497	127778	134051		
江苏	296826	301936	296336	301767	83137	101614
浙江	172317	160135	162297	145553	145398	125082
安徽	14138	13596	14138	13596	14138	13596
福建	176420	167732	159328	165996	61060	62715
江西	158727	150959	156213	150959	129802	126358
山东	349010	287489	349010	287489	326549	265000
河南	93478	92964	71938	70347	1127	
湖北	271565	310588	270449	308524	219008	270707
湖南	68021	50835	67408	50434	21777	18060
广东	137443	116522	137443	116514	64312	58559
广西						
海南						
重庆	36813	32963	36813	32963	25016	26295
四川	666	407	666	407	666	407
贵州						
云南	12557	13262	4828	5533		
西藏						
陕西						
甘肃						
青海						
宁夏	3984	3730				
新疆	2028	1475				

单位：万元

非自有配送中心配送商品购进额		商品销售总额		零售额	
2014年	2013年	2014年	2013年	2014年	2013年
275391	**214141**	**3074802**	**2936219**	**2788521**	**2706436**
87408	55325	561767	526080	554040	518862
13818	7562	121207	115389	88246	85720
2001	873	6792	5357	6792	4956
2213	2668	27639	24754	27639	24754
47214	42739	77255	73733	77184	70984
		45694	49757	45694	49757
		192395	168737	169151	137513
30291	27164	348892	375180	333012	351959
3283	628	200659	202495	165037	168245
		16478	17344	13608	14356
9595	11976	195051	199061	190361	161636
26111	24349	161372	152608	161372	152608
		348911	286326	229587	286326
		88976	90482	70946	71055
2656	2875	373561	368103	370900	363946
		75088	69541	75088	69541
43337	29813	172793	155899	152691	126280
2636	2636	40455	34791	36355	27355
		832	554	832	554
4828	5533	13906	14855	13906	14855
		3467	3050	3467	3050
		1614	2124	1614	2124

2-16 续表 12

纺织、服装及日用品专门零售

地 区	商品购进总额		统一配送商品购进额		自有配送中心配送商品购进额	
	2014年	2013年	2014年	2013年	2014年	2013年
全 国	**3166562**	**6976039**	**2251508**	**6142651**	**1045591**	**1122420**
北 京	454953	444732	260732	255111	94693	95570
天 津	9286	10652	9286	10652	2601	3478
河 北	53230	49816	53230	49816	53230	49816
山 西	8233	8998	8233	8998	1328	1328
内蒙古						
辽 宁	61346	57920	60329	56953	4290	4696
吉 林	3907	5097	1259	1259	1259	1259
黑龙江	10642	7506	10642	7506	10642	7506
上 海	1090588	1071120	501087	546210	205594	256064
江 苏	28427	30057	27777	28731	27558	28119
浙 江	163523	173558	163523	167914	93694	95384
安 徽	398	954	398	954		
福 建	22423	28990	22423	28990	19372	25506
江 西	45829	17287	41001	15676	6365	7554
山 东	29958	32010	27857	32010	1420	3351
河 南	21623	22246	7011	6884	1162	1534
湖 北	159735	136798	137507	135183	49154	62730
湖 南	45960	40715	44688	39849	42158	38243
广 东	713122	4610150	673256	4558804	283654	293960
广 西						
海 南						
重 庆	79680	51171	41510	18966	38566	16044
四 川	68677	90388	68677	90388	48338	71466
贵 州						
云 南	9939	9802	9939	9802	9939	9802
西 藏						
陕 西	50528	48952	50528	48952	50528	48952
甘 肃						
青 海	34509	27063	30571	22986		
宁 夏						
新 疆	47	58	47	58	47	58

单位：万元

非自有配送中心配送商品购进额		商品销售总额		零售额	
2014年	2013年	2014年	2013年	2014年	2013年
441100	**4296820**	**4332248**	**4184629**	**3962415**	**3847157**
33894	33853	670282	644207	465466	463950
1067	2000	19084	23691	13777	23057
		56511	52698	4567	14049
		8335	9103	8335	9103
		71101	64485	71101	64242
		7716	8952	7716	8952
		16214	11526	16214	11526
	25313	1657365	1550610	1655855	1549543
		40949	39754	39308	38354
57485		176800	150165	167139	140003
		424	740	296	740
		28976	32990	27161	30655
		48457	26600	48457	26600
		32652	33812	30366	33630
	805	30720	30171	30720	30161
2558	2237	231798	192679	227174	189043
2530	1607	52863	46889	43716	42417
342439	4229308	860668	949722	816393	886543
1128	1698	107455	102144	107448	102137
		89867	99766	52209	68528
		16995	18766	16995	18766
		69289	55694	69275	55694
		37658	39400	37658	39400
		70	64	70	64

2-16　续表 13

文化、体育用品及器材专门零售

地　区	商品购进总额		统一配送商品购进额		自有配送中心配送商品购进额	
	2014年	2013年	2014年	2013年	2014年	2013年
全　国	**4282074**	**4523448**	**4127166**	**4380980**	**3398802**	**3559695**
北　京	125710	122185	125710	122185	20440	20179
天　津						
河　北	3138	3543	3138	3543	3138	3543
山　西						
内蒙古						
辽　宁	22931	11283	22931	11283	22931	11283
吉　林						
黑龙江	45401	117624	45401	117624	8293	9581
上　海	2126129	1915640	2098421	1890661	1958565	1748674
江　苏	15039	13591	15039	13591	15039	13585
浙　江	97869	128846	97869	128846		
安　徽	72298	54513	72298	54513		
福　建	37960	44603	37960	44603	37960	39956
江　西	561291	522183	561291	522183	559588	520522
山　东	85451	100932	85451	100932	18852	18544
河　南	18151	17059	18151	13598	4177	9419
湖　北	109076	118207	74563	85258	27058	34413
湖　南	20296	17571	20296	17571	13131	11251
广　东	186171	181506	114237	101005	64033	46904
广　西	17069	21375	17069	21375	17069	21375
海　南						
重　庆	376726	362487	376726	362487	376726	362487
四　川	45232	473491	45232	473491	36539	466623
贵　州						
云　南	73262	68855	73262	68277	29694	32153
西　藏						
陕　西	58958	55230	58958	55230	58958	55230
甘　肃						
青　海						
宁　夏	12051	10961	12051	10961	12051	
新　疆	171867	161763	151113	161763	114560	133972

单位：万元

非自有配送中心配送商品购进额		商品销售总额		零售额	
2014年	2013年	2014年	2013年	2014年	2013年
230329	**192978**	**4844575**	**4673285**	**2444157**	**2052397**
84761	81820	177175	153340	164090	140434
		3907	3793	3907	3793
		14230	11020	9955	9669
		105873	132350	105873	132350
		2098318	1909460	278288	295873
	6	15586	15565	15586	15565
		129534	224567	59691	86871
72298	54513	72421	52272	72421	52272
		43600	53504	38146	48447
		557176	548141	340544	314657
		84919	80159	46808	46796
		18825	17994	18411	17557
		131595	144913	129886	143236
		20474	19342	20474	19342
10		184099	195172	156905	181820
		15005	18793	15005	18793
		401234	363448	227437	202877
		461414	435656	442733	45732
41402	33957	75871	70595	68538	60292
		54975	54738	54975	54738
		11309	10302	11309	10302
31858	22682	167036	158162	162177	150982

2-16 续表 14

医药及医疗器材专门零售

地 区	商品购进总额		统一配送商品购进额		自有配送中心配送商品购进额	
	2014年	2013年	2014年	2013年	2014年	2013年
全 国	**8480221**	**6844834**	**7754223**	**6270205**	**4686238**	**3963510**
北 京	319621	287620	294155	284430	108366	101324
天 津	48056	36723	23769	15534	1283	5951
河 北	151006	138477	151006	135477	92940	90030
山 西	115112	112396	107149	102689	90128	83770
内蒙古	37435	37383	23720	26429	20737	23570
辽 宁	695018	612892	689359	609198	193270	198261
吉 林	24374	41687	18685	37715	7613	29174
黑龙江	197807	200030	182907	195342	60707	157785
上 海	390081	340270	380269	320824	146581	127975
江 苏	431866	340287	426460	334044	290341	256167
浙 江	1466047	544803	1333638	459250	1170456	347649
安 徽	199225	173539	196749	173173	77586	78400
福 建	157931	149967	97492	105400	68667	70359
江 西	102933	83198	52976	74594	5831	37820
山 东	317016	290948	290651	256997	207236	178833
河 南	277099	204131	253271	179932	50130	32104
湖 北	276308	237206	248107	232410	139539	199891
湖 南	356729	306973	356729	290937	153668	165739
广 东	854655	727636	678954	559355	490265	345474
广 西	180662	157034	172280	157034	122515	109824
海 南	42850	39583	42850	39583	5590	5816
重 庆	506594	346688	463666	291297	166633	134674
四 川	165356	177104	135824	144397	71149	117023
贵 州	163544	117871	163058	117871	110051	70870
云 南	552400	721772	543521	715565	440578	614486
西 藏						
陕 西	73533	65179	67916	61243	55428	49451
甘 肃	107151	108629	107151	108629	102154	103905
青 海	23137	21721	23137	21721	8855	8833
宁 夏	69870	71282	68955	70415	68955	70415
新 疆	176804	151807	159821	148721	158987	147936

单位：万元

非自有配送中心配送商品购进额		商品销售总额		零售额	
2014年	2013年	2014年	2013年	2014年	2013年
1197586	**857531**	**12084638**	**7927346**	**11166812**	**7276201**
177787	170314	416985	377847	362848	329403
8702	7426	59991	57449	59793	57449
36609	34481	199902	165587	197127	165587
		171179	140646	171179	136736
1158	1101	41475	35729	36199	35729
7002	5550	803588	685272	801904	685272
		28881	46982	28881	41237
12956	15572	251422	236529	249382	234683
76019	75599	359823	337873	359688	319167
118982	77078	499649	434857	493785	428361
109034	45885	3700405	641775	3651304	594112
		250153	215773	201009	174795
1684	1469	219587	194544	219477	194063
21760	27470	134898	110143	134898	110124
14111	11151	363694	350793	334546	328338
8073	8097	302834	249553	293800	230287
6418	7284	340532	293701	301894	274941
56464	22558	403714	350079	403714	331594
73381	76982	972908	885564	675302	699483
42191	32277	226275	185756	225067	183581
		33084	38149	33084	38149
286848	137969	659043	422206	448660	381754
18246	3815	232762	222820	211286	201796
8262	443	170334	145223	159011	140152
96156	85591	719235	642541	633806	517318
10987	7897	72238	64848	69222	64848
4035	737	140611	140488	140611	140488
		25004	22626	25004	22626
		79429	73433	67011	60605
721	785	205008	158564	177322	153523

2-16 续表 15

汽车、摩托车、燃料及零配件专门零售

地区	商品购进总额		统一配送商品购进额		自有配送中心配送商品购进额	
	2014年	2013年	2014年	2013年	2014年	2013年
全国	**52036905**	**53648181**	**40219584**	**39213445**	**16281025**	**15427372**
北京	5297440	5154732	124063	94424		
天津	4767096	5527689	4154811	4955128	2794991	3218937
河北	3350430	3258199	3350430	3258199	1980478	1867181
山西	1714496	2044923	1530177	1910666	916984	899332
内蒙古						
辽宁	4065786	3672076	3412302	1544630		1477
吉林	834475	973461	834475	973461	834475	973461
黑龙江	688041	967496	688041	967496	688041	967496
上海						
江苏	1063152	1069082	1063152	1069082	2937	3034
浙江	23449	31072	17969	30465		
安徽						
福建	3643388	3806121	2144661	2094433	233090	234238
江西	1379723	853212	1178369	685211	198256	205387
山东	2030643	2263903	1096311	1328219	15455	12843
河南	1808677	1820000	1502720	1485054	861756	863129
湖北	3502472	2961388	2947503	2452121	2200576	1739627
湖南	3814557	5018948	3429343	3359713	2152293	1133221
广东	8923928	8864847	8437291	8322955	2796737	2793303
广西	52185	89499	52185	89499	2710	3870
海南	1607540	1580292	1607540	1580292		
重庆	7807	6136	2954	2775	2954	2775
四川						
贵州						
云南	733030	920033	733030	920033		
西藏						
陕西	879894	941087	284318	277451		
甘肃	999469	1071139	786649	1071139		
青海						
宁夏						
新疆	849229	752846	841295	740998	599295	508064

单位：万元

非自有配送中心配送商品购进额		商品销售总额		零售额	
2014年	2013年	2014年	2013年	2014年	2013年
8843911	**9166661**	**67362736**	**67213369**	**49107730**	**49852308**
124063	94424	5586223	5540385	2771603	3006284
161555	252240	5458373	5866065	3670915	3775260
		3467399	3377025	2216517	1857249
124490	158860	2933540	2936950	2458431	2571829
1414544	1035859	4615227	4209592	2947461	2562908
		1034245	1047031	858674	833234
		792754	803030	633814	639369
1060215	1066048	1225056	1292396	819391	819139
		27024	30531	19107	13158
		6881235	7075263	5854520	5927664
231133	467487	2840283	2711181	2452680	2308732
940	186552	2487037	2891096	1309203	2042418
		1775313	1914483	1565888	1713639
223906	221670	3704309	3465375	2760271	2837960
	297545	6309081	6291657	5373170	5261430
5140842	5030402	12076027	11581477	9427761	9178982
		64634	87834	51389	57112
362224	355574	1817572	1728192	1249936	1494010
		8439	7201	8439	7201
		865395	1032611	672288	795080
		944651	998227	157451	140453
		1395879	1386910	1122430	1131852
		1053042	938857	696392	877343

2-16 续表 16

家用电器及电子产品专门零售

地 区	商品购进总额		统一配送商品购进额		自有配送中心配送商品购进额	
	2014年	2013年	2014年	2013年	2014年	2013年
全 国	**21148064**	**27295294**	**18162294**	**20788394**	**9985525**	**12631745**
北 京	2269173	2188413	1474731	1464640	1223528	1017165
天 津	762664	651107	291852	240907	291852	240907
河 北	290043	293653	257301	259720	193300	198735
山 西	227532	256670	219807	244662	126403	100133
内蒙古	86230	89835	73773	74889	59323	55572
辽 宁	1080426	793950	1079922	793697	958845	663551
吉 林	122379	187627	122379	187627	83787	144871
黑龙江	344955	457038	303665	418076	140618	198875
上 海	1567144	1445566	1567144	1445566		
江 苏	1565048	9207667	1460961	5397878	1181364	5132667
浙 江	153829	159897	153829	159897	118664	122568
安 徽	408756	416466	140521	134660	96151	82201
福 建	1709460	1273587	1507594	1056989	534086	388222
江 西	327789	291710	316877	291710	311384	284553
山 东	635086	646191	599026	543551	438475	87096
河 南	741660	646240	714859	613692	462180	436431
湖 北	1151053	1097279	868065	825781	58202	375837
湖 南	333201	225833	330693	223624	269461	175898
广 东	4308732	3917442	3793817	3644312	2119213	1696099
广 西	174219	176952	174219	176952	174219	128100
海 南						
重 庆	784855	765524	784855	765524	471861	469788
四 川	1092104	1162362	1060245	1135612	62807	74272
贵 州	185187	181490	127508			
云 南	250206	202164	162321	127794	134676	102159
西 藏						
陕 西	57155	63046	57155	63046	1386	1321
甘 肃	44541	41895	44541	41895		
青 海						
宁 夏	177794	175523	177794	175523	177794	175523
新 疆	296843	280171	296843	280171	295946	279203

单位：万元

非自有配送中心配送商品购进额		商品销售总额		零售额	
2014年	2013年	2014年	2013年	2014年	2013年
2195799	**2367233**	**21918586**	**33981507**	**20460006**	**25896732**
159611	347323	2615985	2641614	2466903	2556754
		730814	620322	730691	620322
		305013	264343	301775	260720
		236936	411149	236918	408317
		116962	117612	114882	117612
		867172	775617	864587	775617
17386		177045	266691	177045	266691
163046	218502	405494	411313	405494	384563
		1656608	1628494	1653612	1628494
210810	201208	1705591	14380204	1691832	7955208
		130756	138462	115735	128023
		442312	474696	403174	429256
608035	377699	1731355	1347384	1639376	1302278
	7158	326576	309115	295445	285093
140640	154134	628835	624401	613242	612257
		713687	626375	686374	607387
416305	420166	1227940	1229306	1094537	1117048
		349190	296450	346464	294574
395654	552716	4246822	4243686	3390722	3087557
		214515	201628	201832	182699
		781742	737321	778968	736381
		1143570	1135114	1124071	1075047
		192879	183420	192879	183420
27645	25636	392074	354397	384058	344702
55770	61725	69121	69510	69121	69510
		44836	43524	44836	43524
		171550	172939	171550	163928
897	967	293207	276421	257884	259750

2-16 续表 17

五金、家具及室内装饰材料专门零售

地区	商品购进总额		统一配送商品购进额		自有配送中心配送商品购进额	
	2014年	2013年	2014年	2013年	2014年	2013年
全国	**420834**	**432206**	**364493**	**365073**	**142646**	**119236**
北京	98241	112627	89070	101873	625	668
天津	44853	19182	44853	19182	44853	19182
河北						
山西						
内蒙古						
辽宁						
吉林						
黑龙江						
上海	99228	125627	58813	76474		
江苏	11597	13236	11597	13236		
浙江	14284	12580	14284	12580	14284	12580
安徽						
福建						
江西						
山东	6754	7226				
河南						
湖北	1877	822	1877	822		
湖南						
广东	54261	43010	54261	43010	17423	16160
广西						
海南						
重庆						
四川	24277	27250	24277	27250		
贵州						
云南						
西藏						
陕西						
甘肃						
青海						
宁夏						
新疆	65462	70647	65462	70647	65462	70647

单位：万元

非自有配送中心配送商品购进额		商品销售总额		零售额	
2014年	2013年	2014年	2013年	2014年	2013年
44863	**36469**	**629180**	**680177**	**585433**	**629982**
		172972	189861	172972	189861
		50268	19092	50268	19092
		122639	157457	94712	119869
11597	13236	11708	13314	11662	13249
		14221	10886	14221	10886
		6997	7226	6997	7226
		2579	1175	2579	1175
33266	23234	62659	60654	46885	48111
		25475	27690	25475	27690
		159663	192823	159663	192823

2-16 续表 18

货摊、无店铺及其他零售业

地区	商品购进总额		统一配送商品购进额		自有配送中心配送商品购进额	
	2014年	2013年	2014年	2013年	2014年	2013年
全国	**104720**	**106986**	**104554**	**106986**	**16386**	**93080**
北京						
天津						
河北						
山西						
内蒙古						
辽宁						
吉林	8420	6360	8420	6360		
黑龙江						
上海	9803	18563	9803	18563	9803	18563
江苏	6583	6238	6583	6238	6583	6238
浙江						
安徽						
福建	166	184		184		
江西						
山东						
河南						
湖北						
湖南						
广东	79748	75640	79748	75640		68279
广西						
海南						
重庆						
四川						
贵州						
云南						
西藏						
陕西						
甘肃						
青海						
宁夏						
新疆						

单位：万元

非自有配送中心配送商品购进额		商品销售总额		零售额	
2014年	2013年	2014年	2013年	2014年	2013年
8002	**7362**	**106176**	**110780**	**31130**	**45645**
		5500	7878	2200	7878
		10801	18738	10801	18738
		8003	7497	8003	7497
		188	212	188	212
8002	7362	81685	76455	9939	11320

2-17 按行业分各地区连锁零售

批发业

地 区	商品购进总额		统一配送商品购进额		自有配送中心配送商品购进额	
	2014年	2013年	2014年	2013年	2014年	2013年
全 国	**112323119**	**112515148**	**97150609**	**99761066**	**64132141**	**62394468**
北 京	2391126	2530937	2357077	2530937	140639	162581
天 津	38429	38430	2208	1963		
河 北	2676459	2653231	2400674	1969590	1309768	1140254
山 西	530032	517858	263649	249404	263649	249404
内蒙古						
辽 宁	1389116	1618465	759969	924425	487166	550813
吉 林	63394	58451	58002	52522	58002	52522
黑龙江	119863	116128	119863	116128	119863	116128
上 海	5563256	5772521	5156450	5375421	4002736	4114289
江 苏	16936186	17288104	16909058	17263426	16895298	17247206
浙 江	17370249	15511986	16100608	14494384	15698750	14119140
安 徽	8159744	8027183	4187242	8027183	3881125	3870282
福 建	120459	153880	75520	110092	70103	101722
江 西	3261523	3042489	3160531	3036747	1602979	1824407
山 东	11250544	10815218	9831069	9582529	8679204	8620539
河 南	2842194	2853472	1582421	1648253	940961	864735
湖 北	1891224	1772912	1867783	1753608	875496	856143
湖 南	351072	314349	329148	293226	314170	279054
广 东	18378528	20123798	18081924	18340685	510165	604876
广 西	2980569	2910217	2645244	2603602	1103688	716900
海 南						
重 庆	3367479	3093538	420523	297961	420469	297909
四 川	358161	473465	340463	457921	6341	5768
贵 州						
云 南	110637	85817	101326	68200	393	522
西 藏						
陕 西	6534021	6464918	5552961	5532370	3476245	3242166
甘 肃	190760	557434	188886	202434	188886	202434
青 海	24503	31316	7106	9307		
宁 夏	746302	702505	746158	702140	739104	680543
新 疆	4677289	4986529	3904746	4116609	2346943	2474131

企业直营门店经营情况

单位：万元

非自有配送中心配送商品购进额		商品销售总额		零售额	
2014年	2013年	2014年	2013年	2014年	2013年
198386440	**196044171**	**131086822**	**130109343**	**74408032**	**67952757**
		2482771	2636092	787949	865256
		47437	47129	12427	13382
		3869227	3896385	2219624	2310588
		713551	672716	1300	1161
		1673561	1887146	1070555	763282
		101087	93980	101087	93980
		117469	116079	34601	49895
758187	698155	6019416	6280857	2394998	2453684
46706	68330	18098247	17828116	7768846	7635398
3201455	2562307	16069144	16439699	9950175	10724190
		8532850	7156572	5541387	5337566
2714	25671	154578	177038	37372	37270
5258880		6419942	5939060	2789187	2597094
		12252993	12071638	10144887	10107661
		3081147	3063653	2052075	1884345
450868	521693	2108034	1807505	729279	662866
		392106	349581	11931	9827
173370568	174914630	21546004	22194023	17127781	13006657
	11955	7382304	7343683	3686133	3229197
		3734188	3464507	2883264	897833
		402775	328237	184986	143234
437	350	1729209	1685037	791596	727544
1574942	2704290	7798887	7807866	2043378	2057528
		606560	667528	528377	540078
49742	93070	24327	32770	24327	32770
70542	81439	744279	773064	225568	324633
13601399	14362281	4984732	5349383	1264944	1445841

2-17 续表 1

农、林、牧产品批发

地区	商品购进总额		统一配送商品购进额		自有配送中心配送商品购进额	
	2014年	2013年	2014年	2013年	2014年	2013年
全国	**1182337**	**1233865**	**1180037**	**1225395**	**1180037**	**1225395**
北京						
天津						
河北						
山西						
内蒙古						
辽宁						
吉林						
黑龙江						
上海						
江苏						
浙江						
安徽	1148302	1195040	1148302	1195040	1148302	1195040
福建						
江西						
山东						
河南						
湖北	31567	30191	31567	30191	31567	30191
湖南	1484	1057				
广东	816	7413				
广西						
海南						
重庆						
四川	169	165	169	165	169	165
贵州						
云南						
西藏						
陕西						
甘肃						
青海						
宁夏						
新疆						

单位：万元

非自有配送中心配送商品购进额		商品销售总额		零售额	
2014年	2013年	2014年	2013年	2014年	2013年
		1334786	**1382605**	**14352**	**13697**
		1295565	1339110		
		34745	33672	14259	13615
		3538	2794		
		783	6872	94	82
		155	157		

2-17 续表 2

食品、饮料及烟草制品批发

地区	商品购进总额		统一配送商品购进额		自有配送中心配送商品购进额	
	2014年	2013年	2014年	2013年	2014年	2013年
全国	**6466967**	**6106205**	**5502236**	**5313200**	**3560551**	**3503109**
北京	6363	7308	6363	7308	4863	5847
天津	2208	1963	2208	1963		
河北						
山西	530032	517858	263649	249404	263649	249404
内蒙古						
辽宁						
吉林						
黑龙江						
上海	174262	162309	102940	95516	27121	25700
江苏	217571	284754	217571	284754	212760	279207
浙江	51485	53045	51485	53045	23674	21474
安徽						
福建	110371	141998	68697	101881	63552	96079
江西	2157609	2001284	2056617	1995542	1119450	1326573
山东	694402	448074	671090	425571		
河南	7765	8208	7765	8208	7765	8208
湖北	143014	151017	143014	151017	335	343
湖南	61	98	61	98	61	98
广东	27777	29098	27777	29098	18980	25875
广西						
海南						
重庆	101757	86949	34677	33046	34677	33046
四川						
贵州						
云南						
西藏						
陕西	1843742	1827743	1524964	1571827	1519362	1195755
甘肃						
青海	24503	31316	7106	9307		
宁夏	73722	66714	73722	66714	69998	53262
新疆	300321	286470	242528	228903	194306	182238

单位：万元

非自有配送中心配送商品购进额		商品销售总额		零售额	
2014年	2013年	2014年	2013年	2014年	2013年
1142243	**1125028**	**8675499**	**8176001**	**390386**	**392683**
		9599	10850	3303	3531
		2868	2561	1285	1464
		713551	672716	1300	1161
758187	698155	287650	272437	144272	135858
		319182	386002	9281	44842
278115	315705	102770	98128	21042	18765
		143405	162659	32672	30171
		3223397	2890694	14572	12048
		693380	500412	8973	9689
		7390	6673	1687	3153
18956	18098	167093	174368	73893	60183
		683	661	131	110
		34044	34720	8067	9607
		118770	99920	35316	26019
		2433733	2466786	5938	
49742	93070	24327	32770	24327	32770
37243		108993	96103	1647	1227
		284665	267542	1680	2085

2-17 续表 3

纺织、服装及家庭用品批发

地区	商品购进总额		统一配送商品购进额		自有配送中心配送商品购进额	
	2014年	2013年	2014年	2013年	2014年	2013年
全国	**1638883**	**1635815**	**889164**	**978125**	**835944**	**854355**
北京						
天津						
河北						
山西						
内蒙古						
辽宁	39819	35772	39819	35772		
吉林						
黑龙江						
上海	92105	86627	92105	86627	92105	86627
江苏	35338	40353	13794	21053	13794	18444
浙江	109178	188547	109178	188547	109178	160168
安徽						
福建						
江西						
山东	1197512	1140352	486724	503801	486724	460199
河南						
湖北	108	125	108	125		
湖南						
广东	164824	144039	147437	142199	134143	128917
广西						
海南						
重庆						
四川						
贵州						
云南						
西藏						
陕西						
甘肃						
青海						
宁夏						
新疆						

单位：万元

非自有配送中心配送商品购进额		商品销售总额		零售额	
2014年	2013年	2014年	2013年	2014年	2013年
27015	**56749**	**2800977**	**2905023**	**1416590**	**1410997**
		56253	52770		
		120363	116367	34898	30798
	26082	42205	51005	12558	9761
		152620	206586	15611	45289
		2220958	2303217	1235284	1243452
		9150	9721		
27015	30667	199427	165356	117240	81696

2-17 续表 4

文化、体育用品及器材批发

地区	商品购进总额		统一配送商品购进额		自有配送中心配送商品购进额	
	2014年	2013年	2014年	2013年	2014年	2013年
全国	**3044558**	**3180694**	**3039079**	**3173805**	**2960308**	**3017489**
北京	41931	41405	41931	41405		
天津						
河北						
山西						
内蒙古						
辽宁						
吉林	5392	5929				
黑龙江						
上海						
江苏	1085710	1186274	1085710	1186274	1085710	1186274
浙江	1220065	1136711	1220065	1136711	1220065	1136711
安徽						
福建						
江西						
山东						
河南						
湖北	314142	390169	314142	390169	314142	390169
湖南	314109	278956	314109	278956	314109	278956
广东	50286	125318	50198	124358	13357	9447
广西						
海南						
重庆						
四川						
贵州						
云南						
西藏						
陕西	12924	15932	12924	15932	12924	15932
甘肃						
青海						
宁夏						
新疆						

单位：万元

非自有配送中心配送商品购进额		商品销售总额		零售额	
2014年	2013年	2014年	2013年	2014年	2013年
334356	**1075734**	**3083582**	**3014393**	**1204191**	**1127477**
		42058	41747	4154	5246
		12397	14472	12397	14472
		1107238	1104563	525168	529823
		1182655	1063601	580465	513656
		327538	347126	56663	56196
		354296	313239	10486	
334356	1075734	44047	114255	13858	8084
		13353	15391		

2-17 续表 5

医药及医疗器材批发

地　区	商品购进总额		统一配送商品购进额		自有配送中心配送商品购进额	
	2014年	2013年	2014年	2013年	2014年	2013年
全　国	**680899**	**615671**	**504242**	**455298**	**404109**	**369333**
北　京						
天　津						
河　北						
山　西						
内蒙古						
辽　宁						
吉　林	58002	52522	58002	52522	58002	52522
黑龙江						
上　海						
江　苏	169729	158962	169729	158962	169729	158962
浙　江	129765	112782	129765	112782	128870	112372
安　徽						
福　建	3605	2821	3605	2821	3605	2821
江　西						
山　东	114865	92054	1667	1899	854	815
河　南						
湖　北	828	766	828	766	828	766
湖　南	20439	20066				
广　东	33039	51853	29178	47778		
广　西						
海　南						
重　庆	18205	20375	11939	11303	11885	11251
四　川	26997	22332	9298	6850	6173	5542
贵　州						
云　南	75770	51025	66460	35855	393	521
西　藏						
陕　西	5884	6353				
甘　肃						
青　海						
宁　夏						
新　疆	23770	23762	23770	23762	23770	23762

单位：万元

非自有配送中心配送商品购进额		商品销售总额		零售额	
2014年	2013年	2014年	2013年	2014年	2013年
437	**350**	**750519**	**707823**	**337520**	**315261**
		88691	79508	88691	79508
		185406	175343	79579	75250
		140096	124411	107273	94765
		4091	3647	1978	1778
		119902	116439	16412	15639
		876	913	876	913
		19579	18971	604	9087
		39799	57221	5592	7328
		21317	22520	5758	7082
		33812	29864	11032	11270
437	350	65546	47297	15074	7940
		5059	5467	2555	2765
		26346	26222	2097	1935

2-17 续表 6

矿产品、建材及化工产品批发

地区	商品购进总额		统一配送商品购进额		自有配送中心配送商品购进额	
	2014年	2013年	2014年	2013年	2014年	2013年
全国	**95414684**	**96140687**	**82292444**	**85161795**	**52290112**	**50508694**
北京	2175892	2328260	2175892	2328260	2885	2770
天津						
河北	2676459	2653231	2400674	1969590	1309768	1140254
山西						
内蒙古						
辽宁	1300219	1542086	671072	848046	441621	513639
吉林						
黑龙江	119863	116128	119863	116128	119863	116128
上海	5296889	5523584	4961406	5193278	3883510	4001961
江苏	15421400	15611820	15415817	15606443	15408154	15599565
浙江	15564155	13793079	14294514	12775478	14214660	12686163
安徽	4478882	4372792	506380	4372792	200262	215891
福建	6212	6495	2946	2823	2946	2823
江西	1103914	1041205	1103914	1041205	483529	497834
山东	9237423	9127473	8665345	8644973	8185384	8153240
河南	2824865	2838198	1565093	1632980	933196	856527
湖北	1150657	1200644	1127216	1181340	528625	434674
湖南						
广东	17667800	19233878	17468215	17569147	167296	188324
广西	2929678	2834996	2594353	2528381	1103688	716900
海南						
重庆	3241517	2981805	373907	253613	373907	253613
四川	330996	450968	330996	450906		62
贵州						
云南						
西藏						
陕西	4671470	4614890	4015072	3944611	1943959	2030479
甘肃	190760	557434	188886	202434	188886	202434
青海						
宁夏	672436	635426	672436	635426	669106	627282
新疆	4353198	4676298	3638448	3863945	2128867	2268131

单位：万元

非自有配送中心配送商品购进额		商品销售总额		零售额	
2014年	2013年	2014年	2013年	2014年	2013年
193943461	**191502154**	**110502786**	**110329245**	**68158711**	**61892452**
		2259445	2424019	734018	807569
		3869227	3896385	2219624	2310588
		1570082	1794804	1026938	727209
		117469	116079	34601	49895
		5611403	5892053	2215829	2287027
33832	30365	16437103	16104628	7139104	6973799
		14200638	14673268	9064156	9866517
		4781964	3434229	3407825	3305023
		6893	6743	1533	1331
5258880		3196545	3048367	2774616	2585046
		9211618	9143355	8883219	8838881
		3062972	3049188	2045889	1876800
431912	503595	1286552	1241705	549410	531960
173009197	173808229	20739258	21287154	16576048	12466583
	11955	7320994	7273560	3669607	3209765
		3588697	3337113	2842190	864731
		368808	298216	173954	131964
		1610933	1588361	751804	697699
1574942	2704290	5346742	5320221	2034884	2054762
		606560	667528	528377	540078
33299	81439	635166	676651	223920	323406
13601399	14362281	4673721	5055620	1261167	1441821

2-17 续表 7

机械设备、五金产品及电子产品批发

地　区	商品购进总额		统一配送商品购进额		自有配送中心配送商品购进额	
	2014年	2013年	2014年	2013年	2014年	2013年
全　国	**839391**	**875804**	**724825**	**768259**	**368255**	**456646**
北　京	166940	153964	132891	153964	132891	153964
天　津	36221	36466				
河　北						
山　西						
内蒙古						
辽　宁	45545	37173	45545	37173	45545	37173
吉　林						
黑龙江						
上　海						
江　苏	6437	5941	6437	5941	5150	4753
浙　江	295601	227822	295601	227822	2302	2252
安　徽						
福　建	271	2567	271	2567		
江　西						
山　东	6243	6286	6243	6286	6243	6286
河　南	9563	7065	9563	7065		
湖　北						
湖　南						
广　东	220421	320850	176125	252218	176125	252218
广　西	50891	75221	50891	75221		
海　南						
重　庆						
四　川						
贵　州						
云　南	1259	2449	1259	2		1
西　藏						
陕　西						
甘　肃						
青　海						
宁　夏						
新　疆						

单位：万元

非自有配送中心配送商品购进额		商品销售总额		零售额	
2014年	2013年	2014年	2013年	2014年	2013年
2938928	**2284156**	**911191**	**922976**	**511549**	**569143**
		171669	159476	46473	48910
		44569	44568	11142	11918
		43618	36073	43618	36073
12874	11883	7114	6575	2156	1923
2923340	2246602	290365	273705	161628	185198
2714	25671	189	3990	189	3990
		7025	7085		
		10784	7792	4499	4392
		268970	310744	223573	256877
		61311	70123	16525	19432
		5577	2846	1745	431

2-17 续表 8

其他批发业

地区	商品购进总额		统一配送商品购进额		自有配送中心配送商品购进额	
	2014年	2013年	2014年	2013年	2014年	2013年
全国	**3055400**	**2726407**	**3018583**	**2685189**	**2532825**	**2459446**
北京						
天津						
河北						
山西						
内蒙古						
辽宁	3534	3434	3534	3434		
吉林						
黑龙江						
上海						
江苏						
浙江						
安徽	2532560	2459352	2532560	2459352	2532560	2459352
福建						
江西						
山东	100	980				
河南						
湖北	250909		250909			
湖南	14978	14173	14978	14173		
广东	213567	211351	182994	175887	265	94
广西						
海南						
重庆	6001	4410				
四川						
贵州						
云南	33608	32343	33608	32343		
西藏						
陕西						
甘肃						
青海						
宁夏	144	365				
新疆						

单位：万元

非自有配送中心配送商品购进额		商品销售总额		零售额	
2014年	2013年	2014年	2013年	2014年	2013年
		3027484	**2671278**	**2374733**	**2231047**
		3609	3499		
		2455320	2383233	2133562	2032543
		110	1131		
		282080		34177	
		14010	13916	711	629
		219677	217701	133309	176400
		5404	4954		
		47154	46534	22974	21475
		120	310		

2-17 续表 9

零售业

地　区	商品购进总额		统一配送商品购进额		自有配送中心配送商品购进额	
	2014年	2013年	2014年	2013年	2014年	2013年
全　国	**185766051**	**195920260**	**135465903**	**141034861**	**76326178**	**77273522**
北　京	18549179	18674933	8650985	8486336	4002170	3754925
天　津	6571078	7256743	4589363	5335004	3137326	3490742
河　北	7186285	6886850	4464083	4442091	2820266	2702492
山　西	2775015	3426213	2172967	2559029	1307484	1216405
内蒙古	327366	317160	285660	275237	198095	188745
辽　宁	6986309	6269683	5877032	3701304	1225386	933916
吉　林	1222855	1424855	1155815	1353002	967528	1185510
黑龙江	1884347	2311538	1724356	2178555	1235625	1649982
上　海	15187208	17102376	9871319	10635968	3814750	3653888
江　苏	12596071	20345541	11927138	16310875	8948709	13210098
浙　江	6204519	5607448	5713201	4805974	4494015	3616655
安　徽	7086481	6238967	3476718	3056613	1667901	1524473
福　建	9812442	8748565	6988491	5810249	3435941	2286760
江　西	3609068	2865498	2845154	2572537	1699256	1895731
山　东	12012307	13397266	8082241	8289283	3734575	3570444
河　南	4889389	4583653	3140485	2838367	1787580	1882866
湖　北	14753950	13155313	10351287	9186745	7942746	7379455
湖　南	7611399	8244453	6939507	6152277	4947660	3039371
广　东	25176124	27616621	19648866	24240491	10692970	10881473
广　西	829401	853110	668458	828985	366316	478291
海　南	1670241	1634790	1670241	1634790	5590	5816
重　庆	4957605	5167772	4748698	5105690	3152213	3371976
四　川	4357827	4583245	3501540	3872754	1457580	1815489
贵　州	563632	416767	502947	234300	275314	155476
云　南	2455524	2698888	2020756	2604649	983948	1198193
西　藏	20152	19855	20152	19855		
陕　西	2105531	2082992	705196	691528	249081	237647
甘　肃	1195867	1262021	956073	1237734	119886	119976
青　海	177908	167089	121590	55283	8486	8448
宁　夏	638039	597234	351782	594876	279037	576265
新　疆	2352936	1962824	2293802	1924482	1368746	1242012

单位：万元

非自有配送中心配送商品购进额		商品销售总额		零售额	
2014年	2013年	2014年	2013年	2014年	2013年
213063829	**247369785**	**226322822**	**235403633**	**186035812**	**183974200**
10956088	11870534	22447167	22183993	17188803	17676683
1851422	2692282	7394995	7685848	5432749	5439042
1156701	1814118	7557951	7213405	5773718	5199023
1646383	1867858	4886211	5041125	4401917	4662018
46164	43424	397542	385789	387081	385789
15666265	11598778	7571642	6946245	5735932	5154746
173858		1477298	1593968	1282990	1360701
1850485	2430753	2167825	2177030	1941743	1928409
20477851	22401912	17637123	24327714	13546763	13734819
23993998	23250233	14707053	27579190	12048094	18405065
6482322	2634991	9024987	6054004	8518845	5466911
1905101	1312324	7177320	6766186	3397438	3238323
6398864	6395950	12929270	11917420	11789437	10665588
3038297	5363507	5446481	5163724	4649359	4423674
11492937	13060918	15569154	15452032	12592650	12926900
1364158	164238	5556114	5131903	5262383	4813461
7987289	7751021	16566038	15310878	14961940	13900965
3192423	3164712	10110363	9742007	9147758	8569540
64380285	102750609	30755189	29296921	25252532	24307650
421905	322774	901032	1136564	881184	1082701
3820743	3704886	1868401	1780657	1300765	1546475
12198268	13594224	7574783	7000561	6501509	6354148
1870107	1479134	5296541	4756808	4862836	3896677
248837	57523	553614	469113	540414	462704
2026419	1944581	3060050	3104653	2740721	2702588
		22152	18564	22152	18564
1409249	1145027	2360344	2385708	1291310	1246379
40348	7373	1626263	1610404	1352815	1355346
198290	101820	228114	229332	225291	226223
		621719	563723	609300	541884
6768772	4444281	2830090	2378166	2395383	2281205

2-17 续表 10

综合零售

地　区	商品购进总额		统一配送商品购进额		自有配送中心配送商品购进额	
	2014年	2013年	2014年	2013年	2014年	2013年
全　国	**95699963**	**95662313**	**62097946**	**63381357**	**40268259**	**39931266**
北　京	9777245	10189773	6078080	5992740	2407287	2375589
天　津	856723	937944	26986	64735	1747	2287
河　北	3332440	3139064	642980	731237	493183	489962
山　西	692670	993077	289969	281453	157221	117131
内蒙古	204743	190626	189210	174604	119077	110288
辽　宁	1005688	1070543	557076	634524	41442	50206
吉　林	185528	170116	130204	109835		
黑龙江	598307	562649	494507	473317	328131	309544
上　海	9935617	12268760	5302787	6444470	1582144	1655707
江　苏	9249915	9438355	8691041	9220703	7412354	7741726
浙　江	4235631	4494855	3889648	3790554	3056693	2993109
安　徽	6391665	5580473	3052614	2680290	1480025	1350849
福　建	4569585	3589326	3520934	2625601	2499937	1468101
江　西	1100759	1018815	604253	904070	553556	775231
山　东	8571360	9821799	5646908	5793252	2730534	3044550
河　南	2273432	2125136	901004	793901	410534	542214
湖　北	9306358	8304517	5823772	5155344	5264965	4700359
湖　南	3059592	2647785	2776034	2233489	2350148	1547984
广　东	10210258	9416382	5972052	7155410	5134724	5876729
广　西	419314	420656	266582	396531	63190	227011
海　南	19850	14915	19850	14915		
重　庆	3289873	3700163	3118933	3684113	2109909	2377455
四　川	2988113	2667514	2187549	2012157	1257361	1095362
贵　州	232232	134357	229712	133380	165264	84606
云　南	826966	764524	493856	759170	369060	439593
西　藏	20152	19855	20152	19855		
陕　西	1005202	933510	206060	209618	100349	102187
甘　肃	44957	40478	17983	16191	17983	16191
青　海	120631	118691	68252	10961		
宁　夏	376817	337977	92982	337977	20237	330327
新　疆	798341	549682	785977	526962	141205	106969

单位：万元

非自有配送中心配送商品购进额		商品销售总额		零售额	
2014年	2013年	2014年	2013年	2014年	2013年
87124818	**80731518**	**114489437**	**116008787**	**97893095**	**93849411**
4744608	4485867	12573040	12406489	10555661	10766614
		955260	983976	814059	858279
770597	1460570	3518915	3344601	3043521	2892668
379353	252572	1509314	1525701	1500147	1518096
34585	32416	239212	232674	235107	232674
978665	757302	1144350	1145735	985021	1005263
		178218	166678	162780	152952
90463	90016	597116	583333	532016	526968
20095068	21865915	11780014	18767190	9565496	9857940
9681921	9411065	10935345	11106379	8719208	8861666
4827426	2205866	4755581	4747659	4425682	4409249
1182118	767198	6395533	6005961	2701932	2567505
5014024	5553119	4334921	3333311	4324954	3318900
248265	198088	1445248	1375166	1283493	1295091
9936023	9542552	11629866	11231476	10035659	9623167
1283425	75215	3019020	2605299	2927517	2472768
1495883	1249025	10584455	9630813	10101652	8987125
2909557	70778	2990763	2745364	2972066	2626535
4047720	3376398	12455844	11586458	10927442	10518894
		405315	662359	402603	660321
198504	149145	17745	14316	17745	14316
9648611	12506351	5745531	5455159	5052966	5014519
1691684	1440989	3380174	2870506	3025610	2498429
166216	53096	206563	157289	204685	155950
326122	437410	978076	972178	951581	952025
		22152	18564	22152	18564
741683	448808	1163877	1163715	885073	882160
		45188	39538	45188	39538
198290	101820	165865	167631	163042	164522
		358124	305829	358124	305829
6434007	4199937	958812	657441	947913	650886

2-17 续表 11

食品、饮料及烟草制品专门零售

地 区	商品购进总额		统一配送商品购进额		自有配送中心配送商品购进额	
	2014年	2013年	2014年	2013年	2014年	2013年
全 国	**2268874**	**2111165**	**2141846**	**1983225**	**1170390**	**1115228**
北 京	265158	231544	259443	224268	155760	153080
天 津	82400	73447	37807	28866		
河 北	5998	4099	5998	4099	3997	3226
山 西	17633	17379	17633	17379	15420	14711
内 蒙 古						
辽 宁	77059	69518	77059	69518	5060	4932
吉 林	43772	40508	40394	36746	40394	36746
黑 龙 江						
上 海	149652	163497	127778	134051		
江 苏	291968	298259	291478	298089	78279	97936
浙 江	139536	124411	129516	109829	112617	89358
安 徽	14138	13024	14138	13024	14138	13024
福 建	170756	162920	156489	161184	61060	60466
江 西	92199	79507	90841	79507	64730	65080
山 东	345065	247739	345065	247739	322604	225250
河 南	83197	82043	69957	68825	1127	
湖 北	254373	306811	254157	304747	204787	267467
湖 南	48897	33473	48285	33072	2654	698
广 东	136838	116410	136838	116402	64312	58469
广 西						
海 南						
重 庆	33476	29941	33476	29941	22786	24380
四 川	666	407	666	407	666	407
贵 州						
云 南	12557	13262	4828	5533		
西 藏						
陕 西						
甘 肃						
青 海						
宁 夏	1507	1492				
新 疆	2028	1475				

单位：万元

非自有配送中心配送商品购进额		商品销售总额		零售额	
2014年	2013年	2014年	2013年	2014年	2013年
2742840	**2031119**	**2689329**	**2538471**	**2411175**	**2314002**
874083	553246	330043	317468	323799	310601
138180	75620	121207	115254	88246	85585
20013	8734	6304	5357	6304	4956
22132	26683	27639	24754	27639	24754
472141	427392	77255	73733	77184	70984
		45694	49757	45694	49757
		192395	168737	169151	137513
302906	271638	344270	370728	328390	347507
32827	6277	180859	181600	148473	149732
		16478	16744	13608	13756
95949	119760	186811	187830	182772	150987
261111	144274	94815	83810	94815	83810
		344966	246576	225642	246576
		85296	86712	58958	69285
26563	28747	355706	363824	355112	359668
		53478	40437	53478	40437
433370	298126	172082	155463	151980	125845
15288	15288	36374	30934	32274	23498
		832	554	832	554
48277	55334	13906	14855	13906	14855
		1306	1220	1306	1220
		1614	2124	1614	2124

2-17 续表 12

纺织、服装及日用品专门零售

地 区	商品购进总额		统一配送商品购进额		自有配送中心配送商品购进额	
	2014年	2013年	2014年	2013年	2014年	2013年
全 国	**2883309**	**6618129**	**1997559**	**5807507**	**794083**	**806309**
北 京	453570	443229	260181	254579	94693	95570
天 津	9286	10652	9286	10652	2601	3478
河 北	53230	49816	53230	49816	53230	49816
山 西	8233	2180	8233	2180	1328	1328
内 蒙 古						
辽 宁	61294	57868	60277	56902	4238	4644
吉 林	3907	5097	1259	1259	1259	1259
黑 龙 江	10642	7506	10642	7506	10642	7506
上 海	1005395	911547	415894	386637	120402	105766
江 苏	6505	9122	5855	7795	5636	7482
浙 江	126161	155416	126161	149771	56333	77241
安 徽	398	954	398	954		
福 建	22423	28990	22423	28990	19372	25506
江 西	45829	17287	41001	15676	6365	7554
山 东	29958	32010	27857	32010	1420	3351
河 南	21303	22045	6691	6683	1162	1534
湖 北	159735	136798	137507	135183	49154	62730
湖 南	34600	36198	34600	36198	32070	34591
广 东	630204	4493903	590339	4442558	202307	179622
广 西						
海 南						
重 庆	52481	30242	41510	18966	38566	16044
四 川	55728	88388	55728	88388	35389	69466
贵 州						
云 南	9939	9802	9939	9802	9939	9802
西 藏						
陕 西	47932	41960	47932	41960	47932	41960
甘 肃						
青 海	34509	27063	30571	22986		
宁 夏						
新 疆	47	58	47	58	47	58

单位：万元

非自有配送中心配送商品购进额		商品销售总额		零售额	
2014年	2013年	2014年	2013年	2014年	2013年
4390825	**42852057**	**3875627**	**3709552**	**3536961**	**3397462**
334390	334161	664478	638323	459661	458065
10666	19998	19084	23691	18777	23057
		56511	52698	4567	14049
		8335	2285	8335	2285
		71028	64413	71028	64170
		7716	8952	7716	8952
		16214	11526	16214	11526
	160382	1518600	1432927	1517091	1431860
		8981	12401	7339	11001
574850		145920	132744	140849	125511
		424	740	296	740
		28976	32990	27161	30655
		48457	26600	43457	26600
		32652	33812	30366	33630
	8050	30408	29969	30408	29959
25581	22368	231798	192679	227174	189043
25302	16066	38692	42428	33421	39379
3408760	42274049	678986	708545	641521	652190
11276	16983	74368	73992	74368	73991
		73981	85566	52209	68528
		16995	18766	16995	18766
		65296	44041	65282	44041
		37658	39400	37658	39400
		70	64	70	64

2-17 续表 13

文化、体育用品及器材专门零售

地区	商品购进总额		统一配送商品购进额		自有配送中心配送商品购进额	
	2014年	2013年	2014年	2013年	2014年	2013年
全国	**4274961**	**4516878**	**4123091**	**4377202**	**3394749**	**3555940**
北京	125688	122162	125688	122162	20440	20179
天津						
河北	3138	3543	3138	3543	3138	3543
山西						
内蒙古						
辽宁	22931	11283	22931	11283	22931	11283
吉林						
黑龙江	45401	117624	45401	117624	8293	9581
上海	2126129	1915640	2098421	1890661	1958565	1748674
江苏	15039	13591	15039	13591	15039	13585
浙江	97869	128846	97869	128846		
安徽	72298	54513	72298	54513		
福建	37960	44603	37960	44603	37960	39956
江西	561291	522183	561291	522183	559588	520522
山东	85451	100932	85451	100932	18852	18544
河南	18151	17059	18151	13598	4177	9419
湖北	106038	115416	74563	85258	27058	34413
湖南	20296	17571	20296	17571	13131	11251
广东	186074	181390	114139	100889	63936	46788
广西	17069	21375	17069	21375	17069	21375
海南						
重庆	374522	362277	374522	362277	374522	362277
四川	43482	470063	43482	470063	34788	463195
贵州						
云南	73262	68855	73262	68277	29694	32153
西藏						
陕西	58958	55230	58958	55230	58958	55230
甘肃						
青海						
宁夏	12051	10961	12051	10961	12051	
新疆	171867	161763	151113	161763	114560	133972

单位：万元

非自有配送中心配送商品购进额		商品销售总额		零售额	
2014年	2013年	2014年	2013年	2014年	2013年
2303067	**1929540**	**4837636**	**4666772**	**2433927**	**2047562**
847389	817965	177152	153319	164067	140413
		3907	3793	3907	3793
		14230	11020	9955	9669
		105873	132350	105873	132350
		2098318	1909460	278288	295873
	58	15586	15565	15586	15565
		129534	224567	59691	86871
722983	545126	72421	52272	72421	52272
		43600	53504	38146	48447
		557176	548141	340544	314657
		84919	80159	46808	46796
		18825	17994	18411	17557
		128585	142136	128585	142136
		20474	19342	20474	19342
100		184026	195096	156832	181744
		15005	18793	15005	18793
		399151	363237	225354	202666
		459663	432228	441982	42304
414016	339570	75871	70595	68538	60292
		54975	54738	54975	54738
		11309	10302	11309	10302
318579	226821	167036	158162	162177	150982

2-17 续表 14

医药及医疗器材专门零售

地区	商品购进总额		统一配送商品购进额		自有配送中心配送商品购进额	
	2014年	2013年	2014年	2013年	2014年	2013年
全国	**7962969**	**6393064**	**7288917**	**5875628**	**4503831**	**3827465**
北京	262663	232454	239729	231650	99838	92675
天津	48056	36723	23769	15534	1283	5951
河北	151006	138477	151006	135477	92940	90030
山西	114450	111984	107149	102689	90128	83770
内蒙古	36394	36699	22678	25744	19695	22886
辽宁	673124	594445	667465	590751	192870	197824
吉林	24374	41687	18685	37715	7613	29174
黑龙江	197001	199224	182101	194536	59901	156979
上海	294239	253176	290679	239546	143837	125178
江苏	423460	332921	418628	327191	283712	250358
浙江	1416258	503391	1286424	427052	1135424	321800
安徽	199225	173539	196749	173173	77586	78400
福建	140908	148798	80469	104231	52802	70271
江西	101480	82783	52523	74179	5377	37405
山东	307990	277467	281625	243579	207236	178809
河南	262643	190432	246778	175916	47105	30622
湖北	272044	232283	243844	227488	138004	199023
湖南	300257	264645	300257	248609	127903	135728
广东	836192	697597	660491	529315	484319	336025
广西	167309	145337	159097	145337	109823	98643
海南	42850	39583	42850	39583	5590	5816
重庆	414593	273490	392450	242095	131616	119258
四川	153458	167262	129594	138878	66570	112788
贵州	146214	100920	145727	100920	110051	70870
云南	549565	720247	543521	714039	440578	614486
西藏						
陕西	58560	50192	52943	46257	40456	36949
甘肃	106900	108509	106900	108509	101903	103785
青海	22767	21336	22767	21336	8486	8448
宁夏	69870	71282	68955	70415	68955	70415
新疆	169120	146182	153066	143884	152231	143099

单位：万元

非自有配送中心配送商品购进额		商品销售总额		零售额	
2014年	2013年	2014年	2013年	2014年	2013年
10374376	**7106103**	**11445298**	**7373513**	**10548796**	**6756042**
1318880	1261832	327274	296535	273137	248091
87023	74260	59990	57449	59793	57449
366091	344814	199902	165587	197127	165587
		170447	140286	170447	136736
11579	11008	41368	35503	36093	35503
70020	55496	782380	666136	780695	666136
		28881	46982	28881	41237
129559	155722	250373	235479	248333	233634
382783	375615	257749	244711	257614	244531
1182961	762559	490855	424977	485026	418505
1047219	422848	3643386	591271	3596379	547196
		250153	215773	201009	174795
5268	3886	180082	177632	179973	177150
217596	274699	133925	109711	133925	109691
141112	111511	353881	337285	324733	314830
80733	80973	286521	234488	284289	221934
37148	32519	330668	285570	292030	266810
257564	102420	348684	306329	348684	287844
713808	664896	947184	837936	649578	651855
421905	322774	208963	172383	207755	170209
		33084	38149	33084	38149
2523093	1055602	529177	332718	329140	295892
178423	38145	212846	205150	191657	184126
82621	4427	154173	128404	142850	123333
961559	855910	717734	641252	633355	516868
109870	78965	64594	57380	61579	57380
40348	7373	140360	140433	140360	140433
		24591	22301	24591	22301
		79429	73433	67011	60605
7213	7849	196646	152274	169671	147233

2-17 续表 15

汽车、摩托车、燃料及零配件专门零售

地区	商品购进总额		统一配送商品购进额		自有配送中心配送商品购进额	
	2014年	2013年	2014年	2013年	2014年	2013年
全国	**51525521**	**53137329**	**39708200**	**38702593**	**16091025**	**15237372**
北京	5297440	5154732	124063	94424		
天津	4767096	5527689	4154811	4955128	2794991	3218937
河北	3350430	3258199	3350430	3258199	1980478	1867181
山西	1714496	2044923	1530177	1910666	916984	899332
内蒙古						
辽宁	4065786	3672076	3412302	1544630		1477
吉林	834475	973461	834475	973461	834475	973461
黑龙江	688041	967496	688041	967496	688041	967496
上海						
江苏	1063152	1069082	1063152	1069082	2937	3034
浙江	23449	31072	17969	30465		
安徽						
福建	3643388	3806121	2144661	2094433	233090	234238
江西	1379723	853212	1178369	685211	198256	205387
山东	2030643	2263903	1096311	1328219	15455	12843
河南	1489463	1501181	1183506	1166235	861756	863129
湖北	3502472	2961388	2947503	2452121	2200576	1739627
湖南	3814557	5018948	3429343	3359713	2152293	1133221
广东	8733928	8674847	8247291	8132955	2606737	2603303
广西	52185	89499	52185	89499	2710	3870
海南	1607540	1580292	1607540	1580292		
重庆	7807	6136	2954	2775	2954	2775
四川						
贵州						
云南	733030	920033	733030	920033		
西藏						
陕西	877724	939054	282147	275418		
甘肃	999469	1071139	786649	1071139		
青海						
宁夏						
新疆	849229	752846	841295	740998	599295	508064

单位：万元

非自有配送中心配送商品购进额		商品销售总额		零售额	
2014年	2013年	2014年	2013年	2014年	2013年
88439108	**91666612**	**66837859**	**66679448**	**48636346**	**49382737**
1240633	944238	5586223	5540385	2771603	3006284
1615553	2522404	5458373	5866065	3670915	3775260
		3467399	3377025	2216517	1857249
1244898	1588603	2933540	2936950	2458431	2571829
14145439	10358588	4615227	4209592	2947461	2562908
		1034245	1047031	858674	833234
		792754	803030	633814	639369
10602147	10660482	1225056	1292396	819391	819139
		27024	30531	19107	13158
		6881236	7075263	5854520	5927664
2311325	4674871	2840283	2711181	2452680	2308732
9399	1865515	2487037	2891096	1309203	2042418
		1402606	1531315	1245674	1394821
2239060	2216703	3704309	3465375	2760271	2837960
	2975448	6309081	6291657	5373170	5261430
51408415	50304019	11926027	11432628	9277761	9030134
		64634	87834	61389	57112
3622239	3555741	1817572	1728192	1249936	1494010
		8439	7201	8439	7201
		865395	1032611	672288	795080
		942480	996324	155281	138550
		1395879	1386910	1122430	1131852
		1053042	938857	696392	877343

2-17 续表 16

家用电器及电子产品专门零售

地区	商品购进总额		统一配送商品购进额		自有配送中心配送商品购进额	
	2014年	2013年	2014年	2013年	2014年	2013年
全国	**20625157**	**26942443**	**17639387**	**20435543**	**9944900**	**12587694**
北京	2269173	2188413	1474731	1464640	1223528	1017165
天津	762664	651107	291852	240907	291852	240907
河北	290043	293653	257301	259720	193300	198735
山西	227532	256670	219807	244662	126403	100133
内蒙古	86230	89835	73773	74889	59323	55572
辽宁	1080426	793950	1079922	793697	958845	663551
吉林	122379	187627	122379	187627	83787	144871
黑龙江	344955	457038	303665	418076	140618	198875
上海	1567144	1445566	1567144	1445566		
江苏	1527943	9164807	1423856	5355018	1144259	5089807
浙江	151331	156878	151331	156878	118664	122568
安徽	408756	416466	140521	134660	96151	82201
福建	1227421	967806	1025555	751208	531720	388222
江西	327789	291710	316877	291710	311384	284553
山东	635086	646191	599026	543551	438475	87096
河南	741200	645756	714399	613208	461720	435948
湖北	1151053	1097279	868065	825781	58202	375837
湖南	333201	225833	330693	223624	269461	175898
广东	4308622	3917442	3793707	3644312	2119213	1696099
广西	173525	176244	173525	176244	173525	127392
海南						
重庆	784855	765524	784855	765524	471861	469788
四川	1092104	1162362	1060245	1135612	62807	74272
贵州	185187	181490	127508			
云南	250206	202164	162321	127794	134676	102159
西藏						
陕西	57155	63046	57155	63046	1386	1321
甘肃	44541	41895	44541	41895		
青海						
宁夏	177794	175523	177794	175523	177794	175523
新疆	296843	280171	296843	280171	295946	279203

单位：万元

非自有配送中心配送商品购进额		商品销售总额		零售额	
2014年	2013年	2014年	2013年	2014年	2013年
17160150	**20614523**	**21412557**	**33636432**	**19954225**	**25551656**
1596105	3473225	2615985	2641614	2466903	2556754
		730814	620322	730691	620322
		305013	264343	301775	260720
		236936	411149	236918	408317
		116962	117612	114882	117612
		867172	775617	864587	775617
173858		177045	266691	177045	266691
1630463	2185015	405494	411313	405494	384563
		1656608	1628494	1653612	1628494
2108097	2012076	1667339	14336019	1653580	7911023
		128464	134746	114443	124308
		442312	474696	403174	429256
1283623	719185	1273644	1056892	1181913	1011785
	71575	326576	309115	295445	285093
1406403	1541340	628835	624401	613242	612257
		713439	626126	686126	607137
4163054	4201659	1227940	1229306	1094537	1117048
		349190	296450	346464	294574
3955433	5527163	4246696	4243686	3390596	3087557
		207116	195194	194433	176266
		781742	737321	778968	736381
		1143570	1135114	1124071	1075047
		192879	183420	192879	183420
276445	256357	392074	354397	384058	344702
557696	617254	69121	69510	69121	69510
		44835	43524	44836	43524
		171550	172939	171550	163928
8973	9674	293207	276421	257884	259750

2-17 续表 17

五金、家具及室内装饰材料专门零售

地 区	商品购进总额		统一配送商品购进额		自有配送中心配送商品购进额	
	2014年	2013年	2014年	2013年	2014年	2013年
全 国	**420834**	**432206**	**364493**	**365073**	**142646**	**119236**
北 京	98241	112627	89070	101873	625	668
天 津	44853	19182	44853	19182	44853	19182
河 北						
山 西						
内蒙古						
辽 宁						
吉 林						
黑龙江						
上 海	99228	125627	58813	76474		
江 苏	11597	13236	11597	13236		
浙 江	14284	12580	14284	12580	14284	12580
安 徽						
福 建						
江 西						
山 东	6754	7226				
河 南						
湖 北	1877	822	1877	822		
湖 南						
广 东	54261	43010	54261	43010	17423	16160
广 西						
海 南						
重 庆						
四 川	24277	27250	24277	27250		
贵 州						
云 南						
西 藏						
陕 西						
甘 肃						
青 海						
宁 夏						
新 疆	65462	70647	65462	70647	65462	70647

单位：万元

非自有配送中心配送商品购进额		商品销售总额		零售额	
2014年	2013年	2014年	2013年	2014年	2013年
448625	**364694**	**629180**	**680177**	**585433**	**629982**
		172972	189861	172972	189861
		50268	19092	50268	19092
		122639	157457	94712	119869
115966	132355	11708	13314	11662	13249
		14221	10886	14221	10886
		6997	7226	6997	7226
		2579	1175	2579	1175
332659	232339	62659	60654	45885	48111
		25475	27690	25475	27690
		159663	192823	159663	192823

2-17 续表 18

货摊、无店铺及其他零售业

地　区	商品购进总额		统一配送商品购进额		自有配送中心配送商品购进额	
	2014年	2013年	2014年	2013年	2014年	2013年
全　国	**104464**	**106733**	**104464**	**106733**	**16296**	**93011**
北　京						
天　津						
河　北						
山　西						
内蒙古						
辽　宁						
吉　林	8420	6360	8420	6360		
黑龙江						
上　海	9803	18563	9803	18563	9803	18563
江　苏	6493	6170	6493	6170	6493	6170
浙　江						
安　徽						
福　建						
江　西						
山　东						
河　南						
湖　北						
湖　南						
广　东	79748	75640	79748	75640		68279
广　西						
海　南						
重　庆						
四　川						
贵　州						
云　南						
西　藏						
陕　西						
甘　肃						
青　海						
宁　夏						
新　疆						

单位：万元

非自有配送中心配送商品购进额		商品销售总额		零售额	
2014年	2013年	2014年	2013年	2014年	2013年
80020	**73619**	**105899**	**110481**	**30853**	**45347**
		5500	7878	2200	7878
		10801	18738	10801	18738
		7914	7411	7914	7411
80020	73619	81685	76455	9939	11320

2-18 按行业分各地区连锁

批发业

地区	商品购进总额		统一配送商品购进额		自有配送中心配送商品购进额	
	2014年	2013年	2014年	2013年	2014年	2013年
全国	**3169967**	**3127363**	**2749518**	**2729098**	**1959491**	**2011157**
北京	3885	3780	3885	3780	3885	3780
天津						
河北						
山西						
内蒙古						
辽宁	3586	3055	3586	3055		
吉林						
黑龙江						
上海	750768	673726	750768	673726	750768	673726
江苏	701088	666809	700281	665826	700281	665636
浙江	191982	223620	165262	172354	120673	143405
安徽	549407	526935	445378	526935	215125	337308
福建	14225	13758	14225	13758	9579	11440
江西						
山东	170037	288975	28517	26095	26824	24725
河南						
湖北						
湖南	34999	33287				
广东	108601	60349	59023	58057	7022	6820
广西	6428	6933	3003	3824	3003	3824
海南						
重庆	108635	110349	68712	72288	47980	56991
四川	5059	4413	5059	4413	5059	4413
贵州						
云南	431862	387844	431862	386820		
西藏						
陕西						
甘肃						
青海						
宁夏	13051	56404	9435	52024	8769	12945
新疆	76354	67126	60523	66143	60523	66143

零售企业加盟门店经营情况

单位：万元

非自有配送中心配送商品购进额		商品销售总额		零售额	
2014年	2013年	2014年	2013年	2014年	2013年
120216	**252330**	**3249089**	**3089919**	**715304**	**633391**
		3884	3812		
		2756	2356	2756	2356
		751117	673942	375799	337159
	189	705054	669414	7833	6859
15399	13762	188587	218630	154777	185500
91546	189628	576247	533235		
4646	2318	6799	24506	6799	24506
		142602	184083	120822	32420
		54439	50018		112
636	713	178112	83603	11192	13987
		6879	7337	3003	4112
7323	6642	102300	104097	23436	19997
		7257	7132	5532	5360
		427350	387122		1024
666	39079	15048	50787	3355	
		80659	89844		

2-18 续表 1

农、林、牧产品批发

地 区	商品购进总额		统一配送商品购进额		自有配送中心配送商品购进额	
	2014年	2013年	2014年	2013年	2014年	2013年
全 国	**242952**	**248872**	**208066**	**215810**	**204480**	**212755**
北 京						
天 津						
河 北						
山 西						
内蒙古						
辽 宁	3586	3055	3586	3055		
吉 林						
黑龙江						
上 海						
江 苏						
浙 江						
安 徽	202642	210889	202642	210889	202642	210889
福 建						
江 西						
山 东						
河 南						
湖 北						
湖 南	34886	33062				
广 东						
广 西						
海 南						
重 庆						
四 川	1838	1866	1838	1866	1838	1866
贵 州						
云 南						
西 藏						
陕 西						
甘 肃						
青 海						
宁 夏						
新 疆						

单位：万元

非自有配送中心配送商品购进额		商品销售总额		零售额	
2014年	2013年	2014年	2013年	2014年	2013年
		269755	**271978**	**2756**	**2356**
		2756	2356	2756	2356
		210906	217995		
		54368	49855		
		1725	1772		

2-18 续表 2

食品、饮料及烟草制品批发

地 区	商品购进总额		统一配送商品购进额		自有配送中心配送商品购进额	
	2014年	2013年	2014年	2013年	2014年	2013年
全 国	**101582**	**98083**	**92779**	**88462**	**71823**	**69918**
北 京						
天 津						
河 北						
山 西						
内蒙古						
辽 宁						
吉 林						
黑龙江						
上 海	131	159	131	159	131	159
江 苏						
浙 江	51071	45891	51071	45891	37439	33989
安 徽						
福 建	9579	11440	9579	11440	9579	11440
江 西						
山 东						
河 南						
湖 北						
湖 南						
广 东	1205	1371	1205	1371	1205	1371
广 西						
海 南						
重 庆	39596	39222	30792	29600	23470	22959
四 川						
贵 州						
云 南						
西 藏						
陕 西						
甘 肃						
青 海						
宁 夏						
新 疆						

单位：万元

非自有配送中心配送商品购进额		商品销售总额		零售额	
2014年	2013年	2014年	2013年	2014年	2013年
20955	**18544**	**56433**	**74679**	**53402**	**72521**
		481	376	481	376
13632	11902	40599	38494	40599	38494
			21585		21585
		2121	2420	2121	2420
7323	6642	13233	11805	10201	9647

2-18 续表 3

纺织、服装及家庭用品批发

地区	商品购进总额		统一配送商品购进额		自有配送中心配送商品购进额	
	2014年	2013年	2014年	2013年	2014年	2013年
全国	**268846**	**223895**	**96126**	**93945**	**44761**	**43232**
北京						
天津						
河北						
山西						
内蒙古						
辽宁						
吉林						
黑龙江						
上海						
江苏	7984	7049	7833	7049	7833	6859
浙江	10103	12722	10103	11647	10103	11647
安徽						
福建						
江西						
山东	152395	153600	26824	24725	26824	24725
河南						
湖北						
湖南						
广东	98365	50524	51365	50524		
广西						
海南						
重庆						
四川						
贵州						
云南						
西藏						
陕西						
甘肃						
青海						
宁夏						
新疆						

单位：万元

非自有配送中心配送商品购进额		商品销售总额		零售额	
2014年	2013年	2014年	2013年	2014年	2013年
	189	**295707**	**125705**	**142323**	**58576**
	189	8134	7238	7833	6859
		11713	14900	11713	14900
		120000	31920	120000	31920
		155860	71648	2777	4898

2-18 续表 4

文化、体育用品及器材批发

地　区	商品购进总额		统一配送商品购进额		自有配送中心配送商品购进额	
	2014年	2013年	2014年	2013年	2014年	2013年
全　国	**2337**	**1933**	**1175**	**1093**	**1175**	**1093**
北　京						
天　津						
河　北						
山　西						
内 蒙 古						
辽　宁						
吉　林						
黑 龙 江						
上　海						
江　苏						
浙　江						
安　徽						
福　建						
江　西						
山　东						
河　南						
湖　北						
湖　南						
广　东	2337	1933	1175	1093	1175	1093
广　西						
海　南						
重　庆						
四　川						
贵　州						
云　南						
西　藏						
陕　西						
甘　肃						
青　海						
宁　夏						
新　疆						

单位：万元

非自有配送中心配送商品购进额		商品销售总额		零售额	
2014年	2013年	2014年	2013年	2014年	2013年
		1342	**1493**	**852**	**793**
		1342	1493	852	793

2-18　续表 5

医药及医疗器材批发

地　区	商品购进总额		统一配送商品购进额		自有配送中心配送商品购进额	
	2014年	2013年	2014年	2013年	2014年	2013年
全　国	**35813**	**35858**	**11118**	**10549**	**7805**	**7294**
北　京						
天　津						
河　北						
山　西						
内蒙古						
辽　宁						
吉　林						
黑龙江						
上　海						
江　苏						
浙　江	3417	4860	3417	4860	1898	3140
安　徽						
福　建						
江　西						
山　东	843	520	843	520		
河　南						
湖　北						
湖　南	113	225				
广　东	2990	2808	1573	1355	938	643
广　西						
海　南						
重　庆	25229	23874	2064	1267	1748	964
四　川	3221	2548	3221	2548	3221	2548
贵　州						
云　南		1024				
西　藏						
陕　西						
甘　肃						
青　海						
宁　夏						
新　疆						

单位：万元

非自有配送中心配送商品购进额		商品销售总额		零售额	
2014年	2013年	2014年	2013年	2014年	2013年
636	**713**	**62327**	**47241**	**20992**	**19338**
		3806	4306	2540	3001
		822	500	822	500
		71	163		112
636	713	14947	3666	1600	1500
		37148	32004	10499	7841
		5532	5360	5532	5360
			1241		1024

2-18 续表 6

矿产品、建材及化工产品批发

地区	商品购进总额		统一配送商品购进额		自有配送中心配送商品购进额	
	2014年	2013年	2014年	2013年	2014年	2013年
全国	**2468623**	**2359272**	**2317961**	**2304006**	**1625743**	**1673152**
北京	3885	3780	3885	3780	3885	3780
天津						
河北						
山西						
内蒙古						
辽宁						
吉林						
黑龙江						
上海	750637	673567	750637	673567	750637	673567
江苏	693104	659760	692447	658777	692447	658777
浙江	127390	160147	100671	109956	71233	94629
安徽	346765	316046	242736	316046	12483	126418
福建						
江西						
山东						
河南						
湖北						
湖南						
广东						
广西	6428	6933	3003	3824	3003	3824
海南						
重庆	22762	33069	22762	33069	22762	33069
四川						
贵州						
云南	431862	386820	431862	386820		
西藏						
陕西						
甘肃						
青海						
宁夏	9435	52024	9435	52024	8769	12945
新疆	76354	67126	60523	66143	60523	66143

单位：万元

非自有配送中心配送商品购进额		商品销售总额		零售额	
2014年	2013年	2014年	2013年	2014年	2013年
93979	**230567**	**2502765**	**2386137**	**481602**	**470001**
		3884	3812		
		750637	673567	375318	336783
		696920	662176		
1767	1860	132469	160931	99926	129106
91546	189628	365341	315241		
		6879	7337	3003	4112
		27675	40285		
		427350	385880		
666	39079	10953	47065	3355	
		80659	89844		

2-18 续表 7

机械设备、五金产品及电子产品批发

地 区	商品购进总额		统一配送商品购进额		自有配送中心配送商品购进额	
	2014年	2013年	2014年	2013年	2014年	2013年
全 国	**8351**	**6032**	**8351**	**6032**	**3705**	**3714**
北 京						
天 津						
河 北						
山 西						
内蒙古						
辽 宁						
吉 林						
黑龙江						
上 海						
江 苏						
浙 江						
安 徽						
福 建	4646	2318	4646	2318		
江 西						
山 东						
河 南						
湖 北						
湖 南						
广 东	3705	3714	3705	3714	3705	3714
广 西						
海 南						
重 庆						
四 川						
贵 州						
云 南						
西 藏						
陕 西						
甘 肃						
青 海						
宁 夏						
新 疆						

单位：万元

非自有配送中心配送商品购进额		商品销售总额		零售额	
2014年	2013年	2014年	2013年	2014年	2013年
4646	**2318**	**10640**	**7297**	**10640**	**7297**
4646	2318	6799	2921	6799	2921
		3841	4377	3841	4377

2-18 续表 8

其他批发业

地区	商品购进总额		统一配送商品购进额		自有配送中心配送商品购进额	
	2014年	2013年	2014年	2013年	2014年	2013年
全国	**41463**	**153419**	**13943**	**9203**		
北京						
天津						
河北						
山西						
内蒙古						
辽宁						
吉林						
黑龙江						
上海						
江苏						
浙江						
安徽						
福建						
江西						
山东	16800	134855	850	850		
河南						
湖北						
湖南						
广东						
广西						
海南						
重庆	21047	14184	13093	8353		
四川						
贵州						
云南						
西藏						
陕西						
甘肃						
青海						
宁夏	3616	4380				
新疆						

单位：万元

非自有配送中心配送商品购进额		商品销售总额		零售额	
2014年	2013年	2014年	2013年	2014年	2013年
		50120	**175389**	**2737**	**2508**
		21780	151663		
		24245	20004	2737	2508
		4095	3722		

2-18 续表 9

零售业

地区	商品购进总额		统一配送商品购进额		自有配送中心配送商品购进额	
	2014年	2013年	2014年	2013年	2014年	2013年
全国	**11725766**	**11422239**	**10458080**	**9999551**	**3955466**	**3924498**
北京	321537	308239	252033	245725	204013	200079
天津	75706	85430				
河北	25199	23593	25199	23593	25199	23593
山西	174535	157980		6818		
内蒙古	1572	1459	1572	1284	1413	984
辽宁	123970	108772	123970	108772	452	488
吉林						
黑龙江	40556	29596	806	806	806	806
上海	5425788	5307730	5344186	5241417	563657	653045
江苏	1073831	1031576	1068795	1028610	1065471	1024797
浙江	857880	761925	845585	740861	736722	656929
安徽	721522	964114	461382	497414	205149	244102
福建	533899	336628	530908	336628	34054	18382
江西	272483	309417	155305	105782	146265	95608
山东	244664	344723	185463	301157	102311	215670
河南	348504	347678	331986	328331	3485	1965
湖北	32742	21819	28250	17879	23452	13289
湖南	174862	130369	172133	127880	56678	52525
广东	658515	571093	549541	516126	528895	471727
广西	24419	30656	18054	19595	15794	16612
海南						
重庆	175500	145443	119947	100518	70820	46767
四川	143088	143368	126745	132954	96470	106800
贵州	17331	16951	17331	16951		
云南	10076	8747	7240	8747	4751	4767
西藏						
陕西	141132	145157	19739	24012	17568	19494
甘肃	251	120	251	120	251	120
青海	369	385	369	385	369	385
宁夏	7687	5448	5210	3210	5210	3210
新疆	98150	83826	66081	63977	46214	52354

单位：万元

非自有配送中心配送商品购进额		商品销售总额		零售额	
2014年	2013年	2014年	2013年	2014年	2013年
1391604	**1139567**	**12747345**	**11984216**	**12405941**	**11714236**
46376	44591	509379	458715	506664	457259
		89066	90818	89066	90818
		25968	30442	25968	30442
		174278	156856	174278	156496
159	300	645	986	645	986
49864	33242	168694	148866	168694	148866
		62049	40251	62049	40251
429901	446716	5670931	5435771	5631386	5411163
907	1162	1328615	1323168	1317064	1323143
98497	68525	865326	803475	772347	740806
146400	93000	346878	364932	315334	341722
494015	315498	543658	347471	542759	346889
	9922	276773	277177	243628	242311
3288	3154	221398	341483	217073	337156
		397481	406284	335226	333048
2703	4032	42316	28840	38542	27162
52203	29726	193774	153978	188046	152555
9517	34272	1037675	871039	1027706	860664
		35930	42147	35930	42147
43631	40831	220829	167814	210477	164181
4359	1971	191563	171237	168278	151006
		16161	16819	16161	16819
1200	1000	8629	8374	7580	7536
		207733	200675	207733	200675
		251	56	251	56
		413	326	413	326
		5378	5242	5378	5242
8585	11623	105555	90975	97267	84511

2-18 续表 10

综合零售

地区	商品购进总额		统一配送商品购进额		自有配送中心配送商品购进额	
	2014年	2013年	2014年	2013年	2014年	2013年
全国	**9546821**	**9382474**	**8379248**	**8054258**	**2974565**	**2902555**
北京	93600	85491	27462	26335	25913	25375
天津	75706	85343				
河北	24783	23593	24783	23593	24783	23593
山西	173873	150750				
内蒙古	531	775	531	600	371	300
辽宁	102025	90273	102025	90273		
吉林						
黑龙江	39750	28790				
上海	5244754	5061064	5169403	5000566	475720	499950
江苏	1001450	956669	996988	954217	994867	951745
浙江	735452	663627	725732	651777	631547	577213
安徽	721522	963541	461382	496842	205149	243530
福建	29007	24682	29007	24682	15823	16044
江西	204501	237550	89480	33914	80740	33914
山东	231692	291492	172491	247989	98366	175896
河南	3775	3556	3518	3290		
湖北	8248	10328	7696	9180	7696	9180
湖南	87906	66162	86449	64539	1701	1500
广东	366322	234579	257348	179613	251504	157735
广西	10371	18251	4177	7190	2408	4723
海南						
重庆	50758	48084	43189	48084	31367	29226
四川	116489	128099	105814	122007	77191	97137
贵州						
云南	7240	7221	7240	7221	4751	4767
西藏						
陕西	121393	121145				
甘肃						
青海						
宁夏	5210	3210	5210	3210	5210	3210
新疆	90466	78202	59325	59139	39458	47516

单位：万元

非自有配送中心配送商品购进额		商品销售总额		零售额	
2014年	2013年	2014年	2013年	2014年	2013年
748525	**664199**	**10227788**	**9671749**	**10002452**	**9532167**
		182117	162885	180884	161780
		89066	90683	89066	90683
		25481	30442	25481	30442
		173547	149678	173547	149678
159	300	538	761	538	761
49864	33242	147414	129658	147414	129658
		61000	39202	61000	39202
392160	399404	5430092	5224926	5390547	5218845
221	339	1244888	1237210	1233371	1237210
94185	64925	755335	710941	671276	657169
146400	93000	346878	364332	315334	341122
13184	8638	38014	28623	38014	28623
		209243	207946	176098	173080
3288	3154	207640	288225	203315	283898
		4221	3830	3953	3653
		11588	13653	11588	13653
21496	17410	102964	76663	101112	76663
5844	21878	679358	432874	676199	429324
		11219	22342	11219	22342
7985	7315	51713	46105	51713	46105
3955	1971	154011	135938	146897	129908
1200	1000	7128	7086	7128	7086
		193926	179650	193926	179650
		3217	3412	3217	3412
8585	11623	97193	84685	89616	78221

2-18 续表 11

食品、饮料及烟草制品专门零售

地区	商品购进总额		统一配送商品购进额		自有配送中心配送商品购进额	
	2014年	2013年	2014年	2013年	2014年	2013年
全国	**336781**	**359561**	**321121**	**347838**	**312219**	**331913**
北京	169573	166055	169573	166055	169573	166055
天津		87				
河北	416		416		416	
山西						
内蒙古						
辽宁						
吉林						
黑龙江						
上海						
江苏	4859	3678	4859	3678	4859	3678
浙江	32781	35724	32781	35724	32781	35724
安徽		573		573		573
福建	5664	4812	2839	4812		2249
江西	66529	71452	65371	71452	65071	61278
山东	3945	39750	3945	39750	3945	39750
河南	10281	10921	1981	1522		
湖北	17192	3777	16291	3777	14221	3240
湖南	19123	17362	19123	17362	19123	17362
广东	605	112	605	112		90
广西						
海南						
重庆	3337	3022	3337	3022	2230	1915
四川						
贵州						
云南						
西藏						
陕西						
甘肃						
青海						
宁夏	2477	2238				
新疆						

单位：万元

非自有配送中心配送商品购进额		商品销售总额		零售额	
2014年	2013年	2014年	2013年	2014年	2013年
1107	**11029**	**385474**	**397748**	**377346**	**392434**
		231724	208612	230242	208262
			135		135
		487		487	
		4622	4452	4622	4452
		19800	20895	17564	18513
			600		600
		8240	11231	7590	10650
	9922	66557	68799	66557	68799
		3945	39750	3945	39750
		3681	3770	1988	1770
		17854	4279	15788	4279
		21610	29103	21610	29103
		711	435	711	435
1107	1107	4081	3857	4081	3857
		2161	1830	2161	1830

2-18 续表 12

纺织、服装及日用品专门零售

地　区	商品购进总额		统一配送商品购进额		自有配送中心配送商品购进额	
	2014年	2013年	2014年	2013年	2014年	2013年
全　国	**283253**	**357910**	**253949**	**335144**	**251508**	**316111**
北　京	1383	1503	550	532		
天　津						
河　北						
山　西		6818		6818		
内蒙古						
辽　宁	52	51	52	51	52	51
吉　林						
黑龙江						
上　海	85193	159573	85193	159573	85193	150298
江　苏	21922	20935	21922	20935	21922	20637
浙　江	37361	18143	37361	18143	37361	18143
安　徽						
福　建						
江　西						
山　东						
河　南	320	201	320	201		
湖　北						
湖　南	11361	4517	10088	3652	10088	3652
广　东	82917	116247	82917	116247	81347	114338
广　西						
海　南						
重　庆	27199	20930				
四　川	12949	2000	12949	2000	12949	2000
贵　州						
云　南						
西　藏						
陕　西	2596	6992	2596	6992	2596	6992
甘　肃						
青　海						
宁　夏						
新　疆						

单位：万元

非自有配送中心配送商品购进额		商品销售总额		零售额	
2014年	2013年	2014年	2013年	2014年	2013年
2018	**11614**	**456621**	**475078**	**425454**	**449695**
455	437	5804	5885	5804	5885
			6818		6818
		72	72	72	72
	9275	138765	117683	138765	117683
		31969	27353	31969	27353
		30879	17421	26290	14492
		313	203	313	203
		14171	4461	10295	3038
1563	1903	181683	241177	174872	234352
		33086	28153	33080	28146
		15886	14200		
		3994	11653	3994	11653

2-18 续表 13

文化、体育用品及器材专门零售

地区	商品购进总额		统一配送商品购进额		自有配送中心配送商品购进额	
	2014年	2013年	2014年	2013年	2014年	2013年
全国	**7113**	**6570**	**4075**	**3778**	**4053**	**3754**
北京	22	24	22	24		
天津						
河北						
山西						
内蒙古						
辽宁						
吉林						
黑龙江						
上海						
江苏						
浙江						
安徽						
福建						
江西						
山东						
河南						
湖北	3038	2792				
湖南						
广东	97	116	97	116	97	116
广西						
海南						
重庆	2205	211	2205	211	2205	211
四川	1751	3428	1751	3428	1751	3428
贵州						
云南						
西藏						
陕西						
甘肃						
青海						
宁夏						
新疆						

单位：万元

非自有配送中心配送商品购进额		商品销售总额		零售额	
2014年	2013年	2014年	2013年	2014年	2013年
22	**24**	**6939**	**6513**	**5230**	**4835**
22	24	23	21	23	21
		3010	2777	1301	1100
		73	76	73	76
		2083	211	2083	211
		1751	3428	1751	3428

2-18 续表 14

医药及医疗器材专门零售

地区	商品购进总额		统一配送商品购进额		自有配送中心配送商品购进额	
	2014年	2013年	2014年	2013年	2014年	2013年
全国	**517252**	**451770**	**465306**	**394577**	**182407**	**136045**
北京	56959	55166	54426	52780	8527	8649
天津						
河北						
山西	662	412				
内蒙古	1042	684	1042	684	1042	684
辽宁	21894	18447	21894	18447	400	437
吉林						
黑龙江	806	806	806	806	806	806
上海	95842	87094	89590	81278	2744	2796
江苏	8406	7366	7832	6853	6629	5809
浙江	49789	41412	47214	32198	35033	25849
安徽						
福建	17023	1169	17023	1169	15865	89
江西	1454	415	454	415	454	415
山东	9027	13481	9027	13418		24
河南	14455	13698	6493	4015	3025	1482
湖北	4263	4922	4263	4922	1535	868
湖南	56472	42328	56472	42328	25765	30012
广东	18463	30039	18463	30039	5946	9449
广西	13354	11697	13183	11697	12692	11181
海南						
重庆	92001	73197	71216	49202	35017	15415
四川	11899	9841	6231	5519	4579	4235
贵州	17331	16951	17331	16951		
云南	2835	1526		1526		
西藏						
陕西	14973	14987	14973	14987	14973	12502
甘肃	251	120	251	120	251	120
青海	369	385	369	385	369	385
宁夏						
新疆	7684	5625	6756	4837	6756	4837

单位：万元

非自有配送中心配送商品购进额		商品销售总额		零售额	
2014年	2013年	2014年	2013年	2014年	2013年
160148	**146921**	**639340**	**553833**	**618016**	**520160**
45899	44131	89711	81312	89711	81312
		731	360	731	
		107	226	107	226
		21208	19137	21208	19137
		1049	1049	1049	1049
37741	38037	102074	93162	102074	74636
686	822	8794	9881	8760	9856
4312	3601	57019	50504	54925	46917
1157	1080	39504	16912	39504	16912
		973	432	973	432
		9813	13508	9813	13508
		16313	15065	9511	8354
2703	4032	9864	8131	9864	8131
30707	12316	55030	43750	55030	43750
2000	10492	25724	47628	25724	47628
		17312	13372	17312	13372
34539	32408	129866	89489	119520	85862
404		19916	17671	19630	17671
		16161	16819	15161	16819
		1501	1288	452	450
		7644	7468	7644	7468
		251	56	251	56
		413	326	413	326
		8362	6290	7651	6290

2-18 续表 15

汽车、摩托车、燃料及零配件专门零售

地 区	商品购进总额		统一配送商品购进额		自有配送中心配送商品购进额	
	2014年	2013年	2014年	2013年	2014年	2013年
全 国	**511384**	**510852**	**511384**	**510852**	**190000**	**190000**
北 京						
天 津						
河 北						
山 西						
内蒙古						
辽 宁						
吉 林						
黑龙江						
上 海						
江 苏						
浙 江						
安 徽						
福 建						
江 西						
山 东						
河 南	319214	318819	319214	318819		
湖 北						
湖 南						
广 东	190000	190000	190000	190000	190000	190000
广 西						
海 南						
重 庆						
四 川						
贵 州						
云 南						
西 藏						
陕 西	2171	2033	2171	2033		
甘 肃						
青 海						
宁 夏						
新 疆						

单位：万元

非自有配送中心配送商品购进额		商品销售总额		零售额	
2014年	2013年	2014年	2013年	2014年	2013年
		524877	**533921**	**471384**	**469571**
		372707	383168	319214	318819
		150000	148849	150000	148849
		2171	1904	2171	1904

2-18 续表 16

家用电器及电子产品专门零售

地 区	商品购进总额		统一配送商品购进额		自有配送中心配送商品购进额	
	2014年	2013年	2014年	2013年	2014年	2013年
全 国	**522907**	**352851**	**522907**	**352851**	**40625**	**44051**
北 京						
天 津						
河 北						
山 西						
内 蒙 古						
辽 宁						
吉 林						
黑 龙 江						
上 海						
江 苏	37105	42860	37105	42860	37105	42860
浙 江	2498	3019	2498	3019		
安 徽						
福 建	482039	305780	482039	305780	2366	
江 西						
山 东						
河 南	460	483	460	483	460	483
湖 北						
湖 南						
广 东	111		111			
广 西	694	708	694	708	694	708
海 南						
重 庆						
四 川						
贵 州						
云 南						
西 藏						
陕 西						
甘 肃						
青 海						
宁 夏						
新 疆						

单位：万元

非自有配送中心配送商品购进额		商品销售总额		零售额	
2014年	2013年	2014年	2013年	2014年	2013年
479784	**305780**	**506029**	**345076**	**505781**	**345076**
		38253	44185	38253	44185
		2292	3716	2292	3716
479673	305780	457712	290492	457464	290492
		248	249	248	249
111		126		126	
		7399	6433	7399	6433

2-18 续表 17

货摊、无店铺及其他零售业

地　区	商品购进总额		统一配送商品购进额		自有配送中心配送商品购进额	
	2014年	2013年	2014年	2013年	2014年	2013年
全　国	**255**	**253**	**90**	**253**	**90**	**68**
北　京						
天　津						
河　北						
山　西						
内蒙古						
辽　宁						
吉　林						
黑龙江						
上　海						
江　苏	90	68	90	68	90	68
浙　江						
安　徽						
福　建	166	184		184		
江　西						
山　东						
河　南						
湖　北						
湖　南						
广　东						
广　西						
海　南						
重　庆						
四　川						
贵　州						
云　南						
西　藏						
陕　西						
甘　肃						
青　海						
宁　夏						
新　疆						

单位：万元

非自有配送中心配送商品购进额		商品销售总额		零售额	
2014年	2013年	2014年	2013年	2014年	2013年
		277	**298**	**277**	**298**
		90	86	90	86
		188	212	188	212

2-19 按业态分各地区连锁零售企业基本情况

便利店

地区	连锁总店数（个）	门店数（个）		年末从业人员（人）		年末零售营业面积（平方米）	
	2014年	2014年	2013年	2014年	2013年	2014年	2013年
全　国	**98**	**16832**	**16024**	**78135**	**79103**	**1448030**	**1408908**
北　京	10	1075	925	5537	4771	121411	99535
天　津	2	209	228	1712	1907	48537	69086
河　北	4	357	363	1226	1284	26879	28679
山　西	2	1467	1264	6640	5986	81170	74420
内蒙古							
辽　宁	3	288	313	1853	1851	15637	19277
吉　林							
黑龙江	1	257	237	2074	1983	85842	76437
上　海	10	5368	5426	25297	25785	328638	335118
江　苏	10	325	321	2325	2306	36842	39402
浙　江	12	3630	3416	10813	12694	243093	233736
安　徽	2	68	69	651	651	26350	26196
福　建	8	455	363	2154	1780	31843	25441
江　西	1	182	180	255	251	15200	15200
山　东	3	65	60	849	691	33476	37713
河　南	2	85	75	671	600	36562	19610
湖　北	2	42	37	247	360	2100	2300
湖　南	2	47	42	213	212	2536	2486
广　东	9	1396	1316	7490	7270	107937	109872
广　西	2	130	122	1026	972	10994	10911
海　南							
重　庆	2	48	44	230	98	3649	787
四　川	3	759	726	4908	5388	107712	106809
贵　州	2	83	81	394	428	8167	8167
云　南	1	215	199	543	869	16849	15700
西　藏							
陕　西	4	143	84	513	465	24706	20526
甘　肃							
青　海							
宁　夏							
新　疆							

2-19 续表 1

折扣店

地区	连锁总店数（个）	门店数（个）		年末从业人员（人）		年末零售营业面积（平方米）	
	2014年	2014年	2013年	2014年	2013年	2014年	2013年
全　国	**2**	**377**	**370**	**2093**	**2886**	**177007**	**176255**
北　京	1	9	9	705	792	85664	86649
天　津							
河　北							
山　西							
内蒙古							
辽　宁							
吉　林							
黑龙江							
上　海	1	368	361	1388	2094	91343	89606
江　苏							
浙　江							
安　徽							
福　建							
江　西							
山　东							
河　南							
湖　北							
湖　南							
广　东							
广　西							
海　南							
重　庆							
四　川							
贵　州							
云　南							
西　藏							
陕　西							
甘　肃							
青　海							
宁　夏							
新　疆							

2-19 续表 2

超市

地区	连锁总店数（个）	门店数（个）		年末从业人员（人）		年末零售营业面积（平方米）	
	2014年	2014年	2013年	2014年	2013年	2014年	2013年
全　国	**409**	**33202**	**33829**	**444630**	**464596**	**18908160**	**18476643**
北　京	23	1484	1456	54687	54394	2204636	2013641
天　津	6	926	1128	5808	6050	157698	168856
河　北	14	292	273	8208	8187	346022	369145
山　西	10	101	91	4544	4405	215321	207176
内蒙古	6	102	108	1857	1648	104093	105331
辽　宁	12	739	654	4387	4332	170175	157795
吉　林	4	37	64	1772	1939	60184	73148
黑龙江	3	50	50	3209	1986	137053	94322
上　海	10	3711	3844	68998	71903	2600934	2331810
江　苏	29	2108	2108	25016	25582	832090	825134
浙　江	47	5739	6271	35891	37964	1952600	1924690
安　徽	29	1334	1345	24901	25035	1176162	1183867
福　建	21	243	234	6549	5886	236979	243220
江　西	6	137	115	4376	4423	151033	209892
山　东	26	2044	2006	39971	40449	2349254	2713716
河　南	25	1089	1022	8785	8920	526274	372488
湖　北	17	2007	1957	61549	71481	2161535	1997254
湖　南	13	677	764	8294	8657	217353	152634
广　东	31	470	485	10826	11962	531012	589520
广　西	5	225	290	4578	5319	170988	202716
海　南	1	14	13	421	393	19589	22140
重　庆	18	3335	3304	15279	16838	574307	587924
四　川	28	5393	5331	31042	31143	873706	881875
贵　州	6	176	163	2679	4647	133247	115055
云　南	4	412	405	3408	3535	164953	175576
西　藏							
陕　西	6	120	113	2411	2625	132698	129304
甘　肃	1	10	10	516	520	24590	27966
青　海	1	61	65	935	1160	22166	26785
宁　夏	3	99	98	1481	1239	53055	47012
新　疆	4	67	62	2252	1974	608453	526651

2-19 续表 3

大型超市

地区	连锁总店数（个）	门店数（个）		年末从业人员（人）		年末零售营业面积（平方米）	
	2014年	2014年	2013年	2014年	2013年	2014年	2013年
全　国	**183**	**9481**	**9222**	**561832**	**561923**	**31091530**	**31113175**
北　京	14	172	168	27010	26874	1244542	1178640
天　津	5	63	71	9416	9886	470900	483801
河　北	5	71	68	7228	7079	603619	615832
山　西	4	102	81	10072	9842	636951	512985
内蒙古							
辽　宁	12	1108	1101	21737	21553	1216701	1029891
吉　林	2	5	6	470	544	38873	42579
黑龙江	2	28	29	4012	4747	152012	229312
上　海	10	318	301	87231	84529	4345178	3944193
江　苏	14	2320	2316	99572	111911	4778562	4878477
浙　江	14	2542	2535	21228	24337	1116010	1157918
安　徽	4	39	32	8409	7408	526841	411432
福　建	8	354	306	45930	37052	3215995	3866809
江　西	7	47	43	5598	5212	412191	352114
山　东	9	533	524	26564	26246	2143155	1996823
河　南	17	372	354	32666	32682	1740061	1621812
湖　北	5	76	79	13045	12218	1094724	1055557
湖　南	8	225	219	25471	25254	685789	1979787
广　东	22	734	658	57689	61612	3970886	3622911
广　西	1	39	37	8112	6152	348249	348249
海　南							
重　庆	3	107	96	22698	23411	634312	610789
四　川	4	41	31	9476	7427	926158	488705
贵　州							
云　南	2	18	17	5526	3940	206197	179106
西　藏	1	3	3	750	722	21700	21700
陕　西	2	23	10	2486	2354	104422	68321
甘　肃							
青　海	2	8	7	1235	1157	68125	52421
宁　夏	2	110	107	4693	4599	221215	203995
新　疆	4	23	23	3508	3175	168162	159016

2-19 续表 4

仓储会员店

地　区	连锁总店数（个）	门店数（个）		年末从业人员（人）		年末零售营业面积（平方米）	
	2014年	2014年	2013年	2014年	2013年	2014年	2013年
全　国	**5**	**108**	**107**	**15260**	**16225**	**663795**	**648142**
北　京	1	7	7	2427	2833	134877	131974
天　津							
河　北							
山　西							
内蒙古							
辽　宁							
吉　林							
黑龙江							
上　海	1	79	75	12571	12865	507168	485168
江　苏							
浙　江	1	1	1	16	16	3000	3000
安　徽							
福　建	1	15	18	45	72	750	900
江　西							
山　东							
河　南							
湖　北	1	6	6	201	439	18000	27100
湖　南							
广　东							
广　西							
海　南							
重　庆							
四　川							
贵　州							
云　南							
西　藏							
陕　西							
甘　肃							
青　海							
宁　夏							
新　疆							

2-19 续表 5

百货店

地区	连锁总店数(个)	门店数(个)		年末从业人员(人)		年末零售营业面积(平方米)	
	2014年	2014年	2013年	2014年	2013年	2014年	2013年
全　国	**100**	**4689**	**4524**	**258058**	**275888**	**19848085**	**18418141**
北　京	6	66	69	15141	17073	1743364	1872320
天　津							
河　北	4	82	75	7979	8549	622280	566432
山　西	2	14	12	2829	7489	191579	213390
内蒙古	1	6	5	1492	2374	41000	31000
辽　宁							
吉　林	1	3	3	95	137	1000	7000
黑龙江	1	16	12	204	393	100000	20000
上　海	3	168	157	3462	3377	228014	220633
江　苏	7	1262	1259	26598	24815	992131	901648
浙　江	7	419	410	7153	7464	806915	596506
安　徽	4	288	301	33332	34412	1474017	1342055
福　建	3	29	30	1870	2042	125178	106491
江　西	6	52	49	10468	11195	675346	646956
山　东	8	797	764	57992	62033	4926871	4590730
河　南	2	18	18	1848	1702	64180	64180
湖　北	4	229	216	21478	21593	2391974	1951825
湖　南	3	17	8	1170	1246	125060	122780
广　东	17	709	617	26579	30746	2514289	2512053
广　西	2	47	44	1808	1775	58383	59183
海　南							
重　庆	5	324	333	22859	23316	1811223	1715944
四　川	6	28	28	6288	6275	451800	334749
贵　州	1	5	5	181	181	1862	1862
云　南	2	7	7	348	528	40687	26729
西　藏							
陕　西	3	17	17	4596	4944	399617	455700
甘　肃							
青　海	1	3	3	2190	2133	57754	54800
宁　夏							
新　疆	1	83	82	98	96	3561	3175

2-19 续表 6

专业店(含加油站)

地区	连锁总店数(个)	门店数(个)		年末从业人员(人)		年末零售营业面积(平方米)	
	2014年	2014年	2013年	2014年	2013年	2014年	2013年
全国	**1460**	**108809**	**106258**	**943137**	**960830**	**82607567**	**78429035**
北京	64	2978	2931	37087	35708	1555304	1555002
天津	15	943	929	14686	15381	1311741	1317805
河北	52	3672	3565	28801	28569	4847599	4542485
山西	33	1689	1608	16257	15620	1561084	1606741
内蒙古	6	107	101	727	730	37871	32578
辽宁	61	3751	3534	34148	35718	2954962	2881798
吉林	14	717	657	7059	6643	215251	232313
黑龙江	28	1468	1364	10697	13120	295781	303566
上海	33	4751	4684	34936	37813	1620572	1281621
江苏	94	11428	11373	216949	217144	12741069	12720976
浙江	124	11067	10954	62277	62818	6916589	6913709
安徽	28	5599	5740	27937	31190	2224114	2245127
福建	76	2794	2603	19751	23376	2176045	2084937
江西	59	2512	2301	31735	32227	2040050	1805269
山东	82	6021	5928	28915	28300	4891161	2405658
河南	80	3166	3273	22289	24550	4442275	4476432
湖北	69	4005	3125	36083	35333	1427368	1317821
湖南	55	4601	4167	32076	32353	3421035	2963142
广东	146	12179	13116	117138	120227	16055328	16150593
广西	52	3358	3235	24571	25612	2974636	2961650
海南	5	701	600	4832	5376	389243	302617
重庆	44	6861	7029	29936	29032	947094	882389
四川	52	2991	2880	15410	15089	786150	738748
贵州	18	972	915	5943	5643	188137	170524
云南	28	3714	3447	30241	28542	1518485	1561475
西藏							
陕西	39	1860	1764	23202	23840	1736489	1458277
甘肃	8	340	344	3102	3315	585390	584450
青海	5	47	50	1408	1482	45614	45016
宁夏	14	455	430	3587	3728	316971	308812
新疆	76	4062	3611	21357	22351	2384159	2577504

2-19 续表 7

加油站

地区	连锁总店数(个)	门店数(个)		年末从业人员(人)		年末零售营业面积(平方米)	
	2014年	2014年	2013年	2014年	2013年	2014年	2013年
全国	**289**	**34985**	**34931**	**297328**	**316235**	**54903967**	**51289754**
北京	3	691	717	8247	8409	350956	361240
天津	3	651	596	9479	9794	975565	918665
河北	23	2596	2669	19276	20456	4544083	4251478
山西	9	929	967	6772	6656	1178596	1216163
内蒙古							
辽宁	11	1043	1044	11806	12912	1571127	1574424
吉林	1	226	231	2501	2663	18000	18000
黑龙江	2	183	183	2567	2621	15783	15783
上海	2	732	747	8617	9238	277325	282729
江苏	3	3208	3224	29936	30508	5252210	5257000
浙江	4	2524	2527	27077	28087	5666159	5658966
安徽	3	1661	1820	7563	10503	952827	969395
福建	27	1619	1514	11521	14579	1807773	1725934
江西	22	1404	1333	10853	11847	1655242	1454462
山东	15	3564	3645	10381	10629	4274645	1863552
河南	19	1507	1553	7660	9634	3556221	3482004
湖北	13	939	303	10851	10691	474462	377471
湖南	24	1545	1521	12143	12423	2131205	1798770
广东	30	5063	5053	52193	53165	12626506	12578554
广西	27	1574	1525	13025	13838	2627369	2634753
海南	2	417	396	3429	3866	332043	271876
重庆	4	558	539	7135	7248	238531	231492
四川	1	81	76	700	712	20278	20278
贵州							
云南	2	265	261	3473	3589	806885	810400
西藏							
陕西	14	821	831	8179	8111	907448	856978
甘肃	5	236	240	1616	1792	564350	564350
青海							
宁夏	1	63	64	639	721	197020	196370
新疆	19	885	852	9689	11543	1881358	1898667

2-19 续表 8

专卖店

地 区	连锁总店数（个）	门店数（个）		年末从业人员（人）		年末零售营业面积（平方米）	
	2014年	2014年	2013年	2014年	2013年	2014年	2013年
全 国	**313**	**22854**	**22165**	**145645**	**151126**	**4440702**	**4031254**
北 京	29	1631	1513	16534	15334	205988	196229
天 津	9	156	162	3000	2915	33382	32982
河 北	2	63	18	243	129	12350	3600
山 西	3	44	49	473	510	3610	5200
内蒙古	4	47	41	754	796	61996	61521
辽 宁	8	266	259	1798	1702	346381	345601
吉 林	5	71	75	799	850	9413	9663
黑龙江	1	38	33	43	126	73	400
上 海	23	3475	3423	24939	29231	584727	559736
江 苏	12	904	972	3809	4116	76778	77072
浙 江	20	971	1057	5950	7393	131182	113899
安 徽	4	286	267	895	1261	28470	28440
福 建	25	1326	1241	9815	9861	448139	437955
江 西	9	1312	1123	2459	2317	45706	45325
山 东	9	476	466	2083	2066	31006	36634
河 南	12	591	545	2583	2062	66814	60486
湖 北	31	933	786	11397	9722	144327	163172
湖 南	13	1164	913	3269	2899	73924	68091
广 东	50	7180	7292	30350	31640	1356444	1043698
广 西							
海 南							
重 庆	12	488	508	3810	3617	206199	193110
四 川	9	537	572	10447	12353	180745	184062
贵 州	2	21	22	168	175	2165	2398
云 南	4	323	338	1175	1159	21767	20434
西 藏							
陕 西	3	29	29	1979	1972	77140	77140
甘 肃	7	391	333	3759	3435	174498	150822
青 海							
宁 夏	1	49	49	187	342	650	650
新 疆	6	82	79	2927	3143	116828	112934

2-19 续表 9

家居建材商店

地区	连锁总店数（个）	门店数（个）		年末从业人员（人）		年末零售营业面积（平方米）	
	2014年	2014年	2013年	2014年	2013年	2014年	2013年
全　国	**16**	**69**	**67**	**4010**	**3708**	**445003**	**452812**
北　京	3	11	9	1014	1001	72392	68142
天　津	1	7	7	193	209	4029	4029
河　北							
山　西							
内蒙古							
辽　宁							
吉　林							
黑龙江							
上　海	4	16	19	1016	1108	102811	116811
江　苏	2	3	3	191	273	85438	85438
浙　江							
安　徽							
福　建							
江　西							
山　东	1	2	2	59	61	7841	6700
河　南							
湖　北	1	6	5	110	105	2985	2985
湖　南							
广　东	3	22	20	1279	816	142507	141707
广　西							
海　南							
重　庆							
四　川	1	2	2	148	135	27000	27000
贵　州							
云　南							
西　藏							
陕　西							
甘　肃							
青　海							
宁　夏							
新　疆							

2-19 续表 10

厂家直销中心

地区	连锁总店数(个)	门店数(个)		年末从业人员(人)		年末零售营业面积(平方米)	
	2014年	2014年	2013年	2014年	2013年	2014年	2013年
全国	**8**	**309**	**234**	**3780**	**2721**	**32710**	**33008**
北京							
天津							
河北							
山西							
内蒙古							
辽宁	1	1	1	1664	1557	2400	2400
吉林							
黑龙江							
上海							
江苏							
浙江	1	4	4	58	61	196	196
安徽							
福建							
江西							
山东							
河南							
湖北	2	6	5	1188	259	1270	5085
湖南	2	19	3	152	150	1200	1000
广东	1	277	221	708	694	27244	24327
广西							
海南							
重庆	1	2		10		400	
四川							
贵州							
云南							
西藏							
陕西							
甘肃							
青海							
宁夏							
新疆							

2-19 续表 11

其他

地区	连锁总店数(个)	门店数(个)		年末从业人员(人)		年末零售营业面积(平方米)	
	2014年	2014年	2013年	2014年	2013年	2014年	2013年
全　国	**69**	**9685**	**8988**	**45091**	**44051**	**2550251**	**2469390**
北　京							
天　津	1	20	21	569	823	8920	9150
河　北							
山　西	1	8	8	81	212	2153	2153
内蒙古							
辽　宁	1	4	11	122	89	300	800
吉　林							
黑龙江							
上　海							
江　苏							
浙　江	4	2934	2267	5936	4873	146214	118363
安　徽	1	1980	1980	286	307	121600	121600
福　建	4	34	32	1491	1921	64191	57825
江　西							
山　东	9	795	797	14367	16562	1518951	1597456
河　南							
湖　北	6	47	32	156	81	3817	3253
湖　南	3	75	72	4112	3756	193800	186900
广　东	20	1609	1583	10314	8236	239455	117495
广　西							
海　南							
重　庆	8	1068	1095	2743	2690	101119	100589
四　川	3	118	116	398	323	10619	6949
贵　州							
云　南							
西　藏							
陕　西	2	14	12	937	824	46182	26997
甘　肃							
青　海	1	22	6	526	589	18700	57700
宁　夏	3	926	925	2861	2726	71225	61125
新　疆	2	31	25	192	39	3005	1035

2-20　按业态分各地区连锁零售企业直营门店基本情况

便利店

地　区	门店数（个）		年末从业人员（人）		年末零售营业面积（平方米）	
	2014年	2013年	2014年	2013年	2014年	2013年
全　国	**8909**	**8695**	**55570**	**55717**	**918937**	**913362**
北　京	711	572	4870	4086	92496	71440
天　津	209	228	1712	1907	48537	69086
河　北	87	90	956	1011	7964	9549
山　西	105	110	683	763	5920	6080
内蒙古						
辽　宁	255	303	1646	1820	12637	17977
吉　林						
黑龙江	68	67	1374	1483	67892	62837
上　海	3332	3377	20250	20184	196920	210903
江　苏	306	302	2285	2266	36002	38562
浙　江	691	766	3705	3872	55546	51890
安　徽	68	69	651	651	26350	26196
福　建	115	116	479	457	10463	11717
江　西	2	1	15	26	600	600
山　东	62	60	839	691	33236	37713
河　南	85	75	671	600	36562	19610
湖　北	42	37	247	360	2100	2300
湖　南	22	22	151	152	1686	1686
广　东	1348	1223	7290	7059	104268	104765
广　西	130	122	1026	972	10994	10911
海　南						
重　庆	48	44	230	98	3649	787
四　川	759	724	4908	5366	107712	106679
贵　州	83	81	394	428	8167	8167
云　南	215	199	543	869	16849	15700
西　藏						
陕　西	143	84	513	465	24706	20526
甘　肃						
青　海						
宁　夏						
新　疆						

2-20 续表 1

折扣店

地区	门店数（个）		年末从业人员（人）		年末零售营业面积（平方米）	
	2014年	2013年	2014年	2013年	2014年	2013年
全　国	**207**	**198**	**2013**	**2793**	**138787**	**137358**
北　京	9	9	705	792	85664	86649
天　津						
河　北						
山　西						
内蒙古						
辽　宁						
吉　林						
黑龙江						
上　海	198	189	1308	2001	53123	50709
江　苏						
浙　江						
安　徽						
福　建						
江　西						
山　东						
河　南						
湖　北						
湖　南						
广　东						
广　西						
海　南						
重　庆						
四　川						
贵　州						
云　南						
西　藏						
陕　西						
甘　肃						
青　海						
宁　夏						
新　疆						

2-20 续表 2

超市

地区	门店数（个）		年末从业人员（人）		年末零售营业面积（平方米）	
	2014年	2013年	2014年	2013年	2014年	2013年
全国	**16368**	**15905**	**385537**	**404901**	**16949055**	**16666931**
北京	953	930	49161	49177	2080144	1887465
天津	445	466	4606	4726	107788	102656
河北	188	179	7835	7867	335421	360735
山西	101	91	4544	4405	215321	207176
内蒙古	98	104	1833	1622	103623	104861
辽宁	294	209	2953	2784	131975	119595
吉林	37	64	1772	1939	60184	73148
黑龙江	50	50	3209	1986	137053	94322
上海	1915	2016	56426	59107	2054945	2015626
江苏	998	986	18457	18984	536155	529903
浙江	1517	1493	28745	30273	1704909	1666536
安徽	774	720	19740	19093	1012869	1013344
福建	234	234	6540	5886	235979	243220
江西	137	115	4376	4423	151033	209892
山东	1611	1463	38209	38492	2301356	2639007
河南	477	414	7964	8110	499473	345487
湖北	1972	1908	60195	70064	2145218	1976259
湖南	139	135	7381	7576	185523	122534
广东	438	454	9472	10588	519202	577780
广西	103	125	3543	3670	118016	133129
海南	14	13	421	393	19589	22140
重庆	496	457	11757	13317	446317	458488
四川	2802	2729	23534	25550	760392	768058
贵州	176	163	2679	4647	133247	115055
云南	66	63	2807	2941	147745	158454
西藏						
陕西	120	113	2411	2625	132698	129304
甘肃	10	10	516	520	24590	27966
青海	61	65	935	1160	22166	26785
宁夏	94	90	1456	1191	52960	46522
新疆	48	46	2060	1785	573164	491484

2-20 续表 3

大型超市

地区	门店数（个）		年末从业人员（人）		年末零售营业面积（平方米）	
	2014年	2013年	2014年	2013年	2014年	2013年
全　国	**5130**	**4760**	**476418**	**478034**	**27309674**	**27526631**
北　京	172	168	27010	26874	1244542	1178640
天　津	63	71	9416	9886	470900	483801
河　北	71	68	7228	7079	603619	615832
山　西	102	81	10072	9842	636951	512985
内蒙古						
辽　宁	96	89	16137	15953	1093948	907138
吉　林	5	6	470	544	38873	42579
黑龙江	28	29	4012	4747	152012	229312
上　海	183	181	34810	36552	1850687	1543077
江　苏	1666	1604	84514	93411	4326090	4399538
浙　江	419	342	16949	19883	939898	981806
安　徽	39	32	8409	7408	526841	411432
福　建	354	306	45930	37052	3215995	3866809
江　西	47	43	5598	5212	412191	352114
山　东	145	136	25434	25122	2100643	1954488
河　南	372	354	32666	32682	1740061	1621812
湖　北	76	79	13045	12218	1094724	1055557
湖　南	215	209	24901	24882	622679	1918877
广　东	713	639	52470	56726	3579113	3348532
广　西	39	37	8112	6152	348249	348249
海　南						
重　庆	107	96	22698	23411	634312	610789
四　川	41	31	9476	7427	926158	488705
贵　州						
云　南	18	17	5526	3940	206197	179106
西　藏	3	3	750	722	21700	21700
陕　西	23	10	2486	2354	104422	68321
甘　肃						
青　海	8	7	1235	1157	68125	52421
宁　夏	110	107	4693	4599	221215	203995
新　疆	15	15	2371	2199	129529	129016

2-20 续表 4

仓储会员店

地 区	门店数(个)		年末从业人员(人)		年末零售营业面积(平方米)	
	2014年	2013年	2014年	2013年	2014年	2013年
全 国	**93**	**89**	**15215**	**16153**	**663045**	**647242**
北 京	7	7	2427	2833	134877	131974
天 津						
河 北						
山 西						
内蒙古						
辽 宁						
吉 林						
黑龙江						
上 海	79	75	12571	12865	507168	485168
江 苏						
浙 江	1	1	16	16	3000	3000
安 徽						
福 建						
江 西						
山 东						
河 南						
湖 北	6	6	201	439	18000	27100
湖 南						
广 东						
广 西						
海 南						
重 庆						
四 川						
贵 州						
云 南						
西 藏						
陕 西						
甘 肃						
青 海						
宁 夏						
新 疆						

2-20　续表 5

百货店

地　区	门店数 (个)		年末从业人员 (人)		年末零售营业面积 (平方米)	
	2014年	2013年	2014年	2013年	2014年	2013年
全　国	**2896**	**2710**	**247356**	**259611**	**19302516**	**17804651**
北　京	66	69	15141	17073	1743364	1872320
天　津						
河　北	82	75	7979	8549	622280	566432
山　西	14	12	2829	7489	191579	213390
内蒙古	6	5	1492	2374	41000	31000
辽　宁						
吉　林	3	3	95	137	1000	7000
黑龙江	16	12	204	393	100000	20000
上　海	168	157	3462	3377	228014	220633
江　苏	208	193	22380	20140	868411	740058
浙　江	228	201	6457	6731	781415	566556
安　徽	285	278	33192	29222	1436017	1278755
福　建	29	30	1870	2042	125178	106491
江　西	42	39	7856	8503	535346	506956
山　东	333	330	55542	59646	4870690	4534248
河　南	18	18	1848	1702	64180	64180
湖　北	229	216	21478	21593	2391974	1951825
湖　南	17	8	1170	1246	125060	122780
广　东	708	615	26578	30742	2502289	2500053
广　西	47	44	1808	1775	58383	59183
海　南						
重　庆	324	333	22859	23316	1811223	1715944
四　川	28	28	6288	6275	451800	334749
贵　州	5	5	181	181	1862	1862
云　南	7	7	348	528	40687	26729
西　藏						
陕　西	13	13	4090	4427	251617	307700
甘　肃						
青　海	3	3	2190	2133	57754	54800
宁　夏						
新　疆	17	16	19	17	1393	1007

2-20 续表 6

专业店(含加油站)

地区	门店数(个)		年末从业人员(人)		年末零售营业面积(平方米)	
	2014年	2013年	2014年	2013年	2014年	2013年
全　国	**85060**	**82009**	**882853**	**898726**	**81005185**	**77109187**
北　京	2546	2558	35065	34037	1495599	1504505
天　津	929	915	14673	15368	1310811	1316875
河　北	3672	3565	28801	28569	4847599	4542485
山　西	1681	1600	16218	15599	1559429	1605086
内蒙古	67	67	688	697	35961	30908
辽　宁	3575	3347	33173	34726	2930038	2855000
吉　林	717	657	7059	6643	215251	232313
黑龙江	1273	1169	10450	12873	295095	302880
上　海	3052	3062	27389	29114	1226658	1139403
江　苏	8889	8887	211721	212027	12702033	12696694
浙　江	7306	7078	55574	55601	6603389	6598431
安　徽	2726	2867	20754	24007	2224114	2245127
福　建	2631	2471	19227	23063	2147292	2079138
江　西	2456	2286	31573	32181	2035000	1804279
山　东	5866	5773	28464	27849	4882089	2396586
河　南	2791	2853	20977	22968	4362208	4399923
湖　北	3260	2603	34188	34204	1396287	1299581
湖　南	3043	2825	28345	29105	3312625	2878547
广　东	11146	11339	112074	114048	15955454	16003071
广　西	2607	2473	21540	22619	2909691	2896424
海　南	701	600	4832	5376	389243	302617
重　庆	2476	2337	21556	19728	789255	706033
四　川	1403	1302	12997	12653	694602	652025
贵　州	730	660	5386	5104	173951	156328
云　南	3657	3379	30127	28399	1513355	1553140
西　藏						
陕　西	1695	1631	21595	22324	1714515	1436747
甘　肃	340	344	3102	3315	585390	584450
青　海	27	28	1383	1460	44834	44136
宁　夏	370	345	3350	3423	306091	297932
新　疆	3428	2988	20572	21646	2347326	2548523

2-20 续表 7

加油站

地　区	门店数（个）		年末从业人员（人）		年末零售营业面积（平方米）	
	2014年	2013年	2014年	2013年	2014年	2013年
全　国	**34755**	**34695**	**295067**	**313534**	**54789805**	**51173704**
北　京	691	717	8247	8409	350956	361240
天　津	651	596	9479	9794	975565	918665
河　北	2596	2669	19276	20456	4544083	4251478
山　西	929	967	6772	6656	1178596	1216163
内蒙古						
辽　宁	1043	1044	11806	12912	1571127	1574424
吉　林	226	231	2501	2663	18000	18000
黑龙江	183	183	2567	2621	15783	15783
上　海	638	647	7207	7540	247743	251259
江　苏	3208	3224	29936	30508	5252210	5257000
浙　江	2524	2527	27077	28087	5666159	5658966
安　徽	1661	1820	7563	10503	952827	969395
福　建	1619	1514	11521	14579	1807773	1725934
江　西	1404	1333	10853	11847	1655242	1454462
山　东	3564	3645	10381	10629	4274645	1863552
河　南	1383	1429	6925	8773	3491721	3417504
湖　北	939	803	10851	10691	474462	377471
湖　南	1545	1521	12143	12423	2131205	1798770
广　东	5052	5042	52088	53035	12606506	12558554
广　西	1573	1524	13014	13826	2627289	2634673
海　南	417	396	3429	3866	332043	271876
重　庆	558	539	7135	7248	238531	231492
四　川	81	76	700	712	20278	20278
贵　州						
云　南	265	261	3473	3589	806885	810400
西　藏						
陕　西	821	831	8179	8111	907448	856978
甘　肃	236	240	1616	1792	564350	564350
青　海						
宁　夏	63	64	639	721	197020	196370
新　疆	885	852	9689	11543	1881358	1898667

2-20 续表 8

专卖店

地区	门店数(个)		年末从业人员(人)		年末零售营业面积(平方米)	
	2014年	2013年	2014年	2013年	2014年	2013年
全国	**11534**	**10936**	**112529**	**117577**	**3646843**	**3355032**
北京	945	894	12476	11501	136852	130575
天津	156	161	3000	2908	33382	32912
河北	28	18	103	129	5350	3600
山西	44	41	473	412	3610	3560
内蒙古	47	41	754	796	61996	61521
辽宁	171	169	1736	1564	337671	336901
吉林	71	75	799	850	9413	9663
黑龙江	38	33	43	126	73	400
上海	2238	2145	20562	25357	521617	506085
江苏	453	509	2126	2434	36429	40335
浙江	697	843	5408	6820	108071	94760
安徽	279	227	888	1051	28348	26420
福建	443	446	5501	5866	282564	285585
江西	133	89	1194	929	23989	21699
山东	414	410	1953	1958	27896	33634
河南	407	387	1957	1700	50441	44713
湖北	927	781	11360	9686	143327	162172
湖南	425	342	2216	2231	49521	43361
广东	2318	2038	17121	16745	1019302	790532
广西						
海南						
重庆	135	145	3045	2840	200599	187265
四川	457	478	9806	11638	174744	176061
贵州	21	22	168	175	2165	2398
云南	138	153	996	974	20767	19434
西藏						
陕西	29	29	1979	1972	77140	77140
甘肃	389	332	3751	3430	174098	150722
青海						
宁夏	49	49	187	342	650	650
新疆	82	79	2927	3143	116828	112934

2-20 续表 9

家居建材商店

地区	门店数(个)		年末从业人员(人)		年末零售营业面积(平方米)	
	2014年	2013年	2014年	2013年	2014年	2013年
全国	**69**	**67**	**4010**	**3708**	**445003**	**452812**
北京	11	9	1014	1001	72392	68142
天津	7	7	193	209	4029	4029
河北						
山西						
内蒙古						
辽宁						
吉林						
黑龙江						
上海	16	19	1016	1108	102811	116811
江苏	3	3	191	273	85438	85438
浙江						
安徽						
福建						
江西						
山东	2	2	59	61	7841	6700
河南						
湖北	6	5	110	105	2985	2985
湖南						
广东	22	20	1279	816	142507	141707
广西						
海南						
重庆						
四川	2	2	148	135	27000	27000
贵州						
云南						
西藏						
陕西						
甘肃						
青海						
宁夏						
新疆						

2-20 续表 10

厂家直销中心

地区	门店数(个)		年末从业人员(人)		年末零售营业面积(平方米)	
	2014年	2013年	2014年	2013年	2014年	2013年
全国	**309**	**234**	**3780**	**2721**	**32710**	**33008**
北京						
天津						
河北						
山西						
内蒙古						
辽宁	1	1	1664	1557	2400	2400
吉林						
黑龙江						
上海						
江苏						
浙江	4	4	58	61	196	196
安徽						
福建						
江西						
山东						
河南						
湖北	6	5	1188	259	1270	5085
湖南	19	3	152	150	1200	1000
广东	277	221	708	694	27244	24327
广西						
海南						
重庆	2		10		400	
四川						
贵州						
云南						
西藏						
陕西						
甘肃						
青海						
宁夏						
新疆						

2-20 续表 11

其他

地区	门店数(个)		年末从业人员(人)		年末零售营业面积(平方米)	
	2014年	2013年	2014年	2013年	2014年	2013年
全国	**1180**	**1054**	**25540**	**26506**	**2005460**	**1969326**
北京						
天津	20	21	569	823	8920	9150
河北						
山西	8	8	81	212	2153	2153
内蒙古						
辽宁	4	11	122	89	300	800
吉林						
黑龙江						
上海						
江苏						
浙江	51	45	288	252	5525	3795
安徽						
福建	34	32	1491	1921	64191	57825
江西						
山东	173	175	10388	12481	1419935	1498440
河南						
湖北	18	3	97	22	867	303
湖南	75	72	4112	3756	193800	186900
广东	504	414	5602	4432	195167	84437
广西						
海南						
重庆	157	164	711	675	34536	34882
四川	23	21	135	121	8579	4909
贵州						
云南						
西藏						
陕西	14	12	937	824	46182	26997
甘肃						
青海	22	6	526	589	18700	57700
宁夏	46	45	289	270	3600	
新疆	31	25	192	39	3005	1035

2-21 按业态分各地区连锁零售企业加盟门店基本情况

便利店

地 区	门店数(个)		年末从业人员(人)		年末零售营业面积(平方米)	
	2014年	2013年	2014年	2013年	2014年	2013年
全 国	**7923**	**7329**	**22565**	**23386**	**529093**	**495546**
北 京	364	353	667	685	28915	28095
天 津						
河 北	270	273	270	273	18915	19130
山 西	1362	1154	5957	5223	75250	68340
内蒙古						
辽 宁	33	10	207	31	3000	1300
吉 林						
黑龙江	189	170	700	500	17950	13600
上 海	2036	2049	5047	5601	131718	124215
江 苏	19	19	40	40	840	840
浙 江	2939	2650	7108	8822	187547	181846
安 徽						
福 建	340	247	1675	1323	21380	13724
江 西	180	179	240	225	14600	14600
山 东	3		10		240	
河 南						
湖 北						
湖 南	25	20	62	60	850	800
广 东	48	93	200	211	3669	5107
广 西						
海 南						
重 庆						
四 川		2		22		130
贵 州						
云 南						
西 藏						
陕 西						
甘 肃						
青 海						
宁 夏						
新 疆						

2-21 续表 1

折扣店

地 区	门店数(个)		年末从业人员(人)		年末零售营业面积(平方米)	
	2014年	2013年	2014年	2013年	2014年	2013年
全 国	**170**	**172**	**80**	**93**	**38220**	**38897**
北 京						
天 津						
河 北						
山 西						
内蒙古						
辽 宁						
吉 林						
黑龙江						
上 海	170	172	80	93	38220	38897
江 苏						
浙 江						
安 徽						
福 建						
江 西						
山 东						
河 南						
湖 北						
湖 南						
广 东						
广 西						
海 南						
重 庆						
四 川						
贵 州						
云 南						
西 藏						
陕 西						
甘 肃						
青 海						
宁 夏						
新 疆						

2-21 续表 2

超市

地区	门店数（个）		年末从业人员（人）		年末零售营业面积（平方米）	
	2014年	2013年	2014年	2013年	2014年	2013年
全　国	**16834**	**17924**	**59093**	**59695**	**1959105**	**1809712**
北　京	531	526	5526	5217	124492	126176
天　津	481	662	1202	1324	49910	66200
河　北	104	94	373	320	10601	8410
山　西						
内蒙古	4	4	24	26	470	470
辽　宁	445	445	1434	1548	38200	38200
吉　林						
黑龙江						
上　海	1796	1828	12572	12796	545989	316184
江　苏	1110	1122	6559	6598	295935	295231
浙　江	4222	4778	7146	7691	247691	258154
安　徽	560	625	5161	5942	163293	170523
福　建	9		9		1000	
江　西						
山　东	433	543	1762	1957	47898	74709
河　南	612	608	821	810	26801	27001
湖　北	35	49	1354	1417	16317	20995
湖　南	538	629	913	1081	31830	30100
广　东	32	31	1354	1374	11810	11740
广　西	122	165	1035	1649	52972	69587
海　南						
重　庆	2839	2847	3522	3521	127990	129436
四　川	2591	2602	7508	5593	113314	113817
贵　州						
云　南	346	342	601	594	17208	17122
西　藏						
陕　西						
甘　肃						
青　海						
宁　夏	5	8	25	48	95	490
新　疆	19	16	192	189	35289	35167

2-21 续表 3

大型超市

地区	门店数（个）		年末从业人员（人）		年末零售营业面积（平方米）	
	2014年	2013年	2014年	2013年	2014年	2013年
全国	**4351**	**4462**	**85414**	**83889**	**3781856**	**3586544**
北京						
天津						
河北						
山西						
内蒙古						
辽宁	1012	1012	5600	5600	122753	122753
吉林						
黑龙江						
上海	135	120	52421	47977	2494491	2401116
江苏	654	712	15058	18500	452472	478939
浙江	2123	2193	4279	4454	176112	176112
安徽						
福建						
江西						
山东	388	388	1130	1124	42512	42335
河南						
湖北						
湖南	10	10	570	372	63110	60910
广东	21	19	5219	4886	391773	274379
广西						
海南						
重庆						
四川						
贵州						
云南						
西藏						
陕西						
甘肃						
青海						
宁夏						
新疆	8	8	1137	976	38633	30000

2-21 续表 4

仓储会员店

地区	门店数(个)		年末从业人员(人)		年末零售营业面积(平方米)	
	2014年	2013年	2014年	2013年	2014年	2013年
全国	**15**	**18**	**45**	**72**	**750**	**900**
北京						
天津						
河北						
山西						
内蒙古						
辽宁						
吉林						
黑龙江						
上海						
江苏						
浙江						
安徽						
福建	15	18	45	72	750	900
江西						
山东						
河南						
湖北						
湖南						
广东						
广西						
海南						
重庆						
四川						
贵州						
云南						
西藏						
陕西						
甘肃						
青海						
宁夏						
新疆						

2-21 续表 5

百货店

地区	门店数（个）		年末从业人员（人）		年末零售营业面积（平方米）	
	2014年	2013年	2014年	2013年	2014年	2013年
全国	**1793**	**1814**	**10702**	**16277**	**545569**	**613490**
北京						
天津						
河北						
山西						
内蒙古						
辽宁						
吉林						
黑龙江						
上海						
江苏	1054	1066	4218	4675	123720	161590
浙江	191	209	696	733	25500	29950
安徽	3	23	140	5190	38000	63300
福建						
江西	10	10	2612	2692	140000	140000
山东	464	434	2450	2387	56181	56482
河南						
湖北						
湖南						
广东	1	2	1	4	12000	12000
广西						
海南						
重庆						
四川						
贵州						
云南						
西藏						
陕西	4	4	506	517	148000	148000
甘肃						
青海						
宁夏						
新疆	66	66	79	79	2168	2168

2-21 续表 6

专业店(含加油站)

地 区	门店数 (个)		年末从业人员 (人)		年末零售营业面积 (平方米)	
	2014年	2013年	2014年	2013年	2014年	2013年
全 国	**23749**	**24249**	**60284**	**62104**	**1602382**	**1319848**
北 京	432	373	2022	1671	59705	50497
天 津	14	14	13	13	930	930
河 北						
山 西	8	8	39	21	1655	1655
内蒙古	40	34	39	33	1910	1670
辽 宁	176	187	975	992	24924	26798
吉 林						
黑龙江	195	195	247	247	686	686
上 海	1699	1622	7547	8699	393914	142218
江 苏	2539	2486	5228	5117	39036	24282
浙 江	3761	3876	6703	7217	313200	315278
安 徽	2873	2873	7183	7183		
福 建	163	132	524	313	28753	5799
江 西	56	15	162	46	5050	990
山 东	155	155	451	451	9072	9072
河 南	375	420	1312	1582	80067	76509
湖 北	745	522	1895	1129	31081	18240
湖 南	1558	1342	3731	3248	108410	84595
广 东	1033	1777	5064	6179	99874	147522
广 西	751	762	3031	2993	64945	65226
海 南						
重 庆	4385	4692	8380	9304	157839	176356
四 川	1588	1578	2413	2436	91548	86723
贵 州	242	255	557	539	14186	14196
云 南	57	68	114	143	5130	8335
西 藏						
陕 西	165	133	1607	1516	21974	21530
甘 肃						
青 海	20	22	25	22	780	880
宁 夏	85	85	237	305	10880	10880
新 疆	634	623	785	705	36833	28981

2-21 续表 7

加油站

地区	门店数（个）		年末从业人员（人）		年末零售营业面积（平方米）	
	2014年	2013年	2014年	2013年	2014年	2013年
全国	**230**	**236**	**2261**	**2701**	**114162**	**116050**
北京						
天津						
河北						
山西						
内蒙古						
辽宁						
吉林						
黑龙江						
上海	94	100	1410	1698	29582	31470
江苏						
浙江						
安徽						
福建						
江西						
山东						
河南	124	124	735	861	64500	64500
湖北						
湖南						
广东	11	11	105	130	20000	20000
广西	1	1	11	12	80	80
海南						
重庆						
四川						
贵州						
云南						
西藏						
陕西						
甘肃						
青海						
宁夏						
新疆						

2-21 续表 8

专卖店

地区	门店数(个)		年末从业人员(人)		年末零售营业面积(平方米)	
	2014年	2013年	2014年	2013年	2014年	2013年
全国	**11320**	**11229**	**33116**	**33549**	**793859**	**676222**
北京	686	619	4058	3833	69136	65654
天津		1		7		70
河北	35		140		7000	
山西		8		98		1640
内蒙古						
辽宁	95	90	62	138	8710	8700
吉林						
黑龙江						
上海	1237	1278	4377	3874	63110	53651
江苏	451	463	1683	1682	40349	36737
浙江	274	214	542	573	23111	19139
安徽	7	40	7	210	122	2020
福建	883	795	4314	3995	165575	152370
江西	1179	1034	1265	1388	21717	23626
山东	62	56	130	108	3110	3000
河南	184	158	626	362	16373	15773
湖北	6	5	37	36	1000	1000
湖南	739	571	1053	668	24403	24730
广东	4862	5254	13229	14895	337142	253166
广西						
海南						
重庆	353	363	765	777	5600	5845
四川	80	94	641	715	6001	8001
贵州						
云南	185	185	179	185	1000	1000
西藏						
陕西						
甘肃	2	1	8	5	400	100
青海						
宁夏						
新疆						

2-21　续表 9

其他

地　区	门店数（个）		年末从业人员（人）		年末零售营业面积（平方米）	
	2014年	2013年	2014年	2013年	2014年	2013年
全　国	**8505**	**7934**	**19551**	**17545**	**544791**	**500064**
北　京						
天　津						
河　北						
山　西						
内蒙古						
辽　宁						
吉　林						
黑龙江						
上　海						
江　苏						
浙　江	2883	2222	5648	4621	140689	114568
安　徽	1980	1980	286	307	121600	121600
福　建						
江　西						
山　东	622	622	3979	4081	99016	99016
河　南						
湖　北	29	29	59	59	2950	2950
湖　南						
广　东	1105	1174	4712	3804	44288	33058
广　西						
海　南						
重　庆	911	932	2032	2015	66583	65707
四　川	95	95	263	202	2040	2040
贵　州						
云　南						
西　藏						
陕　西						
甘　肃						
青　海						
宁　夏	880	880	2572	2456	67625	61125
新　疆						

2-22 按业态分各地区

便利店

地区	商品购进总额		统一配送商品购进额		自有配送中心配送商品购进额	
	2014年	2013年	2014年	2013年	2014年	2013年
全国	**2946845**	**2612988**	**2218377**	**1959035**	**1037427**	**941609**
北京	199729	162283	157908	125458	34708	36041
天津	6840	23495				
河北	42692	41538	41072	39433	41072	39433
山西	189172	167365				
内蒙古						
辽宁	46751	73069	45081	71512	7766	7885
吉林						
黑龙江	184369	157291	64076	58458	64076	58458
上海	1060369	916898	737892	649278	83648	79425
江苏	97678	94005	93516	86761	47421	37399
浙江	375793	333851	375793	329565	321008	305316
安徽	33613	29663	33613	29663	27671	25159
福建	57692	47171	57692	47171	25255	23940
江西	10150	10063	10150			
山东	30388	40355	30320	40355		
河南	13716	13505	8926	7779		6370
湖北	9884	9170	9884	9170		
湖南	4703	4479	3650	3550	3650	3550
广东	305326	242755	283085	226487	228627	175923
广西	32807	31270	31749	30343	31749	30343
海南						
重庆	16205	6428	16205	6428		
四川	167728	160342	167728	160342	111041	107441
贵州	9669	10271	9669	10271		
云南	19028	11680	19028	11680		
西藏						
陕西	15054	11398	10355	6130	5673	1635
甘肃						
青海						
宁夏						
新疆	17492	14643	10987	9201	4063	3292

连锁零售企业经营情况

单位：万元

非自有配送中心配送商品购进额		商品销售总额		零售额	
2014年	2013年	2014年	2013年	2014年	2013年
422324	**337166**	**3459696**	**3176771**	**3094610**	**2877971**
23943	10704	270812	222987	263681	215142
		74788	75148	74788	75148
		43919	44188	36035	38384
		194280	171029	194280	171029
		61747	70819	61747	70819
		227967	175882	162866	119517
164040	150785	1236593	1178090	1100615	1077505
46095	49362	120513	109729	120439	109447
45875	18026	367234	317920	280781	251372
5942	4504	30481	28162	28476	26357
18067	13236	65731	51228	65598	50935
		9940	9761	9940	9761
20205	25077	30896	39882	30896	39687
	1410	13886	14042	13886	14042
		8582	9293	4146	5406
		5536	5399	1211	5399
4179	3897	370805	356331	329116	309120
		33549	30990	32097	29767
6658	6422	15630	6422	13122	3976
56687	34133	197790	189005	192635	184948
		13232	13349	12547	13097
19028	11680	29219	25798	29219	25798
4683	2021	19227	14739	19149	14739
6924	5909	17339	16577	17339	16577

2-22 续表 1

折扣店

地 区	商品购进总额		统一配送商品购进额		自有配送中心配送商品购进额	
	2014年	2013年	2014年	2013年	2014年	2013年
全 国	**258374**	**258088**				
北 京	130903	128896				
天 津						
河 北						
山 西						
内蒙古						
辽 宁						
吉 林						
黑龙江						
上 海	127470	129192				
江 苏						
浙 江						
安 徽						
福 建						
江 西						
山 东						
河 南						
湖 北						
湖 南						
广 东						
广 西						
海 南						
重 庆						
四 川						
贵 州						
云 南						
西 藏						
陕 西						
甘 肃						
青 海						
宁 夏						
新 疆						

单位：万元

非自有配送中心配送商品购进额		商品销售总额		零售额	
2014年	2013年	2014年	2013年	2014年	2013年
		295499	**292288**	**263887**	**263862**
		156877	153513	155877	153513
		138622	138775	112010	110349

2-22 续表 2

超市

地 区	商品购进总额		统一配送商品购进额		自有配送中心配送商品购进额	
	2014年	2013年	2014年	2013年	2014年	2013年
全 国	**27071275**	**25719405**	**22410601**	**21699570**	**14248417**	**13582597**
北 京	4459068	4223835	4005300	3705948	1264416	993026
天 津	295053	320684	7790	8750	1747	2287
河 北	481921	436063	397889	413933	280518	262305
山 西	218158	197361	176802	150940	114733	75370
内蒙古	104388	95430	88855	79233	18563	14617
辽 宁	164392	188618	147313	171645	30834	40433
吉 林	163143	141066	124488	103094		
黑龙江	234889	201570	234889	201570	232784	199568
上 海	4127672	4392715	3427270	3610283	1956760	2059210
江 苏	1122187	1145810	924548	987639	553973	649871
浙 江	2107846	2015698	1862545	1798006	1618463	1474822
安 徽	2313126	2054551	1564336	1528874	1000717	964834
福 建	264651	257127	156072	154201	28007	26217
江 西	143689	134832	64459	133114	63984	52992
山 东	2532381	2684556	2156402	2536088	1666036	1986921
河 南	304159	279996	109549	112895	35649	30255
湖 北	3827888	3291598	3236300	2753365	3024241	2623186
湖 南	269177	232986	209841	148197	47317	55676
广 东	445321	455864	409214	396475	311455	316922
广 西	145334	164241	38691	129982	33848	43390
海 南	19850	14915	19850	14915		
重 庆	534071	496174	519717	489988	501441	472589
四 川	1575508	1395886	1368411	1259281	1076997	939555
贵 州	218339	120168	215819	119191	165264	84606
云 南	130145	139771	125693	136885	47906	48623
西 藏						
陕 西	102193	115120	101139	108570	29155	35509
甘 肃	44957	40478	17983	16191	17983	16191
青 海	22334	28834				
宁 夏	58626	37965	58626	37965	25447	30315
新 疆	640811	415493	640811	392352	100184	83308

单位：万元

非自有配送中心配送商品购进额		商品销售总额		零售额	
2014年	2013年	2014年	2013年	2014年	2013年
3269807	**2961509**	**29817546**	**28510745**	**26001643**	**24340128**
188461	190180	5145037	4544848	3496646	3202558
		278220	294775	276463	284542
77060	146057	487634	441467	482893	441442
1437	10854	224486	248796	215319	241192
3618	3542	111939	105903	108834	105903
33227	24297	169953	195180	169953	194680
		157092	145600	157092	145600
		191707	200739	191707	200739
1294910	1365580	4855112	5671254	3964038	4131104
325687	300509	1457785	1334779	1410402	1320382
221690	197209	2378806	2336171	2189625	2164431
174199	113492	1195492	1150764	1151169	1112208
9744	42086	291668	269910	282372	256875
476	1374	155591	150448	64482	150448
80668	67042	3234233	3348181	2956334	3055360
3895	4244	336020	289657	281010	213944
		4300079	3816431	4158384	3555650
123858	15571	309407	249739	306772	246672
16653	18781	493047	494837	473217	486131
		178815	174009	177555	173194
19850	14915	17745	14316	17745	14316
7985	7315	568451	497404	556458	487996
86567	78064	1890236	1507773	1540167	1138427
16622	5310	189142	139793	189142	139743
14785	33061	138936	140683	125272	132414
40442	12985	154348	153729	154348	153729
		45188	39538	45188	39538
		30892	29325	28069	26216
		59222	31920	59222	31920
527975	309044	771263	492776	771263	492776

2-22 续表 3

大型超市

地区	商品购进总额		统一配送商品购进额		自有配送中心配送商品购进额	
	2014年	2013年	2014年	2013年	2014年	2013年
全国	**40797629**	**38880269**	**29525257**	**28981517**	**16814302**	**16221987**
北京	2076314	2270169	724760	721448	270510	274659
天津	615217	659758	3876	36635		
河北	312194	254587	153840	254587	121413	164941
山西	317343	560090	75744	52622	39246	38219
内蒙古						
辽宁	889322	891884	459459	474394	2842	1888
吉林	22038	28908	5368	6600		
黑龙江	204984	217065	181727	197776	31271	36006
上海	6891364	6562341	5742000	5677260		
江苏	6945469	7189676	6752988	7172740	5912776	6159313
浙江	1383077	1714473	1308830	1593849	978002	1117647
安徽	498045	409210	331444	81286		
福建	4156849	3197237	3250146	2357174	2451859	1419290
江西	330442	271229	189100	159650	164639	129368
山东	2651942	2458977	1769808	1569201	479535	418295
河南	1904089	1784391	768796	660874	360379	492707
湖北	1144693	1066442	295599	280671	25200	27100
湖南	2026648	1660222	1808753	1528584	1719029	1428671
广东	5316517	4826667	3464253	3449695	3142245	3102593
广西	162303	158001	162303	158001		158001
海南						
重庆	1141857	1092476	995535	1087476	514326	449345
四川	558857	501765	429779	433765	146514	145503
贵州						
云南	530304	452452	325540	452452	325540	230364
西藏	20152	19855	20152	19855		
陕西	112192	102991	65521	65043	65521	65043
甘肃						
青海	49874	36506	19829	10182		
宁夏	323401	303221	39566	303221		303221
新疆	212142	189677	180543	176477	63455	59813

单位：万元

非自有配送中心配送商品购进额		商品销售总额		零售额	
2014年	2013年	2014年	2013年	2014年	2013年
4217456	**4156761**	**46472030**	**47996696**	**41850646**	**39392919**
204159	194009	2508650	2519153	2334619	2354030
		675641	686029	536198	570565
		344015	285627	306426	285627
36498	14403	794868	691669	794868	691669
114503	84675	1052124	1001558	892795	861587
		20776	20593	5339	6867
9046	9002	204318	211145	204318	211145
724546	839667	7693156	11555181	6810304	6718447
572703	567397	8075519	8557672	6555285	6914097
94100	68606	1513521	1570985	1509036	1569099
84470	51724	519893	451261	519791	449814
461977	477409	3839241	2875092	3839241	2875092
		388252	345681	363236	322835
896017	865291	3012401	2751822	2105697	1914354
124447	1868	2611262	2251427	2574502	2194433
149588	124903	1849198	1710673	1782466	1632751
		1902872	1738300	1902872	1640074
127274	117830	6192167	5540909	5592630	4960665
		80439	371656	80439	371656
481209	613131	1365523	1178307	1322045	1177771
		569008	488743	563554	484038
		495317	499010	495317	499010
		22152	18564	22152	18564
		121311	112793	121311	112793
19829	10182	74869	73087	74869	73087
		302120	277320	302120	277320
117087	116664	243419	212439	233220	205527

2-22 续表 4

仓储会员店

地　区	商品购进总额		统一配送商品购进额		自有配送中心配送商品购进额	
	2014年	2013年	2014年	2013年	2014年	2013年
全　国	**2343598**	**2408980**	**310002**	**328786**	**1928**	**1711**
北　京	296108	315290	296108	315290		
天　津						
河　北						
山　西						
内蒙古						
辽　宁						
吉　林						
黑龙江						
上　海	2033430	2080194				
江　苏						
浙　江	1928	1711	1928	1711	1928	1711
安　徽						
福　建	166	184		184		
江　西						
山　东						
河　南						
湖　北	11966	11601	11966	11601		
湖　南						
广　东						
广　西						
海　南						
重　庆						
四　川						
贵　州						
云　南						
西　藏						
陕　西						
甘　肃						
青　海						
宁　夏						
新　疆						

单位：万元

非自有配送中心配送商品购进额		商品销售总额		零售额	
2014年	2013年	2014年	2013年	2014年	2013年
		2409243	**2346387**	**2409243**	**2346387**
		343614	370659	343614	370659
		2052917	1962209	2052917	1962209
		1870	1711	1870	1711
		188	212	188	212
		10654	11596	10654	11596

2-22 续表 5

百货店

地区	商品购进总额		统一配送商品购进额		自有配送中心配送商品购进额	
	2014年	2013年	2014年	2013年	2014年	2013年
全国	**29171729**	**30092195**	**13896756**	**15369893**	**9673748**	**10908390**
北京	1947785	2181392	29624	28635	2904	4675
天津						
河北	2520417	2430469	74963	46876	74963	46876
山西	138627	215468	34180	74349		
内蒙古	117763	109230	117763	109230	117763	109230
辽宁						
吉林	347	142	347	142		
黑龙江	13816	15513	13816	15513		15513
上海	333240	343711	228576	223752		
江苏	2075533	1954944	1906480	1917192	1893051	1846888
浙江	1100606	1091079	1064451	717530	768839	670826
安徽	4263968	4046305	1580168	1533025	652352	600102
福建	86031	91737	86031	91737	10640	14698
江西	820979	840240	430025	645221	405674	626786
山东	3588341	4929403	1862869	1895598	683329	815230
河南	50441	47319	12451	12162	9707	9402
湖北	4311762	3930149	2269305	2103832	2223221	2059252
湖南	74763	61812	74763	61812	4122	3122
广东	4394994	3992298	2029889	3218574	1699866	2434178
广西	89242	85395	38015	85395		
海南						
重庆	1637072	2141846	1630666	2136982	1125509	1484748
四川	802509	737620	327446	280776		
贵州	4224	3917	4224	3917		
云南	154365	167621	30470	165152		165152
西藏						
陕西	594671	619521				
甘肃						
青海	48423	53350	48423	779		
宁夏						
新疆	1811	1713	1811	1713	1811	1713

单位：万元

非自有配送中心配送商品购进额		商品销售总额		零售额	
2014年	2013年	2014年	2013年	2014年	2013年
1201716	**1108187**	**38061046**	**36922945**	**30965090**	**30763607**
26720	23960	3206092	3487022	3203004	3487022
		2668827	2603761	2243647	2157657
		204912	280125	204912	280125
		149318	144729	149318	144729
		349	486	349	486
		34125	34769	34125	34769
128763	135522	378952	388788	378952	388788
13429	13589	2512817	2331285	1856383	1744826
213430		1246943	1229495	1113103	1077488
		4991749	4735710	1316089	1318444
24799	31219	105944	105612	105404	104528
24351	18435	1100709	1077223	1016934	985126
		5559977	5379816	5144548	4897664
		56887	50314	56887	50314
		4425693	4093384	4156606	3793139
850	1496	98560	74514	97573	72376
262511	219010	5453591	5143397	4657433	4892897
		123730	108046	123730	108046
476994	631083	3836675	3808366	3202089	3380115
29869	33873	877151	820924	877151	820924
		4189	4147	2996	3111
		212047	210302	212047	210302
		750166	744063	750166	744063
		60104	65219	60104	65219
		1541	1450	1541	1450

2-22 续表 6

专业店(含加油站)

地区	商品购进总额		统一配送商品购进额		自有配送中心配送商品购进额	
	2014年	2013年	2014年	2013年	2014年	2013年
全　国	**195135598**	**204614486**	**165201906**	**169646239**	**97445586**	**96741552**
北　京	11466559	11548765	5432754	5777500	2432068	2470554
天　津	5614610	6253351	4471005	5212935	3088699	3467161
河　北	6520868	6392458	6212341	5671885	3627415	3344225
山　西	2591743	2936717	2125352	2512292	1401735	1337509
内蒙古	71690	66983	64341	66983	63183	65882
辽　宁	7174249	6640105	5884438	3813706	1603085	1386555
吉　林	1044623	1261226	1033541	1251324	983878	1200028
黑龙江	1402562	1862367	1350518	1822173	1028163	1457372
上　海	8619413	10939569	7999956	8970360	4789658	4820526
江　苏	20935816	28813209	20819817	24990870	19139257	23387812
浙　江	19219127	16456006	17783805	15295167	17012802	14589563
安　徽	9046574	8886550	4803360	8604379	4261412	4245733
福　建	4179278	4277290	2568527	2478802	511501	486491
江　西	5641190	4776845	5294212	4592887	2659653	2835873
山　东	13084873	13061879	11400964	11298212	8860336	8445530
河　南	5681414	5542665	4055621	3932046	2322443	2208758
湖　北	6633390	6134393	5726688	5325353	3340657	3242148
湖　南	5385685	6377718	4934933	4639299	3456047	1798284
广　东	32185066	33198235	30744331	30457260	5652576	5152973
广　西	3411131	3362009	3064000	3052286	1423203	983894
海　南	1650390	1619875	1650390	1619875	5590	5816
重　庆	4700711	4258730	1756968	1449425	1437590	1277426
四　川	1630386	1828504	1551876	1754428	156677	213559
贵　州	345517	292680	287352	111190	110051	70870
云　南	1686020	1968129	1572216	1861652	592878	737912
西　藏						
陕　西	7008566	7080737	5471651	5556258	3013317	3009306
甘　肃	1236827	1672068	1022134	1317068	190944	202434
青　海	57646	48784	53707	44707	8855	8833
宁　夏	904521	891175	895862	881834	892532	862729
新　疆	6005155	6165467	5169250	5284089	3379385	3425799

单位：万元

非自有配送中心配送商品购进额		商品销售总额		零售额	
2014年	2013年	2014年	2013年	2014年	2013年
31786037	**31816614**	**233457794**	**243311138**	**157023620**	**153547714**
547431	694460	12850159	12996551	7790824	8329496
170257	259666	6295316	6590484	4473824	4466395
38610	35355	7898301	7755951	4941177	4608973
124490	158860	4320950	4446652	3123572	3403235
1158	1101	60622	58599	53267	58599
1421546	1041409	7876481	7485959	5657621	4765433
17386		1341259	1454684	1165688	1235143
176002	234074	1683943	1706422	1440095	1447983
153918	159782	9220104	11650227	5127025	5279208
1402607	1355691	22503905	34897791	11073344	17162897
435981	306195	20101787	17512977	13950805	11710040
72298	54513	9512669	8121211	6223964	5995200
16197	18330	7533635	7722076	6409334	6529805
792191	513249	10295818	9605397	6055190	5616571
155692	351837	13562989	13807249	11193782	11876900
8073	8902	5887177	5873705	4621206	4459779
691716	701290	7206219	6900091	4990216	5022172
64056	327524	7994305	7806572	6619799	6366289
22955707	23071428	38730225	38654865	30772569	26017624
42191	33473	7909612	7845031	4192428	3675494
362224	355574	1850656	1766341	1283020	1532159
289484	140604	5262412	4727752	4084420	2002840
18246	3815	1794372	1702831	1530930	1430499
8262		359025	320636	347702	320636
170073	150752	3837299	3841260	2626137	2520975
253295	369926	8087447	8256213	2497446	2479257
		2049319	2100326	1697687	1717817
		62662	62026	62662	62026
3330	8144	867263	929308	451054	561291
1393617	1460662	6501868	6711949	2556833	2892982

2-22 续表 7

加油站

地区	商品购进总额		统一配送商品购进额		自有配送中心配送商品购进额	
	2014年	2013年	2014年	2013年	2014年	2013年
全　国	**138397195**	**140528161**	**113605087**	**116649272**	**65011275**	**62038889**
北　京	7435137	7424248	2297070	2419914		
天　津	4767096	5527689	4154811	4955128	2794991	3218937
河　北	6026889	5911430	5751104	5227789	3290246	3007435
山　西	1714496	2044923	1530177	1910666	916984	899332
内蒙古						
辽　宁	3877095	3834653	2594464	2392078	441621	515116
吉　林	834475	973461	834475	973461	834475	973461
黑龙江	807222	1082797	807222	1082797	807222	1082797
上　海	6047526	6197151	5712043	5866845	4634147	4675528
江　苏	15835001	15996806	15835001	15996806	14774787	14930757
浙　江	15286300	13464400	14011193	12446270	13993225	12415805
安　徽	4478882	4372792	506380	4372792	200262	215891
福　建	3639126	3801911	2142212	2091991	230641	231796
江　西	2363614	1775675	2178497	1607674	609831	612845
山　东	11259912	11382980	9761656	9973192	8200839	8166083
河　南	4331402	4352430	2765672	2812266	1492811	1413888
湖　北	4601632	4130917	4028037	3602350	2729201	2174301
湖　南	3796018	5002975	3410804	3343739	2146612	1133221
广　东	22868874	24363734	22223723	22208480	1972443	1935388
广　西	2981635	2923970	2646832	2617834	1106691	720725
海　南	1607540	1580292	1607540	1580292		
重　庆	3209697	2956793	342087	228600	342087	228600
四　川	328706	450762	328706	450762		
贵　州						
云　南	733030	920033	733030	920033		
西　藏						
陕　西	3580150	3361466	2328176	2027551	411397	303788
甘　肃	645412	1085454	430719	730454	188886	202434
青　海						
宁　夏	406510	449925	406510	449925	406510	449925
新　疆	4933819	5158497	4236950	4359586	2485369	2530838

单位：万元

非自有配送中心配送商品购进额		商品销售总额		零售额	
2014年	2013年	2014年	2013年	2014年	2013年
25513105	**25643141**	**167863024**	**167515575**	**112455504**	**106872332**
124063	94424	7806667	7873660	3474688	3765143
161555	252240	5458373	5866065	3670915	3775260
		7336626	7273410	4435142	4167837
124490	158860	2933540	2936950	2453431	2571829
1414544	1035859	4722235	4572396	3429587	2725465
		1034245	1047031	853674	833234
		908984	917884	667176	688040
		6362040	6565619	2591147	2623810
1060215	1066048	17019107	16719315	7955039	7789441
		13915730	14334520	9078133	9873841
		4781964	3434229	3407825	3305023
		6876259	7070289	5849543	5922690
725189	439120	5922186	5643611	5133715	4793562
940	186552	11689812	12025249	10190156	10879203
		4536010	4657715	3309502	3284484
267097	272030	4937272	4671043	3261243	3333888
	297545	5917192	5915263	5044367	4934426
19755154	19777037	28909371	29277656	23956194	19763758
	1196	7384226	7360776	3730981	3268196
362224	355574	1817572	1728192	1249936	1494010
		3555158	3311389	2836155	860154
		366757	296326	171903	131397
		2476327	2620971	1424091	1492779
157494	270429	4195208	3950263	1214910	1143722
		1170498	1247895	965543	1001439
		400205	476401	140072	142920
1360140	1436228	5429461	5721455	1949438	2306781

2-22 续表 8

专卖店

地区	商品购进总额		统一配送商品购进额		自有配送中心配送商品购进额	
	2014年	2013年	2014年	2013年	2014年	2013年
全国	**11513730**	**14751185**	**9796805**	**13199910**	**5590913**	**5895925**
北京	560465	545567	497902	461560	346102	342409
天津	84651	82828	40058	38161	2027	2111
河北	9853	8559	9853	8559	9853	8559
山西	22325	22381	22325	22381	15420	14711
内蒙古	35098	46976	16275	21076		
辽宁	142905	133353	142905	133353	22931	11283
吉林	56099	51964	50072	44365	41652	38005
黑龙江	4147	3456				
上海	3634831	3366105	2928216	2719124	2301844	2135788
江苏	108398	110562	85829	89713	63281	66455
浙江	328507	392958	319559	378542	257498	319532
安徽	15063	14873	15063	14873	14665	13920
福建	1651043	1311759	1480404	1131985	519470	444846
江西	196624	184194	173045	184194	154551	170727
山东	370286	307742	362165	299891	333034	273378
河南	126267	116927	99548	89195	3849	2076
湖北	692531	471152	663834	443227	196810	267010
湖南	211979	175565	210595	174700	88342	81648
广东	1106393	4969231	918524	4826705	332490	397357
广西						
海南						
重庆	434611	385528	357759	321697	38906	23039
四川	101998	550050	101998	549593	72937	525141
贵州	3214	6680	3214	6680		
云南	488238	441642	488238	440595	22768	21431
西藏						
陕西	691275	623271	372497	371881	372497	371881
甘肃	105093	107029	105093	107029	100096	103905
青海						
宁夏	16355	13453	16355	13453	12630	
新疆	315480	307379	315480	307379	267258	260714

单位：万元

非自有配送中心配送商品购进额		商品销售总额		零售额	
2014年	2013年	2014年	2013年	2014年	2013年
1335609	**4905607**	**14003104**	**12711118**	**9047923**	**8123304**
120093	88598	743105	761626	675295	660527
14885	9562	132686	132671	98123	101905
		10449	9237	9131	7970
		32215	29595	32215	29595
		76308	77545	76308	77545
47214	42739	156478	142253	152203	140659
		58909	66586	55610	66586
		5284	4403	5284	4403
87328	105386	4380492	4016303	2303374	2149345
22361	22835	143122	145193	104252	95443
57485		390409	408412	280281	287486
		17668	18577	14670	15589
608035	377699	1667396	1337785	1577341	1176263
12701	13215	192886	191452	167393	178338
		371079	309378	243196	301860
		129511	122695	102194	98342
5214	5112	866094	566386	606362	554150
2530	1607	244221	214465	237812	208459
348876	4235977	1373218	1334965	1059747	1130628
1128	1698	442726	392159	389038	337959
		540394	522703	488382	106008
	443	4188	8007	4188	2936
		512420	468133	51904	50192
		891307	796938		
4035	737	138567	138125	138567	138125
3724		30576	28306	1647	1227
		451394	467222	168409	201765

2-22 续表 9

家居建材商店

地　区	商品购进总额		统一配送商品购进额		自有配送中心配送商品购进额	
	2014年	2013年	2014年	2013年	2014年	2013年
全　国	**377725**	**384414**	**321384**	**317281**	**62275**	**35342**
北　京	128795	141693	119623	130940		
天　津	44853	19182	44853	19182	44853	19182
河　北						
山　西						
内蒙古						
辽　宁						
吉　林						
黑龙江						
上　海	99228	125627	58813	76474		
江　苏	22095	23823	22095	23823		
浙　江						
安　徽						
福　建						
江　西						
山　东	6754	7226				
河　南						
湖　北	1877	822	1877	822		
湖　南						
广　东	50689	39394	50689	39394	17423	16160
广　西						
海　南						
重　庆						
四　川	23434	26646	23434	26646		
贵　州						
云　南						
西　藏						
陕　西						
甘　肃						
青　海						
宁　夏						
新　疆						

单位：万元

非自有配送中心配送商品购进额		商品销售总额		零售额	
2014年	2013年	2014年	2013年	2014年	2013年
86539	**76791**	**509023**	**517581**	**461747**	**467386**
31178	29734	218854	226251	218854	226251
		50268	19092	50268	19092
		122639	157457	94712	119869
22095	23823	25306	23438	21732	23373
		6997	7226	6997	7226
		2579	1175	2579	1175
33266	23234	57721	55768	41947	43225
		24658	27175	24658	27175

2-22　续表 10

厂家直销中心

地　区	商品购进总额		统一配送商品购进额		自有配送中心配送商品购进额	
	2014年	2013年	2014年	2013年	2014年	2013年
全　国	**110246**	**114820**	**109117**	**114039**	**69298**	**78267**
北　京						
天　津						
河　北						
山　西						
内蒙古						
辽　宁	39819	35772	39819	35772		
吉　林						
黑龙江						
上　海						
江　苏						
浙　江	11647	11785	11647	11785	11647	11785
安　徽						
福　建						
江　西						
山　东						
河　南						
湖　北	31571	30194	31567	30191	31567	30191
湖　南	1124	778				
广　东	24148	36291	24148	36291	24148	36291
广　西						
海　南						
重　庆	1936		1936		1936	
四　川						
贵　州						
云　南						
西　藏						
陕　西						
甘　肃						
青　海						
宁　夏						
新　疆						

单位：万元

非自有配送中心配送商品购进额		商品销售总额		零售额	
2014年	2013年	2014年	2013年	2014年	2013年
		164350	**164101**	**77459**	**58207**
		56253	52770		
		11510	11667	2149	2240
		34751	33677	14259	13615
		2780	1085	1994	541
		56680	64901	56680	41811
		2377		2377	

2-22 续表 11

其他

地区	商品购进总额		统一配送商品购进额		自有配送中心配送商品购进额	
	2014年	2013年	2014年	2013年	2014年	2013年
全国	**3258155**	**3148181**	**2033905**	**1908307**	**1429381**	**1196265**
北京						
天津	23989	21304	23989	21304		
河北						
山西	2213	2668	2213	2668		
内蒙古						
辽宁	45545	37173	45545	37173	45545	37173
吉林						
黑龙江						
上海						
江苏						
浙江	96098	87418	96098	87418	79972	44928
安徽	346765	316046	242736	316046	12483	126418
福建	85316	70326	10272	9472	2946	2823
江西						
山东	1412586	1356044	544762	559719	520645	492024
河南						
湖北	12355	4522	300			
湖南	198253	208898	198253	17242		
广东	493314	611126	415222	504480	330222	332500
广西						
海南						
重庆	142755	135921	79096	84462	71773	66497
四川	3716	3679	3136	3211	1284	1272
贵州						
云南						
西藏						
陕西	256732	140029	256732	140029	256732	15932
甘肃						
青海	24503	31316	7106	9307		
宁夏	102176	115777	102176	115777	101510	76697
新疆	11839	5934	6269		6269	

单位：万元

非自有配送中心配送商品购进额		商品销售总额		零售额	
2014年	2013年	2014年	2013年	2014年	2013年
337359	**370657**	**4756747**	**4637342**	**2364221**	**2093098**
		24579	25597	24579	25597
2213	2668	2330	2830	2330	2830
		43618	36073	43618	36073
13713	11981	135965	126469	63494	53539
91546	189628	365341	315241		
		130503	104521	95890	80542
		2407575	2405682	1392482	1311087
		12541	4517	4089	1340
180151		193001	205511	179702	192224
36773	111353	789525	799613	435872	306857
7323	6642	138306	126570	49138	45501
		4527	4260	4154	4260
		343157	315772		
4974	9307	24327	32770	24327	32770
666	39079	127243	125961	29558	
		14211	5956	8988	479

2-23 按业态分各地区连锁零售

便利店

地区	商品购进总额		统一配送商品购进额		自有配送中心配送商品购进额	
	2014年	2013年	2014年	2013年	2014年	2013年
全国	**2003496**	**1834847**	**1527739**	**1411047**	**722503**	**648565**
北京	193035	155567	151419	118910	29525	30163
天津	6840	23495				
河北	17909	17945	16289	15840	16289	15840
山西	15300	16615				
内蒙古						
辽宁	32590	64598	30920	63041	7766	7885
吉林						
黑龙江	144619	128502	64076	58458	64076	58458
上海	691931	618661	402075	387518	53545	48396
江苏	97482	93747	93320	86503	47225	37141
浙江	120873	127361	120873	124455	94624	103311
安徽	33613	29663	33613	29663	27671	25159
福建	28785	22489	28785	22489	9532	7895
江西	1410	1409	1410			
山东	30207	40355	30139	40355		
河南	13716	13505	8926	7779		6370
湖北	9884	9170	9884	9170		
湖南	3205	2979	2152	2050	2152	2050
广东	295396	231538	274000	215269	219542	164705
广西	32807	31270	31749	30343	31749	30343
海南						
重庆	16205	6428	16205	6428		
四川	167728	160029	167728	160029	111041	107441
贵州	9669	10271	9669	10271		
云南	19028	11680	19028	11680		
西藏						
陕西	15054	11398	10355	6130	5673	1635
甘肃						
青海						
宁夏						
新疆	6215	6173	5126	4666	2094	1773

企业直营门店经营情况

单位：万元

非自有配送中心配送商品购进额		商品销售总额		零售额	
2014年	2013年	2014年	2013年	2014年	2013年
290055	**242597**	**2502392**	**2355321**	**2251157**	**2117732**
23943	10704	261541	216021	255643	209281
		74788	75148	74788	75148
		19188	20595	11304	14791
		20733	21351	20733	21351
		46497	65496	46497	65496
		166967	136680	101866	80315
77383	69294	884990	849852	788556	755348
46095	49362	120111	109284	120037	109002
17339	16601	117733	113199	99344	97126
5942	4504	30481	28162	28476	26357
4883	4599	28465	22605	28333	22313
		1270	1269	1270	1269
20205	25077	30654	39882	30654	39687
	1410	13886	14042	13886	14042
		8582	9293	4146	5406
		3684	3599	1211	3599
4179	3897	357343	341971	318813	298309
		33549	30990	32097	29767
6658	6422	15630	6422	13122	3976
56687	34133	197790	188563	192535	184506
		13232	13349	12547	13097
19028	11680	29219	25798	29219	25798
4683	2021	19227	14739	19149	14739
3032	2893	6832	7012	6832	7012

2-23 续表 1

折扣店

地区	商品购进总额		统一配送商品购进额		自有配送中心配送商品购进额	
	2014年	2013年	2014年	2013年	2014年	2013年
全国	**240747**	**240207**				
北京	130903	128896				
天津						
河北						
山西						
内蒙古						
辽宁						
吉林						
黑龙江						
上海	109844	111311				
江苏						
浙江						
安徽						
福建						
江西						
山东						
河南						
湖北						
湖南						
广东						
广西						
海南						
重庆						
四川						
贵州						
云南						
西藏						
陕西						
甘肃						
青海						
宁夏						
新疆						

单位：万元

非自有配送中心配送商品购进额		商品销售总额		零售额	
2014年	2013年	2014年	2013年	2014年	2013年
		268966	**263862**	**242354**	**235437**
		156877	153513	156877	153513
		112089	110349	85477	81924

2-23 续表 2

超市

地 区	商品购进总额		统一配送商品购进额		自有配送中心配送商品购进额	
	2014年	2013年	2014年	2013年	2014年	2013年
全 国	**24910320**	**23493329**	**20703013**	**19943849**	**13123727**	**12425405**
北 京	4372163	4145060	3984328	3686162	1243686	973530
天 津	219347	235341	7790	8750	1747	2287
河 北	481921	436063	397889	413933	280518	262305
山 西	218158	197361	176802	150940	114733	75370
内蒙古	103858	94655	88324	78633	18191	14317
辽 宁	126392	140059	109313	123086	30834	40433
吉 林	163143	141066	124488	103094		
黑龙江	234889	201570	234889	201570	232784	199568
上 海	3386495	3612706	2686093	2830274	1512053	1591204
江 苏	1015904	1098259	820984	942540	452530	607242
浙 江	1906942	1836160	1671362	1624292	1443421	1321391
安 徽	1699937	1435460	1211287	1184994	795614	769242
福 建	264551	257127	155972	154201	27907	26217
江 西	143689	134832	64459	133114	63984	52992
山 东	2480724	2555489	2104745	2407020	1617667	1861008
河 南	300385	276440	106031	109605	35649	30255
湖 北	3819640	3281270	3228604	2744185	3016545	2614007
湖 南	248490	216173	190612	133007	47114	55676
广 东	425309	437332	409214	396475	311455	316922
广 西	134962	145990	34514	122793	31441	38667
海 南	19850	14915	19850	14915		
重 庆	490882	455737	476528	449551	470074	443363
四 川	1459019	1268100	1262597	1137587	999806	842418
贵 州	218339	120168	215819	119191	165264	84606
云 南	122904	132550	118452	129665	43154	43856
西 藏						
陕 西	102193	115120	101139	108570	29155	35509
甘 肃	44957	40478	17983	16191	17983	16191
青 海	22334	28834				
宁 夏	53416	34756	53416	34756	20237	27106
新 疆	629529	404258	629529	384757	100184	79725

单位：万元

非自有配送中心配送商品购进额		商品销售总额		零售额	
2014年	2013年	2014年	2013年	2014年	2013年
2774960	**2510900**	**27561284**	**26278622**	**23800301**	**22140719**
188461	190180	4972191	4388930	3323801	3046639
		189154	204092	187397	193859
77060	146057	486884	434618	482144	434593
1437	10854	224486	248796	215319	241192
3459	3242	111401	105142	108296	105142
33227	24297	134923	139250	134923	138750
		157092	145600	157092	145600
		191707	200739	191707	200739
998439	1053576	3942390	4798274	3051315	3258123
325466	300170	1216593	1117206	1169210	1102808
205548	184885	2141208	2122224	1968022	1953781
27799	20492	976097	949012	963318	933667
9744	42086	290919	269910	281624	256875
476	1374	155591	150448	64482	150448
77380	63888	3177084	3206285	2899685	2913463
3895	4244	331799	285828	277057	210291
		4288490	3802778	4146796	3541997
104832	382	285590	231140	232954	228074
16653	18781	473463	474151	453633	465445
		167596	151668	156336	150852
19850	14915	17745	14316	17745	14316
		524014	458297	512022	448889
82612	76093	1736225	1372277	1393270	1008961
16622	5310	189142	139793	189142	139743
13585	32061	131808	133597	118143	125328
40442	12985	154348	153729	154348	153729
		45188	39538	45188	39538
		30892	29325	28069	26216
		56005	28509	56005	28509
527975	305032	761258	483154	761258	483154

2-23 续表 3

大型超市

地区	商品购进总额		统一配送商品购进额		自有配送中心配送商品购进额	
	2014年	2013年	2014年	2013年	2014年	2013年
全国	**35284576**	**33683471**	**24121775**	**23838782**	**15660603**	**15165866**
北京	2076314	2270169	724760	721448	270510	274659
天津	615217	659758	3876	36635		
河北	312194	254587	153840	254587	121413	164941
山西	317343	560090	75744	52622	39246	38219
内蒙古						
辽宁	839458	858641	409595	441152	2842	1888
吉林	22038	28908	5368	6600		
黑龙江	204984	217065	181727	197776	31271	36006
上海	2783795	2604230	1659532	1725289		
江苏	6316842	6552852	6126103	6535916	5285891	5522489
浙江	1135542	1481855	1061295	1361232	779974	936205
安徽	498045	409210	331444	81286		
福建	4156849	3197237	3250146	2357174	2451859	1419290
江西	330442	271229	189100	159650	164639	129368
山东	2601946	2408994	1719811	1519218	429538	368311
河南	1904089	1784391	768796	660874	360379	492707
湖北	1144693	1066442	295599	280671	25200	27100
湖南	1963396	1614593	1745501	1482955	1719029	1428671
广东	5017095	4643714	3221833	3303178	2899825	2956076
广西	162303	158001	162303	158001		158001
海南						
重庆	1141857	1092476	995535	1087476	514326	449345
四川	558857	501765	429779	433765	146514	145503
贵州						
云南	530304	452452	325540	452452	325540	230364
西藏	20152	19855	20152	19855		
陕西	112192	102991	65521	65043	65521	65043
甘肃						
青海	49874	36506	19829	10182		
宁夏	323401	303221	39566	303221		303221
新疆	145354	132239	139480	130527	27086	18458

单位：万元

非自有配送中心配送商品购进额		商品销售总额		零售额	
2014年	2013年	2014年	2013年	2014年	2013年
4113392	**4067748**	**40852330**	**42697836**	**36242849**	**34104850**
204159	194009	2508650	2519153	2334619	2354030
		675641	686029	536198	570565
		344015	285627	306426	285627
36498	14403	794868	691669	794868	691669
64640	51433	954990	933154	795661	793183
		20776	20593	5339	6867
9046	9002	204318	211145	204318	211145
724546	839667	3582797	7596388	2699945	2759654
572703	567397	7418915	7892672	5893680	6249097
44593	17430	1282499	1329738	1273014	1327852
84470	51724	519893	451261	519791	449814
461977	477409	3839241	2875092	3839241	2875092
		388252	345681	363236	322835
896017	865291	2949608	2689048	2043229	1855908
124447	1868	2611262	2251427	2574502	2194433
149588	124903	1849198	1710673	1782466	1632751
		1829374	1685540	1829374	1587314
127274	117830	5879643	5355667	5280107	4775423
		80439	371656	80439	371656
481209	613131	1365523	1178307	1322045	1177771
		569008	488743	563554	484038
		495317	499010	495317	499010
		22152	18564	22152	18564
		121311	112793	121311	112793
19829	10182	74869	73087	74869	73087
		302120	277320	302120	277320
112394	112069	167653	147799	165031	147351

2-23 续表 4

仓储会员店

地 区	商品购进总额		统一配送商品购进额		自有配送中心配送商品购进额	
	2014年	2013年	2014年	2013年	2014年	2013年
全 国	**2343433**	**2408796**	**310002**	**328601**	**1928**	**1711**
北 京	296108	315290	296108	315290		
天 津						
河 北						
山 西						
内蒙古						
辽 宁						
吉 林						
黑龙江						
上 海	2033430	2080194				
江 苏						
浙 江	1928	1711	1928	1711	1928	1711
安 徽						
福 建						
江 西						
山 东						
河 南						
湖 北	11966	11601	11966	11601		
湖 南						
广 东						
广 西						
海 南						
重 庆						
四 川						
贵 州						
云 南						
西 藏						
陕 西						
甘 肃						
青 海						
宁 夏						
新 疆						

单位：万元

非自有配送中心配送商品购进额		商品销售总额		零售额	
2014年	2013年	2014年	2013年	2014年	2013年
		2409055	**2346175**	**2409055**	**2346175**
		343614	370659	343614	370659
		2052917	1962209	2052917	1962209
		1870	1711	1870	1711
		10654	11596	10654	11596

2-23 续表 5

百货店

地　区	商品购进总额		统一配送商品购进额		自有配送中心配送商品购进额	
	2014年	2013年	2014年	2013年	2014年	2013年
全　国	**28279917**	**28945376**	**13331673**	**14778837**	**9293451**	**10513174**
北　京	1947785	2181392	29624	28635	2904	4675
天　津						
河　北	2520417	2430469	74963	46876	74963	46876
山　西	138627	215468	34180	74349		
内蒙古	117763	109230	117763	109230	117763	109230
辽　宁						
吉　林	347	142	347	142		
黑龙江	13816	15513	13816	15513		15513
上　海	333240	343711	228576	223752		
江　苏	1809190	1682909	1640136	1645156	1626707	1574853
浙　江	1068513	1046098	1032358	677195	736746	630491
安　徽	4155681	3701921	1471881	1380129	652352	552230
福　建	86031	91737	86031	91737	10640	14698
江　西	625218	611345	349285	611306	324934	592871
山　东	3458485	4816962	1792214	1826660	683329	815230
河　南	50441	47319	12451	12162	9707	9402
湖　北	4311762	3930149	2269305	2103832	2223221	2059252
湖　南	74763	61812	74763	61812	4122	3122
广　东	4358036	3970421	2024046	3196696	1699866	2434178
广　西	89242	85395	38015	85395		
海　南						
重　庆	1637072	2141846	1630666	2136982	1125509	1484748
四　川	802509	737620	327446	280776		
贵　州	4224	3917	4224	3917		
云　南	154365	167621	30470	165152		165152
西　藏						
陕　西	473278	498376				
甘　肃						
青　海	48423	53350	48423	779		
宁　夏						
新　疆	691	655	691	655	691	655

单位：万元

非自有配送中心配送商品购进额		商品销售总额		零售额	
2014年	2013年	2014年	2013年	2014年	2013年
1195872	**1086310**	**37019530**	**35842129**	**29968236**	**29717658**
26720	23960	3206092	3487022	3203004	3487022
		2668827	2603761	2243647	2157657
		204912	280125	204912	280125
		149318	144729	149318	144729
		349	486	349	486
		34125	34769	34125	34769
128763	135522	378952	388788	378952	388788
13429	13589	2166128	1977094	1521211	1390635
213430		1209729	1178470	1075889	1026463
		4864352	4573252	1183693	1155986
24799	31219	105944	105612	105404	104528
24351	18435	900136	877769	849506	820539
		5472520	5296261	5057091	4814108
		56887	50314	55887	50314
		4425693	4093384	4155606	3793139
850	1496	98560	74514	97573	72376
256667	197132	5406243	5093773	4610085	4843273
		123730	108046	123730	108046
476994	631083	3836675	3808366	3202089	3380115
29869	33873	877151	820924	877151	820924
		4189	4147	2996	3111
		212047	210302	212047	210302
		556241	564413	556241	564413
		60104	65219	60104	65219
		627	592	627	592

2-23 续表 6

专业店(含加油站)

地区	商品购进总额		统一配送商品购进额		自有配送中心配送商品购进额	
	2014年	2013年	2014年	2013年	2014年	2013年
全国	**192022586**	**201540405**	**162274376**	**166883266**	**95182876**	**94593984**
北京	11402581	11486941	5372141	5719033	2417926	2456774
天津	5614610	6253351	4471005	5212935	3088699	3467161
河北	6520868	6392458	6212341	5671885	3627415	3344225
山西	2591081	2936305	2125352	2512292	1401735	1337509
内蒙古	70648	66299	63299	66299	62141	65198
辽宁	7157137	6626176	5867326	3799776	1602633	1386066
吉林	1044623	1261226	1033541	1251324	983878	1200028
黑龙江	1401756	1861561	1349712	1821367	1027357	1456566
上海	7762992	10172083	7149787	8208689	4035367	4143246
江苏	20192237	28099205	20077462	24278349	18398037	22676530
浙江	19027648	16234621	17621620	15134262	16894734	14453353
安徽	8843932	8675661	4600719	8393489	4058770	4034844
福建	4152418	4271554	2544493	2473066	493269	484153
江西	5639737	4776430	5293758	4592472	2659200	2835458
山东	13059182	12913566	11391222	11283968	8860336	8445530
河南	5348606	5208785	3732229	3610736	2318958	2206792
湖北	6611960	6125716	5706159	5316676	3324900	3238039
湖南	5291016	6299269	4875264	4594137	3429555	1767658
广东	31968769	32970609	30528613	30230373	5451653	4948602
广西	3390656	3342671	3047119	3036057	1406814	968180
海南	1650390	1619875	1650390	1619875	5590	5816
重庆	4551910	4135545	1652230	1368293	1383568	1239842
四川	1613986	1814727	1541144	1744974	147597	205388
贵州	328186	275729	270021	94240	110051	70870
云南	1683185	1965580	1572216	1860127	592878	737912
西藏						
陕西	6988827	7056725	5451912	5532246	2995748	2989813
甘肃	1236827	1672068	1022134	1317068	190944	202434
青海	57277	48399	53338	44322	8486	8448
宁夏	898428	884557	895862	881834	892532	862729
新疆	5921117	6092716	5101972	5213109	3312106	3354819

单位：万元

非自有配送中心配送商品购进额		商品销售总额		零售额	
2014年	2013年	2014年	2013年	2014年	2013年
31604773	**31653935**	**230093212**	**239970267**	**155271228**	**151897823**
501055	649869	12747261	12903864	7691811	8240621
170257	259666	6295316	6590484	4473824	4466395
38610	35355	7898301	7755951	4941177	4608973
124490	158860	4320218	4446293	3132841	3403235
1158	1101	60515	58373	53160	58373
1421546	1041409	7859121	7470616	5640261	4750090
17386		1341259	1454684	1165688	1235143
176002	234074	1682893	1705373	1439045	1446934
107145	115835	8338519	10847010	4620759	4831300
1401976	1354888	21755148	34176096	11021540	17103402
429903	300734	19894107	17277203	13781267	11513364
72298	54513	9301763	7903216	6223964	5995200
10393	14932	7480964	7694754	6356911	6502483
792191	513249	10294845	9604965	6054217	5616139
155692	351837	13531538	13642106	11184111	11863420
8073	8902	5506129	5482504	4295634	4135127
689013	697258	7178611	6887790	4964675	5009871
30879	312987	7879003	7708121	6560974	6318922
22952034	23059033	38532947	38447107	30587661	25811347
42191	33473	7878022	7817887	4164715	3651577
362224	355574	1850655	1766341	1283020	1532159
253838	107089	5060647	4571690	3928824	1888586
17842	3815	1767709	1678504	1506277	1407944
8262		342863	303817	331541	303817
170073	150752	3835798	3838730	2625686	2519501
253295	369926	8073640	8235189	2433639	2458232
		2049319	2100326	1697687	1717817
		62249	61701	52249	61701
3330	8144	861007	923756	448893	559461
1393617	1460662	6412846	6615815	2549182	2886692

2-23 续表 7

加油站

地 区	商品购进总额		统一配送商品购进额		自有配送中心配送商品购进额	
	2014年	2013年	2014年	2013年	2014年	2013年
全 国	**137134341**	**139341952**	**112342233**	**115463062**	**64067636**	**61171498**
北 京	7435137	7424248	2297070	2419914		
天 津	4767096	5527689	4154811	4955128	2794991	3218937
河 北	6026889	5911430	5751104	5227789	3290246	3007435
山 西	1714496	2044923	1530177	1910666	916984	899332
内蒙古						
辽 宁	3877095	3834653	2594464	2392078	441621	515116
吉 林	834475	973461	834475	973461	834475	973461
黑龙江	807222	1082797	807222	1082797	807222	1082797
上 海	5296889	5523584	4961406	5193278	3883510	4001961
江 苏	15835001	15996806	15835001	15996806	14774787	14930757
浙 江	15286300	13464400	14011193	12446270	13993225	12415805
安 徽	4478882	4372792	506380	4372792	200262	215891
福 建	3639126	3801911	2142212	2091991	230641	231796
江 西	2363614	1775675	2178497	1607674	609831	612845
山 东	11259912	11382980	9761656	9973192	8200839	8166083
河 南	4012188	4033612	2446459	2493447	1492811	1413888
湖 北	4601632	4130917	4028037	3602350	2729201	2174301
湖 南	3796018	5002975	3410804	3343739	2146612	1133221
广 东	22678874	24173734	22033723	22018480	1782443	1745388
广 西	2978632	2920146	2643828	2614010	1103688	716900
海 南	1607540	1580292	1607540	1580292		
重 庆	3209697	2956793	342087	228600	342087	228600
四 川	328706	450762	328706	450762		
贵 州						
云 南	733030	920033	733030	920033		
西 藏						
陕 西	3580150	3361466	2328176	2027551	411397	303788
甘 肃	645412	1085454	430719	730454	188886	202434
青 海						
宁 夏	406510	449925	406510	449925	406510	449925
新 疆	4933819	5158497	4236950	4359586	2485369	2530838

单位：万元

非自有配送中心配送商品购进额		商品销售总额		零售额	
2014年	2013年	2014年	2013年	2014年	2013年
25513105	**25643141**	**166586677**	**166306167**	**111607969**	**106064057**
124063	94424	7806667	7873660	3474688	3765143
161555	252240	5458373	5866065	3670915	3775260
		7336626	7273410	4436142	4167837
124490	158860	2933540	2936950	2458431	2571829
1414544	1035859	4722235	4572396	3429587	2725465
		1034245	1047031	858674	833234
		908984	917884	657176	688040
		5611403	5892053	2215829	2287027
1060215	1066048	17019107	16719315	7955039	7789441
		13915730	14334520	9078133	9873841
		4781964	3434229	3407825	3305023
		6876259	7070289	5849543	5922690
725189	439120	5922186	5643611	5133715	4793562
940	186552	11689812	12025249	10190156	10879203
		4163304	4274547	2990288	2965665
267097	272030	4937272	4671043	3261243	3333888
	297545	5917192	5915263	5044367	4934426
19755154	19777037	28759371	29128807	23806194	19614910
	1196	7381222	7356951	3727978	3264372
362224	355574	1817572	1728192	1249936	1494010
		3555158	3311389	2836155	860154
		366757	296326	171903	131397
		2476327	2620971	1424091	1492779
157494	270429	4195208	3950263	1214910	1143722
		1170498	1247895	965543	1001439
		400205	476401	140072	142920
1360140	1436228	5429451	5721455	1949438	2306781

2-23 续表 8

专卖店

地区	商品购进总额		统一配送商品购进额		自有配送中心配送商品购进额	
	2014年	2013年	2014年	2013年	2014年	2013年
全国	**9921292**	**13306274**	**8265979**	**11766271**	**5039856**	**5245915**
北京	392622	380863	330059	296856	178259	177705
天津	84651	82742	40058	38161	2027	2111
河北	9436	8559	9436	8559	9436	8559
山西	22325	15563	22325	15563	15420	14711
内蒙古	35098	46976	16275	21076		
辽宁	134486	125729	134486	125729	22931	11283
吉林	56099	51964	50072	44365	41652	38005
黑龙江	4147	3456				
上海	3549508	3206373	2842893	2559392	2216520	1985330
江苏	78507	82851	56096	62014	33616	39048
浙江	268269	349175	259322	334759	197261	275749
安徽	15017	14235	15017	14235	14619	13281
福建	1158952	991976	988312	812202	509891	433406
江西	130096	112742	107674	112742	89480	109449
山东	366206	267968	358085	260117	329089	233604
河南	114345	106685	94473	85463	3849	2076
湖北	692506	471130	663809	443205	196810	267010
湖南	182223	154300	182111	154300	59859	61248
广东	925511	4803433	785804	4661747	251143	282929
广西						
海南						
重庆	426448	372419	353611	311544	34758	12886
四川	87298	544622	87298	544165	58237	519713
贵州	3214	6680	3214	6680		
云南	56376	54822	56376	53774	22768	21431
西藏						
陕西	691275	623271	372497	371881	372497	371881
甘肃	104842	106909	104842	106909	99845	103785
青海						
宁夏	16355	13453	16355	13453	12630	
新疆	315480	307379	315480	307379	267258	260714

单位：万元

非自有配送中心配送商品购进额		商品销售总额		零售额	
2014年	2013年	2014年	2013年	2014年	2013年
855881	**4580421**	**12184962**	**11115073**	**7851335**	**7023639**
120093	88598	514857	554672	448528	453923
14885	9562	132686	132535	98123	101770
		9962	9237	8644	7970
		32215	22777	32215	22777
		76308	77545	76308	77545
47214	42739	149801	136032	145526	134437
		58909	66586	55610	66586
		5284	4403	5284	4403
87328	96111	4241246	3898244	2169128	2031286
22306	22626	103099	111516	64530	62146
57485		353012	383535	247472	265537
		17582	17854	14584	14866
128362	71919	1207812	1021965	1118407	861025
12701	3293	126329	122653	100836	109539
		366992	269600	239109	262082
		117299	111441	96493	93599
5214	5112	865983	566278	606251	554042
2530	1607	210478	182079	205908	176318
348876	4235977	1038765	1025560	885677	895498
1128	1698	432733	374692	381607	331521
		522758	505076	486631	102580
	443	4188	8007	4188	2936
		85071	82252	51904	50192
		891307	796938		
4035	737	138316	138069	138316	138069
3724		30576	28306	1647	1227
		451394	467222	168409	201765

2-23 续表 9

家居建材商店

地区	商品购进总额		统一配送商品购进额		自有配送中心配送商品购进额	
	2014年	2013年	2014年	2013年	2014年	2013年
全国	**377725**	**384414**	**321384**	**317281**	**62275**	**35342**
北京	128795	141693	119623	130940		
天津	44853	19182	44853	19182	44853	19182
河北						
山西						
内蒙古						
辽宁						
吉林						
黑龙江						
上海	99228	125627	58813	76474		
江苏	22095	23823	22095	23823		
浙江						
安徽						
福建						
江西						
山东	6754	7226				
河南						
湖北	1877	822	1877	822		
湖南						
广东	50689	39394	50689	39394	17423	16160
广西						
海南						
重庆						
四川	23434	26646	23434	26646		
贵州						
云南						
西藏						
陕西						
甘肃						
青海						
宁夏						
新疆						

单位：万元

非自有配送中心配送商品购进额		商品销售总额		零售额	
2014年	2013年	2014年	2013年	2014年	2013年
86539	**76791**	**509023**	**517581**	**461747**	**467386**
31178	29734	218854	226251	213854	226251
		50268	19092	50268	19092
		122639	157457	94712	119869
22095	23823	25306	23438	21732	23373
		6997	7226	6997	7226
		2579	1175	2579	1175
33266	23234	57721	55768	41947	43225
		24658	27175	24658	27175

2-23 续表 10

厂家直销中心

地　区	商品购进总额		统一配送商品购进额		自有配送中心配送商品购进额	
	2014年	2013年	2014年	2013年	2014年	2013年
全　国	**110246**	**114820**	**109117**	**114039**	**69298**	**78267**
北　京						
天　津						
河　北						
山　西						
内蒙古						
辽　宁	39819	35772	39819	35772		
吉　林						
黑龙江						
上　海						
江　苏						
浙　江	11647	11785	11647	11785	11647	11785
安　徽						
福　建						
江　西						
山　东						
河　南						
湖　北	31571	30194	31567	30191	31567	30191
湖　南	1124	778				
广　东	24148	36291	24148	36291	24148	36291
广　西						
海　南						
重　庆	1936		1936		1936	
四　川						
贵　州						
云　南						
西　藏						
陕　西						
甘　肃						
青　海						
宁　夏						
新　疆						

单位：万元

非自有配送中心配送商品购进额		商品销售总额		零售额	
2014年	2013年	2014年	2013年	2014年	2013年
		164350	**164101**	**77459**	**58207**
		56253	52770		
		11510	11667	2149	2240
		34751	33677	14259	13615
		2780	1085	1994	541
		56680	64901	56680	41811
		2377		2377	

2-23 续表 11

其他

地区	商品购进总额		统一配送商品购进额		自有配送中心配送商品购进额	
	2014年	2013年	2014年	2013年	2014年	2013年
全国	**2594833**	**2483470**	**1651453**	**1413954**	**1301801**	**959761**
北京						
天津	23989	21304	23989	21304		
河北						
山西	2213	2668	2213	2668		
内蒙古						
辽宁	45545	37173	45545	37173	45545	37173
吉林						
黑龙江						
上海						
江苏						
浙江	33405	30667	33405	30667	32430	1799
安徽						
福建	85316	70326	10272	9472	2946	2823
江西						
山东	1259348	1201924	517095	534474	493820	467299
河南						
湖北	9317	1730	300			
湖南	198253	208898	198253	17242		
广东	489700	607688	412444	501754	328080	330486
广西						
海南						
重庆	58775	56860	42511	43378	42511	39702
四川	3158	3201	2578	2733	726	794
贵州						
云南						
西藏						
陕西	256732	140029	256732	140029	256732	15932
甘肃						
青海	24503	31316	7106	9307		
宁夏	92741	63753	92741	63753	92741	63753
新疆	11839	5934	6269		6269	

单位：万元

非自有配送中心配送商品购进额		商品销售总额		零售额	
2014年	2013年	2014年	2013年	2014年	2013年
223556	**122694**	**3844541**	**3962009**	**1868123**	**1817332**
		24579	25597	24579	25597
2213	2668	2330	2830	2330	2830
		43618	36073	43618	36073
80	79	82464	75956	14993	3026
		130503	104521	96890	80542
		2286754	2373262	1271661	1278667
		9531	1740	2788	240
180151		193001	205511	179702	192224
36137	110640	498387	632047	145711	139978
		71372	67295	22688	21123
		4018	3784	3645	3784
		343157	315772		
4974	9307	24327	32770	24327	32770
		116290	78896	26203	
		14211	5956	8988	479

2-24 按业态分各地区连锁

便利店

地 区	商品购进总额		统一配送商品购进额		自有配送中心配送商品购进额	
	2014年	2013年	2014年	2013年	2014年	2013年
全 国	**943349**	**778141**	**690638**	**547988**	**314924**	**293044**
北 京	6695	6716	6490	6549	5183	5878
天 津						
河 北	24783	23593	24783	23593	24783	23593
山 西	173873	150750				
内蒙古						
辽 宁	14161	8472	14161	8472		
吉 林						
黑龙江	39750	28790				
上 海	368438	298237	335816	261760	30103	31029
江 苏	196	258	196	258	196	258
浙 江	254920	206490	254920	205110	226384	202005
安 徽						
福 建	28907	24682	28907	24682	15723	16044
江 西	8740	8654	8740			
山 东	182		182			
河 南						
湖 北						
湖 南	1498	1500	1498	1500	1498	1500
广 东	9931	11218	9085	11218	9085	11218
广 西						
海 南						
重 庆						
四 川		313		313		
贵 州						
云 南						
西 藏						
陕 西						
甘 肃						
青 海						
宁 夏						
新 疆	11277	8470	5861	4535	1969	1519

零售企业加盟门店经营情况

单位：万元

非自有配送中心配送商品购进额		商品销售总额		零售额	
2014年	2013年	2014年	2013年	2014年	2013年
132270	**94569**	**957305**	**821450**	**843453**	**760239**
		9271	6967	8038	5861
		24731	23593	24731	23593
		173547	149678	173547	149678
		15250	5324	15250	5324
		61000	39202	61000	39202
86658	81491	351603	328238	312059	322157
		402	446	402	446
28536	1425	249501	204721	181438	154247
13184	8638	37266	28623	37266	28623
		8670	8492	8670	8492
		242		242	
		1852	1800		1800
		13462	14360	10304	10811
			442		442
3892	3016	10507	9565	10507	9565

2-24 续表 1

折扣店

地区	商品购进总额		统一配送商品购进额		自有配送中心配送商品购进额	
	2014年	2013年	2014年	2013年	2014年	2013年
全国	**17627**	**17881**				
北京						
天津						
河北						
山西						
内蒙古						
辽宁						
吉林						
黑龙江						
上海	17627	17881				
江苏						
浙江						
安徽						
福建						
江西						
山东						
河南						
湖北						
湖南						
广东						
广西						
海南						
重庆						
四川						
贵州						
云南						
西藏						
陕西						
甘肃						
青海						
宁夏						
新疆						

单位：万元

非自有配送中心配送商品购进额		商品销售总额		零售额	
2014年	2013年	2014年	2013年	2014年	2013年
		26533	**28425**	**26533**	**28425**
		26533	28425	26533	28425

2-24 续表 2

超市

地区	商品购进总额		统一配送商品购进额		自有配送中心配送商品购进额	
	2014年	2013年	2014年	2013年	2014年	2013年
全国	**2160954**	**2226077**	**1707588**	**1755721**	**1124690**	**1157192**
北京	86906	78775	20972	19786	20730	19497
天津	75706	85343				
河北						
山西						
内蒙古	531	775	531	600	371	300
辽宁	38000	48559	38000	48559		
吉林						
黑龙江						
上海	741177	780009	741177	780009	444706	468006
江苏	106283	47552	103564	45100	101443	42628
浙江	200904	179539	191184	173714	175042	153431
安徽	613189	619091	353049	343880	205103	195592
福建	100		100		100	
江西						
山东	51657	129067	51657	129067	48369	125913
河南	3775	3556	3518	3290		
湖北	8248	10328	7696	9180	7696	9180
湖南	20687	16813	19230	15189	203	
广东	20011	18531				
广西	10371	18251	4177	7190	2408	4723
海南						
重庆	43189	40437	43189	40437	31367	29226
四川	116489	127786	105814	121694	77191	97137
贵州						
云南	7240	7221	7240	7221	4751	4767
西藏						
陕西						
甘肃						
青海						
宁夏	5210	3210	5210	3210	5210	3210
新疆	11282	11235	11282	7595		3583

单位：万元

非自有配送中心配送商品购进额		商品销售总额		零售额	
2014年	2013年	2014年	2013年	2014年	2013年
494847	**450609**	**2256262**	**2232123**	**2201342**	**2199409**
		172846	155919	172846	155919
		89066	90683	89066	90683
		750	6849	750	6849
159	300	538	761	538	761
		35030	55930	35030	55930
296471	312004	912722	872981	912722	872981
221	339	241193	217573	241193	217573
16142	12324	237598	213948	221503	210650
146400	93000	219395	201751	187351	178541
		748		748	
3288	3154	57148	141897	57148	141897
		4221	3830	3953	3653
		11588	13653	11588	13653
19026	15189	23818	18598	23818	18598
		19584	20687	19584	20687
		11219	22342	11219	22342
7985	7315	44437	39108	44437	39108
3955	1971	154011	135496	146897	129466
1200	1000	7128	7086	7128	7086
		3217	3412	3217	3412
	4012	10005	9622	10005	9622

2-24 续表 3

大型超市

地区	商品购进总额		统一配送商品购进额		自有配送中心配送商品购进额	
	2014年	2013年	2014年	2013年	2014年	2013年
全国	**5513053**	**5196798**	**5403482**	**5142735**	**1153699**	**1056121**
北京						
天津						
河北						
山西						
内蒙古						
辽宁	49864	33242	49864	33242		
吉林						
黑龙江						
上海	4107570	3958111	4082468	3951971		
江苏	628627	636824	626885	636824	626885	636824
浙江	247535	232618	247535	232618	198028	181442
安徽						
福建						
江西						
山东	49997	49984	49997	49984	49997	49984
河南						
湖北						
湖南	63252	45629	63252	45629		
广东	299422	182953	242420	146517	242420	146517
广西						
海南						
重庆						
四川						
贵州						
云南						
西藏						
陕西						
甘肃						
青海						
宁夏						
新疆	66787	57438	41062	45950	36369	41355

单位：万元

非自有配送中心配送商品购进额		商品销售总额		零售额	
2014年	2013年	2014年	2013年	2014年	2013年
104064	**89013**	**5619700**	**5298860**	**5607797**	**5288069**
49864	33242	97134	68404	97134	68404
		4110359	3958793	4110359	3958793
		656605	665000	656605	665000
49507	51176	231022	241247	231022	241247
		62793	62773	58467	58446
		73498	52760	73498	52760
		312524	185243	312524	185243
4693	4595	75766	64640	68189	58176

2–24 续表 4

仓储会员店

地　区	商品购进总额		统一配送商品购进额		自有配送中心配送商品购进额	
	2014年	2013年	2014年	2013年	2014年	2013年
全　国	**166**	**184**		**184**		
北　京						
天　津						
河　北						
山　西						
内蒙古						
辽　宁						
吉　林						
黑龙江						
上　海						
江　苏						
浙　江						
安　徽						
福　建	166	184		184		
江　西						
山　东						
河　南						
湖　北						
湖　南						
广　东						
广　西						
海　南						
重　庆						
四　川						
贵　州						
云　南						
西　藏						
陕　西						
甘　肃						
青　海						
宁　夏						
新　疆						

单位：万元

非自有配送中心配送商品购进额		商品销售总额		零售额	
2014年	2013年	2014年	2013年	2014年	2013年
		188	**212**	**188**	**212**
		188	212	188	212

2-24 续表 5

百货店

地　区	商品购进总额		统一配送商品购进额		自有配送中心配送商品购进额	
	2014年	2013年	2014年	2013年	2014年	2013年
全　国	**891812**	**1146819**	**565083**	**591056**	**380297**	**395216**
北　京						
天　津						
河　北						
山　西						
内蒙古						
辽　宁						
吉　林						
黑龙江						
上　海						
江　苏	266344	272036	266344	272036	266344	272036
浙　江	32093	44981	32093	40335	32093	40335
安　徽	108287	344384	108287	152896		47872
福　建						
江　西	195761	228896	80740	33914	80740	33914
山　东	129857	112441	70655	68939		
河　南						
湖　北						
湖　南						
广　东	36958	21878	5844	21878		
广　西						
海　南						
重　庆						
四　川						
贵　州						
云　南						
西　藏						
陕　西	121393	121145				
甘　肃						
青　海						
宁　夏						
新　疆	1120	1059	1120	1059	1120	1059

单位：万元

非自有配送中心配送商品购进额		商品销售总额		零售额	
2014年	2013年	2014年	2013年	2014年	2013年
5844	**21878**	**1041517**	**1080816**	**996854**	**1045950**
		346689	354191	335172	354191
		37214	51025	37214	51025
		127396	162458	127396	162458
		200573	199454	167428	164588
		87457	83555	87457	83555
5844	21878	47348	49625	47348	49625
		193926	179650	193926	179650
		914	858	914	858

2-24 续表 6

专业店(含加油站)

地区	商品购进总额		统一配送商品购进额		自有配送中心配送商品购进额	
	2014年	2013年	2014年	2013年	2014年	2013年
全国	**3113012**	**3074082**	**2927530**	**2762973**	**2262711**	**2147568**
北京	63978	61824	60614	58467	14142	13780
天津						
河北						
山西	662	412				
内蒙古	1042	684	1042	684	1042	684
辽宁	17113	13930	17113	13930	452	488
吉林						
黑龙江	806	806	806	806	806	806
上海	856420	767487	850169	761671	754291	677279
江苏	743579	714005	742354	712521	741220	711282
浙江	191479	221385	162185	160905	118068	136209
安徽	202642	210889	202642	210889	202642	210889
福建	26860	5736	24035	5736	18231	2338
江西	1454	415	454	415	454	415
山东	25692	148312	9742	14244		
河南	332808	333881	323393	321310	3485	1965
湖北	21430	8677	20530	8677	15756	4109
湖南	94669	78450	59670	45162	26493	30626
广东	216298	227627	215718	226887	200923	204371
广西	20475	19338	16880	16229	16389	15713
海南						
重庆	148802	123185	104738	81133	54023	37584
四川	16400	13777	10732	9454	9080	8171
贵州	17331	16951	17331	16951		
云南	2835	2549		1526		
西藏						
陕西	19739	24012	19739	24012	17568	19494
甘肃						
青海	369	385	369	385	369	385
宁夏	6093	6618				
新疆	84038	72750	67278	70980	67278	70980

单位：万元

非自有配送中心配送商品购进额		商品销售总额		零售额	
2014年	2013年	2014年	2013年	2014年	2013年
181264	**162678**	**3364582**	**3340871**	**1752392**	**1649891**
46376	44591	102898	92687	99014	88875
		731	360	731	
		107	226	107	226
		17360	15343	17360	15343
		1049	1049	1049	1049
46773	43947	881585	803218	506266	447908
630	802	748757	721695	51304	59495
6079	5460	207679	235774	169538	196675
		210906	217995		
5804	3398	52671	27322	52423	27322
		973	432	973	432
		31451	165143	9671	13480
		381049	391201	325572	324652
2703	4032	27608	12302	25542	12302
33177	14537	115301	98452	58826	47367
3673	12395	197278	207758	184908	206278
		31590	27142	27714	23917
35646	33515	201765	156062	155596	114254
404		26664	24327	24653	22555
		16161	16819	16161	16819
		1501	2530	452	1474
		13808	21024	13808	21024
		413	326	413	326
		6256	5552	2161	1830
		89021	96134	7651	6290

2-24 续表 7

加油站

地区	商品购进总额		统一配送商品购进额		自有配送中心配送商品购进额	
	2014年	2013年	2014年	2013年	2014年	2013年
全国	**1262854**	**1186210**	**1262854**	**1186210**	**943640**	**867391**
北京						
天津						
河北						
山西						
内蒙古						
辽宁						
吉林						
黑龙江						
上海	750637	673567	750637	673567	750637	673567
江苏						
浙江						
安徽						
福建						
江西						
山东						
河南	319214	318819	319214	318819		
湖北						
湖南						
广东	190000	190000	190000	190000	190000	190000
广西	3003	3824	3003	3824	3003	3824
海南						
重庆						
四川						
贵州						
云南						
西藏						
陕西						
甘肃						
青海						
宁夏						
新疆						

单位：万元

非自有配送中心配送商品购进额		商品销售总额		零售额	
2014年	2013年	2014年	2013年	2014年	2013年
		1276347	**1209408**	**847535**	**808275**
		750637	673567	375318	336783
		372707	383168	319214	318819
		150000	148849	150000	148849
		3003	3824	3003	3824

2-24 续表 8

专卖店

地区	商品购进总额		统一配送商品购进额		自有配送中心配送商品购进额	
	2014年	2013年	2014年	2013年	2014年	2013年
全国	**1592438**	**1444910**	**1530826**	**1433639**	**551057**	**650009**
北京	167843	164704	167843	164704	167843	164704
天津		87				
河北	416		416		416	
山西		6818		6818		
内蒙古						
辽宁	8419	7624	8419	7624		
吉林						
黑龙江						
上海	85324	159732	85324	159732	85324	150458
江苏	29891	27711	29734	27699	29666	27406
浙江	60238	43783	60238	43783	60238	43783
安徽	46	638	46	638	46	638
福建	492092	319784	492092	319784	9579	11440
江西	66529	71452	65371	71452	65071	61278
山东	4080	39774	4080	39774	3945	39774
河南	11922	10242	5075	3731		
湖北	25	22	25	22		
湖南	29756	21265	28483	20400	28483	20400
广东	180882	165798	132720	164958	81347	114428
广西						
海南						
重庆	8163	13109	4148	10153	4148	10153
四川	14700	5428	14700	5428	14700	5428
贵州						
云南	431862	386820	431862	386820		
西藏						
陕西						
甘肃	251	120	251	120	251	120
青海						
宁夏						
新疆						

单位：万元

非自有配送中心配送商品购进额		商品销售总额		零售额	
2014年	2013年	2014年	2013年	2014年	2013年
479729	**325186**	**1818142**	**1596045**	**1196589**	**1099665**
		228249	206955	226766	206604
			135		135
		487		487	
			6818		6818
		6677	6222	6677	6222
	9275	139245	118059	139245	118059
55	209	40023	33677	39722	33298
		37398	24878	32809	21949
		86	723	86	723
479673	305780	459584	315820	458934	315238
	9922	66557	68799	66557	68799
		4087	39778	4087	39778
		12212	11253	5701	4743
		111	108	111	108
		33744	32386	31904	32141
		334453	309405	174069	235130
		9993	17467	7431	6438
		17636	17628	1751	3428
		427350	385880		
		251	56	251	56

2-24 续表 9

其他

地　区	商品购进总额		统一配送商品购进额		自有配送中心配送商品购进额	
	2014年	2013年	2014年	2013年	2014年	2013年
全　国	**663322**	**664711**	**382452**	**494353**	**127580**	**236504**
北　京						
天　津						
河　北						
山　西						
内蒙古						
辽　宁						
吉　林						
黑龙江						
上　海						
江　苏						
浙　江	62694	56751	62694	56751	47542	43129
安　徽	346765	316046	242736	316046	12483	126418
福　建						
江　西						
山　东	153237	154120	27667	25245	26824	24725
河　南						
湖　北	3038	2792				
湖　南						
广　东	3615	3439	2778	2726	2143	2014
广　西						
海　南						
重　庆	83981	79062	36584	41083	29262	26795
四　川	558	478	558	478	558	478
贵　州						
云　南						
西　藏						
陕　西						
甘　肃						
青　海						
宁　夏	9435	52024	9435	52024	8769	12945
新　疆						

单位：万元

非自有配送中心配送商品购进额		商品销售总额		零售额	
2014年	2013年	2014年	2013年	2014年	2013年
113803	**247963**	**912206**	**675333**	**496098**	**275766**
13632	11902	53501	50513	53501	50513
91546	189628	365341	315241		
		120822	32420	120822	32420
		3010	2777	1301	1100
636	713	291138	167566	290161	166880
7323	6642	66934	59275	26450	24378
		509	476	509	476
666	39079	10953	47065	3355	

2-25 36城市连锁零售企业基本情况

地区	连锁总店数（个）	门店数（个）		年末从业人员（人）		年末零售营业面积（平方米）	
	2014年	2014年	2013年	2014年	2013年	2014年	2013年
合计	**1441**	**137556**	**134511**	**1849514**	**1873317**	**111962092**	**107448326**
北京	151	7433	7087	160142	158780	7368178	7202132
天津	39	2324	2546	35384	37171	2035207	2085709
石家庄	15	1080	1041	16589	16547	1536465	1053536
太原	25	2422	2088	25984	25524	1315502	1111452
呼和浩特	2	43	33	623	571	10415	8544
沈阳	49	2059	1858	32366	33156	2472606	2246558
大连	16	2065	2047	18730	18114	1100644	1083064
长春	17	648	607	7803	7547	217070	219550
哈尔滨	22	1439	1407	13408	15499	545883	470722
上海	95	18254	18290	259838	268705	10409385	9364696
南京	38	11181	11141	277230	281894	15694682	15673274
杭州	73	10162	9931	67952	67351	7322652	7270148
宁波	26	1559	1550	22406	23169	943880	929876
合肥	31	8034	8195	72432	76359	4367345	4114016
福州	23	1213	1143	45998	38494	3359246	3987762
厦门	40	1934	1867	13145	12765	791029	770574
南昌	48	2294	1994	31147	31031	1321733	1252307
济南	10	3029	3120	63640	65264	3580479	3423795
青岛	66	3033	2924	40600	41585	4871779	4822086
郑州	23	926	875	19316	18902	1415214	1404777
武汉	105	5477	4494	108979	109380	5959142	5397818
长沙	37	2381	2017	27135	26955	1863391	1481348
广州	117	13009	14166	126288	131838	14549114	14239305
深圳	74	6009	5506	78186	82050	4604887	4373156
南宁	20	1510	1446	19818	18979	1356051	1334213
海口	6	715	613	5253	5769	408832	324757
重庆	93	12233	12410	97565	99002	4278303	4091532
成都	45	4697	4600	57123	59168	2713166	2137147
贵阳	15	633	595	5932	6873	268941	238707
昆明	36	4144	3871	37939	35453	1826740	1832992
拉萨	1	3	3	750	722	21700	21700
西安	25	981	845	20503	20962	886118	898349
兰州	9	485	428	5125	4848	193478	168922
西宁	10	141	131	6294	6521	212359	236722
银川	11	1239	1213	10362	10138	600256	570634
乌鲁木齐	28	2767	2429	17529	16231	1540220	1606446

2-26 36城市连锁零售企业直营门店基本情况

地 区	门店数(个)		年末从业人员(人)		年末零售营业面积(平方米)	
	2014年	2013年	2014年	2013年	2014年	2013年
合 计	**88970**	**85230**	**1628794**	**1647367**	**104381414**	**100601595**
北 京	5420	5216	147869	147374	7085930	6931710
天 津	1829	1869	34169	35827	1984367	2018509
石 家 庄	775	768	16179	16274	1510550	1034406
太 原	1052	918	19988	20182	1238597	1039817
呼和浩特	43	33	623	571	10415	8544
沈 阳	1900	1689	31462	32235	2449482	2221560
大 连	1019	1024	12920	12480	974791	958911
长 春	648	607	7803	7547	217070	219550
哈 尔 滨	1055	1042	12461	14752	527247	456436
上 海	11181	11221	177794	189665	6741943	6288415
南 京	8246	8147	257412	258518	15210802	15161788
杭 州	6328	6187	58895	58096	6962775	6908801
宁 波	1018	988	21615	22394	891994	874304
合 肥	3135	3243	64416	63069	4201643	3921116
福 州	1064	994	44462	36841	3321148	3949664
厦 门	783	868	8420	8838	631560	636409
南 昌	1081	965	27285	27031	1157516	1089631
济 南	3029	3120	63640	65264	3580479	3423795
青 岛	1990	1886	35425	36340	4728521	4679315
郑 州	888	813	19170	18628	1406634	1399375
武 汉	4750	3916	107363	107975	5932968	5367607
长 沙	1281	1097	23580	24167	1798353	1427483
广 州	8214	7630	107769	110086	13906390	13658782
深 圳	3918	3924	69509	74943	4387103	4256898
南 宁	948	893	17198	16117	1287124	1256984
海 口	715	613	5253	5769	408832	324757
重 庆	3745	3576	82866	83385	3920291	3714188
成 都	4483	4380	55985	57937	2693591	2115639
贵 阳	501	456	5587	6534	258838	228604
昆 明	3959	3686	37760	35268	1825740	1831992
拉 萨	3	3	750	722	21700	21700
西 安	816	712	18445	18964	718144	730819
兰 州	483	427	5117	4843	193078	168822
西 宁	121	109	6269	6499	211579	235842
银 川	424	398	7910	7802	539131	509509
乌鲁木齐	2125	1812	15425	14430	1445088	1529913

2-27 36城市连锁零售企业加盟门店基本情况

地 区	门店数(个)		年末从业人员(人)		年末零售营业面积(平方米)	
	2014年	2013年	2014年	2013年	2014年	2013年
合 计	**48586**	**49281**	**220720**	**225950**	**7580678**	**6846731**
北 京	2013	1871	12273	11406	282248	270422
天 津	495	677	1215	1344	50840	67200
石家庄	305	273	410	273	25915	19130
太 原	1370	1170	5996	5342	76905	71635
呼和浩特						
沈 阳	159	169	904	921	23124	24998
大 连	1046	1023	5810	5634	125853	124153
长 春						
哈尔滨	384	365	947	747	18636	14286
上 海	7073	7069	82044	79040	3667442	3076281
南 京	2935	2994	19818	23376	483880	511486
杭 州	3834	3744	9057	9255	359877	361347
宁 波	541	562	791	775	51886	55572
合 肥	4899	4952	8016	13290	165702	192900
福 州	149	149	1536	1653	38098	38098
厦 门	1151	999	4725	3927	159469	134165
南 昌	1213	1029	3862	4000	164217	162676
济 南						
青 岛	1043	1038	5175	5245	143258	142771
郑 州	38	62	146	274	8580	5402
武 汉	727	578	1616	1405	26174	30211
长 沙	1100	920	3555	2788	65038	53865
广 州	4795	6536	18519	21752	642724	580523
深 圳	2091	1582	8677	7107	217784	116258
南 宁	562	553	2620	2862	68927	77229
海 口						
重 庆	8488	8834	14699	15617	358012	377344
成 都	214	220	1138	1231	19575	21508
贵 阳	132	139	345	339	10103	10103
昆 明	185	185	179	185	1000	1000
拉 萨						
西 安	165	133	2058	1998	167974	167530
兰 州	2	1	8	5	400	100
西 宁	20	22	25	22	780	880
银 川	815	815	2452	2336	61125	61125
乌鲁木齐	642	617	2104	1801	95132	76533

2-28　36城市连锁零售企业经营情况

单位：万元

地区	商品购进总额		统一配送商品购进额		自有配送中心配送商品购进额	
	2014年	2013年	2014年	2013年	2014年	2013年
合计	**236817820**	**246339135**	**183991616**	**192174098**	**112705372**	**113638785**
北京	21265727	21517889	11263980	11266778	4350707	4121365
天津	6685212	7380602	4591571	5336968	3137326	3490742
石家庄	3980827	3895591	1490833	1533355	251730	207049
太原	1254830	1869220	635285	1000469	202374	179643
呼和浩特	23244	24214	16877	13259	16877	13259
沈阳	3623059	3244390	3385197	1654672	710481	544052
大连	2215438	1739277	2023530	1539539	491441	367419
长春	1181580	1311683	1169841	1296948	1003570	1155427
哈尔滨	1528426	1978804	1398797	1879971	923746	1364016
上海	26927019	28856352	21122722	21926532	9131911	9094948
南京	23348294	31207259	22897560	27354618	22471389	26732748
杭州	19730705	17148357	18348756	15877699	17390361	15239178
宁波	1336952	1456287	1256083	1387435	956092	1103226
合肥	13760652	13326876	6439151	10056547	4798340	4822363
福州	6071573	4600038	3998954	2671451	2742531	1609612
厦门	845280	800186	810423	790392	681319	682966
南昌	3139774	2920648	2594138	2659126	1929127	2091466
济南	11035619	12441052	9405642	9457788	8497638	8628139
青岛	4760436	4624995	3207114	3154552	1653197	1234130
郑州	1738394	1402597	992559	650323	507744	482417
武汉	13831894	12362331	9524619	8481523	7426093	7149962
长沙	3765086	3456412	3534989	2600883	3051623	1632705
广州	29893169	30967391	28591516	28392249	5789824	5566161
深圳	8967507	11758151	5304577	10133564	3192916	3571257
南宁	834400	850660	465656	506678	251203	422752
海口	1670241	1634790	1670241	1634790	5590	5816
重庆	8609218	8517102	5357880	5576458	3691481	3773643
成都	3472929	3900122	2774919	3303862	1190179	1644909
贵阳	482471	358546	424307	177057	245761	131504
昆明	2874706	3055646	2440695	2950165	941186	1155684
拉萨	20152	19855	20152	19855		
西安	3436950	3583263	2789929	2913975	2688357	2802839
兰州	694450	692043	694450	692043	100096	103905
西宁	202780	198790	129065	64975	8855	8833
银川	1035589	1070322	751755	1070322	687927	1020282
乌鲁木齐	2573237	2167394	2467853	2147277	1586380	1484368

2-28 续表

单位：万元

地 区	非自有配送中心配送商品购进额		商品销售总额		零售额	
	2014年	2013年	2014年	2013年	2014年	2013年
合 计	**37090127**	**40783987**	**273639846**	**281508908**	**203628515**	**196230050**
北 京	1141985	1231645	25443201	25282611	18483415	18999199
天 津	185142	269228	7531499	7823795	5534243	5543243
石家庄	28587	29602	4021721	3948834	3002117	2873007
太 原	2213	13522	2523292	2524230	2341699	2483342
呼和浩特			29704	23851	29704	23851
沈 阳	152083	124019	3686716	3420837	2569072	2383551
大 连	1464408	1069101	2320218	1841086	2317633	1841086
长 春			1455824	1509744	1276954	1295947
哈尔滨	176002	234074	1865788	1846334	1639706	1597714
上 海	2553505	2756723	30078587	36718284	21948946	21936825
南 京	179470	151801	24852077	37289179	12934822	19259100
杭 州	630640	324974	20728225	18098196	14620041	12403655
宁 波	125790	119778	1607534	1625351	1413621	1436889
合 肥	163844	244140	14897232	13195753	7688673	7500348
福 州	1012142	828325	6810232	5329350	6537990	5162130
厦 门	56122	67819	1422337	1431079	1052024	1037201
南 昌	297121	544899	4322193	4068235	3340513	3132458
济 南	833831	773601	12878176	12742047	12114333	12017273
青 岛	244133	283914	6189986	6205909	4386397	4519326
郑 州	113719		2129416	1862757	2129416	1862747
武 汉	843862	828429	15528400	14224478	13584878	12423901
长 沙	279040	327524	3757172	3632001	3205087	3042691
广 州	21816192	21909644	33992195	33586266	26371768	21513120
深 圳	1734800	5713762	10380476	9587840	9034901	8895266
南 宁			2364941	2597100	1377153	1484971
海 口	382074	370489	1868401	1780657	1300765	1546475
重 庆	1270780	1406895	11632099	10736979	9618686	7436157
成 都	186369	148347	4376755	4020354	3986505	3190420
贵 阳	3014	1403	465383	396893	464698	396591
昆 明	202686	194493	5093170	5064639	3432148	3334741
拉 萨			22152	18564	22152	18564
西 安	99709	93621	4053489	4164173	1845331	1931926
兰 州	4035	737	1015344	988192	868667	852140
西 宁	24803	19489	252854	262428	250031	259318
银 川	666	39079	1012762	1064819	739081	669475
乌鲁木齐	881360	662910	3030295	2596063	2165345	1925402

2-29 36城市连锁零售企业直营门店经营情况

单位：万元

地区	商品购进总额		统一配送商品购进额		自有配送中心配送商品购进额	
	2014年	2013年	2014年	2013年	2014年	2013年
合计	**224715049**	**234654032**	**173122195**	**181705626**	**108266065**	**109163852**
北京	20940305	21205869	11008062	11017272	4142809	3917506
天津	6609506	7295173	4591571	5336968	3137326	3490742
石家庄	3955627	3871998	1465633	1509762	226531	183456
太原	1080296	1711240	635285	993651	202374	179643
呼和浩特	23244	24214	16877	13259	16877	13259
沈阳	3606398	3230949	3368536	1641231	710481	544052
大连	2151362	1697512	1959453	1497774	491389	367368
长春	1181580	1311683	1169841	1296948	1003570	1155427
哈尔滨	1487870	1949209	1397991	1879165	922940	1363210
上海	20750463	22874896	15027769	16011389	7817486	7768177
南京	22037971	29927446	21587267	26074825	21161727	25453584
杭州	19468961	16885409	18108649	15642231	17179749	15024349
宁波	1301064	1406786	1220196	1337934	923423	1056750
合肥	13093637	12446021	5876165	9367181	4573894	4427647
福州	5590743	4293177	3518123	2364591	2742531	1609612
厦门	796020	758848	764153	749053	653475	653143
南昌	2876785	2620552	2448327	2554012	1783316	1996274
济南	11035619	12441052	9405642	9457788	8497638	8628139
青岛	4549312	4409335	3121561	3067768	1576376	1159397
郑州	1736785	1400611	991017	650323	506201	482417
武汉	13805213	12345124	9502429	8468255	7408676	7141263
长沙	3692013	3399835	3461916	2544306	3011726	1590664
广州	29316695	30462648	28068841	27920381	5269346	5104827
深圳	8808409	11663913	5224173	10040066	3182357	3562838
南宁	810842	821534	451889	491721	237596	408099
海口	1670241	1634790	1670241	1634790	5590	5816
重庆	8325084	8261310	5169221	5403652	3572681	3669886
成都	3440133	3882737	2752962	3292792	1171688	1635684
贵阳	466053	342203	407888	160713	245761	131504
昆明	2442844	2668826	2008833	2563344	941186	1155684
拉萨	20152	19855	20152	19855		
西安	3297989	3440139	2772361	2891997	2670789	2783346
兰州	694200	691923	694200	691923	99845	103785
西宁	202411	198405	128696	64590	8486	8448
银川	1034475	1026618	750640	1026618	687478	1015657
乌鲁木齐	2414747	2032192	2355635	2027498	1482747	1372199

2-29 续表

单位：万元

地区	非自有配送中心配送商品购进额		商品销售总额		零售额	
	2014年	2013年	2014年	2013年	2014年	2013年
合计	**35848325**	**39585647**	**260364307**	**269297514**	**192947785**	**186343678**
北京	1095609	1187053	24929938	24820084	17976751	18541940
天津	185142	269228	7442432	7732977	5445177	5452424
石家庄	28587	29602	3996503	3925241	2976899	2849414
太原	2213	13522	2349013	2367375	2167421	2326846
呼和浩特			29704	23851	29704	23851
沈阳	152083	124019	3670216	3406537	2552572	2369251
大连	1414544	1035859	2207761	1767286	2205177	1767286
长春			1455824	1509744	1276954	1295947
哈尔滨	176002	234074	1803738	1806083	1577657	1557462
上海	2123604	2310007	23656539	30608570	15941761	16188502
南京	178840	151171	23514600	35981526	12272319	18574565
杭州	618004	320823	20455350	17832225	14419149	12187337
宁波	123304	117382	1566283	1569934	1372490	1381473
合肥	72298	54513	14184761	12490988	7552448	7328818
福州	531312	521465	6331105	5022169	6058863	4854949
厦门	38292	56863	1370042	1369445	1000627	976149
南昌	297121	534977	4055139	3800482	3106604	2899572
济南	833831	773601	12878176	12742047	12114333	12017273
青岛	244133	283914	5998316	6099007	4199053	4416752
郑州	113719		2127217	1860740	2127217	1860729
武汉	841159	824397	15500192	14202648	13560445	12403748
长沙	245863	312987	3680793	3561698	3128708	2972387
广州	21813994	21899109	33359670	33003474	25749804	20940220
深圳	1726846	5689312	9827981	9251597	8647859	8627267
南宁			2331145	2557414	1347233	1448511
海口	382074	370489	1868401	1780657	1300765	1546475
重庆	1219827	1359422	11308970	10465068	9384773	7251980
成都	182902	146816	4343420	3989894	3976455	3180191
贵阳	3014	1403	450043	381569	449359	381266
昆明	202686	194493	4665821	4678759	3432148	3334741
拉萨			22152	18564	22152	18564
西安	99709	93621	3847926	3965402	1639769	1733155
兰州	4035	737	1015093	988137	868416	852084
西宁	24803	19489	252441	262102	249618	258993
银川			1008849	1024794	735726	669475
乌鲁木齐	872775	655299	2858753	2429426	2081379	1854081

2-30 36城市连锁零售企业加盟门店经营情况

单位：万元

地　　区	商品购进总额		统一配送商品购进额		自有配送中心配送商品购进额	
	2014年	2013年	2014年	2013年	2014年	2013年
合　　计	**12102776**	**11685104**	**10869424**	**10468467**	**4439309**	**4474934**
北　　京	325422	312019	255918	249506	207898	203859
天　　津	75706	85430				
石 家 庄	25199	23593	25199	23593	25199	23593
太　　原	174535	157980		6818		
呼和浩特						
沈　　阳	16661	13441	16661	13441		
大　　连	64076	41765	64076	41765	52	51
长　　春						
哈 尔 滨	40556	29596	806	806	806	806
上　　海	6176556	5981456	6094954	5915143	1314425	1326771
南　　京	1310322	1279814	1310293	1279793	1309662	1279163
杭　　州	261744	262948	240107	235467	210612	214829
宁　　波	35888	49500	35888	49500	32670	46477
合　　肥	667015	880855	562986	689367	224446	394715
福　　州	480830	306860	480830	306860		
厦　　门	49260	41338	46270	41338	27844	29822
南　　昌	262990	300096	145811	105114	145811	95192
济　　南						
青　　岛	211124	215660	85553	86785	76821	74733
郑　　州	1609	1986	1543		1543	
武　　汉	26682	17208	22190	13268	17417	8700
长　　沙	73073	56577	73073	56577	39897	42040
广　　州	576474	504743	522676	471868	520477	461334
深　　圳	159098	94237	80404	93497	10560	8419
南　　宁	23558	29126	13767	14956	13608	14653
海　　口						
重　　庆	284135	255793	188659	172806	118800	103758
成　　都	32796	17385	21958	11069	18491	9226
贵　　阳	16419	16343	16419	16343		
昆　　明	431862	386820	431862	386820		
拉　　萨						
西　　安	138961	143124	17568	21979	17568	19494
兰　　州	251	120	251	120	251	120
西　　宁	369	385	369	385	369	385
银　　川	1115	43704	1115	43704	449	4625
乌鲁木齐	158490	135202	112218	119779	103633	112169

2-30 续表

单位：万元

地区	非自有配送中心配送商品购进额		商品销售总额		零售额	
	2014年	2013年	2014年	2013年	2014年	2013年
合计	**1241802**	**1198341**	**13275537**	**12211398**	**10680733**	**9886373**
北京	46376	44591	513263	462527	506664	457259
天津			89066	90818	89066	90818
石家庄			25218	23593	25218	23593
太原			174278	156856	174278	156496
呼和浩特						
沈阳			16500	14300	16500	14300
大连	49864	33242	112457	73800	112457	73800
长春						
哈尔滨			62049	40251	62049	40251
上海	429901	446716	6422048	6109714	6007185	5748322
南京	630	630	1337476	1307652	662503	684535
杭州	12636	4152	272875	265971	200892	216318
宁波	2486	2397	41251	55417	41132	55417
合肥	91546	189628	712471	704765	136224	171530
福州	480830	306860	479127	307181	479127	307181
厦门	17830	10956	52296	61634	51397	61052
南昌		9922	267054	267753	233909	232886
济南						
青岛			191670	106901	187344	102574
郑州			2199	2018	2199	2018
武汉	2703	4032	28208	21830	24433	20153
长沙	33177	14537	76379	70304	76379	70304
广州	2198	10535	632525	582792	621964	572900
深圳	7954	24450	552495	336243	387042	267999
南宁			33796	39686	29920	36461
海口						
重庆	50953	47472	323129	271911	233913	184177
成都	3467	1531	33335	30460	10050	10230
贵阳			15340	15325	15340	15325
昆明			427350	385880		
拉萨						
西安			205563	198771	205563	198771
兰州			251	56	251	56
西宁			413	326	413	326
银川	666	39079	3913	40025	3355	
乌鲁木齐	8585	7611	171542	166638	83966	71321

第三部分

餐饮企业综合篇

3-1 连锁餐饮企业总体情况

项　目	单位	总计		直营店		加盟店	
		2014年	2013年	2014年	2013年	2014年	2013年
连锁总店数	个	465					
门店总数	个	22494	20949	17824	16570	4670	4379
年末从业人员	人	779996	805737	621424	645002	158572	160735
年末餐饮营业面积	平方米	10200021	9581913	7654753	7235948	2545268	2345965
年末餐位数	位	3386048	3253669	2456589	2316386	929459	937283
连锁门店商品购进总额	万元	5834421	5706787	4880740	4846042	953681	860745
其中：统一配送商品购进额	万元	4138769	4005074	3791114	3725891	347655	279184
其中：自有配送中心	万元	1934070	1838935	128789	116846	1805281	1722090
非自有配送中心	万元	688156	788508	613636	680944	74520	107564
营业额	万元	13910206	13258096	11949921	11565945	1960286	1692151
其中：餐费收入及商品销售额	万元	13870472	13221801	11911697	11532212	1958775	1689588

3-2 连锁餐饮企业基本情况

项目	连锁总店数(个)	门店数(个)		年末从业人员(人)		年末餐饮营业面积(平方米)		年末餐位数(位)	
	2014年	2014年	2013年	2014年	2013年	2014年	2013年	2014年	2013年
总　计	**465**	**22494**	**20949**	**779996**	**805737**	**10200021**	**9581913**	**3386048**	**3253669**
一、按登记注册类型分									
内资企业	306	7491	7332	277567	280448	4999933	4920859	1518782	1474819
国有企业	6	89	79	2829	2403	26906	26191	7985	7739
集体企业	2	11	12	677	680	12589	12669	3225	3255
股份合作企业	3	9	9	221	262	6450	6450	2104	2104
联营企业									
国有联营企业									
集体联营企业									
国有与集体联营企业									
其他联营企业									
有限责任公司	95	2804	2764	90261	92569	1811090	1821547	557815	569681
国有独资公司	1	38	54	1710	2174	16886	23920	9968	9842
其他有限责任公司	94	2766	2710	88551	90395	1794204	1797627	547847	559839
股份有限公司	12	915	855	46230	48463	847332	870846	193239	192642
私营企业	185	3651	3601	136913	135646	2291210	2178800	752202	697168
私营独资企业	16	117	112	5606	5307	93259	80766	35207	33322
私营合伙企业									
私营有限责任公司	163	3340	3291	123457	121342	1843907	1765955	662299	610691
私营股份有限公司	6	194	198	7850	8997	354044	332079	54696	53155
其他企业	3	12	12	436	425	4356	4356	2212	2230
港、澳、台商投资企业	61	3533	3122	107325	99943	981833	893088	376407	342473
港澳台商合资经营企业	11	646	648	29390	30185	250771	247772	74239	74613
港澳台商合作经营企业	1	4	4	512	495	17000	17000	1700	1700
港、澳、台商独资经营企业	48	2881	2468	77358	69214	711242	625496	299946	265638
港、澳、台商投资股份有限公司	1	2	2	65	49	2820	2820	522	522
其他港、澳、台商投资企业									
外商投资企业	98	11470	10495	395104	425346	4218255	3767966	1490859	1436377
中外合资经营企业	17	2390	2290	75855	84285	772437	756623	299819	293221
中外合作经营企业	1	47	37	850	860	20000	15610	5500	5500
外资企业	77	8764	7914	311565	333884	3251416	2839645	1109105	1069057
外商投资股份有限公司	1	18	32	253	411	2445	5400	1468	2838
其他外商投资企业	2	251	222	6581	5906	171957	150688	74967	65761
二、按行业分									
正餐服务	267	6959	6777	301160	326052	5874509	5587461	1818576	1816119
快餐服务	162	12854	11892	446394	450992	3978351	3697838	1429299	1319399
饮料及冷饮服务	19	2093	1725	23886	19516	258882	211913	87028	70243
其他餐饮业	17	588	555	8556	9177	88279	84701	51145	47908

3-2 续表 1

项 目	连锁总店数（个）	门店数（个）		年末从业人员（人）		年末餐饮营业面积（平方米）		年末餐位数（位）	
	2014年	2014年	2013年	2014年	2013年	2014年	2013年	2014年	2013年
直营门店合计		**17824**	**16570**	**621424**	**645002**	**7654753**	**7235948**	**2456589**	**2316386**
一、按登记注册类型分									
内资企业		4809	4625	165883	166898	3475728	3363836	929536	905494
国有企业		89	79	2829	2403	26906	26191	7985	7739
集体企业		8	8	642	635	12345	12345	3115	3115
股份合作企业		9	9	221	262	6450	6450	2104	2104
联营企业									
国有联营企业									
集体联营企业									
国有与集体联营企业									
其他联营企业									
有限责任公司		1715	1622	54953	55525	1111518	1085565	298814	305716
国有独资公司		38	54	1710	2174	16886	23920	9968	9842
其他有限责任公司		1677	1568	53243	53351	1094632	1061645	288846	295874
股份有限公司		601	538	22313	23083	528312	554339	126875	124956
私营企业		2375	2357	84489	84565	1785841	1674590	488431	459634
私营独资企业		94	95	3865	4070	80378	71807	25621	26841
私营合伙企业									
私营有限责任公司		2091	2073	73060	71837	1370779	1281174	409954	381598
私营股份有限公司		190	189	7564	8658	334684	321609	52856	51195
其他企业		12	12	436	425	4356	4356	2212	2230
港、澳、台商投资企业		3400	3030	102823	97179	955161	877492	360540	331947
港澳台商合资经营企业		640	630	29373	29881	250589	243900	74203	73839
港澳台商合作经营企业		4	4	512	495	17000	17000	1700	1700
港、澳、台商独资经营企业		2754	2394	72873	66754	684752	613772	284115	255886
港、澳、台商投资股份有限公司		2	2	65	49	2820	2820	522	522
其他港、澳、台商投资企业									
外商投资企业		9615	8915	352718	380925	3223864	2994620	1166513	1078945
中外合资经营企业		2134	2072	69054	78184	622047	626423	259329	258351
中外合作经营企业		47	37	850	860	20000	15610	5500	5500
外资企业		7381	6752	282219	301244	2572669	2342779	897835	811015
外商投资股份有限公司		7	12	164	131	1191	3120	632	1318
其他外商投资企业		46	42	431	506	7957	6688	3217	2761
二、按行业分									
正餐服务		3698	3544	164201	181123	3564393	3424684	1001289	962558
快餐服务		11704	10997	425585	436236	3749197	3521677	1319218	1237838
饮料及冷饮服务		2084	1716	23825	19452	257976	210988	86840	70055
其他餐饮业		338	313	7813	8191	83187	78599	49242	45935

3-2 续表 2

项 目	连锁总店数(个)	门店数(个)		年末从业人员(人)		年末餐饮营业面积(平方米)		年末餐位数(位)	
	2014年	2014年	2013年	2014年	2013年	2014年	2013年	2014年	2013年
加盟门店合计		**4670**	**4379**	**158572**	**160735**	**2545268**	**2345965**	**929459**	**937283**
一、按登记注册类型分									
内资企业		2682	2707	111684	113550	1524205	1557023	589246	569325
国有企业									
集体企业		3	4	35	45	244	324	110	140
股份合作企业									
联营企业									
国有联营企业									
集体联营企业									
国有与集体联营企业									
其他联营企业									
有限责任公司		1089	1142	35308	37044	699572	735982	259001	263965
国有独资公司									
其他有限责任公司		1089	1142	35308	37044	699572	735982	259001	263965
股份有限公司		314	317	23917	25380	319020	316507	66364	67686
私营企业		1276	1244	52424	51081	505369	504210	263771	237534
私营独资企业		23	17	1741	1237	12881	8959	9586	6481
私营合伙企业									
私营有限责任公司		1249	1218	50397	49505	473128	484781	252345	229093
私营股份有限公司		4	9	286	339	19360	10470	1840	1960
其他企业									
港、澳、台商投资企业		133	92	4502	2764	26672	15596	15867	10526
港澳台商合资经营企业		6	18	17	304	182	3872	36	774
港澳台商合作经营企业									
港、澳、台商独资经营企业		127	74	4485	2460	26490	11724	15831	9752
港、澳、台商投资股份有限公司									
其他港、澳、台商投资企业									
外商投资企业		1855	1580	42386	44421	994391	773346	324346	357432
中外合资经营企业		256	218	6801	6101	150390	130200	40490	34870
中外合作经营企业									
外资企业		1383	1162	29346	32640	678747	496866	211270	258042
外商投资股份有限公司		11	20	89	280	1254	2280	836	1520
其他外商投资企业		205	180	6150	5400	164000	144000	71750	63000
二、按行业分									
正餐服务		3261	3233	136959	144929	2310116	2162777	817287	853561
快餐服务		1150	895	20809	14756	229154	176161	110081	81561
饮料及冷饮服务		9	9	61	64	906	925	188	188
其他餐饮业		250	242	743	986	5092	6102	1903	1973

3-3 连锁餐饮企业经营情况

单位：万元

项　　目	商品购进总额		统一配送商品购进额	
	2014年	2013年	2014年	2013年
总　　计	**5834421**	**5706787**	**4138769**	**4005074**
一、按登记注册类型分				
内资企业	1856564	1770212	1094362	974220
国有企业	24657	22266	9709	8757
集体企业	6613	7746	6513	7746
股份合作企业	994	1276	913	1185
联营企业				
国有联营企业				
集体联营企业				
国有与集体联营企业				
其他联营企业				
有限责任公司	577534	543244	406396	361649
国有独资公司	7540	14278		
其他有限责任公司	569994	528966	406396	361649
股份有限公司	397225	386268	152999	145198
私营企业	848445	808454	517782	449253
私营独资企业	87148	75351	54585	31648
私营合伙企业				
私营有限责任公司	704239	656961	423808	381147
私营股份有限公司	57058	76142	39389	36458
其他企业	1095	958	449	433
港、澳、台商投资企业	663138	714669	577544	636261
港澳台商合资经营企业	152280	148912	132859	127363
港澳台商合作经营企业	8376	9500	8376	9500
港、澳、台商独资经营企业	499037	552784	435309	499398
港、澳、台商投资股份有限公司	3445	3473		
其他港、澳、台商投资企业				
外商投资企业	3314719	3221906	2466364	2394593
中外合资经营企业	538605	547039	537422	546031
中外合作经营企业	31876	30000		
外资企业	2730064	2630039	1922800	1841252
外商投资股份有限公司	2638	4621	1685	2888
其他外商投资企业	11538	10207	4457	4423
二、按行业分				
正餐服务	2169966	2091387	1089328	985747
快餐服务	3365368	3372960	2780613	2801334
饮料及冷饮服务	230302	177081	207934	157750
其他餐饮业	68785	65359	60894	60243

3-3 续表 1

项　　目	自有配送中心配送商品购进额		非自有配送中心配送商品购进额	
	2014年	2013年	2014年	2013年
总　计	**1934070**	**1838935**	**688156**	**788508**
一、按登记注册类型分				
内资企业	515806	442857	168475	215782
国有企业			161	83
集体企业				
股份合作企业			563	754
联营企业				
国有联营企业				
集体联营企业				
国有与集体联营企业				
其他联营企业				
有限责任公司	158869	153569	10076	46572
国有独资公司				
其他有限责任公司	158869	153569	10076	46572
股份有限公司	71132	62596	50045	55360
私营企业	285806	226692	107460	112580
私营独资企业	45191	23672	1157	792
私营合伙企业				
私营有限责任公司	204598	170777	105556	111056
私营股份有限公司	36016	32242	747	733
其他企业			169	433
港、澳、台商投资企业	199432	229490	136622	197431
港澳台商合资经营企业	34213	34555	92699	89006
港澳台商合作经营企业				
港、澳、台商独资经营企业	165219	194935	43923	108425
港、澳、台商投资股份有限公司				
其他港、澳、台商投资企业				
外商投资企业	1218832	1166588	383059	375295
中外合资经营企业	229985	244087	107826	99555
中外合作经营企业				
外资企业	987162	919613	270777	271318
外商投资股份有限公司	1685	2888		
其他外商投资企业			4457	4423
二、按行业分				
正餐服务	579292	521705	155510	201719
快餐服务	1319248	1277266	425675	508920
饮料及冷饮服务	7596	8711	106970	76408
其他餐饮业	27933	31253		1462

单位：万元

营业额		餐费收入及商品销售额	
2014年	2013年	2014年	2013年
13910206	**13258096**	**13870472**	**13221801**
4073385	3951993	4042786	3923421
61902	54670	61203	53500
11540	13122	10745	12450
3994	4628	3994	4628
1531078	1508842	1524122	1501300
18282	42715	18282	42715
1512796	1466127	1505840	1458585
760837	735954	758547	733727
1700786	1630465	1681970	1614842
129324	123428	127398	122472
1459121	1366798	1445887	1355641
112341	140239	108686	136729
3249	4312	2206	2975
2143343	1923056	2141817	1921431
435547	421939	435194	421793
17950	19457	17950	19447
1686400	1478187	1685617	1477019
3445	3473	3056	3173
7693478	7383047	7685869	7376948
1691761	1663847	1689604	1663847
31876	30000	31876	30000
5838371	5568947	5833329	5563145
5117	8114	4706	7817
126354	112140	126355	112139
4600010	4445820	4579883	4427725
8333317	8040886	8313830	8022748
785508	590893	785441	590836
191372	180497	191319	180491

3-3 续表 2

项目	商品购进总额		统一配送商品购进额	
	2014年	2013年	2014年	2013年
直营门店合计	**4880740**	**4846042**	**3791114**	**3725891**
一、按登记注册类型分				
内资企业	1338747	1319956	864062	800539
国有企业	24657	22266	9709	8757
集体企业	6471	7564	6471	7564
股份合作企业	994	1276	913	1185
联营企业				
国有联营企业				
集体联营企业				
国有与集体联营企业				
其他联营企业				
有限责任公司	382569	381731	302325	285462
国有独资公司	7540	14278		
其他有限责任公司	375029	367453	302325	285462
股份有限公司	269573	256685	129733	121477
私营企业	653387	649477	414461	375661
私营独资企业	52531	51559	24054	12219
私营合伙企业				
私营有限责任公司	545295	523989	351381	327482
私营股份有限公司	55561	73928	39026	35960
其他企业	1095	958	449	433
港、澳、台商投资企业	640322	700507	555525	622849
港澳台商合资经营企业	152199	147775	132778	126329
港澳台商合作经营企业	8376	9500	8376	9500
港、澳、台商独资经营企业	476301	539759	414371	487020
港、澳、台商投资股份有限公司	3445	3473		
其他港、澳、台商投资企业				
外商投资企业	2901672	2825579	2371526	2302502
中外合资经营企业	536038	544890	534855	543883
中外合作经营企业	31876	30000		
外资企业	2325596	2242052	1830530	1751310
外商投资股份有限公司	1685	2888	1685	2888
其他外商投资企业	6478	5749	4457	4423
二、按行业分				
正餐服务	1371681	1365710	884914	830244
快餐服务	3218956	3245509	2645045	2684361
饮料及冷饮服务	226873	174861	204578	155588
其他餐饮业	63230	59963	56576	55698

单位：万元

自有配送中心配送商品购进额		非自有配送中心配送商品购进额		营业额		餐费收入及商品销售额	
2014年	2013年	2014年	2013年	2014年	2013年	2014年	2013年
1805281	**1722090**	**613636**	**680944**	**11949921**	**11565945**	**11911697**	**11532212**
427407	367721	115985	128182	2942590	2933600	2913502	2907592
		161	83	61902	54670	61203	53500
				11198	12685	10403	12012
		563	754	3994	4628	3994	4628
118986	116059	5882	9069	1051675	1042504	1044794	1035230
				18282	42715	18282	42715
118986	116059	5882	9069	1033393	999789	1026512	992515
71132	62596	28422	33786	468458	439438	466168	437211
237290	189065	80788	84057	1342115	1375364	1324735	1362036
14661	4243	1157	792	71718	70753	69792	69797
186612	152580	78884	82532	1162274	1171594	1149344	1161444
36016	32242	747	733	108122	133017	105599	130796
		169	433	3249	4312	2206	2975
199352	228850	122766	184660	2083769	1887273	2082243	1885648
34133	33915	92699	88613	435161	419531	434808	419385
				17950	19457	17950	19447
165219	194935	30067	96047	1627212	1444812	1626429	1443644
				3445	3473	3056	3173
1178522	1125519	374885	368103	6923561	6745072	6915952	6738973
227419	241939	107826	99555	1643792	1620129	1641636	1620128
				31876	30000	31876	30000
949419	880693	262603	264126	5219303	5066462	5214261	5060659
1685	2888			3131	4503	2720	4207
		4457	4423	25459	23978	25459	23978
490484	447067	117827	129248	3045248	3005966	3026623	2990434
1283442	1239216	388839	474022	7941797	7804853	7922320	7786715
7596	8711	106970	76408	781014	587673	780946	587616
23758	27097		1266	181861	167454	181809	167446

3-3　续表 3

项　目	商品购进总额		统一配送商品购进额	
	2014年	2013年	2014年	2013年
加盟门店合计	**953681**	**860745**	**347655**	**279184**
一、按登记注册类型分				
内资企业	517817	450255	230800	173681
国有企业				
集体企业	142	182	142	182
股份合作企业				
联营企业				
国有联营企业				
集体联营企业				
国有与集体联营企业				
其他联营企业				
有限责任公司	194965	161514	104071	76187
国有独资公司				
其他有限责任公司	194965	161514	104071	76187
股份有限公司	127652	129583	23266	23720
私营企业	195058	158977	103321	73592
私营独资企业	34617	23791	30531	19429
私营合伙企业				
私营有限责任公司	158944	132972	72427	53665
私营股份有限公司	1497	2214	363	498
其他企业				
港、澳、台商投资企业	22817	14163	22018	13412
港澳台商合资经营企业	81	1138	81	1034
港澳台商合作经营企业				
港、澳、台商独资经营企业	22736	13025	21938	12378
港、澳、台商投资股份有限公司				
其他港、澳、台商投资企业				
外商投资企业	413048	396327	94837	92091
中外合资经营企业	2567	2149	2567	2149
中外合作经营企业				
外资企业	404468	387987	92271	89942
外商投资股份有限公司	953	1733		
其他外商投资企业	5060	4459		
二、按行业分				
正餐服务	798285	725677	204414	155504
快餐服务	146412	127451	135568	116973
饮料及冷饮服务	3429	2220	3356	2162
其他餐饮业	5554	5397	4318	4545

单位：万元

自有配送中心配送商品购进额		非自有配送中心配送商品购进额		营业额		餐费收入及商品销售额	
2014年	2013年	2014年	2013年	2014年	2013年	2014年	2013年
128789	**116846**	**74520**	**107564**	**1960286**	**1692151**	**1958775**	**1689588**
88398	75137	52490	87601	1130795	1018393	1129285	1015830
				342	437	342	437
39882	37510	4194	37503	479403	466337	479328	466070
39882	37510	4194	37503	479403	466337	479328	466070
		21623	21575	292379	296517	292379	296517
48516	37627	26673	28524	358671	255102	357236	252806
30530	19429	1		57606	52676	57606	52676
17986	18197	26672	28524	296846	195204	296542	194197
				4219	7222	3087	5933
81	640	13856	12771	59574	35783	59574	35783
81	640		394	386	2408	386	2408
		13856	12378	59188	33375	59188	33375
40310	41069	8174	7192	769917	637975	769917	637975
2567	2149			47968	43719	47968	43719
37743	38921	8174	7192	619067	502485	619067	502485
				1986	3610	1986	3610
				100896	88161	100896	88161
88808	74638	37683	72471	1554762	1439854	1553260	1437292
35806	38050	36836	34897	391519	236034	391511	236033
				4494	3220	4494	3220
4175	4157		196	9511	13043	9511	13044

3-4 按登记注册类型与行业分连锁餐饮企业基本情况

正餐服务

项 目	连锁总店数(个)	门店数(个)		年末从业人员(人)		年末餐饮营业面积(平方米)		年末餐位数(位)	
	2014年	2014年	2013年	2014年	2013年	2014年	2013年	2014年	2013年
总 计	**267**	**6959**	**6777**	**301160**	**326052**	**5874509**	**5587461**	**1818576**	**1816119**
内资企业	227	4487	4531	227810	233871	4422317	4365679	1292356	1261817
国有企业	3	29	26	1433	1341	16231	15661	5188	5004
集体企业	1	3	3	609	600	12000	12000	3000	3000
股份合作企业	3	9	9	221	262	6450	6450	2104	2104
联营企业									
有限责任公司	64	1403	1489	67830	71673	1535802	1554557	473600	493900
股份有限公司	9	541	522	42550	44935	806968	831085	161669	162831
私营企业	144	2490	2470	114731	114635	2040510	1941570	644583	592748
其他企业	3	12	12	436	425	4356	4356	2212	2230
港、澳、台商投资企业	17	206	191	7473	7027	169701	160548	43999	41792
外商投资企业	23	2266	2055	65877	85154	1282491	1061234	482221	512510
直营门店合计		**3698**	**3544**	**164201**	**181123**	**3564393**	**3424684**	**1001289**	**962558**
内资企业		2356	2326	120753	123313	2936860	2835498	716635	702754
国有企业		29	26	1433	1341	16231	15661	5188	5004
集体企业		3	3	609	600	12000	12000	3000	3000
股份合作企业		9	9	221	262	6450	6450	2104	2104
联营企业									
有限责任公司		543	552	32979	35208	837993	820993	215262	230798
股份有限公司		408	389	19283	20239	494048	521178	96855	96945
私营企业		1352	1335	65792	65238	1565782	1454860	392014	362673
其他企业		12	12	436	425	4356	4356	2212	2230
港、澳、台商投资企业		200	182	7456	7001	169519	160276	43963	41738
外商投资企业		1142	1036	35992	50809	458014	428910	240691	218066
加盟门店合计		**3261**	**3233**	**136959**	**144929**	**2310116**	**2162777**	**817287**	**853561**
内资企业		2131	2205	107057	110558	1485457	1530181	575721	559063
国有企业									
集体企业									
股份合作企业									
联营企业									
有限责任公司		860	937	34851	36465	697809	733564	258338	263102
股份有限公司		133	133	23267	24696	312920	309907	64814	65886
私营企业		1138	1135	48939	49397	474728	486710	252569	230075
其他企业									
港、澳、台商投资企业		6	9	17	26	182	272	36	54
外商投资企业		1124	1019	29885	34345	824477	632324	241530	294444

3-4 续表 1

快餐服务

项　　目	连锁总店数（个）	门店数（个）		年末从业人员（人）		年末餐饮营业面积（平方米）		年末餐位数（位）	
	2014年	2014年	2013年	2014年	2013年	2014年	2013年	2014年	2013年
总　　计	**162**	**12854**	**11892**	**446394**	**450992**	**3978351**	**3697838**	**1429299**	**1319399**
内资企业	62	2434	2230	45919	42243	529590	503697	213937	200752
国有企业	2	54	47	1296	940	8742	8597	1981	1919
集体企业									
股份合作企业									
联营企业									
有限责任公司	25	1104	1004	20580	19044	256892	243006	79769	71722
股份有限公司	3	374	333	3680	3528	40364	39761	31570	29811
私营企业	32	902	846	20363	18731	223592	207333	100617	97300
其他企业									
港、澳、台商投资企业	32	2295	2081	84160	78847	640557	581865	248690	228577
外商投资企业	68	8125	7581	316315	329902	2808204	2612276	966672	890070
直营门店合计		**11704**	**10997**	**425585**	**436236**	**3749197**	**3521677**	**1319218**	**1237838**
内资企业		2135	1977	42081	40291	496220	483762	202233	192631
国有企业		54	47	1296	940	8742	8597	1981	1919
集体企业									
股份合作企业									
联营企业									
有限责任公司		1103	1001	20572	18952	256812	247226	79719	71472
股份有限公司		193	149	3030	2844	34264	33161	30020	28011
私营企业		785	780	17183	17555	196402	194778	90513	91229
其他企业									
港、澳、台商投资企业		2170	2000	79685	76119	614187	566661	232879	218125
外商投资企业		7399	7020	303819	319826	2638790	2471254	884106	827082
加盟门店合计		**1150**	**895**	**20809**	**14756**	**229154**	**176161**	**110081**	**81561**
内资企业		299	253	3838	1952	33370	19935	11704	8121
国有企业									
集体企业									
股份合作企业									
联营企业									
有限责任公司		1	3	8	92	80	780	50	250
股份有限公司		181	184	650	684	6100	6600	1550	1800
私营企业		117	66	3180	1176	27190	12555	10104	6071
其他企业									
港、澳、台商投资企业		125	81	4475	2728	26370	15204	15811	10452
外商投资企业		726	561	12496	10076	169414	141022	82566	62988

3-4 续表 2

饮料及冷饮服务

项　目	连锁总店数(个)	门店数(个)		年末从业人员(人)		年末餐饮营业面积(平方米)		年末餐位数(位)	
	2014年	2014年	2013年	2014年	2013年	2014年	2013年	2014年	2013年
总　计	**19**	**2093**	**1725**	**23886**	**19516**	**258882**	**211913**	**87028**	**70243**
内资企业	5	222	225	685	780	11000	11103	2273	2291
国有企业	1	6	6	100	122	1933	1933	816	816
集体企业									
股份合作企业									
联营企业									
有限责任公司									
股份有限公司									
私营企业	4	216	219	585	658	9067	9170	1457	1475
其他企业									
港、澳、台商投资企业	10	898	724	12357	10178	135072	116370	47277	37861
外商投资企业	4	973	776	10844	8558	112810	84440	37478	30091
直营门店合计		**2084**	**1716**	**23825**	**19452**	**257976**	**210988**	**86840**	**70055**
内资企业		215	218	634	726	10214	10298	2105	2123
国有企业		6	6	100	122	1933	1933	816	816
集体企业									
股份合作企业									
联营企业									
有限责任公司									
股份有限公司									
私营企业		209	212	534	604	8281	8365	1289	1307
其他企业									
港、澳、台商投资企业		896	722	12347	10168	134952	116250	47257	37841
外商投资企业		973	776	10844	8558	112810	84440	37478	30091
加盟门店合计		**9**	**9**	**61**	**64**	**906**	**925**	**188**	**188**
内资企业		7	7	51	54	786	805	168	168
国有企业									
集体企业									
股份合作企业									
联营企业									
有限责任公司									
股份有限公司									
私营企业		7	7	51	54	786	805	168	168
其他企业									
港、澳、台商投资企业		2	2	10	10	120	120	20	20
外商投资企业									

3-4 续表 3

其他餐饮业

项 目	连锁总店数（个）	门店数（个）		年末从业人员（人）		年末餐饮营业面积（平方米）		年末餐位数（位）	
	2014年	2014年	2013年	2014年	2013年	2014年	2013年	2014年	2013年
总 计	**17**	**588**	**555**	**8556**	**9177**	**88279**	**84701**	**51145**	**47908**
内资企业	12	348	346	3153	3554	37026	40380	10216	9959
国有企业									
集体企业	1	8	9	68	80	589	669	225	255
股份合作企业									
联营企业									
有限责任公司	6	297	271	1851	1852	18396	18984	4446	4059
股份有限公司									
私营企业	5	43	66	1234	1622	18041	20727	5545	5645
其他企业									
港、澳、台商投资企业	2	134	126	3335	3891	36503	34305	36441	34243
外商投资企业	3	106	83	2068	1732	14750	10016	4488	3706
直营门店合计		**338**	**313**	**7813**	**8191**	**83187**	**78599**	**49242**	**45935**
内资企业		103	104	2415	2568	32434	34278	8563	7986
国有企业									
集体企业		5	5	33	35	345	345	115	115
股份合作企业									
联营企业									
有限责任公司		69	69	1402	1365	16713	17346	3833	3446
股份有限公司									
私营企业		29	30	980	1168	15376	16587	4615	4425
其他企业									
港、澳、台商投资企业		134	126	3335	3891	36503	34305	36441	34243
外商投资企业		101	83	2063	1732	14250	10016	4238	3706
加盟门店合计		**250**	**242**	**743**	**986**	**5092**	**6102**	**1903**	**1973**
内资企业		245	242	738	986	4592	6102	1653	1973
国有企业									
集体企业		3	4	35	45	244	324	110	140
股份合作企业									
联营企业									
有限责任公司		228	202	449	487	1683	1638	613	613
股份有限公司									
私营企业		14	36	254	454	2665	4140	930	1220
其他企业									
港、澳、台商投资企业									
外商投资企业		5		5		500		250	

3-5 按登记注册类型与

正餐服务

项　　目	商品购进总额		统一配送商品购进额	
	2014年	2013年	2014年	2013年
总　　计	**2169966**	**2091387**	**1089328**	**985747**
内资企业	1556307	1482411	843529	736566
国有企业	14316	13394	1389	1466
集体企业	6316	7399	6316	7399
股份合作企业	994	1276	913	1185
联营企业				
有限责任公司	451201	425378	300775	268840
股份有限公司	360478	348754	116934	108325
私营企业	721907	685253	416754	348917
其他企业	1095	958	449	433
港、澳、台商投资企业	72853	69442	37580	35003
外商投资企业	540807	539535	208219	214179
直营门店合计	**1371681**	**1365710**	**884914**	**830244**
内资企业	1073894	1058249	645539	586648
国有企业	14316	13394	1389	1466
集体企业	6316	7399	6316	7399
股份合作企业	994	1276	913	1185
联营企业				
有限责任公司	260399	268097	199815	196075
股份有限公司	247632	234105	108474	99540
私营企业	543142	533020	328184	280550
其他企业	1095	958	449	433
港、澳、台商投资企业	72772	69332	37500	34892
外商投资企业	225015	238130	201876	208703
加盟门店合计	**798285**	**725677**	**204414**	**155504**
内资企业	482413	424162	197990	149917
国有企业				
集体企业				
股份合作企业				
联营企业				
有限责任公司	190802	157281	100960	72764
股份有限公司	112846	114649	8460	8786
私营企业	178765	152233	88570	68367
其他企业				
港、澳、台商投资企业	81	110	81	110
外商投资企业	315792	301405	6343	5476

行业分连锁餐饮企业经营情况

单位：万元

自有配送中心配送商品购进额		非自有配送中心配送商品购进额		营业额		餐费收入及商品销售额	
2014年	2013年	2014年	2013年	2014年	2013年	2014年	2013年
579292	**521705**	**155510**	**201719**	**4600010**	**4445820**	**4579883**	**4427725**
400349	342326	107401	149142	3156306	3103375	3138494	3085877
				33827	29585	33826	29585
				10826	12287	10031	11615
		563	754	3994	4628	3994	4628
87496	84368	10076	46572	1122487	1144665	1120127	1141201
71132	62596	18893	18488	677136	661103	674846	659582
241721	195362	77701	82895	1304788	1246796	1293465	1236290
		169	433	3249	4312	2206	2975
17972	16038	3775	4339	200532	172091	199996	171634
160972	163342	44333	48237	1243172	1170354	1241393	1170216
88808	**74638**	**117827**	**129248**	**3045248**	**3005966**	**3026623**	**2990434**
82385	69052	69718	76672	2090828	2127649	2074518	2112713
				33827	29585	33826	29585
				10826	12287	10031	11615
		563	754	3994	4628	3994	4628
36772	34087	5882	9069	649849	685931	647564	682735
		12076	11848	402733	379576	400444	378055
45613	34965	51028	54567	986350	1011331	976455	1003120
		169	433	3249	4312	2206	2975
81	110	3775	4339	200146	171865	199610	171407
6343	5476	44333	48237	754274	706452	752495	706314
490484	**447067**	**37683**	**72471**	**1554762**	**1439854**	**1553260**	**1437292**
317964	273275	37683	72471	1065478	975726	1063976	973163
50725	50281	4194	37503	472638	458734	472563	458466
71132	62596	6817	6640	274402	281528	274402	281527
196108	160397	26672	28323	318438	235465	317011	233170
17891	15927			386	226	386	226
154629	157865			488898	463902	488898	463902

3-5 续表 1

快餐服务

项 目	商品购进总额		统一配送商品购进额	
	2014年	2013年	2014年	2013年
总 计	**3365368**	**3372960**	**2780613**	**2801334**
内资企业	268398	256712	227520	211750
国有企业	10180	8789	8159	7208
集体企业				
股份合作企业				
联营企业				
有限责任公司	106484	99092	92248	78566
股份有限公司	36747	37514	36066	36872
私营企业	114987	111317	91048	89104
其他企业				
港、澳、台商投资企业	442832	525180	410259	496366
外商投资企业	2654138	2591068	2142834	2093218
直营门店合计	**3218956**	**3245509**	**2645045**	**2684361**
内资企业	241853	238209	202284	194693
国有企业	10180	8789	8159	7208
集体企业				
股份合作企业				
联营企业				
有限责任公司	106476	98867	92248	78346
股份有限公司	21941	22580	21260	21938
私营企业	103255	107974	80618	87201
其他企业				
港、澳、台商投资企业	420121	511153	388321	483065
外商投资企业	2556982	2496147	2054440	2006604
加盟门店合计	**146412**	**127451**	**135568**	**116973**
内资企业	26545	18503	25236	17057
国有企业				
集体企业				
股份合作企业				
联营企业				
有限责任公司	8	225		220
股份有限公司	14806	14934	14806	14934
私营企业	11732	3343	10430	1903
其他企业				
港、澳、台商投资企业	22711	14027	21938	13301
外商投资企业	97156	94922	88394	86615

单位：万元

自有配送中心配送商品购进额		非自有配送中心配送商品购进额		营业额		餐费收入及商品销售额	
2014年	2013年	2014年	2013年	2014年	2013年	2014年	2013年
1319248	**1277266**	**425675**	**508920**	**8333317**	**8040886**	**8313830**	**8022748**
99812	81335	60912	65095	818704	754513	806011	743447
				25775	22560	25076	21389
60642	55498			342416	308559	337820	304481
		31152	36872	83702	74851	83702	74144
39169	25838	29760	28223	366812	348543	359415	343432
178197	209099	121075	185323	1449087	1360970	1448098	1359803
1041240	986832	243688	258501	6065525	5925404	6059721	5919499
35806	**38050**	**388839**	**474022**	**7941797**	**7804853**	**7922320**	**7786715**
1939	1928	46105	50161	766983	728050	754298	716983
				25775	22560	25076	21389
	220			342396	307810	337799	303732
		16346	21938	65725	59862	65725	59155
1939	1708	29759	28223	333088	337818	325699	332708
	530	107219	172552	1389958	1325473	1388969	1324306
33867	35593	235514	251310	5784856	5751330	5779053	5745425
1283442	**1239216**	**36836**	**34897**	**391519**	**236034**	**391511**	**236033**
97873	79408	14806	14934	51722	26463	51713	26463
60642	55278			20	750	20	750
		14806	14934	17977	14989	17977	14989
37230	24130	1		33725	10725	33716	10725
178197	208569	13856	12771	59129	35497	59129	35497
1007373	951239	8174	7192	280669	174074	280669	174073

3-5 续表 2

饮料及冷饮服务

项　目	商品购进总额		统一配送商品购进额	
	2014年	2013年	2014年	2013年
总　计	**230302**	**177081**	**207934**	**157750**
内资企业	5808	4406	5653	4339
国有企业	161	83	161	83
集体企业				
股份合作企业				
联营企业				
有限责任公司				
股份有限公司				
私营企业	5647	4324	5492	4256
其他企业				
港、澳、台商投资企业	121315	96335	103566	81179
外商投资企业	103178	76340	98715	72232
直营门店合计	**226872**	**174860**	**204578**	**155588**
内资企业	2404	2212	2297	2176
国有企业	161	83	161	83
集体企业				
股份合作企业				
联营企业				
有限责任公司				
股份有限公司				
私营企业	2243	2129	2136	2094
其他企业				
港、澳、台商投资企业	121290	96309	103566	81179
外商投资企业	103178	76340	98715	72232
加盟门店合计	**3430**	**2220**	**3356**	**2162**
内资企业	3404	2194	3356	2162
国有企业				
集体企业				
股份合作企业				
联营企业				
有限责任公司				
股份有限公司				
私营企业	3404	2194	3356	2162
其他企业				
港、澳、台商投资企业	25	26		
外商投资企业				

单位：万元

自有配送中心配送商品购进额		非自有配送中心配送商品购进额		营业额		餐费收入及商品销售额	
2014年	2013年	2014年	2013年	2014年	2013年	2014年	2013年
7596	**8710**	**106970**	**76407**	**785508**	**590893**	**785439**	**590837**
655	680	161	83	10949	10196	10907	10195
		161	83	2301	2526	2301	2526
655	680			8649	7670	8606	7671
3264	4354	11771	7769	426055	326251	426054	326252
3677	3677	95038	68556	348505	254446	348478	254390
		106970	**76407**	**781014**	**587673**	**780945**	**587618**
		161	83	6514	7036	6472	7035
		161	83	2301	2526	2301	2526
				4214	4510	4171	4511
		11771	7769	425995	326192	425995	326192
		95038	68556	348505	254446	348478	254390
7596	**8710**			**4494**	**3220**	**4494**	**3220**
655	680			4435	3160	4435	3160
655	680			4435	3160	4435	3160
3264	4354			59	60	59	60
3677	3677						

3-5 续表 3

其他餐饮业

项　目	商品购进总额		统一配送商品购进额	
	2014年	2013年	2014年	2013年
总　计	**68785**	**65359**	**60894**	**60243**
内资企业	26050	26683	18159	21566
国有企业				
集体企业	297	347	297	347
股份合作企业				
联营企业				
有限责任公司	19849	18775	13373	14244
股份有限公司				
私营企业	5904	7561	4488	6975
其他企业				
港、澳、台商投资企业	26139	23713	26139	23713
外商投资企业	16596	14963	16596	14963
直营门店合计	**63231**	**59962**	**56576**	**55698**
内资企业	20596	21286	13942	17021
国有企业				
集体企业	155	165	155	165
股份合作企业				
联营企业				
有限责任公司	15693	14767	10263	11041
股份有限公司				
私营企业	4748	6354	3524	5815
其他企业				
港、澳、台商投资企业	26139	23713	26139	23713
外商投资企业	16496	14963	16496	14963
加盟门店合计	**5554**	**5397**	**4317**	**4545**
内资企业	5454	5397	4217	4545
国有企业				
集体企业	142	182	142	182
股份合作企业				
联营企业				
有限责任公司	4156	4008	3111	3203
股份有限公司				
私营企业	1156	1207	964	1160
其他企业				
港、澳、台商投资企业				
外商投资企业	100		100	

单位：万元

自有配送中心配送商品购进额		非自有配送中心配送商品购进额		营业额		餐费收入及商品销售额	
2014年	2013年	2014年	2013年	2014年	2013年	2014年	2013年
27934	**31253**		**1462**	**191372**	**180497**	**191319**	**180491**
14990	18515		1462	87426	83909	87374	83903
				714	835	714	835
10730	13704			66175	55618	66175	55618
4260	4812		1462	20537	27456	20484	27450
				67669	63744	67669	63744
12943	12738			36276	32844	36276	32844
4175	**4157**		**1266**	**181861**	**167454**	**181808**	**167447**
4075	4157		1266	78266	70866	78213	70859
				372	397	372	397
3111	3203			59430	48764	59430	48764
964	954		1266	18464	21704	18410	21698
				67669	63744	67669	63744
100				35926	32844	35926	32844
23759	**27096**		**196**	**9510**	**13044**	**9510**	**13043**
10916	14358		196	9160	13044	9160	13043
				342	437	342	437
7619	10501			6745	6854	6745	6854
3296	3858		196	2073	5752	2073	5752
12843	12738			350		350	

3-6 连锁餐饮企业门店分布情况

单位：个

门店所在地	合计		直营门店		加盟门店	
	2014年	2013年	2014年	2013年	2014年	2013年
全　国	**22494**	**20949**	**17824**	**16570**	**4670**	**4379**
北　京	2856	2771	2761	2696	95	75
天　津	520	502	473	442	47	60
河　北	559	483	442	350	117	133
山　西	308	317	163	144	145	173
内蒙古	204	228	117	108	87	120
辽　宁	637	563	579	506	58	57
吉　林	162	168	138	143	24	25
黑龙江	221	228	198	201	23	27
上　海	1926	1812	1834	1727	92	85
江　苏	1753	1657	1477	1417	276	240
浙　江	1698	1511	1363	1220	335	291
安　徽	924	748	784	626	140	122
福　建	761	680	431	386	330	294
江　西	217	206	119	128	98	78
山　东	765	735	588	580	177	155
河　南	452	440	284	268	168	172
湖　北	720	632	544	493	176	139
湖　南	528	496	344	318	184	178
广　东	3350	3158	3212	3063	138	95
广　西	271	210	206	153	65	57
海　南	66	75	45	58	21	17
重　庆	1017	955	479	437	538	518
四　川	1236	1152	539	475	697	677
贵　州	110	96	70	62	40	34
云　南	313	289	169	153	144	136
西　藏	38	35	3	3	35	32
陕　西	368	363	244	232	124	131
甘　肃	129	116	51	42	78	74
青　海	45	41	12	12	33	29
宁　夏	81	67	19	15	62	52
新　疆	248	206	128	104	120	102
港澳台及国外	11	9	8	8	3	1

3-7 连锁餐饮企业配送中心分布情况

单位：个

所在地	配送中心数		自有配送中心数	
	2014年	2013年	2014年	2013年
全　国	**268**	**273**	**204**	**201**
北　京	44	44	34	34
天　津	4	4	3	3
河　北	3	1	3	1
山　西	3	3	3	3
内蒙古	4	3	3	3
辽　宁	9	8	6	6
吉　林	1	1	1	1
黑龙江	2	2	2	2
上　海	21	21	11	11
江　苏	31	32	22	20
浙　江	19	20	18	18
安　徽	6	5	6	5
福　建	9	10	5	6
江　西	5	4	3	3
山　东	3	2	3	2
河　南	1	1	1	1
湖　北	21	20	20	19
湖　南	11	15	2	2
广　东	27	29	22	22
广　西	3	3	3	3
海　南				
重　庆	16	16	14	14
四　川	8	12	6	10
贵　州				
云　南	4	4	2	2
西　藏				
陕　西	5	5	4	4
甘　肃	3	3	2	2
青　海				
宁　夏				
新　疆	4	5	4	4
港澳台及国外	1		1	

3-8 连锁餐饮企业门店在36城市分布情况

单位：个

门店所在地	合计		直营门店		加盟门店	
	2014年	2013年	2014年	2013年	2014年	2013年
合　计	**14563**	**13661**	**12562**	**11831**	**2001**	**1830**
北　京	2856	2771	2761	2696	95	75
天　津	520	502	473	442	47	60
石家庄	114	89	86	58	28	31
太　原	109	107	93	77	16	30
呼和浩特	30	35	22	21	8	14
沈　阳	304	265	291	254	13	11
大　连	195	158	172	139	23	19
长　春	96	103	93	99	3	4
哈尔滨	148	152	140	144	8	8
上　海	1926	1812	1834	1727	92	85
南　京	368	346	345	326	23	20
杭　州	574	506	537	482	37	24
宁　波	251	257	237	239	14	18
合　肥	394	369	373	348	21	21
福　州	120	108	102	93	18	15
厦　门	351	338	171	175	180	163
南　昌	72	68	53	59	19	9
济　南	167	165	143	128	24	37
青　岛	231	232	192	223	39	9
郑　州	139	140	117	114	22	26
武　汉	502	405	430	362	72	43
长　沙	290	273	229	218	61	55
广　州	1033	998	1015	976	18	22
深　圳	1157	1099	1143	1086	14	13
南　宁	139	103	124	95	15	8
海　口	44	37	32	28	12	9
重　庆	1017	955	479	437	538	518
成　都	659	593	376	335	283	258
贵　阳	76	68	68	61	8	7
昆　明	195	174	96	90	99	84
拉　萨	31	28	3	3	28	25
西　安	216	203	191	180	25	23
兰　州	65	55	45	38	20	17
西　宁	23	22	12	12	11	10
银　川	35	31	17	13	18	18
乌鲁木齐	116	94	67	53	49	41

3-9 连锁餐饮企业配送中心在36城市分布情况

单位：个

所在地	配送中心数		自有配送中心数	
	2014年	2013年	2014年	2013年
合　计	**195**	**202**	**153**	**153**
北　京	44	44	34	34
天　津	4	4	3	3
石家庄				
太　原	1	1	1	1
呼和浩特				
沈　阳	4	3	2	2
大　连	4	4	3	3
长　春	1	1	1	1
哈尔滨	2	2	2	2
上　海	21	21	11	11
南　京	13	14	9	8
杭　州	12	14	11	13
宁　波	4	4	4	4
合　肥	2	2	2	2
福　州	3	3	2	2
厦　门	4	4	2	2
南　昌	1	2	1	1
济　南				
青　岛	3	2	3	2
郑　州				
武　汉	15	14	14	13
长　沙	2	3	2	2
广　州	7	9	5	5
深　圳	11	11	8	8
南　宁	3	3	3	3
海　口				
重　庆	16	16	14	14
成　都	7	9	6	7
贵　阳				
昆　明	2	2	1	1
拉　萨				
西　安	4	4	4	4
兰　州	2	2	2	2
西　宁				
银　川				
乌鲁木齐	3	4	3	3

第四部分

餐饮企业地区篇

4-1 各地区连锁餐饮企业基本情况

地区	连锁总店数(个)	门店数(个)		年末从业人员(人)		年末餐饮营业面积(平方米)		年末餐位数(位)	
	2014年	2014年	2013年	2014年	2013年	2014年	2013年	2014年	2013年
全国	**465**	**22494**	**20949**	**779996**	**805737**	**10200021**	**9581913**	**3386048**	**3253669**
北京	84	3871	3592	116075	137561	1895382	1813212	597130	552561
天津	11	503	489	22531	24089	202688	195239	60300	58726
河北	1	6	6	965	960	24632	13780	4520	4520
山西	6	115	113	8414	9045	69580	69360	21134	21298
内蒙古	7	213	320	4427	6254	109657	164580	33166	39430
辽宁	13	706	659	10558	11112	269763	269693	79372	78747
吉林	1	23	23	822	950	12946	13071	3998	4323
黑龙江	7	68	75	3064	2561	35154	40516	12457	15989
上海	28	2685	2418	65890	66890	751192	648544	224008	200517
江苏	22	1460	1428	72127	65318	485393	475927	161056	156986
浙江	28	1728	1591	52662	51923	943419	945454	262549	246456
安徽	9	583	439	12457	11511	463960	390434	70922	60446
福建	14	786	745	20172	21833	223600	213157	76538	75333
江西	8	112	84	4316	8174	73342	71153	22962	20894
山东	10	438	432	21147	21756	199291	174323	56216	52878
河南	20	210	203	6831	6534	114353	113694	29838	30088
湖北	34	649	562	36821	33688	474239	460744	152993	151887
湖南	13	621	566	33384	30892	441660	394770	180889	167225
广东	78	3403	3199	117156	121725	1043446	966577	385122	364111
广西	3	170	125	6546	7427	36996	35780	14941	13363
海南	1	5	4	213	218	1907	1480	629	489
重庆	26	2596	2483	105336	110344	1745559	1548748	636611	677720
四川	14	845	738	24599	21847	260307	244413	155861	114802
贵州	2	18	20	870	1165	23130	26001	4143	3525
云南	8	295	277	16155	16879	168667	172063	98115	101464
西藏	1	3	3	52	48	450	450	135	120
陕西	5	181	174	11049	11111	77203	69084	23110	22604
甘肃	3	37	33	2532	929	11526	9466	4086	3746
青海									
宁夏									
新疆	8	164	148	2825	2993	40579	40200	13247	13421

4-2 各地区连锁餐饮企业直营门店基本情况

地 区	门店数(个)		年末从业人员(人)		年末餐饮营业面积(平方米)		年末餐位数(位)	
	2014年	2013年	2014年	2013年	2014年	2013年	2014年	2013年
全 国	**17824**	**16570**	**621424**	**645002**	**7654753**	**7235948**	**2456589**	**2316386**
北 京	3607	3347	102319	124544	1560224	1492620	532395	490923
天 津	502	469	22514	23874	202538	193904	60220	58446
河 北	6	6	965	960	24632	13780	4520	4520
山 西	110	94	8299	7199	67080	42470	19634	12906
内蒙古	74	70	2053	2260	48483	53686	25611	25315
辽 宁	706	659	10558	11112	269763	269693	79372	78747
吉 林	23	23	822	950	12946	13071	3998	4323
黑龙江	68	75	3064	2561	35154	40516	12457	15989
上 海	2672	2397	65748	66515	749734	646832	223377	199843
江 苏	1253	1280	68441	61709	446498	435618	144830	146955
浙 江	1164	1106	41845	43001	751159	784784	204369	198966
安 徽	574	427	11885	10892	444075	379549	68697	58521
福 建	373	361	15439	17602	154753	148825	39070	42497
江 西	92	84	3547	8174	72653	71153	22462	20894
山 东	393	432	19185	21756	185946	174323	51900	52878
河 南	206	198	6786	6473	113347	112585	29471	29636
湖 北	648	561	36713	33583	473239	459744	151935	150829
湖 南	318	299	18418	17496	169630	155120	75370	72360
广 东	3288	3120	112242	117791	993075	924434	372140	355626
广 西	165	125	6541	7427	36496	35780	14691	13363
海 南	5	4	213	218	1907	1480	629	489
重 庆	601	552	23723	21995	483747	446009	148940	148748
四 川	489	424	17894	15778	159044	149708	93815	58426
贵 州	18	20	870	1165	23130	26001	4143	3525
云 南	140	130	5639	5626	53292	52163	34908	34766
西 藏	3	3	52	48	450	450	135	120
陕 西	181	174	11049	11111	77203	69084	23110	22604
甘 肃	37	33	2532	929	11526	9466	4086	3746
青 海								
宁 夏								
新 疆	108	97	2068	2253	33029	33100	10304	10425

4-3 各地区连锁餐饮企业加盟门店基本情况

地 区	门店数(个)		年末从业人员(人)		年末餐饮营业面积(平方米)		年末餐位数(位)	
	2014年	2013年	2014年	2013年	2014年	2013年	2014年	2013年
全 国	**4670**	**4379**	**158572**	**160735**	**2545268**	**2345965**	**929459**	**937283**
北 京	264	245	13756	13017	335158	320592	64735	61638
天 津	1	20	17	215	150	1335	80	280
河 北								
山 西	5	19	115	1846	2500	26890	1500	8392
内蒙古	139	250	2374	3994	61174	110894	7555	14115
辽 宁								
吉 林								
黑龙江								
上 海	13	21	142	375	1458	1712	631	674
江 苏	207	148	3686	3609	38895	40309	16226	10031
浙 江	564	485	10817	8922	192260	160670	58180	47490
安 徽	9	12	572	619	19885	10885	2225	1925
福 建	413	384	4733	4231	68847	64332	37468	32836
江 西	20		769		689		500	
山 东	45		1962		13345		4316	
河 南	4	5	45	61	1006	1109	367	452
湖 北	1	1	108	105	1000	1000	1058	1058
湖 南	303	267	14966	13396	272030	239650	105519	94865
广 东	115	79	4914	3934	50371	42143	12982	8485
广 西	5		5		500		250	
海 南								
重 庆	1995	1931	81613	88349	1261812	1102739	487671	528972
四 川	356	314	6705	6069	101263	94705	62046	56376
贵 州								
云 南	155	147	10516	11253	115375	119900	63207	66698
西 藏								
陕 西								
甘 肃								
青 海								
宁 夏								
新 疆	56	51	757	740	7550	7100	2943	2996

4-4 各地区连锁餐饮

地区	商品购进总额		统一配送商品购进额		自有配送中心配送商品购进额	
	2014年	2013年	2014年	2013年	2014年	2013年
全国	**5834421**	**5706787**	**4138769**	**4005074**	**1934070**	**1838935**
北京	892339	887721	743070	727115	405326	334294
天津	328197	348907	38622	40427	2967	3019
河北	9801	9732	9801		9801	
山西	48552	47934	40159	37737	39956	37133
内蒙古	86090	78196	9854	8851	1715	2963
辽宁	421758	446898	362713	364747	27332	30110
吉林	4201	4253	4201	4253	4201	4253
黑龙江	15892	16119	15279	15301	6858	7027
上海	511558	444054	436689	371717	193557	172123
江苏	343364	352131	320735	335229	174162	193588
浙江	341706	352610	321089	295325	230344	212242
安徽	80028	59996	73572	44495	50311	33760
福建	191251	137617	137582	125437	112694	99073
江西	44409	41182	39810	35682	5719	6346
山东	142482	174166	137149	154467	5818	1398
河南	58282	61715	42621	45427	856	
湖北	112674	213302	101777	197302	31382	132430
湖南	135940	119292	13543	11097	9820	7651
广东	746625	685186	679235	620706	266534	217517
广西	27046	27770	27046	27770	27046	27770
海南	1820	181	1820	181		
重庆	863259	809073	194652	185168	123990	117706
四川	212874	198607	185824	171789	94885	89861
贵州	6763	9561	6763	9561		
云南	108285	82653	105307	81989	27579	27063
西藏	268	259	268	259		
陕西	69358	64142	62848	61738	59842	59554
甘肃	13474	14324	12069	13256	11617	12347
青海						
宁夏						
新疆	16128	19208	14673	18048	9760	9707

企业经营情况

单位：万元

非自有配送中心配送商品购进额		营业额		餐费收入及商品销售额	
2014年	2013年	2014年	2013年	2014年	2013年
688156	**788508**	**13910206**	**13258096**	**13870472**	**13221801**
93119	168291	2652824	2573454	2637607	2561727
		394463	414910	394442	414875
		12058	12307	12058	12307
		80588	91141	80526	91140
369	3928	137322	162561	137322	162539
		597254	601530	595502	601499
		9335	9685	9335	9685
7630	7860	36638	37750	36638	37750
202949	164259	1650447	1480608	1650378	1480553
146311	141613	966662	895843	966381	891204
57545	51272	940632	899015	938400	898160
2445	1507	155792	127024	151849	123514
4506	5428	308964	353992	308964	353992
	27875	88001	78805	88001	78806
		301445	308641	301445	308641
240	240	112613	114907	112142	114516
41756	36854	542732	516553	540808	513995
		380372	345141	373819	339783
46169	54600	2211181	2064155	2207072	2061873
		86833	80423	86833	80423
1820	181	5894	5803	5894	5803
53002	53219	1283532	1212482	1282834	1210642
13976	13317	498167	447712	497046	446024
		12623	17271	12623	17271
16318	49724	228339	194655	227224	194655
		467	455	467	455
		132962	127188	132962	127188
		29705	31536	29705	31536
	8341	52362	52549	52193	51245

4-5 各地区连锁餐饮企业

地区	商品购进总额		统一配送商品购进额		自有配送中心配送商品购进额	
	2014年	2013年	2014年	2013年	2014年	2013年
全国	**4880740**	**4846042**	**3791114**	**3725891**	**1805281**	**1722090**
北京	834716	831773	727694	715372	400013	330869
天津	328197	348897	38622	40417	2967	3019
河北	9801	9732	9801		9801	
山西	48065	42791	40159	37737	39956	37133
内蒙古	81702	70239	6784	3292	477	707
辽宁	421758	446898	362713	364747	27332	30110
吉林	4201	4253	4201	4253	4201	4253
黑龙江	15892	16119	15279	15301	6858	7027
上海	511250	443084	436430	370932	193476	171507
江苏	315561	314829	300798	304500	159154	168766
浙江	307739	324598	287121	267313	211389	200498
安徽	78651	57870	73329	44085	50231	33661
福建	151154	108148	104255	102398	82166	79644
江西	40493	41182	35894	35682	5719	6346
山东	134198	174166	128865	154467	5818	1398
河南	54996	58352	42621	45427	856	
湖北	112353	212945	101456	196946	31061	132074
湖南	107882	96961	7928	7002	5334	4437
广东	719808	677405	654368	614489	266534	217517
广西	26946	27770	26946	27770	26946	27770
海南	1820	181	1820	181		
重庆	280515	254778	118961	112279	75344	71520
四川	149131	137373	133491	120886	92782	86862
贵州	6763	9561	6763	9561		
云南	39866	39919	36888	39255	27579	27063
西藏	268	259	268	259		
陕西	69358	64142	62848	61738	59842	59554
甘肃	13474	14324	12069	13256	11617	12347
青海						
宁夏						
新疆	14184	17495	12743	16348	7830	8007

直营门店经营情况

单位：万元

非自有配送中心配送商品购进额		营业额		餐费收入及商品销售额	
2014年	2013年	2014年	2013年	2014年	2013年
613636	**680944**	**11949921**	**11565945**	**11911697**	**11532212**
83056	159973	2491088	2405419	2475960	2393822
		394343	411310	394322	411275
		12058	12307	12058	12307
		79499	80631	79446	80631
52	659	90189	79492	90189	79470
		597254	601530	595502	601499
		9335	9685	9335	9685
7630	7860	36638	37750	36638	37750
202949	164259	1646315	1469473	1646247	1469417
141383	135706	885043	863320	884763	858681
42740	36338	823471	812450	821239	811595
2438	1500	151704	120086	148893	117865
1708	1818	222008	269524	222008	269524
	27875	76451	78805	76451	78806
		279448	308641	279448	308641
240	240	111616	113905	111146	113514
41756	36854	542059	515761	540135	513203
		223098	212513	216753	208030
46169	54600	2148523	2044231	2144415	2041949
		86483	80423	86483	80423
1820	181	5894	5803	5894	5803
29135	28509	408124	419097	407427	417257
10099	9242	309196	288867	308150	287446
		12623	17271	12623	17271
2462	6990	100291	102928	99176	102928
		467	455	467	455
		132962	127188	132962	127188
		29705	31536	29705	31536
	8341	44032	45546	43863	44243

4-6 各地区连锁餐饮企业

地 区	商品购进总额		统一配送商品购进额		自有配送中心配送商品购进额	
	2014年	2013年	2014年	2013年	2014年	2013年
全 国	**953681**	**860745**	**347655**	**279184**	**128789**	**116846**
北 京	57623	55948	15376	11743	5313	3425
天 津		10		10		
河 北						
山 西	487	5143				
内蒙古	4388	7957	3070	5559	1238	2256
辽 宁						
吉 林						
黑龙江						
上 海	308	970	260	785	81	615
江 苏	27803	37302	19937	30729	15008	24822
浙 江	33968	28012	33968	28012	18955	11743
安 徽	1377	2126	243	410	80	100
福 建	40098	29469	33326	23039	30528	19429
江 西	3916		3916			
山 东	8284		8284			
河 南	3286	3363				
湖 北	321	356	321	356	321	356
湖 南	28058	22331	5615	4096	4486	3214
广 东	26817	7781	24867	6217		
广 西	100		100		100	
海 南						
重 庆	582743	554296	75691	72889	48646	46186
四 川	63743	61234	52334	50904	2103	2999
贵 州						
云 南	68419	42733	68419	42733		
西 藏						
陕 西						
甘 肃						
青 海						
宁 夏						
新 疆	1944	1713	1930	1700	1930	1700

加盟门店经营情况

单位：万元

非自有配送中心配送商品购进额		营业额		餐费收入及商品销售额	
2014年	2013年	2014年	2013年	2014年	2013年
74520	**107564**	**1960286**	**1692151**	**1958775**	**1689588**
10063	8318	161736	168035	161648	167905
		120	3600	120	3600
		1089	10510	1080	10509
317	3269	47133	83069	47133	83069
		4131	11135	4131	11135
4929	5908	81619	32524	81619	32523
14806	14934	117160	86565	117160	86565
7	7	4088	6938	2956	5650
2798	3610	86955	84469	86955	84469
		11550		11550	
		21997		21997	
		996	1002	996	1002
		673	792	673	792
		157274	132629	157067	131753
		62658	19924	62658	19924
		350		350	
23867	24710	875408	793385	875407	793385
3877	4075	188971	158845	188896	158578
13856	42733	128048	91728	128048	91728
		8330	7003	8330	7003

4-7 按登记注册类型分各地区连锁餐饮企业基本情况

内资企业

项目	连锁总店数(个)	门店数(个)		年末从业人员(人)		年末餐饮营业面积(平方米)		年末餐位数(位)	
	2014年	2014年	2013年	2014年	2013年	2014年	2013年	2014年	2013年
全国	**306**	**7491**	**7332**	**277567**	**280448**	**4999933**	**4920859**	**1518782**	**1474819**
北京	55	1112	1155	50473	53005	1011732	1015441	225575	228760
天津	8	32	49	737	922	14214	13841	3640	3365
河北	1	6	6	965	960	24632	13780	4520	4520
山西	5	32	36	2628	3013	40530	42410	12004	12828
内蒙古	7	213	320	4427	6254	109657	164580	33166	39430
辽宁	3	12	13	845	1169	20092	37229	2260	3036
吉林	1	23	23	822	950	12946	13071	3998	4323
黑龙江	4	53	59	2742	2219	20906	25568	8286	11418
上海	9	143	153	3555	3727	42511	45309	12372	13698
江苏	12	96	120	2133	2264	45747	47386	14754	14978
浙江	21	721	706	17726	17856	527148	546090	122420	119294
安徽	8	539	404	10487	10765	446108	376413	64656	55461
福建	7	444	419	6071	5628	79010	75477	42744	38402
江西	6	35	16	2544	1873	32974	33485	11260	10380
山东	7	112	96	2994	2588	94140	67887	18429	14268
河南	17	80	81	1843	2110	72848	72531	13238	13488
湖北	28	147	135	11058	11079	314313	312988	102460	107876
湖南	11	272	256	18592	17691	222230	200950	92099	88965
广东	47	1153	1124	33166	32502	405351	401273	126010	118662
广西									
海南									
重庆	22	1787	1688	83035	81042	1144084	1086267	458769	420739
四川	7	123	124	5337	5283	92784	93523	44350	43570
贵州	2	18	20	870	1165	23130	26001	4143	3525
云南	6	137	140	9416	10735	140588	146459	77956	83627
西藏	1	3	3	52	48	450	450	135	120
陕西	3	56	59	2646	3128	29155	30176	9020	9394
甘肃	1	4	4	248	290	2436	2436	901	901
青海									
宁夏									
新疆	7	138	123	2155	2182	30217	29838	9617	9791

4-7 续表 1

国有企业

项　目	连锁总店数（个）	门店数（个）		年末从业人员（人）		年末餐饮营业面积（平方米）		年末餐位数（位）	
	2014年	2014年	2013年	2014年	2013年	2014年	2013年	2014年	2013年
全　国	**6**	**89**	**79**	**2829**	**2403**	**26906**	**26191**	**7985**	**7739**
北　京	1	22	23	475	469	5570	6141	1510	1554
天　津	1	2	2	150	161	4800	4800	600	600
河　北									
山　西									
内蒙古									
辽　宁									
吉　林									
黑龙江									
上　海	1	24	21	1153	1120	11231	10661	4488	4304
江　苏									
浙　江	1	6	6	100	122	1933	1933	816	816
安　徽									
福　建									
江　西									
山　东									
河　南									
湖　北									
湖　南									
广　东	2	35	27	941	531	3372	2656	571	465
广　西									
海　南									
重　庆									
四　川									
贵　州									
云　南									
西　藏									
陕　西									
甘　肃									
青　海									
宁　夏									
新　疆									

4-7 续表 2

集体企业

项目	连锁总店数（个）	门店数（个）		年末从业人员（人）		年末餐饮营业面积（平方米）		年末餐位数（位）	
	2014年	2014年	2013年	2014年	2013年	2014年	2013年	2014年	2013年
全国	**2**	**11**	**12**	**677**	**680**	**12589**	**12669**	**3225**	**3255**
北京									
天津									
河北									
山西									
内蒙古									
辽宁									
吉林									
黑龙江									
上海									
江苏									
浙江									
安徽									
福建									
江西									
山东									
河南									
湖北									
湖南									
广东	2	11	12	677	680	12589	12669	3225	3255
广西									
海南									
重庆									
四川									
贵州									
云南									
西藏									
陕西									
甘肃									
青海									
宁夏									
新疆									

4-7 续表 3

股份合作企业

项目	连锁总店数(个)	门店数(个)		年末从业人员(人)		年末餐饮营业面积(平方米)		年末餐位数(位)	
	2014年	2014年	2013年	2014年	2013年	2014年	2013年	2014年	2013年
全国	**3**	**9**	**9**	**221**	**262**	**6450**	**6450**	**2104**	**2104**
北京	2	7	7	149	179	5410	5410	1754	1754
天津									
河北									
山西									
内蒙古									
辽宁									
吉林									
黑龙江									
上海									
江苏									
浙江									
安徽									
福建									
江西									
山东									
河南									
湖北									
湖南									
广东	1	2	2	72	83	1040	1040	350	350
广西									
海南									
重庆									
四川									
贵州									
云南									
西藏									
陕西									
甘肃									
青海									
宁夏									
新疆									

4-7 续表 4

有限责任公司

项　目	连锁总店数(个)	门店数(个)		年末从业人员(人)		年末餐饮营业面积(平方米)		年末餐位数(位)	
	2014年	2014年	2013年	2014年	2013年	2014年	2013年	2014年	2013年
全　国	**95**	**2804**	**2764**	**90261**	**92569**	**1811090**	**1821547**	**557815**	**569681**
北　京	18	379	394	16638	17722	277012	251283	64960	73819
天　津	3	11	11	162	168	2414	2414	1042	1063
河　北									
山　西									
内蒙古	3	161	267	2918	4744	74847	128770	11818	17554
辽　宁	3	12	13	845	1169	20092	37229	2260	3036
吉　林									
黑龙江									
上　海	4	42	44	1237	1339	13198	14086	3046	3544
江　苏	1	9	9	291	312	2230	2230	800	800
浙　江	5	109	115	4626	4487	131272	137471	30035	33136
安　徽	1	335	222	3205	2758	67000	50000	20000	13000
福　建	2	150	132	600	621	1272	1272	607	607
江　西	3	24	5	1177	466	7189	6600	3200	2570
山　东	4	49	47	318	656	11795	11828	6503	4924
河　南	7	24	24	429	575	40680	39980	3210	3450
湖　北	13	83	71	7993	7686	249799	246074	84010	88405
湖　南	3	91	82	7116	6621	137300	125520	32227	29613
广　东	10	445	454	12466	11549	143640	148267	40256	38935
广　西									
海　南									
重　庆	4	658	634	16874	16406	450561	426470	158387	153545
四　川	3	82	87	3378	3666	44256	46605	32282	31942
贵　州	1	9	9	90	138	2903	2903	560	600
云　南	2	75	85	7705	9047	108716	116216	54428	60499
西　藏	1	3	3	52	48	450	450	135	120
陕　西	2	47	50	1788	2016	18233	19648	6564	7034
甘　肃	1	4	4	248	290	2436	2436	901	901
青　海									
宁　夏									
新　疆	1	2	2	105	85	3795	3795	584	584

4-7 续表 5

股份有限公司

项　目	连锁总店数(个)	门店数(个)		年末从业人员(人)		年末餐饮营业面积(平方米)		年末餐位数(位)	
	2014年	2014年	2013年	2014年	2013年	2014年	2013年	2014年	2013年
全　国	**12**	**915**	**855**	**46230**	**48463**	**847332**	**870846**	**193239**	**192642**
北　京	3	166	176	13826	15347	386592	422859	57313	59558
天　津									
河　北									
山　西									
内蒙古	1	38	38	1078	1023	30010	30010	3506	3506
辽　宁									
吉　林									
黑龙江									
上　海									
江　苏									
浙　江	2	349	316	3892	3488	78286	72883	24450	22691
安　徽									
福　建									
江　西	1	2	2	503	471	6885	6885	1990	1990
山　东									
河　南									
湖　北									
湖　南									
广　东	1	15	14	2093	2363	45050	43200	8831	8463
广　西									
海　南									
重　庆	2	273	243	22819	23923	276971	271471	76029	75314
四　川									
贵　州									
云　南	1	19	20	1043	802	10052	10052	17600	17600
西　藏									
陕　西									
甘　肃									
青　海									
宁　夏									
新　疆	1	53	46	976	1046	13486	13486	3520	3520

4-7 续表 6

私营企业

项目	连锁总店数(个)	门店数(个)		年末从业人员(人)		年末餐饮营业面积(平方米)		年末餐位数(位)	
	2014年	2014年	2013年	2014年	2013年	2014年	2013年	2014年	2013年
全国	**185**	**3651**	**3601**	**136913**	**135646**	**2291210**	**2178800**	**752202**	**697168**
北京	31	538	555	19385	19288	337148	329748	100038	92075
天津	4	19	36	415	593	7000	6627	1998	1702
河北	1	6	6	965	960	24632	13780	4520	4520
山西	5	32	36	2628	3013	40530	42410	12004	12828
内蒙古	2	6	7	221	263	2400	3400	17080	17590
辽宁									
吉林	1	23	23	822	950	12946	13071	3998	4323
黑龙江	4	53	59	2742	2219	20906	25568	8286	11418
上海	4	77	88	1165	1268	18082	20562	4838	5850
江苏	10	85	109	1804	1914	42017	43656	13654	13878
浙江	13	257	269	9108	9759	315657	333803	67119	62651
安徽	7	204	182	7282	8007	379108	326413	44656	42461
福建	5	294	287	5471	5007	77738	74205	42137	37795
江西	2	9	9	864	936	18900	20000	6070	5820
山东	3	63	49	2676	1932	82345	56059	11926	9344
河南	10	56	57	1414	1535	32168	32551	10028	10038
湖北	15	64	64	3065	3393	64514	66914	18450	19471
湖南	8	181	174	11476	11070	84930	75430	59872	59352
广东	31	645	615	16917	17296	199660	193441	72777	67194
广西									
海南									
重庆	16	856	811	43342	40713	416552	388326	224353	191880
四川	3	39	35	1771	1454	48072	46462	10918	10478
贵州	1	9	11	780	1027	20227	23098	3583	2925
云南	3	43	35	668	886	21820	20191	5928	5528
西藏									
陕西	1	9	9	858	1112	10922	10528	2456	2360
甘肃									
青海									
宁夏									
新疆	5	83	75	1074	1051	12936	12557	5513	5687

4-7 续表 7

其他企业

项　目	连锁总店数（个）	门店数（个）		年末从业人员（人）		年末餐饮营业面积（平方米）		年末餐位数（位）	
	2014年	2014年	2013年	2014年	2013年	2014年	2013年	2014年	2013年
全　国	**3**	**12**	**12**	**436**	**425**	**4356**	**4356**	**2212**	**2230**
北　京									
天　津									
河　北									
山　西									
内蒙古	1	8	8	210	224	2400	2400	762	780
辽　宁									
吉　林									
黑龙江									
上　海									
江　苏	1	2	2	38	38	1500	1500	300	300
浙　江									
安　徽									
福　建									
江　西									
山　东									
河　南									
湖　北									
湖　南									
广　东									
广　西									
海　南									
重　庆									
四　川	1	2	2	188	163	456	456	1150	1150
贵　州									
云　南									
西　藏									
陕　西									
甘　肃									
青　海									
宁　夏									
新　疆									

4-7 续表 8

港、澳、台商投资企业

项目	连锁总店数(个)	门店数(个)		年末从业人员(人)		年末餐饮营业面积(平方米)		年末餐位数(位)	
	2014年	2014年	2013年	2014年	2013年	2014年	2013年	2014年	2013年
全国	**61**	**3533**	**3122**	**107325**	**99943**	**981833**	**893088**	**376407**	**342473**
北京	8	1082	892	21233	17941	290782	249855	108392	85644
天津	1	8	8	165	138	2365	2625	1140	1140
河北									
山西									
内蒙古									
辽宁	4	89	76	1291	1257	18874	18368	8226	7907
吉林									
黑龙江	1	4	5	180	180	6000	6700	2232	2632
上海	7	659	668	28277	29238	208479	198796	99726	97641
江苏	3	208	205	5499	5447	50253	54385	12716	12725
浙江	2	62	52	1247	1059	15819	13623	6914	5986
安徽	1	44	35	1970	746	17852	14021	6266	4985
福建	3	108	112	2977	5251	39669	41979	15914	20191
江西	1	4	4	327	397	11748	11748	2066	2066
山东	1	20	19	183	148	3050	949	1100	560
河南									
湖北	4	389	320	23081	19825	125320	112950	39191	32877
湖南									
广东	18	612	506	14979	13423	161260	137701	48773	46785
广西									
海南	1	5	4	213	218	1907	1480	629	489
重庆	1	15	24	414	737	3703	5281	1500	2616
四川	2	102	83	1572	606	1820	1990	5180	4018
贵州									
云南	1	98	81	3274	2679	15134	12659	12967	10645
西藏									
陕西	1	19	22	345	531	6708	6708	3090	3090
甘肃	1	5	6	98	122	1090	1270	385	476
青海									
宁夏									
新疆									

4-7 续表 9

外商投资企业

项　目	连锁总店数(个)	门店数(个)		年末从业人员(人)		年末餐饮营业面积(平方米)		年末餐位数(位)	
	2014年	2014年	2013年	2014年	2013年	2014年	2013年	2014年	2013年
全　国	**98**	**11470**	**10495**	**395104**	**425346**	**4218255**	**3767966**	**1490859**	**1436377**
北　京	21	1677	1545	44369	66615	592868	547916	263163	238157
天　津	2	463	432	21629	23029	186109	178773	55520	54221
河　北									
山　西	1	83	77	5786	6032	29050	26950	9130	8470
内蒙古									
辽　宁	6	605	570	8422	8686	230797	214096	68886	67804
吉　林									
黑龙江	2	11	11	142	162	8248	8248	1939	1939
上　海	12	1883	1597	34058	33925	500202	404439	111910	89178
江　苏	7	1156	1103	64495	57607	389393	374156	133586	129283
浙　江	5	945	833	33689	33008	400452	385741	133215	121176
安　徽									
福　建	4	234	214	11124	10954	104921	95701	17880	16740
江　西	1	73	64	1445	5904	28620	25920	9636	8448
山　东	2	306	317	17970	19020	102101	105487	36687	38050
河　南	3	130	122	4988	4424	41505	41163	16600	16600
湖　北	2	113	107	2682	2784	34606	34806	11342	11134
湖　南	2	349	310	14792	13201	219430	193820	88790	78260
广　东	13	1638	1569	69011	75800	476835	427603	210339	198664
广　西	3	170	125	6546	7427	36996	35780	14941	13363
海　南									
重　庆	3	794	771	21887	28565	597772	457200	176342	254365
四　川	5	620	531	17690	15958	165703	148900	106331	67214
贵　州									
云　南	1	60	56	3465	3465	12945	12945	7192	7192
西　藏									
陕　西	1	106	93	8058	7452	41340	32200	11000	10120
甘　肃	1	28	23	2186	517	8000	5760	2800	2369
青　海									
宁　夏									
新　疆	1	26	25	670	811	10362	10362	3630	3630

4-8 按登记注册类型分各地区连锁餐饮企业直营门店基本情况

内资企业

地　区	门店数（个）		年末从业人员（人）		年末餐饮营业面积（平方米）		年末餐位数（位）	
	2014年	2013年	2014年	2013年	2014年	2013年	2014年	2013年
全　国	**4809**	**4625**	**165883**	**166898**	**3475728**	**3363836**	**929536**	**905494**
北　京	1007	1049	39639	42199	736527	744684	182316	185469
天　津	31	29	720	707	14064	12506	3560	3085
河　北	6	6	965	960	24632	13780	4520	4520
山　西	27	17	2513	1167	38030	15520	10504	4436
内蒙古	74	70	2053	2260	48483	53686	25611	25315
辽　宁	12	13	845	1169	20092	37229	2260	3036
吉　林	23	23	822	950	12946	13071	3998	4323
黑龙江	53	59	2742	2219	20906	25568	8286	11418
上　海	139	148	3530	3643	42325	44994	12337	13613
江　苏	88	109	1977	2034	45042	45881	14244	14238
浙　江	537	517	16905	16982	516688	535020	119760	115964
安　徽	530	392	9915	10146	426223	365528	62431	53536
福　建	31	35	1338	1397	10163	11145	5276	5566
江　西	15	16	1775	1873	32285	33485	10760	10380
山　东	67	96	1032	2588	80795	67887	14113	14268
河　南	76	76	1798	2049	71842	71422	12871	13036
湖　北	146	134	10950	10974	313313	311988	101402	106818
湖　南	174	169	9776	9695	114200	105300	58330	57100
广　东	1080	1051	29762	28648	369095	360954	117239	110631
广　西								
海　南								
重　庆	430	363	17641	15167	382629	336110	96892	86536
四　川	33	34	2096	2136	40022	39818	15584	15244
贵　州	18	20	870	1165	23130	26001	4143	3525
云　南	67	61	1875	1862	37588	36459	26369	26227
西　藏	3	3	52	48	450	450	135	120
陕　西	56	59	2646	3128	29155	30176	9020	9394
甘　肃	4	4	248	290	2436	2436	901	901
青　海								
宁　夏								
新　疆	82	72	1398	1442	22667	22738	6674	6795

4-8 续表 1

国有企业

地区	门店数(个)		年末从业人员(人)		年末餐饮营业面积(平方米)		年末餐位数(位)	
	2014年	2013年	2014年	2013年	2014年	2013年	2014年	2013年
全国	**89**	**79**	**2829**	**2403**	**26906**	**26191**	**7985**	**7739**
北京	22	23	475	469	5570	6141	1510	1554
天津	2	2	160	161	4800	4800	600	600
河北								
山西								
内蒙古								
辽宁								
吉林								
黑龙江								
上海	24	21	1153	1120	11231	10661	4488	4304
江苏								
浙江	6	6	100	122	1933	1933	816	816
安徽								
福建								
江西								
山东								
河南								
湖北								
湖南								
广东	35	27	941	531	3372	2656	571	465
广西								
海南								
重庆								
四川								
贵州								
云南								
西藏								
陕西								
甘肃								
青海								
宁夏								
新疆								

4-8 续表 2

集体企业

地区	门店数(个)		年末从业人员(人)		年末餐饮营业面积(平方米)		年末餐位数(位)	
	2014年	2013年	2014年	2013年	2014年	2013年	2014年	2013年
全　国	**8**	**8**	**642**	**635**	**12345**	**12345**	**3115**	**3115**
北　京								
天　津								
河　北								
山　西								
内蒙古								
辽　宁								
吉　林								
黑龙江								
上　海								
江　苏								
浙　江								
安　徽								
福　建								
江　西								
山　东								
河　南								
湖　北								
湖　南								
广　东	8	8	642	635	12345	12345	3115	3115
广　西								
海　南								
重　庆								
四　川								
贵　州								
云　南								
西　藏								
陕　西								
甘　肃								
青　海								
宁　夏								
新　疆								

4-8 续表 3

股份合作企业

地区	门店数(个)		年末从业人员(人)		年末餐饮营业面积(平方米)		年末餐位数(位)	
	2014年	2013年	2014年	2013年	2014年	2013年	2014年	2013年
全　国	**9**	**9**	**221**	**262**	**6450**	**6450**	**2104**	**2104**
北　京	7	7	149	179	5410	5410	1754	1754
天　津								
河　北								
山　西								
内蒙古								
辽　宁								
吉　林								
黑龙江								
上　海								
江　苏								
浙　江								
安　徽								
福　建								
江　西								
山　东								
河　南								
湖　北								
湖　南								
广　东	2	2	72	83	1040	1040	350	350
广　西								
海　南								
重　庆								
四　川								
贵　州								
云　南								
西　藏								
陕　西								
甘　肃								
青　海								
宁　夏								
新　疆								

4-8 续表 4

有限责任公司

地 区	门店数(个)		年末从业人员(人)		年末餐饮营业面积(平方米)		年末餐位数(位)	
	2014年	2013年	2014年	2013年	2014年	2013年	2014年	2013年
全 国	**1715**	**1622**	**54953**	**55525**	**1111518**	**1085565**	**298814**	**305716**
北 京	355	372	14741	15869	226690	201616	58206	66925
天 津	11	11	162	168	2414	2414	1042	1063
河 北								
山 西								
内蒙古	22	17	544	750	13673	17876	4263	3439
辽 宁	12	13	845	1169	20092	37229	2260	3036
吉 林								
黑龙江								
上 海	42	43	1237	1283	13198	13976	3046	3494
江 苏	9	7	291	225	2230	1530	800	600
浙 江	108	114	4481	4331	127272	133471	29185	32286
安 徽	335	222	3205	2758	67000	50000	20000	13000
福 建	8	9	476	502	1220	1220	484	484
江 西	4	5	408	466	6500	6600	2700	2570
山 东	49	47	318	656	11795	11828	6503	4924
河 南	24	24	429	575	40680	39980	3210	3450
湖 北	82	70	7885	7581	248799	245074	82952	87347
湖 南	27	28	1930	2085	49270	49470	10364	10538
广 东	445	454	12466	11549	143640	148267	40256	38935
广 西								
海 南								
重 庆	90	89	2089	1711	86296	72554	14417	14086
四 川	22	23	999	1096	17216	17012	7541	7201
贵 州	9	9	90	138	2903	2903	560	600
云 南	5	6	164	174	5716	6216	2841	3099
西 藏	3	3	52	48	450	450	135	120
陕 西	47	50	1788	2016	18233	19648	6564	7034
甘 肃	4	4	248	290	2436	2436	901	901
青 海								
宁 夏								
新 疆	2	2	105	85	3795	3795	584	584

4-8 续表 5

股份有限公司

地 区	门店数（个）		年末从业人员（人）		年末餐饮营业面积（平方米）		年末餐位数（位）	
	2014年	2013年	2014年	2013年	2014年	2013年	2014年	2013年
全 国	**601**	**538**	**22313**	**23083**	**528312**	**554339**	**126875**	**124956**
北 京	95	105	5160	6898	166545	208577	22308	25363
天 津								
河 北								
山 西								
内蒙古	38	38	1078	1023	30010	30010	3506	3506
辽 宁								
吉 林								
黑龙江								
上 海								
江 苏								
浙 江	168	132	3242	2804	72186	66283	22900	20891
安 徽								
福 建								
江 西	2	2	503	471	6885	6885	1990	1990
山 东								
河 南								
湖 北								
湖 南								
广 东	13	12	1993	2146	44100	40100	8031	7663
广 西								
海 南								
重 庆	213	183	8318	7893	185048	178946	47020	44423
四 川								
贵 州								
云 南	19	20	1043	802	10052	10052	17600	17600
西 藏								
陕 西								
甘 肃								
青 海								
宁 夏								
新 疆	53	46	976	1046	13486	13486	3520	3520

4-8 续表 6

私营企业

地　区	门店数(个)		年末从业人员(人)		年末餐饮营业面积(平方米)		年末餐位数(位)	
	2014年	2013年	2014年	2013年	2014年	2013年	2014年	2013年
全　国	**2375**	**2357**	**84489**	**84565**	**1785841**	**1674590**	**488431**	**459634**
北　京	528	542	19114	18784	332312	322940	98538	89873
天　津	18	16	398	378	6850	5292	1918	1422
河　北	6	6	965	960	24632	13780	4520	4520
山　西	27	17	2513	1167	38030	15520	10504	4436
内蒙古	6	7	221	263	2400	3400	17080	17590
辽　宁								
吉　林	23	23	822	950	12946	13071	3998	4323
黑龙江	53	59	2742	2219	20906	25568	8286	11418
上　海	73	84	1140	1240	17896	20357	4803	5815
江　苏	77	100	1648	1771	41312	42851	13144	13338
浙　江	255	265	9082	9725	315297	333333	66859	61971
安　徽	195	170	6710	7388	359223	315528	42431	40536
福　建	23	26	862	895	8943	9925	4792	5082
江　西	9	9	864	936	18900	20000	6070	5820
山　东	18	49	714	1932	69000	56059	7610	9344
河　南	52	52	1369	1474	31162	31442	9661	9586
湖　北	64	64	3065	3393	64514	66914	18450	19471
湖　南	147	141	7846	7610	64930	55830	47966	46562
广　东	577	548	13648	13704	164598	156546	64916	60103
广　西								
海　南								
重　庆	127	91	7234	5563	111285	84610	35455	28027
四　川	9	9	909	877	22350	22350	6893	6893
贵　州	9	11	780	1027	20227	23098	3583	2925
云　南	43	35	668	886	21820	20191	5928	5528
西　藏								
陕　西	9	9	858	1112	10922	10528	2456	2360
甘　肃								
青　海								
宁　夏								
新　疆	27	24	317	311	5386	5457	2570	2691

4-8 续表 7

其他企业

地区	门店数（个）		年末从业人员（人）		年末餐饮营业面积（平方米）		年末餐位数（位）	
	2014年	2013年	2014年	2013年	2014年	2013年	2014年	2013年
全国	**12**	**12**	**436**	**425**	**4356**	**4356**	**2212**	**2230**
北京								
天津								
河北								
山西								
内蒙古	8	8	210	224	2400	2400	762	780
辽宁								
吉林								
黑龙江								
上海								
江苏	2	2	38	38	1500	1500	300	300
浙江								
安徽								
福建								
江西								
山东								
河南								
湖北								
湖南								
广东								
广西								
海南								
重庆								
四川	2	2	188	163	456	456	1150	1150
贵州								
云南								
西藏								
陕西								
甘肃								
青海								
宁夏								
新疆								

4-8 续表 8

港、澳、台商投资企业

地区	门店数(个)		年末从业人员(人)		年末餐饮营业面积(平方米)		年末餐位数(位)	
	2014年	2013年	2014年	2013年	2014年	2013年	2014年	2013年
全国	**3400**	**3030**	**102823**	**97179**	**955161**	**877492**	**360540**	**331947**
北京	1082	892	21233	17941	290782	249855	108392	85644
天津	8	8	165	138	2365	2625	1140	1140
河北								
山西								
内蒙古								
辽宁	89	76	1291	1257	18874	18368	8226	7907
吉林								
黑龙江	4	5	180	180	6000	6700	2232	2632
上海	653	659	28260	29212	208297	198524	99690	97587
江苏	208	196	5499	5169	50253	50785	12716	12005
浙江	62	52	1247	1059	15819	13623	6914	5986
安徽	44	35	1970	746	17852	14021	6266	4985
福建	108	112	2977	5251	39669	41979	15914	20191
江西	4	4	327	397	11748	11748	2066	2066
山东	20	19	183	148	3050	949	1100	560
河南								
湖北	389	320	23081	19825	125320	112950	39191	32877
湖南								
广东	570	500	13469	13343	147145	135877	44562	46331
广西								
海南	5	4	213	218	1907	1480	629	489
重庆	15	24	414	737	3703	5281	1500	2616
四川	102	83	1572	606	1820	1990	5180	4018
贵州								
云南	13	13	299	299	2759	2759	1347	1347
西藏								
陕西	19	22	345	531	6708	6708	3090	3090
甘肃	5	6	98	122	1090	1270	385	476
青海								
宁夏								
新疆								

4-8 续表 9

外商投资企业

地区	门店数(个)		年末从业人员(人)		年末餐饮营业面积(平方米)		年末餐位数(位)	
	2014年	2013年	2014年	2013年	2014年	2013年	2014年	2013年
全国	**9615**	**8915**	**352718**	**380925**	**3223864**	**2994620**	**1166513**	**1078945**
北京	1518	1406	41447	64404	532915	498081	241687	219810
天津	463	432	21629	23029	186109	178773	55520	54221
河北								
山西	83	77	5786	6032	29050	26950	9130	8470
内蒙古								
辽宁	605	570	8422	8686	230797	214096	68886	67804
吉林								
黑龙江	11	11	142	162	8248	8248	1939	1939
上海	1880	1590	33958	33660	499112	403314	111350	88643
江苏	957	975	60965	54506	351203	338952	117870	120712
浙江	565	537	23693	24960	218652	236141	77695	77016
安徽								
福建	234	214	11124	10954	104921	95701	17880	16740
江西	73	64	1445	5904	28620	25920	9636	8448
山东	306	317	17970	19020	102101	105487	36687	38050
河南	130	122	4988	4424	41505	41163	16600	16600
湖北	113	107	2682	2784	34606	34806	11342	11134
湖南	144	130	8642	7801	55430	49820	17040	15260
广东	1638	1569	69011	75800	476835	427603	210339	198664
广西	165	125	6541	7427	36496	35780	14691	13363
海南								
重庆	156	165	5668	6091	97415	104618	50548	59596
四川	354	307	14226	13036	117202	107900	73051	39164
贵州								
云南	60	56	3465	3465	12945	12945	7192	7192
西藏								
陕西	106	93	8058	7452	41340	32200	11000	10120
甘肃	28	23	2186	517	8000	5760	2800	2369
青海								
宁夏								
新疆	26	25	670	811	10362	10362	3630	3630

4-9 按登记注册类型分各地区连锁餐饮企业加盟门店基本情况

内资企业

地 区	门店数(个)		年末从业人员(人)		年末餐饮营业面积(平方米)		年末餐位数(位)	
	2014年	2013年	2014年	2013年	2014年	2013年	2014年	2013年
全 国	**2682**	**2707**	**111684**	**113550**	**1524205**	**1557023**	**589246**	**569325**
北 京	105	106	10834	10806	275205	270757	43259	43291
天 津	1	20	17	215	150	1335	80	280
河 北								
山 西	5	19	115	1846	2500	26890	1500	8392
内蒙古	139	250	2374	3994	61174	110894	7555	14115
辽 宁								
吉 林								
黑龙江								
上 海	4	5	25	84	186	315	35	85
江 苏	8	11	156	230	705	1505	510	740
浙 江	184	189	821	874	10460	11070	2660	3330
安 徽	9	12	572	619	19885	10885	2225	1925
福 建	413	384	4733	4231	68847	64332	37468	32836
江 西	20		769		689		500	
山 东	45		1962		13345		4316	
河 南	4	5	45	61	1006	1109	367	452
湖 北	1	1	108	105	1000	1000	1058	1058
湖 南	98	87	8816	7996	108030	95650	33769	31865
广 东	73	73	3404	3854	36256	40319	8771	8031
广 西								
海 南								
重 庆	1357	1325	65394	65875	761455	750157	361877	334203
四 川	90	90	3241	3147	52762	53705	28766	28326
贵 州								
云 南	70	79	7541	8873	103000	110000	51587	57400
西 藏								
陕 西								
甘 肃								
青 海								
宁 夏								
新 疆	56	51	757	740	7550	7100	2943	2996

4-9 续表 1

集体企业

地区	门店数(个)		年末从业人员(人)		年末餐饮营业面积(平方米)		年末餐位数(位)	
	2014年	2013年	2014年	2013年	2014年	2013年	2014年	2013年
全国	**3**	**4**	**35**	**45**	**244**	**324**	**110**	**140**
北京								
天津								
河北								
山西								
内蒙古								
辽宁								
吉林								
黑龙江								
上海								
江苏								
浙江								
安徽								
福建								
江西								
山东								
河南								
湖北								
湖南								
广东	3	4	35	45	244	324	110	140
广西								
海南								
重庆								
四川								
贵州								
云南								
西藏								
陕西								
甘肃								
青海								
宁夏								
新疆								

4-9 续表 2

有限责任公司

地区	门店数(个)		年末从业人员(人)		年末餐饮营业面积(平方米)		年末餐位数(位)	
	2014年	2013年	2014年	2013年	2014年	2013年	2014年	2013年
全　国	**1089**	**1142**	**35308**	**37044**	**699572**	**735982**	**259001**	**263965**
北　京	24	22	1897	1853	50322	49667	6754	6894
天　津								
河　北								
山　西								
内蒙古	139	250	2374	3994	61174	110894	7555	14115
辽　宁								
吉　林								
黑龙江								
上　海		1		56		110		50
江　苏		2		87		700		200
浙　江	1	1	145	156	4000	4000	850	850
安　徽								
福　建	142	123	124	119	52	52	123	123
江　西	20		769		689		500	
山　东								
河　南								
湖　北	1	1	108	105	1000	1000	1058	1058
湖　南	64	54	5186	4536	88030	76050	21863	19075
广　东								
广　西								
海　南								
重　庆	568	545	14785	14695	364265	353916	143970	139459
四　川	60	64	2379	2570	27040	29593	24741	24741
贵　州								
云　南	70	79	7541	8873	103000	110000	51587	57400
西　藏								
陕　西								
甘　肃								
青　海								
宁　夏								
新　疆								

4-9 续表 3

股份有限公司

地区	门店数(个)		年末从业人员(人)		年末餐饮营业面积(平方米)		年末餐位数(位)	
	2014年	2013年	2014年	2013年	2014年	2013年	2014年	2013年
全国	**314**	**317**	**23917**	**25380**	**319020**	**316507**	**66364**	**67686**
北京	71	71	8666	8449	220047	214282	35005	34195
天津								
河北								
山西								
内蒙古								
辽宁								
吉林								
黑龙江								
上海								
江苏								
浙江	181	184	650	684	6100	6600	1550	1800
安徽								
福建								
江西								
山东								
河南								
湖北								
湖南								
广东	2	2	100	217	950	3100	800	800
广西								
海南								
重庆	60	60	14501	16030	91923	92525	29009	30891
四川								
贵州								
云南								
西藏								
陕西								
甘肃								
青海								
宁夏								
新疆								

4-9 续表 4

私营企业

地 区	门店数(个)		年末从业人员(人)		年末餐饮营业面积(平方米)		年末餐位数(位)	
	2014年	2013年	2014年	2013年	2014年	2013年	2014年	2013年
全 国	**1276**	**1244**	**52424**	**51081**	**505369**	**504210**	**263771**	**237534**
北 京	10	13	271	504	4836	6808	1500	2202
天 津	1	20	17	215	150	1335	80	280
河 北								
山 西	5	19	115	1846	2500	26890	1500	8392
内蒙古								
辽 宁								
吉 林								
黑龙江								
上 海	4	4	25	28	186	205	35	35
江 苏	8	9	156	143	705	805	510	540
浙 江	2	4	26	34	360	470	260	680
安 徽	9	12	572	619	19885	10885	2225	1925
福 建	271	261	4609	4112	68795	64280	37345	32713
江 西								
山 东	45		1962		13345		4316	
河 南	4	5	45	61	1006	1109	367	452
湖 北								
湖 南	34	33	3630	3460	20000	19600	11906	12790
广 东	68	67	3269	3592	35062	36895	7861	7091
广 西								
海 南								
重 庆	729	720	36108	35150	305267	303716	188898	163853
四 川	30	26	862	577	25722	24112	4025	3585
贵 州								
云 南								
西 藏								
陕 西								
甘 肃								
青 海								
宁 夏								
新 疆	56	51	757	740	7550	7100	2943	2996

4-9 续表 5

港、澳、台商投资企业

地区	门店数(个)		年末从业人员(人)		年末餐饮营业面积(平方米)		年末餐位数(位)	
	2014年	2013年	2014年	2013年	2014年	2013年	2014年	2013年
全　国	**133**	**92**	**4502**	**2764**	**26672**	**15596**	**15867**	**10526**
北　京								
天　津								
河　北								
山　西								
内蒙古								
辽　宁								
吉　林								
黑龙江								
上　海	6	9	17	26	182	272	36	54
江　苏		9		278		3600		720
浙　江								
安　徽								
福　建								
江　西								
山　东								
河　南								
湖　北								
湖　南								
广　东	42	6	1510	80	14115	1824	4211	454
广　西								
海　南								
重　庆								
四　川								
贵　州								
云　南	85	68	2975	2380	12375	9900	11620	9298
西　藏								
陕　西								
甘　肃								
青　海								
宁　夏								
新　疆								

4-9 续表 6

外商投资企业

地区	门店数（个）		年末从业人员（人）		年末餐饮营业面积（平方米）		年末餐位数（位）	
	2014年	2013年	2014年	2013年	2014年	2013年	2014年	2013年
全　国	**1855**	**1580**	**42386**	**44421**	**994391**	**773346**	**324346**	**357432**
北　京	159	139	2922	2211	59953	49835	21476	18347
天　津								
河　北								
山　西								
内蒙古								
辽　宁								
吉　林								
黑龙江								
上　海	3	7	100	265	1090	1125	560	535
江　苏	199	128	3530	3101	38190	35204	15716	8571
浙　江	380	296	9996	8048	181800	149600	55520	44160
安　徽								
福　建								
江　西								
山　东								
河　南								
湖　北								
湖　南	205	180	6150	5400	164000	144000	71750	63000
广　东								
广　西	5		5		500		250	
海　南								
重　庆	638	606	16219	22474	500357	352582	125794	194769
四　川	266	224	3464	2922	48501	41000	33280	28050
贵　州								
云　南								
西　藏								
陕　西								
甘　肃								
青　海								
宁　夏								
新　疆								

4-10 按登记注册类型分各地区连锁餐饮企业经营情况

内资企业

单位：万元

地区	商品购进总额		统一配送商品购进额	
	2014年	2013年	2014年	2013年
全国	**1856564**	**1770212**	**1094862**	**974220**
北京	341398	343555	222977	218032
天津	5808	5373	4183	3837
河北	9801	9732	9801	
山西	8773	11031	380	834
内蒙古	86090	78196	9854	8851
辽宁	31585	32416	29184	28408
吉林	4201	4253	4201	4253
黑龙江	12341	12388	12341	12388
上海	37610	37943	7441	8789
江苏	17407	21088	17088	21011
浙江	166441	178939	146793	122479
安徽	71680	52635	65224	37135
福建	50857	40602	38767	28506
江西	12175	9756	11025	7807
山东	19442	39770	14110	20071
河南	14541	16495	5961	7289
湖北	57375	64506	46478	48506
湖南	61930	52838	13543	11097
广东	193690	171481	154484	130882
广西				
海南				
重庆	509267	465675	163865	154635
四川	31460	31592	16424	14280
贵州	6763	9561	6763	9561
云南	65429	40837	62451	40173
西藏	268	259	268	259
陕西	29213	25055	22703	22651
甘肃	1465	1499	453	909
青海				
宁夏				
新疆	9556	12736	8101	11576

4-10 续表 1

内资企业

地区	自有配送中心配送商品购进额		非自有配送中心配送商品购进额	
	2014年	2013年	2014年	2013年
全国	**515806**	**442857**	**168475**	**215782**
北京	77870	76535	56607	58958
天津	1565	1444		
河北	9801			
山西	178	230		
内蒙古	1715	2963	369	3928
辽宁	453	698		
吉林	4201	4253		
黑龙江	6858	7027	5041	5361
上海	3592	7459		
江苏	11487	15610	5339	5373
浙江	78954	59297	34645	31376
安徽	50311	33760	2445	1507
福建	33307	22205	3122	4047
江西	5719	6346		
山东	5818	1398		
河南	856		240	240
湖北	13446	16843	4392	3645
湖南	9820	7651		
广东	70644	55442	789	1173
广西				
海南				
重庆	96778	90680	49428	49713
四川	5709	6812	5850	7468
贵州				
云南	833	317	208	34654
西藏				
陕西	22703	22651		
甘肃				
青海				
宁夏				
新疆	3187	3236		8341

单位：万元

营业额		餐费收入及商品销售额	
2014年	2013年	2014年	2013年
4073385	**3951993**	**4042786**	**3923421**
916762	960510	907063	952648
14350	15882	14329	15847
12058	12307	12058	12307
17709	21659	17648	21659
137322	162561	137322	162539
35586	37504	35586	37474
9335	9685	9335	9685
29038	30297	29038	30296
96021	94029	95980	94029
36783	37890	36708	37044
337538	336002	336937	335147
132019	105775	128076	102265
106162	103953	106162	103953
27183	19038	27183	19038
56313	52104	56313	52104
22700	23134	22229	22743
181839	183266	179915	180708
157325	133539	150773	128181
572889	528324	568780	526052
857153	797579	856456	795739
92648	93776	91527	92087
12623	17271	12623	17271
134210	103074	133095	103074
467	455	467	455
46818	41495	46818	41495
3012	3656	3012	3656
27521	27231	27352	25928

4-10 续表 2

国有企业

地区	商品购进总额		统一配送商品购进额		自有配送中心配送商品购进额	
	2014年	2013年	2014年	2013年	2014年	2013年
全国	**24657**	**22266**	**9709**	**8757**		
北京	3961	3115	1940	1534		
天津	762	839	762	839		
河北						
山西						
内蒙古						
辽宁						
吉林						
黑龙江						
上海	12927	11928				
江苏						
浙江	161	83	161	83		
安徽						
福建						
江西						
山东						
河南						
湖北						
湖南						
广东	6846	6301	6846	6301		
广西						
海南						
重庆						
四川						
贵州						
云南						
西藏						
陕西						
甘肃						
青海						
宁夏						
新疆						

单位：万元

非自有配送中心配送商品购进额		营业额		餐费收入及商品销售额	
2014年	2013年	2014年	2013年	2014年	2013年
161	**83**	**61902**	**54670**	**61203**	**53500**
		11687	8823	10987	7653
		2915	2692	2915	2692
		28012	25326	28012	25326
161	83	2301	2526	2301	2526
		16988	15304	16988	15304

4-10 续表 3

集体企业

地区	商品购进总额		统一配送商品购进额		自有配送中心配送商品购进额	
	2014年	2013年	2014年	2013年	2014年	2013年
全国	**6613**	**7746**	**6613**	**7746**		
北京						
天津						
河北						
山西						
内蒙古						
辽宁						
吉林						
黑龙江						
上海						
江苏						
浙江						
安徽						
福建						
江西						
山东						
河南						
湖北						
湖南						
广东	6613	7746	6613	7746		
广西						
海南						
重庆						
四川						
贵州						
云南						
西藏						
陕西						
甘肃						
青海						
宁夏						
新疆						

单位：万元

非自有配送中心配送商品购进额		营业额		餐费收入及商品销售额	
2014年	2013年	2014年	2013年	2014年	2013年
		11540	**13122**	**10745**	**12450**
		11540	13122	10745	12450

4-10 续表 4

股份合作企业

地区	商品购进总额		统一配送商品购进额		自有配送中心配送商品购进额	
	2014年	2013年	2014年	2013年	2014年	2013年
全　国	**994**	**1276**	**913**	**1185**		
北　京	644	845	563	754		
天　津						
河　北						
山　西						
内蒙古						
辽　宁						
吉　林						
黑龙江						
上　海						
江　苏						
浙　江						
安　徽						
福　建						
江　西						
山　东						
河　南						
湖　北						
湖　南						
广　东	350	432	350	432		
广　西						
海　南						
重　庆						
四　川						
贵　州						
云　南						
西　藏						
陕　西						
甘　肃						
青　海						
宁　夏						
新　疆						

单位：万元

非自有配送中心配送商品购进额		营业额		餐费收入及商品销售额	
2014年	2013年	2014年	2013年	2014年	2013年
563	**754**	**3994**	**4628**	**3994**	**4628**
563	754	3245	3697	3245	3697
		749	930	749	930

4-10 续表 5

有限责任公司

地　区	商品购进总额		统一配送商品购进额		自有配送中心配送商品购进额	
	2014年	2013年	2014年	2013年	2014年	2013年
全　国	**577534**	**543244**	**406396**	**361649**	**158869**	**153569**
北　京	122065	123089	96458	93974	15449	18031
天　津	2064	1288	1628	852		
河　北						
山　西						
内蒙古	10161	10229	8284	7070	1655	2923
辽　宁	31585	32416	29184	28408	453	698
吉　林						
黑龙江						
上　海	10134	10240	6882	8260	3592	7459
江　苏	1553	1220	1553	1220	1553	1220
浙　江	32267	34285	23782	24334	7286	543
安　徽	10986	7281	10986			
福　建	5187	4875	290	343		
江　西	7625	5103	7625	4420	3709	4420
山　东	6600	5561	1267	1398	1267	1398
河　南	2543	4917	2221	4642		
湖　北	32378	35184	29972	31682	6130	7639
湖　南	34189	26771	9020	7051	9020	7051
广　东	64401	62216	54042	48871	52858	45603
广　西						
海　南						
重　庆	104733	100977	41067	39568	41067	39568
四　川	24946	24691	12695	7983	1981	1977
贵　州	612	921	612	921		
云　南	57504	34443	55257	34443		
西　藏	268	259	268	259		
陕　西	13327	15040	12851	15040	12851	15040
甘　肃	1465	1499	453	909		
青　海						
宁　夏						
新　疆	944	742				

单位：万元

非自有配送中心配送商品购进额		营业额		餐费收入及商品销售额	
2014年	2013年	2014年	2013年	2014年	2013年
10076	**46572**	**1531078**	**1508842**	**1524122**	**1501300**
2362	2075	364931	401898	350358	397790
		3684	3191	3663	3155
369	3657	58946	92042	58946	92042
		35586	37504	35586	37474
		25155	25100	25155	25100
		3665	3691	3665	3691
143		85497	81206	85496	81206
		31008	21844	31008	21844
290	343	7872	7566	7872	7566
		19614	11148	19614	11148
		18386	17568	18386	17568
		11230	11237	10873	10846
1062	48	136966	134410	136163	133138
		84727	65253	84727	65253
		214545	202583	214117	202182
		246102	237277	245405	236574
5850	6006	56090	57552	56012	57201
		565	858	565	858
	34443	97381	66782	97381	66782
		467	455	467	455
		24613	24802	24613	24802
		3012	3656	3012	3656
		1038	1220	1038	969

4-10 续表 6

股份有限公司

地区	商品购进总额		统一配送商品购进额		自有配送中心配送商品购进额	
	2014年	2013年	2014年	2013年	2014年	2013年
全 国	**397225**	**386268**	**152999**	**145198**	**71132**	**62596**
北 京	68734	73259	25969	26190	15207	15530
天 津						
河 北						
山 西						
内蒙古	73907	65711				
辽 宁						
吉 林						
黑龙江						
上 海						
江 苏						
浙 江	52546	42358	52546	42358	21394	13827
安 徽						
福 建						
江 西	2010	1926	2010	1926	2010	1926
山 东						
河 南						
湖 北						
湖 南						
广 东	26910	27241	26910	27241		
广 西						
海 南						
重 庆	167523	166790	40651	39142	32521	31314
四 川						
贵 州						
云 南	682	642				
西 藏						
陕 西						
甘 肃						
青 海						
宁 夏						
新 疆	4914	8341	4914	8341		

单位：万元

非自有配送中心配送商品购进额		营业额		餐费收入及商品销售额	
2014年	2013年	2014年	2013年	2014年	2013年
50045	**55360**	**760837**	**735954**	**758547**	**733727**
10762	10660	149860	164082	149594	163699
		73907	65711	73907	65711
31152	28531	91398	68100	91398	68100
		3305	2821	3305	2821
		62182	57375	60158	57375
8130	7828	344565	343118	344565	341981
		21341	20106	21341	20106
	8341	14280	14641	14280	13934

4-10 续表 7

私营企业

地 区	商品购进总额		统一配送商品购进额		自有配送中心配送商品购进额	
	2014年	2013年	2014年	2013年	2014年	2013年
全 国	**848445**	**808454**	**517782**	**449253**	**285806**	**226692**
北 京	145993	143248	98047	95580	47215	42973
天 津	2982	3246	1793	2146	1565	1444
河 北	9801	9732	9801		9801	
山 西	8773	11031	380	834	178	230
内蒙古	1742	1985	1290	1510	60	40
辽 宁						
吉 林	4201	4253	4201	4253	4201	4253
黑龙江	12341	12388	12341	12388	6858	7027
上 海	14550	15775	559	530		
江 苏	15685	19706	15367	19629	9935	14390
浙 江	81467	102214	70305	55705	50275	44928
安 徽	60694	45355	54237	37135	50311	33760
福 建	45670	35728	38477	28163	33307	22205
江 西	2540	2727	1390	1461		
山 东	12843	34210	12843	18673	4551	
河 南	11998	11578	3740	2646	856	
湖 北	24997	29322	16506	16824	7317	9205
湖 南	27741	26066	4522	4046	800	600
广 东	88571	67546	59724	40291	17786	9839
广 西						
海 南						
重 庆	237010	197908	82148	75925	23191	19799
四 川	5868	6377	3728	6297	3728	4835
贵 州	6151	8640	6151	8640		
云 南	7244	5752	7193	5730	833	317
西 藏						
陕 西	15885	10015	9852	7611	9852	7611
甘 肃						
青 海						
宁 夏						
新 疆	3698	3653	3187	3236	3187	3236

单位：万元

非自有配送中心配送商品购进额		营业额		餐费收入及商品销售额	
2014年	2013年	2014年	2013年	2014年	2013年
107460	**112580**	**1700786**	**1630465**	**1681970**	**1614842**
42919	45470	387041	382010	382880	379809
		7751	10000	7751	10000
		12058	12307	12058	12307
		17709	21659	17648	21659
		3815	3932	3815	3910
		9335	9685	9335	9685
5041	5361	29038	30297	29038	30296
		42855	43603	42814	43603
5170	5210	32845	33883	32772	33036
3189	2761	158343	184171	157742	183316
2445	1507	101010	83931	97067	80420
2833	3704	98291	96387	98291	96387
		4265	5068	4264	5068
		37927	34536	37928	34536
240	240	11470	11897	11357	11897
3330	3597	44873	48856	43753	47570
		72598	68285	65046	62927
789	1173	266885	239011	265023	237812
41297	41884	266487	217184	266487	217184
	1462	34236	33104	34237	33104
		12058	16413	12058	16413
208	211	15488	16186	14373	16186
		22205	16693	22205	16693
		12203	11370	12034	11024

4-10 续表 8

其他企业

地　区	商品购进总额		统一配送商品购进额		自有配送中心配送商品购进额	
	2014年	2013年	2014年	2013年	2014年	2013年
全　国	**1095**	**958**	**449**	**433**		
北　京						
天　津						
河　北						
山　西						
内蒙古	280	271	280	271		
辽　宁						
吉　林						
黑龙江						
上　海						
江　苏	169	163	169	163		
浙　江						
安　徽						
福　建						
江　西						
山　东						
河　南						
湖　北						
湖　南						
广　东						
广　西						
海　南						
重　庆						
四　川	646	525				
贵　州						
云　南						
西　藏						
陕　西						
甘　肃						
青　海						
宁　夏						
新　疆						

单位：万元

非自有配送中心配送商品购进额		营业额		餐费收入及商品销售额	
2014年	2013年	2014年	2013年	2014年	2013年
169	**433**	**3249**	**4312**	**2206**	**2975**
	271	655	876	655	876
169	163	272	316	273	316
		2322	3120	1278	1782

4-10 续表 9

港、澳、台商投资企业

地　区	商品购进总额		统一配送商品购进额		自有配送中心配送商品购进额	
	2014年	2013年	2014年	2013年	2014年	2013年
全　国	**663138**	**714669**	**577544**	**636261**	**199432**	**229490**
北　京	212058	197641	188288	175226	126232	57675
天　津	1402	1575	1402	1575	1402	1575
河　北						
山　西						
内蒙古						
辽　宁	17874	18948	17874	18948	15289	16570
吉　林						
黑龙江	2589	2500	2589	2500		
上　海	144059	133602	115340	106529	3949	4096
江　苏	30691	36324	30691	34276	23462	24186
浙　江	7810	7196	6840	6371	6803	6273
安　徽	8348	7361	8348	7361		
福　建	17717	17523	17633	17440		
江　西	3448	3550				
山　东	8621	7017	8621	7017		
河　南						
湖　北	30862	125103	30862	125103	17935	115587
湖　南						
广　东	140322	124850	124125	112420	4361	3528
广　西						
海　南	1820	181	1820	181		
重　庆	3575	3507	3575	3507		
四　川	12435	10060	422	555		
贵　州						
云　南	16110	15070	16110	15070		
西　藏						
陕　西	3006	2184	3006	2184		
甘　肃	392	479				
青　海						
宁　夏						
新　疆						

单位：万元

非自有配送中心配送商品购进额		营业额		餐费收入及商品销售额	
2014年	2013年	2014年	2013年	2014年	2013年
136622	**197431**	**2143343**	**1923056**	**2141817**	**1921431**
6474	77090	565080	483121	563762	481507
		4181	4272	4181	4272
		50258	47247	50258	47248
2589	2500	5549	5017	5549	5017
85438	78823	456360	429370	455360	429370
7229	10090	82136	80087	81929	80087
32	93	24334	22076	24334	22076
		23773	21249	23773	21249
		77328	87443	77328	87443
		5001	5285	5000	5286
		8621	7017	8621	7016
12926	9516	288505	262738	288505	262738
7	8	435920	364971	435920	364961
1820	181	5894	5803	5894	5803
3575	3507	8931	11390	8931	11390
422	555	51350	37368	51350	37368
16110	15070	41977	39429	41977	39429
		7228	8120	7228	8120
		916	1051	916	1051

4-10 续表 10

外商投资企业

地 区	商品购进总额		统一配送商品购进额		自有配送中心配送商品购进额	
	2014年	2013年	2014年	2013年	2014年	2013年
全 国	**3314719**	**3221906**	**2466364**	**2394593**	**1218832**	**1166588**
北 京	338884	346525	331805	333856	201223	200085
天 津	320987	341959	33037	35015		
河 北						
山 西	39778	36903	39778	36903	39778	36903
内蒙古						
辽 宁	372299	395534	315656	317392	11590	12842
吉 林						
黑龙江	962	1231	349	413		
上 海	329889	272509	313909	256399	186017	160567
江 苏	295266	294719	272955	279942	139212	153792
浙 江	167455	166475	167455	166475	144587	146671
安 徽						
福 建	122677	79491	81182	79491	79387	76868
江 西	28785	27875	28785	27875		
山 东	114418	127379	114418	127379		
河 南	43741	45220	36660	38138		
湖 北	24438	23693	24438	23693		
湖 南	74010	66454				
广 东	412613	388856	400626	377404	191529	158547
广 西	27046	27770	27046	27770	27046	27770
海 南						
重 庆	350417	339892	27211	27026	27211	27026
四 川	168979	156954	168979	156954	89176	83049
贵 州						
云 南	26746	26746	26746	26746	26746	26746
西 藏						
陕 西	37140	36903	37140	36903	37140	36903
甘 肃	11617	12347	11617	12347	11617	12347
青 海						
宁 夏						
新 疆	6572	6472	6572	6472	6572	6472

单位：万元

非自有配送中心配送商品购进额		营业额		餐费收入及商品销售额	
2014年	2013年	2014年	2013年	2014年	2013年
383059	**375295**	**7693478**	**7383047**	**7685869**	**7376948**
30038	32243	1170981	1129823	1166782	1127572
		375932	394756	375932	394756
		62879	69481	62879	69481
		511410	516779	509658	516779
		2051	2436	2050	2437
117511	85435	1098065	957209	1098039	957153
133743	126150	847743	777866	847743	774075
22868	19804	578759	540937	577129	540938
1384	1381	125473	162597	125473	162597
	27875	55817	54482	55817	54482
		236511	249520	236511	249520
		89913	91772	89913	91772
24438	23693	72388	70549	72388	70549
		223047	211603	223047	211603
45374	53420	1202372	1170861	1202372	1170861
		86833	80423	86833	80423
		417448	403513	417448	403513
7704	5293	354169	316568	354169	316568
		52152	52152	52152	52152
		78916	77573	78916	77573
		25777	26828	25777	26828
		24841	25318	24841	25318

4-11 按登记注册类型分各地区

内资企业

地区	商品购进总额		统一配送商品购进额		自有配送中心配送商品购进额	
	2014年	2013年	2014年	2013年	2014年	2013年
全国	**1338747**	**1319956**	**864062**	**800539**	**427407**	**367721**
北京	292748	293897	215622	210847	77333	75990
天津	5808	5363	4183	3827	1565	1444
河北	9801	9732	9801		9801	
山西	8286	5888	380	834	178	230
内蒙古	81702	70239	6784	3292	477	707
辽宁	31585	32416	29184	28408	453	698
吉林	4201	4253	4201	4253	4201	4253
黑龙江	12341	12388	12341	12388	6858	7027
上海	37384	37236	7262	8115	3592	6954
江苏	16385	19867	16124	19837	10523	14436
浙江	149988	162670	130340	106210	77514	59297
安徽	70303	50510	64981	36725	50231	33661
福建	10759	11134	5441	5467	2779	2776
江西	8259	9756	7109	7807	5719	6346
山东	11159	39770	5826	20071	5818	1398
河南	11255	13132	5961	7289	856	
湖北	57054	64149	46157	48150	13126	16487
湖南	38932	34966	7928	7002	5334	4437
广东	175753	164347	137699	124665	70644	55442
广西						
海南						
重庆	234788	206178	92051	85074	52009	47821
四川	14071	14188	10443	7206	3606	3813
贵州	6763	9561	6763	9561		
云南	10866	10481	7888	9817	833	317
西藏	268	259	268	259		
陕西	29213	25055	22703	22651	22703	22651
甘肃	1465	1499	453	909		
青海						
宁夏						
新疆	7612	11023	6171	9876	1257	1536

连锁餐饮企业直营门店经营情况

单位：万元

非自有配送中心配送商品购进额		营业额		餐费收入及商品销售额	
2014年	2013年	2014年	2013年	2014年	2013年
115985	**128182**	**2942590**	**2933600**	**2913502**	**2907592**
49789	52318	794529	821315	784919	813584
		14230	12282	14209	12247
		12058	12307	12058	12307
		16621	11150	16567	11150
52	659	90189	79492	90189	79470
		35586	37504	35586	37474
		9335	9685	9335	9685
5041	5361	29038	30297	29038	30296
		95254	92165	95212	92165
5339	5373	35097	35308	35024	34461
19840	16441	317009	318501	316409	317647
2438	1500	127931	98837	125120	96615
324	437	19207	19484	19207	19484
		15633	19038	15633	19038
		34315	52104	34316	52104
240	240	21703	22133	21233	21742
4392	3645	181165	182474	179242	179916
		100948	89071	94602	84589
789	1173	533851	509999	529742	507727
25560	25003	308307	325218	307610	323378
1973	3394	26741	29011	25695	27590
		12623	17271	12623	17271
208	4298	41730	43122	40615	43122
		467	455	467	455
		46818	41495	46818	41495
		3012	3656	3012	3656
	8341	19192	20228	19022	18925

4-11 续表 1

国有企业

地区	商品购进总额		统一配送商品购进额		自有配送中心配送商品购进额	
	2014年	2013年	2014年	2013年	2014年	2013年
全国	**24657**	**22266**	**9709**	**8757**		
北京	3961	3115	1940	1534		
天津	762	839	762	839		
河北						
山西						
内蒙古						
辽宁						
吉林						
黑龙江						
上海	12927	11928				
江苏						
浙江	161	83	161	83		
安徽						
福建						
江西						
山东						
河南						
湖北						
湖南						
广东	6846	6301	6846	6301		
广西						
海南						
重庆						
四川						
贵州						
云南						
西藏						
陕西						
甘肃						
青海						
宁夏						
新疆						

单位：万元

非自有配送中心配送商品购进额		营业额		餐费收入及商品销售额	
2014年	2013年	2014年	2013年	2014年	2013年
161	**83**	**61902**	**54670**	**61203**	**53500**
		11687	8823	10987	7653
		2915	2692	2915	2692
		28012	25326	28012	25326
161	83	2301	2526	2301	2526
		16988	15304	16988	15304

4-11 续表 2

集体企业

地　区	商品购进总额		统一配送商品购进额		自有配送中心配送商品购进额	
	2014年	2013年	2014年	2013年	2014年	2013年
全　国	**6471**	**7564**	**6471**	**7564**		
北　京						
天　津						
河　北						
山　西						
内蒙古						
辽　宁						
吉　林						
黑龙江						
上　海						
江　苏						
浙　江						
安　徽						
福　建						
江　西						
山　东						
河　南						
湖　北						
湖　南						
广　东	6471	7564	6471	7564		
广　西						
海　南						
重　庆						
四　川						
贵　州						
云　南						
西　藏						
陕　西						
甘　肃						
青　海						
宁　夏						
新　疆						

单位：万元

非自有配送中心配送商品购进额		营业额		餐费收入及商品销售额	
2014年	2013年	2014年	2013年	2014年	2013年
		11198	**12685**	**10403**	**12012**
		11198	12685	10403	12012

4-11 续表 3

股份合作企业

地区	商品购进总额		统一配送商品购进额		自有配送中心配送商品购进额	
	2014年	2013年	2014年	2013年	2014年	2013年
全国	**994**	**1276**	**913**	**1185**		
北京	644	845	563	754		
天津						
河北						
山西						
内蒙古						
辽宁						
吉林						
黑龙江						
上海						
江苏						
浙江						
安徽						
福建						
江西						
山东						
河南						
湖北						
湖南						
广东	350	432	350	432		
广西						
海南						
重庆						
四川						
贵州						
云南						
西藏						
陕西						
甘肃						
青海						
宁夏						
新疆						

单位：万元

非自有配送中心配送商品购进额		营业额		餐费收入及商品销售额	
2014年	2013年	2014年	2013年	2014年	2013年
563	**754**	**3994**	**4628**	**3994**	**4628**
563	754	3245	3697	3245	3697
		749	930	749	930

4-11　续表 4

有限责任公司

地　区	商品购进总额		统一配送商品购进额		自有配送中心配送商品购进额	
	2014年	2013年	2014年	2013年	2014年	2013年
全　国	**382569**	**381731**	**302325**	**285462**	**118986**	**116059**
北　京	120912	122770	96458	93974	15449	18031
天　津	2064	1288	1628	852		
河　北						
山　西						
内蒙古	5773	2271	5214	1511	417	667
辽　宁	31585	32416	29184	28408	453	698
吉　林						
黑龙江						
上　海	10134	9735	6882	7755	3592	6954
江　苏	1553	1000	1553	1000	1553	1000
浙　江	30826	33145	22341	23195	5846	543
安　徽	10986	7281	10986			
福　建	4141	4070	290	343		
江　西	3709	5103	3709	4420	3709	4420
山　东	6600	5561	1267	1398	1267	1398
河　南	2543	4917	2221	4642		
湖　北	32057	34828	29652	31326	5809	7282
湖　南	13709	11651	4924	4027	4924	4027
广　东	64401	62216	54042	48871	52858	45603
广　西						
海　南						
重　庆	12821	11949	9780	9918	9780	9918
四　川	9199	8982	7318	2605	481	478
贵　州	612	921	612	921		
云　南	2941	4087	694	4087		
西　藏	268	259	268	259		
陕　西	13327	15040	12851	15040	12851	15040
甘　肃	1465	1499	453	909		
青　海						
宁　夏						
新　疆	944	742				

单位：万元

非自有配送中心配送商品购进额		营业额		餐费收入及商品销售额	
2014年	2013年	2014年	2013年	2014年	2013年
5882	**9069**	**1051675**	**1042504**	**1044794**	**1035230**
2362	2075	348604	374144	344031	370036
		3684	3191	3663	3155
52	389	11813	8974	11813	8974
		35586	37504	35586	37474
		25155	24041	25155	24041
		3665	2963	3665	2963
143		83217	79134	83217	79134
		31008	21844	31008	21844
290	343	6548	6472	6548	6472
		8063	11148	8064	11148
		18386	17568	18386	17568
		11230	11237	10873	10846
1062	48	136293	133618	135490	132346
		33527	27453	33527	27453
		214545	202583	214117	202182
		30154	26109	29457	25406
1973	2127	15602	16702	15600	16619
		565	858	565	858
	4087	4901	6830	4901	6830
		467	455	467	455
		24613	24802	24613	24802
		3012	3656	3012	3656
		1038	1220	1038	969

4-11 续表 5

股份有限公司

地区	商品购进总额		统一配送商品购进额		自有配送中心配送商品购进额	
	2014年	2013年	2014年	2013年	2014年	2013年
全　国	**269573**	**256685**	**129733**	**121477**	**71132**	**62596**
北　京	21946	24967	19153	19550	15207	15530
天　津						
河　北						
山　西						
内蒙古	73907	65711				
辽　宁						
吉　林						
黑龙江						
上　海						
江　苏						
浙　江	37740	27424	37740	27424	21394	13827
安　徽						
福　建						
江　西	2010	1926	2010	1926	2010	1926
山　东						
河　南						
湖　北						
湖　南						
广　东	25266	25096	25266	25096		
广　西						
海　南						
重　庆	103109	102579	40651	39142	32521	31314
四　川						
贵　州						
云　南	682	642				
西　藏						
陕　西						
甘　肃						
青　海						
宁　夏						
新　疆	4914	8341	4914	8341		

单位：万元

非自有配送中心配送商品购进额		营业额		餐费收入及商品销售额	
2014年	2013年	2014年	2013年	2014年	2013年
28422	**33786**	**468458**	**439438**	**466168**	**437211**
3946	4019	45646	55218	45381	54835
		73907	65711	73907	65711
16346	13597	73421	53110	73421	53111
		3305	2821	3305	2821
		59192	53192	57168	53192
8130	7828	177366	174637	177367	173500
		21341	20106	21341	20106
	8341	14280	14641	14280	13934

4-11 续表 6

私营企业

地区	商品购进总额		统一配送商品购进额		自有配送中心配送商品购进额	
	2014年	2013年	2014年	2013年	2014年	2013年
全国	**653387**	**649477**	**414461**	**375661**	**237290**	**189065**
北京	145285	142201	97508	95035	46677	42428
天津	2982	3236	1793	2136	1565	1444
河北	9801	9732	9801		9801	
山西	8286	5888	380	834	178	230
内蒙古	1742	1985	1290	1510	60	40
辽宁						
吉林	4201	4253	4201	4253	4201	4253
黑龙江	12341	12388	12341	12388	6858	7027
上海	14323	15573	380	360		
江苏	14664	18705	14403	18674	8971	13436
浙江	81260	102019	70098	55510	50275	44928
安徽	59316	43229	53994	36725	50231	33661
福建	6618	7064	5151	5123	2779	2776
江西	2540	2727	1390	1461		
山东	4559	34210	4559	18673	4551	
河南	8712	8215	3740	2646	856	
湖北	24997	29322	16506	16824	7317	9205
湖南	25223	23314	3004	2974	410	410
广东	72419	62740	44724	36401	17786	9839
广西						
海南						
重庆	118858	91649	41620	36014	9708	6590
四川	4225	4681	3125	4601	3125	3335
贵州	6151	8640	6151	8640		
云南	7244	5752	7193	5730	833	317
西藏						
陕西	15885	10015	9852	7611	9852	7611
甘肃						
青海						
宁夏						
新疆	1754	1940	1257	1536	1257	1536

单位：万元

非自有配送中心配送商品购进额		营业额		餐费收入及商品销售额	
2014年	2013年	2014年	2013年	2014年	2013年
80788	**84057**	**1342115**	**1375364**	**1324735**	**1362036**
42918	45470	385348	379432	381276	377363
		7631	6400	7631	6400
		12058	12307	12058	12307
		16621	11150	16567	11150
		3815	3932	3815	3910
		9335	9685	9335	9685
5041	5361	29038	30297	29038	30296
		42088	42798	42046	42798
5170	5210	31160	32029	31086	31182
3189	2761	158071	183731	157469	182877
2438	1500	96923	76993	94111	74772
35	94	12659	13012	12659	13012
		4265	5068	4264	5068
		15930	34536	15931	34536
240	240	10473	10896	10360	10896
3330	3597	44873	48856	43753	47570
		67420	61618	61074	57136
789	1173	231180	225306	230318	224107
17430	17174	100787	124472	100787	124472
	1266	8817	9189	8817	9189
		12058	16413	12058	16413
208	211	15488	16186	14373	16186
		22205	16693	22205	16693
		3874	4368	3704	4022

4-11 续表 7

其他企业

地区	商品购进总额		统一配送商品购进额		自有配送中心配送商品购进额	
	2014年	2013年	2014年	2013年	2014年	2013年
全国	**1095**	**958**	**449**	**433**		
北京						
天津						
河北						
山西						
内蒙古	280	271	280	271		
辽宁						
吉林						
黑龙江						
上海						
江苏	169	163	169	163		
浙江						
安徽						
福建						
江西						
山东						
河南						
湖北						
湖南						
广东						
广西						
海南						
重庆						
四川	646	525				
贵州						
云南						
西藏						
陕西						
甘肃						
青海						
宁夏						
新疆						

单位：万元

非自有配送中心配送商品购进额		营业额		餐费收入及商品销售额	
2014年	2013年	2014年	2013年	2014年	2013年
169	**433**	**3249**	**4312**	**2206**	**2975**
	271	655	876	655	876
169	163	272	316	273	316
		2322	3120	1278	1782

4-11 续表 8

港、澳、台商投资企业

地区	商品购进总额		统一配送商品购进额		自有配送中心配送商品购进额	
	2014年	2013年	2014年	2013年	2014年	2013年
全国	**640322**	**700507**	**555525**	**622849**	**199352**	**228850**
北京	212058	197641	188288	175226	126232	57675
天津	1402	1575	1402	1575	1402	1575
河北						
山西						
内蒙古						
辽宁	17874	18948	17874	18948	15289	16570
吉林						
黑龙江	2589	2500	2589	2500		
上海	143978	133491	115259	106418	3868	3986
江苏	30691	35297	30691	33353	23462	23656
浙江	7810	7196	6840	6371	6803	6273
安徽	8348	7361	8348	7361		
福建	17717	17523	17633	17440		
江西	3448	3550				
山东	8621	7017	8621	7017		
河南						
湖北	30862	125103	30862	125103	17935	115587
湖南						
广东	131442	124202	116043	112420	4361	3528
广西						
海南	1820	181	1820	181		
重庆	3575	3507	3575	3507		
四川	12435	10060	422	555		
贵州						
云南	2254	2692	2254	2692		
西藏						
陕西	3006	2184	3006	2184		
甘肃	392	479				
青海						
宁夏						
新疆						

单位：万元

	非自有配送中心配送商品购进额		营业额		餐费收入及商品销售额	
	2014年	2013年	2014年	2013年	2014年	2013年
	122766	**184660**	**2083769**	**1887273**	**2082243**	**1885648**
	6474	77090	565080	483121	563762	481507
			4181	4272	4181	4272
			50258	47247	50258	47248
	2589	2500	5549	5017	5549	5017
	85438	78823	455975	429144	455975	429144
	7229	9697	82136	77905	81929	77905
	32	93	24334	22076	24334	22076
			23773	21249	23773	21249
			77328	87443	77328	87443
			5001	5285	5000	5286
			8621	7017	8621	7016
	12926	9516	288505	262738	288505	262738
	7	8	412300	363372	412300	363361
	1820	181	5894	5803	5894	5803
	3575	3507	8931	11390	8931	11390
	422	555	51350	37368	51350	37368
	2254	2692	6409	7653	6409	7653
			7228	8120	7228	8120
			916	1051	916	1051

4-11 续表 9

外商投资企业

地区	商品购进总额		统一配送商品购进额		自有配送中心配送商品购进额	
	2014年	2013年	2014年	2013年	2014年	2013年
全国	**2901672**	**2825579**	**2371526**	**2302502**	**1178522**	**1125519**
北京	329910	340234	323784	329299	196448	197205
天津	320987	341959	33037	35015		
河北						
山西	39778	36903	39778	36903	39778	36903
内蒙古						
辽宁	372299	395534	315656	317392	11590	12842
吉林						
黑龙江	962	1231	349	413		
上海	329889	272357	313909	256399	186017	160567
江苏	268485	259665	253983	251310	125168	130674
浙江	149941	154732	149941	154732	127072	134928
安徽						
福建	122677	79491	81182	79491	79387	76868
江西	28785	27875	28785	27875		
山东	114418	127379	114418	127379		
河南	43741	45220	36660	38138		
湖北	24438	23693	24438	23693		
湖南	68950	61996				
广东	412613	388856	400626	377404	191529	158547
广西	26946	27770	26946	27770	26946	27770
海南						
重庆	42153	45094	23335	23698	23335	23698
四川	122626	113124	122626	113124	89176	83049
贵州						
云南	26746	26746	26746	26746	26746	26746
西藏						
陕西	37140	36903	37140	36903	37140	36903
甘肃	11617	12347	11617	12347	11617	12347
青海						
宁夏						
新疆	6572	6472	6572	6472	6572	6472

单位：万元

非自有配送中心配送商品购进额		营业额		餐费收入及商品销售额	
2014年	2013年	2014年	2013年	2014年	2013年
374885	**368103**	**6923561**	**6745072**	**6915952**	**6738973**
26793	30565	1131479	1100983	1127279	1098732
		375932	394756	375932	394756
		62879	69481	62879	69481
		511410	516779	509658	516779
		2051	2436	2050	2437
117511	85435	1095087	948164	1095061	948108
128814	120636	767810	750107	767810	746315
22868	19804	482128	471873	480497	471873
1384	1381	125473	162597	125473	162597
	27875	55817	54482	55817	54482
		236511	249520	236511	249520
		89913	91772	89913	91772
24438	23693	72388	70549	72388	70549
		122151	123442	122151	123441
45374	53420	1202372	1170861	1202372	1170861
		86483	80423	86483	80423
		90887	82489	90887	82489
7704	5293	231105	222488	231105	222488
		52152	52152	52152	52152
		78916	77573	78916	77573
		25777	26828	25777	26828
		24841	25318	24841	25318

4-12 按登记注册类型分各地区

内资企业

地　区	商品购进总额		统一配送商品购进额		自有配送中心配送商品购进额	
	2014年	2013年	2014年	2013年	2014年	2013年
全　国	**517817**	**450255**	**230800**	**173681**	**88398**	**75137**
北　京	48649	49658	7355	7185	538	545
天　津		10		10		
河　北						
山　西	487	5143				
内蒙古	4388	7957	3070	5559	1238	2256
辽　宁						
吉　林						
黑龙江						
上　海	227	707	179	675		505
江　苏	1022	1221	964	1174	964	1174
浙　江	16453	16269	16453	16269	1440	
安　徽	1377	2126	243	410	80	100
福　建	40098	29469	33326	23039	30528	19429
江　西	3916		3916			
山　东	8284		8284			
河　南	3286	3363				
湖　北	321	356	321	356	321	356
湖　南	22998	17872	5615	4096	4486	3214
广　东	17937	7134	16785	6217		
广　西						
海　南						
重　庆	274479	259498	71815	69561	44770	42859
四　川	17390	17404	5980	7074	2103	2999
贵　州						
云　南	54563	30356	54563	30356		
西　藏						
陕　西						
甘　肃						
青　海						
宁　夏						
新　疆	1944	1713	1930	1700	1930	1700

连锁餐饮企业加盟门店经营情况

单位：万元

非自有配送中心配送商品购进额		营业额		餐费收入及商品销售额	
2014年	2013年	2014年	2013年	2014年	2013年
52490	**87601**	**1130795**	**1018393**	**1129285**	**1015830**
6817	6640	122233	139195	122144	139065
		120	3600	120	3600
		1089	10510	1080	10509
317	3269	47133	83069	47133	83069
		767	1864	767	1864
		1685	2582	1686	2582
14806	14934	20529	17500	20529	17500
7	7	4088	6938	2956	5650
2798	3610	86955	84469	86955	84469
		11550		11550	
		21997		21997	
		995	1002	996	1002
		673	792	673	792
		56378	44467	56171	43592
		39038	18325	39038	18325
23867	24710	548846	472361	548846	472361
3877	4075	65907	64765	65832	64498
	30356	92480	59952	92480	59952
		8330	7003	8330	7003

4-12 续表 1

集体企业

地　区	商品购进总额		统一配送商品购进额		自有配送中心配送商品购进额	
	2014年	2013年	2014年	2013年	2014年	2013年
全　国	**142**	**182**	**142**	**182**		
北　京						
天　津						
河　北						
山　西						
内蒙古						
辽　宁						
吉　林						
黑龙江						
上　海						
江　苏						
浙　江						
安　徽						
福　建						
江　西						
山　东						
河　南						
湖　北						
湖　南						
广　东	142	182	142	182		
广　西						
海　南						
重　庆						
四　川						
贵　州						
云　南						
西　藏						
陕　西						
甘　肃						
青　海						
宁　夏						
新　疆						

单位：万元

非自有配送中心配送商品购进额		营业额		餐费收入及商品销售额	
2014年	2013年	2014年	2013年	2014年	2013年
		342	**437**	**342**	**437**
		342	437	342	437

4-12 续表 2

有限责任公司

地区	商品购进总额		统一配送商品购进额		自有配送中心配送商品购进额	
	2014年	2013年	2014年	2013年	2014年	2013年
全国	**194965**	**161514**	**104071**	**76187**	**39882**	**37510**
北京	1153	319				
天津						
河北						
山西						
内蒙古	4388	7957	3070	5559	1238	2256
辽宁						
吉林						
黑龙江						
上海		505		505		505
江苏		220		220		220
浙江	1440	1140	1440	1140	1440	
安徽						
福建	1045	805				
江西	3916		3916			
山东						
河南						
湖北	321	356	321	356	321	356
湖南	20480	15120	4096	3024	4096	3024
广东						
广西						
海南						
重庆	91912	89028	31287	29650	31287	29650
四川	15747	15708	5377	5378	1500	1499
贵州						
云南	54563	30356	54563	30356		
西藏						
陕西						
甘肃						
青海						
宁夏						
新疆						

单位：万元

非自有配送中心配送商品购进额		营业额		餐费收入及商品销售额	
2014年	2013年	2014年	2013年	2014年	2013年
4194	**37503**	**479403**	**466337**	**479328**	**466070**
		16327	27754	16327	27754
317	3269	47133	83069	47133	83069
			1059		1059
			728		728
		2279	2072	2279	2072
		1324	1094	1324	1094
		11550		11550	
		673	792	673	792
		51200	37800	51200	37800
		215948	211168	215948	211168
3877	3879	40488	40850	40413	40582
	30356	92480	59952	92480	59952

4-12 续表 3

股份有限公司

地　区	商品购进总额		统一配送商品购进额		自有配送中心配送商品购进额	
	2014年	2013年	2014年	2013年	2014年	2013年
全　国	**127652**	**129583**	**23266**	**23720**		
北　京	46789	48292	6817	6640		
天　津						
河　北						
山　西						
内蒙古						
辽　宁						
吉　林						
黑龙江						
上　海						
江　苏						
浙　江	14806	14934	14806	14934		
安　徽						
福　建						
江　西						
山　东						
河　南						
湖　北						
湖　南						
广　东	1643	2146	1643	2146		
广　西						
海　南						
重　庆	64414	64211				
四　川						
贵　州						
云　南						
西　藏						
陕　西						
甘　肃						
青　海						
宁　夏						
新　疆						

单位：万元

非自有配送中心配送商品购进额		营业额		餐费收入及商品销售额	
2014年	2013年	2014年	2013年	2014年	2013年
21623	**21575**	**292379**	**296517**	**292379**	**296517**
6817	6640	104213	108864	104213	108864
14806	14934	17977	14989	17977	14989
		2991	4183	2990	4182
		167199	168481	167199	168481

4-12 续表 4

私营企业

地区	商品购进总额		统一配送商品购进额		自有配送中心配送商品购进额	
	2014年	2013年	2014年	2013年	2014年	2013年
全国	**195058**	**158977**	**103321**	**73592**	**48516**	**37627**
北京	708	1047	538	545	538	545
天津		10		10		
河北						
山西	487	5143				
内蒙古						
辽宁						
吉林						
黑龙江						
上海	227	202	179	170		
江苏	1022	1001	964	954	964	954
浙江	207	195	207	195		
安徽	1377	2126	243	410	80	100
福建	39052	28664	33326	23039	30528	19429
江西						
山东	8284		8284			
河南	3286	3363				
湖北						
湖南	2518	2752	1519	1072	390	190
广东	16151	4806	15000	3890		
广西						
海南						
重庆	118152	106259	40527	39911	13482	13209
四川	1643	1696	603	1696	603	1500
贵州						
云南						
西藏						
陕西						
甘肃						
青海						
宁夏						
新疆	1944	1713	1930	1700	1930	1700

单位：万元

非自有配送中心配送商品购进额		营业额		餐费收入及商品销售额	
2014年	2013年	2014年	2013年	2014年	2013年
26673	**28524**	**358671**	**255102**	**357236**	**252806**
1		1693	2577	1604	2447
		120	3600	120	3600
		1089	10510	1080	10509
		767	805	767	805
		1685	1854	1686	1854
		273	439	273	439
7	7	4088	6938	2956	5650
2798	3610	85631	83374	85631	83374
		21997		21997	
		996	1002	996	1002
		5178	6667	4971	5792
		35705	13705	35705	13705
23867	24710	165700	92712	165699	92712
	196	25420	23915	25420	23916
		8330	7003	8330	7003

4-12 续表 5

港、澳、台商投资企业

地　区	商品购进总额		统一配送商品购进额		自有配送中心配送商品购进额	
	2014年	2013年	2014年	2013年	2014年	2013年
全　国	**22817**	**14163**	**22018**	**13412**	**81**	**640**
北　京						
天　津						
河　北						
山　西						
内蒙古						
辽　宁						
吉　林						
黑龙江						
上　海	81	110	81	110	81	110
江　苏		1027		923		530
浙　江						
安　徽						
福　建						
江　西						
山　东						
河　南						
湖　北						
湖　南						
广　东	8880	647	8082			
广　西						
海　南						
重　庆						
四　川						
贵　州						
云　南	13856	12378	13856	12378		
西　藏						
陕　西						
甘　肃						
青　海						
宁　夏						
新　疆						

单位：万元

非自有配送中心配送商品购进额		营业额		餐费收入及商品销售额	
2014年	2013年	2014年	2013年	2014年	2013年
13856	**12771**	**59574**	**35783**	**59574**	**35783**
		386	226	386	226
	394		2182		2182
		23620	1599	23620	1599
13856	12378	35568	31776	35568	31776

4-12 续表 6

外商投资企业

地 区	商品购进总额		统一配送商品购进额		自有配送中心配送商品购进额	
	2014年	2013年	2014年	2013年	2014年	2013年
全 国	**413048**	**396327**	**94837**	**92091**	**40310**	**41069**
北 京	8974	6291	8021	4558	4775	2880
天 津						
河 北						
山 西						
内 蒙 古						
辽 宁						
吉 林						
黑 龙 江						
上 海		153				
江 苏	26781	35054	18973	28632	14044	23118
浙 江	17515	11743	17515	11743	17515	11743
安 徽						
福 建						
江 西						
山 东						
河 南						
湖 北						
湖 南	5060	4459				
广 东						
广 西	100		100		100	
海 南						
重 庆	308265	294798	3876	3328	3876	3328
四 川	46353	43830	46353	43830		
贵 州						
云 南						
西 藏						
陕 西						
甘 肃						
青 海						
宁 夏						
新 疆						

单位：万元

非自有配送中心配送商品购进额		营业额		餐费收入及商品销售额	
2014年	2013年	2014年	2013年	2014年	2013年
8174	**7192**	**769917**	**637975**	**769917**	**637975**
3246	1678	39503	28840	39503	28840
		2978	9045	2978	9045
4929	5514	79933	27760	79934	27760
		96632	69065	95632	69065
		100896	88161	100896	88161
		350		350	
		326561	321025	326561	321025
		123064	94080	123064	94080

4-13 按行业分各地区连锁餐饮企业基本情况

正餐服务

项目	连锁总店数（个）	门店数（个）		年末从业人员（人）		年末餐饮营业面积（平方米）		年末餐位数（位）	
	2014年	2014年	2013年	2014年	2013年	2014年	2013年	2014年	2013年
全国	**267**	**6959**	**6777**	**301160**	**326052**	**5874509**	**5587461**	**1818576**	**1816119**
北京	48	1214	1148	62922	80122	1200572	1173965	341926	319635
天津	3	6	4	319	251	9480	6600	1710	1100
河北	1	6	6	965	960	24632	13780	4520	4520
山西	4	27	31	2513	2900	38030	39910	10504	11328
内蒙古	7	213	320	4427	6254	109657	164580	33166	39430
辽宁	3	21	21	788	1065	23137	40056	3500	4036
吉林	1	23	23	822	950	12946	13071	3998	4323
黑龙江	6	48	55	1780	1811	28314	32516	10457	12389
上海	14	363	371	9884	10365	129549	102810	45878	39562
江苏	7	61	83	1301	1345	36311	37411	10427	10677
浙江	19	628	611	21189	20588	638845	667312	145129	139730
安徽	6	179	163	6945	7692	376510	324518	43231	41378
福建	7	304	297	5648	5187	79518	76205	42949	38717
江西	7	39	20	2871	2270	44722	45233	13326	12446
山东	3	17	18	726	459	69820	44120	8080	5400
河南	16	74	75	1762	2034	69048	68731	12538	12788
湖北	28	142	125	11380	11403	316164	313138	103961	109167
湖南	9	401	369	22108	20937	372300	337720	151547	140813
广东	38	378	333	16363	16867	273941	260405	79199	71342
广西									
海南									
重庆	22	2429	2322	101820	106674	1723445	1525830	628476	669068
四川	6	114	113	5094	5007	84974	85523	43410	42570
贵州	2	18	20	870	1165	23130	26001	4143	3525
云南	3	81	88	7810	9168	112716	120216	54988	61059
西藏									
陕西	3	155	143	10290	9995	67255	58096	18730	18114
甘肃	1	4	4	248	290	2436	2436	901	901
青海									
宁夏									
新疆	3	14	14	315	293	7057	7278	1882	2101

4-13 续表 1

快餐服务

项目	连锁总店数(个)	门店数(个)		年末从业人员(人)		年末餐饮营业面积(平方米)		年末餐位数(位)	
	2014年	2014年	2013年	2014年	2013年	2014年	2013年	2014年	2013年
全国	**162**	**12854**	**11892**	**446394**	**450992**	**3978351**	**3697838**	**1429299**	**1319399**
北京	32	2229	2106	48936	53917	621349	582135	231191	213356
天津	7	490	459	22123	23492	192708	185784	58390	57123
河北									
山西	2	88	82	5901	6145	31550	29450	10630	9970
内蒙古									
辽宁	9	660	615	9491	9787	241353	224870	74136	73119
吉林									
黑龙江	1	20	20	1284	750	6840	8000	2000	3600
上海	8	1279	1191	41560	43897	484452	437789	108355	100758
江苏	11	1347	1270	69087	61797	428011	408474	145934	140610
浙江	7	1082	962	30910	30730	298908	272934	115153	104708
安徽	3	404	276	5512	3819	87450	65916	27691	19068
福建	6	337	321	13994	16097	143630	136500	33384	36411
江西	1	73	64	1445	5904	28620	25920	9636	8448
山东	6	401	395	20238	21149	126421	129254	47036	46918
河南	3	130	122	4988	4424	41505	41163	16600	16600
湖北	4	395	351	23682	21006	145516	134316	40682	36560
湖南	4	220	197	11276	9955	69360	57050	29342	26412
广东	33	2492	2404	96000	100270	707854	654742	291376	280433
广西	2	119	80	5841	6727	31496	30880	11491	10213
海南	1	5	4	213	218	1907	1480	629	489
重庆	2	57	62	3014	3200	18703	19737	7200	7779
四川	5	600	525	16949	15494	161757	148207	106251	67644
贵州									
云南	5	214	189	8345	7711	55951	51847	43127	40405
西藏	1	3	3	52	48	450	450	135	120
陕西	2	26	31	759	1116	9948	10988	4380	4490
甘肃	2	33	29	2284	639	9090	7030	3185	2845
青海									
宁夏									
新疆	5	150	134	2510	2700	33522	32922	11365	11320

4-13 续表 2

饮料及冷饮服务

项目	连锁总店数（个）	门店数（个）		年末从业人员（人）		年末餐饮营业面积（平方米）		年末餐位数（位）	
	2014年	2014年	2013年	2014年	2013年	2014年	2013年	2014年	2013年
全　国	**19**	**2093**	**1725**	**23886**	**19516**	**258882**	**211913**	**87028**	**70243**
北　京	3	397	310	3667	3066	69157	54169	23555	19284
天　津									
河　北									
山　西									
内蒙古									
辽　宁	1	25	23	279	260	5273	4767	1736	1592
吉　林									
黑龙江									
上　海	4	901	722	10621	8234	98931	71883	32885	25505
江　苏	2	37	58	1300	1659	15073	23445	1741	2759
浙　江	1	6	6	100	122	1933	1933	816	816
安　徽									
福　建									
江　西									
山　东	1	20	19	183	148	3050	949	1100	560
河　南									
湖　北	1	102	72	1678	1191	8320	7950	7800	5400
湖　南									
广　东	4	503	432	4508	4292	55045	45027	12412	10706
广　西									
海　南									
重　庆	1	4	4	50	50	1280	1280	303	303
四　川	1	98	79	1500	494	820	510	4680	3318
贵　州									
云　南									
西　藏									
陕　西									
甘　肃									
青　海									
宁　夏									
新　疆									

4-13 续表 3

其他餐饮业

项目	连锁总店数（个）	门店数（个）		年末从业人员（人）		年末餐饮营业面积（平方米）		年末餐位数（位）	
	2014年	2014年	2013年	2014年	2013年	2014年	2013年	2014年	2013年
全　国	**17**	**588**	**555**	**8556**	**9177**	**88279**	**84701**	**51145**	**47908**
北　京	1	31	28	550	456	4304	2943	458	286
天　津	1	7	26	89	346	500	2855	200	503
河　北									
山　西									
内蒙古									
辽　宁									
吉　林									
黑龙江									
上　海	2	142	134	3825	4394	38260	36062	36890	34692
江　苏	2	15	17	439	517	5998	6597	2954	2940
浙　江	1	12	12	463	483	3733	3275	1451	1202
安　徽									
福　建	1	145	127	530	549	452	452	205	205
江　西									
山　东									
河　南	1	6	6	81	76	3800	3800	700	700
湖　北	1	10	14	81	88	4239	5240	550	760
湖　南									
广　东	3	30	30	285	296	6606	6403	2135	1630
广　西	1	51	45	705	700	5500	4900	3450	3150
海　南									
重　庆	1	106	95	452	420	2131	1901	632	570
四　川	2	33	21	1056	852	12756	10273	1520	1270
贵　州									
云　南									
西　藏									
陕　西									
甘　肃									
青　海									
宁　夏									
新　疆									

4-14 按行业分各地区连锁餐饮企业直营门店基本情况

正餐服务

地区	门店数(个)		年末从业人员(人)		年末餐饮营业面积(平方米)		年末餐位数(位)	
	2014年	2013年	2014年	2013年	2014年	2013年	2014年	2013年
全国	**3698**	**3544**	**164201**	**181123**	**3564393**	**3424684**	**1001289**	**962558**
北京	1083	1028	51414	68951	916167	897746	295161	274589
天津	6	4	319	251	9480	6600	1710	1100
河北	6	6	965	960	24632	13780	4520	4520
山西	27	17	2513	1167	38030	15520	10504	4436
内蒙古	74	70	2053	2260	48483	53686	25611	25315
辽宁	21	21	788	1065	23137	40056	3500	4036
吉林	23	23	822	950	12946	13071	3998	4323
黑龙江	48	55	1780	1811	28314	32516	10457	12389
上海	354	360	9767	10286	128277	101938	45282	39198
江苏	61	83	1301	1345	36311	37411	10427	10677
浙江	379	394	14348	14384	486045	533712	104599	104320
安徽	171	152	6385	7087	356710	313718	41051	39498
福建	33	36	1039	1075	10723	11925	5604	6004
江西	19	20	2102	2270	44033	45233	12826	12446
山东	17	18	726	459	69820	44120	8080	5400
河南	70	70	1717	1973	68042	67622	12171	12336
湖北	141	124	11272	11298	315164	312138	102903	108109
湖南	103	107	7412	7816	102670	100470	46878	46798
广东	308	264	12994	13058	237929	220410	70538	63451
广西								
海南								
重庆	523	472	20558	18663	463864	425167	141428	140669
四川	29	30	1934	1956	34022	33818	14984	14644
贵州	18	20	870	1165	23130	26001	4143	3525
云南	11	9	269	295	9716	10216	3401	3659
西藏								
陕西	155	143	10290	9995	67255	58096	18730	18114
甘肃	4	4	248	290	2436	2436	901	901
青海								
宁夏								
新疆	14	14	315	293	7057	7278	1882	2101

4-14 续表 1

快餐服务

地　区	门店数(个)		年末从业人员(人)		年末餐饮营业面积(平方米)		年末餐位数(位)	
	2014年	2013年	2014年	2013年	2014年	2013年	2014年	2013年
全　国	**11704**	**10997**	**425585**	**436236**	**3749197**	**3521677**	**1319218**	**1237838**
北　京	2096	1981	46688	52071	570596	537762	213221	196764
天　津	490	459	22123	23492	192708	185784	58390	57123
河　北								
山　西	83	77	5786	6032	29050	26950	9130	8470
内蒙古								
辽　宁	660	615	9491	9787	241353	224870	74136	73119
吉　林								
黑龙江	20	20	1284	750	6840	8000	2000	3600
上　海	1279	1186	41560	43685	484452	437264	108355	100533
江　苏	1148	1131	65557	58331	389821	368970	130218	131119
浙　江	767	694	26934	28012	259448	245864	97503	92628
安　徽	403	275	5500	3805	87365	65831	27646	19023
福　建	337	321	13994	16097	143630	136500	33384	36411
江　西	73	64	1445	5904	28620	25920	9636	8448
山　东	356	395	18276	21149	113076	129254	42720	46918
河　南	130	122	4988	4424	41505	41163	16600	16600
湖　北	395	351	23682	21006	145516	134316	40682	36560
湖　南	215	192	11006	9680	66960	54650	28492	25562
广　东	2452	2400	94500	100200	693859	653038	287185	279999
广　西	119	80	5841	6727	31496	30880	11491	10213
海　南	5	4	213	218	1907	1480	629	489
重　庆	57	62	3014	3200	18703	19737	7200	7779
四　川	334	301	13485	12572	113256	107207	72971	39594
贵　州								
云　南	129	121	5370	5331	43576	41947	31507	31107
西　藏	3	3	52	48	450	450	135	120
陕　西	26	31	759	1116	9948	10988	4380	4490
甘　肃	33	29	2284	639	9090	7030	3185	2845
青　海								
宁　夏								
新　疆	94	83	1753	1960	25972	25822	8422	8324

4-14 续表 2

饮料及冷饮服务

地区	门店数(个)		年末从业人员(人)		年末餐饮营业面积(平方米)		年末餐位数(位)	
	2014年	2013年	2014年	2013年	2014年	2013年	2014年	2013年
全　国	**2084**	**1716**	**23825**	**19452**	**257976**	**210988**	**86840**	**70055**
北　京	397	310	3667	3066	69157	54169	23555	19284
天　津								
河　北								
山　西								
内蒙古								
辽　宁	25	23	279	260	5273	4767	1736	1592
吉　林								
黑龙江								
上　海	897	718	10596	8206	98745	71678	32850	25470
江　苏	37	58	1300	1659	15073	23445	1741	2759
浙　江	6	6	100	122	1933	1933	816	816
安　徽								
福　建								
江　西								
山　东	20	19	183	148	3050	949	1100	560
河　南								
湖　北	102	72	1678	1191	8320	7950	7800	5400
湖　南								
广　东	501	430	4498	4282	54925	44907	12392	10686
广　西								
海　南								
重　庆	1	1	24	24	680	680	170	170
四　川	98	79	1500	494	820	510	4680	3318
贵　州								
云　南								
西　藏								
陕　西								
甘　肃								
青　海								
宁　夏								
新　疆								

4-14 续表 3

其他餐饮业

地区	门店数(个)		年末从业人员(人)		年末餐饮营业面积(平方米)		年末餐位数(位)	
	2014年	2013年	2014年	2013年	2014年	2013年	2014年	2013年
全　国	**338**	**313**	**7813**	**8191**	**83187**	**78599**	**49242**	**45935**
北　京	31	28	550	456	4304	2943	458	286
天　津	6	6	72	131	350	1520	120	223
河　北								
山　西								
内蒙古								
辽　宁								
吉　林								
黑龙江								
上　海	142	133	3825	4338	38260	35952	36890	34642
江　苏	7	8	283	374	5293	5792	2444	2400
浙　江	12	12	463	483	3733	3275	1451	1202
安　徽								
福　建	3	4	406	430	400	400	82	82
江　西								
山　东								
河　南	6	6	81	76	3800	3800	700	700
湖　北	10	14	81	88	4239	5340	550	760
湖　南								
广　东	27	26	250	251	6362	6079	2025	1490
广　西	46	45	700	700	5000	4900	3200	3150
海　南								
重　庆	20	17	127	108	500	425	142	130
四　川	28	14	975	756	10946	8173	1180	870
贵　州								
云　南								
西　藏								
陕　西								
甘　肃								
青　海								
宁　夏								
新　疆								

4-15 按行业分各地区连锁餐饮企业加盟门店基本情况

正餐服务

地区	门店数(个)		年末从业人员(人)		年末餐饮营业面积(平方米)		年末餐位数(位)	
	2014年	2013年	2014年	2013年	2014年	2013年	2014年	2013年
全　国	**3261**	**3233**	**136959**	**144929**	**2310116**	**2162777**	**817287**	**853561**
北　京	131	120	11508	11171	284405	276219	46765	45046
天　津								
河　北								
山　西		14		1733		24390		6892
内蒙古	139	250	2374	3994	61174	110894	7555	14115
辽　宁								
吉　林								
黑龙江								
上　海	9	11	117	79	1272	872	596	364
江　苏								
浙　江	249	217	6841	6204	152800	133600	40530	35410
安　徽	8	11	560	605	19800	10800	2180	1880
福　建	271	261	4609	4112	68795	64280	37345	32713
江　西	20		769		689		500	
山　东								
河　南	4	5	45	61	1006	1109	367	452
湖　北	1	1	108	105	1000	1000	1058	1058
湖　南	298	262	14696	13121	269630	237250	104669	94015
广　东	70	69	3369	3809	36012	39995	8661	7891
广　西								
海　南								
重　庆	1906	1850	81262	88011	1259581	1100663	487048	528399
四　川	85	83	3160	3051	50952	51705	28426	27926
贵　州								
云　南	70	79	7541	8873	103000	110000	51587	57400
西　藏								
陕　西								
甘　肃								
青　海								
宁　夏								
新　疆								

4-15 续表 1

快餐服务

地区	门店数(个)		年末从业人员(人)		年末餐饮营业面积(平方米)		年末餐位数(位)	
	2014年	2013年	2014年	2013年	2014年	2013年	2014年	2013年
全　国	**1150**	**895**	**20809**	**14756**	**229154**	**176161**	**110081**	**81561**
北　京	133	125	2248	1846	50753	44373	17970	16592
天　津								
河　北								
山　西	5	5	115	113	2500	2500	1500	1500
内蒙古								
辽　宁								
吉　林								
黑龙江								
上　海		5		212		525		225
江　苏	199	139	3530	3466	38190	39504	15716	9491
浙　江	315	268	3976	2718	39460	27070	17650	12080
安　徽	1	1	12	14	85	85	45	45
福　建								
江　西								
山　东	45		1962		13345		4316	
河　南								
湖　北								
湖　南	5	5	270	275	2400	2400	850	850
广　东	40	4	1500	70	13995	1704	4191	434
广　西								
海　南								
重　庆								
四　川	266	224	3464	2922	48501	41000	33280	28050
贵　州								
云　南	85	68	2975	2380	12375	9900	11620	9298
西　藏								
陕　西								
甘　肃								
青　海								
宁　夏								
新　疆	56	51	757	740	7550	7100	2943	2996

4-15　续表 2

饮料及冷饮服务

地　区	门店数(个)		年末从业人员(人)		年末餐饮营业面积(平方米)		年末餐位数(位)	
	2014年	2013年	2014年	2013年	2014年	2013年	2014年	2013年
全　国	**9**	**9**	**61**	**64**	**906**	**925**	**188**	**188**
北　京								
天　津								
河　北								
山　西								
内蒙古								
辽　宁								
吉　林								
黑龙江								
上　海	4	4	25	28	186	205	35	35
江　苏								
浙　江								
安　徽								
福　建								
江　西								
山　东								
河　南								
湖　北								
湖　南								
广　东	2	2	10	10	120	120	20	20
广　西								
海　南								
重　庆	3	3	26	26	600	600	133	133
四　川								
贵　州								
云　南								
西　藏								
陕　西								
甘　肃								
青　海								
宁　夏								
新　疆								

4-15 续表 3

其他餐饮业

地　区	门店数（个）		年末从业人员（人）		年末餐饮营业面积（平方米）		年末餐位数（位）	
	2014年	2013年	2014年	2013年	2014年	2013年	2014年	2013年
全　国	**250**	**242**	**743**	**986**	**5092**	**6102**	**1903**	**1973**
北　京								
天　津	1	20	17	215	150	1335	80	280
河　北								
山　西								
内蒙古								
辽　宁								
吉　林								
黑龙江								
上　海		1		56		110		50
江　苏	8	9	156	143	705	805	510	540
浙　江								
安　徽								
福　建	142	123	124	119	52	52	123	123
江　西								
山　东								
河　南								
湖　北								
湖　南								
广　东	3	4	35	45	244	324	110	140
广　西	5		5		500		250	
海　南								
重　庆	86	78	325	312	1631	1476	490	440
四　川	5	7	81	96	1810	2000	340	400
贵　州								
云　南								
西　藏								
陕　西								
甘　肃								
青　海								
宁　夏								
新　疆								

4-16 按行业分各地区

正餐服务

地　区	商品购进总额		统一配送商品购进额		自有配送中心配送商品购进额	
	2014年	2013年	2014年	2013年	2014年	2013年
全　国	**2169966**	**2091387**	**1089328**	**985747**	**579292**	**521705**
北　京	405179	411106	273225	264800	151311	144178
天　津	1799	1427	762	839		
河　北	9801	9732	9801		9801	
山　西	8286	10603	380	834	178	230
内蒙古	86090	78196	9854	8851	1715	2963
辽　宁	31893	32275	28663	27563		
吉　林	4201	4253	4201	4253	4201	4253
黑龙江	10851	11308	10238	10490	6858	7027
上　海	74228	71987	41228	39808	17387	21862
江　苏	11989	15604	11789	15604	6196	10212
浙　江	126060	143323	105443	86038	86123	74056
安　徽	60484	45186	54028	36966	50101	33592
福　建	46123	36244	38846	28596	33307	22205
江　西	15624	13307	11025	7807	5719	6346
山　东	5818	16934	5818	1398	5818	1398
河　南	14003	15955	5423	6749	856	
湖　北	62628	69853	51851	53973	17714	20613
湖　南	52217	43052	12843	10417	9820	7651
广　东	145993	141798	110438	106858	5006	3710
广　西						
海　南						
重　庆	833476	781931	164869	158026	102015	97083
四　川	30306	30130	16424	12818	5709	6812
贵　州	6763	9561	6763	9561		
云　南	57808	35076	55511	35076		
西　藏						
陕　西	64763	58950	58730	56546	58730	56546
甘　肃	1465	1499	453	909		
青　海						
宁　夏						
新　疆	2120	2098	726	969	726	969

连锁餐饮企业经营情况

单位：万元

非自有配送中心配送商品购进额		营业额		餐费收入及商品销售额	
2014年	2013年	2014年	2013年	2014年	2013年
155510	**201719**	**4600010**	**4445820**	**4579883**	**4427725**
34653	39058	1239780	1260186	1237414	1258267
		5151	3825	5151	3824
		12058	12307	12058	12307
		16621	20459	16567	20459
369	3928	137322	162561	137322	162539
		35375	36682	35375	36652
		9335	9685	9335	9685
2589	3050	22969	24646	22968	24646
22473	16880	237302	215435	237302	215434
5331	5364	25292	25276	25271	24436
3364	2854	304494	317873	302646	317782
2445	1507	96936	80506	92994	76996
3122	4047	99993	98134	99993	98134
		32184	24323	32184	24323
		17790	17929	17789	17929
240	240	21620	22046	21149	21655
5497	5342	158199	167604	156276	165046
		219270	187319	214793	183504
20151	29289	347237	300405	344201	299493
49428	49713	1230494	1159693	1229797	1157854
5850	6006	90480	91119	89359	89430
		12623	17271	12623	17271
	34443	98495	68498	98495	68498
		122471	114318	122471	114318
		3012	3656	3012	3656
		3509	4063	3340	3585

4-16 续表 1

快餐服务

地 区	商品购进总额		统一配送商品购进额		自有配送中心配送商品购进额	
	2014年	2013年	2014年	2013年	2014年	2013年
全 国	**3365368**	**3372960**	**2780613**	**2801334**	**1319248**	**1277266**
北 京	433073	433640	419039	422465	248671	184679
天 津	326018	346266	37632	38887	2967	3019
河 北						
山 西	40265	37331	39778	36903	39778	36903
内蒙古						
辽 宁	387280	412245	331466	334807	27332	30110
吉 林						
黑龙江	5041	4811	5041	4811		
上 海	303896	268095	270228	234187	174591	145234
江 苏	321274	324954	298954	308126	157973	171876
浙 江	214698	208288	214698	208288	143434	137268
安 徽	19544	14810	19544	7529	210	169
福 建	140231	96841	98736	96841	79387	76868
江 西	28785	27875	28785	27875		
山 东	128042	150215	122710	146052		
河 南	43741	45220	36660	38138		
湖 北	38275	135680	38155	135560	13668	111817
湖 南	83723	76240	700	680		
广 东	563636	512691	532253	483601	257374	209294
广 西	19446	20470	19446	20470	19446	20470
海 南	1820	181	1820	181		
重 庆	19475	18861	19475	18861	15900	15355
四 川	165748	155284	165748	155284	89176	83049
贵 州						
云 南	50478	47577	49796	46912	27579	27063
西 藏	268	259	268	259		
陕 西	4595	5193	4118	5193	1113	3009
甘 肃	12009	12826	11617	12347	11617	12347
青 海						
宁 夏						
新 疆	14008	17109	13947	17079	9034	8738

单位：万元

非自有配送中心配送商品购进额		营业额		餐费收入及商品销售额	
2014年	2013年	2014年	2013年	2014年	2013年
425675	**508920**	**8333317**	**8040886**	**8313830**	**8022748**
58466	129233	1239102	1184016	1226252	1174208
		387412	405089	387391	405052
		63967	70681	63959	70681
		552733	557534	550980	557535
5041	4811	13670	13104	13670	13104
85438	78823	996519	937747	996519	937747
140981	136250	913393	837950	913186	834158
54020	48335	624654	568238	624271	567475
		58855	46518	58855	46518
1384	1381	202071	249268	202071	249268
	27875	55817	54482	55817	54482
		275035	283695	275035	283695
		89913	91772	89913	91772
24488	23743	312323	295622	312323	295622
		161102	157822	159026	156279
26019	25311	1706745	1645255	1705672	1643884
		71702	66821	71702	66821
1820	181	5894	5803	5894	5803
3575	3507	38801	40759	38801	40759
8126	5848	347260	312862	347260	312862
16318	15281	129844	126158	128729	126158
		467	455	467	455
		10492	12870	10492	12870
		26693	27880	26693	27880
	8341	48853	48486	48853	47661

4-16 续表 2

饮料及冷饮服务

地区	商品购进总额		统一配送商品购进额		自有配送中心配送商品购进额	
	2014年	2013年	2014年	2013年	2014年	2013年
全国	**230303**	**177081**	**207934**	**157750**	**7596**	**8711**
北京	48744	37538	45463	34413		
天津						
河北						
山西						
内蒙古						
辽宁	2585	2378	2585	2378		
吉林						
黑龙江						
上海	102218	75336	95597	69086		
江苏	6518	7606	6518	7606	6518	7606
浙江	161	83	161	83		
安徽						
福建						
江西						
山东	8621	7017	8621	7017		
河南						
湖北	11771	7769	11771	7769		
湖南						
广东	33438	26839	32985	26388	1078	1105
广西						
海南						
重庆	4233	3012	4233	3012		
四川	12013	9505				
贵州						
云南						
西藏						
陕西						
甘肃						
青海						
宁夏						
新疆						

单位：万元

非自有配送中心配送商品购进额		营业额		餐费收入及商品销售额	
2014年	2013年	2014年	2013年	2014年	2013年
106970	**76408**	**785508**	**590893**	**785441**	**590836**
		161018	115296	161018	115296
		9147	7313	9147	7314
95038	68556	339125	254243	339056	254187
		20691	24193	20691	24193
161	83	2301	2526	2301	2526
		8621	7017	8621	7016
11771	7769	39736	29098	39736	29098
		149942	111495	149942	111495
		4891	3924	4891	3924
		50038	35789	50038	35789

4-16 续表 3

其他餐饮业

地区	商品购进总额		统一配送商品购进额		自有配送中心配送商品购进额	
	2014年	2013年	2014年	2013年	2014年	2013年
全国	**68786**	**65359**	**60894**	**60243**	**27933**	**31253**
北京	5343	5438	5343	5438	5343	5438
天津	380	1213	228	701		
河北						
山西						
内蒙古						
辽宁						
吉林						
黑龙江						
上海	31216	28636	29637	28636	1579	5027
江苏	3583	3968	3474	3895	3474	3895
浙江	786	917	786	917	786	917
安徽						
福建	4897	4531				
江西						
山东						
河南	538	540	538	540		
湖北						
湖南						
广东	3559	3859	3559	3859	3076	3408
广西	7600	7300	7600	7300	7600	7300
海南						
重庆	6075	5269	6075	5269	6075	5269
四川	4808	3688	3653	3688		
贵州						
云南						
西藏						
陕西						
甘肃						
青海						
宁夏						
新疆						

单位：万元

非自有配送中心配送商品购进额		营业额		餐费收入及商品销售额	
2014年	2013年	2014年	2013年	2014年	2013年
	1462	**191372**	**180497**	**191319**	**180491**
		12924	13957	12924	13957
		1900	5997	1900	5997
		77502	73183	77502	73183
		7286	8425	7233	8418
		9183	10378	9183	10378
		6900	6590	6900	6590
		1080	1088	1080	1088
		32474	24229	32474	24229
		7257	7000	7257	7000
		15131	13602	15131	13602
		9346	8106	9346	8106
	1462	10389	7943	10389	7943

4-17 按行业分各地区

正餐服务

地 区	商品购进总额		统一配送商品购进额		自有配送中心配送商品购进额	
	2014年	2013年	2014年	2013年	2014年	2013年
全 国	**1371681**	**1365710**	**884914**	**830244**	**490484**	**447067**
北 京	356541	361453	265872	257614	150775	143633
天 津	1799	1427	762	839		
河 北	9801	9732	9801		9801	
山 西	8286	5888	380	834	178	230
内蒙古	81702	70239	6784	3292	477	707
辽 宁	31893	32275	28663	27563		
吉 林	4201	4253	4201	4253	4201	4253
黑龙江	10851	11308	10238	10490	6858	7027
上 海	74147	71877	41147	39698	17306	21752
江 苏	11989	15604	11789	15604	6196	10212
浙 江	122153	140034	101536	82749	82216	71908
安 徽	59114	43068	53792	36564	50028	33500
福 建	7071	7580	5520	5557	2779	2776
江 西	11708	13307	7109	7807	5719	6346
山 东	5818	16934	5818	1398	5818	1398
河 南	10717	12592	5423	6749	856	
湖 北	62307	69496	51530	53617	17393	20257
湖 南	24958	21720	7228	6322	5334	4437
广 东	128198	134846	93794	100822	5006	3710
广 西						
海 南						
重 庆	257021	232326	95466	89827	56480	53594
四 川	13051	12922	10443	5940	3606	3813
贵 州	6763	9561	6763	9561		
云 南	3245	4721	948	4721		
西 藏						
陕 西	64763	58950	58730	56546	58730	56546
甘 肃	1465	1499	453	909		
青 海						
宁 夏						
新 疆	2120	2098	726	969	726	969

连锁餐饮企业直营门店经营情况

单位：万元

非自有配送中心配送商品购进额		营业额		餐费收入及商品销售额	
2014年	2013年	2014年	2013年	2014年	2013年
117827	**129248**	**3045248**	**3005966**	**3026623**	**2990434**
27836	32417	1103754	1110015	1101477	1108227
		5151	3825	5151	3824
		12058	12307	12058	12307
		16621	11150	16567	11150
52	659	90189	79492	90189	79470
		35375	36682	35375	36652
		9335	9685	9335	9685
2589	3050	22969	24646	22968	24646
22473	16880	233938	214690	233938	214689
5331	5364	25292	25276	25271	24436
3364	2854	257575	272601	255727	272510
2438	1500	92890	73612	90078	71391
324	437	14362	14760	14362	14760
		20633	24323	20633	24323
		17790	17929	17789	17929
240	240	20623	21045	20153	20654
5497	5342	157526	166812	155603	164254
		63981	56730	59711	53790
20151	29289	308542	282518	305506	281606
25560	25003	364175	373364	363478	371524
1973	2127	24841	26652	23795	25231
		12623	17271	12623	17271
	4087	6016	8546	6016	8546
		122471	114318	122471	114318
		3012	3656	3012	3656
		3509	4063	3340	3585

4-17 续表 1

快餐服务

地区	商品购进总额		统一配送商品购进额		自有配送中心配送商品购进额	
	2014年	2013年	2014年	2013年	2014年	2013年
全国	**3218956**	**3245509**	**2645045**	**2684361**	**1283442**	**1239216**
北京	424088	427344	411016	417907	243894	181799
天津	326018	346266	37632	38887	2967	3019
河北						
山西	39778	36903	39778	36903	39778	36903
内蒙古						
辽宁	387280	412245	331466	334807	27332	30110
吉林						
黑龙江	5041	4811	5041	4811		
上海	303896	267942	270228	234187	174591	145234
江苏	294493	288653	279981	278350	143929	148008
浙江	184638	183564	184638	183564	128387	127673
安徽	19537	14802	19537	7521	203	161
福建	140231	96841	98736	96841	79387	76868
江西	28785	27875	28785	27875		
山东	119758	150215	114426	146052		
河南	43741	45220	36660	38138		
湖北	38275	135680	38155	135560	13668	111817
湖南	82924	75241	700	680		
广东	554781	512069	524172	483601	257374	209294
广西	19446	20470	19446	20470	19446	20470
海南	1820	181	1820	181		
重庆	19475	18861	19475	18861	15900	15355
四川	119395	111454	119395	111454	89176	83049
贵州						
云南	36622	35199	35940	34535	27579	27063
西藏	268	259	268	259		
陕西	4595	5193	4118	5193	1113	3009
甘肃	12009	12826	11617	12347	11617	12347
青海						
宁夏						
新疆	12063	15397	12017	15379	7104	7038

单位：万元

非自有配送中心配送商品购进额		营业额		餐费收入及商品销售额	
2014年	2013年	2014年	2013年	2014年	2013年
388839	**474022**	**7941797**	**7804853**	**7922320**	**7786715**
55220	127556	1213392	1166152	1200541	1156344
		387412	405089	387391	405052
		62879	69481	62879	69481
		552733	557534	550980	557535
5041	4811	13670	13104	13670	13104
85438	78823	996519	929221	995519	929221
136052	130342	833460	807280	833253	803488
39215	33401	554413	526945	554030	526182
		58814	46475	58814	46475
1384	1381	202071	249268	202071	249268
	27875	55817	54482	55817	54482
		253038	283695	253038	283695
		89913	91772	89913	91772
24488	23743	312323	295622	312323	295622
		159117	155783	157041	154240
26019	25311	1683184	1643715	1682111	1642344
		71702	66821	71702	66821
1820	181	5894	5803	5894	5803
3575	3507	38801	40759	38801	40759
8126	5848	224196	218782	224196	218782
2462	2903	94276	94382	93161	94382
		467	455	467	455
		10492	12870	10492	12870
		26693	27880	26693	27880
	8341	40524	41483	40524	40658

4-17 续表 2

饮料及冷饮服务

地区	商品购进总额		统一配送商品购进额		自有配送中心配送商品购进额	
	2014年	2013年	2014年	2013年	2014年	2013年
全国	**226873**	**174861**	**204578**	**155588**	**7596**	**8711**
北京	48744	37538	45463	34413		
天津						
河北						
山西						
内蒙古						
辽宁	2585	2378	2585	2378		
吉林						
黑龙江						
上海	101991	75134	95418	68916		
江苏	6518	7606	6518	7606	6518	7606
浙江	161	83	161	83		
安徽						
福建						
江西						
山东	8621	7017	8621	7017		
河南						
湖北	11771	7769	11771	7769		
湖南						
广东	33412	26813	32985	26388	1078	1105
广西						
海南						
重庆	1055	1020	1055	1020		
四川	12013	9505				
贵州						
云南						
西藏						
陕西						
甘肃						
青海						
宁夏						
新疆						

单位：万元

非自有配送中心配送商品购进额		营业额		餐费收入及商品销售额	
2014年	2013年	2014年	2013年	2014年	2013年
106970	**76408**	**781014**	**587673**	**780946**	**587616**
		161018	115296	161018	115296
		9147	7313	9147	7314
95038	68556	338358	253438	338289	253382
		20691	24193	20691	24193
161	83	2301	2526	2301	2526
		8621	7017	8621	7016
11771	7769	39736	29098	39736	29098
		149882	111436	149883	111435
		1223	1570	1223	1570
		50038	35789	50038	35789

4-17 续表 3

其他餐饮业

地区	商品购进总额		统一配送商品购进额		自有配送中心配送商品购进额	
	2014年	2013年	2014年	2013年	2014年	2013年
全国	**63230**	**59963**	**56576**	**55698**	**23758**	**27097**
北京	5343	5438	5343	5438	5343	5438
天津	380	1203	228	691		
河北						
山西						
内蒙古						
辽宁						
吉林						
黑龙江						
上海	31216	28131	29637	28131	1579	4522
江苏	2562	2967	2510	2941	2510	2941
浙江	786	917	786	917	786	917
安徽						
福建	3852	3726				
江西						
山东						
河南	538	540	538	540		
湖北						
湖南						
广东	3417	3678	3417	3678	3076	3408
广西	7500	7300	7500	7300	7500	7300
海南						
重庆	2964	2571	2964	2571	2964	2571
四川	4673	3492	3653	3492		
贵州						
云南						
西藏						
陕西						
甘肃						
青海						
宁夏						
新疆						

单位：万元

非自有配送中心配送商品购进额		营业额		餐费收入及商品销售额	
2014年	2013年	2014年	2013年	2014年	2013年
	1266	**181861**	**167454**	**181809**	**167446**
		12924	13957	12924	13957
		1780	2397	1780	2397
		77502	72125	77502	72125
		5600	6571	5547	6564
		9183	10378	9183	10378
		5576	5496	5576	5496
		1080	1088	1080	1088
		32474	24229	32474	24229
		6915	6563	6915	6563
		14781	13602	14781	13602
		3925	3404	3925	3404
	1266	10121	7645	10121	7645

4-18 按行业分各地区

正餐服务

地 区	商品购进总额		统一配送商品购进额		自有配送中心配送商品购进额	
	2014年	2013年	2014年	2013年	2014年	2013年
全 国	**798285**	**725677**	**204414**	**155504**	**88808**	**74638**
北 京	48638	49653	7353	7185	536	545
天 津						
河 北						
山 西		4715				
内蒙古	4388	7957	3070	5559	1238	2256
辽 宁						
吉 林						
黑龙江						
上 海	81	110	81	110	81	110
江 苏						
浙 江	3907	3288	3907	3288	3907	2149
安 徽	1370	2118	236	402	73	92
福 建	39052	28664	33326	23039	30528	19429
江 西	3916		3916			
山 东						
河 南	3286	3363				
湖 北	321	356	321	356	321	356
湖 南	27259	21332	5615	4096	4486	3214
广 东	17795	6952	16643	6036		
广 西						
海 南						
重 庆	576455	549605	69403	68199	45535	43488
四 川	17255	17208	5980	6878	2103	2999
贵 州						
云 南	54563	30356	54563	30356		
西 藏						
陕 西						
甘 肃						
青 海						
宁 夏						
新 疆						

连锁餐饮企业加盟门店经营情况

单位：万元

非自有配送中心配送商品购进额		营业额		餐费收入及商品销售额	
2014年	2013年	2014年	2013年	2014年	2013年
37683	**72471**	**1554762**	**1439854**	**1553260**	**1437292**
6817	6640	136025	150171	135937	150041
			9310		9310
317	3269	47133	83069	47133	83069
		3364	745	3364	745
		46919	45272	46919	45272
7	7	4046	6895	2915	5606
2798	3610	85631	83374	85631	83374
		11550		11550	
		996	1002	996	1002
		673	792	673	792
		155289	130589	155082	129714
		38696	17888	38696	17887
23867	24710	866319	786329	866319	786329
3877	3879	65639	64467	65564	64200
	30356	92480	59952	92480	59952

4-18 续表 1

快餐服务

地区	商品购进总额		统一配送商品购进额		自有配送中心配送商品购进额	
	2014年	2013年	2014年	2013年	2014年	2013年
全国	**146412**	**127451**	**135568**	**116973**	**35806**	**38050**
北京	8985	6296	8023	4558	4777	2880
天津						
河北						
山西	487	428				
内蒙古						
辽宁						
吉林						
黑龙江						
上海		153				
江苏	26781	36301	18973	29775	14044	23868
浙江	30061	24724	30061	24724	15048	9595
安徽	7	8	7	8	7	8
福建						
江西						
山东	8284		8284			
河南						
湖北						
湖南	799	999				
广东	8855	621	8082			
广西						
海南						
重庆						
四川	46353	43830	46353	43830		
贵州						
云南	13856	12378	13856	12378		
西藏						
陕西						
甘肃						
青海						
宁夏						
新疆	1944	1713	1930	1700	1930	1700

单位：万元

非自有配送中心配送商品购进额		营业额		餐费收入及商品销售额	
2014年	2013年	2014年	2013年	2014年	2013年
36836	**34897**	**391519**	**236034**	**391511**	**236033**
3246	1678	25711	17864	25711	17864
		1089	1200	1080	1200
			8526		8526
4929	5908	79933	30670	79934	30670
14806	14934	70241	41293	70241	41293
		41	44	41	44
		21997		21997	
		1985	2039	1985	2039
		23561	1540	23561	1540
		123064	94080	123064	94080
13856	12378	35568	31776	35568	31776
		8330	7003	8330	7003

4-18 续表 2

饮料及冷饮服务

地区	商品购进总额		统一配送商品购进额		自有配送中心配送商品购进额	
	2014年	2013年	2014年	2013年	2014年	2013年
全　国	**3429**	**2220**	**3356**	**2162**		
北　京						
天　津						
河　北						
山　西						
内蒙古						
辽　宁						
吉　林						
黑龙江						
上　海	227	202	179	170		
江　苏						
浙　江						
安　徽						
福　建						
江　西						
山　东						
河　南						
湖　北						
湖　南						
广　东	25	26				
广　西						
海　南						
重　庆	3178	1992	3178	1992		
四　川						
贵　州						
云　南						
西　藏						
陕　西						
甘　肃						
青　海						
宁　夏						
新　疆						

单位：万元

非自有配送中心配送商品购进额		营业额		餐费收入及商品销售额	
2014年	2013年	2014年	2013年	2014年	2013年
		4494	**3220**	**4494**	**3220**
		767	805	767	805
		59	60	59	60
		3668	2355	3668	2355

4-18 续表 3

其他餐饮业

地 区	商品购进总额		统一配送商品购进额		自有配送中心配送商品购进额	
	2014年	2013年	2014年	2013年	2014年	2013年
全 国	**5554**	**5397**	**4318**	**4545**	**4175**	**4157**
北 京						
天 津		10		10		
河 北						
山 西						
内 蒙 古						
辽 宁						
吉 林						
黑 龙 江						
上 海		505		505		505
江 苏	1022	1001	964	954	964	954
浙 江						
安 徽						
福 建	1045	805				
江 西						
山 东						
河 南						
湖 北						
湖 南						
广 东	142	182	142	182		
广 西	100		100		100	
海 南						
重 庆	3111	2698	3111	2698	3111	2698
四 川	135	196		196		
贵 州						
云 南						
西 藏						
陕 西						
甘 肃						
青 海						
宁 夏						
新 疆						

单位：万元

非自有配送中心配送商品购进额		营业额		餐费收入及商品销售额	
2014年	2013年	2014年	2013年	2014年	2013年
	196	**9511**	**13043**	**9511**	**13044**
		120	3600	120	3600
			1059		1059
		1685	1854	1686	1854
		1324	1094	1324	1094
		342	437	342	437
		350		350	
		5421	4701	5421	4701
	196	268	298	268	298

4-19 36城市连锁餐饮企业基本情况

地区	连锁总店数(个)	门店数(个)		年末从业人员(人)		年末餐饮营业面积(平方米)		年末餐位数(位)	
	2014年	2014年	2013年	2014年	2013年	2014年	2013年	2014年	2013年
合计	**382**	**20007**	**18403**	**704560**	**727669**	**9371236**	**8711858**	**3052107**	**2920172**
北京	84	3871	3592	116075	137561	1895382	1813212	597130	552561
天津	11	503	489	22531	24089	202688	195239	60300	58726
石家庄									
太原	3	102	97	8161	8602	62080	60440	18504	17898
呼和浩特	1	8	8	210	224	2400	2400	762	780
沈阳	8	552	529	7447	7815	212787	224810	63987	64379
大连	5	154	130	3111	3297	56976	44883	15385	14368
长春	1	23	23	822	950	12946	13071	3998	4323
哈尔滨	7	68	75	3064	2561	35154	40516	12457	15989
上海	28	2685	2418	65890	66890	751192	648544	224008	200517
南京	10	507	490	35949	29041	193851	188426	62430	60908
杭州	19	1258	1141	45228	44686	774382	772338	210799	196769
宁波	4	53	59	2378	2496	110088	112653	22817	25065
合肥	5	567	422	11430	10200	432960	353974	62287	51146
福州	5	347	332	9891	10180	122780	117117	43111	42545
厦门	8	427	405	8814	10675	91595	89890	24427	26788
南昌	6	105	77	3390	7267	58457	56268	17552	15484
济南	1	37	46	731	1437	14159	17907	4487	6050
青岛	9	401	386	20416	20319	185132	156416	51729	46828
郑州	4	134	126	5110	4713	72705	72363	17962	18242
武汉	28	630	538	35654	32373	447464	430895	144255	142074
长沙	7	502	452	24220	22002	380230	335340	135017	120573
广州	24	1673	1534	61221	69777	535773	489599	196672	188564
深圳	41	1224	1167	46642	41825	416924	393605	150768	137990
南宁	3	170	125	6546	7427	36996	35780	14941	13363
海口	1	5	4	213	218	1907	1480	629	489
重庆	26	2596	2483	105336	110344	1745559	1548748	636611	677720
成都	10	757	643	21080	18003	207121	188208	119359	78240
贵阳	2	18	20	870	1165	23130	26001	4143	3525
昆明	8	295	277	16155	16879	168667	172063	98115	101464
拉萨	1	3	3	52	48	450	450	135	120
西安	5	181	174	11049	11111	77203	69084	23110	22604
兰州	3	37	33	2532	929	11526	9466	4086	3746
西宁									
银川									
乌鲁木齐	4	114	105	2342	2565	30572	30672	10134	10334

4-20 36城市连锁餐饮企业直营门店基本情况

地区	门店数（个）		年末从业人员（人）		年末餐饮营业面积（平方米）		年末餐位数（位）	
	2014年	2013年	2014年	2013年	2014年	2013年	2014年	2013年
合　　计	**16055**	**14755**	**561993**	**582470**	**7009163**	**6585352**	**2200146**	**2054667**
北　　京	3607	3347	102319	124544	1560224	1492620	532395	490923
天　　津	502	469	22514	23874	202538	193904	60220	58446
石 家 庄								
太　　原	102	83	8161	6869	62080	36050	18504	11006
呼和浩特	8	8	210	224	2400	2400	762	780
沈　　阳	552	529	7447	7815	212787	224810	63987	64379
大　　连	154	130	3111	3297	56976	44883	15385	14368
长　　春	23	23	822	950	12946	13071	3998	4323
哈 尔 滨	68	75	3064	2561	35154	40515	12457	15989
上　　海	2672	2397	65748	66515	749734	646832	223377	199843
南　　京	507	488	35949	28954	193851	187725	62430	60708
杭　　州	878	845	35232	36638	592582	622738	155279	152609
宁　　波	50	54	2207	2306	105728	108183	21707	23535
合　　肥	558	410	10858	9581	413075	343089	60062	49221
福　　州	168	163	8200	8589	70080	66417	17711	19063
厦　　门	204	197	7160	8936	83973	81708	20538	22613
南　　昌	85	77	2621	7267	57768	56268	17052	15484
济　　南	37	46	731	1437	14159	17907	4487	6050
青　　岛	356	386	18454	20319	171787	156416	47413	46828
郑　　州	134	126	5110	4713	72705	72363	17962	18242
武　　汉	629	537	35546	32268	446464	429895	143197	141016
长　　沙	233	217	12884	12001	128200	114090	41404	38238
广　　州	1602	1463	57884	65995	500517	450280	188162	180794
深　　圳	1220	1163	46565	41743	415804	392485	150487	137709
南　　宁	165	125	6541	7427	36496	35780	14691	13363
海　　口	5	4	213	218	1907	1480	629	489
重　　庆	601	552	23723	21995	483747	446009	148940	148748
成　　都	466	400	16835	14600	134708	125096	82394	47005
贵　　阳	18	20	870	1165	23130	26001	4143	3525
昆　　明	140	130	5639	5626	53292	52163	34908	34766
拉　　萨	3	3	52	48	450	450	135	120
西　　安	181	174	11049	11111	77203	69084	23110	22604
兰　　州	37	33	2532	929	11526	9466	4086	3746
西　　宁								
银　　川								
乌鲁木齐	90	81	1742	1955	25172	25172	8134	8134

4-21 36城市连锁餐饮

地 区	门店数(个)		年末从业人员(人)	
	2014年	2013年	2014年	2013年
合 计	**3952**	**3648**	**142567**	**145199**
北 京	264	245	13756	13017
天 津	1	20	17	215
石家庄				
太 原		14		1733
呼和浩特				
沈 阳				
大 连				
长 春				
哈尔滨				
上 海	13	21	142	375
南 京		2		87
杭 州	380	296	9996	8048
宁 波	3	5	171	190
合 肥	9	12	572	619
福 州	179	169	1691	1591
厦 门	223	208	1654	1739
南 昌	20		769	
济 南				
青 岛	45		1962	
郑 州				
武 汉	1	1	108	105
长 沙	269	235	11336	10001
广 州	71	71	3337	3782
深 圳	4	4	77	82
南 宁	5		5	
海 口				
重 庆	1995	1931	81613	88349
成 都	291	243	4245	3403
贵 阳				
昆 明	155	147	10516	11253
拉 萨				
西 安				
兰 州				
西 宁				
银 川				
乌鲁木齐	24	24	600	610

企业加盟门店基本情况

年末餐饮营业面积（平方米）		年末餐位数（位）	
2014年	2013年	2014年	2013年
2362073	**2126506**	**851961**	**865505**
335158	320592	64735	61638
150	1335	80	280
	24390		6892
1458	1712	631	674
	700		200
181800	149600	55520	44160
4360	4470	1110	1530
19885	10885	2225	1925
52700	50700	25400	23482
7622	8182	3889	4175
689		500	
13345		4316	
1000	1000	1058	1058
252030	221250	93613	82335
35256	39319	8510	7770
1120	1120	281	281
500		250	
1261812	1102739	487671	528972
72413	63112	36965	31235
115375	119900	63207	66698
5400	5500	2000	2200

4-22 36城市连锁餐饮

地区	商品购进总额		统一配送商品购进额		自有配送中心配送商品购进额	
	2014年	2013年	2014年	2013年	2014年	2013年
合计	**5324102**	**5202669**	**3766988**	**3640893**	**1796298**	**1698038**
北京	892339	887721	743070	727115	405326	334294
天津	328197	348907	38622	40427	2967	3019
石家庄						
太原	47685	46672	39778	36903	39778	36903
呼和浩特	280	271	280	271		
沈阳	370820	370258	335715	335546	10377	11516
大连	50937	76640	26999	29201	16954	18595
长春	4201	4253	4201	4253	4201	4253
哈尔滨	15892	16119	15279	15301	6858	7027
上海	511558	444054	436689	371717	193557	172123
南京	136513	134794	136503	134790	108713	105300
杭州	269841	281655	257708	234320	218380	212242
宁波	21067	21676	12582	11726	11691	
合肥	74969	52143	69944	39499	46683	28764
福州	63262	63308	57536	57684	41492	38434
厦门	94682	52104	46739	45549	37895	38434
南昌	41008	37794	36410	32295	3709	4420
济南	8729	10935	8729	10935		
青岛	133753	163231	128421	143532	5818	1398
郑州	44792	48676	37711	41594		
武汉	98196	195946	97150	193473	31382	132430
长沙	127797	111333	9020	7051	9020	7051
广州	411710	374540	409333	370906	188109	151205
深圳	280096	257684	215856	197460	61376	49568
南宁	27046	27770	27046	27770	27046	27770
海口	1820	181	1820	181		
重庆	863259	809073	194652	185168	123990	117706
成都	191558	176913	177993	162344	92904	87884
贵阳	6763	9561	6763	9561		
拉萨	108285	82653	105307	81989	27579	27063
昆明	268	259	268	259		
西安	69358	64142	62848	61738	59842	59554
兰州	13474	14324	12069	13256	11617	12347
西宁						
银川						
乌鲁木齐	13947	17079	13947	17079	9034	8738

企业经营情况

单位：万元

非自有配送中心配送商品购进额		营业额		餐费收入及商品销售额	
2014年	2013年	2014年	2013年	2014年	2013年
508112	**613218**	**12735324**	**12128665**	**12704310**	**12100052**
93119	168291	2652824	2573454	2637607	2561727
		394463	414910	394442	414875
		78585	88038	78585	88038
	271	655	876	655	876
		466724	468875	455160	468845
		130531	132655	130342	132655
		9335	9685	9335	9685
7630	7860	36638	37750	36638	37750
202949	164259	1650447	1480608	1650378	1480553
27647	29462	397226	389611	397019	384979
23373	19979	788459	759762	786828	759670
		47091	49364	46707	48601
2445	1507	144792	112051	141138	108541
		104986	150080	104986	150080
4506	5428	145554	150479	145554	150479
	27875	82031	73332	82031	73332
		24079	28867	24079	28867
		277366	279774	277366	279774
		97156	98861	97156	98861
41756	36854	525771	498656	524659	497055
		360933	327444	360933	327443
19179	27899	1205253	1134527	1202434	1133779
6242	6220	841011	757636	839721	756101
		86833	80423	86833	80423
1820	181	5894	5803	5894	5803
53002	53219	1283532	1212482	1282834	1210642
8126	5848	446758	395128	445714	393791
		12623	17271	12623	17271
16318	49724	228339	194655	227224	194655
		467	455	467	455
		132962	127188	132962	127188
		29705	31536	29705	31536
	8341	46301	46429	46301	45722

4-23 36城市连锁餐饮企业

地区	商品购进总额		统一配送商品购进额		自有配送中心配送商品购进额	
	2014年	2013年	2014年	2013年	2014年	2013年
合计	**4478984**	**4443829**	**3502651**	**3438786**	**1716172**	**1629167**
北京	834716	831773	727694	715372	400013	330869
天津	328197	348897	38622	40417	2967	3019
石家庄						
太原	47685	41957	39778	36903	39778	36903
呼和浩特	280	271	280	271		
沈阳	370820	370258	335715	335546	10377	11516
大连	50937	76640	26999	29201	16954	18595
长春	4201	4253	4201	4253	4201	4253
哈尔滨	15892	16119	15279	15301	6858	7027
上海	511250	443084	436430	370932	193476	171507
南京	136513	134574	136503	134570	108713	105080
杭州	252326	269911	240194	222577	200865	200498
宁波	19419	20342	10934	10391	10250	
合肥	73592	50018	69701	39089	46603	28664
福州	57536	57684	57536	57684	41492	38434
厦门	90839	47689	43941	41939	37895	38434
南昌	37092	37794	32494	32295	3709	4420
济南	8729	10935	8729	10935		
青岛	125469	163231	120137	143532	5818	1398
郑州	44792	48676	37711	41594		
武汉	97875	195590	96829	193117	31061	132074
长沙	102257	91173	4924	4027	4924	4027
广州	394840	368257	392548	364688	188109	151205
深圳	279004	256807	215856	197460	61376	49568
南宁	26946	27770	26946	27770	26946	27770
海口	1820	181	1820	181		
重庆	280515	254778	118961	112279	75344	71520
成都	143696	131583	131036	117014	92301	86384
贵阳	6763	9561	6763	9561		
拉萨	39866	39919	36888	39255	27579	27063
昆明	268	259	268	259		
西安	69358	64142	62848	61738	59842	59554
兰州	13474	14324	12069	13256	11617	12347
西宁						
银川						
乌鲁木齐	12017	15379	12017	15379	7104	7038

直营门店经营情况

单位：万元

非自有配送中心配送商品购进额		营业额		餐费收入及商品销售额	
2014年	2013年	2014年	2013年	2014年	2013年
457521	**533839**	**11050439**	**10668223**	**11020646**	**10641027**
83056	159973	2491088	2405419	2475960	2393822
		394343	411310	394322	411275
		78585	78728	78585	78728
	271	655	876	655	876
		466724	468875	455160	468845
		130531	132655	130342	132655
		9335	9685	9335	9685
7630	7860	36638	37750	36638	37750
202949	164259	1646316	1469473	1646247	1469417
27647	29462	397226	388883	397019	384251
23373	19979	691827	690697	690196	690605
		44539	46853	44155	46089
2438	1500	140705	105113	138182	102891
		84986	130367	84986	130367
1708	1818	133213	135359	133213	135359
	27875	70481	73332	70481	73332
		24079	28867	24079	28867
		255369	279774	255369	279774
		97156	98861	97156	98861
41756	36854	525098	497864	523986	496263
		208837	200272	208837	200272
19179	27899	1168012	1117900	1165193	1117153
6242	6220	839155	755879	837865	754344
		86483	80423	86483	80423
1820	181	5894	5803	5894	5803
29135	28509	408124	419097	407427	417257
8126	5848	298543	277431	297499	276093
		12623	17271	12623	17271
2462	6990	100291	102928	99176	102928
		467	455	467	455
		132962	127188	132962	127188
		29705	31536	29705	31536
	8341	40449	41299	40449	40592

4-24 36城市连锁餐饮企业

地区	商品购进总额		统一配送商品购进额		自有配送中心配送商品购进额	
	2014年	2013年	2014年	2013年	2014年	2013年
合计	**845116**	**758842**	**264338**	**202105**	**80125**	**68869**
北京	57623	55948	15376	11743	5313	3425
天津		10		10		
石家庄						
太原		4715				
呼和浩特						
沈阳						
大连						
长春						
哈尔滨						
上海	308	970	260	785	81	615
南京		220		220		220
杭州	17515	11743	17515	11743	17515	11743
宁波	1647	1335	1647	1335	1440	
合肥	1377	2126	243	410	80	100
福州	5726	5625				
厦门	3843	4415	2798	3610		
南昌	3916		3916			
济南						
青岛	8284		8284			
郑州						
武汉	321	356	321	356	321	356
长沙	25540	20160	4096	3024	4096	3024
广州	16870	6283	16785	6217		
深圳	1092	877				
南宁	100		100		100	
海口						
重庆	582743	554296	75691	72889	48646	46186
成都	47862	45330	46957	45330	603	1500
贵阳						
拉萨	68419	42733	68419	42733		
昆明						
西安						
兰州						
西宁						
银川						
乌鲁木齐	1930	1700	1930	1700	1930	1700

加盟门店经营情况

单位：万元

非自有配送中心配送商品购进额		营业额		餐费收入及商品销售额	
2014年	2013年	2014年	2013年	2014年	2013年
50591	**79378**	**1684887**	**1460443**	**1683566**	**1459025**
10063	8318	161736	168035	161548	167905
		120	3600	120	3600
			9310		9310
		4131	11135	4131	11135
			728		728
		96632	69065	96632	69065
		2552	2511	2552	2511
7	7	4088	6938	2956	5650
		20000	19713	20000	19713
2798	3610	12342	15120	12342	15120
		11550		11550	
		21997		21997	
		673	792	673	792
		152096	127171	152096	127171
		37241	16627	37241	16627
		1856	1757	1856	1757
		350		350	
23867	24710	875408	793385	875407	793385
		148216	117697	143216	117697
13856	42733	128048	91728	123048	91728
		5851	5131	5851	5131

第五部分

连锁企业情况

5-1 销售额10亿元以上连锁零售企业

企业名称	业态	连锁商号	所在地
中国石油化工股份有限公司广东石油分公司	加油站	中国石化	广东省广州市
中国石油化工股份有限公司江苏石油分公司	加油站	中国石化	江苏省南京市
中国石油化工股份有限公司浙江石油分公司	加油站	中国石化	浙江省杭州市
苏宁电器股份有限公司	专业店	苏宁电器	江苏省南京市
中国石油化工股份有限公司山东石油分公司	加油站	中国石化	山东省济南市
中国石油化工股份有限公司北京石油分公司	加油站	中国石化	北京市
中国石油化工股份有限公司上海石油分公司	加油站	中国石化	上海市
中国石油天然气股份有限公司广东销售分公司	加油站	中国石油	广东省广州市
苏果超市有限公司	大型超市	苏果超市	江苏省南京市
中国石油化工股份有限公司安徽石油分公司	加油站	中国石化	安徽省合肥市
上海大润发有限公司	大型超市	大拇指	上海市
合肥百货大楼集团股份有限公司	百货店	合肥百大	安徽省合肥市
重庆百货大楼股份有限公司	百货店	重庆百货、商社电器、新世纪	重庆市
中国石油天然气股份有限公司江苏销售分公司	加油站	中国石油	江苏省南京市
联华超市股份有限公司	超市	联华、华联	上海市
永辉超市股份有限公司福建福州鼓楼分公司	大型超市	永辉、轩辉	福建省福州市
物美控股集团有限公司	超市	物美	北京市
武汉武商集团股份有限公司	百货店	武商	湖北省武汉市
中百控股集团股份有限公司	超市	中百	湖北省武汉市
中国石化天津石油分公司	加油站	中国石化	天津市
中国石油天然气股份有限公司重庆销售分公司	加油站	中国石油	重庆市
桐庐好邻居大药房连锁有限公司	专业店	好邻居大药房	浙江省杭州市
山东银座商城股份有限公司	百货店	银座商城	山东省济南市
广东物资集团汽车贸易公司	专业店	广物汽贸	广东省广州市
中国石油天然气股份有限公司浙江销售分公司	加油站	中国石油	浙江省杭州市
中国石油天然气股份有限公司安徽销售分公司	专业店	中国石油	安徽省合肥市
北国商城股份有限公司	百货店	北国商城	河北省石家庄市
利群集团股份有限公司	其他	利群	山东省青岛市
中国石油化工股份有限公司广东广州石油分公司	加油站	中国石化	广东省广州市
中国石油天然气股份有限公司北京销售分公司	加油站	中国石油	北京市
文峰大世界连锁发展股份有限公司南通文峰大世界	百货店	文峰大世界、文峰千家惠、文峰	江苏省南通市
北京王府井百货(集团)股份有限公司	百货店	王府井百货	北京市
锦江麦德龙现购自运有限公司	仓储会员店	麦德龙	上海市
上海老凤祥银楼有限公司	专卖店	老凤祥	上海市
华润万家有限公司	大型超市	华润万家	广东省深圳市
上海世纪联华超市发展有限公司	大型超市	世纪联华	上海市
天虹商场股份有限公司	百货店	天虹	广东省深圳市
山东潍坊百货集团股份有限公司	百货店	中百	山东省潍坊市
中国石油化工股份有限公司云南昆明石油分公司	加油站	中国石化	云南省昆明市
昆山润华商业有限公司	大型超市	大润发	江苏省苏州市
中国石油天然气股份有限公司大连销售分公司	加油站	中国石油	辽宁省大连市
安徽辉隆农资集团股份有限公司	专业店	辉隆农资	安徽省合肥市
武汉中商集团股份有限公司	大型超市	中商	湖北省武汉市
中国石油天然气股份有限公司上海销售分公司	加油站	中国石油	上海市
中国石油化工股份有限公司辽宁石油分公司	专业店	中国石化	辽宁省沈阳市
中国石油天然气股份有限公司天津销售分公司	加油站	中国石油	天津市
中国石油化工股份有限公司海南石油分公司	加油站	中国石化	海南省海口市
步步高商业连锁股份有限公司	大型超市	步步高	湖南省湘潭市

5-1 续表 1

企业名称	业态	连锁商号	所在地
中国石油化工股份有限公司深圳石油分公司	加油站	中国石化	广东省深圳市
江苏苏农农资连锁集团股份有限公司	专业店	苏农连锁	江苏省南京市
北京菜市口百货股份有限公司	专业店	菜百首饰	北京市
中国石化壳牌(江苏)石油销售有限公司	加油站	壳牌	江苏省苏州市
陕西省烟草公司西安市公司	专业店	西安烟草	陕西省西安市
重庆永辉超市有限公司	大型超市	永辉	重庆市
浙江省新华书店集团有限公司	专业店	新华书店	浙江省杭州市
郑州丹尼斯百货有限公司	大型超市	丹尼斯	河南省郑州市
中国石油化工股份有限公司湖北武汉分公司	加油站	中国石化	湖北省武汉市
中国石油天然气股份有限公司陕西西安销售分公司	专业店	中国石油	陕西省西安市
江苏凤凰出版传媒股份有限公司	专业店	新华书店	江苏省南京市
中国石化销售有限公司广西南宁石油分公司	加油站	中国石化	广西壮族自治区南宁市
安徽商之都股份有限公司	百货店	商之都	安徽省合肥市
北京苏宁云商销售有限公司	专业店	苏宁电器	北京市
中国石油化工股份有限公司福建石油分公司	加油站	中国石化	福建省福州市
中国石油天然气股份有限公司湖北武汉销售分公司	加油站	中国石油	湖北省武汉市
江苏乐天玛特商业有限公司	大型超市	乐天玛特	江苏省南通市
中国石油化工股份有限公司江西赣州石油分公司	加油站	中国石油	江西省赣州市
中国石油化工股份有限公司河北唐山石油分公司	加油站	中国石化	河北省唐山市
山东家家悦集团有限公司	超市	家家悦	山东省威海市
农工商超市(集团)有限公司	超市	农工商超市	上海市
中国石油天然气股份有限公司	加油站	中国石油	吉林省长春市
中国石油化工股份有限公司山东青岛石油分公司	加油站	中国石化	山东省青岛市
成都红旗连锁股份有限公司	超市	红旗连锁	四川省成都市
中国石油化工有限公司广东东莞石油分公司	加油站	中国石化	广东省东莞市
中国石油化工股份有限公司石家庄分公司	加油站	中国石化	河北省石家庄市
武汉屈臣氏个人用品商店有限公司	百货店	屈臣氏	湖北省武汉市
中国石油化工股份有限公司湖南长沙石油分公司	加油站	中国石化	湖南省长沙市
广州易初莲花连锁超市有限公司	大型超市	易初莲花	广东省广州市
中国石油天然气股份有限公司云南昆明销售分公司	加油站	中国石油	云南省昆明市
济南人民大润发商业有限公司	大型超市	大润发	山东省济南市
壳牌华北石油集团有限公司	加油站	壳牌	天津市
一丁集团股份有限公司	专卖店	一丁	福建省福州市
中国石油天然气股份有限公司甘肃兰州分公司	专业店	中国石油	甘肃省兰州市
路易威登(中国)商业销售有限公司	专卖店	路易威登	上海市
中国石油天然气股份有限公司渭南销售分公司	加油站	中国石油	陕西省渭南市
济南华联商厦集团股份有限公司	大型超市	华联	山东省济南市
中国石油天然气股份有限公司黑龙江哈尔滨销售分公司	加油站	中国石油	黑龙江省哈尔滨市
广州市广百股份有限公司	百货店	广百	广东省广州市
北京市大中家用电器连锁销售有限公司	专业店	大中电器	北京市
江苏五星电器有限公司	专业店	五星电器	江苏省南京市
广州市国美电器有限公司	专业店	国美电器	广东省广州市
中国石油天然气股份有限公司新疆乌鲁木齐销售公司	加油站	中国石油	新疆维吾尔自治区乌鲁木齐市
中国石油化工股份有限公司广东惠州石油分公司	加油站	中国石化	广东省惠州市
中油碧辟石油有限公司广州分公司	加油站	中油碧辟	广东省广州市
沃尔玛深国投百货有限公司	大型超市	沃尔玛	广东省深圳市
上海苏宁电器有限公司	专业店	苏宁电器	上海市
上海联家超市有限公司	大型超市	家乐福	上海市

5-1 续表 2

企业名称	业态	连锁商号	所在地
中国石油化工股份有限公司山西太原石油分公司	加油站	中国石化	山西省太原市
中国石油化工股份有限公司江西南昌石油分公司	加油站	中国石化	江西省南昌市
北京京客隆商业集团股份有限公司	超市	京客隆	北京市
新疆友好(集团)股份有限公司	超市	友好	新疆维吾尔自治区乌鲁木齐市
山东鲁花集团商贸有限公司	专业店	鲁花	山东省烟台市
武汉工贸有限公司	专业店	工贸家电	湖北省武汉市
山西美特好连锁超市有限公司	大型超市	美特好	山西省太原市
中国石油天然气股份有限公司陕西榆林销售分公司	加油站	中国石油	陕西省榆林市
中国石化森美(福建)石油有限公司泉州分公司	加油站	中国石化	福建省泉州市
山东新星集团有限公司	超市	山东新星集团	山东省淄博市
北京家乐福商业有限公司	大型超市	家乐福	北京市
江西省烟草公司赣州市公司	专业店	江西烟草	江西省赣州市
山东全福元商业集团有限责任公司总店	超市	全福元	山东省潍坊市
中国石油化工股份有限公司湖南株洲石油公司	加油站	中国石化	湖南省株洲市
广东骏和通信设备连锁销售有限公司	专业店	骏和通信	广东省广州市
中国石油化工股份有限公司江西宜春石油分公司	加油站	中国石化	江西省宜春市
深圳茂业商厦有限公司	百货店	茂业百货	广东省深圳市
中国石化销售有限公司广西桂林石油分公司	加油站	中国石化	广西壮族自治区桂林市
江西省烟草公司南昌市公司	专业店	香澄连锁	江西省南昌市
江西省烟草公司上饶分公司	专业店	江西烟草	江西省上饶市
中国石油化工股份有限公司河南南阳石油分公司	加油站	中国石化	河南省南阳市
中国石油化工股份有限公司河南洛阳石油分公司	加油站	中国石化	河南省洛阳市
中国石化销售有限公司广西柳州石油分公司	加油站	中国石化	广西壮族自治区柳州市
湖北高路油站经营有限责任公司	加油站	中国石化	湖北省武汉市
江西洪客隆百货投资有限公司	百货店	洪客隆	江西省南昌市
华润万家生活超市(广州)有限公司	大型超市	润之家、简约组合	广东省广州市
江西新华发行集团有限公司	专业店	新华书店	江西省南昌市
中国石油化工股份有限公司广东中山石油分公司	加油站	中国石化	广东省中山市
青岛维客集团股份有限公司	百货店	维客	山东省青岛市
中国石油化工股份公司江西吉安分公司	加油站	中国石化	江西省吉安市
青岛利客来集团股份有限公司	大型超市	青岛利客来集团	山东省青岛市
中国石油化工股份有限公司广东江门石油分公司	专业店	中国石化	广东省江门市
中国石油化工股份有限公司山东东营石油分公司	加油站	中国石化	山东省东营市
四川苏宁云商销售有限公司	专业店	苏宁电器	四川省成都市
长沙通程实业(集团)有限公司	专业店	通程电器	湖南省长沙市
中国石油化工股份有限公司河北沧州石油分公司	加油站	中国石化	河北省沧州市
成都国美电器有限公司	专业店	国美电器	四川省成都市
中国石油化工股份有限公司山西临汾石油分公司	加油站	中国石化	山西省临汾市
中国石油化工有限公司湖北十堰石油分公司	加油站	中国石化	湖北省十堰市
广东苏宁电器有限公司	专业店	苏宁电器	广东省广州市
中域电讯连锁集团股份有限公司	专业店	中域电讯	广东省东莞市
中国石化森美(福建)石油有限公司厦门分公司	加油站	中国石化森美	福建省厦门市
西安开元商城有限公司	百货店	西安开元商城	陕西省西安市
中国石油化工股份有限公司山东济宁石油分公司	加油站	中国石油	山东省济宁市
成都伊藤洋华堂有限公司	百货店	伊藤洋华堂	四川省成都市
国美电器有限公司	专业店	国美电器	北京市
江西省烟草公司宜春市公司	专业店	江西烟草	江西省宜春市
江西省烟草公司九江分公司	专业店	江西烟草	江西省九江市

5-1 续表 3

企业名称	业态	连锁商号	所在地
中国石油化工股份有限公司	专业店	中国石化	陕西省西安市
中国石油化工股份有限公司河北保定石油分公司	加油站	中国石化	河北省保定市
中国石油化工股份有限公司湖南岳阳石油分公司	加油站	中国石化	湖南省岳阳市
中国石油化工股份有限公司襄樊石油分公司	加油站	中国石化	湖北省襄阳市
三江购物俱乐部股份有限公司	超市	三江购物	浙江省宁波市
中国石油化工股份有限公司湖南怀化石油分公司	加油站	中国石化	湖南省怀化市
中国石油化工股份有限公司山西晋中国石油分公司	加油站	中国石化	山西省晋中市
中国石油天然气股份有限公司广东广州销售分公司	加油站	中国石油	广东省广州市
中国石化销售有限公司广西百色石油分公司	加油站	中国石化	广西壮族自治区百色市
中国石化森美(福建)石油有限公司漳州分公司	加油站	中国石化(森美)	福建省漳州市
永乐(中国)电器销售有限公司	专业店	永乐电器	上海市
新华文轩出版传媒股份有限公司	专卖店	新华文轩	四川省成都市
中国石化森美(福建)石油有限公司龙岩分公司	加油站	中国石化(森美)	福建省龙岩市
重庆渝宁苏宁电器有限公司	专业店	苏宁电器	重庆市
中国石油化工股份有限公司九江石油分公司	加油站	中国石化	江西省九江市
中国石化销售有限公司河北承德石油分公司	加油站	中国石化	河北省承德市
中国石油天然气股份有限公司新疆阿克苏销售分公司	加油站	中国石油	新疆维吾尔自治区阿克苏地区
雄风集团有限公司	百货店	雄风百货	浙江省绍兴市
中国石油化工股份有限公司河北邢台石油分公司	加油站	中国石化	河北省邢台市
中国石油化工股份有限公司广东茂名石油分公司	加油站	中国石化	广东省茂名市
中国石油化工股份有限公司河北邯郸石油分公司	加油站	中国石化	河北省邯郸市
陕西省烟草公司榆林市公司	专卖店	陕西烟草	陕西省榆林市
中国石油化工股份有限公司山东滨州石油分公司	加油站	中国石化	山东省滨州市
天津华润万家生活超市有限公司	大型超市	华润万家	天津市
中国石油天然气股份有限公司湖南长沙销售分公司	加油站	中国石油	湖南省长沙市
天盟农资连锁有限责任公司	专卖店	金沙江	云南省昆明市
北京翠微大厦股份有限公司	百货店	翠微百货	北京市
云南鸿翔一心堂药业(集团)股份有限公司	专业店	一心堂	云南省昆明市
沈阳国美电器有限公司	专业店	国美电器	辽宁省沈阳市
中国石油天然气股份有限公司辽宁锦州销售分公司	加油站	中国石油	辽宁省锦州市
山东九州商业集团有限公司	大型超市	九州集团	山东省临沂市
北京永辉超市有限公司	大型超市	永辉	北京市
中国石油化工股份有限公司湖北荆门石油分公司	加油站	中国石化	湖北省荆门市
中油股份陕西咸阳销售分公司	加油站	中国石油	陕西省咸阳市
华润万家生活超市(浙江)有限公司	大型超市	华润万家	浙江省杭州市
江西中国石化股份有限公司抚州分公司	加油站	中国石化	江西省抚州市
广东永旺天河城商业有限公司	百货店	吉之岛	广东省广州市
中国石油化工股份有限公司河北廊坊石油分公司	加油站	中国石化	河北省廊坊市
中国石油天然气股份有限公司海南销售分公司	加油站	中国石油	海南省海口市
河南大张实业有限公司	大型超市	河南大张实业	河南省洛阳市
中国石油天然气股份有限公司辽宁营口销售分公司	加油站	中国石油	辽宁省营口市
中国石油天然气股份有限公司宁夏银川销售分公司	加油站	中国石油	宁夏回族自治区银川市
江西省烟草公司抚州分公司	专业店	江西烟草	江西省抚州市
中国石油天然气股份有限公司新疆昌吉销售分公司	加油站	中国石油	新疆维吾尔自治区昌吉回族自治州
重庆新华书店集团公司	专业店	新华书店	重庆市
上海老庙黄金连锁经营有限公司	专业店	老庙黄金	上海市
中国石油天然气股份有限公司陕西宝鸡销售分公司	加油站	中国石油	陕西省宝鸡市
中国石油天然气股份有限公司新疆哈密销售分公司	加油站	中国石油	新疆维吾尔自治区哈密地区

5-1 续表 4

企业名称	业态	连锁商号	所在地
中国石油天然气股份有限公司广西南宁销售分公司	加油站	中国石油	广西壮族自治区南宁市
中国石油天然气股份有限新疆库尔勒销售分公司	加油站	中国石油	新疆维吾尔自治区巴音郭楞蒙古自治州
广州屈臣氏个人用品商店有限公司	百货店	屈臣氏	广东省广州市
陕西省烟草公司安康市公司	专卖店	陕西烟草	陕西省安康市
中国石油天然气股份有限公司陕西延安销售分公司	专业店	中国石油	陕西省延安市
中国石油天然气股份有限公司新疆喀什销售分公司	加油站	中国石油	新疆维吾尔自治区喀什地区
中国石油化工股份有限公司上饶分公司	加油站	中国石化	江西省上饶市
上海国美电器有限公司	专业店	国美电器	上海市
中国石化销售有限公司陕西宝鸡分公司	加油站	中国石化	陕西省宝鸡市
江苏新合作常客隆连锁超市有限公司	超市	新合作常客隆	江苏省苏州市
天津国美电器有限公司	专业店	国美电器	天津市
中国石油化工股份有限公司河南信阳石油分公司	加油站	中国石化	河南省信阳市
中国石油化工股份有限公司湖南常德石油分公司	专业店	中国石化	湖南省常德市
中国石油化工股份有限公司湖南永州石油分公司	加油站	中国石化	湖南省永州市
中国石油化工股份有限公司湖南石油高速分公司	加油站	中国石化	湖南省长沙市
中国石油化工股份有限公司山西吕梁石油分公司	加油站	中国石化	山西省吕梁市
中国石油天然气股份有限公司四川德阳销售分公司	加油站	中国石油	四川省德阳市
广州友谊集团股份有限公司	百货店	广州友谊	广东省广州市
中国石油化工股份有限公司重庆石油分公司	加油站	中国石化	重庆市
安徽徽商农家福有限公司	其他	农家福	安徽省合肥市
山西省烟草公司晋中市公司	专业店	陕西烟草	山西省晋中市
中国石化安徽安庆石油分公司	加油站	中国石化	安徽省安庆市
中国石油化工股份有限公司山东枣庄石油分公司	加油站	中国石油	山东省枣庄市
华联集团吉买盛购物中心有限公司	大型超市	吉买盛	上海市
广东天河城百货有限公司	百货店	天河城百货	广东省广州市
广西辉煌交通石化有限公司	加油站	中国石化	广西壮族自治区南宁市
中国石化销售有限公司广西玉林石油分公司	加油站	中国石化	广西壮族自治区玉林市
湖南省新华书店有限责任公司	专业店	新华书店	湖南省长沙市
中国石油化工股份有限公司河南平顶山石油分公司	加油站	中国石化	河南省平顶山市
中国石油天然气股份有限公司陕西汉中销售分公司	加油站	中国石油	陕西省汉中市
山西省烟草公司长治市公司	专业店	中国烟草	山西省长治市
中国石油化工股份有限公司河南三门峡石油分公司	加油站	中国石化	河南省三门峡市
中国石油天然气股份有限公司酒泉销售公司	加油站	中国石油	甘肃省酒泉市
深圳市国美电器有限公司	专业店	国美电器	广东省深圳市
中国石油天然气股份有限公司新疆克拉玛依销售分公司	加油站	中国石油	新疆维吾尔自治区克拉玛依市
中国石化森美(福建)石油有限公司南平分公司	加油站	中国石化(森美)	福建省南平市
中国石油天然气股份有限公司辽宁葫芦岛分公司	加油站	中国石油	辽宁省葫芦岛市
中国石油天然气股份有限公司辽宁抚顺销售分公司	加油站	中国石油	辽宁省抚顺市
北京沃尔玛百货有限公司	仓储会员店	沃尔玛	北京市
广州百佳超级市场有限公司	大型超市	百佳	广东省广州市
中国石油化工股份有限公司珠海石油分公司	专业店	中国石化	广东省珠海市
中国石油天然气股份有限公司山东青岛分公司	加油站	中国石油	山东省青岛市
中国石油化工股份有限公司新疆石油分公司	加油站	易捷	新疆维吾尔自治区乌鲁木齐市
湖北省十堰市寿康永乐有限公司	超市	寿康永乐	湖北省十堰市
北京超市发连锁股份有限公司	超市	超市发	北京市
中国石油化工股份有限公司福建福州分公司	加油站	中国石化	福建省福州市
中国石化销售有限公司广西钦州石油分公司	加油站	中国石化	广西壮族自治区钦州市
飒拉商业(上海)有限公司	专卖店	ZARA	上海市

5-1　续表 5

企业名称	业态	连锁商号	所在地
上海联华快客便利有限公司	便利店	快客	上海市
浙江供销超市有限公司	大型超市	浙江供销超市、供销便利、家连便利	浙江省绍兴市
陕西省烟草公司宝鸡市分公司	其他	陕西烟草	陕西省宝鸡市
湖北省新华书店(集团)有限公司	专业店	新华书店	湖北省武汉市
烟台市家家悦超市有限公司	超市	家家悦	山东省烟台市
山东银宝食品有限公司	专卖店	银宝	山东省泰安市
天津天宁苏宁电器有限公司	专业店	苏宁电器	天津市
中国石油化工股份有限公司山西长治石油分公司	加油站	中国石化	山西省长治市
江苏华润万家超市有限公司	超市	华润万家	江苏省苏州市
中国石油化工股份有限公司湖南邵阳石油分公司	加油站	中国石化	湖南省邵阳市
中国石油天然气股份有限公司辽宁丹东销售分公司	加油站	中国石油	辽宁省丹东市
中国石油化工股份有限公司广东梅州石油分公司	加油站	中国石化	广东省梅州市
枣庄贵诚集团购物中心有限公司	百货店	山东贵诚集团	山东省枣庄市
中国石化森美(福建)石油有限公司莆田分公司	加油站	中国石化	福建省莆田市
中国石化销售有限公司广西河池石油分公司	加油站	中国石化	广西壮族自治区河池市
中国石油天然气股份有限公司福建福州销售分公司	加油站	中国石油	福建省福州市
中国石化森美(福建)石油有限公司福州分公司	加油站	中国石化(森美)	福建省福州市
苏州欧尚超市有限公司	大型超市	欧尚	江苏省苏州市
江苏省苏盐连锁有限公司	专业店	苏盐连锁	江苏省南京市
重庆市国美电器有限公司	专卖店	国美电器	重庆市
中国石油化工股份有限公司河北衡水石油分公司	加油站	中国石化	河北省衡水市
中国石油天然气股份有限公司新疆伊犁销售分公司	加油站	中国石油	新疆维吾尔自治区伊犁哈萨克自治州
中国石油新疆吐鲁番销售分公司	加油站	中国石油	新疆维吾尔自治区吐鲁番地区
中国石油天然气股份有限公司甘肃天水销售分公司	加油站	中国石油	甘肃省天水市
中国石油天然气股份有限公司辽宁朝阳销售分公司	加油站	中国石油	辽宁省朝阳市
重庆和平药房连锁有限责任公司	专业店	和平药房	重庆市
中国石油天然气股份有限公司江西南昌销售分公司	加油站	中国石油	江西省南昌市
中国石油天然气股份有限公司辽宁辽阳销售分公司	加油站	中国石油	辽宁省辽阳市
广州壳牌石油化工有限公司	加油站	壳牌	广东省广州市
中国石油化工股份有限公司广东阳江分公司	加油站	中国石化	广东省阳江市
中国石油化工股份有限公司驻马店分公司	加油站	中国石化	河南省驻马店市
浙江惠多利农资连锁有限公司	专业店	惠多利	浙江省杭州市
新疆兵团农业生产资料供应公司	专业店	兵团农资	新疆维吾尔自治区乌鲁木齐市
中国石油化工股份有限公司湖南娄底石油分公司	加油站	中国石化	湖南省娄底市
中国石油天然气股份有限公司泉州销售分公司	加油站	中国石油	福建省泉州市
中国石油化工股份有限公司河南许昌石油分公司	加油站	中国石化	河南省许昌市
浙江银泰百货有限公司	百货店	银泰	浙江省杭州市
深圳市苏宁电器有限公司	专业店	苏宁电器	广东省深圳市
深圳市人人乐商业有限公司	大型超市	人人乐	广东省深圳市
话机世界通信集团股份有限公司	专业店	话机世界	浙江省杭州市
深圳市百果园实业发展有限公司	其他	百果园	广东省深圳市
中国石化销售有限公司广西贵港石油分公司	加油站	中国石化	广西壮族自治区贵港市
北京华冠商业经营股份有限公司	大型超市	北京华冠	北京市
成都家乐福超市有限公司	大型超市	家乐福	四川省成都市
周大福珠宝金行(武汉)有限公司	专卖店	周大福	湖北省武汉市
中海石油炼化惠州销售有限责任公司	专业店	中海石油	广东省惠州市
中国石化森美(福建)石油有限公司三明分公司	加油站	中国石化(森美)	福建省三明市
中国石油化工股份有限公司陕西榆林石油分公司	专业店	中国石化	陕西省榆林市

5-1　续表 6

企业名称	业态	连锁商号	所在地
中国石油天然气股份有限公司广西桂林销售分公司	加油站	中国石油	广西壮族自治区桂林市
中国石油化工股份有限公司河南商丘分公司	专业店	中国石化	河南省商丘市
阜阳华联集团股份有限公司	超市	华联	安徽省阜阳市
沈阳家乐福商业有限公司	大型超市	家乐福	辽宁省沈阳市
中国石油天然气股份有限公司山西太原销售分公司	专业店	中国石油	山西省太原市
荆门市东方百货大厦	百货店	荆门东方百货	湖北省荆门市
北京美廉美连锁商业有限公司	大型超市	美廉美	北京市
云南沃尔玛百货有限公司	大型超市	沃尔玛	云南省昆明市
银川新华百货连锁超市有限公司	大型超市	银川新华百货	宁夏回族自治区银川市
中国石油天然气股份有限公司河北石家庄销售分公司	加油站	中国石油	河北省石家庄市
中国石油天然气股份有限公司甘肃张掖销售分公司	加油站	中国石油	甘肃省张掖市
上海福满家便利有限公司	便利店	全家	上海市
中国石化销售有限公司西北新疆阿克苏分公司	加油站	中国石化	新疆维吾尔自治区阿克苏地区
中山市壹加壹连锁商业有限公司	大型超市	壹加壹	广东省中山市
中国石油天然气股份有限公司辽宁盘锦销售分公司	加油站	中国石油	辽宁省盘锦市
青岛永旺东泰商业有限公司	大型超市	永旺	山东省青岛市
中国石化销售有限公司广西梧州石油分公司	加油站	中国石化	广西壮族自治区梧州市
中国石油天然气股份有限公司辽宁阜新销售分公司	加油站	中国石油	辽宁省阜新市
中国石化湖南益阳石油分公司	加油站	中国石化	湖南省益阳市
武汉国美电器有限公司	专业店	国美电器	湖北省武汉市
湖北富迪实业有限公司	超市	富迪实业	湖北省仙桃市
辽宁成大方圆医药连锁有限公司	专业店	成大方圆	辽宁省沈阳市
中国石油化工股份有限公司湖南湘西分公司	加油站	中国石化	湖南省湘西土家族苗族自治州
深圳市恒波商业连锁股份有限公司	专业店	恒波	广东省深圳市
大参林医药集团股份有限公司	专业店	大参林	广东省广州市
泸州汇通百货股份有限公司	百货店	汇通百货	四川省泸州市
中国石油天然气股份有限公司山西晋中销售分公司	加油站	中国石油	山西省晋中市
秦皇岛中油华奥销售有限公司	加油站	中国石油	河北省秦皇岛市
中国石油天然气股份有限公司河北保定销售分公司	加油站	中国石油	河北省保定市
中国石油辽宁本溪销售分公司	加油站	中国石油	辽宁省本溪市
上海易初莲花连锁超市有限公司	大型超市	卜蜂莲花	上海市
乐天超市有限公司	大型超市	乐天玛特、乐之选	北京市
中国石油天然气股份有限公司河南洛阳销售分公司	加油站	中国石油	河南省洛阳市
昆明家乐福超市有限公司	大型超市	家乐福	云南省昆明市
中国石油天然气股份有限公司福建厦门销售分	加油站	中国石油	福建省厦门市
中国石油化工股份有限公司周口分公司	加油站	中国石化	河南省周口市
泉州新华都购物广场有限公司	大型超市	新华都	福建省泉州市
四川省汇星实业(集团)有限公司	超市	汇星超市	四川省绵阳市
中国石油天然气股份有限公司广西钦州销售分公司	加油站	中国石油	广西壮族自治区钦州市
北京稻香村食品有限责任公司	专卖店	三禾品牌	北京市
中国石油天然气股份有限公司广西玉林销售分公司	加油站	中国石油	广西壮族自治区玉林市
中国石化森美(福建)石油有限公司宁德分公司	加油站	中国石化(森美)	福建省宁德市
廊坊市明珠商业企业集团有限公司	百货店	廊坊明珠	河北省廊坊市
哈尔滨中央红集团股份有限公司	便利店	小月亮	黑龙江省哈尔滨市
东莞市大地通讯连锁服务有限公司	专业店	大地通讯	广东省东莞市
安徽永辉超市有限公司	大型超市	永辉	安徽省合肥市
黑龙江黑天鹅家电有限公司	专业店	黑天鹅	黑龙江省哈尔滨市
十堰市新合作超市有限公司	超市	新合作超市	湖北省十堰市

5-1 续表 7

企业名称	业态	连锁商号	所在地
南昌百货大楼股份有限公司	百货店	南昌百货大楼	江西省南昌市
中国石油化工股份有限公司江西新余石油分公司	加油站	中国石化	江西省新余市
中国石油天然气股份有限公司陕西安康销售分公司	加油站	中国石油	陕西省安康市
武汉苏宁电器有限公司	专业店	苏宁电器	湖北省武汉市
中国石油化工股份有限公司湖北高速公路油站管理分公司	加油站	中国石化	湖北省武汉市
深圳市亨吉利世界名表中心有限公司	专卖店	亨吉利名表	广东省深圳市
深圳市顺电连锁股份有限公司	专业店	顺电	广东省深圳市
中国石油天然气股份有限公司陕西铜川销售分公司	加油站	中国石油	陕西省铜川市
中国石化销售有限公司广西崇左石油分公司	加油站	中国石化	广西壮族自治区崇左市
北京国泰平安百货有限公司	百货店	国泰百货	北京市
华糖洋华堂商业有限公司	百货店	华堂商场	北京市
中国石油天然气股份有限公司新疆阿勒泰销售分公司	加油站	中国石油	新疆维吾尔自治区阿勒泰地区
中国石油化工股份有限公司福建泉州石油分公司	加油站	中国石化	福建省泉州市
中国石油化工股份有限公司河南新乡石油分公司	加油站	中国石化	河南省新乡市
昆明云顺和商业发展有限公司	百货店	百盛	云南省昆明市
浙江华联商厦有限公司	百货店	浙江家家福超市	浙江省宁波市
中国石化销售有限公司江西萍乡石油分公司	加油站	中国石化	江西省萍乡市
浙江华润慈客隆超市有限公司	超市	华润万家	浙江省宁波市
中国石油化工股份有限公司江西景德镇石油分公司	加油站	中国石化	江西省景德镇市
中国石油天然气股份有限公司陕西商洛销售分公司	加油站	中国石油	陕西省商洛市
烟台振华量贩超市有限公司	超市	振华量贩	山东省烟台市
山东京博新能源控股发展有限公司	加油站	京博新能源	山东省滨州市
许昌市胖东来商贸集团有限公司	大型超市	胖东来	河南省许昌市
中国石化销售有限公司广西北海石油分公司	加油站	中国石化	广西壮族自治区北海市
中国石化销售有限公司广西贺州石油分公司	加油站	中国石化	广西壮族自治区贺州市
中国石油化工股份有限公司河北秦皇岛石油分公司	加油站	中国石化	河北省秦皇岛市
苏州宏图三胞科技发展有限公司	专业店	宏图三胞	江苏省苏州市
中国石油化工股份有限公司安徽马鞍山石油分公司	加油站	中国石化	安徽省马鞍山市
中国石油天然气股份有限公司河北廊坊销售分公司	加油站	中国石油	河北省廊坊市
中国石油天然气股份有限公司广东江门销售分公司	加油站	中国石油	广东省江门市
中国石化销售有限公司广西来宾石油分公司	加油站	中国石化	广西壮族自治区来宾市
新一佳超市有限公司	大型超市	新一佳	广东省深圳市
中国石油化工股份有限公司河南开封石油分公司	加油站	中国石化	河南省开封市
中国天然气股分有限公司宁夏固原销售分公司	专业店	中国石油	宁夏回族自治区固原市
上海好德便利有限公司	便利店	好德	上海市
江苏苏盛商贸有限公司	专业店	苏盛	江苏省南京市
江西高速实业开发有限公司	加油站	中国石化	江西省南昌市
东莞市嘉荣超市有限公司	大型超市	嘉荣	广东省东莞市
浙江十足商贸有限公司	便利店	十足便利店	浙江省温州市
北京欧尚超市有限公司	大型超市	欧尚	北京市
广州市振戎燃气连锁经营有限公司	其他	振戎燃气	广东省广州市
无锡悦家商业有限公司	大型超市	家乐福	江苏省无锡市
中国石油化工股份有限公司广东粤东石油公司	专业店	中国石化	广东省汕头市
中国石油化工股份有限公司陕西汉中石油分公司	加油站	中国石化	陕西省汉中市
沃尔玛(江苏)商业零售有限公司	大型超市	沃尔玛	江苏省南京市
中国石油天然气股份有限公司河北邯郸销售分公司	加油站	中国石油	河北省邯郸市

5-1 续表 8

企业名称	业态	连锁商号	所在地
中国石油天然气股份有限公司河北邢台销售分公司	加油站	中国石油	河北省邢台市
深圳市百佳华百货有限公司	百货店	百佳华百货	广东省深圳市
北京首商集团股份有限公司西单商场	百货店	西单商场	北京市
大庆市庆客隆连锁商贸有限公司	超市	庆客隆	黑龙江省大庆市
沃尔玛(湖北)商业零售有限公司	大型超市	沃尔玛	湖北省武汉市
中国石化江西鹰潭石油分公司	加油站	中国石化	江西省鹰潭市
浙江上百贸易有限公司	百货店	上百贸易	浙江省绍兴市
中国石油天然气股份有限公司河南周口销售分公司	加油站	中国石油	河南省周口市
天津劝宝超市有限责任公司	超市	劝宝	天津市
湖南家润多超市有限公司	其他	家润多	湖南省长沙市
上海可的便利店有限公司	便利店	可的	上海市
中国石油湖北十堰销售分公司	加油站	中国石油	湖北省十堰市
西安民生集团股份有限公司	百货店	西安民生	陕西省西安市
中国石油化工股份有限公司广东云浮石油分公司	加油站	中国石化	广东省云浮市
青岛国美电器有限公司	专业店	国美电器	山东省青岛市
北京屈臣氏个人用品连锁商店有限公司	超市	屈臣氏	北京市
银川新华百货东桥电器有限公司	专业店	新华百货东桥电器	宁夏回族自治区银川市
联盛商业连锁股份有限公司	大型超市	联盛	江西省九江市
北京同仁堂连锁药店有限责任公司	专业店	同仁堂	北京市
孩子王儿童用品(中国)有限公司	百货店	孩子王	江苏省南京市
深圳岁宝百货有限公司	百货店	岁宝百货	广东省深圳市
重庆重客隆超市连锁有限责任公司	超市	重客隆	重庆市
合肥悦家商业有限公司	大型超市	家乐福	安徽省合肥市
中国石油化工股份有限公司新疆巴州石油分公司	加油站	中国石化	新疆维吾尔自治区巴音郭楞蒙古自治州
中国石油天然气股份有限公司河北张家口销售分公司	加油站	中国石油	河北省张家口市
北京迪信通电子通信技术有限公司	专业店	北京迪信通	北京市
福建苏宁云商商贸有限公司	专卖店	苏宁电器	福建省福州市
青岛鲁宁苏宁电器有限公司	专业店	苏宁电器	山东省青岛市
中国石油天然气股份有限公司河北秦皇岛销售分公司	加油站	中国石油	河北省秦皇岛市
江西鹏润国美电器有限公司	专业店	国美电器	江西省南昌市
西亚和美商业股份有限公司	大型超市	西亚和美	河南省信阳市
中国石油天然气股份有限公司广西梧州销售分公司	加油站	中国石油	广西壮族自治区梧州市
上海新欧尚超市有限公司	大型超市	欧尚	上海市
武汉市南浦食品有限责任公司	专业店	南浦	湖北省武汉市
宁波欧尚超市有限公司	大型超市	欧尚	浙江省宁波市
大连国美电器有限公司	专业店	国美电器	辽宁省大连市
北京宜家家居有限公司	家居建材商店	宜家家居	北京市
永旺华南商业有限公司	大型超市	永旺	广东省深圳市
美克美家家具连锁有限公司	专卖店	美克美家	新疆维吾尔自治区乌鲁木齐市
浙江诸暨第一百货有限公司	超市	诸暨一百	浙江省绍兴市
上海欧尚超市有限公司	大型超市	欧尚	上海市
中国石油天然气股份有限公司福建省漳州销售分公司	加油站	中国石油	福建省漳州市
中国石油天然气股份有限公司河南许昌销售分公司	加油站	中国石油	河南省许昌市
北京市上品商业发展有限责任公司	折扣店	上品折扣	北京市
广东赛壹便利店有限公司	便利店	7-ELEVEN	广东省广州市
上海古今内衣有限公司	专卖店	古今内衣	上海市
广东龙粤通信设备集团有限公司	专业店	龙粤通信	广东省广州市

5-1　续表 9

企业名称	业态	连锁商号	所在地
中国石油化工股份有限公司新疆哈密石油分公司	加油站	中国石化	新疆维吾尔自治区哈密地区
新疆国美电器有限公司	专业店	国美电器	新疆维吾尔自治区乌鲁木齐市
中国石油河北唐山销售分公司	加油站	中国石油	河北省唐山市
昆明国美电器有限公司	专业店	国美电器	云南省昆明市
中国石油化工股份有限公司陕西咸阳石油分公司	加油站	中国石化	陕西省咸阳市
中国石油化工股份有限公司陕西渭南石油公司	加油站	中国石化	陕西省渭南市
中国石油天然气股份有限公司湖南销售常德分公司	加油站	中国石油	湖南省常德市
上海屈臣氏日用品有限公司	百货店	屈臣氏	上海市
广州家广超市有限公司	大型超市	家乐福	广东省广州市
中国石油天然气股份有限公司广东肇庆分公司	加油站	中国石油	广东省肇庆市
江苏雅家乐集团有限公司	超市	雅家乐	江苏省盐城市
呼伦贝尔友谊有限责任公司	百货店	友谊超市	内蒙古自治区呼伦贝尔市
福州国美电器有限公司	专卖店	国美电器	福建省福州市
中国石油天然气股份有限公司广西柳州销售分公司	加油站	中国石油	广西壮族自治区柳州市
上海来伊份食品连锁经营有限公司	专业店	来伊份	上海市
大连沈大苏宁电器有限公司	专业店	苏宁电器	辽宁省大连市
中国石油天然气股份有限公司山东枣庄销售分公司	加油站	中国石油	山东省枣庄市
深圳市海王星辰医药有限公司	专业店	海王星辰	广东省深圳市
新疆维吾尔自治区伊犁哈萨克自治州烟草公司	专卖店	新疆烟草	新疆维吾尔自治区伊犁哈萨克自治州
上海易买得超市有限公司	大型超市	易买得超市	上海市
上海亚一金店有限公司	专业店	亚一	上海市
哈尔滨家乐福超市有限公司	大型超市	家乐福	黑龙江省哈尔滨市
河南省国美电器有限公司	专业店	国美电器	河南省郑州市
中国石油天然气股份有限公司甘肃临夏销售分公司	加油站	中国石油	甘肃省临夏回族自治州
河南永乐生活电器有限公司	专业店	永乐电器	河南省郑州市
上海伍缘现代杂货有限公司	超市	伍缘	上海市
东莞市时尚电器有限公司	专业店	时尚电器	广东省东莞市
湖南邵阳中油销售有限公司	加油站	中国石油	湖南省邵阳市
十堰天海贸易有限公司	加油站	湖北天海石油	湖北省十堰市
北京壳牌石油有限公司	加油站	壳牌石油	北京市
北京崇德商贸有限公司	专业店	崇德商贸	北京市
沃尔玛(深圳)百货有限公司	大型超市	沃尔玛	广东省深圳市
湖南新一佳商业投资有限公司	大型超市	新一佳超市	湖南省长沙市
成都市人人乐商业有限公司	大型超市	人人乐	四川省成都市
上海迪亚零售有限公司	折扣店	迪亚	上海市
中国石油天然气股份有限公司新疆和田销售分公司	加油站	中国石油	新疆维吾尔自治区和田地区
深圳岁宝连锁商业发展有限公司	百货店	岁宝连锁	广东省深圳市
辽宁华润万家生活超市有限公司	大型超市	华润万家	辽宁省沈阳市
武汉汉福超市有限公司	大型超市	家乐福	湖北省武汉市
上海新华传媒连锁有限公司	专卖店	新华书店	上海市
广州友谊班尼路服饰有限公司	专卖店	友谊班尼路	广东省广州市
浙江华通医药股份有限公司	专业店	浙江华通医药连锁	浙江省绍兴市
中国石油化工股份有限公司河南鹤壁石油分公司	加油站	中国石化	河南省鹤壁市
广州市好又多百货商业广场有限公司	大型超市	好又多	广东省广州市
秦皇岛市兴龙广缘商厦有限公司	大型超市	广缘超市	河北省秦皇岛市
三联商社股份有限公司	专业店	三联商社	山东省济南市
中国石油化工股份有限公司新疆喀什石油分公司	加油站	中国石化	新疆维吾尔自治区喀什地区

5-1 续表 10

企业名称	业态	连锁商号	所在地
中国石油天然气股份有限公司山西长治销售分公司	加油站	中国石油	山西省长治市
中国石油天然气股份有限公司广东茂名销售分公司	加油站	中国石油	广东省茂名市
南昌市天虹商场有限公司	百货店	天虹	江西省南昌市
贵州合力购物有限责任公司	超市	合力超市	贵州省贵阳市
湖南国美电器有限公司	专业店	国美电器	湖南省长沙市
湖北世纪愿景商贸有限公司	专卖店	周黑鸭	湖北省武汉市
江西省烟草公司鹰潭市公司	专业店	江西烟草	江西省鹰潭市
中油碧辟石油有限公司惠州分公司	加油站	中油碧辟	广东省惠州市
安徽五星电器有限公司	专业店	五星电器	安徽省合肥市
博马努瓦服饰商贸(上海)有限公司	专卖店	Cache-cache	上海市
中油碧辟石油有限公司江门分公司	加油站	中油碧辟	广东省江门市
上海太平洋百货有限公司	百货店	太平洋百货	上海市
山西省太原唐久超市有限公司	便利店	唐久便利	山西省太原市
贵阳苏宁云商销售有限公司	专业店	苏宁电器	贵州省贵阳市
中国石油天然气股份有限公司广西河池销售分公司	加油站	中国石油	广西壮族自治区河池市
中国天然气股份有限公司江西鹰潭销售分公司	加油站	中国石油	江西省鹰潭市
中国石油天然气股份有限公司河北衡水销售分公司	加油站	中国石油	河北省衡水市
天津市人人乐商业有限公司	大型超市	人人乐	天津市
益丰大药房连锁股份有限公司	专业店	益丰大药房	湖南省常德市
安徽省金润商贸有限公司	超市	安徽金润	安徽省合肥市
中国石油天然气股份有限公司山西销售侯马分公司	加油站	中国石油	山西省临汾市
成都舞东风连锁超市有限责任公司	便利店	舞东风	四川省成都市
深圳汇骏服装有限公司	专卖店	G2000	广东省深圳市
宁波市北仑加贝购物俱乐部(普通合伙)	超市	加贝	浙江省宁波市
中国石油天然气股份有限公司广西百色销售分公司	加油站	中国石油	广西壮族自治区百色市
沃尔玛(北京)商业零售有限公司	大型超市	沃尔玛	北京市
中国石油化工股份有限公司湖南张家界石油分公司	加油站	中国石化	湖南省张家界市
柒一拾壹(北京)有限公司	便利店	7-ELEVEN	北京市
上海捷强烟草糖酒(集团)连锁有限公司	专业店	捷强	上海市
重庆家乐福商业有限公司	大型超市	家乐福	重庆市
浙江汇德隆实业集团有限公司	大型超市	汇德隆	浙江省杭州市
云南苏宁电器有限公司	专业店	苏宁电器	云南省昆明市
深圳家乐福商业有限公司	大型超市	家乐福	广东省深圳市
上海三枪(集团)有限公司	专卖店	三枪	上海市
心连心集团有限公司	超市	心连心集团	湖南省湘潭市
大连金玛超市连锁有限公司	大型超市	金玛超市	辽宁省大连市
北京鑫方盛五金交电有限公司	专业店	鑫方盛五金交电	北京市
青岛屈臣氏个人用品商店有限公司	超市	屈臣氏	山东省青岛市
中国石油天然气股份有限公司河南南阳销售分公司	加油站	中国石油	河南省南阳市
无印良品(上海)商业有限公司	专卖店	无印良品MUJI	上海市
华润潍坊远东医药有限公司	专业店	远东平民大药房	山东省潍坊市
永辉超市河南有限公司	大型超市	永辉	河南省郑州市
安徽省安德利百货股份有限公司	百货店	安德利	安徽省合肥市
洛阳丹尼斯量贩有限公司	大型超市	丹尼斯	河南省洛阳市
中国石油天然气股份有限公司黑龙江鹤岗销售分公司	加油站	中国石油	黑龙江省鹤岗市
中国石油天然气股份有限公司甘肃金昌销售分公司	加油站	中国石油	甘肃省金昌市
曼卡龙珠宝股份有限公司	专业店	曼卡龙珠宝	浙江省杭州市

5-1　续表 11

企业名称	业态	连锁商号	所在地
中国石化股份有限公司广东汕尾石油分公司	加油站	中国石化	广东省汕尾市
迪卡侬(北京)体育用品有限公司	专业店	迪卡侬	北京市
江苏大众医药连锁有限公司	专业店	大众医药	江苏省无锡市
上海永乐通讯设备有限公司	专业店	永乐	上海市
浙江东兴商厦股份有限公司	超市	东兴商厦	浙江省嘉兴市
安徽国生电器有限责任公司	专业店	国生电器	安徽省合肥市
上海良友金伴便利连锁有限公司	便利店	良友金伴	上海市
中国石油天然气股份有限公司湖南株洲销售分公司	加油站	中国石油	湖南省株洲市
哈药集团医药有限公司	专业店	人民同泰	黑龙江省哈尔滨市
中国石油天然气股份有限公司湖南永州销售分公司	加油站	中国石油	湖南省永州市
中国石油天然气股份有限公司湖南怀化销售分	加油站	中国石油	湖南省怀化市
宁波新江厦连锁超市有限公司	超市	新江厦	浙江省宁波市
苏州悦家超市有限公司	大型超市	家乐福	江苏省苏州市
北京易初莲花连锁超市有限公司	大型超市	易初莲花	北京市
凉山州达达商贸有限责任公司	超市	凉山州达达商贸	四川省凉山彝族自治州
广州摩登百货股份有限公司	百货店	摩登百货	广东省广州市
湖南佳惠百货有限责任公司	大型超市	佳惠百货	湖南省怀化市
中国石油天然气股份有限公司新疆塔城销售公司	加油站	中国石油	新疆维吾尔自治区塔城地区
新疆中国石化基钰化工销售有限公司	加油站	中国石化	新疆维吾尔自治区乌鲁木齐市
浙江人本超市有限公司	大型超市	人本超市	浙江省温州市
安徽省徽商红府连锁超市有限责任公司	超市	红府超市	安徽省合肥市
大连沃尔玛百货有限公司	大型超市	沃尔玛	辽宁省大连市
衢州东方商厦有限公司	超市	衢老大	浙江省衢州市
昆明百货大楼(集团)珠宝经营有限公司	专业店	昆明百货大楼	云南省昆明市
中国石油天然气股份有限公司河北沧州销售分公司	加油站	中国石油	河北省沧州市
上海家得利超市有限公司	超市	家得利	上海市
云南东骏药业有限公司	专业店	东骏药业	云南省昆明市
南通文峰电器销售有限公司	专业店	文峰	江苏省南通市
中油碧辟石油有限公司深圳分公司	加油站	中油碧辟	广东省深圳市
中国石油天然气股份有限公司湖南益阳销售分公司	加油站	中国石油	湖南省益阳市
沈阳苏宁电器有限公司	专业店	苏宁	辽宁省沈阳市
通用磨坊贸易(上海)有限公司	专卖店	哈根达斯	上海市
南昌洪城大厦股份有限公司	百货店	洪城大厦	江西省南昌市
大同市华林有限责任公司	百货店	华林	山西省大同市
株洲东都步步高商业连锁有限责任公司	大型超市	步步高商业	湖南省株洲市
湖北良品铺子食品有限公司	专业店	良品铺子	湖北省武汉市
新疆爱家超市集团有限公司	大型超市	爱家	新疆维吾尔自治区乌鲁木齐市
中国石油天然气股份有限公司湖南岳阳销售分公司	加油站	中国石油	湖南省岳阳市
安徽金华联投资股份有限公司	超市	金华联	安徽省安庆市
山西华宇商业发展股份有限公司	百货店	华宇	山西省太原市
上海丽婴房婴童用品有限公司	专卖店	丽婴房、宝贝可爱	上海市
中国石油天燃气股份有限公司福建龙岩销售分公司	加油站	中国石油	福建省龙岩市
浙江三江购物有限公司	超市	浙江三江购物	浙江省杭州市
山东苏宁电器有限公司	专业店	苏宁电器	山东省济南市
广州市新大新有限公司	百货店	新大新	广东省广州市
宝大祥青少年儿童购物(集团)有限公司	百货店	宝大祥	上海市

5-2 100门店以上连锁零售企业

企业名称	业态	连锁商号	所在地
雅芳(中国)有限公司	专卖店	AVON雅芳	广东省广州市
安徽辉隆农资集团股份有限公司	专业店	辉隆农资	安徽省合肥市
浙江驰骋控股有限公司	其他	左邻右舍、生活驿站	浙江省衢州市
中国石油化工股份有限公司山东石油分公司	加油站	中国石化	山东省济南市
联华超市股份有限公司	超市	联华、华联	上海市
重庆桐君阁大药房连锁有限责任公司	专业店	桐君阁大药房	重庆市
浙江供销超市有限公司	大型超市	浙江供销超市、供销便利、家连便利	浙江省绍兴市
中国石油化工股份有限公司广东石油分公司	加油站	中国石化	广东省广州市
中国石油化工股份有限公司江苏石油分公司	加油站	中国石化	江苏省南京市
苏果超市有限公司	大型超市	苏果超市	江苏省南京市
中国石油化工股份有限公司浙江石油分公司	加油站	中国石化	浙江省杭州市
云南鸿翔一心堂药业(集团)股份有限公司	专业店	一心堂	云南省昆明市
江苏苏农农资连锁集团股份有限公司	专业店	苏农连锁	江苏省南京市
安徽徽商农家福有限公司	其他	农家福	安徽省合肥市
浙江惠多利农资连锁有限公司	专业店	惠多利	浙江省杭州市
云阳县腾龙商贸有限公司	超市	腾龙超市	重庆市县
上海联华快客便利有限公司	便利店	快客	上海市
苏宁电器股份有限公司	专业店	苏宁电器	江苏省南京市
新疆兵团农业生产资料供应公司	专业店	兵团农资	新疆维吾尔自治区乌鲁木齐市
成都红旗连锁股份有限公司	超市	红旗连锁	四川省成都市
上海古今内衣有限公司	专卖店	古今内衣	上海市
宜宾绿源食品有限公司	超市	宜宾绿源食品	四川省宜宾市
中国石油化工股份有限公司安徽石油分公司	加油站	中国石化	安徽省合肥市
中域电讯连锁集团股份有限公司	专业店	中域电讯	广东省东莞市
湖北良品铺子食品有限公司	专业店	良品铺子	湖北省武汉市
十足集团股份有限公司	便利店	十足、之上	浙江省杭州市
浙江十足商贸有限公司	便利店	十足	浙江省温州市
江西煌上煌集团食品有限公司	专卖店	煌上煌	江西省南昌市
中国石油天然气股份有限公司广东销售分公司	加油站	中国石油	广东省广州市
中百控股集团股份有限公司	超市	中百	湖北省武汉市
江苏新合作常客隆连锁超市有限公司	超市	新合作常客隆	江苏省苏州市
大连金玛超市连锁有限公司	大型超市	金玛超市	辽宁省大连市
上海来伊份食品连锁经营有限公司	专业店	来伊份	上海市
上海福满家便利有限公司	便利店	全家	上海市
金华市华洲连锁超市有限公司	专业店	华洲	浙江省金华市
文峰大世界连锁发展股份有限公司南通文峰大世界	百货店	文峰大世界、文峰千家惠、文峰	江苏省南通市
上海好德便利有限公司	便利店	好德	上海市
山西省太原唐久超市有限公司	便利店	唐久便利	山西省太原市
上海可的便利店有限公司	便利店	可的	上海市
湖南汇丰年农资连锁超市股份有限公司	专业店	汇丰年农资	湖南省株洲市
宁夏中农金合农业生产资料有限责任公司	其他	中农金合	宁夏回族自治区银川市
中国石油天然气股份有限公司江苏销售分公司	加油站	中国石油	江苏省南京市
重庆和平药房连锁有限责任公司	专业店	和平药房	重庆市
深圳虎威制衣有限公司广州分公司	专卖店	佐丹奴	广东省广州市
绵阳太极大药房连锁有限责任公司	专业店	绵阳太极大药房	四川省绵阳市
深圳市百果园实业发展有限公司	其他	百果园	广东省深圳市
江苏苏盛商贸有限公司	专业店	苏盛	江苏省南京市

5-2 续表 1

企业名称	业态	连锁商号	所在地
辽宁成大方圆医药连锁有限公司	专业店	成大方圆	辽宁省沈阳市
湖州老大房超市有限公司	超市	湖州老大房超市	浙江省湖州市
山西金虎便利连锁股份有限公司	便利店	山西金虎便利	山西省太原市
福建华祥苑茶业有限公司	专卖店	华祥苑	福建省厦门市
山东潍坊百货集团股份有限公司	百货店	中百	山东省潍坊市
成都舞东风连锁超市有限责任公司	便利店	舞东风	四川省成都市
绍兴大通超市有限公司	超市	大通超市	浙江省绍兴市
云南健之佳连锁健康药房有限公司	专业店	健之佳	云南省昆明市
利群集团股份有限公司	其他	利群	山东省青岛市
阜阳华联集团股份有限公司	超市	阜阳华联	安徽省阜阳市
博马努瓦服饰商贸(上海)有限公司	专卖店	Cache-cache	上海市
中国石油化工股份有限公司上海石油分公司	加油站	中国石化	上海市
深圳市南北医药有限公司	专业店	南北医药	广东省深圳市
山东家家悦集团有限公司	超市	家家悦	山东省威海市
广东赛壹便利店有限公司	便利店	7-ELEVEN	广东省广州市
湘乡市振兴连锁超市有限责任公司	超市	振兴连锁超市	湖南省湘潭市
中国石油化工股份有限公司北京石油分公司	加油站	中国石化	北京市
天津劝宝超市有限责任公司	超市	劝宝	天津市
中国石油天然气股份有限公司重庆销售分公司	加油站	中国石油	重庆市
上海复美益星大药房连锁有限公司	专业店	上海复美益星	上海市
重庆鑫斛药房连锁有限公司	专业店	鑫斛药庄	重庆市
四川省互惠商业责任有限公司	超市	互惠商业	四川省成都市
江苏省苏盐连锁有限公司	专业店	苏盐连锁	江苏省南京市
杭州华辰连锁超市有限公司	超市	杭州华辰连锁超市	浙江省杭州市
中国石油天然气股份有限公司安徽销售分公司	专业店	中国石油	安徽省合肥市
深圳汇骏服装有限公司	专卖店	G2000	广东省深圳市
农工商超市(集团)有限公司	超市	农工商超市	上海市
上海良友金伴便利连锁有限公司	便利店	良友金伴	上海市
辽宁亿家商业集团有限公司	超市	亿家	辽宁省鞍山市
瑞安市五洲超市连锁有限公司	超市	五洲超市	浙江省温州市
浙江诸暨第一百货有限公司	超市	诸暨一百	浙江省绍兴市
山东新星集团有限公司	超市	山东新星集团	山东省淄博市
重庆市万州区福意百货有限公司	超市	福意百货	重庆市
中国石油天然气股份有限公司浙江销售分公司	加油站	中国石油	浙江省杭州市
上海捷强烟草糖酒(集团)连锁有限公司	专业店	捷强	上海市
湖南绝味食品股份有限公司	专卖店	绝味	湖南省长沙市
上海伍缘现代杂货有限公司	超市	伍缘	上海市
上海好药师大药房连锁有限公司	专业店	好药师大药房	上海市
漯河双汇商业连锁有限公司	专卖店	双汇	河南省漯河市
青岛利客来集团股份有限公司	大型超市	青岛利客来集团	山东省青岛市
四川省汇星实业(集团)有限公司	超市	汇星超市	四川省绵阳市
重庆津科农业有限责任公司	专业店	津科农业	重庆市
益丰大药房连锁股份有限公司	专业店	益丰大药房	湖南省常德市
广州友谊班尼路服饰有限公司	专卖店	友谊班尼路	广东省广州市
舟山市民生商厦有限责任公司	超市	台客隆	浙江省舟山市
话机世界通信集团股份有限公司	专业店	话机世界	浙江省杭州市

5-2 续表 2

企业名称	业态	连锁商号	所在地
杭州萧山农业生产资料有限公司	专业店	萧农	浙江省杭州市
湖南千金金沙大药房零售连锁有限公司	专业店	千金大药房	湖南省长沙市
北京吴裕泰茶业股份有限公司	专卖店	吴裕泰茶业	北京市
北京福兰德连锁超市	超市	福兰德	北京市
江苏阿仕顿服饰有限公司	专卖店	阿仕顿男装	江苏省苏州市
上海迪亚零售有限公司	折扣店	迪亚	上海市
重庆市万州区江南医药有限公司	专业店	江南医药	重庆市
中石化天津石油分公司	加油站	中国石化	天津市
上海梅林正广和便利连锁有限公司	便利店	光明、正广和	上海市
浙江省新华书店集团有限公司	专业店	新华书店	浙江省杭州市
广西一心医药集团有限责任公司	专业店	广西一心医药	广西壮族自治区南宁市
天津津工超市有限责任公司	超市	津工	天津市
重庆绝味食品销售有限公司	专卖店	绝味	重庆市
开县孙氏商贸有限责任公司	其他	渝开心连心超市	重庆市县
四川省神龙医药连锁有限公司	专业店	天府神龙	四川省德阳市
郏县万客来商贸有限公司	超市	万客来超市	河南省平顶山市
通用磨坊贸易(上海)有限公司	专卖店	哈根达斯	上海市
广州屈臣氏个人用品商店有限公司	百货店	屈臣氏	广东省广州市
山东银宝食品有限公司	专卖店	银宝	山东省泰安市
湖北富迪实业有限公司	超市	湖北富迪实业	湖北省仙桃市
重庆市新大兴爱家商业连锁有限公司	超市	爱家超市	重庆市
物美控股集团有限公司	超市	物美	北京市
新华文轩出版传媒股份有限公司	专卖店	新华文轩	四川省成都市
哈药集团医药有限公司	专业店	人民同泰	黑龙江省哈尔滨市
中国石油化工股份有限公司海南石油分公司	加油站	中国石化	海南省海口市
中国石油天然气股份有限公司大连销售分公司	加油站	中国石油	辽宁省大连市
四川富江超市连锁有限责任公司	超市	富江超市	四川省德阳市
深圳市海王星辰医药有限公司	专业店	海王星辰	广东省深圳市
江苏海王星辰健康药房连锁有限公司	专业店	海王星辰	江苏省苏州市
江苏通联农资连锁有限公司	专业店	通联农资	江苏省南通市
宁波开开便利超市连锁有限公司	便利店	开开便利	浙江省宁波市
厦门鑫福客商贸有限公司	便利店	见福	福建省厦门市
中国石油化工股份有限公司广东广州石油分公司	加油站	中国石化	广东省广州市
上海雷允上药品连锁经营有限公司	专业店	雷允上	上海市
永辉超市股份有限公司福建福州鼓楼分公司	大型超市	永辉、轩辉	福建省福州市
玉溪家佳购物超市有限公司	超市	玉溪家佳购物超市	云南省玉溪市
北京隆华顺平副食品批发中心	便利店	隆华顺平	北京市
河北国大连锁商业有限公司	便利店	36524	河北省石家庄市
深圳市卡尔丹顿服饰股份有限公司	厂家直销中心	卡尔丹顿、GENTLE	广东省深圳市
广州喜市多便利连锁有限公司	便利店	喜事多	广东省广州市
中国石油化工股份有限公司江西赣州石油分公司	加油站	中国石油	江西省赣州市
中国石油化工股份有限公司福建石油分公司	加油站	中国石化	福建省福州市
北京味多美食品有限责任公司	专卖店	味多美	北京市
广西鸿翔一心堂药业有限责任公司	专业店	一心堂	广西壮族自治区南宁市
老百姓大药房连锁有限公司	专业店	老百姓大药房	湖南省长沙市
华润万家有限公司	大型超市	华润万家	广东省深圳市

5-2 续表 3

企业名称	业态	连锁商号	所在地
哈尔滨中央红集团股份有限公司	便利店	小月亮	黑龙江省哈尔滨市
北京港佳好邻居连锁便利店有限责任公司	便利店	好邻居连锁	北京市
怀化阳光苗苗孕婴童连锁有限公司	专卖店	阳光苗苗	湖南省怀化市
浙江来伊份食品有限公司	专业店	来伊份	浙江省杭州市
江山市新红塔商贸有限公司	超市	江山市新红塔商贸	浙江省衢州市
杭州余杭禹倡商厦有限公司	超市	杭州余杭禹倡商厦	浙江省杭州市
浙江刘氏工贸有限公司	其他	0570	浙江省衢州市
重庆百货大楼股份有限公司	百货店	重庆百货、商社电器、新世纪	重庆市
中国石油化工股份有限公司石家庄分公司	加油站	中国石化	河北省石家庄市
北京京客隆商业集团股份有限公司	超市	京客隆	北京市
台州人本十足便利店有限公司	便利店	台州人本十足便利店	浙江省台州市
湖北世纪愿景商贸有限公司	专卖店	周黑鸭	湖北省武汉市
大足唯一食品有限公司	其他	唯一	重庆市
中国石油化工股份有限公司山东青岛石油分公司	加油站	中国石化	山东省青岛市
新疆兵团农五师农业生产资料公司	专业店	五师农资	新疆维吾尔自治区博尔塔拉蒙古自治州
南京市江宁区土产棉麻有限公司	百货店	岗山超市	江苏省南京市
浙江兴泰隆商业有限公司	超市	兴泰隆	浙江省丽水市
河南思达连锁商业有限公司	超市	河南正道思达	河南省郑州市
大连海王星辰医药有限公司	专业店	海王星辰	辽宁省大连市
江西黄庆仁栈华氏大药房有限公司	专业店	黄庆仁	江西省南昌市
中国石油化工股份有限公司河北保定石油分公司	加油站	中国石化	河北省保定市
中国石油天然气股份有限公司	加油站	中国石油	吉林省长春市
中国石油化工股份有限公司湖北武汉分公司	加油站	中国石化	湖北省武汉市
中国石油化工股份有限公司河北唐山石油分公司	加油站	中国石化	河北省唐山市
吉林大药房药业股份有限公司	专业店	吉林大药房	吉林省长春市
北京金凤成祥食品有限责任公司	专业店	金凤成祥	北京市
合肥采蝶轩企业管理服务有限公司	专卖店	采蝶轩	安徽省合肥市
中国石油天然气股份有限公司天津销售分公司	加油站	中国石油	天津市
大参林医药集团股份有限公司	专业店	大参林	广东省广州市
襄阳天济大药房连锁有限责任公司	专业店	襄阳天济大药房	湖北省襄阳市
浙江江南大厦股份有限公司	超市	江南大厦	浙江省嘉兴市
云南之佳便利店有限公司	便利店	之佳便利	云南省昆明市
浙江雄城商贸股份有限公司	超市	雄城	浙江省绍兴市
上海华氏大药房有限公司	专业店	上海华氏大药房	上海市
中国石油化工股份有限公司河南洛阳石油分公司	加油站	中国石化	河南省洛阳市
江苏超越超市连锁发展有限公司	超市	江苏超越	江苏省南通市
广州市宝生园有限公司	其他	宝生园	广东省广州市
深圳市马天奴服装专卖连锁企业有限公司	专卖店	马天奴	广东省深圳市
旺苍县粮贸超市连锁有限责任公司	超市	粮贸超市	四川省广元市
云南东骏药业有限公司	专业店	东骏药业	云南省昆明市
天津华润超级市场有限公司	便利店	华润	天津市
广东万宁连锁商业有限公司	百货店	万宁	广东省广州市
大连联华快客中山便利商业有限公司	便利店	联华快客	辽宁省大连市
青岛同方药业连锁有限公司	专业店	同方药业	山东省青岛市
北京张一元茶叶有限责任公司	专卖店	张一元	北京市
宁波市北仑加贝购物俱乐部(普通合伙)	超市	加贝	浙江省宁波市

5-2 续表 4

企业名称	业态	连锁商号	所在地
中山市中智大药房连锁有限公司	专业店	中智	广东省中山市
西安怡康医药连锁有限责任公司	专业店	西安怡康医药	陕西省西安市
中国石油化工股份有限公司山西临汾石油分公司	加油站	中国石化	山西省临汾市
深圳市八马茶业连锁有限公司	专卖店	八马茶业	广东省深圳市
重庆市万和药房连锁有限公司	专业店	万和	重庆市
荣昌县老百姓副食超市	超市	老百姓	重庆市县
哈尔滨乾坤医药连锁有限公司	专业店	乾坤	黑龙江省哈尔滨市
山东统一银座商业有限公司	超市	统一银座	山东省济南市
嘉兴市万寿堂医药连锁有限公司	专业店	万寿堂	浙江省嘉兴市
深圳市中联大药房有限公司	专业店	中联大药房	广东省深圳市
重庆丰谷农资荣昌连锁超市有限公司	其他	丰谷农资	重庆市县
中国石油化工股份有限公司襄樊石油分公司	加油站	中国石化	湖北省襄阳市
深圳市亨吉利世界名表中心有限公司	专卖店	亨吉利名表	广东省深圳市
中山市华润万家便利超市有限公司	便利店	华润万家	广东省中山市
天盟农资连锁有限责任公司	专卖店	金沙江	云南省昆明市
中国石油化工股份有限公司广东江门石油分公司	专业店	中国石化	广东省江门市
中石化壳牌(江苏)石油销售有限公司	加油站	中石化壳牌	江苏省苏州市
中国石油化工股份有限公司山西长治石油分公司	加油站	中国石化	山西省长治市
玉山县家润佳超市连锁有限公司	便利店	家润佳	江西省上饶市
无锡市天信农资有限公司	专业店	阳羡天信	江苏省无锡市
杭州蜂之语健康食品有限公司	专卖店	蜂之语	浙江省杭州市
广州市海王星辰医药连锁有限公司	专业店	海王医药	广东省广州市
舞钢市万客来量贩	超市	万客来	河南省平顶山市
湖南诺舟大药房连锁有限公司	专业店	诺舟大药房	湖南省长沙市
重庆市万州区中兴医药有限责任公司	专业店	中兴医药	重庆市
中国石油化工股份有限公司河北邯郸石油分公司	加油站	中国石化	河北省邯郸市
合肥百货大楼集团股份有限公司	百货店	合肥百大	安徽省合肥市
柒一拾壹(北京)有限公司	便利店	7-ELEVEN	北京市
河北德仁堂大药房连锁有限公司	专业店	德仁堂	河北省张家口市
四川天寿药业有限公司	专业店	天寿药房	四川省泸州市
烟台市家家悦超市有限公司	超市	家家悦	山东省烟台市
柳州百草堂医药连锁有限责任公司	专业店	百草堂	广西壮族自治区柳州市
中国石油化工股份有限公司云南昆明石油分公司	加油站	中国石化	云南省昆明市
郑州丹尼斯百货有限公司	大型超市	郑州丹尼斯	河南省郑州市
国药控股国大药房山西益源连锁有限公司	专业店	益源	山西省太原市
石家庄新兴药房连锁有限公司	专业店	新兴	河北省石家庄市
北京屈臣氏个人用品连锁商店有限公司	超市	屈臣氏	北京市
苏州来伊份食品有限公司	专卖店	来伊份	江苏省苏州市
深圳市恒波商业连锁股份有限公司	专业店	恒波	广东省深圳市
广西联华超市股份有限公司	超市	联华超市	广西壮族自治区柳州市
杭州海王星辰健康药房有限公司	专业店	海王星辰	浙江省杭州市
四川省老邻居商贸连锁有限责任公司	超市	老邻居连锁	四川省成都市
中国石油天然气股份有限公司上海销售分公司	加油站	中国石油	上海市
步步高商业连锁股份有限公司	大型超市	步步高商业	湖南省湘潭市
浙江上百贸易有限公司	百货店	上百贸易	浙江省绍兴市
中国石油化工股份有限公司湖南长沙石油分公司	加油站	中国石化	湖南省长沙市

5-2 续表 5

企业名称	业态	连锁商号	所在地
中国石油化工股份有限公司广东惠州石油分公司	加油站	中国石化	广东省惠州市
北京金象大药房医药连锁有限责任公司	专业店	金象大药房	北京市
宁海县小小食品超市有限公司	超市	小小	浙江省宁波市
中国石化销售有限公司广西南宁石油分公司	加油站	中国石化	广西壮族自治区南宁市
北京稻香村食品有限责任公司	专卖店	三禾品牌	北京市
浙江万客隆商贸有限公司	超市	永客隆、万客缘	浙江省丽水市
中国石油化工股份有限公司河北衡水石油分公司	加油站	中国石化	河北省衡水市
株洲奥湘鞋业营销有限公司	专卖店	奥康皮鞋	湖南省株洲市
重庆医药合川医药有限责任公司	专业店	合川医药	重庆市
青岛屈臣氏个人用品商店有限公司	超市	屈臣氏	山东省青岛市
北京农业生产资料有限公司	专业店	首都农资	北京市
沈阳红太阳大药房连锁有限公司	专业店	红太阳大药房	辽宁省沈阳市
重庆市合川区国泰生化药品有限责任公司	专业店	国泰	重庆市
中国石油天然气股份有限公司北京销售分公司	加油站	中国石油	北京市
盘锦阳光大药房医药连锁有限公司	专业店	盘锦阳光大药房	辽宁省盘锦市
溧阳市扬子广场有限公司	超市	扬子广场	江苏省常州市
嘉兴禾丰农业生产资料有限公司	专业店	禾丰农资	浙江省嘉兴市
厦门向阳坊食品有限公司	专业店	厦门向阳坊食品	福建省厦门市
华润万家生活超市(广州)有限公司	大型超市	润之家、简约组合	广东省广州市
漳州金正农农化有限公司	专业店	金正农	福建省漳州市
中国石油化工股份公司江西吉安分公司	加油站	中国石化	江西省吉安市
中国石油化工股份有限公司山东济宁石油分公司	加油站	中国石化	山东省济宁市
一丁集团股份有限公司	专卖店	一丁	福建省福州市
金华市太和堂医药连锁有限公司	专业店	太和堂	浙江省金华市
周大福珠宝金行(武汉)有限公司	专卖店	周大福	湖北省武汉市
十堰市新合作超市有限公司	超市	新合作超市	湖北省十堰市
中国石油化工股份有限公司河北沧州石油分公司	加油站	中国石化	河北省沧州市
中国石油化工股份有限公司湖南株洲石油公司	加油站	中国石化	湖南省株洲市
肇庆天天邦建医药连锁有限公司	专业店	天天邦建	广东省肇庆市
重庆市江津区新联佳商贸有限责任公司	超市	新联佳	重庆市
成都市青羊区红旗连锁有限公司	超市	红旗连锁	四川省成都市
沈阳东北大药房连锁店	专业店	东北大药房	辽宁省沈阳市
中国石油天然气股份有限公司黑龙江哈尔滨销售分公	加油站	中国石油	黑龙江省哈尔滨市
深圳市一致医药连锁有限公司	专业店	国大药房、一致药店	广东省深圳市
北京迪信通电子通信技术有限公司	专业店	北京迪信通	北京市
重庆市合川区金利医药贸易有限公司	其他	金利	重庆市
云南白药大药房有限公司	专业店	云南白药	云南省昆明市
河南张仲景大药房股份有限公司	专业店	张仲景	河南省郑州市
深圳市庄信实业有限公司	其他	百里臣	广东省深圳市
深圳市瑞草堂药业有限公司	专业店	瑞草堂	广东省深圳市
柳州桂中大药房连锁有限责任公司	专业店	桂中大药房	广西壮族自治区柳州市
甘肃众友医药连锁有限公司	专卖店	众友药业	甘肃省兰州市
中国石化销售有限公司河北承德石油分公司	加油站	中国石化	河北省承德市
上海屈臣氏日用品有限公司	百货店	屈臣氏	上海市
中国石油天然气股份有限公司陕西西安销售分公司	专业店	中国石油	陕西省西安市
上海喜士多便利连锁有限公司	便利店	喜事多	上海市

5-2 续表 6

企业名称	业态	连锁商号	所在地
国药控股国大药房上海国大药房连锁有限公司	专业店	国大药房	上海市
广东济和堂药业连锁有限公司	其他	济和堂	广东省广州市
广东赛壹便利店有限公司深圳分公司	便利店	7-ELEVEN	广东省深圳市
好药师大药房连锁有限公司	专业店	好药师大药房	湖北省武汉市
龙浩天地股份有限公司	专卖店	龙浩	广东省深圳市
虎彩文化用品有限公司	专卖店	虎彩	广东省东莞市
四川德仁堂连锁有限公司	专业店	四川德仁堂	四川省成都市
中国石油化工有限公司广东东莞石油分公司	加油站	中国石化	广东省东莞市
河南省博农食品股份有限公司	专业店	博农冷鲜肉	河南省焦作市
博士眼镜连锁股份有限公司	专卖店	博士眼镜	广东省深圳市
永嘉奥康鞋业营销有限公司	专卖店	奥康	浙江省温州市
新疆百草堂医药连锁经销有限公司	专业店	百草堂	新疆维吾尔自治区乌鲁木齐市
乌鲁木齐市好幸福超市有限公司	便利店	每日每夜	新疆维吾尔自治区乌鲁木齐市
新疆康宁医药连锁有限责任公司	专业店	康宁医药	新疆维吾尔自治区巴音郭楞蒙古自治州
中国石油化工股份有限公司湖北荆门石油分公司	加油站	中国石化	湖北省荆门市
广西康全药业连锁有限公司	专业店	康全药业	广西壮族自治区南宁市
兰州惠仁堂药业连锁有限公司	专卖店	惠仁堂药业	甘肃省兰州市
中国石油化工股份有限公司山西晋中石油分公司	加油站	中国石化	山西省晋中市
杭州惠耳听力技术设备有限公司	专业店	惠耳听力	浙江省杭州市
中国石油化工股份有限公司河南南阳石油分公司	加油站	中国石化	河南省南阳市
四川圣杰药业有限公司	专业店	四川圣杰	四川省泸州市
中国石化销售有限公司广西桂林石油分公司	加油站	中国石化	广西壮族自治区桂林市
中国石油天然气股份有限公司河北保定销售分公司	加油站	中国石油	河北省保定市
中石化森美(福建)石油有限公司泉州分公司	加油站	中国石化	福建省泉州市
中国石油化工股份有限公司河南新乡石油分公司	加油站	中国石化	河南省新乡市
北京超市发连锁股份有限公司	超市	超市发	北京市
上海大润发有限公司	大型超市	大拇指	上海市
中国石油化工股份有限公司湖南常德石油分公司	专业店	中国石化	湖南省常德市
张家港市新百信超市连锁经营有限公司	超市	新百信	江苏省苏州市
中国石油化工股份有限公司江西宜春石油分公司	加油站	中国石化	江西省宜春市
中国石油化工股份有限公司湖南邵阳石油分公司	加油站	中国石化	湖南省邵阳市
广东物资集团汽车贸易公司	专业店	广物汽贸	广东省广州市
东莞市大地通讯连锁服务有限公司	专业店	大地通讯	广东省东莞市
重庆市涪陵医药总公司	专业店	桐君阁大药房	重庆市
成都市成华区红旗连锁有限公司	超市	红旗连锁	四川省成都市
中国石油化工股份有限公司河北邢台石油分公司	加油站	中国石化	河北省邢台市
上海真维斯服饰有限公司	专卖店	真维斯	上海市
宁波海王星辰健康药房有限公司	专业店	海王星辰	浙江省宁波市
常山县青草地超市	便利店	青草地超市	浙江省衢州市
中石化森美(福建)石油有限公司南平分公司	加油站	中国石化(森美)	福建省南平市
江苏真维斯服饰有限公司	专卖店	真维斯	江苏省南京市
山东银座商城股份有限公司	百货店	银座商城	山东省济南市
国药控股国大药房河南连锁有限公司	专业店	国大药房	河南省平顶山市
湖南六三六连锁管理有限公司	专卖店	湖南六三六	湖南省长沙市
桂林市华荣自选商店有限责任公司	便利店	华荣	广西壮族自治区桂林市
四川鸿翔一心堂医药连锁有限公司	专业店	四川鸿翔一心堂	四川省攀枝花市

5-2 续表 7

企业名称	业态	连锁商号	所在地
北京同仁堂连锁药店有限责任公司	专业店	同仁堂	北京市
北京嘉事堂连锁药店有限责任公司	专业店	嘉事堂	北京市
辽宁天士力大药房连锁有限公司	专业店	天士力	辽宁省沈阳市
中国石油化工股份有限公司深圳石油分公司	加油站	中国石化	广东省深圳市
四川美迪大药房连锁有限公司	专业店	美迪大药房	四川省德阳市
贵州福安康连锁有限公司	专业店	福安康连锁	贵州省贵阳市
中国石油化工股份有限公司河南信阳石油分公司	加油站	中国石化	河南省信阳市
新疆普济堂医药零售连锁有限公司	专业店	普济堂	新疆维吾尔自治区乌鲁木齐市
浙江雅莹时装销售有限公司	专卖店	雅莹时装	浙江省嘉兴市
中国石油河北唐山销售分公司	加油站	中国石油	河北省唐山市
江苏大众医药连锁有限公司	专业店	大众医药	江苏省无锡市
博兴县兴农农资连锁有限公司	专业店	兴农农资	山东省滨州市
茂名市大参林连锁药店有限公司	专卖店	茂名大参林	广东省茂名市
重庆重客隆超市连锁有限责任公司	超市	重客隆	重庆市
重庆聚富再生资源有限公司	专业店	聚富再生资源	重庆市
中国石油化工股份有限公司山西吕梁石油分公司	加油站	中国石化	山西省吕梁市
中石化森美(福建)石油有限公司龙岩分公司	加油站	中石化(森美)	福建省龙岩市
邯郸市阳光超市有限公司	超市	阳光超市	河北省邯郸市
江西中石化股份有限公司抚州分公司	加油站	中国石化	江西省抚州市
上海家得利超市有限公司	超市	家得利	上海市
中石化森美(福建)石油有限公司漳州分公司	加油站	中石化(森美)	福建省漳州市
北京红科国际贸易有限公司	专卖店	北京红科	北京市
北京一手店食品有限公司	专业店	一手店	北京市
江西新华发行集团有限公司	专业店	新华书店	江西省南昌市
贵州吉大夫药房连锁有限公司	专业店	吉大夫	贵州省黔东南苗族侗族自治州
中国石油天然气股份有限公司辽宁营口销售分公司	加油站	中国石油	辽宁省营口市
中国石油化工股份有限公司上饶分公司	加油站	中国石化	江西省上饶市
宜昌市北山商业连锁有限责任公司	超市	北山	湖北省宜昌市
海南广安堂药品店超市连锁经营有限公司	专业店	广安堂	海南省海口市
江苏先声连锁店有限公司	专业店	先声再康	江苏省南京市
广东爱心大药房连锁有限公司	专业店	爱心	广东省韶关市
四川阳光盛源商业有限公司	超市	阳光盛源	四川省德阳市
贵州芝林大药房零售连锁有限公司	专业店	贵州芝林大药房	贵州省贵阳市
云南玉溪百信商贸集团有限公司	超市	云南玉溪百信	云南省玉溪市
中油股份陕西咸阳销售分公司	加油站	中国石油	陕西省咸阳市
江苏大德生药房连锁有限公司	专业店	大德生	江苏省扬州市
中国石油化工股份有限公司山东滨州石油分公司	加油站	中国石化	山东省滨州市
中石化工股份有限公司广东肇庆石油分公司	专业店	中国石化	广东省肇庆市
重庆新华书店集团公司	专业店	新华书店	重庆市
太极集团四川德阳荣升药业有限公司	专业店	太极大药房	四川省德阳市
辽宁福缘堂大药房连锁有限公司	专卖店	福缘堂大药房	辽宁省鞍山市
江苏五星电器有限公司	专业店	五星电器	江苏省南京市
苏州可的便利店有限公司	便利店	可的	江苏省苏州市
中国石油化工股份有限公司周口分公司	加油站	中国石化	河南省周口市
湖南养天和大药房企业集团有限公司	专业店	养天和大药房	湖南省长沙市
成都红艳超市有限公司	超市	成都红艳超市	四川省成都市

5-2 续表 8

企业名称	业态	连锁商号	所在地
中国石油化工股份有限公司河北廊坊石油分公司	加油站	中国石化	河北省廊坊市
江苏占姆士纺织有限公司	专卖店	占姆士	江苏省南通市
三江购物俱乐部股份有限公司	超市	三江购物	浙江省宁波市
浙江瑞人堂医药连锁有限公司	专业店	瑞人堂	浙江省台州市
河南家天下商贸有限公司	超市	家天下	河南省鹤壁市
四川海王星辰健康药房有限公司	专业店	海王星辰	四川省成都市
中国石油天然气股份有限公司河北邢台销售分公司	加油站	中国石油	河北省邢台市
山西荣华大药房连锁有限公司	专业店	荣华	山西省太原市
雄风集团有限公司	百货店	雄风百货	浙江省绍兴市
中国石油化工股份有限公司湖南永州石油分公司	加油站	中国石化	湖南省永州市
中国石油化工股份有限公司广东茂名石油分公司	加油站	中国石化	广东省茂名市
中国石油天然气股份有限公司河北石家庄销售分公司	加油站	中国石油	河北省石家庄市
张家口市华佗药房连锁有限公司	专业店	华佗药房	河北省张家口市
浙江元祖食品有限公司	专卖店	元祖食品	浙江省杭州市
湖南芝林大药房零售连锁有限公司	专业店	特格尔芝林大药房	湖南省长沙市
贵州省百汇超市有限责任公司	超市	百汇超市	贵州省毕节市
无印良品(上海)商业有限公司	专卖店	无印良品MUJI	上海市
中国石油化工股份有限公司九江石油分公司	加油站	中国石化	江西省九江市
山东京博新能源控股发展有限公司	加油站	京博新能源	山东省滨州市
中油碧辟石油有限公司广州分公司	加油站	中油碧辟	广东省广州市
东莞市嘉祥通讯有限公司	专业店	中域电讯	广东省东莞市
贵州鸿翔一心堂医药连锁有限公司	专业店	鸿翔一心堂	贵州省黔西南布依族苗族自治州
银川新华百货连锁超市有限公司	大型超市	银川新华百货	宁夏回族自治区银川市
中卫市兴拓农业生产资料有限责任公司	其他	兴拓农资	宁夏回族自治区中卫市
河北神威大药房连锁有限公司	专业店	河北神威	河北省石家庄市
深圳市伊丝艾拉服饰有限公司	专卖店	伊丝艾拉	广东省深圳市
中国石油天然气股份有限公司渭南销售分公司	加油站	中国石油	陕西省渭南市
常州市恒泰医药连锁有限公司	专业店	恒泰医药	江苏省常州市
中国石油天然气股份有限公司山东青岛分公司	加油站	中国石油	山东省青岛市
成都市锦江区红旗连锁有限公司	便利店	红旗连锁	四川省成都市
泸州宝光药房连锁有限公司	专业店	宝光连锁	四川省泸州市
中国石油化工股份有限公司山西太原石油分公司	加油站	中国石化	山西省太原市
泉州市东南医药连锁有限公司	专业店	泉州市东南医药	福建省泉州市
济宁市广联医药连锁有限公司	专业店	广联	山东省济宁市
中国石油化工股份有限公司河南商丘分公司	专业店	中国石化	河南省商丘市
成都利民药业连锁有限公司	专业店	成都利民药业连锁	四川省成都市
飒拉商业(上海)有限公司	专卖店	ZARA	上海市
中国石油天然气股份有限公司泉州销售分公司	加油站	中国石油	福建省泉州市
中国石油天然气股份有限公司新疆阿克苏销售分公司	加油站	中国石油	新疆维吾尔自治区阿克苏地区
浙江华联商厦有限公司	百货店	浙江家家福超市	浙江省宁波市
抚州华民康大药房连锁有限公司	专业店	华民康	江西省抚州市
青岛胶南医药有限公司	其他	青岛海岸大药房	山东省青岛市
中国石油化工股份有限公司河南平顶山石油分公司	加油站	中国石化	河南省平顶山市
中国石油天然气股份有限公司湖北武汉销售分公司	加油站	中国石油	湖北省武汉市
广东新华发行集团股份有限公司	其他	广东新华	广东省广州市

5-3 营业额亿元以上连锁餐饮企业

名称	所属行业	连锁商号	所在地
百胜餐饮(广东)有限公司	快餐服务	百胜餐饮	广东省广州市
上海必胜客有限公司	快餐服务	必胜客	上海市
杭州肯德基有限公司	快餐服务	肯德基	浙江省杭州市
百胜餐饮(沈阳)有限公司	快餐服务	肯德基、必胜客	辽宁省沈阳市
北京必胜客比萨饼有限公司	正餐服务	必胜客	北京市
上海统一星巴克咖啡有限公司	饮料及冷饮服务	星巴克	上海市
重庆秦妈餐饮管理有限公司	正餐服务	秦妈餐饮	重庆市
北京肯德基有限公司	快餐服务	肯德基	北京市
南京肯德基有限公司	快餐服务	肯德基	江苏省南京市
天津肯德基有限公司	快餐服务	肯德基	天津市
广东三元麦当劳食品有限公司	快餐服务	麦当劳	广东省广州市
上海肯德基有限公司	快餐服务	肯德基	上海市
北京麦当劳食品有限公司	快餐服务	麦当劳	北京市
重庆陶然居饮食文化(集团)股份有限公司	正餐服务	陶然居	重庆市
百胜餐饮(武汉)有限公司	快餐服务	肯德基	湖北省武汉市
重庆德庄酒店管理有限公司	正餐服务	德庄火锅	重庆市
青岛肯德基有限公司	快餐服务	肯德基	山东省青岛市
百胜餐饮(深圳)有限公司	快餐服务	肯德基	广东省深圳市
呷哺呷哺餐饮管理有限公司	快餐服务	呷哺呷哺	北京市
苏州肯德基有限公司	快餐服务	肯德基	江苏省苏州市
海鸿达(北京)餐饮管理有限公司	正餐服务	海底捞火锅	北京市
大娘水饺餐饮集团股份有限公司	快餐服务	大娘水饺	江苏省常州市
上海麦当劳食品有限公司	快餐服务	麦当劳	上海市
北京星巴克咖啡有限公司	饮料及冷饮服务	星巴克	北京市
麦当劳餐厅(深圳)有限公司	快餐服务	麦当劳	广东省深圳市
北京吉野家快餐有限公司	快餐服务	吉野家、DQ	北京市
四川德克士食品开发有限公司	快餐服务	德克士炸鸡	四川省成都市
百胜餐饮成都有限公司	快餐服务	肯德基	四川省成都市
中国全聚德(集团)股份有限公司	正餐服务	全聚德、丰泽园、四川饭店、仿膳饭庄	北京市
眉州东坡餐饮管理(北京)有限公司	正餐服务	眉州东坡	北京市
长沙肯德基有限公司	快餐服务	肯德基	湖南省长沙市
花之林餐饮管理(湖南)有限公司	正餐服务	花之林	湖南省长沙市
无锡肯德基有限公司	快餐服务	肯德基	江苏省无锡市
广东星巴克咖啡有限公司	饮料及冷饮服务	星巴克	广东省广州市
重庆兴红得聪餐饮管理有限公司	正餐服务	乡村基	重庆市
昆明大滇园有限公司	正餐服务	大滇园	云南省昆明市
广州真功夫快餐连锁管理有限公司	快餐服务	真功夫	广东省广州市
天津麦当劳食品有限公司	快餐服务	麦当劳	天津市
重庆和之吉饮食文化有限公司	正餐服务	和之吉	重庆市
厦门肯德基有限公司	快餐服务	肯德基	福建省厦门市
百胜餐饮(西安)有限公司	正餐服务	百胜餐饮	陕西省西安市
浙江凯旋门澳门豆捞控股集团有限公司	正餐服务	澳门豆捞	浙江省杭州市
湖南餐谋天下餐饮管理有限公司	正餐服务	餐谋天下	湖南省长沙市
重庆骑龙饮食文化有限责任公司	正餐服务	骑龙	重庆市
深圳面点王饮食连锁有限公司	快餐服务	面点王	广东省深圳市
重庆佳永小天鹅餐饮有限公司	正餐服务	佳永小天鹅	重庆市
内蒙古小尾羊餐饮连锁股份有限公司	正餐服务	小尾羊	内蒙古自治区包头市
深圳真功夫餐饮管理有限公司	快餐服务	真功夫	广东省深圳市
郑州肯德基有限公司	快餐服务	肯德基	河南省郑州市

5-3　续表 1

名称	所属行业	连锁商号	所在地
安徽蜀王饮食服务有限责任公司	正餐服务	蜀王	安徽省合肥市
津味(上海)餐饮管理有限公司	其他餐饮业	85°C	上海市
浙江两岸食品连锁有限公司	正餐服务	两岸咖啡、铁板烧	浙江省杭州市
上海领先餐饮管理有限公司	快餐服务	味千拉面	上海市
浙江麦当劳餐厅食品有限公司	快餐服务	麦当劳	浙江省杭州市
太原肯德基有限公司	快餐服务	肯德基	山西省太原市
广州酒家集团股份有限公司	正餐服务	广州酒家	广东省广州市
杭州德克士食品有限公司	快餐服务	德克士	浙江省杭州市
武汉麦当劳餐饮食品有限公司	快餐服务	麦当劳	湖北省武汉市
快乐蜂(中国)餐饮管理有限公司	快餐服务	永和大王	上海市
福建鑫富肥牛世界餐饮(连锁)管理服务有限公司	正餐服务	鑫富肥牛世界	福建省南平市
南昌肯德基有限公司	快餐服务	肯德基	江西省南昌市
四川麦当劳餐厅食品有限公司	快餐服务	麦当劳	四川省成都市
大连肯德基有限公司	快餐服务	肯德基、必胜客	辽宁省大连市
武汉艳阳天商贸发展有限公司	正餐服务	艳阳天	湖北省武汉市
广州市绿茵阁饮食连锁有限公司	正餐服务	绿茵阁	广东省广州市
昆明肯德基有限公司	快餐服务	肯德基	云南省昆明市
南宁肯德基有限公司	快餐服务	肯德基	广西壮族自治区南宁市
浙江老娘舅餐饮有限公司	快餐服务	老娘舅	浙江省湖州市
成都星巴克咖啡有限公司	饮料及冷饮服务	星巴克	四川省成都市
浙江五芳斋实业股份有限公司五芳斋粽子总店	快餐服务	五芳斋粽子	浙江省嘉兴市
四川请你来餐饮管理有限公司	正餐服务	芭夯兔	四川省自贡市
广州萨莉亚餐饮有限公司	正餐服务	萨莉亚	广东省广州市
上海萨莉亚餐饮有限公司	正餐服务	萨莉亚	上海市
内蒙古草原牧歌餐饮连锁股份有限公司	正餐服务	草原牧歌	内蒙古自治区古自治区
上海一茶一坐餐饮有限公司	正餐服务	一茶一坐	上海市
南京麦当劳餐饮食品有限公司	快餐服务	麦当劳	江苏省南京市
杭州饮食服务集团有限公司	正餐服务	知味观	浙江省杭州市
湖南麦当劳(餐厅食品)有限公司	快餐服务	麦当劳	湖南省长沙市
北京真功夫快餐连锁管理有限公司	快餐服务	真功夫	北京市
昆明德克士食品开发有限公司	快餐服务	德克士	云南省昆明市
东莞肯德基有限公司	快餐服务	肯德基	广东省东莞市
百胜餐饮(福州)有限公司	快餐服务	百胜餐饮	福建省福州市
四川乡村基餐饮有限公司	快餐服务	乡村基、大米先生	四川省成都市
常州丽华快餐集团有限公司	快餐服务	丽华快餐	江苏省常州市
美心星巴克咖啡餐饮(深圳)有限公司	饮料及冷饮服务	星巴克	广东省深圳市
北京永和大王餐饮有限公司	快餐服务	永和大王	北京市
湖北星巴克咖啡有限公司	饮料及冷饮服务	星巴克	湖北省武汉市
厦门麦当劳食品发展有限公司	快餐服务	麦当劳	福建省厦门市
北京便宜坊烤鸭集团有限公司	正餐服务	便宜坊、御膳、功德林、老正兴	北京市
北京金鼎轩酒楼有限责任公司	正餐服务	金鼎轩酒楼	北京市
福州麦当劳食品有限公司	快餐服务	麦当劳	福建省福州市
亚惠美食有限公司	快餐服务	亚惠快餐	辽宁省大连市
深圳永和大王餐饮有限公司	快餐服务	永和大王	广东省深圳市
北京好伦哥餐饮有限公司	快餐服务	好伦哥餐饮	北京市
武汉户部巷文化投资有限公司	其他餐饮业	户部巷	湖北省武汉市
北京和合谷餐饮管理有限公司	快餐服务	和合谷、嘉和乐乐面	北京市
成都市皇城老妈酒店管理有限公司	正餐服务	皇城老妈	四川省成都市
沈阳麦当劳(餐厅食品)有限公司	快餐服务	麦当劳	辽宁省沈阳市
北京俏江南餐饮管理有限公司	正餐服务	俏江南	北京市

5-3 续表 2

名称	所属行业	连锁商号	所在地
安徽老乡鸡餐饮有限公司	快餐服务	老乡鸡	安徽省合肥市
上海沃歌斯餐饮有限公司	快餐服务	Wagas	上海市
北京大董烤鸭店有限责任公司	正餐服务	大董(大懂)	北京市
重庆肯德基有限公司	快餐服务	肯德基	重庆市
汉堡王(北京)餐饮管理有限公司	快餐服务	汉堡王	北京市
无锡麦当劳餐厅食品有限公司	快餐服务	麦当劳	江苏省无锡市
重庆市小八仙餐饮有限公司	正餐服务	小八仙	重庆市
北京嘉和一品企业管理股份有限公司	正餐服务	嘉和一品	北京市
沈阳顺峰饮食有限公司	正餐服务	顺峰	辽宁省沈阳市
上海大富贵酒楼有限公司	正餐服务	大富贵	上海市
北京宏状元餐饮管理有限公司	正餐服务	宏状元	北京市
南京味千餐饮管理有限公司	快餐服务	味千拉面	江苏省南京市
顺峰饮食酒店管理股份有限公司	正餐服务	顺峰	北京市
大连麦当劳餐厅食品有限公司	快餐服务	麦当劳	辽宁省大连市
味千拉面饮食服务(深圳)有限公司	快餐服务	味千拉面	广东省深圳市
真功夫餐饮管理有限公司	快餐服务	真功夫	广东省东莞市
兰州肯德基有限公司	快餐服务	肯德基	甘肃省兰州市
浙江外婆家餐饮有限公司	正餐服务	外婆家	浙江省杭州市
辽宁合兴快餐有限公司	快餐服务	吉野家	辽宁省沈阳市
上海盘古餐饮管理有限公司	正餐服务	新石器烤肉，釜山料理	上海市
上海小南国海之源餐饮管理有限公司	正餐服务	上海小南国	上海市
康师傅私房牛肉面	快餐服务	德克士	北京市
新疆肯德基有限公司	快餐服务	肯德基	新疆维吾尔自治区乌鲁木齐市
深圳领鲜稻香饮食有限公司	正餐服务	稻香	广东省深圳市
山东麦当劳(餐厅)有限公司	快餐服务	麦当劳	山东省济南市
安徽麦当劳(餐厅食品)有限公司	快餐服务	麦当劳	安徽省合肥市
元气寿司餐饮服务管理(深圳)有限公司	正餐服务	元气寿司	广东省深圳市
西安百姓厨房大馄饨餐饮有限责任公司	正餐服务	西安百姓厨房大馄饨餐饮	陕西省西安市
青岛麦当劳(餐厅食品)有限公司	快餐服务	麦当劳	山东省青岛市
北京东来顺集团有限责任公司	正餐服务	百年东来顺	北京市
中山麦当奴食品有限公司	快餐服务	麦当劳	广东省中山市
西安小六汤包餐饮有限责任公司	正餐服务	小六汤包	陕西省西安市
昆明饮食服务有限公司	快餐服务	建新园、福华园	云南省昆明市
浙江向阳渔港集团股份有限公司	正餐服务	向阳渔港、玺悦宴会酒店、豪食汇、文鼎一号、文鼎阁	浙江省宁波市
武汉市亢龙太子酒轩有限责任公司	正餐服务	亢龙太子	湖北省武汉市
北京米斯特比萨餐饮管理有限公司	正餐服务	米斯特比萨	北京市
东莞麦华食品有限公司	快餐服务	麦当劳	广东省东莞市
广西禾唛餐饮有限公司	快餐服务	麦当劳	广西壮族自治区南宁市
河南麦当劳(餐厅食品)有限公司	快餐服务	麦当劳	河南省郑州市
北市市西单麻辣诱惑餐饮有限公司	正餐服务	麻辣诱惑	北京市
佳客来(福建)餐饮连锁管理有限公司	正餐服务	佳客来	福建省福州市
杭州花中城大酒店有限公司	正餐服务	花中城	浙江省杭州市
深圳市禾绿餐饮管理有限公司	快餐服务	禾绿寿司	广东省深圳市
北京味千餐饮管理有限公司	快餐服务	味千拉面	北京市
安徽金满楼餐饮股份有限公司	正餐服务	金满楼	安徽省合肥市
首都机场餐饮发展有限公司	正餐服务	首都机场餐饮	北京市
杭州味千餐饮管理有限公司	正餐服务	味千拉面	浙江省杭州市
南海渔村有限公司	正餐服务	南海渔村	广东省广州市
北京郭林家常菜食品有限责任公司	正餐服务	郭林家常菜	北京市
深圳威耀饮食有限公司	快餐服务	大家乐	广东省深圳市

5-3 续表 3

名称	所属行业	连锁商号	所在地
江门麦当劳(餐厅食品)有限公司	快餐服务	麦当劳	广东省江门市
青岛良友饮食股份有限公司	正餐服务	良友	山东省青岛市
深圳市嘉旺餐饮连锁有限公司	快餐服务	嘉旺	广东省深圳市
广西三品王餐饮管理有限公司	其他餐饮业	三品王	广西壮族自治区南宁市
上海好侍咖喱客客壹番屋餐厅有限公司	正餐服务	客客壹番屋	上海市
深圳家乐缘餐饮顾问有限公司	快餐服务	家乐缘	广东省深圳市
新疆百富餐饮管理有限公司	快餐服务	百富餐饮	新疆维吾尔自治区乌鲁木齐市
哈尔滨东方众合餐饮有限责任公司	正餐服务	东方饺子王	黑龙江省哈尔滨市
迪欧餐饮管理有限公司	饮料及冷饮服务	迪欧餐饮	江苏省苏州市
深圳新语餐饮管理有限公司	快餐服务	新语	广东省深圳市
山东味千餐饮管理有限公司	快餐服务	味千拉面	山东省青岛市
深圳市粤菜王府餐饮管理有限公司	正餐服务	粤菜王府	广东省深圳市
深圳大快活快餐有限公司	快餐服务	大快活	广东省深圳市
惠州麦当劳(餐厅食品)有限公司	快餐服务	麦当劳	广东省惠州市
重庆菜香源餐饮文化有限公司	正餐服务	菜香源	重庆市
黑龙江麦当劳餐厅食品有限公司	快餐服务	麦当劳	黑龙江省哈尔滨市
东莞麦长食品有限公司	快餐服务	麦当劳	广东省东莞市
华润太平洋餐饮管理(北京)有限公司	饮料及冷饮服务	太平洋咖啡	北京市
云南滇美餐饮有限公司	快餐服务	麦当劳	云南省昆明市
北京星物语餐饮管理有限公司	其他餐饮业	面包新语、吐司新语	北京市
北京棒约翰餐饮发展有限公司	正餐服务	棒约翰餐饮	北京市
大连合兴快餐有限公司	快餐服务	吉野家、DQ	辽宁省大连市
宁波市海曙汉通中央花园酒店有限公司	正餐服务	汉通	浙江省宁波市
广州泛亚饮食有限公司	快餐服务	大家乐	广东省广州市
武汉永和大王餐饮有限公司	快餐服务	永和大王	湖北省武汉市
北京马氏东方饺子王餐饮有限责任公司	正餐服务	东方饺子王	北京市
上海新亚大家乐餐饮有限公司	正餐服务	新亚大包	上海市
武汉市小蓝鲸健康美食酒店管理有限公司	正餐服务	小蓝鲸	湖北省武汉市
唐山凤凰园美食城	正餐服务	凤凰园	河北省唐山市
贵州雅园饮食娱乐有限责任公司	正餐服务	雅园	贵州省贵阳市
上海禾绿饮食有限公司	正餐服务	禾绿寿司	上海市
上海金阳葱企业管理咨询有限公司	正餐服务	霖上海菜	上海市
北京禾绿回转寿司饮食有限公司	快餐服务	禾绿寿司	北京市
北京比格餐饮管理有限责任公司	快餐服务	比格比萨	北京市
北京新世纪青年饮食有限公司	正餐服务	青年餐厅	北京市
北京庆丰包子铺	快餐服务	庆丰	北京市
江西海印餐饮管理有限公司	正餐服务	麦当劳	江西省南昌市
深圳市巴蜀风饮食管理有限公司	正餐服务	巴蜀风	广东省深圳市
厦门沃头中餐有限公司	正餐服务	厦门沃头蚝干粥	福建省厦门市
宁波市来必堡餐饮管理有限公司	快餐服务	来必堡	浙江省宁波市
重庆满店香饮食文化传播有限公司	正餐服务	满店香	重庆市
北京万龙洲饮食有限责任公司	正餐服务	万龙洲海鲜	北京市
广州黄埔华苑大酒店	正餐服务	黄埔华苑	广东省广州市
上海丰裕餐饮管理有限公司	其他餐饮业	丰裕小吃	上海市
内蒙古乡土居餐饮连锁有限公司	正餐服务	乡土居	内蒙古自治区包头市
山西芙蓉餐饮有限公司	正餐服务	山西芙蓉餐饮	山西省太原市
马兰拉面快餐连锁有限责任公司	快餐服务	马兰拉面	北京市
长沙金牛角王中西餐厅有限公司	正餐服务	金牛角王	湖南省长沙市

5-4 50门店以上连锁餐饮企业

企业名称	所属行业	连锁商号	所在地
上海统一星巴克咖啡有限公司	饮料及冷饮服务	星巴克	上海市
百胜餐饮(广东)有限公司	快餐服务	百胜餐饮	广东省广州市
重庆德庄酒店管理有限公司	正餐服务	德庄火锅	重庆市
重庆秦妈餐饮管理有限公司	正餐服务	秦妈餐饮	重庆市
上海必胜客有限公司	快餐服务	必胜客	上海市
北京必胜客比萨饼有限公司	正餐服务	必胜客	北京市
百胜餐饮(沈阳)有限公司	快餐服务	肯德基、必胜客	辽宁省沈阳市
杭州肯德基有限公司	快餐服务	肯德基	浙江省杭州市
呷哺呷哺餐饮管理有限公司	快餐服务	呷哺呷哺	北京市
广东三元麦当劳食品有限公司	快餐服务	麦当劳	广东省广州市
大娘水饺餐饮集团股份有限公司	快餐服务	大娘水饺	江苏省常州市
天津肯德基有限公司	快餐服务	肯德基	天津市
重庆骑龙饮食文化有限责任公司	正餐服务	骑龙	重庆市
安徽老乡鸡餐饮有限公司	快餐服务	老乡鸡	安徽省合肥市
南京肯德基有限公司	快餐服务	肯德基	江苏省南京市
上海肯德基有限公司	快餐服务	肯德基	上海市
北京肯德基有限公司	快餐服务	肯德基	北京市
浙江五芳斋实业股份有限公司五芳斋粽子总店	快餐服务	五芳斋粽子	浙江省嘉兴市
北京星巴克咖啡有限公司	饮料及冷饮服务	星巴克	北京市
北京麦当劳食品有限公司	快餐服务	麦当劳	北京市
浙江两岸食品连锁有限公司	正餐服务	两岸咖啡、铁板烧	浙江省杭州市
百胜餐饮(武汉)有限公司	快餐服务	肯德基	湖北省武汉市
北京吉野家快餐有限公司	快餐服务	吉野家、DQ	北京市
四川德克士食品开发有限公司	快餐服务	德克士	四川省成都市
青岛肯德基有限公司	快餐服务	肯德基	山东省青岛市
百胜餐饮(深圳)有限公司	快餐服务	肯德基	广东省深圳市
重庆佳永小天鹅餐饮有限公司	正餐服务	佳永小天鹅	重庆市
悦达咖世家(上海)餐饮管理有限公司	饮料及冷饮服务	COSTA	上海市
苏州肯德基有限公司	快餐服务	肯德基	江苏省苏州市
广东星巴克咖啡有限公司	饮料及冷饮服务	星巴克	广东省广州市
花之林餐饮管理(湖南)有限公司	正餐服务	花之林	湖南省长沙市
东莞市杏林春凉茶有限公司	饮料及冷饮服务	杏林春	广东省东莞市
重庆兴红得聪餐饮管理有限公司	正餐服务	乡村基	重庆市
佳客来(福建)餐饮连锁管理有限公司	正餐服务	佳客来	福建省福州市
上海麦当劳食品有限公司	快餐服务	麦当劳	上海市
麦当劳餐厅(深圳)有限公司	快餐服务	麦当劳	广东省深圳市
杭州德克士食品有限公司	快餐服务	德克士	浙江省杭州市
广州真功夫快餐连锁管理有限公司	快餐服务	真功夫	广东省广州市
安徽蜀王饮食服务有限责任公司	正餐服务	蜀王	安徽省合肥市
厦门市黄则和食品有限公司	其他餐饮业	黄则和	福建省厦门市
浙江凯旋门澳门豆捞控股集团有限公司	正餐服务	澳门豆捞	浙江省杭州市
长沙肯德基有限公司	快餐服务	肯德基	湖南省长沙市
百胜餐饮成都有限公司	快餐服务	肯德基	四川省成都市
重庆顺水鱼饮食文化有限公司	正餐服务	顺水鱼	重庆市
无锡肯德基有限公司	快餐服务	肯德基	江苏省无锡市
津味(上海)餐饮管理有限公司	其他餐饮业	85° C	上海市
深圳真功夫餐饮管理有限公司	快餐服务	真功夫	广东省深圳市
上海领先餐饮管理有限公司	快餐服务	味千拉面	上海市
深圳面点王饮食连锁有限公司	快餐服务	面点王	广东省深圳市
重庆君之薇餐饮文化有限公司	正餐服务	君之薇	重庆市
天津麦当劳食品有限公司	快餐服务	麦当劳	天津市
百胜餐饮(福州)有限公司	快餐服务	百胜餐饮	福建省福州市
内蒙古草原牧歌餐饮连锁股份有限公司	正餐服务	草原牧歌	内蒙古自治区古自治区
北京好伦哥餐饮有限公司	快餐服务	好伦哥餐饮	北京市
百胜餐饮(西安)有限公司	正餐服务	百胜餐饮	陕西省西安市

5-4 续表

企业名称	所属行业	连锁商号	所在地
重庆市明海食品有限公司	其他餐饮业	明海食品	重庆市
北京龙盛众望早餐有限公司	快餐服务	龙盛众望	北京市
重庆和之吉饮食文化有限公司	正餐服务	和之吉	重庆市
快乐蜂(中国)餐饮管理有限公司	快餐服务	永和大王	上海市
湖北星巴克咖啡有限公司	饮料及冷饮服务	星巴克	湖北省武汉市
浙江麦当劳餐厅食品有限公司	快餐服务	麦当劳	浙江省杭州市
郑州肯德基有限公司	快餐服务	肯德基	河南省郑州市
华润太平洋餐饮管理(北京)有限公司	饮料及冷饮服务	太平洋咖啡	北京市
中国全聚德(集团)股份有限公司	正餐服务	全聚德、丰泽园、四川饭店、仿膳饭庄	北京市
四川乡村基餐饮有限公司	快餐服务	乡村基、大米先生	四川省成都市
昆明德克士食品开发有限公司	快餐服务	德克士	云南省昆明市
成都星巴克咖啡有限公司	饮料及冷饮服务	星巴克	四川省成都市
厦门肯德基有限公司	快餐服务	肯德基	福建省厦门市
南京味千餐饮管理有限公司	快餐服务	味千拉面	江苏省南京市
广州萨莉亚餐饮有限公司	正餐服务	萨莉亚	广东省广州市
重庆陶然居饮食文化(集团)股份有限公司	正餐服务	陶然居	重庆市
汉堡王(北京)餐饮管理有限公司	快餐服务	汉堡王	北京市
广州市绿茵阁饮食连锁有限公司	正餐服务	绿茵阁	广东省广州市
北京真功夫快餐连锁管理有限公司	快餐服务	真功夫	北京市
四川麦当劳餐厅食品有限公司	快餐服务	麦当劳	四川省成都市
武汉麦当劳餐饮食品有限公司	快餐服务	麦当劳	湖北省武汉市
浙江老娘舅餐饮有限公司	快餐服务	老娘舅	浙江省湖州市
太原肯德基有限公司	快餐服务	肯德基	山西省太原市
常州丽华快餐集团有限公司	快餐服务	丽华快餐	江苏省常州市
上海萨莉亚餐饮有限公司	正餐服务	萨莉亚	上海市
厦门沃头中餐有限公司	正餐服务	厦门沃头蚝干粥	福建省厦门市
湖南韶山毛家饭店发展有限公司	正餐服务	毛家饭店	湖南省湘潭市
北京和合谷餐饮管理有限公司	快餐服务	和合谷、嘉和乐乐面	北京市
美心星巴克咖啡餐饮(深圳)有限公司	饮料及冷饮服务	星巴克	广东省深圳市
湖南餐谋天下餐饮管理有限公司	正餐服务	餐谋天下	湖南省长沙市
深圳市嘉旺餐饮连锁有限公司	快餐服务	嘉旺	广东省深圳市
北京永和大王餐饮有限公司	快餐服务	永和大王	北京市
四川请你来餐饮管理有限公司	正餐服务	芭夯兔	四川省自贡市
南昌肯德基有限公司	快餐服务	肯德基	江西省南昌市
大连肯德基有限公司	快餐服务	肯德基、必胜客	辽宁省大连市
昆明大滇园有限公司	正餐服务	大滇园	云南省昆明市
味千拉面饮食服务(深圳)有限公司	快餐服务	味千拉面	广东省深圳市
重庆苏大姐餐饮文化有限公司	正餐服务	苏大姐餐饮	重庆市
北京嘉和一品企业管理股份有限公司	正餐服务	嘉和一品	北京市
东莞肯德基有限公司	快餐服务	肯德基	广东省东莞市
深圳永和大王餐饮有限公司	快餐服务	永和大王	广东省深圳市
上海一茶一坐餐饮有限公司	正餐服务	一茶一坐	上海市
真功夫餐饮管理有限公司	快餐服务	真功夫	广东省东莞市
广西禾唛餐饮有限公司	快餐服务	麦当劳	广西壮族自治区南宁市
昆明肯德基有限公司	快餐服务	肯德基	云南省昆明市
厦门麦当劳食品发展有限公司	快餐服务	麦当劳	福建省厦门市
眉州东坡餐饮管理(北京)有限公司	正餐服务	眉州东坡	北京市
南宁肯德基有限公司	快餐服务	肯德基	广西壮族自治区南宁市
湖南麦当劳(餐厅食品)有限公司	快餐服务	麦当劳	湖南省长沙市
康师傅私房牛肉面	快餐服务	德克士	北京市
南京麦当劳餐饮食品有限公司	快餐服务	麦当劳	江苏省南京市
新疆百富餐饮管理有限公司	快餐服务	百富餐饮	新疆维吾尔自治区乌鲁木齐市
杭州味千餐饮管理有限公司	正餐服务	味千拉面	浙江省杭州市
广西三品王餐饮管理有限公司	其他餐饮业	三品王	广西壮族自治区南宁市

附录

统计指标解释

附录 统计指标解释

连锁经营：指经营同类商品或服务，使用统一商号的若干店铺，在同一总店（总部）的管理下，采取统一采购或特许经营等方式,实现规模效益的组织形式,包括直营连锁、特许连锁和自愿连锁三种形式。

连锁总店（总部）：负责连锁企业资源（商号、商誉、经营模式、服务标准、管理模式等等）的开发、配置、控制或使用等功能的企业核心管理机构。

连锁门店：在连锁企业经营管理的基础上，按照总店（总部）的指示和服务规范要求，承担日常销售业务的店铺，包括直营店和加盟店。

直营店是指由连锁企业总部投资开设，按连锁经营管理模式，由总部统一管理的店铺。

加盟店是指在特许连锁中，被特许人获得特许人授权后，使用其商标、商号、经营模式、专利和专有技术等经营资源建立的店铺，也包括自愿连锁的成员店。

连锁品牌（商标或商号名称）：指连锁经营使用的统一的商号或商标名称。

批发零售连锁业态

一便利店：满足顾客便利性需求为主要目的的零售业态。位于商业中心区、交通要道以及车站、医院、学校、娱乐场所、办公楼、加油站等公共活动区；商圈范围小，顾客步行 5 分钟内到达，目标顾客主要为单身者、年轻人，顾客多为有目的的购买；营业面积一般在 100 平方米左右，利用率高；以即时食品、日用小百货为主，有即时消费性、小容量、应急性等特点，商品品种在 3000 种左右，售价一般高于市场平均水平；商品销售方式以开架自选为主，结算在收银处统一进行；营业时间一般在 16 小时以上，提供即时性食品的辅助设施，开设多项服务项目；信息管理系统程度较高。

一折扣店：店铺装修简单，提供有限服务，商品价格低廉的一种小型超市业态。拥有不到 2000 个品种，经营一定数量的自有品牌商品。位于居民区、交通要道等租金相对便宜的地区；辐射半径 2 公里左右，目标顾客主要为商圈内的居民；自有品牌占有较大的比例，商品平均价格低于市场平均水平；以开架自选方式进行商品销售，并统一结算；用工精简，为顾客提供有限的服务；信息管理系统程度一般。

一超市：开架售货，集中收款，满足社区消费者日常生活需要的零售业态。根据商品结构的不同，可以分为食品超市和综合超市。位于市、区商业中心、居住区；辐射半径 2 公里左右，目标顾客以居民为主；营业面积在 6000 平方米以下；经营包装食品、生鲜食品和日用品。食品超市与综合超市商品结构有所不同；采用自选销售，出入口分设，在收银台统一结算；营业时间一般在 12 小时以上；信息管理系统程度较高。

一大型超市：实际营业面积 6000 平方米以上，品种齐全，满足顾客一次性购齐的零售业态。根据商品结构，可以分为以经营食品为主的大型超市和以经营日用品为主的大型超市。位于市、区商业中心、城郊结合部、交通要道及大型居住区；辐射半径 2 公里以上，目标顾客以居民、流动顾客为主；实际营业面积在 6000 平方米以上；以大众化衣、食、日用品为主，品种齐全，注重自有品牌开发；采用自选销售方式，出入口分设，在收银台统一结算；一般设不低于营业面积 40%的停车场；信息管理系统程度较高。

一仓储会员店：以会员制为基础，实行储销一体、批零兼营，以提供有限服务和低价格商品为主要特征的零售业态。位于城乡结合部的交通要道；辐射半径5公里以上，目标顾客以中小零售店、餐饮店、集团购买和流动顾客为主；营业面积一般在6000平方米以上；以大众化衣、食、日用品为主，自有品牌占相当部分，商品在4000种左右，实行低价、批量销售；采用自选销售，出入口分设，在收银台统一结算；设相当于营业面积的停车场；信息管理系统程度较高并对顾客实行会员制管理。

一百货店：在一个建筑物内，经营若干大类商品，实行统一管理，分区销售，满足顾客对时尚商品多样化选择需求的零售业态。位于市、区级商业中心、历史形成的商业集聚地；目标顾客以追求时尚和品味的流动顾客为主；营业面积一般在6000平方米以上；综合性商品结构，门类齐全，以服饰、鞋类、箱包、化妆品、家庭用品、家用电器为主；采取柜台销售和开架面售相结合方式进行商品销售；注重服务，设餐饮、娱乐等服务项目和设施；信息管理系统程度较高。

一专业店：以专门经营某一大类商品为主的零售业态。例如办公用品专业店（office supply）、玩具专业店（toy stores）、家电专业店（home appliance）、药品专业店（drug store）、服饰店（apparel shop）。位于市、区级商业中心以及百货店、购物中心内；目标顾客以有目的选购某类商品的流动顾客为主；营业面积根据商品特点而定；以销售某类商品为主，体现专业性、深度性、品种丰富，选择余地大；采取柜台销售或开架面售方式进行商品销售；从业人员具有丰富的专业知识；信息管理系统程度较高。

一加油站：指经营石油、石化商品的零售门店。

一专卖店：以专门经营或被授权经营某一主要品牌商品为主的零售业态。一般位于市、区级商业中心、专业街以及百货店、购物中心内；目标顾客以中高档消费者和追求时尚的年轻人为主；以销售某一品牌系列商品为主，具有销售量少、质优、高毛利等特点；采取柜台销售或开架面售方式进行商品销售，商店陈列、照明、包装、广告讲究；注重品牌声誉，从业人员具备丰富的专业知识，提供专业性服务；信息管理系统程度一般。

一家居建材商店：以专门销售建材、装饰、家居用品为主的零售业态。位于城乡结合部、交通要道或消费者自有房产比较高的地区；目标顾客以拥有自有房产的顾客为主；营业面积一般在6000平方米以上；经营商品以改善、建设家庭居住环境有关的装饰、装修等用品、日用杂品、技术及服务为主；采取开架自选方式销售商品；提供一站式购足和一条龙服务，停车位一般在300个以上；信息管理系统程度较高。

一厂家直销中心：由生产商直接设立或委托独立经营者设立,专门经营本企业品牌商品,并且多个企业品牌的营业场所集中在一个区域的零售业态。一般远离市区；目标顾客多为重视品牌的有目的的购买；单个建筑面积在100-200平方米左右；品牌商品生产商直接设立，商品均为本企业的品牌；采用自选式售货方式进行商品销售；各个租赁店使用各自的信息管理系统。

一其他：其他未列明的零售业态

门店总数：指该连锁企业所拥有的全部连锁门店数量，包括总店（如果总公司有门店的话）和全部直营分店、加盟分店数。

连锁门店年末从业人员数：指在连锁总店（总部）或门店工作并取得劳动报酬的年末实有人员数。包括在岗职工、再就业的离退休人员、在该企业工作的兼职人员、借用的外单位人员和第二职业者。不包括离开本单位但仍保留劳动关系的职工。从业人数包括总店和全部门店以及自有配送中心的年末从业人员数。

连锁门店商品购进额：指连锁门店由连锁总店（总部）统一配送与自主采购，用于门店销售的商品金额之和（含增值税）。

统一配送商品购进额：是指由连锁总店（总部）统一购进后，配送到门店的商品金额（按购进价计算）。

配送中心：是指从事配送业务且具有完善信息网络的场所或组织。配送是指在经济合理区域范围内，根据客户要求，对物品进行拣选、加工、包装、分割、组配等作业，并按时送达指定地点的物流活动。配送中心应基本符合下列要求：（1）主要为特定客户或末端客户提供服务；（2）配送功能健全；（3）辐射范围小；（4）提供高频率、小批量、多批次配送服务。

自有配送中心配送商品购进额：指连锁总店（总部）通过自有配送中心配送到门店的商品金额。

非自有配送中心配送商品购进额：指连锁总店（总部）通过第三方物流配送中心配送到门店的商品金额。

连锁门店年末零售营业面积：指批发和零售业连锁门店用于零售连锁经营的营业面积，不包括其办公用房、仓库和加工场地。该指标按年末实有建筑面积统计。

连锁门店商品销售额：批发和零售业连锁门店对本门店以外单位和个人出售的商品金额（含增值税）。

连锁门店零售额：指批发和零售业连锁门店售给城乡居民用于生活消费和社会集团用于公共消费的商品金额。

零售商品包括：（1）售给城乡居民的各种生活消费品，售给入境旅游的外国人、华侨、港澳台同胞的各类商品；（2）售给行政事业单位、社会团体、军队和武警等机构的商品，以及以零售方式售给各类企业的商品。具体包括：用于非生产和社会交往的办公用品，如通讯设备、计算器具和设备、电讯网络设备、文印设备、音像视听器材和设备、纸张、本册、文具及装订文印材料、家具、日用电器、针纺织品、清洁卫生用品、文体用品、奖品、纪念品、礼品等；供内部人员乘坐的交通工具和燃料；用于办公设施修缮的各类配件、材料、工具等；用于取暖和防暑降温的设备、燃料、材料及食品等；专用于教学的用品和设备；非营利医疗机构的中、西药品、中药材和医疗设备器材；非专用的劳动保护用品；不对外营业的内部食堂用的餐具、炊具、设备、清洁卫生工具和食品、燃料等；军队、武警用于其人员生活的衣着品和个人用品；其它各类非生产性设备和用品。

零售商品不包括：（1）售给城乡居民已确知是用于生产、经营的商品；（2）售给各类农业生产者的生产资料类商品，如农机、农药化肥、农膜、种子饲料等商品；（3）售给企业单位生产用具及生产上专用的劳动保护用品。

连锁门店年末餐饮营业面积：住宿和餐饮业连锁门店对外提供就餐服务的门店建筑面积和从事食品加工、烹饪、调制的厨房面积，不包括办公用房和仓库等面积。该指标按年末实有建筑面积统计。

连锁门店客房数：指住宿和餐饮业连锁门店提供住宿服务的房间数，该指标按报告期内正常情况下的实有数统计。

连锁门店床位数：指住宿和餐饮业连锁门店供应旅客使用的床位数，不包括临时加床和门店内部工作人员使用的床位。该指标按报告期内正常情况下的实有数统计。

连锁门店餐位数：指住宿和餐饮业连锁门店为顾客提供就餐服务时，正常可同时容纳就餐人员的餐位数量，不包括临时加的餐位数量。该指标按报告期内正常情况下的实有数统计。

连锁门店营业额：指住宿和餐饮业连锁门店在经营活动中因提供服务或销售商品所取得的全部收入。包括：客房收入、餐费收入、商品销售额（含增值税）和其它收入。

连锁门店餐费收入：指住宿和餐饮业连锁门店因提供就餐服务（包括经烹饪、调制加工后出售的各种食品，如主食、炒菜、凉拌菜等的收入）所取得的收入合计。

连锁门店商品销售额：指住宿和餐饮业连锁门店因出售商品（含增值税）所取得的收入合计。

登记注册类型

—国有企业：指企业全部资产归国家所有，并按《中华人民共和国企业法人登记管理条例》规定登记注册的非公司制的经济组织。不包括有限责任公司中的国有独资公司。

—集体企业：指企业资产归集体所有，并按《中华人民共和国企业法人登记管理条例》规定登记注册的经济组织。

—股份合作企业：指以合作制为基础，由企业职工共同出资入股，吸收一定比例的社会资产投资组建，实行自主经营，自负盈亏，共同劳动，民主管理，按劳分配与按股分红相结合的一种集体经济组织。

—联营企业：指两个及两个以上相同或不同所有制性质的企业法人或事业单位法人，按自愿、平等、互利的原则，共同投资组成的经济组织。联营企业包括国有联营企业、集体联营企业、国有与集体联营企业和其他联营企业。

国有联营企业：指所有联营单位均为国有。

集体联营企业：指所有联营单位均为集体。

国有与集体联营企业：指联营单位既有国有也有集体。

其他联营企业：指上述三种联营企业之外的其他联营形式的企业。

—有限责任公司：指根据《中华人民共和国公司登记管理条例》规定登记注册，由两个以上，五十个以下的股东共同出资，每个股东以其所认缴的出资额对公司承担有限责任，公司以其全部资产对其债务承担责任的经济组织。有限责任公司分为国有独资公司以及其他有限责任公司。

国有独资公司：指国家授权的投资机构或者国家授权的部门单独投资设立的有限责任公司。

其他有限责任公司：指国有独资公司以外的其他有限责任公司。

—股份有限公司：指根据《中华人民共和国公司登记管理条例》规定登记注册，其全部注册资本由等额股份构成并通过发行股票筹集资本，股东以其认购的股份对公司承担有限责任，公司以其全部资产对其债务承担责任的经济组织。

—私营企业：指由自然人投资设立或由自然人控股，以雇佣劳动为基础的营利性经济组织。包括按照《公司法》、《合伙企业法》、《私营企业暂行条例》以及《个人独资企业法》规定登记注册的私营独资企业、私营合伙企业、私营有限责任公司、私营股份有限公司和个人独资企业。

私营独资企业：指按《私营企业暂行条例》的规定，由一名自然人投资经营，以雇佣劳动为基础，投资者对企业债务承担无限责任的企业。

私营合伙企业：指按《合伙企业法》或《私营企业暂行条例》的规定，由两个以上自然人按照协议共同投资、共同经营、共负盈亏，以雇佣劳动为基础，对债务承担无限责任的企业。

私营有限责任公司：指按《公司法》、《私营企业暂行条例》的规定，由两个以上自然人投资或由单个自然人控股的有限责任公司。

私营股份有限公司：指按《公司法》的规定，由五个以上自然人投资，或由单个自然人控股的股份有限公司。

个人独资企业：指按《个人独资企业法》、《个人独资企业登记管理办法》的规定，由一个自然人投资，财产为投资人个人所有，投资人以其个人财产对企业债务承担无限责任的经营实体。个人独资企业填表时归入私营独资企业。

—其他内资企业：指上述之外的其他内资经济组织。

—与港澳台商合资经营企业：指港澳台地区投资者与内地的企业依照《中华人民共和国中外合资经

营企业法》及有关法律的规定，按合同规定的比例投资设立，分享利润和分担风险的企业。

—与港澳台商合作经营企业：指港澳台地区投资者与内地企业依照《中华人民共和国中外合作经营企业法》及有关法律的规定，依照合作合同的约定进行投资或提供条件设立，分配利润、分担风险和亏损的企业。

—港澳台商独资经营企业：指依照《中华人民共和国外资企业法》及有关法律的规定，在内地由港澳台地区投资者全额投资设立的企业。

—港澳台商投资股份有限公司：指根据国家有关规定，经商务部(原外经贸部)批准设立，并且其中港、澳、台商的股本占公司注册资本的比例达25%以上的股份有限公司。凡其中港、澳、台商的股本占公司注册资本的比例小于25%的，属于内资中的股份有限公司。

—其他港、澳、台商投资企业：指在中国境内参照《外国企业或个人在中国境内设立合伙企业管理办法》和《外商投资合伙企业登记管理规定》，依法设立的港、澳、台商投资合伙企业。

—中外合资经营企业：指外国企业或外国人与中国内地企业依照《中华人民共和国中外合资经营企业法》及有关法律的规定，按合同规定的比例投资设立，分享利润和分担风险的企业。

—中外合作经营企业：指外国企业或外国人与中国内地企业依照《中华人民共和国中外合作经营企业法》及有关法律的规定，依照合作合同的约定进行投资或提供条件设立，分配利润、分担风险和亏损的企业。

—外资企业：指依照《中华人民共和国外资企业法》及有关法律的规定，在中国内地设立的由外国投资者全额投资设立的企业。

—外商投资股份有限公司：指根据国家有关规定，经商务部(原外经贸部)批准设立，并且其中外资的股本占公司注册资本的比例达25%以上的股份有限公司。凡其中外资股本占公司注册资本的比例小于25%的，属于内资中的股份有限公司。

—其他外商投资企业：指在中国境内依照《外国企业或个人在中国境内设立合伙企业管理办法》和《外商投资合伙企业登记管理规定》，依法设立的外商投资合伙企业。